陈旭麓文集 Ⅲ

近代史思辨录（上）

陈旭麓 著

上海教育出版社

目 录

历史总论

003　关于中国近代史线索的思考

020　中国近代学论略

042　关于中国近代史的年限问题

051　中国近代史上的爱国主义

066　中国近代史上的爱国与卖国

076　中国近代史上的革命与改良

105　近代阶级与历史步伐

110　论革命派与立宪派的同一性

127　一与多　体与用——关于中国文化史的两点想法

130　略论演化中的中国近代文化

138　军事与近代化

141　对于中国革命史的悬想

152　中国近代社会新陈代谢的若干问题

169　略论中国近代社会史研究

179　中国社会史研究纵横谈

186　秘密会党与中国社会

205　会党与中国革命

210　军阀与近代中国社会

223 农民起义与人口问题
235 历史·传统·现代化——答记者问
240 传统·启蒙·中国化

学术专题

259 论"中体西用"
287 辨"夷""洋"
296 对洋务与洋务派进一解
299 戊戌维新论
307 戊戌变法
362 戊戌时期维新派的社会观——群学
379 日本的明治维新与中国的戊戌维新为何一成一败？——答读者问
382 "戊戌"与启蒙
396 "神道"与"圣道"
413 关于辛亥革命教学中的若干问题
436 辛亥革命的伟大历史意义——学习毛泽东同志论述辛亥革命的笔记
447 辛亥革命史的分期和研究中的若干问题

460 清末的新军与辛亥革命

479 清末革命党人的纪年

487 《国民日日报》评述

514 民国的历史与历史的民国(论纲)

516 "五四"前夜的政治思想逆流——民国初年的反动复辟思想

543 论"五四"初期的新文化运动

562 论第一次国共合作的历史必然性

574 台湾建省与洋务派

594 "小我"与祖国这个"大我"是一体——记在香港举行的台湾历史学术会议

598 说"海派"

603 上海租界与中国近代社会新陈代谢

606 上海学刍议

索 引

611 人名索引

624 书名、报刊名索引

Catalogue

Macro-Studies on Modern Chinese History

003 Thoughts on the Clues of Modern Chinese History

020 A Brief Exposition on Modern Chinese Studies

042 How to Determine the Duration of Modern Chinese History

051 Patriotism in Modern Chinese History

066 Patriotism and Betrayal in Modern Chinese History

076 Revolutions and Reforms in Modern Chinese History

105 Classes in Modern China and Historical Steps

110 On the Identity of the Revolutionist and the Constitutionalist

127 Two Ideas on the History of Chinese Culture

130 A Brief Exposition on the Evolution of Modern Chinese Culture

138 Military and Modernization

141 Thoughts on the History of Chinese Revolution

152 Several Problems About the Evolution of Modern Chinese Society

169 A Brief View on the Study of Modern Chinese Social History

179 Wider Aspects of the Study on Modern Chinese Social History

186 Secret Society and Chinese Society

205 Secret Society and Chinese Revolution

210 Warlords and Modern Chinese Society

223 Peasant Revolt and Population Problem

225 History, Tradition, Modernization — Answers to the Correspondent's Questions

240 Tradition, Enlightenment, Sinicization

Micro-Studies on Modern Chinese History

259 On the Thought of "Chinese Culture as Basis, Western Culture as Subsidiary"

287 Distinguishing Between Yi and Yang

296 Analysis on Westernization and the Westernization School

299 On the 1898 Reform

- 307 The 1898 Reform
- 362 The Social Outlook of the Reformist in 1898
- 379 Why did Meiji Restoration Succeed While the 1898 Reform Fail? — An Answer to Reader's Question
- 382 The 1898 Reform and Enlightenment
- 396 Principles About Deity and Sage
- 413 Discussions About the Teaching on the 1911 Revolution
- 436 The Great Historical Significance of the 1911 Revolution
- 447 Several Problems in Stage Dividing and Studies of the 1911 Revolution
- 448 The New Army in Late Qing Dynasty and the 1911 Revolution
- 467 The Way of Numbering the Years Taken by the Revolutionist in Late Qing Dynasty
- 475 A Review on *China National Gazette*
- 501 The History of Republican China and Historical Republican China (An Outline)

503 The Countercurrent of Political Thought on the Eve of the May 4th Movement — Reactionary Restoration Thoughts in Early Republican China

543 On New Culture Movement in Early Republican China

562 On the Historical Necessity of the First KMT – CPC Cooperation

574 Establishing Provincial Jurisdiction in Taiwan

594 The Wholeness of the Individual and Motherland — About a Symposium on History of Taiwan in Hong Kong

598 On Haipai

603 Shanghai Concession and the Evolution of Modern Chinese Society

606 Discussion About the Studies on Shanghai

Indexes

611 Names

624 Books, Newspapers and Periodicals

历史总论

关于中国近代史线索的思考[1]

一

近年来,中国近代史在原有研究的基础上有了新的进展,从评价洋务运动及其与戊戌维新、辛亥革命乃至五四运动的轨迹,推而及于对近代史线索的探讨。所谓历史线索,是指人们在认识客观历史中形成的一种考察历史的观念,并把这种观念贯串于阐述历史的首尾,有似绳索贯串钱物,如唯物史观、进化史观、文化史观、英雄史观等皆是。我们在50年代讨论近代史划分阶段的标准,正是以唯物史观的阶级斗争为主线,形成以太平天国、义和团、辛亥革命三次革命高潮的递进为构架,这个构架积久渐趋公式化,许多近代史著作只有肥瘦的差异,很少有不同风格和个性的显现,而且被大家援用的三次革命高潮也未必都称得上具有完全意义的革命高潮。这就促使人们对历史唯物主义的再认识,由原来认同的太平天国、义和团、辛亥革命三次革命高潮的线索之外探讨新的线索。

事实上,由于资料的积累和认识上的深化,特别是对简单化、公

---

[1] 原载《历史研究》1988年第3期。

式化思维方式的摒弃,有关近代史研究的范围及近代的含义已经产生了很大变化,这就不能不引起人们对近代史线索的再探讨。这些变化是:

(一)近代从鸦片战争至五四运动的80年,应延伸至中华人民共和国诞生的110年,这个意见正日趋一致。虽然,由于前80年和后30年长期分割为近代史和现代史,讲课编书至今还是两截,前后不能贯通起来,但把前80年和后30年、新旧民主革命贯通起来写的近代史已在酝酿和准备中,且已产生了这样或那样的简编与纲要。

(二)鸦片战争至五四运动的近代史与新民主主义革命直接联系,在史学领域中具有独特地位而被重视。但自七八十年代开始,清史和民国史的研究相继热乎起来,清史后期和民国史占有近代史的全过程;这种断代为史的编纂与研究在中国已有两千余年的传统,对人物、事迹及社会生活方面有很大的容量,它就使近代史处于被分解、被取代的尴尬局面。

(三)近代史是相对于古代史和现代史而言,它不像清史、民国史这种断代为史的固定,随着岁月的流转,后浪推前浪,鸦片战争后的近代将让位于后来的岁月,变为近代前的历史。人们要参考和研究这个时期的历史,势必以清史、民国史和其他专史为对象,而不再以游移的、过了时的"近代"为对象。

除了近代史面临的这些特有变化外,整个历史研究正由前此以阐述阶级斗争为主的政治史,推向经济史、文化史、社会史等领域的广阔天地;并由预定的设想和观念去寻摘史料的研究方法,推向通过大量搜集和整理史料然后进行论证,既是观念、方法的推新,也有传统史学的回归。这些对近于凝固的近代史构架有更大的冲击力。

由于这些情况和认识的变化,我们对近代史线索的考虑,显然已不能停留于以前80年的近代史为对象,也不只是加上后30年——前后两截的拼合,应把110年作为一个完整的历史时期。所谓完整的历史时期,就是说这个110年不同于秦汉以来任何一个历史朝代,而是一个特殊的历史社会形态,即在封建社会崩溃中被卷入资本主义世界的半殖民地半封建社会。要从这样一个特殊的完整的社会形态及其丰富内涵来考虑。

"半殖民地半封建社会"这个名称,是在20年代的革命实践中考察和研究自鸦片战争以来中国的社会状况而提出的,并在30年代初发生过激烈论争。作为一个科学概念,近年在史学界的一些讨论会和文章中颇有异词。但是我以为:(一)半殖民地半封建社会是一个过程,两个半字在于表明两者的并存,不能机械地用统计数字的百分比来理解;(二)半殖民地在揭示国家丧失独立主权的同时,也揭示了被卷入世界市场的资本主义生产,民族资本就是相对于外国资本和买办资本的半殖民地产物,不能把半殖民地理解为单一的政治概念;(三)半殖民地半封建既相区别又是互存的,不能截然分为两爿,试问没有半殖民地何来半封建?我初听到人们的异议时,也颇以半殖民地半封建连在一起,太晦气,看不到近代中国人前进的足迹,其实正是这个"半殖民地半封建"决定了中国人民反帝反封建的民主革命道路,它是中国人民改造中国社会的出发点。一个名词的表象有其必然的内蕴,所以半殖民地半封建还是比较能够反映近代中国社会的面貌和实质的。即使在学科的发展中研究出了更贴切的新名,半殖民地半封建也将作为历史名词而永存。梁启超曾说近代中国是一个过渡时代,他自己是一个过渡的人。他曾在《过渡时代论》中说:"故今日中国之现状,实如驾一扁舟,初离海岸线,而放于中流,即俗语所谓两头不到岸之时也。"他虽没有能说出从哪里过渡到哪里,但他深深地觉察到传统社会在他面前已是无情地崩溃了,却又看不到新社会的成长,长期处于过渡的苦恼中。过渡,倒也道出了110年近代中国社会的特征,它被纳入了资本主义世界体系而又形成不了资本主义社会,只是从传统社会跨向另一个新式社会的大过渡。所以半殖民地半封建社会又是一个过渡形态的社会。

就人类历史发展的里程来说,半殖民地半封建社会比传统(封建)社会毕竟已向资本主义近代化的道路迈出了步伐,从社会经济、政治体制到文化生活都有了近代的新内容,这种新内容尽管微弱,却是在缓缓地增长。中国共产党第十三次全国代表大会的报告中说:"不承认中国人民可以不经过资本主义充分发展阶段而走上社会主义道路,是革命发展问题上的机械论。"这句话对中国近代社会的认识有两点启示:(一)"不经过资本主义充分发展阶段"的潜台词是有资本主义——不充分的资本主义;(二)由不充分的资本主义—半殖民地半封建社会的革命可以"走上社会主义道路"。它论证了半殖民地半封建社会的过渡性,在这个大过渡的半殖民地半封建社会之前的中国没有过,今后的中国也不可能再有,它是在中国历史上也是在世界历史上所没有过的特殊社会形态。应该从这样一个社会形态的全过程考察其来龙去脉,走出80年的近代史框架,理出110年近代史的线索。这样,才是断代的清史和民国史所不能取代;这样,才不必再为"近代"坐标的转移而担忧;这样,它在各种形式的中国史著的大家族中才有永存的地位。

那么,就这个110年构成的过渡的近代社会形态着眼,它的线索究竟是什么?线索只是一条还是多条?为了不拘泥于以阶级斗争为标志的三次革命高潮的近代史格局,也避开划分阶段的纠缠,我曾依循事态的变化、发展,用纪事本末体、编年体和章节体结合的形式,把近代的前80年依次分列33题（题下有子目），每题既可独立成篇，而前后又是紧密衔接的，贯串了反帝反封建和新陈代谢的旨趣，主编出版了《近代中国八十年》（1983），不言线索而线索自在其中。继又援此体例主编了《五四后三十年》。想在此基础上进而编著一部完整的中国近代史。这个结构出现于流行已久的三次革命高潮、十大事件的划一形式后，读者一时颇感新颖，给予鼓励。但也有文章隐约地点出：不分阶段是历史编纂学的倒退。倒退与否，确可商榷。不过有一点是很清楚的，按三大革命高潮分期模式编纂的两百多部近代史，内容单调，读者和作者都腻了，需要不同风格、不同体例的论著。胡绳早年的《帝国主义与中国政治》就是一本别具风格的书。

历史线索不是外注的，而是历史自身所固有；也不是离开人的认识由它自己报称的，而是主体对客体的反复认识和探索的结果。客体的历史千姿百态，近代历史更是森罗万象，人们对它的认识和研究，即使共同以历史唯物主义为指导，取径与结论也不会都一样。前此对近代史分期标准的讨论，有着眼于阶级斗争的，也有侧重社会经济发展的；即使共同以阶级斗争或社会经济发展为标志，在编纂史著的具体运用中也有各自的理解和选择。因此，不能把历史唯物主义演绎成呆板的公式，运用其原理，可以这样体现，也可以那样表述，是动态的，不是静止的，是多样的，不是唯一的。

基于近代中国社会是一个阶级矛盾、新旧冲突异常尖锐的过渡形态，它的线索如果用一句话来概括，可以说是一个变革与反变革、反复推进的时代。但这样，看不出变革的性质，也容易流于简单化。为了较完整地表述我的想法，我以为研究近代中国社会的线索应分作三个层次来说明：第一，它始终处于大变革的过程，如危崖转石，不达其地不止；第二，一个又一个变革的浪头表现为急剧的新陈代谢,螺旋地推进,螺旋特别多;第三,中国近代社会新陈代谢的本质是一步步有限地推向近代化(我使用"近代化"一词与"现代化"有别),即推封建主义之陈,行民主主义(资本主义)之新。我们现在研讨近代中国110年的变革,大谈近代化而讳言资本主义化,因为资本主义曾经是近代中国人追求的目标,出现了戊戌维新、辛亥革命那样的革新和革命运动,引进和产生了若干资本主义的东西,但作为资本主义的国家和社会的建制却又是失败的。而"五四"以来,我们的革命虽然没有改变资产阶级民主主义的性质,集中反映"五四"精神的民主与科学两个口号也还是资产阶级的范畴,资本主义的经济、文化仍然是封建主义的对立物,但是,我们已在陈述资本主义的罪恶,憧憬社会主义的前景,而历史的现实,我们不喜欢资本主义又回避不了资本主义,向往社会主义又脱离不了民主主义。30年代,柳亚子在担任上海通志馆馆长时说的一段话,颇真实地反映了这种感受。他说:"封建制度的时代已过去了,社会主义的实行也许在最近的将来。但现在——现实的世界,想还是资产阶级所统治的世界吧!我早对(邵)力子讲过,我们不作空虚远大的幻想,我们只要做成一部在资本社会里面比较有价值的志书,也就称心满意了。"[1]正是这种情况,我们之所以乐于使用"近代化"一词,因其有较大的回旋余地,既不排斥那时的资本主义现实,又较能体现中国人前进中的感情和脚步。

矛盾、错综的社会历史,要有不矛盾的思维和线索才有可能理顺。

二

历史线索是引之弥长的观念化了的历史链条,链条不是光滑平

---

[1] 柳亚子:《关于上海通志的话》。

直的,而是有一个一个环节的,这些环节就是产生重大事件或历史转折的年份。如雨果的小说《九三年》、苏联影片《难忘的一九一八年》、最近问世的《万历十五年》一书,都是抓住历史链条上的环节而编著的。我们要是写一本《一九七六年》,写出那地动山摇、泪洒乾坤的悲壮日子,将是一本多么牵动人心的书。如果说以年系事的编年史是平均地、没有区别地对待历史年份,那末历史线索则要从长串的历史年份中找出其环节性年份;抓不住环节,也就很难理出历史变化发展的规律来。不分阶段是历史编纂学的倒退,其理由也许就在此。

近代史虽只110年,但它是古今中西的政治、经济、文化碰撞、交错和融合的阶段,发生事变的环节性年份远比以往的朝代多。这里不一一罗列近代史上那许多环节性年份,只着重阐明那些显示新陈代谢、推动近代化而具有阶段性的年份;由于通史和专史有一般和特殊的区别,有的虽久已被视为重要的或划时代的历史年份,在这里也不能不有所变通,不予特别标出,而把它的重大意义贯串于有关章节的文字之内。这不是论者主观认识上的变化,而是近代通史同党史、革命史、工运史、文学史一类专史的主题在选材和体例上产生的不同。现就以上认识和要求分述近代的重要历史年份如下:

(一)1840年鸦片战争的爆发,揭开了侵略与对抗、中西社会冲突的帷幕,中国自此被轰出中世纪,进入近代,开始有了世界的概念,萌发了"师夷"即学习西方资本主义的要求,产生了前朝所未有的一系列变化。所以,它标示的不只是这场战争胜败的严峻性,更因为它标示着以商品和资本来改变中国传统社会的轨道,作为中国的近代与中世纪的分界线,是显而易见的。过去,史学界援引英国的资产阶级革命同中国社会自身的某些变端,把中国近代的开端划在17世纪上叶的明清之际。但英国革命在当时并没有触动远隔重洋的中国,中国内部的变端也只是一点征兆而已,无论李自成打进北京或清军入关,都仍是中国历代周期性动荡的再现,看不出时代的跳跃。新近译出的《剑桥中国晚清史》,封面上标明"1800—1911",以18世纪跨入19世纪的1800年为晚清即近代的界标,理由是清朝历史的重心自此由所谓"亚洲腹地"——满、蒙、新、藏,推向中国的本土和沿海。但这只是清朝封建统治的扩展和内部政治的调整,并没有引发出社会政治全局性的变动。近年也有从半封建的程度、资本主义的增长立论,认为要到辛亥革命才算得上进入近代。但半殖民地半封建是一个较长的过程,辛亥革命是在半殖民地半封建社会成熟后爆发出来的革命,是半殖民地半封建社会历史的重要阶段,不是近代社会的发端。

作为过渡社会形态的近代中国开始于1840年,我以为不是任何其他重要历史年份所能取代的。至于1839年英军已经在九龙口、穿鼻洋、官涌等处与清军接仗,鸦片战争应上推到这一年。我们当注意到这个事实,1959年上海人民出版社出版的《中国近代史事记》,曾用黑体字标出"1839—1919"字样。这并不影响1840年的成说,因为被任命为英军侵华全权委员兼英国远征军海陆联军总司令的懿律(George Elliot)率领主力舰队来华,全力发动侵略战争是在这一年,前此还是小接触。

(二)1860—1861年,是经历了四年的第二次鸦片战争及北京被攻陷的"庚申事变"的年份。人们说的三千年来一大变局,不是在鸦片战争的当初就感觉到了的,而是经过第二次鸦片战争才认识的,由此在观念形态上产生了某些变化,以"洋"代"夷"观念的转化,洋务事业的发轫,资本主义商品的出现,资产阶级改良思想的冒头,它们给封建的封闭体打开了缺口,向近代化迈出了一小步,虽然是灾难迫发出来的微弱反响,却是具有时代气息的,应该说中国近代的新旧递嬗在这里已明显地呈现。过去没有把它列为阶段性的历史年份,事实上它是一个带转折性的历史年份。

至于太平天国失败的1864年,大规模自发农民起义终结的1873年,无疑都是近代史上的重要年份,而太平天国的失败对清朝在全国统治的继续和其间的变嬗都有很大影响。但它与1873年大规模农民起义的终结,都没有摆脱千百年来农民起义历史循环的结局,并不体现新的生产关系的生长。后期洪仁玕提出的《资政新篇》,倒是1860年左右中国吐露的改革思想的组成部分。

(三)1894—1895年。中日甲午战争在中国近代史上呈现的阶段性最没有争议,因为它标志着资本帝国主义侵华的新阶段,刺激了中华民族的觉醒,给中国的政治、经济和思想明显地划出了一条战前战后的线。许多爱国人士感到没有政治体制的改革,徒然仿效西方的军事技术、生产技术已不足恃,而且军事技术和生产技术的有限发展也将受制于封建主义,为其腐蚀。所以有要求政治近代化的戊戌维新运动,资产阶级的革命势力也并起,大大地推动了中国的形势。

其后,由19世纪进入20世纪的1900年和1905年,也都是重要的新陈代谢年份,但它们只是甲午战争后形势的演变和发展,是由甲午战争到辛亥革命这一阶段内的环节。当然,1900年外有八国联军的进犯,内有义和团运动和自立军起义、惠州起义,以及随之而来的清朝"新政",是又一个全国鼎沸的年份,除了它不及甲午战争和辛亥革命那样富有转折意义外,所表现的阶段性也是不应忽视的。在这里所以不把它作为独特的历史年份列出来,也因为在时间上它与甲午战争的距离近,层峦叠嶂,云雾弥漫,"剪不断,理还乱"。

(四)1911—1912年,这个由武昌起义、诞生南京临时政府组成的年份,推翻了清朝,推翻了两千几百年的封建帝制,对清史来说是终结,对民国史来说是开创,富有划时代意义。但就半殖民地半封建社会反帝反封建的任务来说,它既不是首倡,也没有最终完成这个任务,它只是一个社会形态内爆发的重大事变而形成的突出环节。如果按照前面提到的把它作为半封建社会开头的那种主张,则是对半殖民地半封建社会的腰斩和割裂。所以,通史(指半殖民地半封建社会的近代通史)和断代史(指清史、民国史)对辛亥革命的阶段性的着眼点是有差异的。这里是把它作为半殖民地半封建社会全过程的许多峰峦中的一个较高的峰峦,为实现政治近代化迈出了大步。

(五)1927—1928年,是大革命(国民革命)既胜利又失败的年份。既胜利又失败互相联结这一点,与辛亥革命极为相似,是"五四"以来开始的革命高潮进入低潮的转折点。无论流行的革命史、现代史和经济、政治、文化、军事一类专史,都把它作为风云变幻岁月,其阶段性显而易见。大革命或国民革命的高潮是1927年,这里延伸至1928年,为的是不抹杀"四一二"以后的"北伐""东北易帜"的历史作用。

这个时期说了1911年,说了1927年,却没有说到区分新旧民主革命而久已作为近现代史分界线的1919年,当然不是任何忽略,更不是要模糊新旧民主革命的界线。1919年是新民主主义革命的伟大开端,写中共党史、写新民主主义革命史、写新文学史等都要从这里开头,是毫无疑义的。但把新旧民主革命打通来写的近代通史,或把半殖民地半封建作为一个社会形态的历史来写,不仅1911年至1919年很难成为一个历史段落,且以1919年划线,势必与当时的政治、经济相割裂,15年的北洋军阀统治成为两截,辛亥革命后特别是第一次世界大战爆发至1922年的资本主义经济的发展被切割。因为先进思想的阶段性往往体现于后来的历史进程中,从五四运动至1927年大革命的历史阶段就反映了这个历史逻辑。显然,辛亥革命后的山重水复是五四运动兴起的背景,五四运动促进马克思主义的传播和中国共产党的诞生,而后有国共合作,而后有五卅运动,而后有国民革命的北伐战争,它的伟大意义将这样历史地表达出来。

（六）1937年,抗日战争爆发,全国人民都直接或间接地投入了这一悲壮的民族解放战争,全国的政治、经济、文化及生活都为之改变了常轨,称为"非常时期"。大片地区继东三省之后陷落而暂时沦为殖民地。由于沿海和长江中下游的人民及工商业、文教机构向大后方的迁徙,促进了西南、西北的开发,这些落后地区也分布了近代化事业。特别是中国共产党领导的陕甘宁边区政府和八路军、新四军,坚持抗日,坚持民主改革,使这场民族战争始终和民主运动相结合,成为中国政治社会新生的巨大动力。多难兴邦,殷忧启圣,正是历史的无情而有情。

1945年8月抗日战争胜利,是一百多年间民族战争唯一取得全局胜利的一次,胜利之日,举国腾欢是八年苦难的报偿。至此,历史又开始了另一个段落,但由于民主与反民主、变革与反变革矛盾的激化,形势急转直下,几无太大的时空间差,由外战转化为内战,进入了全国解放战争。三年,全国解放胜利的迅速到来,完全与抗战期间民主运动的发展壮大分不开,因此解放战争也可与抗日战争并起来论述。

（七）1949年是中国近代史也是中国文明史上最为显赫而震撼人心的年份。它的伟大意义,一是半殖民地半封建社会的终结,民主革命的胜利完成,一是中华人民共和国的诞生,为进入社会主义打开了门,两者紧密联结又是承前启后的。但后者重在开创,当为中华人民共和国史和当代史所大书；前者义取总结，当更为近代史、半殖民地半封建社会史所垂注，从认识历史和给来者借鉴的要求来说，总结经验比开创纪盛的历史尤关紧要。

历史是年代的累积，历史的辩证法是从时间上展开的：地质年代以亿万年计，人类历史以百万年计，文明历史以几千年计，近代中国只是世界一角的110年历史，110年相当于一个长寿老人的一生，与亿万年比不过一瞬，与百万年比不过万分之一，放在几千年的文明史中才可说得上一小段。然而这一小段正处于世界文明发展史内容最丰盛的世纪，中国经历的变化是前此数千年的历史所未有，新陈代谢的快速节奏打破了千百年的停滞状态。许多时论和史著都不断地使用"新纪元""划时代""里程碑"等词，借以反映这个快速变化的时代节奏。上面列举的一组历史年份，它们的重要性是由近代中国的社会性质规定的，不外两个境界：（一）由于外国资本帝国主义挑起的重大侵略战争对中国社会的震撼；（二）为了改变中国的面貌，中国人民进行的革新、革命运动，这些震撼和变革都分别具有新纪元、划时代、里程碑的意义，合而言之即历次的民族民主运动。在具体阶段上常常是民主变革服从民族运动，而它的整体则是民族运动服从民主变革。所谓新纪元、划时代、里程碑，它们的含义并不完全相等，由辛亥革命产生的中华民国是新纪元也是划时代，但鸦片战争是划时代而不能说是新纪元，里程碑更多地适用于一般环节，有似年轮。

任何史著都要以年代为依据，编年史著是最基本的形式之一，现在流行的历史大事记和年鉴是编年史的继续，已成为工具书。但它按年月编排，像一泓平缓的、广度不一的长流，显示不出历史的曲折和波澜。后来依循历史发展阶段编纂的章节体史书，就是对编年体的改造，它的精髓，在于一以贯之的历史线索及其体现演变的环节——重要历史年份。我想应该写一本作为历史学科分支的"年代学"专书,论述纪年的历史和年代的运用及其理论。这里涉及问题该是"年代学"阐发的内容,没有年代没有时间概念是没有历史学的。

三

"五四"以来,我们以马克思主义的革命哲学改造世界,也以这种革命哲学考察历史、改造历史学,特别是对一直处于变革中的近代历史,前面谈到的以阶级斗争为线索构成的三次革命高潮即三个阶段说,最有代表性。由于认识上的发展,别的且不说,大家都以义和团是个自发的群众爱国运动,是正义的但并不具备变革社会历史那样的革命高潮的品格。

为了补救这个欠缺,有主张以农民起义的太平天国、资产阶级领导的辛亥革命、无产阶级领导的新民主主义革命为三次革命高潮。这个主张的重要之处,是它贯串了110年近代史的全过程,不再是前80年的半部近代史了;又以农民阶级、资产阶级、无产阶级依次推进革命,体现了近代中国社会阶级力量的新旧变化,也给人以全面和立体感,自成一说。然而仍未能尽满人意,因为太平天国运动毕竟不是近代意义的改变生产关系的革命;而且历时30年的新民主主义革命是由高潮到低潮,再到高潮,表现为一个凹字形,把它并作一次革命高潮,势必搅乱历史固有的阶段性。

征之革命的本义和近代中国社会的实况,我以为19世纪的中、晚期,中国在推动变革的道路上,有过农民起义的高潮,有过维新变法的高潮,有过反帝运动的高潮,它们以不同的斗争形式,程度不等地推动或体现了新陈代谢的历程,但并没有形成如后来那样的反帝反封建的革命高潮,只是在上述这些高潮过去之后,到了20世纪才出现具有完全意义的革命,形成高潮。

当然,我们不能因为大家曾经接受过的三次革命高潮说现在动摇了,一定要另外填补上三次革命高潮,把它变成一个模式。问题是近代中国到底有没有出现过真正称得上的三次革命高潮?回答是肯定的,这不是我们对"三"有什么特殊兴趣,而是历史自身铸成的。由于新旧民主革命的交替,由于革命道路的曲折,在20世纪上半叶的中国,不是出现一次革命高潮、两次革命高潮,确是三次革命高潮,只是没有编上数号,或者为别的编次抵销了,这三次高潮应该是:

第一次是资产阶级领导的1911年(辛亥)革命,推翻了清朝政府;

第二次是国共合作的1927年大革命即国民革命,打倒了北洋军阀政府;

第三次是中国共产党领导的解放战争,1949年推翻了国民党的统治,夺取全国胜利。

这个三次高潮,总的任务是反帝反封建,后面还加上反官僚资本主义。它们都是以国内战争的形式出现,具体的革命对象则是三个层次,从清朝的封建帝制统治到封建性仍占优势的北洋军阀统治,再到官僚资产阶级的国民党统治,地主阶级和资产阶级的成分在它们身上互相消长,那是说资产阶级的成分在它们身上一个比一个增长,30年代(抗战前夕)的中国已呈畸形的资本主义架势。革命队伍从领导层到基础革命力量也经历了三个层次,有由资产阶级革命派发动的会党和新军力量,再由国共合作特别是共产党人动员和组织的工农群众,最后由共产党领导的以工农为主体的和其他阶级阶层的全民力量。革命的领导力量一次比一次深入。革命对象和革命队伍各自的三个层次,说明了中国的民主革命不可能毕其功于一役、两役,而必然是依次推进的三段式——三次高潮。为什么是这样而不是那样?只有从半殖民地半封建社会的经济基础和这种经济基础的由来,以及革命面临的国内外形势的变化中找到答案。资产阶级的辛亥革命推翻了清朝,而袁世凯取代清朝也取代了革命,造成了尔后15年的北洋政权。蒋介石比袁世凯有点不同,他从革命内部夺取军、政大权,鲸吞革命果实,造成了尔后22年的南京政权。这不只是袁世凯、蒋介石个人及其集团能挟持武力、财力以君临天下,更重要的是历史的选择,历史暂时地选择了他们。所谓选择,是就社会的承受而言,看它能承受什么,承受的程度又怎样? 革命者的坚强与否、正确与否,常受到承受力的检验,也就包含在历史的选择之中。

在同敌对势力的反复较量中,新旧民主主义的革命者为了记述自己的战斗历程,标示前后战斗的连续关系,常按序排列,如辛亥革命之为中国资产阶级革命的首功,继起的1913年赣宁之役称为第二次革命,1915—1916年的护国战争称为第三次革命,也偶有称1917年的护法运动为第四次革命的。在新民主主义的革命进程中,我们更明确地以1926—1927年的大革命为第一次国内革命战争,1927—1937年的十年内战为第二次国内革命战争,1945—1949年的全国解放战争为第三次国内革命战争。新旧民主革命的这两个战斗序列,分别记在各自的史册,也是各种近现代史著的依据。这两个战斗序列并不都是革命高潮。前者是每况愈下,只有辛亥是革命高潮,其他都是革命退潮后的返击和苦斗;后者自"五四"以来表现为方兴之势,胜利中有挫折,有过十年内战时期的低潮,低潮的前后却是两次高潮,最后一次高潮是民主主义革命的总胜利。新旧民主革命由于时势的先后、性质的区分,过去各记一本账,排不到一起。其实,110年的近代,虽有新旧民主革命的区分,但就社会形态和革命任务考察,它不只是新旧民主革命相衔接,而且还是一个首尾连贯的整体,不同时期的革命高潮与低潮,都是这个整体连锁的环节,所以形成了辛亥革命、大革命(国民革命)、解放战争这样三次革命高潮。

这个三次革命高潮,集中发生于近代社会的最后 50 年间,是由鸦片战争开始的撞击、搏斗、呼号而来。因为近代中国是古今中外的汇合点,它的高潮只有在民族觉醒、革命力量成熟的 20 世纪初期才能出现,此前的斗争都是为改变中国社会面貌的革命高潮的准备。三次高潮的起伏,又是敌我力量严酷较量及其消长的历程,恰如毛泽东指出的,就是中国人民"斗争、失败、再斗争、再失败,直到胜利"的历程。他还曾经从社会力量消长的关系论述"腐朽的大的力量要让位给新生的小的力量",列举了孙中山领导的党和人民打败了清朝,资产阶级民主革命派和中国共产党合作打败了袁世凯留下的军阀系统,中国共产党领导人民打败了美国支持的蒋介石国民党政府。他没有明言三次革命高潮,其实他所概括的就是 20 世纪上半叶中国革命的三次高潮。

我以为中国近代史上只有过这样的三次革命高潮。19 世纪中、后期的那些浪潮都逶迤地或驰骤地推向 20 世纪的革命高潮,没有后面的几次革命高潮,就赶不走帝国主义,也打不垮封建势力,这是两千几百年的封建社会、一百多年的半殖民地地位必需的反力和激荡,它不是别国的经历所能替代,也不是后来出现的不同形势所可假设或悬想的。

三次革命高潮是新陈代谢的集中体现,都要求全局性的变革,它们的依次发生,在中国近代史上都是划时代的,反映了政治上、思想上新陈代谢的快速步骤。但是近代中国多次出现了这样的政治革命高潮,却没有出现过产业革命高潮,社会经济的新陈代谢没有跟上政治、思想上的快速步骤,科学技术落后,商品经济不发达,社会面貌得不到较大程度的改观,这就给民主革命胜利后的中国留下了沉重的负荷。我们今天的社会主义之所以是初级阶段,对科学社会主义的实践是一种理论,而在中国社会历史的发展和转折中却是一个不可跨越的事实。

中国近代学论略[1]

中国近代学,又叫近代中国学。它是中国社会进入近代之后,在学习西方、改造中国的过程中,逐步形成的一门新型学问。

一、中国究竟有没有近代学?

长期以来,西方把中国文化称为中国学,或叫汉学,有时也叫东方学。东方学以中国学为主,还包括印度、日本的文化在内,范围较中国学要广。西方讲的中国学,主要指中国古代的学问。西方人对中国的概念大致有三条:一是有悠久的文化;二是地大物博,疆域辽阔;三是人口众多。这里的"悠久的文化"就是指中国古代学,即以儒家思想为核心、包括诸子百家、考据辞章、义理之学在内的学问。多少年来,中国介绍到西方去的就是这些内容。19世纪,《中国丛报》刊登过一份介绍给西方人看的中国书目,里面不仅有孔孟的书,有老庄的书,还包括元代剧本《赵氏孤儿》。此外,外国人对于敦煌学也比较感兴趣。

---

[1] 本文根据陈旭麓先生给研究生上课的记录整理。

1979年邓小平同志访问美国。美国总统卡特在欢迎词中说：中国是世界上拥有五千多年最古老文化的国家之一，但中华人民共和国是非常年轻的。言下之意，就是说中国近代无甚可谈。事实上，不仅外国人存有这种观念，甚至中国人中也有这种看法，似乎中国近代的东西都是抄袭西方的，不存在自己的近代学。中国究竟有没有自己的近代学？或者说，究竟有没有近代中国学？如果有，它是不是抄袭西方的？如果不是抄袭西方的，那它又是什么？我经过长时间的反复思考，得出的结论是：中国有自己的近代学，中国近代学不是抄袭西方的，是从学习西方中得来的。一百多年来，中国人为了寻求救国救民的真理，实现对中国社会的改造，通过吸收西学，对中国传统文化的反省，一步步地努力建立和形成适合自己要求的中国学，这个中国学就是中国近代学。

中国近代学，相对于中国古代学而言，概括言之，就是改造中国之学。这个改造，包括对自然的改造和对社会的改造两个方面，主要是对社会的改造，社会改造推动对自然的改造。这个改造中国之学是通过古今之争、新旧之争、中西之争产生和形成的。古今之争的"古"，是指古代的文化学问，"今"是指近代的文化学问，即鸦片战争后的中国文化，包括对西方的借鉴。新旧之争的"旧"主要是指儒家的思想文化，"新"是指从西方学来的新思想、新学问。三个"之争"的核心是中西之争。通过这些斗争，提出了改造中国的一些新思想、新理论，这些新思想、新理论在中国近代社会新陈代谢的过程中不断地得到修正、充实，日趋完善，更加适合中国的国情和社会改造的需要。一部中国近代学实际上也就是中国近代政治思想文化领域内新陈代谢的缩影。

二、 从认识世界地理开始

中国近代学,是从中国人认识世界地理开始的。具体地说,就是从林则徐开始的。在抗英斗争中,林则徐为了了解外国,组织人翻译了《四洲志》(慕瑞的《地理大全》),把当时世界划出了一个轮廓。魏源的《海国图志》将《四洲志》的内容进一步扩充,初为50卷,后100卷,旁征博引,皇皇巨著。同一时期,徐继畬根据外国商人、传教士的口述和提供的地球图,编辑了《瀛环志略》。篇幅虽较《海国图志》为小,但文字精练,叙述也比较准确。书中共绘有42幅图。梁廷枏的《海国四说》,也是讲地理的,此书包括:《耶稣教难入中国说》《粤道贡国说》《合省国说》《兰仑偶说》[1]四部分。鸦片战后,姚莹贬官四川,抱着探求御夷之方的爱国思想,也写了《康輶纪行》。在40年代,中国人撰写介绍外国地理的书籍不下20本,而在此前只有杨炳南的《海录》一本。这些地理书介绍了地球的全貌、经纬度、五大洲、四大洋,把一个真实的世界展现在中国人面前,从而改变了中国传统的以中国为世界中心的天下观。这种通过地理知识来认识世界,到了清末已成为教育的重要内容。现在七八十岁的人,在少年时大多读过一本《新编三字经》,其开头就是:"今天下,五大洲,亚细亚,欧罗巴,南北美,与非洲。"追根寻源,这也是从林则徐《四洲志》开始的。

《海国图志》《瀛环志略》两书从地理出发,述及各国历史沿革、行政区域、民情风俗、人口、土地、物产、矿藏、工艺乃至军事、政治制度,如美国的总统制、英国的议会制,等等。这些内容的介绍,使中国人认识到远离中国万里之外的各国并非古时候的蛮、夷、戎、狄,它们

---

[1] 兰仑即伦敦。

也有着自己的历史和文明,从而对这些外"夷"有了新的了解。这两部书在此后一个相当长的时间内,一直成为中国人认识世界、了解世界、走向世界的指南。同、光之际,郭嵩焘、曾纪泽等一批驻外使臣,都是随身携带它们出使西方,迈步向世界的。同处亚洲的日本、朝鲜也都是拿这两部书认识世界、走向世界的。

明清之际,耶稣会传教士利玛窦、南怀仁、艾儒略等人先后来华,他们先帮助中国制造大炮,后来担任钦天监,也是通过世界地图向中国士大夫传教的。南怀仁还绘制了《坤舆图说》,但这种对世界地理的介绍范围很狭窄,限于宫廷和少数官员。雍正年间禁止耶稣教传教后,知道世界地理知识的人就更少了。林则徐、魏源对世界的认识不是直接从利玛窦、南怀仁等人那儿承接过来的,而是从鸦片战争的炮火对中国社会的震撼声中研究得到的。乾隆时代,中国处于"盛世",还没有一个大的推动力,也就是人们常说的时代紧迫感,去驱使人们认识了解世界。但是到了鸦片战争前夕,清王朝已是"日暮将至"的衰世。林则徐到广东,那是鸦片战争的最前线,他要同外国人打交道,要认识这些万里远来、毫不熟悉的"夷"人,因此不能不"探访夷情"。道光帝当时负责对整个鸦片战争的指导,可是他对于英国在何处,有多少属国,是什么样的国家,一片茫然。他身居九重,不担负实际领导责任;林则徐就不同了,他与敌人面对面地交锋,肩负抗英斗争的领导责任,他迫切想要了解对方的情况,以便做到"知己知彼"。所以我们说,中国近代学是从林则徐认识世界地理开始的。

三、翻译:建立中国近代学的重要手段

中国士大夫想在"中体西用"的思想指导下,通过学习西方,建立区别于中国古代学的学问——中国近代学。这里有一个关键,就是

翻译。

　　翻译介绍西学是中国近代学建立的重要条件。中国的翻译大致经历了三个阶段：第一阶段是隋唐时代佛学的译介；第二阶段是明清之际徐光启、利玛窦合作翻译西方有关自然科学书籍；第三阶段就是鸦片战争以后的译书。翻译西书推动了林则徐对西方的认识。林则徐为了了解外国情况，组织了一个翻译班子，在这个班子里，除了中国人外，还包括传教士梁阿发的儿子，以及"洋商通事引水二三十位"。除翻译了《四洲志》《华事夷言》，还翻译了外国的公法，如滑达尔的《万国律例》等。林则徐开了中国近代译书的头，但随着他革职充军，这个翻译工作也就无形中断了。翻译西书是时代的要求，是当时中国迫切要办的事，却没有去办，这实在是中国的一大不幸。

　　鸦片战争后，又过了几十年，翻译西书的工作才又重新开始。1860 年冯桂芬在《校邠庐抗议》一书中再次呼吁翻译西书。他说："今欲采西学，宜于广东、上海设一翻译公所，选近郡十五岁以下颖悟文童，倍其廪饩，住院肄业，聘西人课以诸国语言文字，又聘内地名师课以经史等学，兼习算学。"冯桂芬是直接继承了林、魏的改革思想而提出的。1862 年总理衙门成立。同年奕䜣奏设京师同文馆，招收生员，正式开始培养翻译人才，并着手翻译外国书籍。当时译书的指导思想是"中体西用"，目的是"应世事""济时需"，即适应清政府内政外交的需要。洋务运动开展后，译书工作有了进一步发展，无论是译书机构，还是译书的数量都较前有了增加。洋务运动期间，译书的机构和译书情况大致如下：

　　（一）上海墨海书馆。该馆创办于 1843 年，主持人为英国传教士麦都思，该馆翻译了《几何原本》，全书 15 卷，前 6 卷是徐光启翻的，后 9 卷是伟烈亚力、李善兰翻的。这使得古希腊这部数学名著得以完整地传入中国。墨海书馆还翻译出版了《全体新论》,这是近代中国第一部介绍西方生理解剖学的著作;《博物新编》,扼要介绍西方近代天文学、地理学、动物学,此书长时间被视为了解西学的入门书;《植物学》,首次系统介绍近代西方植物学知识。中国第一架印刷机也是由该馆首先使用的,当时是用牛拉,有人风趣地说:老牛是"不耕禾陇耕书田"。

(二)京师同文馆。在美国传教士丁韪良的主持下,翻译了外国公法、史地等书共20多部。

(三)1868年江南制造局附设的翻译馆。所译西书大多为自然科学方面的内容,其种类共160多种。

(四)1887年成立的广学会。这是基督教(新教)在中国设立的最大的出版机构,创办人是英国伦敦会传教士韦廉臣,韦死后由英国传教士李提摩太主持。该会初名为"同文书会",到1894年才改称"广学会"。所谓"广学",就是"广西学于中国",它以西学贯中学,翻译了很多书。

此外,还有一些译书机构,如益智书会、美华书馆、广州博济医院等。在这些译书机构中,翻译人员包括传教士和当时中国有科学知识的知识分子,如李善兰、华蘅芳、徐寿父子等。翻译的方法采用中西合译的形式,一般先由会说中国话的传教士口述,然后由中国人用中文加工润色。到清末为止,大概有几十名传教士参加翻译工作,最著名的有丁韪良、林乐知、李提摩太、傅兰雅。傅兰雅翻译的科技书籍不下100种。传教士的传教活动是带有侵略性的,但传教士中,有的人宗教性强一些,有的人侵略性强一些。他们在传教的同时,翻译介绍西书,传播西方科学文化知识,这一点是不能否定的。李善兰、华蘅芳、徐寿都是爱国的知识分子,他们为中国近代科学技术的开发做出了贡献。过去我们讲洋务运动史，往往把他们同外国传教士相提并论，这是很不妥当的。在当时的中国，李善兰、华蘅芳、徐寿等算是有心人了，他们做的都是中国人应该做的事，当时只有采用这种办法才能介绍西学，这种中西合译的方法只是到了严复，才开始发生变化。严复留学英国，懂得外文，他的《天演论》是直接从外文翻译过来的。

李善兰、华蘅芳、徐寿等人的译书活动还促进了中西文化交流。中西文化交流的区别就在于传到西方的是中国古代文化，传到中国和东方的是西学。李善兰、华蘅芳、徐寿等人同外国传教士究竟合译了些什么书？梁启超在《西学书目表》所列书目有300多种，内容分政治类（包括政治、法律）、学类（声、光、化、电）、杂类（西方政论）三大类。1899年徐维则的《东西学书录》，将当时所译西书分成31类，凡561种，这是收录19世纪中国所译西书最全的目录。这些书籍从今天分类方法来看，自然科学最多，包括数学、化学、声学、电学、天文学、地质学、生物学等；应用科学次之，包括矿务、工艺、商务、船政等；社会科学第三，包括政治、法律、交涉、历史、人物传记等。如此众多的译书，为促进和建立近代中国的各种新学问提供了知识和蓝本，也培养了一代人。当时中国人的新知基本上是通过这些译书获得的。当时有志于改造中国社会的先进分子，以及稍有点时务知识的中国人都是从阅读这些西书开始的，康有为、梁启超、谭嗣同、章太炎等人的外国知识无一不是从这里得到的。梁启超说过："惟制造局中尚译有科学书二三十种，李善兰、华蘅芳、赵仲涵等任笔授。其人皆学有根柢，对于所译之书，责任心与兴味皆极浓重，故其成绩略可比明之徐（光启）、李（之藻）。而教会之在中国者，亦颇有译书。光绪间所谓'新学家'者，欲求知识于域外，则以此为枕中鸿秘。"[1]中国近代学即反映在中国的译书和接受译书的人的思想中,他们在接受和学习西学的过程中,创立了中国近代学,也就是梁启超所说的那种"不中不西、即中即西"的思想和学问。

西方的文字和中国的文字迥然而异,文法的规范也不相同。无论是中西合译,还是中国人直译,麻烦均很多。马建忠的《马氏文通》对于译书起了不小的作用。马建忠学问很广,对于中国古文字有较深的研究,后来他又专心西学,英文、法文,乃至古代希腊、拉丁文无不通晓,他看到西方各国都有"学文程式之书"(语法修辞、文章体例等),而中国"独无",于是仿照外国"程式",于中国经籍中寻找相同与不同的,同西文印证,最后写成《马氏文通》一书。《文通》不仅对学习中国古文有"左宜右有之妙","即学泰西古今一切文学,亦不难精求而会通"[2],对于推动译书、促进中西文化交流和中国近代学的创立起了重要作用。

四、"中体西用"和进化论:为中国近代学奠基

"中体西用"与进化论,在中国近代学形成过程中,先后起过重要的奠基作用。"中体西用"在维护"中体"的名义下,采纳西学,在封建主义旧文化充斥的天地里容纳若干资本主义的新文化,给当时中国的思想界提供了新的资料和启示,从而把中国某些古代学问向近代推进了一步,这在自然科学方面最为明显。然而由于"中体西用"本身自相矛盾,它一方面采纳西学,是进步的;另一方面又固守"中体",是保守的。因此,随着中国近代社会新陈代谢的深入展开,它本

---

[1] 梁启超:《清代学术概论》,第160页。
[2] 赵尔巽等:《清史稿》,第12483页。

身最终又否定了自己。

戊戌维新是在批判"中体西用"中前进的。康、梁的改良思想本产生于"中体西用"的思想,但甲午战后,他们又否定自己原先的"中体西用"思想而发展为变法维新思想,从而把中国近代学又向前推进了一步。康有为通过接受西方进化论,把历史循环论的"三世说"改造成为历史进化论,这是康有为的一大贡献。这里面有一个推陈出新的作用。同一时期,严复开始翻译英国赫胥黎的《天演论》,介绍西方的进化论思想。在《天演论》的按语中,严复又加上了自己的思想。为了适合中国的风俗民情,便于士大夫接受,他采用了文言文体来表述,收到了巨大的社会效果。在民族危机空前严重的那时,《天演论》中的许多话,犹如警钟,震醒了许多中国人,"物竞天择,适者生存""优胜劣败"之类的警句打动了多少中国人的心!康有为是用西学来解释中国传统的东西,把中国古老的文化西方化;严复是用中国的文体表述西学的内容,把西方的东西中国化。异曲同工,社会影响和作用都很大。谭嗣同的《仁学》也是借用西方的精神武器,猛烈抨击了中国传统的东西。要学习外国,接受西学,就必须破旧,批判中国传统的东西。破、批的目的是为了把中国文化向近代化方向推进。梁启超在戊戌变法时期主要是宣传他的老师康有为的变法维新思想,他个人思想的形成则是在20世纪初年。梁启超的思想突破了"中体西用"的格局,他把中国接受西学的窗口比先前开得更大了一些。总之,无论是康、梁,还是严、谭,他们的思想、理论在甲午之后都突破了"中体西用"的格局,都在向中国近代学方面发展。

在戊戌维新时期,中国思想领域内还出现了机械唯物论、天赋人权以及庸俗进化论。天赋人权、庸俗进化论讲得多而具体,机械唯物论相对地说比较少。康、梁、严以及章太炎在用西方自然科学原理认识、解释世界时,他们的世界观往往表现出一定的机械唯物论观点,谭嗣同的《仁学》中也有一些机械唯物论的观点,但他们都还未形成体系,只是零星的反映,他们的世界观总体上还是唯心论。

当时的学制也对中国近代学形成起了促进作用。中西学堂是洋务运动中的产物。甲午战后,中西学堂为数增多。盛宣怀在天津办了中西学堂(北洋大学前身),1897年又在上海开办了南洋公学(交通大学前身)。盛一生坏事干得不少,但办学堂这件事不能否定。此外,张之洞的两湖书院、北京的京师大学堂也都是这类学堂。这些学堂对培养建立各种新的学术机构,改造旧式书院,促进中国近代学的建立,起了重大作用。这些学堂虽然也是"亦中亦西",但已不再是洋务运动时期的"中西并列",而是以新的东西来改造旧的东西,较多地否定旧学,用新学来改造旧学了。

五、在"欧风美雨"的浸润下,中国近代学初步形成

历史进入20世纪以后,西方的东西犹如被打开闸门的潮水,一下子涌进了中国,过去说的"坚船利炮""声光化电""君民共主"等概念已无法概括它,于是出现了"欧风美雨"这一新的名词,意思是说它像风和雨那样浸透到中国社会的每一个角落。"欧风美雨"一词最早出现是在1902年,词的本身并无贬义,当时使用这个词,因人而异,有的是表示惊讶,有的是表示恐惧,更多的是用来形容西来的东西多,影响范围大。它从人们的日常生活、自由恋爱,一直到最高层的哲理,无不受到西方的影响。过去到外国去的人看见外国女人袒胸露臂,男女挽手,感到奇怪,看不惯,但此时的上海、天津也是如此,他们无法说明这种现象,只好用"欧风美雨"来形容。这个"欧风美雨"

把"中体西用"打得七零八落,当时再用"中体西用"的格局来框住它、约束它,无论如何也不可能。20世纪初年人们思想的注意力越来越多地放在对西方哲理等各种学术的研究探讨上。严译8种,除了《天演论》译于甲午前后外,其余《群学肄言》《群己权界论》《社会通诠》《原富》《穆勒名学》《名学浅说》《法意》7种都是20世纪初年译的。此间,梁启超也翻译介绍了斯宾诺莎、培根、康德、霍布斯、卢梭等人的著作,以"学案"的形式,用生动流畅的中国语言文字,分别介绍了这些人的思想和理论。留日学生也出版了各种杂志,翻译介绍西方政治思想文化等方面的著作,其中影响最大、译书最多的是《译学汇编》。这些译书为以后"五四"新文化运动的兴起以及"五四"时期中西文化的论战准备了条件。

西方的东西对人们日常生活带来的影响,主要通过小说反映出来。康有为在一首诗中写道:"我游上海考书肆,群书何者销流多?经史不如八股盛,八股无如小说何。"20世纪初新出版的小说,多如雨后春笋,目不暇接,什么《新小说》《新新小说》《小说林》《绣像小说》《月月小说》《小说月报》等,还有其他的名字,这些小说多数还未冲破旧式章回小说的格局,不属于近代化,但反映了当时的社会生活,大量的是反映当时上海的生活,少量的是翻译小说,使人们多多少少知道一点有关西方的情况。由于它是以风俗人情影响人们生活,直接为"五四"新文化运动的兴起奠定了基础。

20世纪初年,在大量西来的东西里面,有一些是中国人自己加工、为中国人自己所接受并成为中国化了的东西。如孙中山的三民主义,思想源头来自西方,主要来自美国乔治·亨利、华盛顿、林肯等人,但孙中山结合中国国情,高度概括了当时中国亟待解决的问题,三民主义虽来自西方,但它与中国社会实际相结合了,因此变成了中国的东西。孙中山后来提出的"五权宪法"（三民主义外加考试、监察）也来自西方，但结合了中国国情，是中国化了的东西。外国的东西要想在中国立足，必须中国化，必须结合中国的国情、特点。西方传教士在华传教就扣住了这一点，不光是传播基督的"福音"，而是基督加孔子，这几乎是一个规律。又如孙中山的建国三段论也是学习西方、中国化了的东西。军政、训政、宪政，都有一定的道理。对人民不进行教育不行，当然要有训政；一个国家没有宪法也不行，所以也还离不开宪政。孙中山这三段论有一定的合理性，不过后来被蒋介石利用了。孙中山的政治思想有他一定的体系，他的政治思想是从西方学来的，是为着解决中国问题，并不完全是照搬照抄，而是同中国的国情相结合的。

蔡元培是近代中国资产阶级教育的奠基人。近代中国比较完整的资产阶级教育思想是由蔡元培建立的。蔡元培的教育思想概括起来有三个方面：（一）军国民主义为体育；（二）实利主义为智育；（三）公民道德与美育为德育。三个方面最后统之于世界观的教育。德、智、体、美"四育"来自西方，但又体现了中国传统的内容，其中也有孔子的东西，不过不太明显。这种把西方的东西同中国的实际结合起来并形成中国自己近代的教育思想，同蔡元培本人所受教育有关。他出身翰林，旧学根底很深，后来又到德国、法国学习多年，可以说是学贯中西。当时中国，也只有到了蔡元培这个时候，才能产生这"四育"，在他以前，不可能产生。"四育"在今天还有它积极进步的意义。

梁启超的史学思想，也是这样。梁启超是近代中国资产阶级史学理论最早的倡导者和奠基者。把中国传统的史学改造为资产阶级新史学是梁启超于20世纪初年一手建立起来的。梁启超史学思想的形成，先是受康有为的公羊"三世说"的影响，后是受了西方进化论的影响。梁不同于康有为,他立意求新,追随时代,戊戌政变后,他流亡日本,有机会接触很多由日文翻译过来的西方资本主义国家的书刊,通过吸收西方新的史学思想,大胆批判封建史学,逐渐形成他自己的史学观点和理论,他的《饮冰室合集》中,内容最多的是史学。中国过去的历史书大都为纪传、编年、纪事本末等史书体裁,以封建王朝断代和以帝王年号纪年,是梁启超采用欧美史著章节叙述的撰写方法,建立中国近代史学的编写体裁。

王国维是一个大学术家,中国近代学术研究是由他一手建立起来的。陈寅恪曾把他的学术思想归纳为三条:(一)拿地下出土的实物与原有的遗文(如四书五经)互相释证,把甲骨文、经文同中国古书印证,乾嘉学派未做的他做了,他的殷周史《殷卜辞中所见先公先王考》就是这方面的代表作;(二)拿异族的古书与汉族的旧籍来互相印证,表现在对辽、金、元史的研究以及对西北史地的研究;(三)拿外国西方的观点同中国古有的材料互相参证。这三条概括了王国维在中国近代学术研究中的地位。王国维的学术研究远远超过乾嘉学派,他的这三条为近代中国学的创立奠定了基础。章太炎虽也是个大学者,但赶不上王国维,章的研究始终未超过乾嘉学派,他不相信甲骨文。章太炎与王国维的不同,概括地说,就是在学术思想、学术地位方面,王国维地位高于章太炎,在政治思想方面,章太炎的地位高于王国维。对于王国维的死,众说纷纭,莫衷一是。先前讲是因为家庭纠纷,与罗振玉的矛盾,这些都是王国维的亲属和门生故旧为了保住王国维在政治上的地位所造的舆论。这些都不是他死的真正原因。最近蔡尚思先生在《历史研究》上的一篇文章中谈到王国维的死比较切乎事实。他的死是冲着革命而来的。叶德辉的被杀,宣统皇帝的被逐出宫,使他实在受不了,他对亡清是一片孤忠,皇帝被逐出宫,他能受得了吗？他不是上海滩的小流氓,他有他的道德观。"忧来思皇上,一死报君恩。""义无再辱",于是跑到昆明湖,一跳了事。

总而言之,到20世纪初年,中国近代学的各门学科大体都已粗粗形成,不过均还未脱离西方的影响。

六、"科学与民主"：中国近代学正式形成的标志

科学与民主是实现近代中国的标准,也是作为一个中国近代人的标准,没有这个标准,就是中世纪的人。对于中国近代学来说,科学与民主更是形成中国近代学的标准。中国近代学开始于鸦片战争,形成于"五四"时期。科学与民主这个口号最早是陈独秀在《新青年》杂志上提出来的,当时称德莫克拉西（Democracy）和赛因斯（Science）,简称德、赛两先生。陈独秀说："只有这两位先生,可以救治中国政治上道德上学术上思想上一切的黑暗。"中国人摸索到这个标准、得出这个结论是很不容易的。回顾中国近代学形成的漫长历程,最先是林、魏提出"师夷长技以制夷",而后是洋务派提出的"中体西用",再后是维新派的"变法维新""君民共主""自由、平等、博爱",只到这时才提出"科学与民主",最后是"只有社会主义才能救中国"。这个历程向我们揭示了：科学与民主这一口号是中国人经过80年的艰苦认识才推悟出来的,它比以前的任何一个口号都要来得深刻。

说科学与民主是中国近代学的标准,就是说,凡是一切不符合科学与民主的东西都在破除、批判、反对之列,破的另一面是立,立科学的东西、民主的东西。自由、平等、博爱固然也包含民主的内容,但它

缺乏一个科学体系。科学与民主则适用于政治、思想、文化、学术乃至人们的社会生活等各个领域。当时提倡民主，主要是针对孔教、礼治、贞节等不民主的东西；提倡科学，是针对宗教迷信、偶像崇拜等不科学的东西。陈独秀在1918年提出三点意见：（一）勿尊圣（即尊孔）；（二）勿尊古；（三）勿尊国。"勿尊圣"，意思就是不要像基督教崇拜耶稣那样，尊崇孔子。"勿尊古"，就是不要拘守成法、成例，不要"定于一尊"。近代史上打"古"始于戊戌维新时期，谭嗣同当时把"古"狠狠地打了一下。"五四"时期，陈独秀再次把"古"狠打了一下。"勿尊国"，就是指科学、文化、学术、宗教不应受国界的限制。狭隘的民族主义、人为的障碍造成人们之间互相敌视，限制了科学、文化、学术交流，应该打破这个防线。

讲到"五四"新文化运动，不能不讲一讲胡适。他是"五四"时期的重要人物，与中国近代学的形成也很有关系。由于政治立场与革命对立的原因，在革命战争的年代里，他一直作为靶子，被钉在历史的耻辱柱上，成为我们批判的对象。现在我们回过头来看看他的东西，在治学、论证等许多方面都还有不少可取的东西，在这些东西里面带有科学与民主的观点。我们讲他不赞成科学与民主，主要是指他在政治上反对马克思主义、反对无产阶级革命。他政治大前提错了，然而不等于他一切全错，不等于他在一些具体问题上没有正确的东西。他在"五四"时期很活跃，提倡白话文，用科学与民主的观点来研究中国古代哲学，研究古典小说以及当时的社会问题，影响很大，我们应当实事求是地对他进行评价。研究文化思想史还不能撇开他。

"五四"时期，赞成科学与民主这一口号的除了陈独秀、胡适，还有李大钊、鲁迅、蔡元培、吴虞等人。他们都是"五四"时期的大将、代表人物。他们那时的文章大多以批判旧的东西为前提,宣传科学与民主。在批判中大立科学民主的东西,立那些向中国近代化领域进军的东西,立那些应该拉到中国近代范畴中来的传统的学术、思想。具体地说,有以下一些方面:

在科技方面,这方面中国从外国搬来的比较多,但数学是中国的古学之一,完全可以拉到中国近代学的范畴中来,又如改造自然方面,地质学来自西方,但中国古代的一些矿学知识还是可用的。后来李四光就结合西方地质学理论和中国古代保存的地质资料,创建了中国的地质学。钱塘江大桥是取法西方建造的,但中国造桥古已有之,从独木桥到赵州桥,这样串起来,就形成了中国自己的近代桥梁学。又如印刷,中国古代就有刀刻的竹简和帛书,漆书,纸和笔,文房四宝,这些都应该肯定的,以后的木版印刷、活字印刷都是应该肯定的,这样就把中国古代的印刷术同西方传进来的石印、铅印技术联起来了,形成中国自己近代印刷方面的学问。"五四"以后,当时世界上已有的自然科学学科,中国大体上也都建立起来了。有些学科还形成自己独特的风格,在国际上具有一定的影响。

哲学社会科学领域方面,从当时大学、研究所开设的课程和研究项目来看,西方当时有的,中国也大都建立起来了,即使稍晚出现的人口学、社会学,也都有了。随着中国近代学的形成,中外文化交流也日趋活跃。"五四"前,来华的外国人中主要是政治人物,学者讲学绝少。"五四"以后,外国学者来华讲学的不少,著名的有杜威、罗素等。二三十年代,中国自己的学者如胡适、赵元任、马叙伦等也应外国邀请,到国外讲学,这些都能说明中国近代学的形成。西学就是这样被介绍到中国,然后由中国吸收、消化,最后中国人又用这些西学的理论、观点、方法来分析、考察、研究中国的历史与现状,建立中国自己近代的科学。胡适的《中国哲学史大纲》《白话文学史》就是这样写出来的，虽然还不那么成熟，但是，是从"五四"之后开始的。胡适为人、治学都比较谦和，不像章太炎、康有为那样大言炎炎，那样狂妄。章、康认为我就是中国文化，中国文化就是我；我死了，中国文化也就死了。相比之下，倒是胡适比较谦虚。胡适写过一篇实验主义的文章，他认为当时除了这一篇，还没有第二篇，应该收入《文存》里。事实上，当时也确实没人写过实验主义的文章，胡适这样讲，是实事求是的态度。用西方哲学社会科学的观点分析、考察中国历史与现状，这是中国近代社会科学形成的重要标准，这里面包含两层意思：（一）没有西方的东西，中国近代社会科学就形成不起来；（二）有了西学，如无中国人用西方的思想、理论、学术观点来分析、考察中国的社会历史，不了解东西文化，那么中国近代社会科学也是建立不起来的。

　　文艺领域，同样反映了中国近代化了的东西。近代文艺是由鲁迅、巴金等人开的头，《狂人日记》是个标志。"五四"前的演义小说、章回小说大都属于由古代文化向近代文化过渡的东西，不属近代文艺范畴。近代文艺出现于"五四"之后。近代音乐产生于抗日战争时期，冼星海、聂耳等人的作品都是学习西方、中国化了的东西，是西方的乐律，民族斗争的内容。近代绘画艺术也是"五四"以后出现的，中国传统的画是"中国画"，"五四"后开始学习西方的绘画技巧。如徐悲鸿的马，画的还是中国画，但已受了西方写生素描画法的影响。中国近代学的形成，还反映在译书的变化。先前，外国人翻译中国书，只翻古代的，理雅各把中国四书五经译成《中国圣经》。"五四"以后，外国人也开始翻译中国近代的作品，20年代，鲁迅、胡适等人的东西先后被英法等国译成英文、法文，介绍到西方去。这说明外国人已开始看到和承认中国已有自己近代的东西。今天苏、美、英、法、日各国,都对"五四"以后的中国文化开展了研究。

科学与民主作为中国近代学形成的标准,它不是用古今之争、新旧之争、中西之争这三个"之争"的标准来看问题的,而是从这三个"之争"中抽出来的一个共同标准。它不受时间、空间的限制,而是从这些争论中找出的一条最本质、最高度的概括来作为标准的。当然,科学与民主如果没有三个"之争"也是提不出来的,没有对东西文化有较多的了解,不找出西方哪些东西最先进,哪些东西中国最急需,不找出中国哪些东西落后,哪些东西缺乏,也是不可能提出来的。科学与民主跳出了三个"之争"的框框,是三个"之争"的升华,这是观念形态上的飞跃,没有这个飞跃,中国近代学无法形成。

"科学与民主"这一口号,从根本上说,还是属于资产阶级的范畴。但在半封建半殖民地的中国,它批判封建陈腐落后的东西,提倡科学的东西、民主的东西,对于促进中国政治、思想、文化、学术领域向着近代化迈进所起的作用是巨大的。"五四"以后,马克思主义在中国广泛传播,并在中国政治、思想、文化领域中取得了主导地位。科学与民主在政治领域内已为马克思主义所容纳,但在文化学术领域影响仍旧很大。马克思主义在中国的传播,日益同中国革命实践相结合,产生了中国的马克思主义——毛泽东思想。这是中国政治思想的一个重大发展。它用辩证唯物主义和历史唯物主义的观点来分析研究中国的社会问题,远远突破了科学与民主这一标准,在改造中国、指导中国前进方面找到了一条成功的道路,指明了"只有社会主义才能救中国",从而把中国社会向前推进了一步。

中国人为了建立自己的近代学,对于东西文化的认识经历了一个漫长的过程。冯友兰先生在他的回忆录《三松堂自序》中讲他认识东西文化经历了三个阶段：

"在第一阶段，我用地理区域来解释文化差别，就是说，文化差别是东方、西方的差别。在第二阶段，我用历史时代来解释文化差别，就是说，文化差别是古代、近代的差别。在第三阶段，我用社会发展来解释文化差别，就是说，文化差别是社会类型的差别。"[1]

经历过这三个认识阶段的中国人很多。有的人也许因为早逝或停滞不前只经历了前两个认识阶段。用地理区域、时代古今来认识文化是资产阶级的观点，但它有合理的地方。用社会发展的观点来解释文化差别，冯先生算是比较晚的了，比他早的人还有。早在"五四"时期，李大钊就曾对东西方社会和东西文化的差异作过比较。他说东方是农业社会，西方是工业社会；东方文化是静的文化，西方文化是动的文化。从社会发展形态来看，中国社会要发展，就必须对整个社会进行改造，中国落后于西方，不是局部问题，而是一个带根本性的问题，要解决这个落后，就必须改造落后的中国。

"五四"时期，许多人用科学与民主这一标准开展对中国古代文化的研究，并写出了一批学术价值较高的作品。胡适运用这一标准研究中国古代哲学，写出了《中国哲学史大纲》一书。郭沫若运用这一标准研究中国古代社会，写出了《古代社会研究》一书。同样，王国维、闻一多等人的研究成果也大多得之这个标准。今天我们运用辩证唯物主义和历史唯物主义研究哲学社会科学，还不能否定科学与民主这一标准。它对于我们的研究仍具有促进作用。

---

[1] 冯友兰：《三松堂自序》，第362页。

七、中国近代学：改造中国之学

两千多年的中国封建社会处于一个长期稳定的状态。造成这个稳定的因素很多，从思想文化学术方面来看，与秦汉以后确立以孔子忠孝思想为核心的儒家思想分不开。在中国历史上，一个朝代建立后，往往都要"定于一尊"，汉武帝"独尊儒术"把孔子"定于一尊"而与大一统相连。"定于一尊"有它的向心力、稳定性，但对社会发展有阻碍作用。封建社会中许多政治斗争是为着这个"一尊"和稳定性展开的。当这个"定于一尊"和稳定性受到威胁动摇，统治阶级往往采用法家的东西来补充，不是以法济儒，就是儒法兼用，互为补充。王安石的变法就是这样。历来的农民起义也是起了这方面的调节作用。农民起义暴露了社会黑暗，把统治者狠狠地打了一下，统治阶级把起义镇压下去，吸取教训，采取一些措施，缓和矛盾，最后又实现了社会稳定。中国社会自进入近代之后，情形就不同了，一切都在摇撼这个稳定性，跑在社会最前面的就是为着摇撼这个稳定性，就是为着如何摇撼这个社会。由于这个社会稳定的时间太久，基础太牢，我们摇撼了一百多年。孙中山为之奋斗了一生，推翻了清朝，但因未彻底动摇这个社会的基础，还是失败了，最后还是马克思主义动摇和摧毁了这个稳定性。

为了动摇这个稳定性，实现对中国社会的改造，中国政治思想学术领域内长期存在着斗争和论争。一方面是革新派同一切顽固守旧势力的斗争，另一方面是革新派内部就实现社会改造的方式、途径、手段开展论争。这种斗争和论争伴随着中国近代社会新陈代谢，几乎同步进行。在19世纪末，先是洋务派、改良派同封建顽固派围绕中国要不要进行改造的斗争。继而是20世纪初年立宪派同革命派的论争,是用君主立宪来实现社会改造呢,还是推翻清朝,用民主共和来实现这个改造呢?立宪派、革命派都是改革派,他们是近代中国两大基本矛盾下产生的政治派别,他们的论争只是改造社会方式的论争,争论的目的都是为了实现中国社会的改造,为着改变中国半封建半殖民地的社会地位。两派的区别就在于立宪派反封建程度弱一些,有较大的妥协性;革命派反封建程度大一些,有较大的革命性。"五四"时期,在运用马克思主义实现中国社会改造的斗争开展后,在政治思想领域内,围绕着如何改造的问题,革新派内部再度分歧。胡适同孙中山民主派比较接近,主张走西方资本主义的道路,把中国建成资本主义国家。无产阶级革命派则主张走苏联的道路,把中国变为社会主义国家。两派为此爆发了一场论争,当时的思想领域都打上了这场论争的烙印。同样,在共产党内部,也在如何实现中国社会改造,采用什么方式、途径等问题上存在着分歧,出现了所谓"左"、右的路线斗争,这些斗争是革命派内部思想认识上的分歧,他们的目标是一个,都是为着实现改造中国社会这一目的。最后实践证明是毛泽东正确,是毛泽东把马克思主义同中国革命实践成功地结合起来,实现了对中国社会的改造。

实现对中国社会改造的斗争包括破与立两个方面,一百多年来,我们破得比较多,在破的方面花的力气也特别大,但立的方面,始终没有立起来,或者说立得很不好。由于立不起来和立得不好,破就有反复。辛亥革命因为立得不好,结果政权被袁世凯夺去了。后来袁世凯图谋帝制,张勋复辟,都是这个原因。

在实现对中国社会改造的斗争中,产生了一大批足以反映中国近代学问的代表作。最先是《龚自珍全集》。龚自珍主张"更法",破了一点,但很朦胧,还未找到新的因素。其后是魏源的《海国图志》、冯桂芬的《校邠庐抗议》、郑观应的《盛世危言》,这一时期还包括少数洋务派著作中的某些论点。接着是康有为的"三书"(《大同书》《孔子改制考》《新学伪经考》)、谭嗣同的《仁学》、严复的《天演论》、梁启超的《新民说》、章太炎的《訄书》,再后是孙中山的"三民主义"(《孙文学说》),一直到雄文四卷——《毛泽东选集》(四卷本)。这些著作都是改造中国社会斗争的结晶,它包括哲学社会科学领域的各个方面。在这些著作中,始终贯穿着这样一个思想逻辑:如何对待、认识、接受西方文化的问题。20年代,杜威曾经说过中国文化是东西文化的焦点,认为将来中西文化总会汇合的,这个汇合就是中国学习西学。在世界文化中,西学占主导地位。今后中国文化的发展无疑地仍将沿着这样一个思想逻辑发展下去:只有不断地汲取西方文化中有价值的东西,结合中国的国情,才能建立适合自己的现代中国学和未来中国学。

关于中国近代史的年限问题[1]

鸦片战争开始以后的中国历史,过去使用过各种不同的名称,如中国近世史、中国近百年史、中国近代史等,也有称作中国现代史的。

"近世史"这一名称,是因袭西方资产阶级史学界划分世界史而来的。梁启超在《近世文明初祖二大家之学说》一文中写道:"泰西史家,分数千年之历史为上世、中世、近世三期。所谓近世史者,大率自十五世纪之下半以至今日(按:此文作于1902年——引者)也。"[2]在另一文中他又以世界历史和中国历史对比地说:"合世界史通观之,上世史时代之学术思想,我中华第一也;中世史时代之学术思想,我中华第一也;惟近世史时代,则相形之下,吾汗颜矣。虽然,近世史之前途,未有艾也。"[3]这里不谈梁启超的论点当否,只说明梁启超心目中的近世史,就是世界资本主义发生发展的历史,中国的近世史大体是和世界近世史并行的。"近世史之前途,未有艾也"一语,正是资产阶级永恒世界的美梦,梁启超所希望的中国也正是这个前途。

---

[1] 原载《学术月刊》1959年第11期。
[2] 梁启超:《饮冰室合集》,文集之十三,第1页。
[3] 梁启超:《饮冰室合集》,文集之七,第2页。

所以从清末到辛亥革命以后出版的一些中国近世史,多数都是从 16 世纪西方传教士来到中国的所谓"西学东渐"写起的,也有开始于鸦片战争的。

"近百年史"这一名称,则始于抗日战争,因为从鸦片战争至抗日战争前期,恰满百年。毛泽东在 1939 年写的《中国革命和中国共产党》这一名著中说:"中国人民的民族革命斗争,从一八四〇年的鸦片战争算起,已经有了整整一百年的历史了。"稍后,毛泽东又在《改造我们的学习》一文中写道:"特别重要的是中国共产党的历史和鸦片战争以来的中国近百年史。"接着指出"近百年的经济史,近百年的政治史,近百年的军事史,近百年的文化史",都须有人"认真动手去研究"。所以"近百年史"一名一直为人们普遍地使用着。确实这一百年,中国人民的印象是太深刻了,它是灾难重重的 100 年,也是艰苦奋斗的 100 年。直到最近,时代的发展早已超越了 100 年,人们写作从鸦片战争到中华人民共和国的历史,却仍喜沿用"近百年史"的名称,如 1958 年出版的《湖南近百年大事纪述》,即其一例。不仅因为"近百年史"一名的深切著明,也由于近百年可以贯串五四运动前后的历史,而不受以五四运动为界标习分为近代和现代的局限。然而时代标明的实际数字,从 1840 年到 1949 年,毕竟是 110 年了。

至于把鸦片战争以来的历史称作近代史或现代史,过去是不加区分地使用的,虽然较多的地方称作近代,却也有以现代命名的。把近代和现代作为两个概念严格地区分开来,以鸦片战争至五四运动的 80 年为近代,以五四运动开始以后的历史为现代,教学用书更严守这个界线,这是最近十年来的事,也是学习苏联科学地区分近代和现代历史的结果。这种区分,不仅改变了过去对近代和现代名称的混淆,也打破了近百年史的习惯用语,显然是历史科学向前发展的表现。

但是,随着中华人民共和国的伟大发展,中华人民共和国史日益成为独立研究和讲授的对象——我国社会主义革命和社会主义建设的历史。因此,史学界酝酿着重新划定近代和现代历史分界线的意见,主张自鸦片战争迄中华人民共和国成立的110年为近代史,中华人民共和国建国以来的历史为现代史,即把原来划在现代史的前30年归入近代历史的范围。如教育部组织一部分高等学校教师正在编写自五四运动迄中华人民共和国成立的历史教材,原拟称作《中国近代史:新民主主义革命时期》,但这个名称太长了,使用不方便,现已定名为《中国新民主主义革命时期通史》。这个名称值得注意的有两点:(一)它是作为近代史的下半部来处理的,名为新民主主义革命时期的历史,以区别于习称的现代史;(二)它是作为整个中国通史的一个段落来处理的,它不仅要写革命史,也要写经济、文化和少数民族等方面的历史,因此以"时期"和"通史"等字样来区别于一般新民主主义革命史。

上述名称的改变,好些同志不甚赞同。认为世界史的近代和现代既然是以十月革命为分界线,中国的近代和现代史以十月革命影响下的五四运动为分界线,不是很合适的吗?而且以五四运动起的历史为现代史,已为大家所接受,重划没有什么必要。

本来历史时期的划分,是在于更好地反映客观历史发展的规律,从社会形态之间的区分到一个社会形态内部的划分阶段,都不外是找出一个至善之境,使它能够标明历史阶段的客观性。但是社会形态内部的分期,是着重于这个社会变化发展的环节,不管以阶级斗争为标志也好,以社会经济的变化为标志也好,都要能显示出历史链条中的环节,这个环节绝不是人们主观的设想,而是客观事物本身所固有的存在形式。而一个社会形态和另一个社会形态的区分,却是革命性质和社会性质的根本转变。我觉得近代和现代史的划分,它不应是标示一个社会形态内部的分期,而应是标示这一种革命到另一种革命的交替,这一个社会形态到另一个社会形态的转变。

如果说以社会的质变作为近代和现代史的分界线是正确的话,那末中国近代史的下限,就不应是五四运动,而应是中华人民共和国的成立。

众所周知,近代中国社会是一个半殖民地半封建社会,1840年的鸦片战争是半殖民地半封建社会的开端,1949年中国共产党领导中国人民革命在全国范围内取得胜利是半殖民地半封建社会的结束。那就是说这110年的历史是一个半殖民地半封建社会的历史,它不是有完整意义的资本主义社会,而是在外国资本主义侵略下的变态社会。它的社会生产关系始终是由一种形式过渡到另一种形式的过渡关系,这种过渡关系的主要特点,就是资本主义生产和封建生产的搏斗,爱国的人民和外来侵略势力的搏斗。长期搏斗的结果,虽然没有建立起资本主义社会,但社会生产一直是在曲折的途程上变化和发展的。因此,以近代史概括充当资本主义社会形态的半殖民地半封建社会的历史,而不因五四运动把一个社会形态分割为两截的近代、现代史,是更为科学些的,也更能完整地反映鸦片战争以来中国社会变化、发展的规律。事实上中国科学院经济研究所近年编印的《中国近代工业史资料》《中国近代农业史资料》《中国近代手工业史资料》等书,所辑资料的内容,都是从1840年到1949年,这说明了这一百多年的社会经济的变化、发展,有着不可分割为二的连锁关系。

鸦片战争是半殖民地半封建社会的开始,也是中国民主革命的开始。我们知道中国的民主革命,是和民族革命结合在一起的,这是半殖民地半封建社会民主革命的根本特点之一。中国的民主革命完全取得胜利,是在1949年推翻最后一个反动"王朝"——国民党政府,和驱逐帝国主义势力出中国大陆才实现的。五四运动虽然是新旧民主革命的分界线,但它并没有改变革命的性质。毛泽东在论述中国革命必须分两步走的时候,指出:"第一步的准备阶段,还是自从一八四〇年鸦片战争以来,即中国社会开始由封建社会改变为半殖民地半封建社会以来,就开始了的。中经太平天国运动、中法战争、中日战争、戊戌政变、辛亥革命、五四运动、北伐战争、土地革命战争,直到今天的抗日战争,这样许多个别的阶段,费去了整整一百年工夫,从某一点说来,都是实行这第一步,都是中国人民在不同的时间中和不同的程度上实行这第一步,实行反对帝国主义和封建势力,为了建立一个独立的民主主义的社会而斗争,为了完成第一个革命而斗争。"[1]这样,把从旧民主主义到新民主主义的民族民主革命串联起来,说明"许多个别阶段",是一种后浪推前浪的关系,这正是中国近代通史体系的客体。在全国解放前,我们所写的中国近代史,切实地说起来,还是一部没有完成的历史,一直到中华人民共和国宣布成立的那一天,我们争取国家民族独立自主的民主革命的历史才告完成,近代历史也就有了明确的结论。刘少奇写道:"中华人民共和国的成立,在革命的最主要问题即政权问题上,标志着中国民主革命的终结和社会主义革命的开始。"[2]所以中华人民共和国成立前的110年中虽然有新旧民主的区分,却只是一篇文章的上下篇,而不是两个

---

[1] 《毛泽东选集》第2卷,第659—660页。
[2] 《红旗》1959年第19期,第4页。

不同内容的题目。当然两者的领导和前途已发生了根本变化，谁要是忽视了这个根本变化，谁就会错误地混淆新旧民主的界线。

那末，把新旧民主革命都包括在一部近代史中，是不是会混淆了无产阶级和资产阶级领导革命的界线？是不是会混淆了两种世界革命对中国革命的关系？我以为问题不在于从旧民主到新民主的联系会混淆了两者的界线和世界革命的关系，而在于写作和讲授者思想认识的明确与否。苏联的现代史是以十月革命为起点的，然而工人阶级的政党领导俄国革命是早就开始了的，伟大的1905年革命和1917年的二月革命，不是俄国工人阶级政党领导的资产阶级民主革命吗？苏联的历史却把它写在近代历史的范围内。当然新旧民主革命的界线是不容混淆的，我曾经写过一首诗，其中有几句是表达这个意思的："近代历史百十年，民主革命贯始巅。时代变化区新旧，五四从来是界线。"虽然，还有同志主张提前以1917年的十月革命或拉后以1921年中国共产党的成立为新旧民主革命的界线，但是五四运动为中国新旧民主革命的分界线，毕竟是为大家所公认了的。因为"在这个时候，中国工人运动开始高涨起来，中国人民中的先进分子开始确信，能够解决中国问题的不是资本主义的道路，而是社会主义的道路"[1]。这个新时代到来的标志，虽然是在十月革命一声炮响之后产生的，但它在中国的实际反响，却至十月革命后两年的五四运动才激烈地体现出来。至于中国共产党的诞生，无疑是中国革命从旧民主到新民主转变的根本力量，然而五四运动却是中国共产党成立的思想动员和组织动员，它是新时代到来的先声。"五四"时期虽然还没有中国共产党，但是已经有了大批的赞同俄国革命的具有初步共

---

[1] 刘少奇：《关于中华人民共和国宪法草案的报告》。

产主义思想的知识分子。这就在工人阶级壮大的基础上,有了促进和领导新民主主义革命的力量。可是新旧民主革命的界线,不一定就是近代和现代史的界线,因为它没有改变中国社会的性质,也没有改变民主革命的性质。

世界史的现代始于十月革命,中国史的现代如果不以紧接着十月革命的五四运动为起点,是否会造成局部和整体的不一致?当然十月革命胜利的伟大意义,首先是否定了资本主义世界,宣告世界无产阶级革命从此大踏步前进了,鲜明地划出了两个世界和两个时代。然而历史的进程,不可能强求在世界范围内各个国家的步伐都一样,在具体历史条件下,它们还有自己的近代和现代。譬如世界史的近代始于17世纪中叶的英国资产阶级革命,日本却晚至1868年的明治维新才由中世纪的历史正式进入近代,中国的近代也是至1840年才开始的。虽然有人想把中国的近代上推至明代资本主义的萌芽,那是缺乏科学根据的。这里我不是想把资产阶级的世界革命和无产阶级的世界革命来伦比,而只是说明世界历史和一个国家的历史所跨进的时代有先后。苏联现代史和世界现代史的起点完全一致,是因为世界无产阶级革命的胜利首先是在那里实现的,一般和特殊在它的自身获得了统一。

近代和现代历史的分界线,除了就社会形态和革命性质来区分外,就时间的意义上来说,近代是去今不远的历史,现代就是今,就是活生生的现实。当1949年中国宣告独立自主的那一天,即中国近代历史的宣告结束,也就开始了另一性质的伟大革命,跨入了现代历史。因此中国的现代还才开头,是正在发展中的历史,它的内容将随着时代的前进而更加丰富起来,"方兴未艾"这句话,恰是我们现代的写实。公羊学家称孔子作《春秋》,有"所见、所闻、所传闻"的三种情况,即所谓"春秋三世说"。拿这个公式来标明我们今天对于中国近代和现代历史的关系,那我们现在和110年的近代史,是包括"所见、所闻、所传闻"的境界的,即经历了"三世"的境界。至于现代呢?不仅是我们"所见"的,更是我们及身努力的社会主义革命和社会主义建设;不仅是我们的今天,也是我们的明天。李大钊说:"宜善用今,以努力为将来之创造。"[1]他所要创造的将来,正是我们的今天——伟大的社会主义的中国、现代的中国。

以中华人民共和国的诞生为中国近代和现代史的分界线,是不是会割断我们党的历史或工人阶级领导中国革命的历史?我想应该把"通史"和"专史"区别开来。作为"中国近代通史"的整体来说,它应包括半殖民地半封建社会的全部历史:纵的方面,以民族民主革命的反复斗争和不断发展的历史为主干;横的方面既要写汉族的历史,也要写少数民族的历史,既要写社会经济的变化,也要写思想领域的斗争,就是比较刻板的政治制度,也不能完全略而不谈。这样才能反映近代中国社会的全貌。至于党史和新民主主义革命史,那是属于专史的范围,当然这样的专史,它又是革命实践的普遍真理的记述,必然是以伟大的五四运动为起点。另一种性质的专史如近代经济史一类,它的起讫就完全可以和近代通史一致。由于各种专史有它自身的特点,我们既不应以专史去范围通史,也不应以通史来要求专史。这是一般和特殊必有的差异。

由于近代史的下限的延伸,它的年限将由80年变为110年,这就牵涉到和近代史分期问题的关系。两三年前我们展开的中国近代史分期问题的讨论,有些阶段的意见比较接近,有些阶段的划分是极

---

[1] 李大钊:《李大钊选集》,第96页。

不一致的,如甲午战争以后的分歧就特别大。我感到没有就整个半殖民地半封建社会的历史来考虑,把五四运动设想为近代和现代史的不可逾越的界线,对问题展开讨论的局限是有影响的。作为近代通史的分期,我以为从1912年辛亥革命的失败到1927年第一次国内革命战争的失败,是可以划作一个历史时期的。这个时期的特点,一方面是旧民主革命的失败,资产阶级革命派在失败后的继续挣扎;另一方面是新民主革命由开始酝酿到展开第一个重要的战斗回合,这是新旧民主革命换防和接防的阶段。"山重水复疑无路,柳暗花明又一村",是这个转折阶段的重要特色。如果"朝代"的兴灭还可作为分期的参考,那末这个15年恰是北洋军阀反动统治的时期。在前面引述到的《中国近代农业史资料》,就是把1912年到1927年作为一个时期来编辑资料的,也恰反映了这一时期客观存在的阶段性。历史时期的划分,贵在标示历史链条中的环节,这个环节往往是带有全局性的,如果以片面的理由为依据,那末近代历史上的许多年份都可作为分期的标志。然而历史的自身却不一定承认这样的标志。

无论近代现代史年限的划分,和从此引申而来的与近代史分期的关系,都涉及一些关键性的问题,有待于进一步研究和讨论。

中国近代史上的爱国主义[1]

中国近代,是一个外侵内腐、多灾多难的屈辱时代,也是爱国主义思想喷涌激发、大放异彩的光辉时代。

一

短促而又辛酸的中国近代途程,是在外国资本主义、帝国主义侵略和中国人民反侵略的厮杀声中艰难走过的。反对外国侵略,构成了近代爱国主义乐章的主旋律。

这首先表现为反抗侵略的一贯性。从鸦片战争到五四运动,外国侵略者对中国发动过五次大的侵略战争:鸦片战争、英法联军战争(又叫第二次鸦片战争)、中法战争、甲午中日战争、八国联军战争。虽然每次战争都以中国的失败而告终,但每次都表现了中国人民的勇敢抗暴精神。中国人民从来没有屈服过。

反抗侵略的思想是极其丰富的。中国人民除在武力上进行抵抗以外,还利用多种形式进行抗击。他们几乎把生活中各种活动都与

---

[1] 原载《求索》1985年第3期。

反对外国侵略联系起来,出现了各种各样的救国思想:商务救国、实业救国、教育救国、洋务救国、民权救国、革命救国等;以"救时""保国""救世"命名的书刊、团体层出不穷,如《救时揭要》、《救时刍言》、《救时要议》、保国会、《保国歌》等。这说明,在中国近代社会两大主要矛盾中,帝国主义与中华民族的矛盾居于更主要的地位,而且影响、渗透到其他各种矛盾之中。

这更表现为中国社会各阶级在一定程度上反对侵略的一致性。农民阶级、民族资产阶级、地主阶级中的一部分,都积极地参加反对侵略的斗争。

在历次反对外国侵略的斗争中,广大劳动人民,主要是农民,自发地保卫乡土,保卫祖国,英勇地抗击了外国侵略者。三元里抗英,太平军打击洋枪队,义和团反帝,台湾人民抗日,还有连绵不断的各地反洋教斗争,都属此类。勇敢的人们用中世纪或原始时代的武器,乃至以血肉之躯,与拥有近代坚船利炮的侵略者进行着殊死的战斗。这种不畏强暴、不怕牺牲的卫国精神,是中华民族传统的爱国主义思想的再现。尽管由于历史和阶级条件的限制,农民没有也不可能夺取反帝爱国斗争的彻底胜利,但他们的斗争,向侵略者显示了中国人民隐藏的巨大的反对外国侵略的物质力量,激发、鼓舞了其他阶级反对外国侵略的勇气,也在一定程度上延缓了中国殖民地化的进程。

在反对外国侵略的斗争中,封建地主阶级中涌现了一大批爱国志士。且不说在收复新疆的斗争中,左宗棠如何舆榇出兵,慷慨卫国,中法战争中老将冯子材如何边关破敌,重创法军,也不说中日战争中邓世昌、丁汝昌、左宝贵如何临危不惧,以死尽节;单以鸦片战争而言,我们就可以排出一长串英雄的名字,写出一厚本悲壮的事迹:

钦差大臣、两广总督林则徐严厉禁烟,坚决抗敌,成为近代第一位民族英雄;六十高龄的水师提督关天培,以卫国决死之志,在战斗中奋战不止,最后中炮身亡;署两江总督蒙古旗人裕谦,在镇海保卫战中,兵败志不屈,投海自殉;年逾七旬的老将江南提督陈化成,镇守吴淞炮台,与敌相持七日,最后英勇战死;副都统满洲旗人海龄,固守镇江,顽强抗敌,城破后与妻、孙等合门殉难;著名的定海三总兵在战斗中皆身被重创,犹血战不已……这些人分属不同民族,官位有高低之分,职守有文武之别,但他们忠诚于自己的祖国,坚决抵抗外国侵略的精神却是共同的。他们的悲壮事迹,至今谈来,犹令人感奋不已。

在近代,封建地主阶级作为一个阶级已经走到穷途末路,根本无法挽救中华民族的危亡了,但这并不排斥这个阶级中的某些成员在反对侵略的斗争中,保持民族气节,发扬爱国传统,作出有益的贡献。地主阶级中爱国将领和有识之士的爱国行为,同样是近代中国爱国主义的一个组成部分。他们的忠义壮举,都凝结着中华民族反对外国侵略的浩然正气。

中国资产阶级虽然一出世就与外国资本主义有着密切的联系,但他们一出世也就与外国资本主义有着尖锐的矛盾。诞生不久,他们稚嫩的肩上就担起了反对外国侵略的领导重任。资产阶级改良派明确地把在中国发展资本主义叫作"商战"。与谁战?与外国资本战。他们说:

> 彼(指外国侵略者——引者)之谋我,噬膏血匪噬皮毛,攻资财不攻兵阵,方且以聘盟为阴谋,借和约为兵刃。迨至精华销竭,已成枯腊,则举之如发蒙耳。故兵之并吞,祸人易觉;商之掊克,敝国无形。我之商务一日不兴,则彼之贪谋亦一日不辍。纵令猛将如云,舟师林

立,而彼族谈笑而来,鼓舞而去,称心餍欲,孰得而谁何之战?吾故得以一言断之曰:习兵战不如习商战。[1]

这表明,中国资产阶级一出世,就意识到不但要抵抗外国资本主义的军事侵略,而且要抵抗其经济侵略,就自觉地将自身的发展看作是对外国经济侵略的抵制。这是近代爱国主义思想特色之一,也是资产阶级高于地主阶级的识见之一。

甲午战争以后,民族危机更为深重了,资产阶级开始站出来领导救亡运动,康有为发动公车上书,严复介绍天演论,大声疾呼救亡图存。怎么救?唯有变法。"大地既通,万国蒸蒸,日趋于上,大势相迫,非可阏制。变亦变,不变亦变。变而变者,变之权操诸己,可以保国,可以保种,可以保教。不变而变者,变之权让诸人,束缚之,驰骤之。呜呼,则非吾之所敢言也。"[2] 为了变法,他们创办报刊,组织学会。为了变法,谭嗣同、杨深秀等"戊戌六贤"临难不避,献出了自己年轻的生命。

孙中山为代表的资产阶级革命派更明确地将他们的革命纲领三民主义归纳为"救国主义"。为了救国,资产阶级和他们的知识分子发动、参加了反对帝国主义的斗争,如从1901年到1905年的拒俄运动、拒法运动、抵制美货运动。他们创办报刊,出版书籍,揭露帝国主义国家对中国的侵略。资产阶级革命派还明确地提出了反对帝国主义的任务。1903年,湖南人赵必振从日文翻译了一本书,书名就叫《二十世纪之怪物帝国主义》。从此,"帝国主义"一词开始代替原来的"列强"。尽管这还不完全是他们今天科学意义上的帝国主义的概

---

[1] 郑观应:《盛世危言》,商战。
[2] 梁启超:《论不变之害》,见《变法通议》。

念,但他们已经知道帝国主义是压迫弱小民族的恶魔。同时,"民族主义"一词也比较广泛地被使用开来,是作为帝国主义的对待之词出现的。它表明中国资产阶级已经开始认识帝国主义的侵略面目,已萌发民族独立的思想。这是民族觉醒的标志。

为了有效地进行反对帝国主义的斗争,中国资产阶级革命派章太炎等人还与印度、朝鲜、菲律宾、缅甸、越南等国的资产阶级爱国志士,于1907年联合发起成立了"亚洲和亲会",明确规定"本会宗旨,在反抗帝国主义,期使亚洲已失主权之民族,各得独立"[1],要求以后"若一国有革命事,余国同会者应互相协助,互相支援"。这就把亚洲各被压迫民族的命运同自己民族的命运联系起来了,提高了反对帝国主义的斗争水平。

为了反帝救国,资产阶级革命派更把斗争矛头对准帝国主义在中国的走狗清朝政府。他们办报写书,呼号革命。他们组织了全国规模的具有革命政党性质的中国同盟会,制定了"驱除鞑虏,恢复中华,建立民国,平均地权",又称民族、民权、民生的三民主义革命纲领。他们频繁地发动武装起义,直到最后推翻清朝。

在近代,农民阶级、资产阶级和封建地主阶级中的部分成员,他们互相之间很多时候,在很多问题上往往是矛盾的,甚至尖锐对立,但在反对外国资本主义、帝国主义侵略时,又往往是一致的。林则徐、左宗棠、冯子材都镇压过农民起义,但在反对外国侵略时,他们又和农民的利益一致。同生长在中国这块土地上,同受中国传统文化的熏陶,同受外国侵略者欺凌,共同的命运把他们联结到反对外国侵略、保卫民族利益的统一战线上来了。一部近代史,生动地证明,爱

---

[1] 章太炎:《亚洲和亲会约章》。

国主义在一定程度上，是可以不受阶级条件限制的。这也是爱国主义这根主线，可以贯串时代进步思想始终的原因所在。

二

爱国主义是个历史范畴，它的具体内容和特点是随时代的变化而变化的。它是古老的，又是常新的。单就抵抗外国侵略而言，林则徐与中国近代以前抗击外侵的民族英雄并无本质差异。林则徐身上所体现的爱国主义的时代特点是什么呢？曰学习西方，也就是"师夷之长技以制夷"。

近代不同于古代。中国近代的入侵者与近代以前的入侵者有着很大的不同。近代，是资本主义、帝国主义对封建中国的入侵，是社会制度、生产方式先进的国家对落后国家的进攻。这决定了，中国同它们的战争，不只是兵来将挡、水来土掩的单一的军事战争，还有赖于经济决斗，殖民主义和反殖民主义的总体战争。这样的格局，决定了中国要战胜自己的对手，不但要与他们进行面对面的勇敢拼搏，而且要向他们学习，学习他们的长处；决定了中国近代爱国主义在以"攘夷"为主体的传统爱国主义思想中添上了"师夷"的内容，从而构成自己的时代特点。"师夷之长技以制夷"就是这一特点的简短概括。

"师夷之长技以制夷"这一要求，是林则徐发其端，由魏源在《海国图志》中完整地提出来的。这一口号是爱国人们在抗敌实践中摸索总结出来的。在鸦片战争中，林则徐、关天培、裕谦、陈化成等将领抗敌不可谓不坚决，不可谓不勇敢，可是，并未能挡住敌军的进攻，堂堂天朝大国败给了万里之外的化外岛国。这迫使一切爱国的人们思考这样一个问题：战败的原因究竟在哪里？有些人把它归咎于几个投降派,震动全国的弹劾琦善、奕山、奕经事件的发生,就是这种思想的集中反映。有些人认为是沿海几个督抚不行,有些人认为是清军长久未习战事,等等。这些意见都有合理之处,但也都说得不全面。还有一些人看得更远些,想得更深些,他们一方面看到清朝方面的短处,一方面又看到了英国方面的长处。严峻的现实是一方进步,一方落后。他们从实际的接触中朴素地感到,这帮红发、蓝眼、高鼻子的"番鬼"并不像中国过去遇到的化外番邦,茹毛饮血,被发文身,而是身强技熟,船坚炮利,很多方面都比中国强。于是,"师夷之长技以制夷"的思想便应运而生。

"夷",是侵我领土、夺我主权、杀我人民的敌人,是应当食肉寝皮的对象,在反对它的同时,却要学习它的长处,这在当时一般人的心里实在是难以接受的。但是,感情毕竟不应代替理智。如果像当时一些顽固派所主张的那样,凡是外国的东西都一概排斥,照搬清初老谱,封关禁海,能行吗?那样做,在短时期内或许有一点防御作用,但从长远看,万难行通,一经溃决,必然不可收拾。历史告诉爱国的人们,在抵抗外国侵略这一基本要求下,必须有了解世界、学习西方的眼光和胸襟,把外国好的东西拿来,为我所用,包括用来对付外国。陈天华在《警世钟》中有几句话,把抵抗外国与学习外国的辩证关系说得很透彻。他说:

> 要拒外人,须要先学外人的长处……虽是恨他,他的长处,倒不可以不去学他。譬如与我有仇的人家,他办的事体很好,却因为有仇,不肯学他,这仇怎么能报呢?他若是好,我要比他更好,然后才可以报得仇呢。……越恨他,越要学他;越学他,越能报他,不学断不能报。

如果说,"师夷长技"的思想,在鸦片战争以后的几十年中,还不时地遭到顽固派的抵制,那么,在鸦片战争的对阵中及其结束时,林则徐就产生这种思想,并努力付诸实践,那就十分难能可贵了。当然,林则徐不是生而知之,开始,也有自大盲目性,他能率先认识到要"师夷长技",完全是他认真办事,忠诚于自己的国家,从实践中逐步总结出来的。

林则徐初到广州与英国人接触时也说过"我天朝君临万国,尽有不测神威"的大话,认为外来之物,"皆不过以供玩好,可有可无",中国一旦断绝贸易,夷人就无以生存。他与时人所不同的是,头脑敏锐,临事不苟。他坚信靠大话不能战胜敌人,只有"探访夷情,知其虚实,始可定控制之方"。正是在这种清醒思想的指导之下,他一到广州,就明访暗察网罗翻译人才,购买西人的报纸,搜集外国资料,日日使人刺探西事,派人翻译西书,翻译外国人写的《地理大全》,改编为《四洲志》;把外国人对中国的研究情况,对中国的看法,译编为《华事夷言》;又叫人翻译《各国律例》。这些知识的获得,使林则徐逐步克服了自大思想。原先他以为洋人没有茶叶、大黄就活不下去,后来他很快知道,这些东西并不是他们不可或缺的。自此林则徐摸索了向外国学习的途径。西方船炮比中国先进,他就一买二造,买了一些洋炮、夷船,还令部属仿造。1840 年 4 月就已仿造一艘,研究甚详,并绘有图说。同年 10 月,在遭受道光错误处理之后,林则徐还披肝沥胆,恳请皇帝提留关税的十分之一,制炮造船以备制夷之用。他建议,"制炮必求其利,造船必求其坚"。如何才能"利""坚"?在于学西方。他已经这样做了,而碍于皇帝的天威他并没有直说,他的建议还是被皇帝斥为"一片胡言",搁在一边。尽管如此,"师夷之长技以制夷"的思想终究是无可否认的客观使命了。林则徐被贬到浙江以后,依然雄心不减,与龚振麟等人一道,采取中西结合的办法,制造车轮战船、四轮车等。在遣戍伊犁的路上,他在给友人的信中,总结抗英经验为"器良、技熟、胆壮、心齐"八个字,置"器良"为首,并直截了当地说,"剿夷而不谋船炮水军",是自取其败[1]。林则徐这种不怕挫折、孜孜以求的学习精神,是他适应时代要求的体现,是他高于单纯抵抗者的地方。

稍后,林则徐的好友魏源在《海国图志》中把学习西方的要求提炼为"师夷之长技以制夷"的口号,并把"长技"的内容从坚船利炮扩大到其他"有用之物",如量天尺、千里镜、龙尾车、风锯、火锯、火轮机、自来火、自转碓、千斤秤等。

此后,在近代中国,一切进步的运动,或在客观上有进步作用的运动都与学习外国有关。

本来,见贤思齐是一切不甘落后、勇于进取的人们的共同特点,也是一个民族充满自信力的表现。在古代,虽然一般说来,中国政治、经济并不落后,很长时期处于领先地位,但先民们还是很注意学习其他民族和国家长处的。如赵武灵王胡服骑射,张骞两次出使西域,都给汉族带来很多原先没有的东西、先进的技艺;也有几个皇帝,注意学习西方先进的知识,如康熙皇帝任命西人南怀仁为钦天监,自己研习数学、天文、地理,等等。但是总的说来,这种向外学习的积极进取精神,随着地主阶级统治的衰落,越到后来越差劲,尤其是清代乾隆以后,闭塞视听,故步自封。浸而至于近代,一些守旧者以为唯有排斥外国的一切,才显出我中华之伟大。于是,学习西方还是反对学习西方,便成为近代革新与守旧的一个重要问题,也成为近代爱国途径的重要标准。

---

[1] 林则徐:《致姚春木、王冬寿书》。

当然，既不能说凡是主张学习西方的都是爱国者，反之，也不能说凡是反对学习西方的就是爱国者。洋奴、买办也讲要学西方，但他们并不是爱国者；守旧派如倭仁、徐桐等反对学习西方，也很难说是真正的爱国者。但是，在近代，谁要是一个清醒的、有远见的爱国主义者，他就一定是抵抗侵略与学习西方的统一者。陈天华在《警世钟》中引述了这样一个故事："日本国从前信奉儒教，有一个道学先生门徒很多，一日有个门徒问先生道：'我们最尊敬孔子，倘若孔子现在没死，中国把他作为大将，征讨我国，我们怎么做法呢？'先生答道：'孔子是主张爱国的，我们若降了孔子，便是孔子的罪人了。只有齐心死拒，把孔子擒来，这方算得行了孔子的道。'"这个故事就是说明学习外国的和抵抗外国的统一关系。陈天华之所以引述这个故事，不仅是要借以唤醒那些学习外国而被外国迷了心窍的中国人，而且在于指明学习外国和抵抗外国的统一关系。因为在近代中国，单纯抵抗而反对学习西方，不把两者统一起来，寻找独立自主的道路，那就有爱国之心，也很难收爱国之果，甚至可能造成灾难性的后果。独立自主的原则，绝不排斥对外国的学习，而是结合中国的实际情况学习外国的长处，为我所用。

三

在近代以前，爱国一般是与忠君联系在一起的，到了近代，爱国则日益与叛君相联系。这是因为，在古代，在抵抗外国侵略的时候，君主即封建统治者的利益一般是同民族利益相一致的（当然也有例外），忠君，在一定意义上也就是忠实于自己的祖国；到了近代，尤其是《辛丑条约》签订以后，由于清朝统治者日益成为帝国主义在中国的走狗，封建统治者的对外关系在很大程度上已与中华民族的利益背道而驰,在这个时候,要忠实于自己的祖国,热爱中华民族,就一定要叛君,反对清朝统治者。所以章太炎说:"满洲弗逐,欲士之爱国,民之敌忾,不可得也。浸微浸削,亦终为欧美之陪隶而已矣。"[1]

从忠君到叛君,有一个逐步发展过程。在鸦片战争中,林则徐的爱国思想还是与忠君联系在一起的。他因维护民族利益遭到道光皇帝错误处分,也仍然念念不忘"君恩"。以后,在第二次鸦片战争、中法战争、中日战争中,因清朝统治者的无知、腐败而招致的误国、卖国之事日多,清朝统治者在很多方面违背了中华民族的利益,这使得很多爱国者对统治者产生不满情绪,随着民权观念的传播,限抑君权的思想日益强烈起来,从19世纪七八十年代王韬、郑观应等发出通下情、开议院的议论开始,到戊戌时期发展成为声势很大的要求"伸民权"的变法运动。《国闻报》上有一篇文章说道:

> 天下之议之最新者,十八九民权也……夫民权云者,呼吁帝阍,感动当国之词也。志士仁人,伤教化,忧种类,不忍奴隶殊域,牛羊异族,哀痛迫切之词也。盖一人执权,使国权完全无阙,君(原为"民"字,当为"君"之误——引者)权也;众人执权,使国权完全无阙,民权也。君权民权异名,同为国权无异名。[2]

这清楚地说明,伸民权,抑君权,目的在于卫国权。抑君,是爱国主义思想的具体表现。

1900年以后,清朝政府对外妥协投降、对内凶狠残暴的面目暴露无遗。在一般人的心目中,清廷价值大失,于是,"有志之士,多起救国之思,而革命风潮自此萌芽矣"(孙中山语)。此后,叛君、反对清朝,便成为爱国思想的一个重要内容。孙中山在1904年就曾指出:

---

[1] 章太炎:《客帝匡谬》,见《訄书》。
[2] 《驳时俗谬论》,见《湘报类纂》杂录已上。

"欲免瓜分,非先倒满洲政府,别无挽救之法也。"[1]这说明,中国人民所以要反对清朝,就是因为清朝政府不能保全中国,叛君正是为了免除瓜分。陈天华在《猛回头》中更明白地说,如果清廷不"媚外"卖国,不推翻它"也自无妨"。

为了推翻这个出卖民族利益的清朝政府,孙中山等代表的资产阶级革命派发动了一次又一次武装起义,从1900年孙中山惠州起义,一直到1911年武昌起义。为了反对反动的清政府,难计其数的资产阶级志士仁人献出了自己的宝贵生命,陆皓东、史坚如、邹容、吴樾、陈天华、姚宏业、禹之谟、秋瑾、徐锡麟、熊成基、赵声、黄花岗七十二烈士……马克思说过:"不管资产阶级社会怎样缺少英雄气概,它的诞生却是需要英雄行为、自我牺牲、恐怖、内战和民族战斗的。"可以毫不夸张地说,中国资产阶级在反对封建主义的斗争中,在拯救民族命运的斗争中所表现出来的英雄气概、英雄行为,并不比欧洲资产阶级逊色。

近代几十年中,由忠君爱国,而抑君爱国,而叛君爱国,这种思想变迁之迹,既是清朝封建统治日趋败落的记录,也是近代爱国思想迅速演进的轨迹。它表明,中国人民从实践中越来越认识到,要爱国就一定要在反对帝国主义的同时,也要反对封建主义。

四

上文谈到,反对外国侵略是近代爱国主义思想的主旋律。但这并不限指在疆场上与侵略者搏斗,而应包括一切以反对外国侵略、维护民族利益为目的的积极活动。爱国者的范围当然也不限于血洒沙

---

[1] 孙中山:《驳保皇报书》。

场海疆的卫国将士,除了前文已经述及的倡导学习西方的人们,立志改革中国落后现状的改良派、革命派,还应包括:不辞辛劳、犯忌挨骂、为维护中国权益而出使的,如郭嵩焘等;在谈判桌上,据理力争、尽力维护国家主权、减轻国家损失的,如曾纪泽、杨儒等;专办实业,企图以国货抵制洋货的实业家、科学家;致力于新式教育,企图以教育救国的教育家;反对侵略、歌颂爱国革命的诗人、文学家;身在异域,心向祖国,为祖国的革命事业出力出钱的华侨;为了前进,在某种情况下主张对外国暂时妥协以屈求而遭受打击的人们。

对于前几种,人们大概不会有异议,对于最后一种,可能难于被多数人所接受,因为对于近代史上的"妥协"主张,似乎还缺少个案分析,笼统地将主战与爱国、主和与卖国等同起来,对有些特殊情况就很难得到恰如其分的论断。例如甲午中日战争时,帝党主战,与改良派相提携,后党主和,与洋务派头目相一致,确有抵抗与投降、爱国与卖国之分。但是,事隔六年,到了义和团运动、八国联军入侵时却翻了个个儿,后党主战,帝党主和(经过戊戌政变,帝党虽被打下去了,但仍有一股支持光绪的力量),以彼例此,是不是这个主战与主和之争同样也是爱国与卖国之争呢?且让我们先分析一下慈禧太后、载漪和刚毅等人是怎样主战的。

1899年慈禧太后立了载漪之子溥儁为大阿哥,准备废弃光绪帝,傀儡也不让他当,这就是"己亥建储"的把戏。各国公使以不明内情为由,不予支持。两江总督刘坤一等封疆大员以"君臣之义已定,中外之口难防"为辞进行谏阻。废立之计遂寝。为此,慈禧太后及载漪对各国公使十分怀恨。1900年夏天义和团布满津京,帝国主义舰队陈列大沽口,全国汹汹。一个午夜忽传各国照会四条:(一)指明一地,令中国皇帝居住;(二)代收各省钱粮;(三)代掌天下兵权;

(四)太后归政。关键是最后一条,慈禧太后宣布了前三条,对最后一条讳莫如深。这个照会当时各大臣均不知所由来,传为载漪伪造,欲借此激怒慈禧,惩罚帝国主义,实现废立。但在6月18日,美国传教士丁韪良曾提出"将慈禧太后放逐,恢复光绪帝的合法权力"。所以那样传言,也不是全然无因。慈禧一听,声色俱厉,大叫"是可忍也孰不可忍也",要"大张挞伐","一决雌雄",便于21日宣战。

反过来看帝党及有关人员所以主和,主要是由于后党主张的乱命逼出来的。读一读恽毓鼎的《崇陵传信录》,其中所记当年6月4次御前会议对和战的辩论,是非曲直,跃然纸上。恽毓鼎是同王大臣六部九卿百余人一起跪在地下参加御前会议的一员,他的记述是真实的。

御前会议后,兵部尚书徐用仪、户部尚书立山、吏部左侍郎许景澄、太常寺卿袁昶、内阁学士联元等五大臣,因不附和慈禧的主战,分别以"勾通洋人""莠言乱政""语多离间"等莫须有的罪名被杀。尽管徐用仪、立山其人无可取,杀之不足惜,但终究不是应得之罪。至于许景澄、袁昶、联元颇得了解国内外情势,在后党淫威把持下的当时,不计个人安危,勇敢地站出来讲话,倒是有点责任感和爱国心的,他们的被杀是个冤案。他们在危疑震撼的紧急关头,敢讲心里话,应属于近代爱国主义的范畴。

我在这里只是就近代一两个实例探讨一下战与和的关系。当然,一般说来,主战就是抵抗派,是爱国者,主和就是妥协派,是卖国者。但这并不是固定不变的,因为战与和有个对立统一的关系,它们的利害是可以互相转化的。列宁对《布列斯特和约》的签订就揭示了这个历史的辩证法。虽然面对帝国主义强盗,我们决不能有任何示弱,但也不是不顾时间、地点、条件,鲁莽从事,用两个拳头、一阵呐喊就可以把帝国主义赶跑的。对战与和的正义性,应具体分析,不可一刀切。对许景澄、袁昶这样的受屈者,应恢复其爱国者的本来面目。

从鸦片战争到五四运动,为了民族的独立、祖国的富强,中国各个阶级的爱国之士,进行了各种各样的努力,外抗强敌,内修政治,学西方,谋改革,行革命。尽管他们的理想没有在他们手中实现,帝国主义侵略者没有被他们赶跑,但是,他们毕竟在不同程度上打击了侵略者的凶焰,延缓了中国殖民地化的进程。他们的救国努力失败了,他们的爱国精神却长留天地间,激励着亿万后起的人们。最后,谨援引毛泽东同志为人民英雄纪念碑所作碑文中的一段话,作为本文的结尾,也作为对无数已经逝去的近代爱国者的缅怀:

> 由此上溯到一千八百四十年,从那时起,为了反对内外敌人,争取民族独立和人民自由幸福,在历次斗争中牺牲的人民英雄永垂不朽!

中国近代史上的爱国与卖国[1]

近代中国是从外国资本主义的侵略和中国人民的反侵略开始的。一百多年中,民族矛盾一直异常尖锐,虽说民族矛盾归根结底仍是阶级矛盾,但在好些情况下阶级矛盾却要服从于民族矛盾,因而近代史上许多事件和人物的价值都要经受爱国还是卖国的审判。爱国与卖国是对待国家民族利益两种截然不同的态度,从来泾渭分明,然而民族矛盾与阶级矛盾、阶级斗争与生产斗争、学习外国与抵抗侵略之间的关系,在历史的进程中却是互相纽结或渗透的,过去我们分析不够,有过不少简单化、公式化的论断。而1967年,戚本禹之流借评电影《清宫秘史》,以《爱国主义还是卖国主义》为题,大放厥词,歪曲爱国主义与卖国主义的界线。为了判明真伪,弄清是非,现就近代史上涉及爱国与卖国的诸问题,略作探讨。

一、爱国的要旨

爱国主义的简义就是忠诚地热爱自己的祖国。但被称为爱国主

---

[1] 原载《光明日报》1980年1月8日。

义者却必然有着特定的表现。即在遭到外族的压迫与侵略时,从言论和行动上进行坚决的抵制,积极捍卫国家民族的利益;或身在异国,满腔热情地关心祖国而有所贡献的人们,他们才被称为爱国主义者;那些挺身而出与外国侵略者作殊死斗争的人物,才被歌颂为民族英雄;如坚决主张禁烟、抵抗英国侵略的林则徐、关天培、陈化成等人,就是几个具有高度民族气节的形象。就这点来说,他们与近代以前的爱国主义者或民族英雄并没有什么不同,也就是说凡主张抵抗外国侵略而有这种表现的人就是爱国主义者或民族英雄,他们就会得到人们的称颂。

但是,近代中国与近代以前的处境发生了根本变化,近代的入侵者与以往的入侵者大不相同了,它们是资本帝国主义对封建中国的侵略,是生产技术发达国家对生产落后国家的进攻,同它们的战争,不只是单一的军事战争,还有赖于经济战争,是殖民主义和反殖民主义的总体战争。为了战胜它们,就有个向它们学习——向敌人学习——的严峻任务。林则徐的开眼看世界,魏源提出的"师夷之长技以制夷",之所以给后继者有较大启迪,因为它是时代脉搏的跳动。林则徐之所以成为杰出的爱国主义者,杰出的地方就在此。

毛泽东说:"爱国主义的具体内容,看在什么样的历史条件之下来决定。"[1]国际环境的巨变,近代中国面对的敌人不是游牧民族或封建酋长国的进攻,而是资本帝国主义军事、经济、文化的全面进攻,如果仍像封建顽固派那样照抄清初的老谱,以为"封关禁海"就可以拒敌于国门之外,这样做,在短期中也许可以起一点防御作用,从长远看,纵然自诩为爱国,导致的却只能是误国,一经溃决,就不可

---

[1] 《毛泽东选集》第2卷,第486页。

收拾。

历史的脚步,告诉近代中国的爱国主义者,在抵抗外国侵略的这一基本要求下,必须有了解世界、学习西方的眼光和心思,把外国的好东西作为改造中国的借鉴。我们试回溯一下近百年的历次重大政治改革运动,哪一次不是爱国和革新相结合的?尽管随着时代的推移,革新的口号和程度不一样,性质上也有所不同,却都和学习外国有关,它的进程充分地表达了这个历史逻辑。

洋务运动为了富国强兵,是"师夷之长技";

戊戌变法为了救亡图存,是吸取西学以变政;

辛亥革命为了推翻帝国主义的走狗——清朝政府,是要建立一个西方早已出现的资产阶级民主共和国;

五四运动为了彻底地反帝反封建,呼吁科学与民主,进而"以俄为师"。

近代中国的这个进程表,反帝爱国是个重要的内容,然而每次运动都要落到反对封建主义的革新要求上来,它革新的步子有多大,又决定于它学习西方、反对封建主义的步子有多大;反过来,历次革新的挫折或失败,帝国主义的干涉,虽使我们的先烈抱终天之恨,但更多的还是由于封建势力这个无孔不入的腐蚀剂的毒害。

爱国主义这个具有广泛政治作用而令人起敬的称号,是建立在捍卫国家主权和民族利益之上的,一般就是国家民族固有的东西使其不受侵犯而言。然而国家民族的长远利益则在于不断发展,普遍提高社会生产和科学文化水平。如果说建立在小农经济基础上停滞不前的封建国家体制以往还可维持两千多年,到了近代,在世界资本主义的强烈震撼下,不求长进,不谋革新,要想保持原状是完全不可能的了。鸦片战争以后挨打受辱的历史足够说明这个严酷的事实。

所以仅仅限于保卫固有的东西而不是朝前看,引向革新发展的道路,就有可能成为故步自封、夜郎自大的可怜虫。历史上那些念念有词以保卫中国本位文化自许的先生们,不就是一批以爱国的名义、行保守之实的人吗?

"苟利国家生死以,岂因祸福避趋之!"林则徐这两句充满了爱国激情的诗,不只是为了坚决抵抗英国侵略、愤恨道光帝动摇妥协而发,也包含了怎样正视新的情况来对待外国侵略者的积极要求,他向外国人调查情况,委人翻译外文报刊,编撰《四洲志》稿,都表明了这一点。所以林则徐是一个杰出的爱国主义者,他的思想和活动体现了中华民族的时代使命。

二、洋务与崇洋

洋务与崇洋是两个概念,它们有联系,绝不是相等的。长期以来却把它们混为一谈,一谈到洋务就视为崇洋,是媚外,洋务运动也就成了卖国运动。60年代初有过一种议论,洋务运动是反动的,不配称"运动",应该改为"洋务活动",有些书和文章就这样改了。姑不说"运动"这个词是否只能用之于正义的革新的政治运动,但洋务运动并不全是反动的。

"洋务"一词是由"夷务"演变而来,无非是说西方资本主义的新事物是漂洋过海来的,由"夷夏之辨"变为洋土或华洋对待之词,可说是个改进。当时洪仁玕颇具深意地说,凡"万方来朝、四夷宾服及夷狄戎蛮鬼子,一概轻污之字,皆不必说也"[1]。他认为使用这些"轻污字样,是口角取胜之事,不是经纶实际",正反映了傲岸自大的观念

---

[1] 洪仁玕:《资政新篇》。

在开始起变化,原来的《英吉利夷船入寇记》也在此时改名为《洋务权舆》了。

洋务运动兴办的洋务究竟包括些什么内容呢？有人说了一段很概括的话:"讲制造也,则曰必精算学;言交涉也,则曰必通语言;办教案也,则曰必谙外交;言通商也,则曰必通商情,合交涉、制造、教案、通商诸务,而一概之以一名焉,曰'洋务'。"[1]就是说同外国资本主义一切有关的事物统统叫作洋务。在经办这些洋务的过程中,有崇洋媚外的勾当,助长了买办势力,这是事实。但决不能说这些无可回避的洋务事业每项都是为了崇洋媚外,何况有的还是开风气之先的。譬如修铁路就争吵了20年。1875年至1876年间,英商怡和洋行在上海至吴淞修了一条十几里的铁路,因行车压毙了一个人,被看作妖魔,上海官厅迫令停止,并照价买回,捍卫了主权,要算是爱国行为。然而收回不是续办,两江总督沈葆桢恐招物议,竟把铁路拆毁,将机车投入江中,远至台湾的铁轨和车辆,随后也抛沉海港。这难道是崇洋媚外而不是封建思想糟蹋的吗？又如轮船招商局的开办,原意何尝不是为了抵制外轮、挽回利权,初期办得也颇有成绩,可是在外轮的排挤下,特别是企业的衙门化,总办、会办、协办、提调设了一大堆,他们只知做官分肥,不知办事也不会办事。这样,安得不失败!拿汉阳铁厂来说,张之洞为了使这个企业放在他驻武昌的湖广总督府的鼻子底下,把厂建在既不就煤也不就铁的汉阳,厂址低洼,仅垫高铺平,就花去了30多万两银子,厂未开工,资金已远远超出原来的计划,欲罢不能,只好一再罗掘追加,官僚的魔影一开始就给这个新创企业带来了不幸。所以在洋务运动中经办起来的铁路工矿企业,

---

[1]《国民日日报汇编》第3集,社说,第33页。

是那时的必需,办了该办的事,绝不是什么罪过。问题的症结,是封建的阻力和腐蚀使它们招致了失败。

对于倡办洋务的洋务派,不加分析地一概定为与帝国主义勾结的代表,是汉奸洋奴,也不是实事求是的态度。其实有些人对帝国主义倒是认真对待和进行抵抗的。不是已经有人肯定了左宗棠在新疆赶走阿古柏、抵抗沙俄的功绩吗?曾纪泽在改订《伊犁条约》的谈判以及同法国的交涉中何尝不是据理力争呢?被称为洋务理论家的郭嵩焘,是清朝正式派驻西方国家第一个出使大臣,因倡议洋务长久遭到顽固士大夫的痛诋,要把他"屏诸四夷,不与同中国",但他倒是一个关心国家民族命运而有卓识的人。郭嵩焘在当时遭到奚落倒不奇怪,而我们写的近代史上仍是这样"奚落",那就太昧于时代的步伐了。

洋务派的出世,是中国有地主阶级以来第一次真正的分化,中国近代政治经济的改革是由他们开始的。先前的地主阶级改革派如林则徐、龚自珍、魏源等人虽然提出了不少改革主张,那还是一种思想,是口头改革派(没有贬义),到洋务派才有实践意义。洋务派在开办洋务新政的岁月里,同顽固派的论争,如同文馆论争、造船论争、铁路论争,都是有助于解放生产力、推动社会前进的。正是在"制洋器""采西学"的倡议下,孕育了早期的资产阶级改良派,如马建忠、薛福成、郑观应这批人都是办洋务出身的,容闳、王韬等也是对洋务派颇为投契的。可见早期资产阶级改良派是从洋务运动中产生的,而又是洋务派的批判者。从此地主阶级的裂口日大,再也合不拢来了。这种分化是社会的前进,不是社会的倒退。

伴随着洋务运动而出现的社会心理:洋优于土,洋货优于土货,洋人优于华人,徇至本国产品也要标洋名以求善价,这是封建的小农经济和资本主义的机器生产相形见绌后产生的,这种现象在道光末年就有了,只是在洋务运动中更为扩展了。有人讽喻说:"大江南北莫不以洋为尚,洋乎洋乎,盖洋洋乎!"洋务派学习西方语言文字,引进外国科学技术,举办工矿企业,事情的本身,应该是改变华洋的差距,结果却是助长了崇洋思想,那是由于洋务企业的成效不著、日益仰仗洋人,无从打破华洋悬殊的局势,这是和腐朽封建的制度分不开的,在当时条件下不可能有自力更生的精神。而且如洋务派头目李鸿章这个人,在历次外战和交涉中所执行的确是一条妥协投降的路线,这也是使洋务运动与崇洋媚外混同起来的历史原因。

从历史实际出发,洋务运动所办的铁路工矿企业是时代的要求,还是想对外国资本主义的侵略有所抵制的,与崇洋媚外虽有某些联系,却不是同一的。因此必须弄清四个区别:(一)要把洋务企业和洋务派头目"委曲求全"的外交路线区别开来;(二)要把洋务派在对外战争和交涉中所抵抗的人同妥协投降者区别开来;(三)要把在对外战争和交涉中表现妥协投降同他举办的工矿企业区别开来;(四)要把所办工矿企业的作用和办理不善区别开来。因此对于洋务运动既要看到它是近代中国新旧斗争发展的一个阶段,破坏了旧事物,也保护了旧事物;又要进行具体分析,对各种不同情况要区别对待,孰是孰非,才能得出比较正确的评价来,一刀砍下去,一律判为崇洋卖国,那不完全是历史的本来面目。

三、主战与主和

历史上在民族矛盾尖锐时,怎样对待,常有主战与主和之争,也就有主战派和主和派的分野,近代中国的历次民族战争都不例外。一般说来,主战就是抵抗派,是爱国者;主和就是妥协派,是卖国者,特别是在长期受到外族侵略的情况下是如此。那么战与和这对矛盾,是不是就这样一个永远列入光荣榜,一个永远钉在耻辱柱呢?看来并不尽然。且以清末的帝党与后党为例,他们之间的主战与主和的正义性也是发生转化的。

中日甲午战争时,帝党主战,与改良派相提携;后党主和,与洋务派头目一致,确有抵抗与投降、爱国与卖国之分。事隔六年,到了义和团运动、八国联军入侵时,却翻了个个儿,后党主战,帝党主和(经过戊戌政变,帝党虽被打下去了,但仍有一股支持帝党的力量),以彼例此,是不是这个主战与主和同爱国与卖国也成正比?戚本禹的《爱国主义还是卖国主义》就是这样论证的,之后"四人帮"更明白地画了等号,说西太后比光绪帝好,她敢于向八个帝国主义宣战。这虽未见之于文字,他们确实是这样说的,并称这个话是有依据的。

我们且来看看西太后和载漪、刚毅那些顽固派是怎样主战的。1899年西太后立了载漪之子溥儁为大阿哥,准备废弃光绪帝,傀儡也不让他当,将由大阿哥即位,改年号为"保庆",这就是"己亥建储"的把戏。荣禄要李鸿章试探各国公使的态度,届时将请他们入宫祝贺。各国公使答称不明内情,拒绝入宫祝贺,不支持西太后的废立举动。两江总督刘坤一随之上奏谏阻,说"君臣之义已定,中外之口难防"。废立大计因而中止。为此,西太后及载漪对各国公使十分怀恨。1900年义和团布满津京,帝国主义舰队陈列大沽口,全国汹汹,一个午夜忽传各国照会四条:(一)指明一地,令中国皇帝居住;(二)代收各省钱粮;(三)代掌天下兵权;(四)太后归政。关键是最后一条,西太后宣布了前三条,对最后一条讳莫如深。这个照会当时各大臣均不知所由来,传为载漪伪造,欲借此激怒西太后,惩罚帝国主义,实现废立。但在6月18日,美国传教士丁韪良曾经提出:"将慈禧太后放逐,恢复光绪帝的合法权力。"[1]所以那个传言,也不是全然无因。西太后一听之下,声色俱厉,大叫"是可忍也孰不可忍也",要"大张挞伐","一决雌雄",便于21日宣战。

西太后为首的顽固派依靠什么力量来"大张挞伐"? 一是董福祥的军队,二是义和团。他们靠的并不是义和团群众的力量,靠的是义和团"刀枪不入"的法术。大学士徐桐书赠义和团大师兄的对联中说的"仗神威以寒敌胆",就是他们依靠的最精锐武器。至于董福祥的军队,在北京街上杀了日本公使馆的书记官杉山彬,是一项"战绩";1万多人围攻仅有几百外国武装的东交民巷使馆区,攻了近两个月也未攻下,是又一项"战绩"。这样的主战是真同帝国主义打仗吗? 不过是予帝国主义向中国勒索赔款、抢夺主权制造口实罢了。对于义和团,这里不想多去议论,只引周恩来的一句话:"义和团排外,有他们的历史根源。"[2]当然,义和团的排外同西太后顽固派的主战截然不同,但义和团依仗的神道与顽固派宣扬的"攻异端而正人心"的圣道是有内在联系的。

反过来看帝党及有关人员的所以主和,主要是由于后党主战的乱命逼出来的,请读一读恽毓鼎的《崇陵传信录》,其中所记当年6月4次御前会议对和战的辩论,是非曲直,跃然纸上。恽毓鼎是同王大臣六部九卿百余人一起跪在地下参加御前会议的一员,他的记述是真实的。

御前会议后,兵部尚书徐用仪、户部尚书立山、吏部左侍郎许景澄、太常寺卿袁昶、内阁学士联元等五大臣,因不附和西太后的主战,

---

[1] 京津《泰晤士报》1900年9月13日。
[2] 周恩来:《对在京的话剧、歌剧、儿童剧作家的讲话》,1962年2月17日。

分别以"勾通洋人""莠言乱政""语多离间"等罪名被杀。尽管徐用仪、立山等其人无可取，杀之不足惜，终究不是应得之罪。至于许景澄、袁昶颇能了解国内外情势，在后党淫威劫持下的当时，不计个人安危，勇敢地站出来讲话，倒是有点责任感和爱国心的，他们的被杀，是个冤案。30年来的近代史著作，对他们或者避而不谈，或者仍贬之为"通洋"的罪犯，那不是治史的认真严肃态度。

我在这里只是就近代中国的一两个历史实例探讨一下战与和的关系。众所周知，战与和是个对立统一的关系，它们的利害是可以互相转化的，列宁对《布列斯特和约》的签订就揭示了这个历史的辩证法。虽然面对帝国主义强盗，我们决不能有任何示弱，但也不是不顾时间、地点、条件，鲁莽从事，用两个拳头、一阵呐喊就可以把帝国主义赶跑的。对于一百多年的民族灾难史，我们吃了妥协投降的亏，久已认为战是绝对的对，和是绝对的错，不问任何情况，都把主战与主和作为爱国与卖国的分界线，这至少是有一点形而上学的倾向吧！最近还有位青年同志给我写信，说应给董福祥以适当评价，因为他打过八国联军，是爱国的。前面已经谈到董福祥是奉西太后的乱命叫战的，并没有真正打过仗，不足为训。要说打仗，那个被义和团斥为二毛子的聂士成，当八国联军攻入天津时，他在无人主持的混乱情况下，以自己守土有责，率军血战八昼夜，与侵略联军痛杀了几场，最后中炮阵亡，肠胃洞流，倒是可以美言几句的。

有位经受"文化大革命"浩劫的老先生说："只要国家好了，个人算什么！"在我们耳边回响的这个声音，与当年林则徐"苟利国家生死以"的胸怀，虽然相隔了一百二三十年，我们的国家与林则徐的国家已大不相同了，但好像有一种历史的魔力，同样地给人以感染。

中国近代史上的革命与改良

一

革命之与改良相对而言,是19世纪中叶国际工人运动和社会主义革命兴起以后的事。列宁有过许多论述。他在1912年写的《俄国社会民主主义运动中的改良主义》一文指出其原由说:

> 近几十年来,资本主义的长足进步和一切文明国家的工人运动的迅速发展,使资产阶级过去那种对无产阶级的态度有了很大的变化。欧美资产阶级以自己的思想家和政治家为代表,不再用公开的直接的原则斗争来反对社会主义的一切基本原理,维护私有制的绝对不可侵犯和竞争自由,而是越来越多地主张用所谓社会改良来反对社会革命的思想。不是用自由主义来反对社会主义,而是用改良主义来反对社会主义革命,——这就是现代"先进的"有教养的资产阶级的公式。

这里明确地论证了改良、改良主义是资产阶级用来反对工人运动和社会主义革命的手段。所以列宁又说:"历史的真正动力是阶级

---

[1] 原载《历史研究》1980年第6期。

之间的革命斗争;改良是这种斗争的副产品。"[1]

在中国,革命与改良(或改良主义)两个词的相对使用就更晚了。把用暴力反抗封建统治称作革命,是孙中山进行武装反清时才流行的。"从马克思主义观点来看,革命究竟是什么意思呢?"列宁在《社会民主党在民主革命中的两种策略》中提出这个问题然后回答说:"这就是用暴力打碎陈旧的政治上层建筑,即打碎那由于和新的生产关系发生矛盾而到一定的时机就要瓦解的上层建筑。"显然,革命包含了两层意思,一是武装反抗,二是改变生产关系。

改良,是在孙中山等1895年开始自认是"革命党"以后的岁月里始被采用的外来语。如说"政俗改良""婚姻改良""社会改良"等,即所谓"输入欧美之文明,以谋政治之改良"[2]。指的都是改善现状,不涉及历史的往事,也没有与革命对峙的痕迹。1906年12月孙中山在《民报》周年纪念会上说:"我们实行民族革命、政治革命的时候,须同时想法子改良社会经济组织,防止后来的社会革命,这真是最大的责任。"[3]在这里,改良之于革命既是相辅而行的,又略有抵制的意图。

在"五四"前夕肇始的新文化运动中,1917年2月胡适发表了《文学改良刍议》,陈独秀则发表了《文学革命论》,一个曰"改良",一个称"革命",他们论述的趋向,虽有各自标明的改良与革命的含义,但还是各抒所见的倡议,不是两者的对抗。过了两年多,李大钊与胡适进行的"问题与主义"的讨论,一个主张少谈些主义,多研究问题;一个主张大谈主义,也研究问题,针锋相对地开始了马克思主义—社

---

[1] 《列宁全集》第11卷,第57页。
[2] 《中国之改造》,载《大陆》1903年第3期。
[3] 《孙中山选集》上册,第76页。

会主义革命与资产阶级改良主义之争,即革命与改良之争。此后,马克思主义者不仅围绕着中国的现状与前途对资产阶级改良主义思想及其活动进行了分析和批判,并把对现状的探讨推向历史,用马克思主义的阶级斗争学说论述"五四"以前的近代史和古代史,从而在论述近代资产阶级民主革命的同时,也以资产阶级改良或资产阶级改良主义的模式来论述戊戌维新和戊戌以前的维新思想,戊戌以后的《民报》和《新民丛报》的争论也就区分为革命派与改良派的激烈论战了。

对戊戌维新运动和康有为一派人,称之为改良(或改良主义)运动和改良派、改良主义道路,大致始于30年代。1933年刊出的一篇论文中说:"康氏及其伙伴替代表旧中国的统治者——满清朝廷,找出了一条第三条的道路——改良主义的自上而下的变政的道路。"同年出版的一本近代史,也有"康有为曾经揭出资产阶级的改良思想"的话[1]。1937年何干之的《近代中国启蒙运动史》,在戊戌维新一节中也泛论地说:"政治改革,有折衷与彻底,改良与革命,调和与不妥协的不同。"其后,1945年范文澜撰著的《中国近代史》,更明显地标出"甲午战争前改良思想的酝酿","第一次改良主义运动——戊戌变法"。随着范著的出版流行,称戊戌维新为改良运动或改良主义运动渐渐多起来,但还是局部的,国民党统治下的很多近代史著作仍只称维新运动、变法运动,到1949年全国解放后,近代史论著就一律称之为改良主义运动了。

如前所述,改良或改良主义是工人运动反对资本主义、实行社会主义革命的"副产品",列宁常常把它和机会主义、议会迷和庸俗进化

---

[1] 李鼎声:《中国近代史》。

论并称,是一种很不光彩的政治思潮和政治流派。而产生于19世纪末的戊戌维新运动,虽是一场自上而下的改良运动,对顽固的封建政治却有很大的冲击力,与国际工人运动中产生的改良或改良主义思想和活动的背景是不相同的。所以近来在对革命与改良的探讨中,不少同志发出了"戊戌变法是改良主义运动吗"或"戊戌变法不是改良主义"的呼声。

改良与改良主义是有区别的。马克思主义者反对的是改良主义,决不排斥改良。列宁指出,革命的胜利还不知在什么时候到来,"我们应当支持任何的改善,支持群众状况在经济上和政治上的真正改善。我们同改良主义者的区别,并不在于我们反对改良,他们赞同改良。完全不是这样。他们只是限于改良"[1]。改良主义者"只是限于改良",把改良当作唯一的宗旨,与革命为敌,这才是列宁所坚决反对的。戊戌维新运动虽然没有发动群众,也不触动社会基础,只是进行自上而下的政治改革,但就其趋势来说,它打击封建顽固势力,策划君主立宪,最终想建立资本主义制度,就不"只是限于改良"地维护旧制度,而是一个要求作较大革新的改良运动,它之遭到封建顽固派的镇压也说明了这一点。

过去,我们对改良与改良主义不加区别,有其客观原因,就是在发动工农群众进行斗争的革命年代,对资产阶级的改良道路的批判是政治战线上的一个重要任务。由于现实条件的反射,在论述戊戌维新运动时,就只承认其在一定历史条件下极有限的进步作用,并说归根结底是反动的,把承认的一点进步作用也收回去了。这就没有必要也不愿去区分改良和改良主义的意义。此外,还因为倡导维新

---

[1]《列宁全集》第23卷,第158—159页。

变法的康有为、梁启超,在戊戌失败后,抱住改良的宗旨不放,尽管他们没有完全放弃对顽固派的斗争,事实上已成为抗拒革命的保皇派,他们所坚持的不能说不是一条改良主义的道路。

近代中国是在革命与改良的不断变革中曲折前进的,充满了革命与改良之争。怎样正确地认识和分析近代史上的革命与改良的辩证关系,改良的积极意义何在?是一个值得深入探讨的课题。

二

近代中国开始时的地主阶级改革派,后来在地主阶级分化中出现的洋务派和资产阶级改良派,沤浪相逐,它们都在不同程度上提出或实行了改革中国的要求。而资产阶级改良派领导的戊戌维新运动则具有更完备的形式,是它的高潮。

身经鸦片战争巨创的地主阶级改革派,如龚自珍、林则徐、魏源、包世臣等人的政治社会改革思想,在于挽救封建统治的崩溃。继起的洋务派和他们的主旨不能说毫无联系。林则徐在鸦片战争的实践中得出的"器良技熟、胆壮心齐"主张,魏源的"师夷之长技以制夷",都为日后的洋务运动提供了论据。左宗棠为刊行《海国图志》作序,对该书十分推重,绝不是一般书生的空谈。过去把改良派与洋务派截然分开,断定一个是爱国的、进步的,一个是卖国的、反动的,两者毫无相同之处,那是经不起历史实际的检验的,因为它们不是毫不相同、没有共性的。

在19世纪50年代与60年代交替之际,即第二次鸦片战争结束时,中国思想界有一个显著的转折,这个转折具体表现于三本书:一是1859年洪仁玕提出的《资政新篇》,二是1861年冯桂芬写成的《校邠庐抗议》,三是1862年郑观应所撰的《救时揭要》(即他的代表著作《盛世危言》的雏形)。这三本书产生的年代大致相同,但作者的政治立场很不一样,冯桂芬、郑观应是为清朝发议,洪仁玕却是为要推翻清朝的太平天国设计。对于认识和学习西方,他们都还是睡眼方开。因为洪仁玕在香港和西方人士有较多的接触,耳濡目染,所以《资政新篇》陈述这方面的内容,比起《校邠庐抗议》和《救时揭要》来要高出一筹。但总的说来,林则徐、魏源的"师夷之长技",还只着眼于英国的坚船利炮即军事技术,洪、冯、郑三人的书,在注视着船坚炮利的同时还注视了生产技术,而后由洋务派提出的也为改良派赞同的"富国强兵"口号较明显地综合了这两个方面的内容。第一个留学美国的知识分子容闳,在60年代初也曾向太平天国的洪仁玕提出了与《资政新篇》基本一致的改革建议,以太平天国难于有为,便离开了洪仁玕,转而为洋务派派遣留学生和购买机器效劳。尽管他们的出处互异,但有一点是相同的,他们都是从爱中国出发,立志要改革中国这个古老的国家,使其达到富强康乐之境。所以三本书的作者以及容闳表达的思想,可以说是从地主阶级改革派到地主阶级分化中的洋务派和资产阶级改良派的过渡,他们的主张既为洋务派所汲取,也是改良派的发轫,有"春江水暖鸭先知"的时序感,是近代中国思想演变——新陈代谢——的一个重要环节。

　　洋务派与改良派作为政治势力是在不同的历史阶段各显身手的,但两者的起点却相同。洋务派的洋务设施开始于60年代初,改良派的改良思潮也开始酝酿于这个时候,他们汲取西学,与深闭固拒的封建顽固派标新立异,是站在一边的,被列为早期改良派的容闳、王韬、郑观应、薛福成、马建忠等人,没有不是出入于洋务派的麾下或与之引为同调的。当然,两者在一开始就各有其特征,表现出差异:洋务派是一批当权的大官,热衷于"西艺","师夷之长技",以追求

"富国强兵"为目的；改良派是一批中下层官员及其知识分子，不仅要仿西方之"长技"，更着眼于"西学""西法"，并逐步提出了"君民共主"的君主立宪设想，他们对于洋务派由依附逐渐采取了批判的态度。

改良派对洋务派的批判，都说洋务派学习外国是徒袭皮毛，而批判之最著者，一是何启、胡礼垣的《曾论书后》，指出曾纪泽在《中国先睡后醒论》中以洋务新政代表中国之"醒"是梦呓，二是严复在《与外交报主人论教育书》中，指出洋务派的"中学为体，西学为用"说，把各自的"体""用"分割，"固已名之不可言矣，乌望言之而可行乎"，这种批判表明了改良派对洋务派的扬弃和发展。但洋务派在同文馆和铁路等问题上对顽固派的论争，可以说是新学与旧学、西学与中学论争的第一个回合，是改良派同顽固派斗争的先声。就以"中学为体，西学为用"而论，他们承认西学的"用"，应当说是对顽固派仇视一切新事物的一个否定，并且"用"的推行，也不能不触动那个被他们自己视为万古不变的"体"，同文馆不是在触动封建教育的"体"吗？铁路、矿山不是在触动祖坟风水的"体"吗？"风起于青蘋之末"，说明了事物作始的意义。所以直到改良派自立门户，组织强学会，洋务派有些人还参与其间。就是李鸿章这个人，他对维新运动也不是完全无动于衷，政变后，他虽屡奉慈禧太后的懿旨访拿康、梁，但对康、梁仍是有自己的想法的，他曾向人说："康有为吾不如也，废制议事，吾欲为数十年而不能，彼竟能之，吾深愧焉。"[1]还多次寄意逃亡日本的梁启超，要他"精研西学，历练才干，以待他日效力国事，不必因现时境遇，遽灰初心"。从1880年开始担任北洋水师学堂总教习的

---

[1] 孙宝瑄：《日益斋日记》。

严复,政变后也继续留任。这些,都不难看出李鸿章同改良派之间存在的微弱默契。

从第二次鸦片战争结束到甲午战争的30余年间,总的趋向是以洋务派寻求富强之术,实行"同光新政"为主体,改良派在这个时期还是著书立说,为维新变法做理论和宣传的准备。经过甲午战争,洋务运动破产了,改良派通过"公车上书",把改良变法的政治思潮推向政治运动。康有为的《保国会演说辞》、梁启超的《改革起源》,都痛切地揭示了那时的民族危难与维新运动的密切关系,谭嗣同、严复、唐才常以至章太炎等人也都是由此开始关心国家民族的命运而主张维新变法的。所以1895年是由洋务运动递嬗为变法运动的转折点,是近代中国政治上的新陈代谢又一个重要环节。

事物的新陈代谢,绝不只是一个简单否定和替代的公式,而是一个扬弃和汲取的复杂过程。近代中国的改革是从上层开始的,是在外国资本主义侵略和农民起义的双重压迫下迈开第一步的;依次推移,由上层肇始,逐级发自中下层,它的发展形成一个塔形。20世纪初年《浙江潮》杂志发表文章说,"三十年来之制造派,十年来之变法派,五年来之自由民权派",就是这样一个否定一个,而且像浪圈一样一圈比一圈大地彼此联系着。你看,着眼于制造的洋务派,不过是地主阶级分化中的一批大官;倡导变法的改良派,则是略微扩大了的向资产阶级转化的士大夫及其知识分子队伍;号召自由民权的革命派,则是又扩大了的资产阶级和小资产阶级知识分子队伍,他们声称"经营革命之事业者,必以下等社会为根据地"[1],从而同下层社会有了一定的联系;自此以后,才是无产阶级先锋队领导的工农大众革命,

---

[1]《民族主义之教育》,见《游学译编》第10期。

然而仍不能没有知识分子的桥梁作用。

从这个塔形的层次来看,在资产阶级革命势力兴起之前,改良运动是代表历史前进的步伐。改良运动进行的方式可能是这样,也可能是那样,其中有先后和深浅之分。我们过去不承认洋务运动有改良或革新的意义[1],重要的一条就是洋务派镇压了太平天国运动。其实这不是他们能否成为改革家的准则,因为历史上的改革家大都出于统治阶级,他们都是和农民起义对立的,改良不是从接受农民起义的教训出发,就是为了缓和矛盾、抑制起义。以近代而论,不独洋务派如此,作为地主阶级改革派的林则徐,不就是在奉命前往广西镇压农民起义而中途病死的吗?林则徐的挚友、著名改革思想家魏源,不是在江苏地区还直接参加了对太平天国的镇压吗?作为资产阶级改良派巨人的康有为,不是也口口声声要防止揭竿而起的农民吗?这是他们阶级地位和历史状况决定的,他们在政治上的远见卓识也只能是改良,不可能产生比改良更激进的主张。

标志着中国近代历史进程的是放眼世界,对封建顽固势力的冲击。洋务派与改良派都不同程度地有学习西方、实行改革和发展资本主义的一着(过去只说洋务运动阻碍了民族资本的发展,是不全面的),当时的中国正需要走这一着。这一着不可能发自闭塞的被剥夺了文化和权力的下层群众。历来的农民起义虽然是推动社会政治改革的动力,却是通过封建王朝的卓越政治家来实现的,它们的本身并不是社会政治革新的体现者。即使像太平天国这样高水平的农民起

---

[1] 对于洋务运动,一般强调它的封建性和买办性,认为虽也被称作新政,却同后来的假维新、伪立宪一样是反动的。我这里是把它放在戊戌维新前的一个历史阶段来考察,认为它引进西方的物质文明,举办军用、民用工业,也有改良革新的意义。以前何干之的《近代中国启蒙运动史》,是将洋务运动和戊戌维新运动依次列为近代中国启蒙运动的内容的。

义,从金田杀向江南是有很大冲击力的,一到南京建都后就日益热衷于封建体制的建立,它的北伐与西征也已更多的是为建立自己的皇权进军了。这个事实说明了社会政治改革必然发自上、中层一些较有识见、较有抱负的人,譬如《资政新篇》这样的改革方案,也只能是由洪仁玕这样一种身份的人(太平天国的干王)提供出来,而且太平天国的本身并没有获得实施这个方案的机会,最后还是要假手于人,所有建议如开发矿藏、兴建铁路、设立银行等,倒是洋务派都做了的。

三

在历史前进的道路上,新的力量往往不是以单一的形式出现。而在欧风美雨飘打下的近代中国,各种思潮一齐涌来,形成为政治实力,更是如此。1894年至1895年间,北洋舰队被日本打得全军覆没,洋务派30余年的"富强"设想也被打得粉碎,酝酿已久的资产阶级维新变法思潮便形成一股富有朝气的政治力量出而领航了。与此同时,资产阶级革命派也开始活动起来,1895年10月孙中山首次发动的广州起义虽遭扼杀,中国之有"革命党"却自此腾播于世。一个向皇帝上书请愿,一个要把皇帝拉下马,这是中国有史以来正式出现了改良派与革命派两面鲜明的旗帜,他们都想为衰落的中国寻找新的出路,值得大书特书。

同时登场的这两股新的政治力量,它们绝不是相等地开展活动的,而是随着形势的发展各有其变化。从1895年5月康有为发动"公车上书"到1898年9月戊戌政变的几年间,改良派的变法活动以北京、天津、上海、长沙、广州等地为枢纽,有风靡全国之势。1897年曹州教案发生时,康有为又赶到北京上书,汪大燮曾写信给汪康年说:"康水部(指康有为)到京,颇有鼓动。此公摄力胜人,或能有所振发。"[1]所谓"摄力胜人",是说康有为的活动有很大的吸引力,变法维新运动正在勇往向前。而革命派还只活动于远离北京的海南地区,声势不著,显然居于次要地位。这时的革命派不但同改良派分不清泾渭,就是对洋务运动破产之后仍有政治权位的洋务派头目也没有完全排除幻想,孙中山在1894年,章太炎在1898年还分别向李鸿章上书论政,想通过他在政治上有所兴革。革命派之与改良派既有热爱祖国、要求改变现状的共同愿望,他们曾经寻求合作,就是到了1899年农历六月康有为已在加拿大成立名声不好的保皇会,革命派也还是没有放弃同康、梁携手的活动。直到1900年,经过改良派拉拢会党力量从事勤王的自立军起事,以及由英国殖民主义策划的而改良派和革命派都参与的拥李鸿章据广东"自立"的流产,革命派同改良派的合作活动才告中止,革命派与改良派的历史地位随之发生变化,革命的声势日张,逐步成为时代的主流。

促成革命与改良的地位的变化,除了变法运动的失败对改良派的打击外,还有一个重要的方面,就是经过义和团运动和八国联军的入侵,清朝的腐败兜底暴露,人们对它已绝望,"革新之机"完全"遏绝于上",要指望清朝有所作为是不可能的了。孙中山曾经回顾当年的情景说:在广州初次起义失败时,"举国舆论"无不视他们为"乱臣贼子,大逆不道,咒诅谩骂之声,不绝于耳";到庚子义和团运动后"则鲜闻一般人之恶声相加,而有识之士,且多为吾人扼腕叹惜,恨其事之不成矣"。这是一个深刻的变化。原来参加维新运动的如秦力山、杨笃生、章太炎一批人都投到革命的旗帜下来了。连保皇会的梁启超等也写信给康有为说:"国事败坏至此,非庶政公开,改进共和政

---

[1]《汪穰卿师友手札》钞本第12册,藏上海图书馆。

体,不能挽救危局。"又在给徐勤的信中说,"中国舍革命外无别法"[1]。这两三年间,梁启超说了不少排满、革命的话。过去在论述这段历史时,都说梁启超是玩弄政治骗术,其实这是形势急转直下在改良派的核心中引起了变化,也表明梁启超与康有为坚持的保皇路线产生了分歧。所有这些,集中反映为一点,只有推翻清朝政府,中国才有革新之望。正是1900年帝国主义的残暴侵略和国内各种力量的冲击,风云变色,近代中国的政治思想又经历了一次重大的新陈代谢。

自此,革命派与改良派分了手,形成为敌对的两个营垒,环绕着反清革命与拥清保皇激烈论战,章太炎的《驳康有为论革命书》、孙中山的《敬告同乡书》揭开了论战的序幕。因此,革命派一面要发动武装推翻清朝的战斗,一面又要从政治路线上同保皇的改良派作斗争;反过来,保皇的改良派一面要花很大的气力对付革命派,另一面为了保皇立宪,仍要同以慈禧太后为代表的顽固派争夺;同样,清朝政府也是在两面的格斗中挣扎。在这个两条道路(革命与改良)和三方(革命、改良、朝廷)角逐的形势下,革命既是那时的趋势,革命派也就成为时代的主角。而保皇的改良派既然同慈禧太后顽固派还在继续较量,也还存在着立宪的微弱前景,这就使他们作为新派人物的颜色并没有完全脱落,还有些号召力,特别是对那些从封建营垒中渐次苏醒过来而又害怕革命的人们。所以清朝政府仍把康有为、梁启超同孙文一起列为"诸逆",要它的驻外使节认真访拿,"破其诡谋"(引自罗丰禄去电稿本)。章太炎作诗道"新耶复旧耶,等此一丘貉"[2],是

---

[1] 《梁任公先生年谱长编初稿》第2册。
[2] 章太炎:《西归留别中东诸君子》,见《清议报》第28册。

指康、梁堕落为保皇党而言,实际上康、梁仍是为封建顽固派所忌恨的。

几年间,革命势力大大地激荡起来,1905年8月成立了推动全国革命的资产阶级革命政党同盟会,为埋葬代代相承的最后一个封建王朝——清朝,准备了可靠的条件。而拥清的改良派也演变发展为两股力量,一股是活动于海外的改良主义保皇派,仍以康、梁为代表;一股是活动于国内的改良主义立宪派,以江浙的预备立宪公会(郑孝胥、张謇、汤寿潜等人)为代表。立宪声浪的掀起,与1904—1905年的日俄战争有很大关联。因为十年前的甲午战争,立宪的小国日本打败了封建专制的广土众民的中国,十年后立宪的日本又打败了庞然大物的沙皇俄国,立宪两字在一部分资产阶级人士的心目中顿时放大了,产生了极大魅力。那个曾是袁世凯的老师、戊戌年八月痛骂过袁世凯的张謇[1],忽于此时致函袁世凯说:"日俄之胜负,立宪、专制之胜负也。"日本打败了俄国是立宪打败了专制的论断,不仅成为变法维新人士的一致呼声,而且也为许多清朝官员所接受,他们认为只要实行立宪,对革命势力就可釜底抽薪,风雨飘摇的大清就可得救了。在"百日维新"的变法高潮中,对立宪不敢置一词的清朝统治者,这时也把它看作了救生圈,即于1905年7月指派五大臣"分赴东西洋各国考求一切政治,以期择善而从",以德、英、日三个君主立宪国家为考察的主要对象。次年8月发布预备立宪上谕,给立宪派的活动提供了合法条件。于是,江苏、浙江、湖北、湖南、广东等省纷纷成立立宪团体;满怀立宪理想的杨度,在日本创刊《中国新报》鼓吹立

---

[1] 《张謇日记》戊戌八月初十日记道:"闻袁世凯护北洋,是儿反侧能作贼,将祸天下,奈何!"

宪，旋即回国活动；康有为等也在海外联络侨商，于1907年农历正月宣布改保皇会为国民宪政会；梁启超、蒋智由等则在日本设立政闻社，发刊《政论》杂志，向国内策动；连留学日本的八旗子弟也创刊了《大同报》，宣称"以提倡立宪、融和满汉为唯一之宗旨"。[1] 他们都打出了要求或提倡立宪的旗号，是继戊戌维新失败后出现的又一次政治改良运动。前一次是在革命势力刚刚活动的时候，这一次则革命势力已跃居前台了。为了揭穿清朝的立宪骗局和立宪派散布的立宪幻想，革命党人曾以炸弹对待出国考察宪政的五大臣，并在许多报刊上发表抨击的文章。

海外和国内两股立宪力量，在互通声气、积极推动立宪中，他们以请开国会相号召。1907年杨度给梁启超的一封长信说："夫政党之事万端，其中条理非可尽人而喻，必有一简单之事物以号召之，使人一听而知，则其心反易于摇动而可与言结党共谋。以弟思之，莫开国会若也。"这个"莫开国会若也"的主张，经过《新民丛报》《中国新报》《时报》《政论》《国风报》等立宪派报刊的鼓吹，变成了立宪派一致的行动纲领。梁启超的政闻社虽组织了一些上书请愿活动，但因慈禧太后的宿怨遭到禁止。主要是预备立宪公会为首组织的一系列请愿活动，1908年它联络各省立宪团体和立宪分子向都察院递呈《请愿速开国会书》，随后张謇又以江苏谘议局议长的身份邀请各省谘议局代表到上海组织"国会请愿同志会"，前赴北京，于1910年1月、6月、10月相继举行了"速开国会"三次请愿。同盟会会员沈缦云代表上海商务总会也奏请"速开国会"。这些请愿的声势不小，给了清朝以较大压力，却没有被清朝所接受。沈缦云在请愿中遍访军机、

---

[1]《时报》1907年9月13日，广告。

都察院、相国后向人说,"釜水将沸,游鱼未知"[1],指出革命形势的发展,清朝的覆灭为期已不远了。

立宪派的请愿活动,是与革命党人1906年发动萍浏醴起义以来频繁的武装反清竞赛的,他们满想通过清朝政府实现他们的立宪主张,避免革命的流血破坏,所以说"俾希望立宪之人心迎机而大畅,鼓吹革命之患气不遏而自熠"[2],这一点与清朝欲借预备立宪以制止革命的要求很相近。但历来说清朝是"假立宪",相对而言,那么立宪派则是要真立宪了。真假的区别何在?(一)清朝是被迫宣布立宪的,立宪仍然是要"永固皇位",要保持"君上神圣尊严,不可侵犯"。这与立宪派主张限制君权,实行资产阶级的议会政治不可同日而语。(二)清朝宣布的"预备立宪",是想以"预备"的诺言换取时间,另作筹谋。这与立宪派要求迅速召开国会,及时实现立宪政治的呼吁也不能混为一谈。所以立宪派的要求立宪,仍有其积极意义,是戊戌改良运动的继续,就其把百废待举的新政集中到立宪一个问题上来说,又是戊戌改良运动的发展。正是在革命警报频传、立宪派咄咄逼人的请愿下,1910年11月,清朝宣布把原定的9年预备期至宣统九年(1917)立宪,缩短为5年,在宣统五年(1913)实施。梁启超当即反唇相讥,在《国风报》上撰文说,若不即开国会,则将来世界字典上绝无"宣统五年"一名词。果然,宣统三年(1911)武昌起义的大炮就把清朝的皇冠打落在地。后来杨度在他的《君宪救国论》中将梁启超的话倒过来说:"使清室真能立宪,则辛亥革命之事断其必无。"梁启超的话是事前预测,杨度说的是事后假设,但他们都坚信立宪是挽救清朝

---

[1] 《辛亥革命前后上海总商会动态》资料,1961年油印稿。
[2] 中国第二历史档案馆编:《中华民国史档案资料汇编》第1辑,第101页。

的唯一途径,惋惜清朝不能采纳他们的意见而招致灭亡。

考察梁启超、杨度当时的论证,尽管他们怀抱的立宪政治不是面壁虚构,但不顾客观形势的变化,把立宪看作起死回生的灵符,乃是"用迷信来说明历史"。他们之由主张改良而成为改良主义者,其原因也在此。试看戊戌维新运动没有为立宪政治开出一条路来,而义和团运动后的清朝已是油干灯枯,朝不谋夕,既无实行立宪政治的社会信念,又无主持立宪政治的权力中枢,老耄的慈禧为身后盘算已来不及,继起执政的少年贵胄载沣更不可能当此大任。"譬诸破漏霉朽之老屋,非破坏后,则建设未由得施。故革命事业,实应乎时代之要求,洽乎人人心理之所同然。"[1]日后梁启超在《庸言报》上得出的这个结论是符合客观实际的。革命派坚持推翻清朝,同立宪派进行不调和的斗争,立了首功。然而立宪派的宣传立宪,要求速开国会,揭示了清朝的无望,增加了中上层社会对清朝的离心力,加速了清朝统治的瓦解。他们中的有些人,且在多次请愿失败之后,深知"舍革命无他法",渐次向革命靠拢。但必须承认在革命派与改良派对清朝的大搏斗中,前者是主体,后者是补充,不应混淆。辛亥革命后,1912年10月梁启超回国之初,他说:"平心论之,现在之国势政局,为十余年来激烈(指革命派)、温和(指立宪派)两派人士之心力所协同构成,以云有功,则两俱有功,以云有罪,则两俱有罪。"[2]这种平分秋色的摊派,背离了事物本身的主从关系,不足为训。

我们在论述革命派与立宪派这段历史时,偶尔也会有杨度那样的想法:清朝如果能接受并实行立宪派的主张,可能就不会有辛亥

---

[1] 梁启超:《中国立国大方针》,见《庸言报汇编》第12卷。
[2] 梁启超:《初归国演说辞》,见《饮冰室文集》第11册。

革命,不会有辛亥革命后的混乱。这是偏见,不是历史。社会历史的发展,革命与改良是相辅而行的,改良之不能替代革命,正如革命之不能抹杀改良一样,决不能因后来有滥施革命的事而怀疑以往革命的必然性和正义性。

对于立宪派不应一概骂倒,他们既有过(有的是罪)也有功,要具体分析。前不久在辛亥革命的学术讨论中,从海外传来了一些议论,说很难说孙中山领导了辛亥革命,立宪派在经济和文化上的贡献比革命派大,倒是起了领导作用。我们必须承认一个事实,不管是反帝还是反封建,武装推翻帝国主义的走狗——清朝,是那时摆在中国人民面前不容回避的首要任务。谁举起了这面大旗,谁就居于领导的地位。这里不想谈得太远,单就黄花岗起义、保路运动和武昌起义对推翻清朝互相联结的三件大事来说,只有在保路运动中立宪派有过倡导作用,他们由积极保路揭了清朝的疮疤,革命党人和会党群众闻风跃起把运动引向武装反清,才成为武昌起义的导火线。黄花岗起义全然是革命派的主动,武昌起义是革命派造成了声势之后,立宪派才被卷了进去。清末整个事变的发生,以孙中山、黄兴为代表的资产阶级革命派的领导不够坚强有力,武昌起义前后表明的事实是如此,但决不能因此就否定他们对推翻清朝统治和建立南京临时政府的领导作用。武昌起义推翻清朝的目的和结果是建立一个资产阶级民主共和国,如果没有孙中山、黄兴为代表的资产阶级革命派的奋斗和领导,能自发地产生这样的政治结果吗?至于立宪派在经济和文化上的贡献,如张謇等人对发展资本主义工业所作的努力,虽然剥削了劳动群众,在当时的中国社会却是"造饭碗"(指办工厂),不同于官僚政客的"抢饭碗"。如梁启超广泛传播新知的大量文章和严复介绍西学的许多译著,都是独步一时的,启迪了整个一代知识分子,帮助了知识分子的革命化。这些,都应该给予实事求是的评价。

四

在武昌起义的胜利形势下,各省的立宪派和官僚乘机宣布独立,脱离清政府,立宪派被卷进了民主共和的行列,尽管在有的地区如湖南、贵州等省,他们是通过残杀革命党人走进这个行列的。革命派与改良派毕竟由十年来的长期对峙而走到一起,1912年1月组成了南京临时政府。

南京临时政府是怎样组成的?它的成员怎样?且以孙中山的一封信来说明同盟会的组织领导作用。当临时政府建立之初,蔡元培写信向孙中山推荐康有为、章太炎等人,孙中山复函道:

> 关于内阁之设备及其组织用人之道,弟意亦如是:惟才能是称,不问其党与省也。但此时不能不收罗海内名宿。来教所论甚明,然其间尚有当分别论者,康氏至今犹反对民国之旨,前登报之手迹可见一斑,倘合一炉而冶之,恐不足以服人心,且招天下之反对。至于太炎君等,则不过偶于友谊小嫌,决不能与反对民国者作比例。尊隆之道,在所必讲,弟无世俗睚眦之见也。[1]

在这封信中,孙中山宣布的用人宗旨是"惟才能是称",即"用人惟贤"的路线。但有两条,一是"此时不能不收罗海内名宿",二是不能延揽"至今犹反对民国之旨"的人。前一条在于借助有声望的"名宿",增加社会对新生的共和国政府的信赖感,所以临时政府的副总统是黎元洪,九个部的总长有七个也是张謇、汤寿潜、程德全等立宪派头面人物和前清官员。后一条是实施共和国各项政策、开展工作

---

[1] 原件藏中国第二历史档案馆。

的重要保证,所以各部次长除个别外,都是同盟会会员,而孙中山以大总统、黄兴以陆军总长兼参谋总长主持了这个政府。参议院的40多个参议员四分之三以上也是同盟会会员。这些,都体现了以同盟会为主体的资产阶级革命派的领导地位。至于前一种人能否达到预期的作用,则又决定于主体的魄力和"名宿"对共和国的态度。

存在了91天的南京临时政府,除政府成员的构成体现了同盟会的领导关系外,还有它颁布的《临时约法》和各项政令以及斗争矛头的所向,今天检验起来,依然可以看出都是为了实现和健全资产阶级共和国的体制而进行部署的。过去许多论著以辛亥革命只赶跑了一个皇帝,留下了块"民国"的空招牌,这是就革命的不彻底和被军阀篡夺了政权而言。事实上辛亥革命把皇帝赶跑了,把自秦始皇两千多年以来的"帝国"变为"民国",就否定了整个皇权体制,也触动了封建社会的各条神经,是政治制度和社会思想的一个大跃进。从此,民主观念深入人心,谁敢帝制自为就成了人人讨伐的对象,谁还拖着辫子,抱住老皇历就成了可耻的封建余孽。"封建余孽"四个字出现于辛亥革命后,鲜明地反映了这场革命的矛头所向的威力。

早在同改良派的论战中,革命派就声明革命不能没有破坏,革命一旦取得胜利,随之而来的必然是大建设。这个认识在资产阶级革命派中是颇为一致的。南京临时政府建立时,孙中山就欣然地指出:"革命有非常之破坏,则不可无非常之建设,盖际此非常之时,必须非常之建设,乃足以使人民之耳目一新,与国更始也。"黄兴、宋教仁等也相率倡议建设。立宪派前此对收回利权、发展实业做过贡献,这时更是跃跃欲试。基于这种要求,就在1912年,革命派、立宪派和工商界莫不怀着"破坏告成,建设伊始"的兴致,纷纷成立中华民国工业建设会、工业建设会、西北实业协会等团体[1],并发行《经济杂志》《中国实业杂志》《实业杂志》等专刊。革命与改良两派都是从爱国开始的,都想通过自己的努力把中国建设成一个富强的资本主义国家,在这里,对发展实业又表现了较大的共性。

由革命转向建设是历史的必然,即使在全国范围内还没有争取到足以进行建设事业的局面,提出来作为奋斗目标也是必需的,如果没有经济建设的目标,革命也就会丧失自己最终的意义。关键在于那时的南京临时政府内部,资产阶级革命派也还不能掌握自己的命运,那些暂时屈居于次要地位的立宪派同封建军阀官僚有着广泛的联系,能量很大,他们的活动正在摇撼着新生的共和国政府。资产阶级革命派对此认识不足,或者有所认识而没有力量去改变这种状况。他们不能制约依赖封建军阀官僚的立宪派,反而一步步受封建军阀官僚和立宪派的制约。这种政治消长,使胜利的辛亥革命很快走向失败,人们殷殷向往、已在招手的建设机会丧失了。

武昌起义后政党的分化与组合,大致仍是革命派与立宪派在新形势下的继续较量。最初是统一党与同盟会的较量,继而是共和党与同盟会的较量,继而又是进步党与国民党的较量。从同盟会到国民党与从统一党到共和党——民主党再到进步党,固然是我中有你、你中有我,鱼龙混杂,但一个框架是从革命派演变而来,一个框架是从立宪派演变而来,是依稀可辨的。当时有人指出这一情况说:"民国元年之保皇党,一可以易其名曰共和建设讨论会,再可以易其名曰民主党,任尔言共和,任尔言民主,而保皇骨相终古难磨,以一时之貌

---

[1] 汪敬虞编:《中国近代工业史资料》第2辑下册,第860—867页。

而欺人,是犹髦儿戏花旦之演烈女传也。"[1]如果说在武昌起义前革命派与立宪派是围绕反清与拥清、共和与立宪而斗争,那么这时则是围绕着制袁与拥袁、法治与独裁而斗争,当袁世凯的凶相和假象没有完全暴露以前,他以逊清的内阁总理和新生的共和国总统拥军自雄。所以国民党的对袁斗争比同盟会的对清斗争还要困难些,对作为袁世凯与党的共和党、民主党、进步党比对拥清的立宪派的界线也模糊得多。在民国元年潜滋暗长的斗争中,南京临时政府被迫由南京迁往北京,革命派的暂时优势已在发生令人担心的演变;次年"第二次革命"失败,这种逆转的演变就非常显著了。

事态的演变,并不会到此止步,因为被辛亥革命推翻了的东西,立宪派与封建军阀还没有把它追回来,不到黄河心不死。接着便是袁世凯称帝和张勋复辟的演出,但他们仍然以改良主义的君主立宪来搪塞,袁皇帝的年号所以叫作"洪宪",张勋也要搬出"预备立宪"上谕中"大权统于朝廷,庶政公诸舆论"的话作依据,两者的依存和引用原先的立宪力量却有区别。洪宪帝制同改良主义的立宪派结合——以杨度为代表;张勋复辟是同改良主义的保皇派结合——以康有为为代表。从外形看,似乎再现了20世纪初年一个志在君主立宪,一个旨在保皇立宪的微弱不同。前者不管谁做君主都可,后者要的是清朝皇帝。但是在20世纪初年,他们还有同封建顽固势力作斗争的一面,这时则完全与封建军阀沆瀣一气,成了十足的复辟派。后者比前者更加堕落,连杨度也通电指出其"腐朽秽滥,如陈列尸"[2]。丑恶的洪宪帝制和张勋复辟像泡沫一样幻灭了,康有为从此成为僵

---

[1] 田桐:《玄玄遗著》下册,第138页。
[2] 天津《益世报》1917年7月4日,第3版。

化的政治古董,杨度也以君主立宪"永无再见之日","伤心绝望"。这两股政治逆流的出现,是辛亥革命失败的记录,一直被人们引为可悲可耻的历史教训。但是洪宪帝制和张勋复辟的迅速扑灭,又表明了民主势力的不可轻侮,仍然是辛亥革命不可磨灭的战果,其中也许还有梁启超、严复等人传播新知的思想影响。

从19世纪后期到20世纪初期的旧民主主义革命阶段,革命与改良打破了僵化的封建统治秩序,推动了历史前进,使封建统治阶级再也回复不了旧日的"天朝",这种历史功绩是永存的。但是在革命派与清朝统治者生死搏斗的关键年代,致力于改良的立宪派,他们不是接受革命势力指挥的"第二条战线",而是站在革命与反革命之间的"第三种势力",他们虽与清朝闹摩擦,但并不愿清朝倒下来,只是在清朝的大势已去时,才把他们的身子转向革命的一边,这是不能文饰的事实,也不应因他们在别的方面的贡献而去修改这些事实。

革命派与改良派经过长期奋斗,各自的政治目标都分别向他们招过手,胜利在望,他们曾为之欢呼。但到头来,中国没有享受民主共和,也没有实现君主立宪。辛亥革命后得到的是袁世凯的军阀独裁,袁世凯后出现的是军阀统治和军阀混战。这个结局是革命派痛心的,也是改良派所不愿意看到的,翻开那时的书刊,扑眼而来的,除了愤懑,就是叹息。为什么出现这个结局?主要是盘根错节的封建势力造成的,它既败坏了民主共和,也吞噬了君主立宪,帝国主义的干涉和破坏固然也是一端,但它们主要仍是通过国内的封建势力来实现的。

封建势力怎样败坏了民主共和又吞噬了君主立宪呢?先就君主立宪来说,资产阶级改良派集中的政治主张是君主立宪,在不同阶段根据其表现特点,被称为维新派(变法派)、保皇派、立宪派,改良派是总称。资产阶级改良派对封建势力是又反对又勾结,在辛亥革命前后,他们搞了两次立宪活动:第一次是戊戌变法,搞得颇有声势,不幸很快被封建顽固势力镇压了;第二次是20世纪初年的立宪运动,他们又被清朝统治者软硬兼施地逼走了。在洪宪帝制中,他们中的有些人就同封建军阀站到了一起,在政治上对封建势力仅有的反抗性也被吞噬了。这是就作为一个政派的历程来说的,至于其中的个人或醒悟,或彷徨,或与封建势力勾结得更紧,就各异其趋了。

资产阶级革命派是反封建的。在同封建势力进行激烈的战斗中建立起来的临时革命政权,很快就被袁世凯篡夺了去。袁世凯篡夺的得手,一是拥有颇为雄厚的封建军事实力,二是得到各种封建政治力量和帝国主义者的支持。但是直接败坏民主共和的,却是那些置身临时政府、同封建政治又很密切的"新人",如实业总长张謇、交通总长汤寿潜、内务总长程德全等,他们用怠工和抵制等方式以涣散临时政府,为"非袁莫属"制造气氛。各省脱离清廷、宣布"独立"的都督,很多是立宪派和原来的封疆大员,他们站在"民国"的旗帜下,却置临时政府的困难于不顾,不解交税款,不接受政令,呼风唤雨,处处掣肘。更有如章太炎这样的名声很大的革命家,于1911年11月由日本回国后,便与立宪官僚携手,挟嫌怨以分化同盟会,倡组中华民国联合会、统一党、共和党,虽身任临时政府的枢密顾问,对临时政府的举措却这也不称意,那也不顺眼:定都南京,他反对;《临时约法》,他反对;颁布"报律",他反对;采用阳历,他反对;小学男女同校,他也反对。临时政府的政令朝颁,他的反对宣言就夕发。[1] 当袁世凯取代孙中山就任临时大总统时,章太炎立即写信向袁献策,要他"以光

---

[1] 参看章太炎主笔的《大共和日报》和《太炎先生最近文录》。这里不是全面评价章太炎,只是就其在武昌起义后短期中的政治态度来说的。

武遇赤眉之术解散狂狡,以汉高封雍齿之术起用宿将,以宋祖待藩镇之术安慰荆吴"。袁世凯看了,说是"至理名言,亲切有味"[1]。正是以上这些具有各种封建身份的"新人"和有着浓厚小生产者封建习性的革命者,以他们的言行支持了袁世凯。他们的言行对于民主共和的败坏,比起清朝皇族良弼、溥涛、铁良等人的宗社党和康有为、陈焕章等人的孔教会来,远为有效,因为太腐朽的东西人们一眼就看穿了。而散居于城乡的几亿小生产者,千百年来的小生产习性挡住了他们的视野,对机器大生产陌生,对民主共和漠不关心和不信任,是最难对付的。

在封建主义的重重压力下,一往直前的孙中山引退了。十载戎马,忠诚于民主共和的黄兴,在南京临时政府建立一年前的黄花岗之役前夕,他大书"丈夫不为情死,不为病死,当为国杀贼而死",何其悲壮!南京临时政府北迁后的几个月,1912年10月他从上海经鄂返湘,座舰夜航江心,思潮起伏,命笔作诗:"惊人事业随流水,爱我园林想落晖。"诗中已不无凄凉之感了。

以孙中山为代表的革命派,在经过洪宪帝制和张勋复辟两役之后,虽然仍没有放下武器,还在举起"护法"的旗帜与北洋军阀斗,但已布不成阵势,成为旧民主主义革命落幕前的尾声,他们进行的革命与改良之争也随之终结。历史是不会停止自己的脚步的,终必冲破旧的窠臼,向新的征途迈进。

五

辛亥革命前后的革命与改良之争,只是一百余年来中国政治史

---

[1]《章炳麟事略》,藏中国第二历史档案馆,第34号,第862分号。

上的革命与改良之争的第一轮。"五四"期间开始揭出的"问题与主义"的论战,又进入了第二轮革命与改良之争,主要是马克思主义者同形形色色的资产阶级改良思潮及其活动的斗争,中国共产党人坚持了又团结又斗争的统一战线方针,纠正了右的和"左"的干扰,取得了新民主主义革命的伟大胜利。

我们过去对辛亥革命前后的革命与改良之争总结了什么?一是民族资产阶级的软弱,对革命缺乏坚强的领导和正确的方针;二是改良主义道路走不通,而且是革命的绊脚石。应该承认,这个历史经验教训对后来的革命是发挥了借鉴作用的。然而仅就它们的政治趋向和一场论争来概括其全部活动,不是肯定一切,就是否定一切,这并不能正确地认识事物的各个方面。譬如《民报》与《新民丛报》争论的许多问题,改良派对于满族与汉族融合的历史关系,行使民权和开发民智的关系等方面的论点,是言之有据的,却被一笔抹杀了。当时的革命派中的许多人把满汉矛盾的宣传凌驾于反封建之上,结果让封建主义钻了空子。看来政治社会的许多争论,往往要经过一个历史时期,联系后来发生的事情,才能看得更清晰,判定其是非。

改良绝不是历史的赘疣,它同革命的对立统一关系,本身就说明了两者并存和互相替代的客观性,但它在不同历史时期的地位和作用是不同的。在旧民主主义革命时期的戊戌变法和立宪运动中,维新派也好,立宪派也好,是作为一种独立的政治力量出场的,无论在政治战线和思想战线上都有过全局性的影响。"五四"以后的资产阶级改良思潮及其活动,已不是一种独立的政治力量,它们表现为这样的流派或那样的社团,很难有统一的旗帜,如实业救国、科学救国、教育救国等的呼吁,如新村运动、职教派、乡建派、平教派等的活动,以及后来通称的第三条道路,还有什么"新路"之类。在北洋军阀、国民党的地主资产阶级反动统治下和中国共产党人提出的反帝反封建纲领领导革命人民奋战之间,别的政治力量没有也不可能再揭出足以号召社会的口号和旗帜了,只能有各种政治改良的杂碎。所谓形形色色的资产阶级改良主义思潮(其中也有封建色彩较浓的),正反映了这种实况。

历史证明,所有这些改良主张,都无补于那时的大局。但是面对极端反动腐朽的统治,许多知识分子还没有找到或不认识马克思主义,从爱国出发,囿于自己的经历,以目代纲地各自提出实业、科学、教育等救国主张,虽然救不了国,多数还是出于不甘自弃的好心。要是把它们放在改造社会的总纲下,忠诚地从事实业、科学、教育等事业,在任何时候对社会都是有益的。可惜我们的社会里这样的人太少了。我们不"因人废言",也不要"因人废事",对于搞新村运动一类尝试的人,如果他们不是蓄意对抗马克思主义或破坏革命,而是想在黑暗中以爝火萤光探照自己的去路,终究比安于现状、无所用心要好。科学发明是通过试验取得的,社会改造也有待于试验来推广。"路漫漫其修远兮,吾将上下而求索"的态度,不是不可取的。对于这类改良主张为是为非,不能一概而论,主要要从它们的政治趋向和实际作用来检验。譬如研究各种社会问题是必需的,而胡适用研究一个一个问题来对抗马克思主义指导下的民族民主革命,就把正题引向了反题。又如认真读书是好事,而胡适等却以"读书救国"的口号来阻止青年参加爱国运动,就把读书与爱国对立起来了。新民主主义革命时期的资产阶级改良流派既然不是一种独立的政治力量,他们是依存于也是依违于革命和反革命的中间力量,因而分析他们的作用,就要看他们的矛头主要指向哪里。随着革命形势的发展而发生的分化,他们又分向何方?这在抗日战争后期和解放战争期间两个中国之命运的决战阶段中,分外鲜明。

综观一百多年的中国近代历史,资产阶级的改良活动,是与新旧民主主义革命相始终的,是个复杂的长过程。它曾经被"立足于批"的革命辞藻横扫过,大大地被歪曲了。理应掸去横扫的辞藻,还其本来面目,还改良和改良派自己历史的本来面目,而不只是回到前此的论述。因为对许多历史事件,尤其是对改良和改良派的历史的认识,正在不断加深和完整。可以从几个环节来说明改良和改良派的历史作用。

第一,当帝国主义猖狂入侵,封建统治者顽固颟顸不知所措的年代,一些先进的中国人主张学习西方,学习日本明治维新,改革中国的封建政治经济,这从早期的改良思潮到戊戌变法运动,无疑是推动历史前进的积极因素。如果因为他们还有不少封建糟粕(指出是必要的)而贬低他们的时代价值,并不是历史唯物主义的求实精神。事实上,19世纪末的改良变法运动,是近代中国社会变革的先导,也是文化上的启蒙运动,那时的中国大地并没有出现比它更进步而成为主流的东西。这一点,本来是人们公认的(后来却一度被极"左"思潮搅浑了),但也没有或不敢指出它的先导作用,并且腰斩地认为过此之后就是反动的了。显然,这个论断是不完整的。改良,即在后来,除了消极的一面外,仍有积极的一面,有时还是积极性较大的。

第二,在革命势力与反动统治的尖锐对峙中,改良派作为第三种政治势力出场,既和反动统治者有矛盾,又同革命势力相争夺。这是他们的阶级地位和政治趋向决定的。但不能因其不是一边倒就全部否定(过去是如此),首先要承认他们对反动派的腐朽统治有不满,有要求改革的积极性;再要看到他们在左右开弓中的矢主要对准谁。对清末的立宪派和"五四"后的资产阶级改良思潮,均要作这种分析。

譬如1922年蔡元培等发表的《我们的政治主张》，主张"好政府"，主要是针对豺狼当道的北洋政府的，尽管是空谈，并不能说是反动。经过"文化大革命"的浩劫，我们懂得了一条，即使在人民自己掌握了政权以后，仍然有被坏人篡夺去的可能，也有被封建特权腐蚀而脱离人民的可能，提倡为人民服务的"好政府"，今天也还是有意义。

第三，经过疾风骤雨的革命推翻了旧政府，建立起新政权后，采取改良步骤，恢复经济，变革旧制，以巩固新生的政权，为今后的发展打下基础，这样的改良是革命的延续和补充。尽管近代的革命与以往的改朝换代大不相同了，但历代的"休养生息"政策并不全是无可借鉴的陈年老账。南京临时政府建立时革命党人提出的建设主张，除了对斗争的大形势缺乏足够认识外，伴随着革命胜利而来的建设要求，却是人同此心、心同此理的，只是由于封建势力的捣乱，丧失了这个机会。与此同时，1912年2月宋教仁、蔡元培等发起成立社会改良会，发表了宣言和章程，其中说：

> 盖所谓共和国之程度，固不必有一定之级数，而共和思想之要素，则不可以不具。尚公德，尊人权，贵贱平等而无所谓骄谄，意志自由而无所徼幸，不以法律所不及而自恣，不以势力所能达而妄行，是皆共和思想之要素，而人民所当自勉者也。我国素以道德为教义，故以风俗之厚，轶于殊域，而数千年君权之影响，迄今未沫，其与共和思想抵触者颇多。[1]

这个"社会改良"宣言，在当时动荡不定的中国社会，不可能有太大的反响。但它揭示的精神，"不以法律所不及而自恣，不以势力所能达而妄行"，是深中时弊的，对广大社会人士尤其是对共和国的军

---

[1]《宋教仁集》下册，第377页。

政人员是及时的和必要的警戒;"而数千年君权之影响,迄今未沫,其与共和思想抵触者颇多"的话,对辛亥革命后的中国也有极大的针对性,"颇多"的是什么? 就是植根于地主和小农经济的生活方式、保守思想和习惯势力,它们是民主共和的腐蚀剂。

改良之所以一直被看成是灰色的、骑墙的和反动的,因为它久已被判定是阻止和对抗革命的政治势力,是地主资产阶级专有的性能或痼疾。其实,除了它在抢救应该死亡的东西把矛头主要对准革命的时候外,在其他的情况下,不但不是那么坏,而且是有益的,或者是利害互见的。它也不是地主资产阶级所专有,无产阶级领导的人民革命在策略上和取得政权后都必须采取一定的改良措施,如我们党在抗日战争时的减租减息政策,十月革命后苏俄的新经济政策等。这不是向右转,更不是无出路的倒退。

革命是用暴力变旧质为新质,改良是以渐进的斗争形式推动旧事物向新事物转化,它们既是互相依存的,又是矛盾对立的。两者交叉地出现,或缓或急地促进社会的新陈代谢。过去,我们过分强调了革命与改良的矛盾对立关系,认为改良总是拖历史的后腿。到了"文化大革命",由于极"左"思潮的空前泛滥,"革命"、造反的高音喇叭日夜呼啸于960万平方公里领土的中国上空,人世间的是非变了形,一切罪恶都假"革命"而行,于是,倒霉的改良从现实到历史遭到了更大的歪曲。为此,如实地论述近代史上的革命与改良的关系,弄清改良与改良主义以及改良在不同历史条件下的作用,是史学上的一个重要任务。

近代阶级与历史步伐[1]

在近代史研究中,我们对社会阶级状况和阶级矛盾的理解,是否有不够全面、不够完善的地方?很值得深思。我认为,为了更准确、更完善、更辩证地认识近代社会变迁的基本线索,颇有必要对近代社会阶级和阶级斗争的状况及其特点进行更为细致、缜密的探索。

近代中国的社会矛盾是极其错综复杂的。阶级矛盾和民族矛盾交织在一起,很难把握。阶级斗争和民族斗争,连绵不断,但斗来斗去,为的是什么呢?就是林则徐等有识之士在鸦片战争中所追求的独立和自主。但近代志士仁人所追求的独立自主,并不完全是为了回复到康熙、乾隆盛世,还有一个实现富强的问题,也就是向往发展资本主义。

近代中国的新陈代谢是特别尖锐的,其实质,就是破封建主义之"陈",立资本主义之"新"。其出路,在"五四"以前,中国的先进分子是以资产阶级民主主义取代封建专制主义;到"五四"以后,中国先进

---

[1] 这是 1983 年 8 月 23 日作者在复旦大学举办的"近代中国资产阶级研究学术讨论会"上的发言。

分子更将实现社会主义—共产主义作为自己的奋斗目标了。"五四"以前的中国先进分子关于以资产阶级主义取代封建专制主义的追求,在洋务运动时期,或在近代资本主义出现之前,表露得不是那么明显的,但已经可以听到一些微弱的呼声,并越来越扩大。

太平天国运动是旧式农民战争的高峰,但是太平天国英雄们在新的历史时期,已不满足于以往农民英雄们的传统抱负,而有着符合时代步伐的新的追求,尤其是在《资政新篇》中,已流露出打算在中国发展资本主义的鲜明趋向。19世纪60年代初期的中国,是颇具特色的,一方面,太平天国的农民英雄们采用洋枪洋炮抗击着中外反动势力,另一方面,洋务派也借助于洋枪、洋炮、洋将,凶残镇压太平军,与此同时,它们还竭力倡导"采西学""制洋器"。此时此际,中国大地上出现了政治上截然对立的两个集团——太平天国和洋务派,他们不约而同地借助于西方的先进火器和技艺。这种殊途同归的现象说明了什么呢? 说明到了19世纪60年代,学习引进西方的先进技艺,已成了不可阻挡的历史潮流,没有借鉴不行,不论是革命势力还是反动势力,概莫能外。问题在于,站在什么立场上借用,如何借用,能否把外来的东西变成内在的、实际的东西,以期实现祖国的独立和富强? 这可是区别进步与反动的标志。

洋务运动在中国资本主义发生发展中到底起了什么作用? 洋务派是地主阶级的当权派。他们虽然倡办了一批洋务企业,有军用的,也有民用性的近代企业。然后,洋务集团只是略带资本主义倾向的封建官僚集团,在主观上,他们并不想把封建的中国变为资本主义的中国;但在客观上,他们却不自觉地促进了中国资本主义和资产阶级的产生。就是洋务运动时期,中国社会出现了两种新兴的社会力量:一种是掌握着一定资本,并以之投资于工商业,成为握有生产资料、从事近代化生产的资产阶级,这些人掌握的企业,促进着中国近代物质文明的进步;还有一种社会力量,他们本人并不一定握有多少资本或产业,但在向西方探求新知的过程中建立了自己的政治理想和抱负,掌握着有别于传统封建规范的新型思想武器,呼吁在中国发展资本主义,成为中国资产阶级的精神方面的代言人。洋务运动促进中国资本主义发生发展的客观作用,是值得肯定的,我们不能因为洋务大官们政治上的反动,就一笔抹杀他们在促进中国社会阶级变动过程中的积极作用。

值得注意的是,辛亥革命时期,资产阶级革命民主派,没有一个真正的资本家。这说明了什么?因为掌握着物质武器的资产阶级,并不能完成掌握精神武器的作用,需要掌握精神武器的政治代表为其服务。关于这一点,有其普遍性,很值得研究。

有些同志认为,洋务运动—戊戌变法—辛亥革命,是完全连接不起来的,三者之间是完全对立的。事实是否如此?我看未必。过去,我们强调三者之间对立的一面,在当时条件下虽然有所必要,但是,历史毕竟是螺旋式发展的,总是一环扣着一环。如果我们只是看到历史阶段之间相互对立的一面,而看不到它们之间联系的另一面,这恐怕不是历史本身的逻辑,很可能是人们主观的逻辑。就以光绪为例。有的同志说他是"洋务皇帝",理由是光绪把过去洋务派的许多设置和政见都纳进了他的新政纲领;也有的同志认为光绪是资产阶级的"维新皇帝",理由也摆得堂堂正正,他毕竟是百日维新的最高主持人。这种矛盾现象如何理解呢?只有从洋务运动和维新运动之间的历史联系入手,才能找到问题的答案。光绪帝是如此,戊戌时代的维新人物詹天佑、严复又何尝不是如此?他们都是在洋务运动中成长、脱胎而来的。戊戌变法是对洋务运动的否定,因为洋务运动并不能使中国的资本主义发展壮大,更不能实现独立富强。官办的洋务企业,具有较强的封建性,即便在当时的中国,也是没有生命力的,但它毕竟开了个头,在中国土地上办起了第一批近代化企业,促进了中国近代企业的成长。

洋务运动既促进又阻碍着中国资本主义的发展,到底以谁为主? 能不能用"三七开"或"四六开"来计算衡量? 对此,我很赞成这样一种认识:历史需要数字来证实,但数字并不等于就是历史。论及洋务运动,应该看到它由于封建性、腐朽性的根深蒂固,并不能实现它所标榜的"民富国强",才会由戊戌变法来取代它、否定它。但是,否定本身就包括历史的联系。事物之间的对立统一,不能光看对立,而无视其互相联系的一面。否则,就不是公正地看待历史。

在辛亥革命与戊戌变法之间也同样如此。革命派否定维新派,主要是否定其死死抱住一个皇帝,并不否定维新派的某些要求发展资本主义的合理内核,而是否定维新派一味追求"君主立宪",尤其是维新派已被无情历史碰得头破血流时,还敝帚自珍,故步自封,继续"保皇",阻碍了历史潮流的前进。

有鉴于此,我认为不论是维新运动对洋务运动的否定,抑或辛亥革命对戊戌维新的否定,都是一种扬弃,也就是去其糟粕,存其精华,抛弃其不合理因素,吸取其合理的内核。用哲学用语来说,即在否定过程中也包含着肯定。如果不分青红皂白,一味予以简单地否定,那么,有血有肉的历史就变成了一个个孤立的、僵死的片断。

其实,正像世界上没有永恒不变的事物一样,近代社会中的封建地主阶级也不是铁板一块,同样处在不断分化之中。鸦片战争之后,地主阶级当权派一分为二:一部分拘守传统的封建教条,原地踏步,成为顽固派;另一部分适应形势,转化为洋务派。洋务派虽然还没有转化成真正的资产阶级,但已经很明显地成为封建地主阶级中的一股分化势力。在日趋严重的民族危机中,昏聩腐朽的顽固派根本无视形势的变化,仍然以"天朝上国"自居,闭关自守,妄自尊大,目西方先进技艺为"奇技淫巧",不屑一顾,继续做着"深闭固拒"的梦幻;洋务派则不然,他们已经认识到鸦片战争后的中国,处于"三千年来一大变局"的新形势,如何才能应付这一变局呢?洋务派鼓起勇气,一改盲目排外的封建传统恶习,提出了"采西学""制洋器"等政见,并将其付诸行动,创办了一些洋务企业,在维护封建统治的前提下,部分地汲取了西方的先进技艺。洋务派虽有"崇洋"的一面,但不能据此论定"崇洋"就等于"卖国",因为当时的西方,确实远比封建的中国在各方面要先进得多,对西洋先进文明的应有崇拜,乃至合理的汲取,也是合情合理的举动,对此,我们不能停留在当年义和团的眼光上横加指摘。

论革命派与立宪派的同一性[1]

1980年,我以《中国近代史上的革命与改良》为题,论述了革命与改良的关系,意犹未尽。现再就革命派与立宪派的同一性作议,为前文的续篇。

一、由交替而并峙

1895年,日本打败清朝,签订了《马关条约》,使中国陷入"豆分瓜剖"的局面。为了挽救危亡,康有为发动了1 600个举人签名的公车上书,把改革要求推向变法运动;孙中山更组织了兴中会发动广州起义,为中国寻找新的出路。革命派与改良派几乎是同时起步,标示了中华民族已在觉醒。

如果说广州起义是革命派初试锋芒,那末公车上书却是改良派经过前段思想酝酿向全国发出的一声巨响。继巨响之后,作为新政组成部分的学会、报刊、学堂,在沿海沿江的重要城市陆续出现,并向内地扩展,至百日维新,形成为变法运动的高潮,曾经给人以开创局

---
[1] 原载《江海学刊》1985年第3期。

面,迎接富强的希望。那时的兴中会仍只是在海外的华侨中和港粤之间联络,及至1900年10月的惠州起义,也不过是南海一隅闪电式的一击,并无全局性影响。

改良派在甲午战后之跃登历史舞台,其思想渊源和斗争趋向,是由战前30余年的改革思潮发展而来,也是从对洋务派的批评和发展而来。洋务运动中与顽固派相峙的洋务派,虽不完全具有资产阶级改良派的形态和职能,但洋务热潮的掀起和失败,在上层社会引起了波动,对资产阶级改良派的成长和斗争有着直接的联系。维新运动之代洋务运动而起,成为时代中心,这是历史自身的运动,史著在于说明这种运动及其递嬗关系。

政变发生,作为变法主持人的光绪帝被黜,作为变法策划人的康有为出亡,维新运动宣告失败,意味着一个历史时期的结束。从历史发展的链条看,前为戊戌维新,后有辛亥革命,戊戌与辛亥是近代中国在前进道路上的两个交替的历史阶段。我们应该承认,历史上还存在一种呼之欲出而被阻塞了的历史,即人们想实现而没有实现的历史。譬如说,如果中国的戊戌维新不是失败而是像日本明治维新那样取得成功,民族矛盾和阶级矛盾缓和了,原先出现的革命火焰就有可能消退,历史的进程就不一定与日后出现的历史一样,改良派的许多言论,康有为的七上皇帝书,都充满了这种愿望,力争这种可能(这种可能为什么不能变为现实,这里不具论)。从甲午至戊戌资产阶级改良派的历史作用正在此。论史中的这类设想并不全是幻想,因为历史的必然性中有许多偶然性,也不应排斥按历史轨迹的某种设想。杜牧《赤壁》诗中的名句"东风不与周郎便,铜雀春深锁二乔",就是设想赤壁之战的另一种可能。

戊戌后,康有为在海外设立保皇会,成了晦气的保皇派头目。至于孙中山的情况,如 1902 年 2 月再度赴日本的章太炎所说,当时是"留学诸公,在中山那边往来,可称志同道合的,不过一二个人"。但是,在宗旨矛盾的自立军失败之后,特别是清朝在义和团运动和八国联军之间所暴露的顽固、卖国面目,国内的反清情绪日增;随着留学生运动的兴起,以兴中会为契机的革命组织活动由海南跨向长江,1903 年的拒俄运动和"苏报案"就是这样的信息。这就使推动近代中国社会政治变革的革命与改良两种动力之间也呈现出新陈代谢,反映了辛亥对戊戌既否定又发展的历史辩证关系。因此,在近代中国变革的道路上,如果说 19 世纪最后几年的时代象征是康有为,那么到了 20 世纪初年则进入了以孙中山为代表的时代。虽然,康有为生于 1858 年,孙中山生于 1866 年,他们近于同一辈人。但在社会政治思潮及其实践的急遽变嬗中,他们的脚步却是后浪推前浪,显示为两代人。

历史阶段的交推,并不是按一定尺度设置的阶梯。在有的历史阶段的交推中,一种新的力量败阵下来,另一种新的力量在前者的败局下成长起来,接应上去;而前者在败退中寻求机会,经过新的组合,卷土重来,并与后者抗衡。清末革命派与改良派之由交替而并峙,就是这种错综历史现象的展示。1905 年国内外形势的发展是造成这种历史现象的关键。

1905 年,在近代中国政治生活中发生了两件大事,一是同盟会的成立,一是立宪派的兴起。同盟会的成立,使中国有了全国规模的领导资产阶级民主革命的政党,它的理论体系——孙中山的三民主义也正式公之于世,并扩大武装起义和开展思想战线上的斗争,标志着革命的成熟而有了胜利的希望。至于戊戌失败了的改良派怎样又会崛起为与革命势力并趋的立宪派势力,是内部条件受外力震荡作出的反应。

在甲午战争中,日本打痛了中国,改良派和光绪帝渐知"忌嫉之无益,文饰之不能",不惜以敌为师,把日本当作学习西方的样板,发动了颇有声势的维新运动。十年后,明治维新的日本又打败了彼得大帝的俄国,日俄战争这个结局出于中国人的意外。40年前冯桂芬提出的"彼何以小而强,我何以大而弱","道在实知其不如之所在"。[1] 现在,大而强的俄国何以也会败于日本,胜败之由安在? 许多人就他们所知道的世界得出了一条道理,认为俄国之败于日本,不是俄国的兵力财力不如日本,而是日本为君主立宪国,俄国为君主专制国,俄国之败于日本是专制败于立宪,或者说是日本之打败俄国是立宪打败了专制。这个论证,对那时的上层人士既有借鉴又有切肤之感。于是,在戊戌维新中曾经提出而被视为过激的立宪,此时却成了有极大魅力的字眼,皆以立宪为挽救清朝、振兴中国的唯一途径。就在俄国战败的1905年7月,洋务官僚张之洞、袁世凯、周馥及出使大臣孙宝琦等都出面而奏请立宪,朝廷居然派五大臣出洋考察政治作立宪准备。随之,国内出现了一批由张謇等人组织的立宪团体。"云破月来花弄影",奔营于海外的康有为也为之一振,遂宣布改保皇会为国民宪政会;梁启超则组织政闻社,打出立宪的旗号向国内活动;另一个醉心立宪的政治活动家杨度,也在日本创刊《中国新报》,鼓吹立宪主义,他并回到国内,推动清廷立宪。这样,遂形成为朝野呼应、内外联络的立宪势力。我们对清廷的预备立宪与立宪派的争取立宪一向有区别地称为"伪立宪",但清廷的立宪姿态,对立宪派发动的立宪运动有过诱发作用。

---

[1] 冯桂芬:《制洋器议》,见《校邠庐抗议》。

立宪派是与维新派、保皇派一脉相承的资产阶级改良主义势力,因在不同的历史阶段争夺的着重点不一样,依次形成为三个不同段落的分称:戊戌变法时为维新派,戊戌政变后为保皇派,日俄战争后为立宪派。这些变换的称号反映了各自的主旨,也略寓褒贬,但改良派一直是它们的总称。总称表示了它们的改良主义路线的一贯性,分称表示了它们各自的时间特征及对革命派的关系的变化:维新运动时的维新派在于除旧布新,挽救危亡,以消弭革命于方萌;保皇活动中的保皇派以保护光绪帝、反对慈禧太后为宗旨,与革命派又联系又争夺;立宪运动中的立宪派则呼吁开国会,立宪法以挽救清朝的危亡,与革命派尖锐对立,互争成败。作为维新派领袖的康有为在立宪运动中虽仍岸然自尊,但已失去前日的声光,而活跃于立宪运动中的却是戊戌时还不太露头角的张謇等人。可见改良派自身的血液也在经历着循环和代谢,并在立宪运动中发展了他们的势力,成为与革命派并峙的政治力量。

二、 两种模式的争夺

立宪派与革命派在20世纪初年主要表现为两种政治主张的激烈论争和分道扬镳的对抗形式,无非是君主立宪制与民主共和制两种模式的争夺。

改良派与革命派在甲午战后相继登场的初期,即以各自的斗争形式表现出了它们的不同面貌。但在维新运动的高潮中,互不干预,且以互为中国的前途履险而默认。直至因自立军的宗旨矛盾,兴中会的毕永年与唐才常激辩而去,由改良向革命转变的章太炎也割辫明志,开始表露了两者的"道不同,不相为谋"。自此,它们在活动中的龃龉、文字上的辩难就层见叠出了。1903年12月,孙中山在《敬告同乡书》中公开宣布:"革命、保皇二事决分两途,如黑白之不能混淆,如东西之不能易位。"这就给 1906 年至 1907 年《民报》与《新民丛报》的大论战发出了檄文。这场大论战我们已谈得够多了。论战的论旨是由建立一个什么样的国家为核心,涉及与此相关联的各种理论和实际。在《民报》和《新民丛报》之外,革命派与改良派的其他报刊固然是唇枪舌剑,互不相让;就是局外旁观的报刊对双方的论旨也不能不曲折地、隐晦地表示自己的意见。所以,这场大论战不仅规模大,而且是由前此的革新与守旧两种思想的冲突变而为在革新的道路上革命与改良的冲突,是 19 世纪以来思想战线上的重大发展和深化。大论战的本身虽然没有结论,但在革命派与立宪派的两种反抗形式——武装起义和请愿斗争之间的分途较量必然得出分晓,看哪方面的主张和理论比较符合斗争的实际,对中国起着较大的推动作用,这才是结论。

革命派的武装起义,在 1906 年的萍浏醴起义之后,由间歇而频繁,由小试而大干。与此同时,立宪派由少数人的局部的立宪活动,至 1910 年末发展而为数十万人一再签名的全国性大请愿。一个旨在推翻清朝,一个力争改造清朝,各自对着同一个对象开展斗争。过去说的"逐鹿中原",是指同一形态的起义英雄们的武装角逐;清末则是资产阶级内部两种政治势力采取不同方式的角逐,这是社会形态发生变化随之而来的阶级结构的变化和斗争方式的变化,不仅对封建时代的角逐是一个进步,即与中国进入近代社会以来的反封建斗争比,也是一种进步。革命派与立宪派在角逐中各自的力量都在增长,增长的社会因素,固然有不少原来的改良派分子投向革命,但也有许多从旧营垒中游离出来的分子还不能一步跨进革命的门槛,只能成为立宪派的补充力量。由于革命派与会党、与新军的结纳日多,而频繁的群众自发斗争也有利于革命派的武装起义,革命的声势已大于立宪,成为时代的主流。但在经济、文化领域,立宪派仍有优势,挟以与革命顽抗。

经济领域,因立宪派直接从事工商业的人不少,与工商界有较广泛的联系;革命派直接从事工商业的人却罕见,与工商界的联系不密切。所以,与工商界利益攸关的抵制美货运动、收回利权运动和保路运动,多为立宪派发动,在社会政治生活中产生过很大影响。立宪派基于保护和发展工商业的要求,敢与帝国主义进行挽回利权的斗争,却害怕革命带来破坏,他们更要坚持立宪以抵制革命。

文化领域,在那时的学堂、报刊、著译等资产阶级新文化事业中,革命派固然已很活跃,但立宪派和倾向立宪的人所占比重要大得多。如从戊戌时创办起来的作为新文化教育事业重镇的京师大学堂和商务印书馆,大抵仍以立宪人士为核心;如梁启超的论著、严复的译书,尽管他们的影响已大大地超越了立宪的政治界线,然而梁启超、严复的言论毕竟是为立宪说话的。

由于这种复杂的社会历史关系,在 1900 年至 1911 年间,武装起义和群众斗争虽已如火如荼,但立宪思想在知识界及其他领域仍很流行,为许多人所接受。这里且以 1911 年 2 月 20 日黄尊三的一段记述为例:

> 晚,(熊)芷斋来谈,多为人处世之言。余询其对国事之主张,则不能明白答复,只云立宪即足救亡。余谓立宪不过一种制度,制度之运用在人,今之政府,能运用立宪之制度乎,吾殊未之敢信。况立宪之空名,政府亦未敢轻与。以余拙见,简直说非革命不可。熊君听余言革命二字,勃然变色曰,宋遯初素称革命巨子,今日尚不言革命,汝辈何幼稚乃尔,可谓不知时务。余曰,宋之言革命与否,非余所敢知,

不能以宋某个人不言革命,使天下人均不言革命,足下未免太迷信邈初,而轻视天下人。况邈初未必真真不言革命也。足下盖中立宪党之毒而于国情为昧昧也。熊君闻余言愤甚,欲继与余辩,下女报客来,而余二人之谈判遂中止。[1]

黄尊三、熊芷斋当时同在日本留学,20世纪初期的留学生是中国政坛的晴雨表。过去,有关辛亥革命著作大都强调了留日学生的革命化,其实那十年间前后留学日本的两三万人中,持熊芷斋这种态度、坚主立宪的人比比皆是。前此,胡汉民所说"其学业将成而自命前辈者,辄畏言革命,且信仰至日本维新立宪而止"[2],就是指的熊芷斋这类留日学生。

追求立宪的戊戌和坚持革命的辛亥是两个递嬗的历史阶段。在辛亥革命准备时期何以又形成为立宪与革命两股并峙的势力?除了上面所说的情况外,再就外来和内在两个因素来说明这一特有的历史场面。

就外部关系来说,改良与革命两派都取法于西方,向西方学习。西方,从16世纪荷兰革命,中经英国革命,直到美国独立战争、法国大革命,都不外采取君主立宪制或民主共和制,君主立宪与民主共和构成为资本主义世界的两种基本政治模式。在亚洲的日本,通过明治维新,也顺理成章地实行了君主立宪制。对此,康有为曾经作过统计,得出了君主立宪制比民主共和制多的比数,借以阐发他的主张。这是就君主立宪与民主共和两种并存的体制来说的。但是,在新兴资产阶级前进的历史上,采用民主共和制还是采用君主立宪制,对封建势力的打击程度不无差距,就是说民主共和制对封建势力的打击

---

[1] 黄尊三:《三十年日记》,留学,第316页。
[2] 胡汉民:《胡汉民自传》。

大于君主立宪制。由于中国的特殊历史条件,对封建势力打击的这种差距变而为历史转折的阶梯,以君主立宪优于君主专制,民主共和又优于君主立宪。所以,康有为的三世进化说依次规定君主立宪为升平世,民主共和为太平世(大同世),两者是逐级而升不可躐等的。事实上,君主立宪与民主共和是同一个社会形态里两种并存的政治模式,其为资产阶级统治的体制则一样。理论上,卢梭等人主张天赋人权,主权在民;而孟德斯鸠既反对主权在君,又不赞成主权在民,主张君主立宪,但他们都认为法律来源于自然,来源于理性。那时来自西方的外部条件有极大发言权,日俄战争的胜败既是那样令人信服,何况君主立宪在先生那里又是与民主共和并存的政治模式,中国的资产阶级改良派也就更有理由与革命派争夺,要求在中国实行君主立宪制。然而这两种政治模式在西方国家早已各自选择其一,它们进行了成功的建制;在中国却是这一部分人和那一部分人各执一端,相持不下地争夺,反映了半殖民地半封建社会前进中的矛盾和曲折。

就内在关系来说,戊戌变法曾把实现立宪政治作为革故鼎新的最高目标,戊戌失败了,它不同于没落阶级的失败,而是新旧势力的悬殊,新的暂时不能克服旧的而招致失败。戊戌后,立宪仍是一个为人们憧憬的新图案。所以,康有为 1899 年在加拿大成立的保皇会,迅速在美洲、日本、南洋各地华侨中发展组织,建立总会 11 个、支会 103 个,其势力浸浸乎驾革命而上之。我们常说这时的康有为已堕落为保皇党,堕落何在?那是就他不能从失败中吸取教训去扩大斗争的视野,反而从维新的大路退到了保皇的歧途而言。事情的演变却又不是这样简单,因为他们所保的"皇",曾经是主持新政而有立宪希望的"皇",这种希望这时并没有消失,他们深信老耄的慈禧总赛不过年富的光绪。难怪康有为挥舞着"衣带诏"在海外华侨中有很大市场,在国内也仍然有影响。而且在立宪运动起来之后,立宪派的主要力量已不是保皇派头子康有为,而是20世纪初年后起的活动人物张謇、杨度等。前文一再谈到的这个张謇,他在1898年6月翁同龢被黜退时,就毅然南返,以状元公的身份在南通大办实业。据他的儿子张孝若说,他之所以弃官回家,原因之一是:有一回,慈禧太后从颐和园回紫禁城,适逢暴雨,大小文武百官,也有七八十岁的老臣,都跪在水里接驾,一个个都成了落汤鸡,那边太后坐在龙轿里连看也不看一眼;他觉得这种官实在不是有志气的人做的[1]。这种反封建意识,是张謇作为一个近代中国人的起点,在他成为真正的资产阶级分子后,他身上的反封建意识必然增长,然而他并不能从封建的束缚中完全脱颖而出,仍只能把戊戌提出来的立宪作为自己追求的政治目标,并把各项新政集中到立宪这个总目标上来。就这一点来说,立宪运动是戊戌维新的继续和发展,而康有为是立宪的前驱,张謇则是立宪的后劲。前驱和后劲表现为立宪的社会接力,立宪之所以在辛亥革命准备阶段仍能与革命角逐。

由于这种外部和内在的关系,在20世纪初期到处都是封建糟粕的中国,立宪派除了在一些革命书刊上受到谴责外,立宪思想对一般知识界仍然作为反封建的新内容接受,这种情况,从青年毛泽东身上也可以得到反映。时序已是1911年春,毛泽东阅读《新民丛报》写下了这样一段批语:今日之中国,应像英日等国一样,"宪法为人民所制订,君主为人民所推戴","而不应像中国数千年来盗窃得国之列朝"一样,"法令由君主制订,君主非人民所心悦诚服"。[2] 显然,他

---

[1] 张孝若:《南通张季直先生传记》,第68页。
[2] 转引自汪澍白、张慎恒:《毛泽东早期哲学思想探原》,第12页。

还在接受康梁式的变革主张,直到这年 10 月湖南响应武昌起义之后,他才挺身投入为革命驰驱的新军。由此,我们不难理解立宪与革命在辛亥革命准备阶段之所以出现的并峙状态。这种并峙,看来好像旗鼓相当,但清朝要推翻,帝制当废除是个总趋势,立宪派的大请愿已无法改变历史正在形成的主航道。

三、 不同一性中的同一性

"一切矛盾着的方面都因一定条件具备着不同一性,所以称为矛盾。然而又具备着同一性,所以互相联结。"[1]立宪派与革命派是一对矛盾,它是近代中国的帝国主义与中华民族、封建主义与人民大众两对基本矛盾派生出来的一对矛盾,它是在反帝反封建的要求下产生的一对矛盾,两者的并峙表现了它们的不同一性,也有对抗性。但对立着的双方都要求改变半殖民地半封建社会地位,又具有同一性。过去有关这方面的论著,莫不尽情地阐发其矛盾和斗争,而忽视了两者的互相联结,我也如此。为了获得较全面的理解,这里着重补说其同一性。

(一)改良派与革命派都是近代中国新兴资产阶级的政治势力,它们的主张和活动不同程度地体现着新兴资产阶级的政治、经济要求,这是我们历来论述两派的基调,而且是把它们放在历史交替的两个阶段来考察的。其实,在并峙中的立宪派也没有完全丧失其作为新兴资产阶级一翼的作用。近代中国的社会经济发展不平衡,突出地表现为南北间的差异,资本主义首先是从南方兴起并长期占优势,这与西方势力首先进入这个地区有关。1893 年有人写信给张之洞

---

[1] 《毛泽东选集》第 1 卷,第 303 页。

说:"方今机器之利,粤人知其益者,十之八九;两江闽浙,十之二三;河洛以北,百不得一。名卿巨公,以为是者半,以为非者亦半。"[1]这些话大体反映了当时南北间对认识和接受西方事物的差距。所以,近代的新兴力量大多起自南方或者以南方为主。倡导改良和革命的首要人物都出生于南方。同盟会在1905年至1906年有统计的会员为976人,其中广东170人,湖南158人,四川130人,湖北125人,余为其他各省。江、浙、皖人数不著者,因三省主要为光复会人活动地区,光复会不像兴中会、华兴会的人几乎全体加入同盟会,而它只有少数人陆续加入同盟会。从改良思潮的酝酿到改良派的形成固然起于南方,即后来的立宪运动也是以南方为基地。如江浙的预备立宪公会、湖北的宪政筹备会、湖南的宪政公会、广东的自治会均是。两派的组织及其活动地区说明了它们的社会基础的同一性。尽管我们通常区分它们一为民族资产阶级的上层,一为民族资产阶级的中下层,这是就它们中的社会地位和政治态度说的。如果从经济关系来看,前文已说到立宪派同工商业的关系还多于革命派,对提倡实业有更大的兴趣。从社会基础表现出它们的这种既区别又联结的关系,是分析它们对发展近代经济及其政治主张的重要依据。

(二)在反帝爱国方面,立宪派与革命派具有更大的同一性。康有为是从"救亡图存"开展其变法维新活动的,孙中山是从列强的"虎视鹰瞵"揭示其革命旨趣的;其后革命派固然是高举爱国革命的旗帜,立宪派又何尝不以民族安危为念!在革命派与改良派的大论战中,一方害怕革命引起列强干涉而召瓜分之祸,一方则以革命在于谋国家之独立,可以避免列强干涉为词,两者对帝国主义的本质都还

---

[1] 盛宣怀档案资料选辑《汉冶萍公司》(1),第51页。

缺乏应有的认识和坚决的反抗宗旨,同样表现出民族资产阶级的软弱性,但都想从帝国主义的枷锁下解救出来,使中国并立于世界民族之林。所以,在收回路矿权的一系列斗争中,大抵为立宪派发动或立宪派与革命派相率投入斗争。如山西省立宪派首领梁善济先是与革命党人解荣辂联名上书清廷外务部,要求收回盂县等地矿权;继而他又与革命党人一道废除山西商务局与英国福公司的合同。1911年6月上海成立"中国国民总会"时,同盟会会员与立宪派人士分别担任了正副会长,该会受同盟会的指导,是以反抗列强侵华相号召而广泛吸收各阶层参加的爱国团体。保路运动中,湖南、湖北、广东三省都出现由大批立宪人士发动而有革命党人参加的爱国斗争;四川立宪党人更组织保路同志会请愿,继而由革命党人发展为保路同志军武装抗清,成为武昌起义的导火线。不可否认,在改良与革命的道路上,立宪派与革命派常处于对立的地位;又应该看到,在爱国反帝的要求上,立宪派与革命派更有相互配合、共同斗争的友情。这种友情不仅表现为上述挽回权利的许多事例,而且深藏于荣辱与共的民族感情中,无论革命或立宪,其反对外国侵华,反对清朝卖国,都具有极大的同一性。

(三)作为革新近代中国和对旧学作斗争的思想武器,最初取自西方的社会契约说、三权分立说、进化论和以实验科学为基础的归纳方法等,是由改良派和革命派相率译介而来。对这些学说的理解和运用,一方得之为渐进量变,为君主立宪;一方得之为跃进质变,为民主共和。这种异趋,是由外来变为内在的社会条件和两派各自的政治倾向造成的。我们固然应该看到这种异趋,分析这种异趋,它是20世纪初期中国思想战线上的大事。但两派毕竟是同取一瓢水,目的在于冲击中国的旧学,引导中国走革新之路,即使在两派激烈论战的立宪运动期间,《新民丛报》也没有丧失对旧营垒的冲击作用,论战也可以说是双方对旧营垒从来所未有过的剖析。所有这些学说的译介,除了革命派和改良派的书刊外,还有其他方面的译述,对许多青年知识分子和睡眼方开的士人还是思想启蒙,不一定先存政治上的泾渭,如进化论、实验科学的方法,主要引导他们突破旧的樊篱去观察和分析历史与现状。在一个相当长的时期内,卢梭、孟德斯鸠、达尔文、华盛顿、林肯、拿破仑、彼得大帝以及明治维新的志士,几乎为革命派、改良派和许多知识分子所共同崇拜的英雄形象,从这些世界名人身上汲取思想和力量。民族的、时代的追求,在近代中国社会具有极大的意义,它们常常超越政治分野的广度而驰骋于人们心中。

(四)斗争的锋芒,改良派一开始就是向封建挑战的,想以激进的方式使资产阶级的经济、政治逐步取代封建主义体制,戊戌维新运动对封建顽固势力曾经斗了一场;立宪运动同革命对峙虽削弱了反封建的作用,但要求用立宪来改造帝制,要求发展资本主义,其矛头仍然是指向封建的。革命派主张民主共和,进行暴力革命,与改良派比较,是全面地一贯地反封建的。在反封建这个大目标上,立宪派与革命派自有较大的差距,立宪派之所以与革命派对峙,主要就是如何对待代表封建统治的清朝。本来君主立宪制的君主、民主共和制的总统,只是两种模式的国家的元首,在其开始,对打击封建的程度尽管不无差异,然而在中国历两千余年的君主高于一切的封建专制统治下,不把皇帝拉下马,对封建政治势力就会是极大的保留。正如恩格斯指出:"法国的君主制在1789年已经变得如此不现实,即如此丧失了任何必然性,如此不合理,以致必须大革命(黑格尔谈论这次革命时总是兴高采烈的),来把它消灭掉。所以,在这里君主制是不现实的,革命是现实的。"[1]辛亥革命时中国面临的情况也是如此,不废除君主,那是非常不现实的。立宪派之历来受到抨击正在此。话又得说回来,君主立宪毕竟属于资产阶级体制,不属于封建阶级体制;立宪派对封建诚然有较大的妥协性(有时是勾结),基于资产阶级的要求,毕竟又是反封建的,这是它与革命派具有同一性的基点。

一切对立的事物,都在不同一性中寓同一性,没有不具同一性的对立面。立宪派之与革命派,除了上述在社会基础、政治背景(爱国主义)、理论指导和反封建这个总目标上都有若干联结外,事实上,从甲午战争到义和团运动,不仅改良派的斗争有全局性影响,是时代的呼声,而且革命派与改良派在爱国革新的要求下,都为中国的处境而冒险犯难,彼此不无惺惺惜惜之意,曾经在日本、在新加坡、在檀香山等地寻求合作,兴中会的参与自立军起义,就是这种合作的明显标志。武昌起义,革命派以武装推翻清朝,对立宪派的长期论争作出了答案,建立了中华民国。至此,立宪派也是一片共和的呼声,群起组织共和党。不管叫投机也好,叫转变也好,革命派接纳了他们。他们表示趋从革命(也有争夺革命果实的一面),可以说是前度的合作在新的情况下的再现,也是潜在的同一变为表面化的同一。当革命党人以为"破坏告终,建设伊始"的时刻已经到来,倡议发展实业,以厚民生;立宪党人对此表现了极大的兴趣,积极响应,组织协会,筹建企业。这种同一性,表现了两者的最终目的都想把中国建成一个资本主义强国。

革命派与立宪派的对峙,不同于农民阶级与地主阶级,也不同于工人阶级与资产阶级的对峙,它们是在资产阶级这个统一体中为建

---

[1]《马克思恩格斯选集》第4卷,第311页。

立资本主义国家而产生的分歧,其间具有较大的同一性;而在政治思想战线上的斗争,如何对待封建主义的各个方面,比人民群众自发的反封建斗争也具有更实际的内容。

在清末,革命派与清朝、立宪派与清朝、革命派与立宪派的三角关系中,革命派与清朝是谁消灭谁的问题,而立宪派与清朝、立宪派与革命派则各有其互相对峙和互相联结的一面,其对峙和联结又是互为进退的。立宪派对清朝的立宪失望时,同革命派的联结就增长,显现其同一性。过去,我们只是看到立宪派与革命派的不同一性,对立宪派与清朝又只看到它们的同一性,把立宪派与革命派的关系看作革命派与清朝的关系一样,这就忽略了一对的同一性,又忽略了另一对的不同一性,把立宪派完全推向了清朝的一边。近年对立宪派的历史作用有所论列,但又不无矫枉过正之处。我想,如果能就立宪派与革命派、与清朝的同一性和不同一性来分析其间的关系,对立宪派的评价或可得其平。

历史上许多政治集团或思想流派,也同立宪派与革命派一样既是矛盾的又是互相联结的,不同一性中有其同一性。由此上推至改良派与洋务派、洋务派与地主阶级改革派,均不例外。论者谓洋务派与地主阶级改革派、洋务派与改良派是绝对对立的,不存在既扬弃又吸收的联结关系。这不是这些集团或派别的全部关系,它们的全部关系是不同一性中有其同一性。地主阶级改革派、洋务派、改良派是近代中国社会依次推进的历史链条,它们是既否定又发展的历史辩证关系,把洋务派截开,只承认改良派与地主阶级改革派有渊源,有继承,这是从洋务派的特殊历史地位立论,忽略了其间的互相联结法则产生的。

在历史社会的新陈代谢中,不同一性和同一性是普遍地存在的。

近代中国社会的新陈代谢突出地表现为两个方面，一是新的取代旧的，如戊戌维新运动，如民国取代清朝；一是新与新的递嬗，前一种新的褪色了，后一种新的跟上来，辛亥之与戊戌是这样，"五四"之与辛亥是这样，戊戌之与洋务也有这种迹象。后一个方面的新陈代谢是推动前一个方面的新陈代谢的。后一个方面的新陈代谢与前一个方面的新陈代谢有很大不同，它们有某种亲缘关系。为了辨明界线，不相混淆，有必要强调其不同一性，而在论证其历史作用时，又要看到其中的亲缘关系所具备的同一性。阳光下没有绝对全新的东西，一切事物都是在原有的基础或条件上进行更新的。

一与多　体与用[1]
——关于中国文化史的两点想法

听了各位同志、各位先生的发言,受到启发,有些想法,原来准备的内容我就不唠叨了,现在讲两点想法。既是想法,自然是不成熟的,可能是错误的,请批评指教。

(一)中华民族的形成与发展,中国文化的演变和发展,都有个一和多的关系。以汉族为主体的中华民族是一,汉族和各兄弟民族是多。以汉族文化为主体吸收各族文化和外来文化形成和发展起来的中国文化是一,儒、道、法、墨各家和道、佛、回各教的并存是多。一是统一,多是多样,一中有多,多中有一,一、多相容。只承认统一,不承认多样,或者只承认多样,不承认统一,都不能全面地说明连绵不断、繁衍发展的中华民族和中国文化。

那天王元化同志说到我们不能只看到各个朝代的断代文化,还应从各个朝代积累起来的中国文化的总体去观察,得出一个总概念。他提出了"和合"说,也是通常说的兼收并蓄,其中可能还有老子"和

---

[1] 此文系作者在1985年复旦大学主持召开的首届中国传统文化国际学术讨论会上的书面发言稿。

光同尘"的境界。"和合"不是拼合,是一个吸收、发酵的生长过程。谁去"和合"?有个主体,从民族来说,汉族是个主体,从思想文化来说,以孔子为代表的儒家是个主体,通过它们吸收多种养料,才形成起连绵不断的中国文化,黄河、长江是汇合众流才能成为黄河、长江的。

但是,"和合"只能说是总的趋向,它的主导方面,还有另一面,即排斥性。常常在和合中表现其顽强的排斥性,对佛教文化是如此,对西方文化更是如此。这种排斥性,有的是区域关系和历史条件造成的,有的则是民族的惰性、习惯势力造成的,所以在有些时期处于封闭停滞状态。我们不能忽视这种状况。

(二)中国历史上有各种各样的体用说,以近代的"中体西用"说最有名,新近闪出了一个与此相应的"西体中用"说,那是前几年黎澍同志在天津的一次讨论会上首先提到这个词,一时为之哗然。这次会上李泽厚同志再次使用这个词,一回生、二回熟,大家也就不以为怪了。前此的"中体西用"说,我以为是概括了19世纪后半叶中国文化对西方文化既吸收又排斥的关系。可是历史进入了20世纪后,西方文化对中国文化的影响大大地越过了"中体西用"的线路,人们惊叹"欧风美雨"的无孔不入,在"五四"时期对中西文化有过热烈的讨论,提出了科学与民主的口号,却还没有产生一个足以概括西方文化渗透于中国社会的新词来以取代"中体西用",直到40年代才有"洋为中用"一词出场。

把"洋为中用"放在"体用"关系上来考察,可能有两种理解。第一种理解是中为体、洋为用,有点与"中体西用"混同,但形同质异,因为"洋为中用"的"中体",是指正在前进和发展中的中国,在于吸收外国有益的东西为我所用,与"中体西用"的以新卫旧迥然不同。第二种理解"洋为中用"的"洋"已包含了"洋体"(西体)为我所用的意义。"洋体"也可能有两层意思,一是指马克思主义,以马克思主义也来自西方,二是并指前此的资产阶级民主政体,这样理解,则又近似"西体中用"。不管怎样理解,"洋为中用"是表明我们对吸收西方文化的主观态度;"西体中用"则是想熔铸一个能够客观标明后期中西文化结合状态的新词来。但"西体中用"还未能确切地概括出20世纪以来中西文化融合中产生的深刻变化。

略论演化中的中国近代文化[1]

一

西方把中国文化概称为中国学、支那学、汉学，也有称东方学的。东方学以中国为主，包括印度、日本，范围比中国学广。西方人讲的中国学一般是指中国的古代文化。他们对中国的概念是三条：（一）疆域辽阔；（二）人口众多；（三）文化悠久。文化悠久就是指灿烂的中国古代文化。在他们的眼中，中国是没有什么近代文化的。直至1979年邓小平同志访问美国，美国总统卡特在致欢迎词时仍说：中国是世界上拥有五千多年最古老文化的国家之一，但中华人民共和国是非常年轻的。确实，中国的古代文化是丰富多彩的，出土文物层出不穷；近代文化却落后了，始终处于演化、追逐、徘徊的道路。

文化与社会生产、社会构造、社会生活而俱来，它是社会的表象和凝聚力，怎样的社会产生怎样的文化体。中国的古代文化是从高度发展的农业生产凝聚起来的。到了17世纪的明清之际，中国有从古代文化孕育出新文化的迹象，但没有破土就被顽梗的封建生产和

[1] 原载《人民日报》1989年3月17日。

封建政治窒息了。而西方的资本主义迅猛发展,他们相率东来,到了19世纪中期,他们施加暴力,把中国纳入世界资本主义体系,开始了中国的近代。所以近代的中国已不是唐、宋、元、明、清那时的中国,又不同于西方资本主义世界的近代,而成为一种过渡的特殊形态社会。因此,中国的近代文化也有很大的过渡性,始终处于新陈代谢的演变过程,表现为复杂、多样。

这个过渡形态社会起于1840年的鸦片战争,迄于1949年中华人民共和国诞生,即久已熟称的半殖民地半封建社会。近年来学界对半殖民地半封建的连称颇有异议,以其标示了中国近代社会的沉落,而看不出近代中国人前进的步伐。其实,伴随半殖民地半封建而来的就有资本主义生产,就有新的阶级力量——工人阶级和资产阶级的成长,就有反帝反封建的民主革命,它的内涵和外延是多维的。任何一个社会概念,在于表明它的性态,不可能把它的内涵和外延都堆积到字面上来。我以为如果找不到更确切的名称,半殖民地半封建社会还是比较能够表明近代中国120年的社会性态的(我在《关于中国近代史线索的思考》一文中较详细地说了对这个问题的意见)。中国的近代文化正是从这样一个特殊社会形态展示其特殊风貌和职能的。

中国的近代文化与中国的古代文化是不可分割的,它是古代文化的延续和发展,但不是直线的延续和发展,而是绕着弯子走的。因为明清之际中国的思想文化出现过的高峰,并没有进入近代文化的领域,也没有继长增高地推向近代。中国由古代到近代的转折,是在西方的冲击下,借鉴西方文化,发挥其固有的融合力,变外来为内在才进入近代文化领域的。中国的近代文化是中国古代文化的延续和发展,只能是这样几个意义:(一)在汲取西方的科学文化时,中国旧有的某些还有积极意义的思想起着接应的作用(有的是附会之词);(二)外来文化的输入要在中国生根,必须是中国社会所能承受并和中国文化结合(其间有很大的惰性或保守性);(三)通过新的方法和观念对固有文化进行改造,以适应时世的需要。在近代的急流中,原封不动的固有文化是罕见的,它们只是作为古代文化而存在。

二

一切事物都有个源头,近代中国文化的起点在哪里?如果不算明末清初西学输入那一段,是在鸦片战争大炮的震撼中,中国人开始看到了真实的科学的世界,具体体现于林则徐的《四洲志》和魏源的《海国图志》。

《四洲志》《海国图志》介绍了地球(圆的)和五大洲的知识,冲击了世世代代的天圆地方、中国在中央的"天朝"观念,对科学的发现虽不能与哥白尼1536年的"太阳中心说"(即日心说或地动说)、伽利略1609年进一步论证"太阳中心说"比拟,但它们打破中国对世界的愚昧观念,同"太阳中心说"打击西方社会上帝创造世界的宗教信念有着相似的意境。中国人正是在《四洲志》《海国图志》的启导下开始走向近代世界领略近代文化的。

人类对自己所处世界的认识是一个极大的课题。在漫长的岁月分割的空间里,各个民族几乎都有一种不同或相近的神话传说,直到文艺复兴以后,首先在西方产生了科学的认识,地球绕太阳运行。中国又经历了200年,到《四洲志》《海国图志》才开始接受这种科学认识。过了50年,一个青年写的"地图本是浑然物,谁在四傍谁中央"歌词,仍被视为新奇知识。又过了10年,到夏衍一辈人上小学的《新编三字经》里,写了"今天下,五大洲,亚细亚,欧罗巴,南北美,与非洲"，才把它变成普及的知识。所以《四洲志》《海国图志》在近代中国有极大的启蒙意义。

大家知道，魏源曾经在他的名篇《默觚》中发出过"变古愈尽，便民愈甚"的呼声，有似古老寺院里撞击的晨钟发人深省，但他仍是从"租庸调变为两税法，两税法变为一条鞭法"封建社会内部的演变得出的结论，没有超过龚自珍"药方只贩古时丹"的"更法"主张。只有到了鸦片战争时期，经过《四洲志》《海国图志》对世界的认识，魏源倡言"师夷之长技"，才得到了"变古"的新手段，以新剂代替古方，直接启迪了洋务派、改良派对中国进行的变革。

三

从对世界开始了科学的认识之后，半殖民地半封建中国的文化类型怎样，它包括了哪些内容，有过各种各样的论述？毛泽东在《新民主主义论》所作的概括，曾经是最富权威性的。

《新民主主义论》对近代中国社会的文化，作了纵向和横向两个方面的论证：横的方面，说"在中国，有帝国主义文化，这是反映帝国主义在政治上经济上统治或半统治中国的东西。这一部分文化，除了帝国主义在中国直接办理的文化机关之外，还有一些无耻的中国人也在提倡"，"又有半封建文化，这是反映半封建政治和半封建经济的东西，凡属主张尊孔读经、提倡旧礼教旧思想、反对新文化新思想的人们，都是这类文化的代表"；纵的方面，说"在'五四'以前，中国文化战线上的斗争，是资产阶级的新文化和封建阶级的旧文化的斗争"，"那时的所谓学校、新学、西学，基本上都是资产阶级代表们所需要的自然科学和资产阶级的社会政治学说"，"在'五四'以后，中国产生了完全崭新的文化生力军，这就是中国共产党人所领导的共产主义的文化思想,即共产主义的宇宙观和社会革命论"。他的两对论证,一对是从半殖民地与半封建着眼的,一对是从旧民主与新民主立论的,包括正反两个方面,以严格的政治立场为归依。

但半殖民地半封建中国的近代,除了标示时代的进程外,还有一个重要意义,它有哪些近代化的内容,这里是就近代文化而言。数得上中国的近代文化有这样几个方面:

(一)从外国搬过来的东西,科学技术搬来的最多,很长时期中国人认为西方的科学技术先进,所以在这方面的阻力比较少,既为中国所用也就为中国近代文化的组成部分,拿儒家的话来说:"夷狄进于中国则中国之。"

(二)借用外国的观念和方法,对中国固有的东西进行改造和研究,使其与近代生活相适应,以促进中国社会的变革,这在观念形态方面的东西居多。从《海国图志》和以进化论改造公羊"三世说"开始,产生了一系列变革中国社会的论著。

(三)在吸收和改造(批判继承)的过程中,渐有自己的创获和发明,这在科学技术上、社会政治上都有一些,但进展的步子很慢。

以上三者是建立近代中国文化的必由之路,孙中山曾经以"因袭""软抚""创获"三者总结了他自己的经历,应该说是反映了历史的真实。

由于近代中国的特殊地位,除了进入近代文化领域的文化外,还有存在于近代中国的许多古代文化,这里说的不是保存于博物馆、图书馆的古代文物,也不是说的该继承发扬的古代文化,而是表现为民族惰性、保守性的古代文化,那些该淘汰而未被淘汰的东西。毛泽东说的半封建文化,确切地说是半封建社会中的封建文化。这里有两种情况,一种仍全然是封建的,另一种夹杂在经过改造成新生的事物中(有的更是依附于某些大旗下),包括人们的思想和生活,前一种情况愈到后来愈少,后一种情况则大量存在。

四

近代中国文化的多样、复杂,是半殖民地半封建社会的必然现象,它是古今、中西、新旧文化的汇合点,百川竞流,其中又以中西文化的冲突和交融成为百年相继的层见叠出的浪潮。

1987年12月在长沙讨论中国近代文化的会上,李侃同志向我说近代广东和湖南出了那么多人才。我说湖南和广东不太一样,广东是拿进来,湖南是冲出去! 你看洪秀全、洪仁玕、康有为(从日本拿)、孙中山都从西方拿进来一些东西;郭嵩焘、谭嗣同、陈天华都是从传统文化中冲出去。这是地缘关系里的历史现象,因为广东近海,与海外联系早;湖南地处内陆,不冲出不去。当然这不是绝对的,两者是互相依托的,不拿进来就冲不出去,不冲出去就拿不进来。

这一历史现象只是通过广东与湖南较典型地呈现出来。其实在整个近代的中西文化关系上,各个省区都不同程度表现为拿进来和冲出去,而地处长江下游、东海之滨的江苏、浙江特别是上海,可以说是拿进来和冲出去的汇合地。这不只是地理交通和经济贸易上的联结点,更是中西文化汇合的联结点,无论拿进来或冲出去的人们,都要到上海来演奏,走在历史前列的近代中国人谁不在上海留下了他们的雪泥鸿爪?"海派"尽管流为嘲弄之词,而海派文化的开新正是拿进来和冲出去的副产品。

中西文化结合是近代中国文化的主要形式,拿进来和冲出去则是造成近代中国文化的主要途径,然而是一条崎岖的艰辛的路,任重而道远,其所以如此:悠久的中国传统文化有很大的凝固性和排他性,对异端很敏感,没有"我自横刀向天笑"的毅力,没有百折不挠的韧劲是很难冲出去的;中国传统文化源远流长,有很大的容量,儒家思想的发展就容纳了各种思想学派及域外文化,大都是一端一节的。到了近代,西方文化与传统文化是两种文化类型的冲突,不是一端一节的问题,拿现在的新词来说是一个全方位的问题。要进行全方位的变革,到处都是阻力,全方位只能割碎来拿。所以拿进来不易,冲出去也很难,常常处于两难之中,挨过了许多岁月。

五

中国追求的近代文化经纬万端,新旧交叉错综,如果一件件、一桩桩陈述,它既有纷至沓来的西方景物,又有传统文化的沃壤,各有自己的形态和性态。近代中国文化的总概念是什么,从《四洲志》《海国图志》开始,中国虽然在追求和建设近代文化,但长期搅扰于古今、新旧、中西和一端一节的纷争中,没有找到一个衡鉴近代文化的共同准则。经过80年的摸索和论列,直到"五四"时才得出了科学和民主总准则,那是说近代文化要以科学和民主为归依。

民主与科学是在人们有了若干民主和科学的观念以后,在现实生活中碰到的许多事仍是愚昧的、专制主义的、反民主反科学的,所以才把民主与科学悬为全社会追求的目标,凡不民主不科学的东西均在排斥之列,为近代中国文化的枢纽。

民主与科学诚然仍是资产阶级要求的,主要体现了古今的今、中西的西、新旧的新,但它已冲出了古今、中西、新旧的框架,也越过了体用、本末、主辅之争,民主与科学就是体用并包的,同时也内涵古、中、旧有用的内容,批判继承。

在人类文化的发展史上民主和科学是相辅而行的,科学是民主的基石,民主是科学的导体。近代中国在追求民主和科学的道路上大体是同步的,又分为两翼运行,它们都遭到封建主义的顽抗,但民主比科学受到的打击更大。近代中国没有因倡导科学而杀头的,如果碰上义和团可能作为二毛子杀掉;为呼唤民主而被杀头的就多了,戊戌政变中杀了六个,辛亥革命时杀了许多,北洋军阀和蒋介石统治时杀得更多。可以这样说:民主总为专制、独裁的统治者所不容,科学则常被愚昧的民间惯性所阻塞。而这两股势力在中国都很顽梗,所以民主和科学的文化举步艰难。

民主与科学在西方是以理性揭露宗教的黑暗统治而成长起来的;在中国为揭露明朝的极端皇权政治曾经活跃起来,但不像西方由文艺复兴、启蒙思想一直发展下来,而在清朝以凶悍的统治而停滞了,到鸦片战争在强敌压境的资本主义刺激下才开展起来。

军事与近代化[1]

这些年我参加过不少学术讨论会,但从来没有像这次看过这么多的论文。为什么?因为有许多论文把我吸引住了。这些论文,有全局性的,有各个侧面的,如军事制度、兵书、兵器、军事人物、军事思想等。我搞了几十年近代史。中国近代史从鸦片战争到解放战争,从战争开始到战争结束,都是打仗。但是,我自己并没有走到军事史这个领域中来。这次许多论文,特别是好些年轻同志的论文,狠下了功夫,把我吸引到军事史这个领域里面来了。

回顾近代史,过去虽然讲了许多战争,但并没有完全反映出军事史来。刚才李新同志讲到过去的军事史记载不可靠。我也想,司马光在《资治通鉴》中写的战例,如赤壁之战、淝水之战等,写得有声有色,其中有没有外行话?书生谈兵,不一定谈得好,必须以军事家、实际指挥军队的人为主。军事史,我们搞历史的当然可以搞,但毕竟是哲学家才能谈到哲学的本质上去,经济专家才能写出经济的内在规

---

[1] 这是作者在首届中国近代军事史学术讨论会(1986年11月25日至12月1日)闭幕式上的发言,载《中国近代军事史论文集》,军事科学出版社1988年版,题为《在中国近代军事史学术讨论会上的发言》。

律。过去是军民联欢,这次是军秀(军人和秀才)一堂,讨论军事历史。今天上午高锐副院长讲到,要充分发挥军事历史的作用,我想这样一种军地结合的组织形式,将会起到很好作用的。

这几天看了一些论文,参加了一些讨论,促使我想到两个问题。有同志说,中国近代军事的演变和发展,实际上就是中国近代化的过程。中国的近代化并没有完成,但确是从引进先进的军事技术开始的,首先是认识西方的"船坚炮利"。整个说来,中国的近代化进程较慢,相对而言,军事方面的近代化步伐超过了其他各个方面。前天舒翼同志谈到,曾国藩、李鸿章、袁世凯到蒋介石,他们对促进中国军事近代化都做了一些工作。我同意这种看法,当时的统治者对新的军事技术也是感兴趣的。后来的一些最顽固反动的军阀,也都需要最新的军事技术装备。因此,军事和中国近代化的关系,很值得我们研究。这是一个问题。再一点,军事和政治、经济以至外交各方面的关系,我们经常都是注意到的。但过去对军事史的认识,实际上是用一句话来指导,即"战争是政治的继续"。我们过去写战争史,实际上也是写的政治史,缺乏军事内在的东西。军事和各个方面都有关系,因此,与军事有关的各个方面都需要研究。就拿军事和文化的关系来说,两者关系就很密切。军事科学也是高度的科学文化。军事里面最活跃的内容是战争。战争艺术,其中就有高度的文化。但是战争(不论正义战争还是非正义战争)必然对文化造成破坏。所以我国从墨子开始,就有"非战"之说。然而,一切新的东西,又往往是在战争的废墟上产生的。用马克思的观点来说,一切历史的灾难,都是在历史的前进中得到补偿。所以,我们研究中国近代军事史,也需要研究军事与文化的关系。

从军史资料的整理到论文的写作,我们这回有好些同志下了功夫。应大力提倡一面整理资料,一面大量写作质量高的论文。推动军事史研究深入发展,最活跃的东西是高质量的论文。有了高质量的、有价值的论文,然后才能有高质量的军事史著作。在军事科学院的推动领导下,我们搞历史的共同携手合作,军事史的研究一定大有前途。

对于中国革命史的悬想[1]

一

建国以来,我们出版了许多中共党史、中国革命史和中国现代史一类的书,大学都开设了这些课程,都详略不等地阐述了"五四"以来中国革命的历史。近两年,我们又在全国范围内开展对中国革命史的讨论和编写,这不是因为前此对革命史的重视不够,而是受到了广大读者和受教者反馈的检验,更重要的是历史的脚步唤起人民对历史的再认识。

几年前,我们热烈地讨论了实践是检验真理的标准。对于历史学来说,历史是已经过去了的事,不可能回到历史年代唤起先人的再实践,世界上也只有历史博物馆并没有历史实验室,怎样检验?我想,只有根据历史人物自身的实践来检验,不能把我们当代的实践套在历史人物的身上。这个认识虽没有什么错,但不完整,因为已经过去了的历史,也会受到后来的重大历史事变的检验,后来的实践检验过去的实践。这是由于任何重大的历史事变,都是内在矛盾的长期

---

[1] 原载《革命史资料》1986年第3期。

积累,当其爆发时只是矛盾的激化和集中暴露。因此,受到检验的不只是正在进行的运动和实践,也不只是与它直接联系着的历史,而且也可推及间接联系或较远的历史,有如强烈地震,震撼最大的是震心,震波却是由近及远的。

中国的革命在1949年取得了全国的伟大胜利,随之是民主改革和社会主义改造的伟大胜利。"天翻地覆慨而慷",它震惊了整个世界,每个中国人都为之自豪。谁知在洒满阳光、由胜利走向胜利的大道上,已潜伏着荆棘和阴霾,竟出现了史无前例的怪诞的"文化大革命",它几乎吞噬了我们前此取得的胜利果实。这是历史的偶然还是历史的必然,不容我们不去反复思考,纵不能说其中没有偶然,但历史不会有如此巨创、如此深重的偶然,而偶然的积聚和联系又是必然的反映。"文革"这个历时十年的巨祸,除了从肩负历史重任者身上找到教训外,从我们的民族身上能够找到什么,从我们的革命史上能够找到什么,从我们自己身上又能找到什么。如果说"文革"是一场"大史震",那么它的震波迫使我们去认识社会、认识历史,远远地超过了唐山大地震迫使我们去认识自然。

在"文革"的灾难后,党的十一届六中全会通过的《关于建国以来党的若干历史问题的决议》,已给了我们以很大教育,使我们的革命史教学有了明显改进:(一)大大地克服了愚昧的个人迷信;(二)实事求是地改正了许多夸张失实和张冠李戴的史事;(三)分析和改变了显著的极"左"观念。但这些还仅停留在对政治、军事的论述过程,还停留在历史的表象,远没有追踪到历史的深处,那种带习惯性的极"左"思维方法仍然障碍着我们对革命史的科学论证。

二

在我们的革命史上有哪些不可回避而又令人困惑的问题,需要从理论到实际的探索?

人民群众创造历史,是历史唯物主义的基本原理之一。在这个原理指引下形成起来的党的群众路线,产生了极大的物质力量,成为革命取得胜利的基石,革命史中反复阐发了这一条。同时也说了个人在历史上的作用,也说了领袖与群众的关系,并非片面理解。后来却把群众创造历史变为只有群众创造历史,把个人、英雄都排斥于创造历史之外,这是一面;另一面,又在撕碎了的英雄史观的基土上滋长了个人迷信,在心理上、事实上制造了个人高于一切的现实与历史,几乎达到了以万物为刍狗的地步,这是历史的需要还是历史的误会?但有一点是很清晰的,我们学了历史辩证法,却曾经极不辩证地对待历史,也不历史地对待历史,那么我们今天怎样辩证地历史地来对待曾经不是辩证地历史地对待的历史?

民主、民主、民主,是中国人百余年来追求的目标,长期的革命是民主革命,既有旧民主主义革命,又有新民主主义革命。向谁要民主?向封建主义要民主,向以不平等待我之民族要民主,也向资产阶级要民主。我们的祖祖辈辈吃尽了没有民主的苦头,热烈地追求民主。不知打什么时候起,革命史在我们的讲述中,民主与革命好像成了同义词,都是手段,都是导向专政;人民民主专政,"对人民是民主"的观念淡薄了,突出了专政。诚然,资产阶级的民主有其虚伪性,但相对封建专制主义和法西斯主义来说,它确又具备了某些民主的形式和内容,那些选举和宪法的民主形式我们至今还在运用,其实也不只是形式的问题。我们在民主革命中号召的民主,有许多仍然是我们今天在改革中要实行和完善的内容。社会主义民主应当高于资产阶级民主,是真正的民主,但对前此的民主只能是扬弃和发展,不能截然分割,而且任何一种民主尽管各有其民族和时代的特征,也都有相通的东西。革命史不能只讲革命而不重视革命所追求的内容,过去的革命史是革命概念讲得多,史的内容讲得少了。

封建与民主是不相容的,近代中国的革命一直与封建势力作殊死斗争,"五四"更以彻底的反封建闻名于世。我们粉碎了封建主义和大地主大资产阶级的国家机器,铲除了封建的土地制度,取消了封建的社会枷锁,并对封建传统思想开展了一次又一次批判,把儒家的经典也践踏在脚底下,反封建不可谓不决裂。然而,在一百多年反封建的激烈斗争中,我们看到了一个怪现象,许多叱咤风云的反封建志士到后来却被封建俘虏了,做了俘虏他们自己还没有觉察到。中国的封建岩层凝结得太深厚了,我们即使把封建体制及其附属物拆除,甚至掘土三尺,而无形的封建意识却有似缕缕游丝,形成潜网,迷惑人们的眼睛,滞迟人们的步伐,迫使人们去迁就旧制,以至依靠旧制的撑持。这是革命的迂回还是社会的迂回,是中国革命史值得深究的问题。

生产力决定生产关系,是历史唯物主义的又一基本原理。革命是由于生产力和生产关系的矛盾而爆发的,发展生产力是革命的首要目的。英法等国在政治革命后接着就是产业革命,日本的明治维新随之而来的就是工业的兴起,俄国在十月革命后也创建了巨大的物质财富。在中国,资产阶级革命家在推翻清朝的当初即以极大的热忱呼唤工业建设,由此上推至戊戌维新、洋务运动,也已在提倡或推行工业生产,但它们没有获得足以发展工业的政治环境,成效不著。而我们后来完全取得了工业腾飞的政治环境,谁不为之神往,却又在频繁发动的"阶级斗争"中失去了。我们也曾以"一天等于二十年"的气概去夺取建设的奇迹,却以"二十年等于一天"而白费了气力。蓦然回首,第二次世界大战后,美国经历沉重的负担又大大发展了,苏联在惨重的损失下又迅速前进了,日本也在废墟中腾飞起来了,连新加坡、南朝鲜和台湾、香港这些国家和地区的经济也繁荣起来了,我们却在最好的形势下丧失了20年岁月。这与我们的民主革命和社会基础又有什么内在联系,是很难漠然置之的。

往者可鉴,来者当追。从农村到城市,我们正在有效地进行改革,"四化"以坚定而矫健的步伐迈开了,前此冷却和分解了的社会关系已热乎起来,进入了一个大好的历史时期。尽管还有阶级矛盾,一个阶级推翻一个阶级的时代是过去了。但我们不能忘记,这是在痛苦地认识和检验自己的历史后取得的。对于历史,应该说挫失后的反思比胜利中的总结要深刻得多。因此,革命史不只是回忆往事,重温革命的历程,重要的是要探讨革命的胜利和挫失的错综关系,借以检验我们的主观世界认识客观世界存在的矛盾。我们追求的、实行的是科学社会主义,然而对世界的认识并没有进入到自由王国,我们的设想和实践,还有这样和那样的不科学或不太科学的东西,要使不科学、不太科学的东西科学起来,除了接受实践的检验之外,历史尤其是革命史则是实践的无私的顾问。所以,写好革命史有极大的现实意义。

三

革命史在于客观地真实地阐述革命的历史。客观地真实地阐述革命的历史又不是跟着历史跑,也不能满足于已有的历史结论。因为历史是从有了人开始的,历史要通过人来创造,人在创造历史中不能违背历史,但又有人的能动性,革命则是更大地发挥人的能动性。所以,阐述历史要有不受迷惑的眼睛去洞察人和历史的关系。人对世界的认识没有止境,对历史的认识也不是一次、几次能够完成的,一切重大历史事变的结论都不能不受时空的制约,即使是比较正确的结论,也不是后来论述的全部依据。

中国革命史的论述是在不断充实和完善之中,有许多需要再认识的问题,略举数端供探讨。

(一)中国的革命,严格地说是从孙中山开始的(李新同志在《中国革命史丛书·前言》中申论了这个意见)。我们称孙中山为民主革命先行者,不只说他是中国资产阶级民主革命的先行者,也应该说他是中国革命的先行者。中国革命肇端于1895年的广州起义,革命力量的形成则是1905年同盟会的诞生,直到推翻清朝的辛亥革命,这是说的旧民主主义革命。以"五四"为起点的新民主主义革命,到1949年中华人民共和国成立,民主革命在全国取得胜利。前后经历了半个多世纪的新旧民主革命,它与世界革命史中具有典型意义的法国大革命和俄国十月革命互不相同,法国大革命后建立了成熟的资本主义国家,俄国十月革命后建立了第一个社会主义国家。中国则是旧民主主义革命—新民主主义革命—社会主义改造,是另一个典型。前期的旧民主主义革命没有建立起像样的资本主义国家,后期的新民主革命虽然仍是资产阶级革命的性质,事实上是在限制资本主义,为进入社会主义准备条件,资产阶级在中国的回旋余地是很小的。中国革命构成这样两个大段落,连同紧紧跟上的社会主义改造,也是三个大段落。法国革命尤其是俄国革命对中国革命有过很大影响和示范作用,中国革命毕竟是走自己的道路,并且是在批判了言必称外国的教条主义之后走向胜利的,然而我们又是在宣布"一边倒"

之后由新民主主义步入社会主义改造的,又是在没有充分的物质准备和成熟的民主制度下来进行社会主义改造和建设的。这就构成了中国革命的极大特殊性和复杂性。革命史首先要正视这种特殊性和复杂性,来阐明中国的革命道路。

（二）中国的革命是在中国这个有悠久文明的辽阔大地上进行的,革命者和革命对象都是在这个大地上生长出来的,对立的阶级并不是产生于对立的土壤。过去,我们对革命的曲折有过认识,作过分析。《毛泽东选集》第一至四卷在这方面有许多精辟的论证。一般说来,较多的是从敌我力量对比进行分析的,虽然也从革命者身上寻找过,那是在革命者有了错误的时候,有时又夸大了错误,把正确当作错误也不是没有过。这是我们自己造成的曲折,认真地认识和分析这种曲折,对革命史有更深的意义。因为这种曲折有着广泛的社会基因,是同千百年小生产的狭隘视野相联系的。所以,对于革命史的研究,不仅要掌握近百年半殖民地半封建社会的国情,也要认识千百年形成的传统社会、传统生活、传统文化在人们身上的影响,把平均主义、吃大锅饭当作社会主义是有其深远社会根源的。有一幅油画,画出了居庸关,画出了由关向西蜿蜒起伏于万山中的万里长城,题为《回望》[1],很有意境,革命史也要有这个回望。

（三）中国的民主革命也是民族解放运动。中华民族为了改变鸦片战争以来的屈辱地位,掀起了一次次反对帝国主义的斗争。许多群众运动,特别是城市的群众运动,多以反帝斗争为中心。反帝反封建成为中国民主革命的基本任务,一直把帝国主义与封建主义两个恶魔捆在一起。帝国主义从中国攫取权益及其以华治华手段,都

---

[1]《新华文摘》1986年第4期。

离不了与封建势力勾结,封建势力也常要依附帝国主义,这是历史的逻辑。但是,外国资本主义并不太满意封建势力的顽固、腐败,对清朝、对蒋介石,都有过这种表现。封建势力也有不甘心被奴役的时候,从清朝的帝、后到蒋介石,也都有过或多或少的表现。过去否认或讳言这方面的情况,现在已在正视了,如对蒋介石在抗日战争中的若干作为的认可。根据事实,对其他的人和事也应松绑。民族解放与民主革命在中国虽然是并行的,但两者不是没有区别,封建主义者对民主革命没有不顽抗的,而愿意当汉奸卖国贼的却不是大多数。更有一种需要认真对待的情况,中国的民主革命是在半殖民地半封建社会的特殊条件下进行的,既要坚决反对帝国主义的侵略和奴役,又要学习和引进外国资本主义的科学文化及政治经济设施,这是应该区分的两种不同要求。但在实际对待中就不那样泾渭分明了。不要说义和团闹不清楚,玉石俱焚,就是后来的许多斗争也不太了然,常常是仇恨模糊了理智,这就不利于对近代化的认识和推进。过去旨在发扬群众运动的革命性,很少看到它的盲目性,把一些盲目的愚蠢的行动也加以保护。当然,我们不能要求历史上的群众斗争没有这些行动,但要求革命史指出其局限性。人们的行动都是历史的,有的也是违背历史的。

(四)革命必然反对旧传统,各国的历史都不例外。因为传统是由千百年积聚而成,有很大的凝固性,没有革命的冲击,依靠它自身的新陈代谢是非常缓慢的,跟不上世界发展的潮流。中国的传统既深且久,破传统是一个艰巨的任务。所以,鸦片战争后一切新学的出现,都与传统发生矛盾,不破传统就不能前进。"五四"的"打倒孔家店"是破传统的集中体现,为迎接民主与科学开了路,这是历史的客观要求。但自周秦以来形成的以孔学为轴心的文化传统,与民族习惯、民间生活浑然一体,无所不在,有许多是封建糟粕,也有许多是民族精华,把它们与封建主义等同起来全加否定,从而践踏之,那是对历史的粗暴,或者说是左派幼稚病。而在革命年代里,这种粗暴和幼稚病好像是上帝特许的,如果客观地理性地对待传统文化就会被讥为保守或庸人。毛泽东曾经指出了"五四"时存在的"好就一切都好,坏就一切都坏"的形式主义毛病,后来并没有得到应有的纠正,经常出现"左"的思潮以至"左"的统治思想,对于民族文化抽象地承认继承,实际否定继承,就是这种形式主义的发展。革命在于真实地叙述革命与传统发生的巨大矛盾,也要看到粗暴地对待传统文化带来的不良后果。然而我们也不能得出"五四"反孔反错了的结论,因为"吃人的礼教"并不都是危言耸听。我们想一想"五四"要求的民主与科学,在今天仍是未竟之业,为什么未竟?除了已嗅到民族虚无主义是对民主与科学的破坏外,潜在的旧生活旧意识也还是发扬民主与科学的阻力,有的且由潜在变而为明施。

以上仅举其荦荦大者,在于说明对革命史的再认识、再编写的必要性,主要是两个问题:一个是要真实地而不是片面地认识革命的胜利与曲折,一个是要严肃地而不是因袭地对待革命史上形成的臆说,这是历史本身赋予的任务,也是现实生活提出的要求。

四

中国革命史相对于通史来说,它是专史,但它是中国近代史的脊梁。我们常说中国近代史是帝国主义勾结封建势力压迫中国人民的历史,也是中国人民反对帝国主义和封建主义压迫的历史,这是对中国近代史的高度概括。就新陈代谢的社会变迁来说,近代史又是一部变革与反变革的历史。从林则徐、魏源萌发的改革要求开始,直到新旧民主主义革命,以至社会主义改造,不管是采取改良的形式还是革命的形式,都是在部分地或更大程度地推动中国社会的变革。

近代中国是一个急剧变革的时代,曾经有人说有似危崖转石,非至其地不停。太平天国运动过去了,洋务运动无济于事才有维新变法运动,维新变法运动被镇压了才有辛亥革命,辛亥革命受挫了才有五四运动,"五四"后的革命又经历了许多阶段和曲折,进入社会主义改造后也还是风涛滚滚。这无济于事,这被镇压,这受挫,这曲折,主要来自反变革的社会政治势力,其间有对抗性的阶级矛盾,也有非对抗性的新旧冲突,而革命者失误带来的困难也不可低估。由此构成的变革与反变革的斗争形式既多样又复杂,犬牙交错。

许多国家经历政治革命,通过产业革命或发展工业就跨入了近代化,为什么中国的道路却这样崎岖艰难,这样山重水复?除了外国的干预外,答案主要应该从变革对象的中国社会去找,它起步迟缓,阻力重重,都是这个社会的惰性造成的。所以,我们的革命史不能只是单纯地讲革命的英勇历程与宏伟目标,要把革命放在近代中国社会及这个社会的由来中去讲,也要从革命队伍及革命者身上看到中国社会的影子。

革命是推动社会变革的最高形式,是社会生活的最不寻常状态。中国社会长期处于这种不寻常状态中,为了同帝国主义、同封建主义以至同资产阶级划清界限,以保持革命的纯洁性,曾经发挥了很大的战斗作用。但在最革命最彻底一类口号的鞭策下,又养成一种左比右好的惯性,不切实际地划线,把曲线切作直线,既伤害了人际关系,也抹杀了民族传统。这不仅表现于革命的实践中,而且深透于许多革命史的论著中,它们大都是按照左的思维方式来判断是非的。

人们常以"事后诸葛亮"讥讽事后称能的人,而史著却是在于做好事后诸葛亮,革命史且与我们今天正在建设的具有中国特色的社会主义宏伟事业有着直接联系,更有必要写好它,以帮助青年正确认识中国革命的历程,增加他们对社会主义的信心与活力。我们有马克思主义的发展观为指导,有经过严峻的实践检验为依据,也有千百种记述和分析的文字供参考,应该说今天对革命和世界的认识大大深化了,有条件也应该写出比以往较丰满较完善的革命史来。

中国近代社会新陈代谢的若干问题[1]

一、从近代社会的概念说起

近代社会是相对传统社会来说的,是相对于秦始皇开创的两千多年的传统社会(或说封建社会)来说的。长期以来,我们把从1840年到1949年这个过渡性社会形态叫作"半殖民地半封建社会"(过去许多学者不接受这个说法,后来又都接受了这个说法,经历了一个过程),"文化大革命"后,有些文章,在一些讨论会上,对"半封建半殖民地社会"能否作为一个科学概念,提出了一些不同意见。记得在一次讨论会上,李泽厚就提出过这个半封建半殖民地社会到底怎么"半"法的问题。近来有人说半殖民地是个纯粹的政治概念,不是社会经济形态。诸如此类的这些议论,无疑有助于我们把问题的讨论引向深入,但现在到底应该如何理解这个半封建半殖民地社会?昨天姜义华同志谈到"五种社会生产方式、社会形态"时,提出是不是每个民族每个国家都很规则地按五种社会生产方式、社会形态的问题,也就是说五种社会生产方式、社会形态是不是社会历史演进的普遍

---

[1] 本文根据陈旭麓先生1987年夏给中国革命史高级进修班上课的录音整理。

规律。大家的意见很多。其实,由于各个国家不同的具体历史特点和国情,有的国家在某个社会形态上突出一些,有的国家则可能在另一个社会形态上典型一些,不完全一律。我们过去硬把这不一律的历史演进程序变为一律的普遍规则,这看来是不符合客观历史事实的。但不同的社会经济形态、社会生产方式是客观存在的,我们现在说资本主义社会经济形态的存在,这谁也不会否认。在我看来,半封建半殖民地社会,就是一个完整的社会形态,就是一个既有封建的也有资本主义的,既不是封建的也不完全是资本主义的这么一个社会形态。半封建半殖民地社会说明了封建的和资本主义的生产方式两者的并存,我们不能拿统计数字百分比来理解,说半封建半殖民地社会,就一定是半封建和半殖民地对半开,各占百分之五十。有的同志说,半封建是从辛亥革命才开始的,也就是说要到辛亥革命后中国社会称得上半封建社会,因为在辛亥革命前封建的东西是大量存在的。这种看法是把半封建半殖民地社会这两个"半"用统计数字来理解,而不是把它作为历史的过程来理解,因而是一种误解。

半殖民地不完全是个政治概念,不能把它作为一个单一的政治概念来理解。实际上,半殖民地包含买办资本、外国资本以及与之相对的民族资本。李时岳先生说,半殖民地代表的是一个向下沉沦的过程,是一个倒霉的过程。从民族感情、民族立场上说,半殖民地的确是一种灾难,是一段罪恶的血迹斑斑的历史。前几天,上海在讨论租界问题,租界就是半殖民地的产物。西方殖民主义者跑到东方来,把许多国家、许多地方如东南亚一带都变成殖民地。他们跑到中国来,一口吃不下,不能把中国变为殖民地,于是而有各地的租界,它是殖民主义强行楔入中国的外来近代小社会,在旧中国的许多城市里都有这种"混血儿"。从民族立场来说,这是一种罪恶,过去一讲到租界,我们毫不例外地把它说成是"罪恶的渊薮";一讲到租界,人们就会很自然地联想起上海外滩公园门外写着"华人与狗不准入内"的象征着耻辱的牌子(这块牌子,是人所共知的。但有没有这个牌子呢?后来查了,其实并没有这个牌子,但有些游园规则,其中一条是"狗与××不准入内",一条是"华人不准入内"。后来我们把它联系起来便是"华人与狗不准入内"。这对中华民族来说,是一种侮辱,从民族立场上说,是不可容忍的)。如果从人类文明史来说,又不一定是这样。殖民主义、资本主义固然是充满血腥味的,充满罪恶的,但它创造的财富超过了过去几个世纪。它是罪恶的,却又是一种进步。从上海租界来说,我们刚才讲的外滩公园固然是中华民族的耻辱,却又是中国的第一个公园。过去,中国只有"后花园",只有封建财主的私人花园,财主千金往往在"后花园"里私订终身;公园却是人类文化上的新奇的东西。我们说到中国的近代启蒙运动,在"戊戌"以前的启蒙的很多人包括康有为认识世界,认识西方世界是从哪里开始的呢?从香港和上海租界开始。在一定意义上说,上海租界是一本近代中国人的启蒙教科书。康有为这批人,没有出过国门,怎么认识世界?如何认识西方文明比中国文明进步? 当然看了一些西方翻译过来的西学西政诸书,但其中很重要的一点,就是到了香港、上海租界,在那里最初看到了西事西物。有些同志,考察了租界,认为租界是近代中国都市化、城市化的开始,不是没有道理的。历史上许多罪恶的东西里头有不罪恶的东西,神圣的东西里也有不神圣的东西。从人类文明发展的角度,与从民族立场角度来理解半殖民地,其结论是不完全一样的。我们生活在中国的土地上,需要民族感情,需要鲜明的民族立场,但民族主义本身带有巨大的保守性,我们许多落后的封建的东西往往都是依附于民族感情的大树上的,往往为民族主义所保护,民族主义在近代中国的高扬,某种意义上说是严峻的形势使然,但它在一定意义上说是家族主义的扩大化,并不都是好的。相反,在很大程度上阻滞了中国近代启蒙的普及和深化。

半封建半殖民地社会这个概念是完整的。没有半殖民地,就没有半封建;有了半殖民地,才有半封建。半封建是因为有了半殖民地才成为可能,二者是不可分割的。尽管这个概念本身并不那么科学,但从鸦片战争到中华人民共和国的成立这个时期的中国社会,作为一个社会形态的存在,是谁也否定不掉的历史事实。现在有些文章,把二者分割开来,并不一定正确,单独的半封建社会是不成立的,单独的半殖民地社会也是不能够成立的。半殖民地、半封建社会是在外国资本主义侵略下中国社会发生变化后出现的一种特殊的社会形态。这个半封建半殖民地社会过去没有,将来也不可能再有;外国虽有,但也没有中国那么典型。因此,它是一个完整的特殊的社会形态,这话本来是过去已得出的结论。

"文革"后,我们一直都在反思,在进行历史的反思。我们的许多历史和现实的问题,都是通过历史反思才得出比较切合实际的结论。所谓反思,就是对马克思主义、革命、历史的再认识。近年来出现了大量的反思文章,这些文章是对马克思主义、革命、历史的再认识,这些再认识确实认识了许多原来认识不全面的问题。但我认为,除了反思之外,我们还需要一点反反思。刚才我讲的半殖民地半封建社会,也就是反反思问题。许多同志对半封建半殖民地社会这个概念提出怀疑,是随反思而来的。我们的大量的反思,引导我们前进;没有反思,我们封建的那一套教条主义的东西就打不破;没有反思,我们得不出今天的社会主义初级阶段理论。这些都是从反思而来,然而仅有反思是不够的,我们还需要一点反反思,也就是反思的反思。

二、 近代社会的特征

关于近代社会的特征,过去毛泽东在《中国革命与中国共产党》一书中,已提出了许多值得我们参考的特征。这里我想说的是一条:近代社会是处于一个变革的时代,从某种意义上说,中国近代史就是变革与反变革交织在一起的,充满矛盾和冲突的历史。这个变革的表现形式就是急剧的新陈代谢。

为什么说近代社会是急剧的新陈代谢? 这是从两个比较而来的。一个是历史的纵向比较,即与中国两千多年的传统社会,与秦始皇时代以来的传统社会比较。这两千多年不能说没有变化,但这些变化是看不大到的,是看不清楚的;不能说没有新陈代谢,有新陈代谢,但这个新陈代谢是非常缓慢的。而从鸦片战争以后的中国近代社会才产出急剧的新陈代谢。我们说,中国两千多年的传统社会很少变化,可拿孔夫子的谱系来说一说。孔夫子到现在的"衍圣公",已传接了76代,但从孔夫子到鸦片战争时期的第68、69代的中国社会是没有多少变化的。我们现在能一代一代地数下来,到七十几代的只有孔夫子一家,最标准的也只有孔夫子一脉。我们的老祖宗,没有哪一家能清楚地准确无误地数到七十几代的。孔夫子在中国社会有特殊的地位,只有这一家,能数到76、77代。第68、69代以前的中国社会生产、社会政治结构没有多大变化。鸦片战争后的一百多年的近代社会的新陈代谢大大地超过了两千多年的传统社会。我们现在说它进步得慢,但比起两千多年的传统社会已是大大地前进了! 从生产技术到交通手段,从服饰发型到整个生活方式,从政治结构到经济基础,……都处于急剧的新陈代谢之中。我们到西安看秦始皇兵马俑,那里陈列的战车的确是很精致、很威武的,但主要是靠畜力来推动两个轮子,这一直延续了两千年而没多大改观。到了近代社会,近代化的动力设备,百年来变化有多大!从我们的生活来讲,我们穿的服装变化也很大,我们老一辈穿的鞋子左右脚是不分的,他们穿的裤子前后是一样的,我小时候还穿过,而现在的服装各式各样,多么丰富,其间的新陈代谢之急剧,是可想而知的。这种时代性的变化还可以找到许多许多的例子,比如,我们过去几千年不管"治乱分合",都存在一个皇帝,近百年来皇帝成了革命者攻击的对象,不要皇帝。尽管到了民国初年,我们的老百姓仍习惯地把大总统叫作"皇帝",《非常大总统》这个电影里有个镜头:当孙中山跑到广州,许多老百姓夹道欢迎,并欢呼"大总统就是皇帝",这十分真实、典型地说明了民国初年的老百姓心目中的大总统形象。的确,民国以后出现的许多"总统"与皇帝并无多大差别,但毕竟不是皇帝了;孙中山做大总统,更不是皇帝!许多东西的新陈代谢就是在近代社会进行的。

再一个比较,是中西之间的横向比较,即与西方近代历史的比较。西方从文艺复兴、启蒙运动、政治革命、产业革命到成熟的资本主义、到帝国主义阶段、到十月革命,这个过程经历了 300—400 年,从 1640 年英国爆发资产阶级革命,确立君主立宪制到俄国十月革命,新陈代谢整整经历了近 300 年。西方过去走过的三四百年的路,在中国近百年内就匆匆走完,许多变化的实质都反映到中国历史上来。我喜欢引用陈独秀《实庵自传》中的一句话,即:我原是"康党"(维新派),到辛亥革命时期是"乱党"(当时清朝政府称革命党为"乱党"),到"五四"以后是"共党"。陈独秀这二十多年由"康党"而"乱党"而"共党",这在西方必须经历几百年的行程,在中国却同时交集在一个人生活的二十几年里!不独陈独秀如此,我们老一辈革命家中有很多都是经过"康党"到"乱党"再到"共党"的,毛泽东是,吴玉章是,朱德也是。这显示了近代中国政治、思想领域里的新陈代谢的步子有多快!这里说的是中国近代社会的进步,另一方面,中国近代社会变化快也带来了不成熟。拿戊戌维新时期的那一批人来说,它的失败,除了封建顽固势力的强大外,康有为他们搞的维新变法本身也是不成熟的;辛亥革命也不是一个成熟的资产阶级革命;"五四"以后的马克思主义也不是太成熟的。所谓急剧的变化,所谓急剧的新陈代谢,也带来了许多不生不熟的结果。

近代社会的新陈代谢并不是一种均衡的平均用力的社会运动,政治、思想、生活的某些方面代谢是急剧的,城市里的情况尤其如此!但在另一些方面,如社会生产,当然比起两千多年的传统社会来讲,也有很大的变化,新陈代谢的节奏也是快的。然而同政治、思想和追求政治体制的变化相比,社会生产的新陈代谢又远远落后于政治思想层面的新陈代谢。由于社会生产的新陈代谢远远落后于政治、思想层面的新陈代谢,带来了许多政治运动的不成熟,也给我们留下了很多的顽症。

为什么社会生产会大大落后于政治上的新陈代谢呢?政治上的新陈代谢的推动力很大程度上来自外力的冲击与压迫,本身的条件还没有具备新的政治革新的基础,外力的逼挤和压力,迫使我们进行某些政治变革。我们常说"时势逼人",这句话实在是道出了近代百年来的处境,我们始终处于急迫的时势之中。大家都记得,当年康有为说变法是"变亦变,不变亦变"。变也得变,不变也得变,这句话的背后是怎样急迫的时势和怎样沉重的压力!它本身不是以充分的民族自觉为基础,而是被迫发出来的呼声,是被迫提出来的要求。

近代社会的这种新陈代谢,一面是急剧的、迅速的,一面又是缓慢的。急剧与缓慢之间产生了许多不调和的矛盾。我们的社会生产跟不上政治上的新陈代谢,不能跟上政治要求的发展,是因为我们一百多年失去了很多很好的机会,这可以说从鸦片战争时期的道光皇帝就开始了。鸦片战争失败后,《南京条约》订立的时候,道光皇帝也是痛心疾首的。但《南京条约》订立后的第八年,他才死去,如果他是个进取的皇帝,是个有作为的皇帝,那么就理应抓紧最后的八年时间做些改革的事,可是一件都没有。实际上,我们失去很多改革的机会,从道光皇帝开始,后来的洋务运动,它搞工业建设、海防建设,但阻力很大;到戊戌维新时想搞政治体制改革,希望发展资本主义,但很快就失败了;辛亥革命后,南京临时政府成立的时候,大家都欢欣鼓舞,孙中山也好,黄兴也好,宋教仁也好,这一批人都要求工业建设,把那曾经失去的机会追回,但也失去了机会。而失去的最大机会是解放后,解放后的最初十年、二十年,那是发展工业化的最好时机,可我们这样的宝贵时间却被用于阶级斗争,失去了我们最好的发展工业建设的时机。毛泽东说过,新中国成立后,随之而来的是文化大建设和经济大建设,然而后来只有一天胜过一天的阶级斗争,这的确是个大悲剧。我们的社会生产始终是落后的,在"大跃进"之后,刘少奇曾说,我们的生产关系跑到生产力的前面去了! 从整个历史上来说,我们说中国的近代革命、改革总是挫折的、失败的,好像是步子走得太慢,然而我们的社会生产的步子更慢! 所以,在一定意义上说,我们很长的一段时期政治上的追求超过了社会生产所能承受的基础。然而令人苦恼的是,我们的政治也还是落后的,许多东西没有完成!

当前我们的现代化建设所面临的国情是:一面是卫星上天,一面是"刀耕火种",它们之间的差距很大。我们追求现代化,但一百多年来我们所追求近代化的东西还没有完成,我们国家的许多地方还在"刀耕火种"。过去我们讲近代化、现代化,主要是讲科学技术,其实近代化应包括更广泛的意义,应包括科学技术、政治、社会组织、生活等各个方面。什么是近代化?应该说是五四运动所提出的科学与民主,就是我们过去近百年要求近代化的准则,就是资本主义化。简单地说,检验是否近代化,主要看我们国民有没有科学的头脑,有没有民主的观念。中国近百年追求民主与科学是个很艰难的历程,这个历程,我们现在仍没有完成。追求民主在中国比追求科学更困难。西方过去有为追求科学而被杀头的,如布鲁诺,在中国想搞点科学,是可以的,因科学而杀头的在中国历史上没有,只是说对科学不重视。但为追求民主而杀头的就多了,戊戌维新就杀了六个,辛亥革命、民国时期杀得更多!讲民主在中国比讲科学更困难些,当然我们争取的民主,不是"自由化"的民主,而是正常的民主。现在我们离科学与民主的差距还很大,还有相当长的一段路程,我们有许多地方还处于启蒙时期,还需要启蒙。过去我们启了很长时期的蒙,戊戌维新是启蒙,辛亥革命是启蒙,"五四"则是更大的启蒙运动,抗日战争时期还有新启蒙运动。我们启了一次又一次的蒙,然而蒙还很多,有许多蒙还有待于破启。我们有两亿多文盲、半文盲的人口,我们还有多少愚昧的事情,还有多少愚昧包围着不愚昧,我们还有许多不可理解的问题。过去一百多年的启蒙运动相当多,但我们还需要真正的启蒙,或者说我们还需要社会主义的启蒙。我们搞了三十多年的社会主义,但我们的社会主义之蒙还很多。这里说的是,近代社会是变革、新陈代谢和追求近代化的,这是一百多年力追不舍的目标,当然也实现了一些,但还远没有完成。

三、 近代社会新陈代谢的动力与阻力

新陈代谢的动力从何而来？是什么东西推动近代社会的新陈代谢？又是什么东西推动近代中国人去追求近代化，追求科学与民主？是外国资本主义的刺激，是强大的外力冲击，这种外力的刺激和冲击，逼迫中国人去追求近代化，去推动近代社会的新陈代谢。可以说，外来的东西往往是近代社会新陈代谢的文化触媒。鸦片战争以后的一连串的变化都是在外国的冲击下产生的，戊戌维新是救亡图存，辛亥革命也是爱国与革命相结合的，五四运动也没有离开外界的影响。最近去世的梁漱溟先生曾说，如果没有鸦片战争，辛亥革命的孙中山不是孙中山，还是朱洪武（元璋）。就是说没有外来一系列的影响和关系，辛亥革命的孙中山可能就不是孙中山，而是朱元璋。这个说法不无道理，我们不要回避这个东西。一幕一幕算下来，从鸦片战争到五四运动、北伐战争，哪一个重大历史事件不受外来的影响？现在我们总是希望自己创造，不要模仿别人。专门抄别人的当然不是办法，但模仿是创造的开始，中国近代社会的进化也是从模仿开始的。没有模仿，中国要走出中世纪很难！没有模仿，就不会有创造！我们模仿别人，但也要有自己的创造。否定模仿，不要模仿，近代百年来的许多新事新物是创不出来的，不要讳言这个。当然，我们不能靠模仿吃饭，不能停留于模仿。洋务运动模仿西方的近代科学技术，戊戌维新模仿日本，辛亥革命是模仿法国和美国，五四运动、北伐战争是模仿苏俄。"五四"前是西化，"五四"后则是俄化、苏化，我们中国的革命过程能逃避这个吗？就是说，我们学习外来的东西，关键是要把它变为自己的，把外来的变为内在的。我们不是都在讲中西文化冲突吗？没有西方东西的冲击、刺激，这百年来坐在黑房子里能够

创造什么呢？不学西方的，我们能够创造什么？天津的一位同志讲得好："西方人享受我们的古代文明，我们为什么不能享受西方的近代文明呢？"我们老是老大自居，一定要别人来学我们；好像我们学了别人，就会低人一等。这是一种很不好的心理。学了别人，怎么变为自己的，这是首要的问题！应该说，中华民族有很大的凝聚力，是伟大的；但不可否认我们民族也有丑陋的一面，柏杨写《丑陋的中国人》，想刺刺中国人，结果这本书不能再发行了，这很能说明问题！当然其中可能有点灭自己的志气，长他人的威风，但我们看到自己伟大的同时，也要承认丑陋的一面。承认有丑陋的东西，才能前进，才能创造。

在近代中国，西方的东西一进到中国就变形、扭曲，就中国化。现在没有人提出对"化"的不同意见。在我看来，"化"是不值得提倡的，中国的传统太深厚，很多东西"移橘变枳"，要摆脱传统的影响是不可能的。上海的刘海粟先生在20年代为裸体模特一事，犯了民间大忌，被控告到法院。他是美术学校校长，在校内外招聘裸体模特，被视为伤风败俗。过了60年，也是在上海，有个男子应聘做了裸体模特，他的女朋友不要他了，他的年幼的侄儿也不要他，连他原来所在的工厂也不要他，他不得不离开该厂。模特本来是艺术上通用的，在西方是很自然的、习惯的，但到了中国就变样了，60年以前是这样，60年后还是这样，我们到底变了什么？近代百年以来，我们究竟是学习西方的多了，还是抛弃传统多了呢？我们批判传统多了，还是批判得不够？在有些地方，我们好像是破传统破得多了，"破四旧"，那是不正常的状况。但从总体上说，我们因袭的传统是太多了而不是少了，阻碍我们学习别的国家先进东西的是传统。冲破传统的困缚，还仍是严峻的任务！

现在我们正处于从传统小农社会向现代工业社会过渡的阵痛之中。近百年来,我们的阵痛太多了。清末辛亥革命是个阵痛,民国以后大革命是个阵痛,解放前夕也是个阵痛,现在仍在阵痛。人家的阵痛已经经历了第一、二、三、四浪潮,生下了四个儿子;我们经受了百年的阵痛,连一个儿子也没有生下来。这原因到底是什么?"五四"以来关心国家民族命运的知识分子没有不对这个问题发表自己的意见的。既然我们没法摆脱外来的影响和压力,那么我们就应当正视,把外来的变为内在的,我们不能一见到西方的东西就排斥。我曾说过,学习别国先进的东西,借助"它山之石"——引进,这不是我们的耻辱,而是为了勇猛地追回那曾经失去的岁月。只有学习别人的东西,才能有自己的创造。我们没有必要为抛弃传统文化而杞忧,因为好的传统是散失不了的。而把该散失的传统保留下来,就接受不了新的东西,就创造不了新的东西。

我们搞革命史、现代史的人都知道,当年胡适讲了"五鬼闹中华",他认为当时中国之所以如此糟,是因为阴魂不散的"五鬼闹中华"。"五鬼"即"贫穷、疾病、愚昧、贪污、扰乱"。当初我们接受不了这个见解,因而批了它,说是对中华民族的侮辱,认为我们国家所以落后,并不是胡适所讲的"五鬼闹中华",而主要是封建主义和帝国主义的束缚和桎梏。当然帝国主义、封建主义所带来的后果不能说没有影响,但胡适讲的"五鬼闹中华"在今天仍没有完全消除,依然存在,解放以来,我们虽治了一下"五鬼",但并没有得到根本的治理。"贫穷"比过去好多了,但仍有许多地方处于贫困状态,还没有完全治好。"疾病",我们城市里比前此好多了,平均寿命在延长,死亡率在降低,疾病减少了一些,也治好了一些。"愚昧",我们的文化比过去有所发展,但还是个大问题。我们解放30年来最失策的地方是没有发展教育，夏衍总结了三条：一是没有很好地发展教育，二是没有健全法制，三是没有控制人口。这三条有一定的道理，我们的民族素质亟待提高。"贪污"，这一鬼越来越厉害，最近提出"廉洁政府"，就是整这个"鬼"，现在的贪污几乎到无孔不入的地步。"扰乱"，兵燹的扰乱，现在好多了，但像会党式的人物，像杜月笙式的人物，还是不少。中国社会是极其复杂的，过去我们批胡适的"五鬼闹中华"，批得振振有词，现在回过头来想一想，有些地方的"鬼"还是很严重的。四五十年代，我们很多同龄人沉浸在结束了凄风苦雨的日子，终于迎来了"柳暗花明"的欢乐之中。50年代初期，多少人为新中国的诞生而欢欣鼓舞，多少人充满信心，坚定信仰，但谁知在前进的路上已布满阴霾。现在有许多事情、许多问题，不从中国历史社会生产中去发掘，就很难说清楚。

　　刚才讲了新陈代谢的动力，但也存在许多的阻力，这种阻力来自何方？它们症结何在？概括地说，主要有两条。一是自给自足的自然经济（即小农经济）。过去对建筑在小农经济基础之上的封建体制机构狠狠地批了一下，但对小农经济基本上是作为一种革命的力量来保护的。太平天国的《天朝田亩制度》实际上是保护小农经济的，但我们把它捧得高，吹得很响。小农经济作为我们国家几千年来的土壤是很深很深的，大家看黄梅戏《天仙配》中七仙女与董永有一段唱词叫"夫妻双双把家还"，其中有这么两句："你耕田来我织布"，"你挑水来我浇园"。这是神话的生活，七仙女下凡所追求的正是这个小农经济的生活，它寄托了千百万小农的理想和憧憬，这个中国社会的小康之家的生活是很盛行的，普遍存在的。破坏、改造小农经济是个历史的难题，过去从鸦片战争到抗日战争时期，我们把自然经济的破坏讲过头了，其实小农经济是非常顽强的，破坏是很慢的。我在抗日战争时期曾跑到四川、贵州一带的乡下去,村民家里仍摆着织布的工具,几乎家家都是这样,很顽固,因为没有大生产来代替它。过去我们说是"汪洋大海",因此小农经济没有改变的话,它仍然要长出一些符合这一小农经济的上层东西。即使把上层东西推翻掉,也会由于小农经济的普遍存在而仍长出适合小农经济要求的上层建筑。回顾一百多年来,多少英雄人物反对封建反对外来侵略,洪秀全、康有为、孙中山、章太炎,甚至到我们这一代,有多少站在反封建前列的人,到后来被封建吃掉,甚至被吃掉了,自己还没有意识到。这些年来,大家都谈到了这个弊端。为什么中国人不能破坏、改造小农经济呢?因为我们的商品经济不发达,社会化大生产也没有建立起来,始终改变不了小农经济的面貌。去年《参考消息》曾刊登一则短论,一个英国人说:最近我们看了一些中国的城镇工厂,仿佛看到了18世纪英国工业革命时期的现象。我们是到了去年(1987),城镇工商业的发展才出现了18世纪英国产业革命产生的现象。这就是说,我们的小农经济延年益寿,我们自己没有建立大的生产来改造这个东西。过去毛泽东说,外国资本主义商品经济破坏了自给自足的自然经济,刺激了中国资本主义萌芽的发展。一个是破坏,一个是刺激,这两者本身并不全是坏事,我们自己没有建立起工商业、社会生产来破坏小农经济,而是外国人来破坏,这当然不是好事,但它对顽固的小农经济的破坏又是好事,没有大的生产,小农经济是改变不过来的。中国革命吃亏就吃在没有发展生产力,现在开始改变这种状况,这不可能不会碰到许多困难,但已经开始。

二是以儒学为轴心的传统文化。这是与小农经济结合在一起的,也是极其顽固的。以儒家为中心的文化传统既深且久,不加以破除,中国的革命就不能前进。反传统、破坏传统最彻底的,是"五四"

新文化运动,"打倒孔家店"是那个时代精神的集中体现。现在一些西方学者和外籍华人学者认为,我们后来的极"左"思潮的罪过来自五四运动,"五四"新文化运动那种反对传统、反对儒学,导致了后来的极"左"思潮,这种说法是不正确的。"五四"反传统、批传统,有它绝对化的地方。总的说来,那是历史的要求。我们年纪大的人都知道,在"五四"那个时代,不批判孔夫子,不批判儒学,就不能前进。因为你想前进一步,到处都有一个孔夫子来约束你,都会碰到孔夫子。孔夫子是中国历史上的伟大人物,他的一些言论是值得我们继承的,但"五四"时期不批孔夫子,不能前进。我们说上海"海派"有良性的和恶性的;过去批判传统也有良性的和恶性的,"五四"的批判传统基本上是良性的,"文革"的批判传统那是恶性的。"海派"里头有正确的东西,"海派"本身的创造性和融合性在文化史上是有它的地位的,但其间也有恶性的。现在一些海外学者按照历史逻辑推论,认为近代中国出现了两个退化的偏向:一是"五四"的反传统的发展,一是义和团反西化的发展,也就是保守的发展。"五四"批判传统中的坏东西;义和团相信"刀枪不入",什么进步的东西都不要,不要近代化,不要民主与科学,按这个逻辑,中国历史要退回到鸦片战争以前。五四运动与义和团运动不能同日而语,怎么可以把义和团的"刀枪不入"的迷信和"五四"的追求民主与科学的口号相提并论成两个偏向?

最后,我想谈谈新儒学。所谓新儒学的一个最重要的特征,是拿西方的东西与孔夫子的东西糅合起来,把西方近代化的某些言论、思维方式与传统儒学糅合起来,或加以改变,成为新儒学。新儒学到现在已经好几代了,现在还在的老人冯友兰,刚谢世的梁漱溟,过去的贺麟、熊十力,都是新儒家。新儒学拿西方现代的东西来注释传统儒学,作为一个学派,没有什么不可以。现代新儒学有个特点,即认为传统儒学可以创造性地转化为现代儒学,它对当前中国的改革,仍然有指导意义。他们拿亚洲"四小龙"作为例子,说这些地方都是受儒学影响、辐射的,儒学本身转化为现代的,所以这些地方得到了发展,经济起飞。这都是从某些现象看问题。儒学现代化了,就不是原来的儒学,它基本上还没有脱离"中体西用"的架势。洋务运动的"中体西用",以精神为体,以物质为用;而新儒学的"中体西用"则是精神世界内部的"中体西用","体"是中国的,但也学习西方精神中的某些部分,它还是"中体西用"没有变。它不可能成为改造当代中国的一种理论,作为一个学派研究可以,作为一种指导中国改革的理论则是不相适应的,因为它本身是儒家的一套。用今天的东西加以解释,就可以成为当代中国的理论指导,这可以说是荒谬的。在这里我们可以看到儒学传统的顽固性。我们不是说儒家思想毫无可取之处,而是说创造一种改造中国的理论必须汲取传统的有益的部分,不可能把传统的儒家理论改造以后成为指导中国改革的理论。但为什么会产生这样一种思潮呢?除了刚才说的对"四小龙"的误解之外,应该看到传统思想的顽强性。在许多时候传统思想是经改头换面以后以新的形式出现的,我们在很多时候是在革命、革新的形势下来保护旧的传统,这些是我们中国近百年来比别的国家走得艰难困苦,每前进一步都是那样的艰难,曲折总是那么多的原因所在。这里,我没有不尊重伟大思想家孔夫子的意思,过去陈独秀曾说过:孔夫子是那个时代的伟大思想家,但不是适应"五四"要求的伟大思想家。这句话,现在仍是适用的。

小农经济与以儒学为中心的传统思想,是近代社会新陈代谢的两大阻力,在今天我们的改革过程中,它还仍是两个阻力,我们必须正视。在今天,传统的潜网,仍是无所不在的。我们今天所碰到的许多问题、许多事情,都有传统的潜网在起直接作用。近百年来,我们反封建,不是不卖力,我们反了一百多年,封建的土地制度、上层建筑我们都把它批判了、粉碎了,但我们掘地三尺,传统的潜网仍是无法破除,仍然存在。改革上层的东西,就必须摧垮小农经济和传统的潜网,我们现在所碰到的许多议而不决的、思而不通的问题,就是碰上了这种潜网。

一百多年的革命告一段落,但还没有完成。作为历史学者,我们有必要重新学习、重新认识马克思主义,实事求是地深刻反省这段历史。目前史学家的主体意识与历史的客观要求还有差距,还不能做到一致,但我们将锲而不舍!有位同志说,现在我们的党史、革命史能谈到百分之七十的真话就很不错了,但有一条,假话不能说,不好说的真话,暂时可以不说,以后再说,但不能说假话,不要再写假的党史、假的革命史了!

略论中国近代社会史研究[1]

建国以来,近代史因切近政治而曾经独步一时,又因切近政治而远离了百年中国万象杂陈的社会史。政治史脱离了社会史,近代史研究也由此渐趋偏枯。人们对此久睹而厌看,是完全可以理解的。近年来,不少学人的目光已由政治史转向经济史、文化史,史学论题的改换,反映了现实生活中重心的转移。两者之间的感应是势所必至、理所当然的。然而经济史、文化史毕竟以专史为归属,其论旨和范围都有限度。真正能够反映一个过去了的时代全部面貌的应该是通史,而通史总是社会史。马克思主义研究社会,所注重的是人们在生产中形成的、与一定生产力发展程度相适应的生产关系的总和。由此延伸出来的以经济活动为基础的种种人际关系都应当成为社会史研究的对象。

中国人自1840年起进入了近代社会。然而认识这一社会的性质,却在八九十年以后。论及这一点,不能不提到20世纪30年代初,由讨论中国社会性质而引发的一场很有影响的论战。在此以前,

---

[1] 本文根据陈旭麓先生1986年讲话记录稿整理。

中国共产党第二次全国代表大会宣言指述中国革命的环境,其文字已初有半殖民地半封建的意思。但这并非中国人的自创之物,而是来自共产国际和列宁的东西。第一次国内革命战争期间,"打倒列强除军阀"成为一时由南而北的强音,前者讲的是反帝,后者讲的是反封建,两种意思都是非常明确的。但大革命失败后,蒋介石建立了国民政府,比之北洋军阀的割据和赤裸裸的武治,它毕竟有一个标张民族、民权、民生的主义,有一种可以追溯到同盟会的历史。而且,其头面人物又是一批曾经在革命的旗帜下同北洋军阀血战过的人。这就使人们在观察中国社会性质的时候发生了分歧。信奉托洛茨基的一派认为中国经国民革命之后已经是资本主义社会了,继之而起的应是社会主义革命。持马克思主义观点的人以及与马克思主义观点接近者认为,中国社会的半封建半殖民地性质并没有因一次失败的国民革命而改变。于是,近代社会性质历史地成为一场论战的题目,与此相关而且同时的,还有社会史、中国农村社会性质的论战。这些论战既是学术争论,又是政治争论。因此,理论的尖锐和感情的激烈是交织在一起的。当时围绕着三个问题做文章:(一)帝国主义对中国社会经济的影响;(二)中国封建势力到底还有多大;(三)中国资本主义到底发展到什么程度。在论争中,出了一批好书,这些书现在已不易找到了。综合这三个方面以看中国的社会性质,列宁所概括的半殖民地半封建说愈为人信服。但回到列宁并不是简单复述的结果,其中已更多地包含着中国人自己的思考和认识。对众多的人来说,知道近代中国是半封建半殖民地的社会性质是在这场论战之后。大家都接受这个结论,是解放后的事了。这场争论,决定了我们近代史研究的范围。虽然目下已有人对半殖民地半封建之说渐萌异议,而我至今以为还没有一种更切当的说法可以取而代之。当然,定性是一种抽象,而抽象的过程又同时会舍弃历史本身的丰富性和具体性。对于30年代论争的这一面缺乏自觉认识,又容易流于历史研究的瘦涩。

确定一个社会的性质,意味着揭示这个社会的时代内容。因此,研究近代史的每个问题都应当放在半殖民地半封建化的过程中来认识理解。例如,一度成为热点的洋务运动,作为一种社会现象和社会存在,它曾凸出于110年历史中达30年之久,而且上有渊源,下有余波,先后裹挟了不同层次和阶级的人们。仅仅用阶级分析的方法是说明不了其来龙去脉的。若放在半封建半殖民地社会历史之中而视之为一个发展阶段,则它的本色正显示于由封建而半封建的过程里。洋务运动,确切地说是从林则徐倡"师夷智"开始的。20世纪60年代,冯桂芬作《校邠庐抗议》,书中《采西学》《制洋器》两篇实际是后来30年洋务运动的提纲。采西学、制洋器,是身历两次民族战争失败的一代中国人对泰西逼来的回应。在这个意义上,它们虽然出自国人之口,实际上表达的却是时代向整个民族提出的命题,它们不属于一人一派。当时主张采西学、制洋器的有好几个层次:第一个层次是奕䜣、文祥等人,他们是满洲贵族中的识时务而有忧国之心者;第二个层次是曾国藩、左宗棠、李鸿章为代表的汉族地主阶级中有志于经世的地方实力派;第三个层次是曾国藩、李鸿章手下的幕僚,如薛福成、马建忠等人,他们见事更多,因而知事更明,后来往往走得更远;第四个层次是在野的知识分子,如王韬、郑观应,容闳也可以归于这一类,这类人物往往是那个时候的最激进者,在一个剧变的时代里,他们中不乏与时俱进的人。这四个层次包括了洋务派和早期改良派。洋务派和早期改良派只是程度不同,一个注重实务,一个热心理论,对于采西学、制洋器都是一致赞同的。除了这些人所稔熟的洋务人物之外，还有第五个层次，即内战中的中国农民阶级。洪仁玕的《资政新篇》，虽久被研究阐发，其实归纳其要旨，也不过采西学、制洋器而已。洪秀全批准《资政新篇》，说明他心同此意。因此，在一定意义上可以说二洪也是洋务派。时代对于一个民族的要求，总是超出阶级对立之上的。湘淮军为了扑灭太平军以守卫皇权，购来洋枪洋炮，这是一种采西学、制洋器；意味深长的是，太平军为了建造和保卫自己的天国也购买洋枪洋炮相抗，这同样是一种采西学和制洋器。内战的双方在对立中表现了一种极富历史意义的同一。这绝不是用个人的品格、才智所能解释的。人属于社会，而社会变化于时代之中。历史上的很多人和事，只有放到这种联系之中，才能窥见其本来的颜色。龚自珍1841年就死了，可以说死于中世纪和近代之交。他的视线触及近代社会，但他的脚还没有跨入近代社会。现在还有人讲他主张"互市"是向西方学习，其实，"互市"是古已有之的东西，其中并无向西方学习的新意义。相比之下，林则徐是同西方有直接接触的第一个有心人，他因之而最先提出采西学之议。在那个时代，这样的人是很了不起的。与此相类，后来的秋瑾作为一个有个性的革命女性，只有20世纪初年才能产生。在此以前，中国妇女之出类拔萃者，至多只能产生洪宣娇、傅善祥、谭嗣同妻子式的人物，在特定类型的人物背后有着相应的时代需要和时代造就。

社会是一个整体，但对于社会的研究又须拆开来才有径可入，这就是综合和分析的不同。研究近代社会，哪些方面可以作为观察和分析的入口呢？

（一）从社会结构来观察社会。社会结构是一种纵横交错以支撑和维系整个社会的东西，它远远不止乎惯被当作主线的阶级结构。以政治机构为例，百年之间从中央到地方都有巨大的变化，完全可以写出与《通典》一类相比的专著。但在政治系统以外具有普遍意义的社会结构至少还有家族和行会组织。家族组织是以血缘为纽带、以农村为区域的组织；行会组织则以工商业为纽带，主要分布于城镇。两者都是建立在小农经济基础之上，并与小农经济同样古老的组织。它们在政治机构之外，又补充了行政体制的不足，系接一家一户而维持了中国的城乡社会。这两个组织之中当然有阶级关系，有阶级关系就会有斗争，因此，族长和行会中有势力的人物，其形象多不太好。但除了斗争外，也还有互助的性质，否则这一类组织很难一代一代地存在下去。由中世纪进入近代，这两个组织都渐次发生了重大变化：行会变为商会、同业公会、工会；家族组织变为地方行政单位，如都、堡、堂等。这些变化反映了外来之物的楔入怎样使中国固有之物脱换气质，嬗递就见乎其中。过去，我们没有着力于这方面的研究。除了这两个组织外，还有会党，这是第三个具有普遍意义的社会组织，也是一个特殊的社会组织。农民起义揭竿而起，可以轰轰烈烈于一时，但失败后会消失得无影无踪；但天地会之类是经常性的社会组织，虽无直的中枢，却横向四布，很有广度，它也发动起义，但起义后仍然存在，其不统一而又声气相应的山堂林立于各地，几乎全国都有。晚清以后，说会党遍天下是一点不夸张的。行会、家族组织公开存在于政府的允许之下；但会党是秘密的、非法的，于是有种种暗语、暗号，以及与之相称的种种秘密活动方式。尽管如此，它却先后存在并繁衍了两百多年之久，而且越到后来其数量和声势越引人注目。作为一种社会现象，这是过去所没有过的。以前归因于"反清复明"这一口号的精神力量，其实，对于下层群众来说，更有力量的是物质原因。近代中国人口剧增，而有限的社会生产无法消化这么多的人口，随之，必然是一批批人游离于社会生产之外，无衣无食。在这种情况下，会党因传统的侠义观念而行经济上的互助，就会成为一种富有吸引力的东西。一个会党成员走到一个陌生地方，只要用自己的暗语、暗号与这个地方的会党联系上，就有饭吃。在饥饿的驱使下，许多人从"安土重迁"而浪迹江湖，成为古来"四民"之外的另一种人。会党经济互助的办法是"打家劫舍"，一切归"公"。后来的青、红帮也有经济互助的性质。秘密会党不代表社会生产力，是一种盲目的社会力量，当他们被吸入反清革命时，可以有一定的反封建意义，而清朝灭亡后，则负面显出，破坏性很明显。会党的存在是社会的病态反映，要懂得近代社会，就得好好研究会党，不了解会党，就很难研究近代社会。过去我们对此了解得太简单了。中国秘密会党流行时，正是西方资产阶级革命、资产阶级政党盛行之时，这点正是东西方历史的差距。会党后来为资产阶级政党所替代（强学会只是具有近代资产阶级政党性质的组织，还不是政党）。民国以后，会党渐渐变成了黑社会组织，终趋末路。除了这三种具有普遍意义的社会组织之外，还要研究家庭，社会组织的细胞是家庭。两千年传统中国以纲常立国，而三纲中的两纲、五常中的三常讲的都是家庭关系。家庭在社会结构中的地位，只要看一看中国人之重于修家谱就可以了，在这一点上穷人与富人的热情是没有什么差别的。而近代社会的家庭在西方思想的冲击下其变化比任何一个时代都大。康有为写《大同书》，以至于提出"毁家"，认为一切不合理的东西是从"家"开始的。到了"五四"，类似的议论成了一种时调。我们过去都是从观念变化来理解这些话的，但在观念变化的同时或前后，总是有着现实的变化。研究这种现实变化，正是研究近代中国社会结构的一个重要方面。

（二）从社会生活方面去研究。过去一讲社会生活常常容易想到"朱门酒肉臭"和"路有冻死骨"。这些东西当然不能不承认,但除了这些东西以外,社会生活还有更广泛的内容,例如赋税、漕粮、盐政、河工,曾久被称为有清一代"四大政",它们直接关系和影响着最大多数人民的生活,本是历史研究不可以不议的。但长期以来近代史几乎都不涉及这些方面。此外,更值得注意的是寻常人们衣、食、住、行在110年间的变化。以服饰而论,从旗袍到连衣裙,从芒鞋到革履,都是不可同日而语的。虽然至今还有人把中山装当作国服,其实,与长袍马褂相比,中山装更多地脱胎于洋装。服饰在中国人的观念中从来不仅仅于遮体,因之而有汉宫威仪的自豪和披发左衽的伤情,然而自豪也罢,伤情也罢,旧物毕竟不是靠一部分人的留恋可以保存的。食品方面也是如此,《上海县续志》有一段记载民国初年农产的话:"洋葱,外国种,近因销售甚广,民多种之。"并称用以"佐肉食,味颇佳"。作者显然是一个知味者。除了洋葱之外,可以枚举者甚多。住的更是如此,道光年间,有个叫沈慕琴的人在广州见到西洋建筑,赋长诗以记之,颇绘形相,而结尾则以"他族逼处究非策,奸宄须防芽蘖萌"为忧[1],显然是不赞成的。而清末民初北京有人写竹枝词描写洋楼,已心平气和多了。这叫作见惯不怪。讲到社会生活不能不想到近代中国人口的变化。乾隆五十八年(1793)中国人口突破3亿1 000万。康乾之时,史称"盛世",中国社会经济在稳定中发展。但此后人口增长即引起了严重的社会后果。1834年(道光十四年)中国人口突破4亿1 000万,人口空前增长意味着社会需求的空前增长,而一个农业社会是不可能以同样的速度提供与之相应的产品的。多余的人口总是不安定的人口,于是而有频繁的动乱和起义。

---

[1] 铢庵:《人物风俗制度丛谈》,第79页。

人口增长当然也促进了阶级矛盾的激化,晚清的民变就促成了清朝的灭亡。但依靠阶级斗争是不能解决人口问题的,因此清朝灭亡后,军阀连年混战,有那么多人去当兵,充当炮灰。人民找不到谋生的出路是一个重要原因。早一点研究这个问题,可能对我们要好一些,不会做事后诸葛亮。

(三)从社会意识方面去研究。这个"意识"不是由思想家代表的社会精英的意识,思想家的意识被人们接受之后,就成了社会意识。例如老庄之说、儒家之教,本来都是思想家的产品,都是一个时代精英人物的意识,但它们一旦流入社会并为人们所接受,就会大众化、社会化。阿Q是个没有文化的农民,然而阿Q精神中的很多东西都是孔学和老庄滑稽化的结果。宗教的教义也有为人们所接受,由世俗化而成为社会意识的,如佛教的轮回意识,和尚尼姑之外的人也有不少接受。因此研究近代史还要注意社会意识、社会心理。任何一个新的思想要成为一种物质力量必须首先成为社会意识。要改造国民性,在很大程度上就是要改掉民族的落后的社会意识。科学观念和意识的改变是比较容易的,但改变社会意识就非常困难。近代中国的改革和进步之所以屡起屡挫,除了有权势者自觉的顽固之外,还在于没有权势者不自觉的顽固。相比之下,后者更可怕。

近代社会思想意识的变化,在语言构造方面的变化很突出。鸦片战争后出现了很多新词汇、新名词,古文为白话文所替代。可以写一篇《从新词汇看中国近代社会》的大论文。郭沫若写过《卜辞中的中国古代社会》,就是从语言探索一个社会的范例。新的词汇,一是外来语,一是中国旧有词汇改换了原来的意思而具有新义。前一种情况的例子,例如"水泥"(Sement)初译"土敏土",后来叫"水门汀",后来叫"洋灰",一度"水泥"与"洋灰"并行,现在则以"水泥"为专名。

后一种情况的例子,如"同志"一词,本是中国的古话,所谓"同德者同心,同心者同志",意指旨趣相投,后来变成了政治名词,特指一种政治关系。最早使用大概是在戊戌变法时期。1902年袁世凯打电报给盛宣怀时,就以"同志"称彼此;到1927年大革命时期,成了革命人们喜用的语言;而今天则成为无分男女老幼的普遍称呼,父母与子女、夫与妻之间均可称同志,也正因为如此,比之大革命时期,其意义又变化了。罗举这一些,正是为了说明研究近代社会应当看到多面。在历史研究中,大题目和小题目是很难划分的,见微知著,小题目也可以写出大意思。

近代社会,总的说,是一个变革中的社会。在一切皆变的过程里,近代社会的许多斗争就是变与不变的斗争。新与旧之争,说到底也就是变与不变之争。背负着两千年历史的重梏,中国社会的"变"是很艰难的。这种艰难来自这个社会中的人,又归结于这个社会中的人。梁启超在20世纪初着力宣扬"新民"说,鲁迅在五四运动后疾呼改造"国民性",都是深有见于此,然而回声难成音响。由传统的中国人变为近代的中国人,由追慕唐虞之世的中国人变为有科学知识和民主观念的中国人,几乎可以说是一种脱胎换骨。在中国的整个人口中,能够脱胎换骨的人并不是很多的。守旧者固然不是近代化的人,开新者也未必已经完全近代化。因此,近代社会虽以变迁贯穿连接,而多量的变革却在这个过程中失败了。变来变去有些东西老是变不过来。

近代社会的变迁表现了哲学意义上质的嬗递,因此,我名之为新陈代谢。它有两个特点。一是近代百年的变迁特别迅速。这种迅速一方面相对于鸦片战争前的古代社会而言,鸦片战争前的中国社会变得很微渐、很慢;另一方面相对于西方社会的进程而言,西方社会从资产阶级革命到产业革命前后经历了300年,日本明治维新到工业化有100多年,而中国从鸦片战争到旧民主主义革命只有80年,80年中要把西方300年中做的全部做完,因而显得特别迅速,这是很特殊的。二是近代社会新陈代谢,上层建筑变化快,经济基础的变化较慢。从君主专制到君主立宪,到旧民主主义革命,到新民主主义革命,中间相差没有几年。上层建筑思想意识变化之快,既有西方影响的结果,也有中国人自己的要求,常常使有些人对一个变动还来不及适应,却又面临着另一个变动的迫来。但基础的变化很慢,它不能由意志而催速。因此形成了近代中国社会新陈代谢的脱节和困难。这两个特点同时存在而相互制约,决定了百年变迁过程既是急速的,又是不成熟的。由于不成熟,后起的变革取代先行的变革之时,其后果的合理性当中又会包含着或多或少的超前性;由于急速,先行的变革为后起的变革取代之时,其应当完成的任务又常常来不及做完。于是而有变革和革命的曲折性、反复性、长期性。超前的东西终究不可能成为常态;应做而未做的事也会向人们顽强地显示自己的客观存在。经历十年动乱之后反思历史,已有越来越多的人体验到这一点了。借助于这种反思和体验,历史的陈迹会启迪今日。我想,研究近代社会史,描述其新陈代谢,其价值和意义也在于此。

中国社会史研究纵横谈[1]

陈旭麓教授近些年从事中国近代社会新陈代谢的研究,从经济基础和上层建筑及意识形态诸方面分析中国社会的变迁,并取得了令人注目的成绩。最近,我们走访了他,请他对中国社会史研究的若干问题谈些看法。

如果说"文革"是一场"大史震",那么它的震波迫使我们去认识历史,认识社会

问:中断了的社会史研究,现在重新倡导,您能否谈谈其中的契机?

答:直接触发中国文化的研讨热、对中国社会的再认识,是史无前例的怪诞的"文化大革命"给人们的震撼。它几乎吞噬了我们前此取得的胜利果实。这是历史的必然还是历史的偶然,不容我们不去反复思考,纵不能说其中没有历史的偶然,但历史不会有如此巨创、如此深重的偶然,而偶然的积聚和联系又是必然的反映。"文革"这

---

[1] 这是作者就社会史研究问题答学生问,原载《史学情报》1988年第4期。

个历时十年的巨祸,除了从肩负历史责任者身上找到教训外,从我们的民族身上能够找到什么,从去今不远的近代社会能够找到什么,从我们自己的身上又能找到什么。如果说"文革"是一场"大史震",那么它的震波迫使我们去认识历史,认识社会。

我们粉碎了封建主义和大地主、大资产阶级的国家机器,铲除了传统的土地所有制度,挖空了专制统治赖以生存的社会基地,取缔了封建的迷信的社会枷锁;我们也曾对传统意识形态展开了一次比一次更为激烈的批判,把儒家的经典踏在脚下,反封建反传统不可谓不坚决。然而,在一百年的历史中,我们看到了一个怪现象,许多叱咤风云的反传统志士到后来却被封建俘虏了,做了俘虏自己还没有觉察到。无形的封建意识有似缕缕游丝,形成潜网,迷惑人们的眼睛,滞迟人们的步伐,迫使人们去迁就旧制。封建的迷信的社会意识和社会心态还没有完全消除,社会小生产及其经济结构并没有彻底改变,植根于这种经济基础上的个人崇拜、皇权心态也没有根治。好像《山海经》说的那个刑天,他被砍去了脑袋,便以乳为目,脐为口,仍然挥舞起戈矛。所有这一切,都不容我们不从社会、社会史角度去认识,去反思,去考辨。

社会史从横的方面考察以人们的共同
物质生活为前提展示的人际诸关系

问:社会的涵盖面极大,以之为对象的社会史涉及的问题繁多,除了透视各种社会现象外,从社会形态的角度研究中国历史是十分必要的,但这是否意味着社会史可以取代通史?

答:社会史和通史的研究对象都是历史社会,是血肉相连的两门学科。传统的通史是以"资治"的政治史(包括军事史)为主线,综合经济、文化、社会诸内容进行纵的研究,社会史是以人们的共同物质生活为前提展示的人际诸关系,从横的方面进行历史的考察,两者的着重点是有区别的。过去的历史研究受各种各样内在、外在因素的干扰,历史学成了工具学,成为政治斗争的附属物。一般的通史都只是政治史、阶级斗争史的反复记述,把丰富多彩的历史简化成僵硬的、枯燥乏味的、理性教条的注脚。如果说通史以政治演变为主线也应反映社会生活的各个方面的话,那么社会史则更要从多侧面、多角度、多层次来记述世相特别是"众生相"。

近年来出现的中国文化史的研讨热和对社会史研究的提倡,从某种意义上说即是对传统史学的反叛,把历史的丰富性、复杂性还给历史。社会是人类生活的共同体,是由政治生活、经济生活、文化生活诸因素所构成的有机整体,是一个极其庞大的系统。它包括社会群体聚落、职业构成、宗法等级、人口结构,包括社会礼俗、物质生活、精神生活,还包括各式各样的民间社团、制度、派别等,凡是人类生活的一切领域,家庭结构、婚丧礼仪、都市乡村、宗教神话、伦理规范、生活样态、青年问题、老年社会、妇女生活、犯罪行为……都属于社会史的范围,都应就其社会职能和社会差异进行个案研究。过去有过一些这样的研究成果,现在是应从新的条件发展这种个案或专题的研究。

个案或专题研究只是社会的各个侧面,不是社会的整体,是树木不是森林。但是以人类生活及其演化为对象的社会史与其他专史比较来说,具有更丰富、更复杂的内涵与外延,它更着眼于人类生活的演化和社会结构的变迁。

社会与文化的关系

问:社会史是人类生活演化和社会结构变迁的历史,广义的"文化"也涵容了人类生活的各个方面,您能否谈谈社会与文化的关系?

答:社会与文化是紧密联系的,又是有区别的。文化关注的主要是人类改造自然世界和主体世界的成果,偏重于观念形态;社会则不仅关注改造世界的结果,也重视改造世界的过程,而社会的衣食住行生活方式、心理取向和情感意绪又都凝聚着不同的文化内涵、文化传统和文化精神。

文化虽然可以推广到包括一切经过劳动加工和制造的物质,但人们心目中的文化,往往倾注于观念形态的东西。因为一切经过劳动的产品,都不外是人类智慧的体现;一切陈列于博物馆、纪念馆的实物,所以被珍视,皆是高度观念化了的结果,然而,它们又都是考察社会生活的信物。博物馆里的石斧石凿的价值,就在于它们是逝去已久的祖先生活的实证。这不是说社会与文化不可区分,而是指出它们之间的内在粘连,这种粘连的具体程度是不一样的,比方说,社会上的欺诈活动、江湖行当的黑幕、犯罪活动、赈济灾变活动、"私生子"和"第三者"等问题,显然属于社会范畴,而很难划归文化。

文化是形而上的抽象的结晶体,社会则是人类生活的共同体,是形而下的实体。广义的文化包容社会,社会只是文化的一个层面。文化可以决定社会运行的轨迹,而社会则是文化的载体,文化总是附着于社会而获得存在的理由,从这个角度讲,文化又只是社会的组成要素,文化史也只是社会史的一个部分。

新陈代谢是解剖近代社会的钥匙

问:近十年来,您以新陈代谢的旨趣,致力于中国近代社会变迁的研究,您能否透露一下您对中国近代社会新陈代谢的整体构思?

答:在我看来,中国社会由传统向近代演变的过程,是一个静态的、比较停滞的、具有很大凝固性的社会转化为一个动态的、巨变的、新陈代谢飞速的社会的结构性变迁过程。相对于近代社会而言,中国传统社会是一个精制的完全形态的社会;相对于中国传统社会而言,近代社会则是一个变动不居的动态社会,这个动态的主要表现形式是新陈代谢。虽然,传统社会也有变,但绝大多数是以阶级对抗的形式来推动新旧王朝的周期性更替,而不是表现为社会自身的新旧递嬗,也就是说没有表现出社会性质和社会经济结构的变化。社会的新旧递嬗是到了近代社会才被突出来的。

与西方社会的演变(从中世纪到近代社会)是通过自我更新机制来完成的不一样,中国近代社会的新旧递嬗在很大程度上来自接踵而来的外力冲击,并通过近代社会特殊的社会机制由外来变为内在,推动民族冲突和阶级对抗,又反映为一浪高过一浪的新旧冲突(中西文化冲突)。新旧冲突是这个时代的突出内容,也是中国近代社会变革的核心所在。变革,即以变旧为新的方式来推动中国近代社会的新陈代谢。近代中国社会激荡于时代的巨变之中,所有的生产实践、社会生活、社会心理、社会意识形态、科学实验都处于不断的新陈代谢之中。离开新陈代谢这一客观法则,是很难解释好近代社会的。新陈代谢是解剖近代社会的钥匙。

(一)近代社会新陈代谢是急剧的。这种急剧的程度是中国传统的静态社会所不曾有过的,也是西方社会由传统向近代演变过程中所不曾出现过的。西方社会从文艺复兴到工业革命的完成,走过了300多年的历史;中国社会从改良到革命,从旧民主到新民主,从新民主主义到社会主义,仅仅用了近百年的时间。也就是说,我们在短短的百年时间内越过了西方社会由传统到近代社会演变的数百年的行程。

（二）近代社会上层政治体制、政治思想的演变是迅速的，而社会生产、经济结构尤其是乡村社会的变迁则是缓慢的。在政治思想上，我们似乎是胜利的，但胜利又是不巩固的，广大的处于底层社会的芸芸众生从意识到生活都没有越过小生产的轨道，实现向近代的根本转变。在近代社会里，微弱的资本主义经济和严重的半封建经济同时存在，近代式的若干商业都市与停滞着的广大乡村社会同时存在，民主、自由、平等、博爱观念与宗法、畛域观念同时存在。近代与传统的并存与冲突，构成了近代社会显著的特征。

（三）近代社会的新陈代谢又是极其复杂和多样的。一百多年中在各个社会领域中新旧交错、新旧转化，呈现出光怪陆离的景色，正义与非正义，变革与反变革，进步与保守，急进与徐缓，反传统与回归，无不互相纽结，互相渗透。而大量的民族冲突和阶级斗争又往往掩盖和包含着新旧矛盾。

近年来，我思考的是"近代社会的新陈代谢"这个总题目，也进行了一些具体问题的探索，如农民战争与人口问题，军阀与近代社会，秘密会社与中国社会，论中体西用，租界与近代社会，进化论与近代中国社会，等等，都是想把它们放在近代中国社会的新陈代谢中加以考察的，这只是一些尝试罢了。近代中国是一个过渡形态的社会，是一个由封建主义过渡到资本主义而未完成的社会，我觉得，许多问题不把它放到这样一个过渡社会中去考察，不从社会经济结构、社会心理的演变去考察是很难说清楚的。

社会史研究的前景与途径

问：社会史作为一门重新兴起的学科，目前应该注意哪些问题，中国社会史研究的前景如何？

答：社会史研究的前景是广阔的，有待于我们去努力开垦、钻研，应从四个方面着手：

（一）历代积存下来的 8 000 种方志和难以数计的家谱、族谱，有大量的社会史料，而且现在又在全国范围内修撰新的方志，借此开展区域社会研究，把修撰方志与区域研究结合起来，是一个前所未有的时机，并把古老的方志学、谍谱学推向一个新的阶段。对于土地辽阔的中国社会，进行区域社会研究，是摸清中国国情的一个重要途径。

（二）中国传统社会有悠久的历史，宗法制度、社会礼俗、士绅风貌、村社生态、行会组织、人口变动等，都是传统社会的脉络，过去已有若干研究，现在是要扩展这些课题进行新的研究。而进入近代以后，传统社会在分解，欧美生活、风俗在东渐，形成新旧交替和转化的大变局，诸如社会机构、农村经济、知识阶层、秘密社会、时代风尚等，无不在蜕变之中，所以近代社会要抓住一个"变"字进行个案（专题）研究。所有这些个案（专题），要一个个搜集资料，近代的更要进行调查，写出专著，汇编为中国社会史丛书。它们都是中国社会的缩影。

（三）开展社会史的比较研究，对中国传统社会与近代社会进行纵向比较，对他国（如西方、印度、日本）社会与中国社会进行横向比较，以显示出中国传统社会、近代社会独特的变嬗轨迹来。要建立一门比较历史社会学，从理论到具体进行全方位的勘探，把曾经失落的丰富的社会内容还给历史。

（四）为了反映中国历史社会的全貌，在开展区域社会和个案（专题）研究中，要编著从古到今的《中国社会史》及《中国传统社会》《中国近代社会》等书，对传统社会与近代社会要有整体意识，以显示出社会形态来。

秘密会党与中国社会[1]

一

中国的秘密会党,天地会发轫于17世纪(康熙年间),至18世纪后期连同前此的白莲教在南北各省盛行,至19世纪更遍及各地,几乎有井处皆有会党的踪迹,它们成为中国进入近代社会前后极为流行的秘密组织,而又为家喻户晓的社会势力。

瞭望世界,这时的西方早已风行资产阶级革命和资产阶级政党,而中国还是这种秘密党的王国,明显地表现出中西社会正在拉开差距。从中国早先的历史来看,自东汉的农民起义以五斗米道集结群众开始,此后的农民起义虽多借宗教为号召,但并没有把这种渗透宗教的行动变为经常的秘密结社,它只是随着起义的起伏而时现时隐,直到元朝农民起义形成的白莲教才持续地传播,然而也是至18世纪末年荆楚白莲教起义才大盛。

为什么近代前后的中国社会会形成这样一种无所不在的社会势力?过去,我们大多从政治矛盾和政治斗争来论述这种状

---

[1] 原载《学术月刊》1985年第10期。

况,也可以说只有它们在作案和揭竿而起的时候才去论述它们,论述时顶多从事件的发生说一说社会背景,很少从社会结构和社会史的角度去研究。为了全面地认识这种持久而广泛的社会势力,必须就会党的构成和进入近代前后的中国社会的演变来考察。

一向把会党起义归之于一般农民起义,没有将会党起义的特殊性表述出来。因为会党起义不同于一般农民起义的一哄而起,它是由一种经常性的秘密结社在组织、发动;由于它的长期活动,其中有许多人以串联对象、联络会众为职业,不仅那些头目多是"久走江湖常在外,游遍天涯显奇能,三教九流皆知晓"[1]的人物,就是大量固定的成员也每每是身无恒业、生活不稳定的人群。所以,会党的构成,愈到后期主要是游勇游民,即那些依靠不正当方法为主要生活来源的人。这个人群是下层社会中极不安分的部分,他们来自农民和手工业者,虽同农民和手工业者有着天然的联系,但农民和手工业者通常具有的朴厚性格已从他们身上慢慢消失,他们且同市井吏胥乃至地方士绅有更多的联系,他们要依附官绅,官绅也要利用他们,当然,两者又是相互戒惧的。至于一般穷苦农民和手工业者,则往往是在磨刀霍霍行动起来了才大伙卷入。这固然是农民起义的共有现象,但在会党起义中原有会党分子不仅是发难成员,而且在起义队伍中占的比重也很大。

造成这种会党势力的社会根源何在?我们得从清朝的政治、经济的消长来看。清朝的统治到乾隆、嘉庆年间已由盛转衰,安抚和控制力在削弱中,而人口却由康熙后期的1亿多,至1793年(乾隆五十

---

[1] 李子峰编著:《海底》,第97页。

八年)猛增达3亿1 000万,1834年(道光十四年)又增至4亿100万,耕地和生产并不能相应增长,加上地主阶级的兼并土地和高利盘剥,大量劳动人口从农业和手工业的园地上被抛出来,相率流入市井。有的以肩挑贩运为生;有的靠被雇佣度日;有的流离转徙,乞食于西方,有的当兵吃粮,散而为游勇;有的流为盗匪和谋求其他不正当生活来源;还有家业衰败了的地主阶级分子和星、相、医(江湖郎中)、卜那样的知识分子。所有这些无所依归的人群,都是会党分子最可靠的来源。他们通过会党的结纳,或投入山堂,或自成帮伙。这不是健康的社会现象,而是社会的病态征候,是社会病态学应该研究的内容。

会党势力固然遍及穷乡僻壤,但其组织枢纽和最活跃的部分,多在城镇,特别是商品经济比较繁荣的水陆码头。这些地方谋生的路子广,五方杂处,混迹其间,呼朋引类,有回旋余地。所以天地会各派繁衍于东南沿海与长江地区,并随着华侨的足迹远布东南亚和太平洋彼岸的美洲。游牧时代人们逐水草而居,会党势力向商品和交通发达的地域伸展,它的背后正深藏着这种经济原因。可是会党不是养护和繁荣"水草",而是借"水草"的余润进行活动,寄生于"水草"。

天地会是基于政治上的抗清要求而产生的,在其开始只是明末遗臣中的志士在民间秘密传播,后来才在社会矛盾和社会病态中支蔓开来,经济上的不正当追求和联系日增。这里有必要说一说天地会的历史。

近年来,从事会党史的研究者,根据中国第一历史档案馆所藏有关天地会资料,得出了天地会创始于乾隆中期(有乾隆二十六年和三十二年两说)的结论,否认前此的康熙说(康熙甲寅十三年,还有雍正甲寅十二年一说），并认为"反清复明"的口号直到嘉庆年间才正式形成。对此，许多人有异议，我也不以为然。因为这些档案资料不是天地会自身保留下来的系统档案，而是发现了有关天地会的案件，由清朝的地方官录案奏报，逐年累积而来，不可能反映天地会的全貌，也不是案件的所有文字记载，怎能仅就已见的乾隆时档案遂断定天地会前此不存在！何况顺治、康熙、雍正三朝档案大都散失，仅有残存部分，远不似乾隆朝及以后各朝档案的完整。档案可以证明已载的事情，但不能排斥已经出现而未载的内容。

至于"反清复明"观念，就客观形势来说，理应出现于南明抗清失败的当初，那些抱亡国之痛的士大夫，如熊开元、汝应元、阎若梅等，眼看大明江山丧尽，抗清兴国已不可能，乃寄希望于日后，暗传"反清复明"宗旨，把民族大义托之于民间。"几多亡国士，私送死心人"[1]，就是这种活动记述。公开的抗清力量转为秘密结社。到康熙中叶，清朝的统治已大定，再经乾隆到嘉庆，明朝遗臣早已凋谢，要到这时才由他们的儿辈孙辈提出"反清复明"的宗旨来，未免太晚，接不上历史的轨迹。事实上，"反清复明"作为一个完整的口号，到乾隆中叶已露分解迹象，天地会的林爽文、陈周全两次起义提出的口号是"顺天行道，剿除贪官"，同于一般农民起义，没有提出"复明"的特殊要求来，没有提不等于没有"复明"观念，但至少说明这种观念已在变化中。所以，道光时反清思想大盛，而天地会的许多起义，其中好些不复以"复明"为词，而是自立旗号了，如大成国等名目即是。洪秀全在酝酿起义时曾议及天地会：

我虽未尝加入三合会，但常闻其宗旨在"反清复明"。此种主张，

---

[1] 阎尔梅：《真空寺饯别》，见《阎古古全集》第3卷。

在康熙年间该会初创时,果然不错的;但如今已过去二百年,我们可以仍说反清,但不可再说复明了。[1]

再到20世纪初年,孙中山同会党接触,更感到会党的反满思想也在消退,要去唤起他们的反满民族主义了。

天地会创始于康熙年间,其"反清复明"宗旨与之俱来,既有前后一致的口耳相传事迹,如"飞龙甲寅年,七月二十五日丑时生"[2]一类歌词;又有康熙时"凡异姓人但有歃血订盟焚表结拜弟兄者,照谋叛未行律"[3]处罪的条文为佐证。以这些记载结合时间、地点、条件来考察,从洪秀全到孙中山及陶成章在《浙案纪略》中所论述天地会的缘起,都主康熙说,断非无据。

天地会成为经常的秘密组织后,经过长期活动,年年岁岁结纳了大量不安定的社会人群。由于这些人群的生活境遇,对"复明"已无切身的感受,对反清也只是从被压迫的局部感受中得来,他们日益崇尚会党的"扶弱抑强""劫富济贫"一类侠义行为,以其能为自己、为贫弱争生存。所以,"患难与共""敛钱分用"的互援互助,成为会党弟兄的行为准则。天地会会规中的"十禁",主要就是有关互相援助的约章,其中说:"兄弟诉说穷乏而借贷者,不能拒绝,若侮辱之,或严拒之者,刖其两耳,再拒则再加重。"[4]广西会党中的"米饭主"为来投的穷人提供衣食和其他需要,而各人打劫强豪所得则归堂主支配,更典型地反映了经济上的互助要求。这绝不是偶发的现象,而是会党长期活动和发展的重要保证,如果没有这种经济上的广泛联系,单

---

[1] 中国近代史资料丛刊《太平天国》(6),第872页。
[2] 萧一山:《近代秘密社会史料》,卷首,第44页。
[3] 《大清律例》第23卷。
[4] 李子峰编著:《海底》,第207页。

凭政治上的"反清复明"愿望，天地会就很难持续达两百年而又有如此广阔的天地。这种经济生活尽管是畸形的，却吸引了千百万穷苦无告的人们，对近代中国社会有着深远的影响。以反清为目标的会党，在清朝被推翻后之所以仍然潜滋暗长，就是这种畸形的经济生活为其支撑。

二

会党日益变为游民阶层的集合体，在中国原有社会组织中构成另一个社会组织，发挥其特有的社会职能。

中国历史上在封建专制统治的行政系统之外，有两种社会组织配合封建体制起着管络社会、维系秩序的作用，这就是以血缘为纽带的家族组织和以工商业为基础的行会组织（在通都大邑中并多与同乡公所、会馆相结合）。两者均有浓厚的地区性，前者主要在农村，后者主要在城镇，并在各自的地区自然组合；两者都与社会经济紧密地联结，来源于手工业和商业的行会组织固然不用说，就是家族组织也是以一家一户的农业生产为基础的；两者又都是以自然经济为基础构成的城乡社会组织。由于中国社会内部的变化，会党的形成和发展，自乾隆、嘉庆以后越来越与家族、行会两种社会组织有鼎峙之势，成为一种特殊的社会组织，它不但不受封建行政系统的限制，也不受家族与行会组织的约束，可以称得上家族与行会组织之外的第三社会组织。

会党之所以称得上第三社会组织，因为它在中国封建社会后期的整体中已自成体系，可以说是社会中的社会。以天地会来说，它悬示的信念是：

吾人当以同生死誓于上天……仿桃园结义故事，约为兄弟，洪其姓,金兰其名,以合为一家。……拜天为父,地为母,日为兄,月为姊妹。[1]

以天地日月为其崇奉的象征,由此"约为兄弟",推及山泽海涯,既在伦理之中,又在伦理之外,比家族崇奉祖先、行会崇奉祖师爷,有更大的社会性。天地会相传始自五祖,即五房分赴各省行动,广结天下英豪,嗣后各立山水香堂,"○○山者,纪五祖也。○○堂者以五伦八德而为组也。○○○○名其香者,誓以天地日月共存也。○○○○名其水者,合四面八方而为一也"[2]。山堂的大头领称大元帅或总理,二头目称香主或二哥,三头目称白扇、三哥、先生,四头目称先锋,五头目称洪棍,一般会员称草鞋(这些称谓在不同支派中有变易)。这就为会党楔入中国社会规定了组合的形式。会党的信念与组合,表现了它的灵活性和广泛性,它不是一个单一的垂直组织,而是播种全国,各立山堂,横向发展,哪里有会党分子哪里就可以结伙成会,有多少山堂就有多少个头领、香主身份的人,恰如各个家族之有族长,各个行会之有行头。如果说桃源三结义、梁山泊百零八条好汉给会党提供了集结的模式,那么乾隆、嘉庆以后就到处在复制这种模式,全国不知有多少"三结义",有多少"百零八条好汉"!

会党既然是这样一种广泛的横向社会组织,它们用什么法子来维系各个山堂的秩序而不至败坏?它们的会规"三十六誓""二十一则""十禁""十刑""十条十款"等,有很大的约束力。这与家族之有族规、行会之有行规一样,且更严厉。"三十六誓"中规定,凡违者一经查出,动辄处以七十二棍、一百零八棍,重则"洗身"(处死)、"三刀

---

[1] 平山周:《中国秘密社会史》第2章,第45页。
[2] 李子峰编著:《海底》,第50页。

六眼"。最后一誓说:

  入洪门之后,洪家兄弟今晚当天盟誓,神佛共知,天地鉴察,自五祖开基起义,有此三十六誓为法律,须当顺听遵依,如不法之人,假心表诉,他日做出不仁不义之事者,死在万刀分尸,永不得超生八轮![1]

对于"反骨奸心"(叛徒)更视为大戒,在其流行歌词中,有"若然反骨忘盟誓,押出辕门去洗身"及"反骨奸心不容情"等句。按"反骨奸心"一词来自《三国演义》魏延有反骨说,后来太平天国沿用此词,称叛徒为"反骨妖人"。

  会党这个社会组织,当然与家族、行会组织又有其显著不同的地方。首先,它是秘密结社,与公开的家族、行会组织的合法性不一样,被封建统治者视为异己力量,早在康熙年间即已悬为禁令,后来禁除更严。作为社会组织,它有极大的特殊性。为了不暴露,会党分子互相使用隐语和暗号(有腰凭、手势、茶阵等)进行联络和传递信息。其次,它与正常的社会经济生活越来越脱轨,其成员大都是从农业、手工业分解或半分解出来,他们与士农工商四业有不同程度的联系,而在四业中不名任何一业即与农民相称的人也越来越少,因为会党繁衍于中国的自然经济体系将要和正在分解的过程中,它所接纳的是各种破产了的、为自然经济容纳不了的人群。再次,它打破了地区的界限,讲五湖四海,尚侠义,不分赵钱孙李,不分东西南北,歃血联盟,朋友加兄弟,一人有难,大家相帮,远不似家族与行会的狭隘。这些,又是会党之所以构成为又一社会组织的特征。当然,会党并不能真正摆脱家族、行会和地区等观念的束缚。会党中的家长式统治、帮伙

---

[1] 李子峰编著:《海底》,第205页。

行为仍具有普遍性,而各个地区各有山头的山头主义尤为突出。这是它出现于家族组织和行会组织同一社会经济体系中,不可能截然与之分离而成为互不相涉的社会组织。

但是,天地会标榜的"忠义堂前无大小,不贪富贵不欺贫",对会众乃至会外都有很大的感染力。尽管"忠义"仍取自儒家的伦理观,然而已不是士大夫口称的忠义,而是下层社会结伙联盟的精神支柱。"不贪富贵不欺贫",本是小生产者固有的平等观和道德心,对于破产了的人群更多一层切身的体验和要求,所以它比"反清复明"口号更富有社会魔力,然而它又是狡黠者笼络人们的智术。会党所具有的这种反抗性格,既是行会组织所少有,更是家族组织所不可企望,它是近代中国前后特有的社会组织反映的思想和行为特征。

当时的中国社会,儒家思想是主要的统治思想,释道思想亦渗入各阶层的生活领域中,不管何种社会组织,必然是接受和引用这些思想,这里所谈到的家族组织、行会组织和会党组织也概不例外。但接受的程度和引用的角度确有不同。会党除了汲取自己必需的儒家伦理观外,也援引释道的教义,为自己涂上宗教色彩,给人以神秘感。《西鲁序》述传少林寺一百二十八僧的遭际及与陈近南遇逢的故事,就是这样表现出来的。凡释家的西天佛祖、释迦如来、观音菩萨,和道家的皇天上帝、元始天尊、太上老君,都是天地会尊奉的偶像。但是,天地会并不太渲染释道的宗教迷信,常将膜拜的宗教偶像融化于一般社会意识内,由神道推向人事。如其"先锋问答"的《八仙歌》:

> 钟离宝扇自摇摇,拐李葫芦万里烧。
> 洞宾挂起空中剑,采和一手把篮挑。
> 张果老人知古道,湘子横吹一品箫。

国舅曹公双玉版,仙姑如意立浮桥。[1]

从这首歌词中,不难看出他们是在把不食人间烟火的"八仙"引向人间,并借各显神通的"八仙"以比喻会中英豪,使问者听了知其为会中人。所以,天地会不太借助《西游记》《封神演义》中那些神怪的魔力,较多的是以《三国演义》《水浒传》《说唐》中那些传奇人物、草泽英雄为模拟,这与后来的义和团不同。最为义和团欢迎的是一个筋斗十万八千里的孙悟空;天地会却不太喜欢这只摸不着、抓不住的猴子,看来天地会比义和团的幻想色彩少一些。这可能是义和团来源于宗教迷信深厚的白莲教的缘故,为了对付枪炮神速的帝国主义,也不能不仰仗神怪的威力。

以天地会为代表的会党势力,在悠久的岁月里,由反清的政治斗争结合畸形的经济生活,形成为一种特殊的社会组织,既是变态的又是现实的,既是游离的又是一体的,既分解着封建体制又无自己的新出路,它的存在与繁衍,明显地表现了进入近代前后中国社会面临的危机。我们应从那时中国社会变化的征候去认识它,也应从它的表象去观察那时的中国社会。

三

会党作为一种社会组织出现,除了它在政治上和经济生活中所展示的场景外,还有依存于中国社会整体的其他独特风貌。

天地会从拜会、联络、战斗以至"问答"等活动,都以通俗的诗歌表达其意态与要求,在它留下的文献中诗歌占的比重很大,汇集为丰富的民间文学。但与一般民间文学有别,它不是一般的咏叹自然景

---

[1] 萧一山:《近代秘密社会史料》第4卷,第17页。

物、民情风俗和男女爱慕之情,而多是带有应用性和宣传性的作品。孙中山说:

> 其口号暗语则以鄙俚粗俗之言以表之,此最足以使士大夫闻而生厌、远而避之者也。[1]

这只是就天地会的发展与上层社会不相谋而言。其实,民谣山歌本是中国民间的传统文艺活动,是人们最熟悉而喜闻乐见的形式,为了便于记忆和传诵,天地会自然地采用这种形式,作为他们串联和宣传的武器。

在天地会的诗歌库存中,不要说拜会、起义一类诗歌的应用性和宣传性强,就是反映会中的通常行为,也有其特殊意义。这里且以其《穿草鞋歌》为例:

> 一对草鞋巧样新,叮咛赐于(与)结义人;劝君莫踏清朝路,不染花街柳巷人。[2]

它不仅灌注了反清要求,而且还申述了会中戒条,借穿草鞋直陈其事,以晓谕会众。还有许多诗歌采用各种隐喻手法,使听者会通其意,获得宣传的效果。如《同袍歌》就是这样的范例,它说:"你穿红来我穿红,大家服色一般同;你穿黑来我穿黑,咱们都是一个色。"[3]这是以服饰的一色隐喻会众的一致性,不欲与清朝的衣冠混同。所有这些顺口溜式的诗歌,虽然应用性强,不太有感人的艺术魔力,其中还有不少是"鄙俚粗俗"的滥调,但它仍然反映了会党这种下层社会组织所含蓄的民间色彩和乡土风情。

且看《赐洪刀歌》那样的作品,就可归之于民俗篇。歌中说:"一

---

[1] 《孙中山选集》上卷,第171页。
[2] 罗尔纲:《天地会文献录》,第50页。
[3] 耘夫:《汉留全史》,第57页。

不斩猪,二不斩羊,赐与兄弟斩凤凰。有仁有义刀下过,无仁无义刀下亡。"[1]与此题旨相同的诗也说:"宝刀一出亮堂堂,不斩猪来不斩羊,自古留传到如今,香堂以内斩凤凰。"[2]天地会把鸡佳称为"凤凰",因为鸡是其盟誓中的信物。每当举行拜会仪式时,管事人立于神位前,手持利刃,登时斩一雄鸡宣道:"不忠不义,有如此鸡!"事实上,斩雄鸡以宣誓,斩鸡洒血以压邪,是民间流行的习俗,天地会更把它当作一项重典。在其诗歌中保存了不少类此的生动民俗资料。

"三点暗示革命宗,入我洪门莫通风。"洪门是秘密会党组织,最忌泄漏机密。在其文书和活动中,大量使用隐字、隐语以及手势、茶阵,借以沟通信息和识别会内外人。不仅其中有丰富的民俗内容,而且这些形式的本身也来自民俗。下面分别举例解说。

隐字,凡被认为有重要意义的字,或缺笔,或增笔,或联字,或代号,使外人看到也不明底细,如:"清"写作"洀",以示清无主;"青"写作"氰",避用清以示清气;"一片丹心"写作囗,以示对会对兄弟的忠诚;"天"写作"三十六","地"写作"七十二","会"写作"一百八",取义《水浒传》的三十六天罡、七十二地煞、一百零八个好汉。大多是表达洪门用意的拆字、创字。

隐语,凡日常生活名物皆有隐语,成千上万,并有闽粤等地区性隐语,不是历久活动其间的分子,很难尽晓。如:会中秘密书隐称海底、金不换,《海底》一书的名称源于此;外人隐称疯子、鹧鸪,劫财主谓之打鹧鸪;他如食粥隐称打浪,开门隐称亮扇子,镜子隐称对面子,袜子隐称臭筒,牛隐称老粗,马隐称高腿子,等等,无非是由政治和习

---

[1] 平山周:《中国秘密社会史》,第100页。
[2] 朱琳:《洪门志》,第150页。

俗形成的一套行话，以避他人耳目。

　　手势与茶阵，变化很多，非深谙此道者，不明究竟。《海底》《中国秘密社会史》等书中有图例解说。以手势代语言起源很早，使用甚广，会党制作的手势自成一体，据说比隐字、隐语效用还大，因它不用书写、不用发声，一举手得来的反应，便可观察出众人中谁是自家兄弟，立刻获得情谊和帮助。茶阵，以茶壶、茶杯（杯数不等）的摆势及盛茶盛水的盈虚为暗号，运用与手势相似，但必须在茶楼酒肆或具有这种条件的场所才能行使。会党分子大多是文盲和半文盲，更有赖于手势和茶阵来沟通关系，所以手势和茶阵是会党分子闯江湖的基本技能，有了它，他们便可走州踏府，到处为家。

　　有关隐字、隐语和手势、茶阵等暗号，原是社会生活中已有的零散行为，会党为了需要，历加制作和扩充，使这种秘密联络方式成为会党社会特有的生活行为，保障了会党的长期和广泛活动，并由会党推向社会各阶层，为通常的政治、经济生活的保密所借用，有的经过演化进入了文娱领域。但它并没有注入任何新的生活内容。我们知道，自鸦片战争后，由于旧日的文化格局容纳不了新的生活内容，出现了许多新字新词，语言文字中有了时代气息。可是会党的隐字隐语，尽管有不少创字变语，却很难找到有时代气息的语言例子，翻来翻去只是在自然经济生活的意识形态内翻筋斗、弄术数，有的且流为为非作歹的黑话。为什么这样？我们只有从那时的中国社会和会党的构成去寻找答案。

四

　　会党，在辛亥革命前后是作为民族主义的反满力量载入史册的；全国解放前后更强调了它作为农民战争的反封建作用，总之是历史上的一支反抗压迫、推动社会前进的积极力量。但这只是从政治上立论,没有深入分析它的社会构成和实际效果,即使从政治考察也不无片面性。

会党一开始就以"反清复明"为职志,不屈服于清朝的残暴统治,它的反抗是正义行为,这是一面;还有另一面,清朝经康熙帝的经营,开创了中国历史前此少有的统一局面,经济、文化都有所发展,如果仍固执大汉族主义的偏见,唯满是反,也未必是有利于整体的积极态度。"反清"是为"复明","复明"是"复汉",意味着要从现有的清朝封建统治回到旧有的明朝封建统治,明朝中期以后终年不视朝的昏庸皇帝并不比清朝皇帝好,政治上的腐败也是有过之而无不及,这就很难说"复明"是历史前进的步伐。不过,在清朝强化了的封建统治加异族压迫的情况下,要向上层进行反清活动已很危险,也不可能;转而把反清种子播撒于下层社会,结为会党,这些人有反抗压迫的本能,即使他们的反清并不是把清朝作为封建主义来反对,却正是这种潜在的阶级意识,在反对异族统治的同时,经常迸发出反抗压迫的行动,这是会党富有生命力得以长期活动之所在。

自道光年间会党进入后期,起义频繁,在太平天国运动期间更是风起云涌,对太平天国起了催生和配合的作用,但它四处发动,互不联系,始终没有形成为一支独立的、足以威胁清朝存在或可能取代清朝的力量,只是在太平天国的周围及远处发挥辅助和声援的战斗作用。而且与太平天国的关系,由于信仰上的差异,一直离合不定,这虽不全是天地会的过错,但投入李秀成部的天地会花旗军,由于它的构成复杂,反复无常,不仅没有加强太平军后期的战斗力,反而搅乱了太平军的阵脚。跟着石达开转战的天地会队伍也很涣散。确实,历久活动的会党,泥沙俱下,不少部分对原来的战斗目标早已模糊,基于找给养、求生存的需要,更有兴趣于打家劫舍了。

会党发轫于反抗异族统治,对外国资本主义侵略势力是愤恨的。1854年在广州附近一带起义的红巾军,曾照会英、美、法三国领事,斥责其侵略贸易和供给清政府军火"殊非正理"。之后,在一系列反洋教斗争中,哥老会也常居间策动,1891年长江流域的反洋教斗争,1898年四川余栋臣奋起打击教会势力,都是其著者。天地会以反清为主要目标,"仇洋"的反帝斗争是其在19世纪末年的行动。这些斗争的矛头限于教会势力,斗争是分散的、零星的,远不如以反帝为中心、唯洋是反的义和团。这不仅由于天地会的山堂分立、分散性强,也可能由于它已和海外有较多联系(与义和团比),对外国资本主义的反应要慎重些。

到了19世纪和20世纪之交,久已华洋杂处的中国,城市经济特别是大城市,畸形发展;农村在凋敝中吹来了都市之风,自然经济急剧解体,社会上的游离分子越积越多,恶习日增。他们无业可就,就了业也朝不保夕,投入会党以求一逞的人于是越来越众。会党势力随之膨胀起来,不仅有啸聚于长江各省天地会的最大支派哥老会,而且各省还有其他种种名目的支派,支派中又有支派。以浙江而论,就有终南会、龙华会、白布会、伏虎会、平阳党、私贩党(青帮)以及关帝、玉泉、古城等会和乌带、红旗、黑旗、白旗等党。据记载,清末全国有两百多个名目的会党,"每省不下二十余万人"。20世纪初年城乡发动的各种群众斗争,如抗租抗粮、反对捐税、反对迫害、反对"新政"、反对教会、反对摊派公款、抢米风潮、罢工罢市以至民间械斗,无不有会党力量渗入,有些还是会党径自发动的。可以说这时的城乡斗争,没有会党势力的参与是成不了气候的。这类斗争,有似波涛起伏,层出不穷,极大地动摇了清朝的统治秩序,但大多是遇事而发,事败而止,既无统一的旗号,也无适时的战斗纲领,摆不脱流寇主义和盗匪习气,反封建的意义仍然有限。统观会党的各类斗争,只有在它参加了资产阶级革命派的行动,并渐知"非有新思想的人不能成大事",从而向往孙中山,才走出了自己原来的天地,真正成为反封建的力量。

在中国的资产阶级革命中,会党率先成为资产阶级革命派的武装,屡起屡战,为推翻清朝的封建专制统治和建立民主共和国立了功,这是天地会两百余年来奋战的有效战果。但是会党就是在辛亥革命时也不是有纪律的钤束之师,游勇游民的野性并没有在革命中得到改变。1908年革命党人已说"会党首领难用,与其众之乌合不足恃"(胡汉民语)。试观湖南光复之日,焦达峰当了都督,会党涌入长沙,成为"洪家天下",其势汹汹,并不为老百姓所欢迎。其他如陕西等省,会党的攘权夺利,也是令人惋惜的。会党由打倒清朝的积极力量很快变为革命队伍内部的隐患。1912年5月,孙中山在一次演说中指出:

    洪门所以设会之故,系复国仇,……惟现下汉族已复,则当改其立会之方针,将仇视鞑虏政府之心,化而为助我民国政府之力。[1]

这是对会党的忠告,要他们服从革命利益。在江西都督李烈钧的文告中,并说近者孙大总统明言会党不同于政党,已通令解散(见下引李烈钧文告)。证明原先联络会党势力以反清的孙中山,此时迅即看到了会党落后于时代和暴露出来的阴暗面。

过去,我们一直责怪资产阶级革命派只知利用会党,有了政权就抛弃他们,而不是去团结教育他们。这种责怪并没有错,但只是事情的一面。如从会党一面来看,他们那种横眉竖眼、两肋插刀的积习,

---

[1]《孙中山全集》第2卷,第358页。

一派江湖气概,没有镇压的手段,你能驾驭和改造得了吗?江西举义不到一个月,四易都督,直到李烈钧自安徽领兵至南昌就都督职后,对会党分子采取断然措施,江西的局势才稳定下来。我们不妨读一读李烈钧当时发布的"辟以止辟"宣言:

> 照得为政,首在安民示内,端先除暴。乃者朱逆(会党头目朱汉涛)为殃,已经枪毙,余贼谋乱,尚在严拿。凡所以破坏治安,扰乱秩序者,无不立予重罚。治乱国用重典,实本都督辟以止辟的苦心,非故为激烈,以骇听闻也。省会现虽稍静,而各府县之劫抢掠夺,时有所闻,究其祸根,皆洪江会、三点会、自强会、连合会、哥老会诸会匪之私集党徒,扰害治安所致。各会起原,虽因对待满清而设,兹既复我汉家疆土,还我汉人主权,各会目的已达,自应取消会名,各谋生业,共进文明。况洪江、三点诸匪,其宗旨在于敛钱,其结果足以乱国。近者孙大总统命令,除有政党之性质者,可自由集合外,其余各会党一律解散。三点、洪江诸名,已无存在之资格。本都督视事以来,解散会党之布告,何止三令五申,诚如言之谆谆,彼乃听之藐藐。近日抢劫掠夺之案,无不有洪江等匪混迹其中。风闻吉安、赣州、南安等处,前有私开山堂,饮血斩香等事;近则愈变愈奇,以收录门徒为名,每人束修洋边数十元、数百元,以至千元不等,拜门者既费去多金,势必取偿于乡里,肆行无忌,劫掠讹索,聚赌抽头,种种不法,无所不为,言之实堪痛恨,若不认真剿办,何以安地方而维秩序。……[1]

这篇宣言所说的事实,绝非江西所仅有,可见辛亥革命在取得推翻清朝的胜利之后,对内如何处理会党是一个很严峻的问题。李烈钧除了在解散会党时没有给予适当安排和指明出路是政策上的错误外,其

---

[1]《江西民报》民国元年5月24、26日,转引自杜德风:《怎样看待李烈钧镇压江西会党》,载《江西社会科学》1982年第2期。

他言之凿凿,采取的措施未可厚非。后来在1913年的反袁战争(第二次革命)中,江西比较坚强,与李烈钧净化境内的这种做法不无关系。

由于会党本身所具有的破坏性,前此是破坏清朝,可以与革命者结合,共同打击封建统治者;革命后,对于盘根错节、破坏成性的会党组织,予以解散,是势所必然。但是绳之以法的同时,应有安抚和教养的措施,化消极为积极。惜乎当时草创的革命政权,面临乱丝一团的局势,来不及从容部署,只好采取"辟以止辟"的办法。

在中国近代社会的新陈代谢中,会党到底扮演了一个什么角色?就以上论述的事实来观察,在辛亥革命前进行的许多斗争,它有反抗强暴的勇气和打击力,促进了应该死亡的东西死亡,立下了汗马功劳。但它不是新的生产关系的体现者,而且游离于生产之外,它破旧而不能立新,即在它同清朝统治者搏斗的年代里,冒险犯难,也没有跳出陈旧习俗和邪恶观念的包围。这里且举陈旧习俗包围的一例。四川舵把子佘竟成算是一条好汉,与革命派联合后,坚持反清革命。1909年12月起义攻打嘉定,不胜,他患症疾,由伙伴两人架着潜逃,来到了川滇边境的豆沙关附近,因关吏和清兵把守关卡,不得通过,且被清兵发觉,佘竟成又力疾逃命,幸山深林密,走了一程,甩开了追兵。待三人席地喘息时,一打听,那里叫断蛇坡。佘一闻这个地名,脸色顿变。原来会党的忌讳很多,佘与蛇同音,以为命中注定这里就是他的死所,再逃也无用,竟束手就擒。这种荒诞信念是愚昧造成的,愚昧常常会带来破坏,破坏社会,也破坏自己。由于辛亥革命的挫折,会党问题没有得到合理的解决,在其抗击对象(清朝)消失后,就更多地显出了邪恶的一面。所以,会党组织的末流,藏垢纳污,变为黑社会,给中国的政治、社会生活留下了沉重的负担。1926年,毛泽东在《湖南农民运动考察报告》中不得不严肃地指出其劣根性:

会党加入了农会,在农会里公开地合法地称英雄,吐怨气,"山、堂、香、水"的秘密组织,没有存在的必要了。

在后来的革命洪流中,会党分子虽然也间有见义勇为的行动,但主要的大量的是对中国社会的腐蚀和破坏。

会党,早已作为反动、消极势力被清除了,由其源远流长,触须所及,至今还时有它的阴影在晃动。我们需要研究它,从中国封建社会后期的演变去研究它,摸清它之所以形成为特殊的社会组织。同时,我们要认识中国社会特别是近代中国社会的复杂性,解剖会党是很重要的一环。甚至可以这样说:不懂会党,就不会懂得进入近代前后的中国社会,或不能全面地懂得这个社会。

会党与中国革命[1]

前不久,史学会来了位朋友说,明年要提倡研究现代史,我说这很好,现代史的研究需要加强。比如,会党史的研究,辛亥革命前研究得多一些,辛亥革命后的研究就显得单薄些。我今天的发言,就谈谈这方面的想法。

会党在民国初年新旧转变阶段中的活动状况

过去我们认为,会党的活动在辛亥革命前后和民国初年,情况相差无几。现在看来,这值得探讨。辛亥革命前后,实际上是新旧时代转换的时期,而新旧时代转换时期是社会上游离分子大肆活动的时期。我有一个想法,天气转暖的春季是各种细菌大量繁殖的时候,会党就是这样。辛亥革命后,会党的人数大大增加,活动范围也大大扩展。这是为什么呢?从政治上说,清朝时候还有一个统一的政府,对会党活动有所限制;辛亥革命以后,资产阶级革命派虽然对会党进行了一些镇压,总的是没有什么限制。尤其是当时一些地方搞自治,会

---

[1] 原载《陈旭麓文存》,上海人民出版社1990年版。

党组织就趁这个机会,借用这个名目进行活动。所以,辛亥革命以后,会党名目之多,是会党史上罕见的。

辛亥革命后,会党活动范围广的另一个原因是,当时国内的工商业有了发展,水陆码头也增加了,交通的便利,也促使了会党的发展。据我了解,当时水陆码头的一些装卸工人、挑夫都加入过会党组织。由此,我想提出个问题,辛亥革命后,会党为什么会在中国各个地区发展得这么快?有的同志说,辛亥革命后,人口增加,社会经济不发达,促使了社会游离分子的增加。我没有数据论证,仅根据社会现象来理解这个问题,对不对,请同志们指正。

会党自辛亥革命后更多地向消极方面演变

我们过去讲海派文化有良性和恶性,我以为,会党也同样存在着良性和恶性两个方面。辛亥革命后,会党的恶性大大地膨胀了。这种情况是非常多的。辛亥革命前,会党组织与土匪有勾结,辛亥革命后,这种勾结就更大、更多,有时到了会匪难分的地步。他们有些是零散的,有些是经常的。另外,会党又与道会门相勾结,解放后的一贯道道徒中,有些人就是双重身份,既是会党成员又是一贯道的道徒。

本来我们讲,会党有它良性的一面,但是辛亥革命以后,由于会党与匪、与道会门相勾结,你中有我、我中有你,交叉在一起,尔后又与反动军阀相勾结,它的恶性就日趋明显。辛亥革命前,湘军里的哥老会,他们的头头与军队的头头勾结不多。但是,辛亥革命后,民国初年时,军事长官有的直接入会,有的参与会党活动,还是大有人在的,例如四川的范绍增、上海的蒋介石。刚才还有同志问我,张澜先生是不是会党的头头,与会党有没有关系?我不清楚,但据我了解,张澜与哥老会是有过联系的。

总之,会党在辛亥革命前,在中国近代史上曾起了一些积极的作用;而辛亥革命后,则消极了。有些地方,凡办戏院、茶楼、旅馆、妓院,没有会党头目为之撑腰,或是和他们合伙,就办不下去。这个现象从表面上来看,商业得到了发展,似乎是积极的,但实际上是不正常的现象。要说它的消极方面还有许多,总的趋势:会党至辛亥革命后是向消极方向发展的。

我们党对会党的利用、改造和镇压政策

中国共产党成立后,我们党对会党的政策,我看可以用六个字来概括,这就是:利用、改造、镇压。而原则上是利用和改造,最后才镇压。因为有些会党组织对社会的破坏实在太大,不镇压解决不了问题。但是中国共产党的高明之处,就是除了镇压之外,还有个利用和改造,而重点放在改造上。这当然是从前面积累的历史经验中得出来的。下面我就具体地讲几点中国共产党与会党的关系。

(一)中国共产党在组织工人运动时,首先遇到的一个问题就是会党。因为当时许多工人参加了会党组织,这不能不引起许多从事工人运动的我党领导人的重视。他们做了大量的工作,这里我不想举太多的例子。另外,我们过去研究工运史的同志都这样认为,中国的工人阶级与农民阶级有一种天然结合的优点,他们之间关系之密切,在世界上是少见的。但现在来看,我认为这种天然结合,既有优点也有缺点。因为我们工人身上还保留了很多农民小生产者的意识和生活行为。这就是说,会党意识在我们工人阶级队伍中或多或少地存在着。实际上,工人的许多意识,总离不开小农思想。

就拿我们党来说,进行革命斗争,从城市到农村搞游击队,就有

山头之分,而山头之分,实则就是会党的影子。我们大家都熟悉毛泽东同志在井冈山建立革命根据地,当时在井冈山上占山为王的王佐、袁文才不仅是土匪,也是哥老会的成员,典型的会匪结合的人物。但是经过改造、教育,他们起来革命了。其他在陕、湘、鄂、豫有个红枪会的组织,党中央特地发过文件,要团结、改造红枪会。抗日战争时期,又发了两个文件,要求当地党组织,改造利用会党,为抗战服务。从这一点上来说,辛亥革命之后,会党还有积极的一面。他们对国家、对民族还有正义感。这类正义感即便在今天,也并未完全丧失其积极意义。

(二)我们的社会是小生产的汪洋大海。会党赖以生存的社会环境也在于此。我们在利用和改造会党,会党也在利用和改造我们。有些东西潜移默化,我们还不清楚。就拿解放后我们常说的一句话,朴素的阶级感情,水泊梁山上的黑旋风李逵对宋江忠心耿耿,感情可以说朴素到家了。而我们却提倡朴素的阶级感情,使许多人变成了李逵式的人物,这就不可取了。因为这种感情里带着浓厚的小生产气息,是愚昧的、盲从的。会党之所以能卷进一批人加入,就依靠这根纽带。

普通群众是这样,我们有些领袖人物的身上也存在。据我接触的一些材料,我们党在地下活动中搞得出色的,也有许多是利用会党中的力量或活动形式。当时我们吸收过来的时候是好的,但不去改造它就有害。就拿我们目前的经济改革来说,讲了多年的要破除大锅饭,为什么破除不了?我看这大锅饭有渊源,它很可能就与会党中的"有饭大家同吃,有难大家同当"有关吧。

(三)根治会党积习,促进社会长治久安。刚刚我讲了改造与反改造的问题,我觉得,在深化改革的今天,认真吸取历史教训,根除包括江湖义气和意识在内的会党势力赖以生存滋长的温床,是会党史研究的重要课题。今天我们所处的时代,也可以说是新旧交替的时代。据我所知,目前有些地区会党组织又死灰复燃,这不能不引起我们的重视。这说明,我们虽然把上层的封建主义的东西打碎了,但小农经济的基础仍然盘根错节,根深蒂固。正因为这样,我们会党史的研究要深入,必须把反封建这面大旗更高地举起,只有根治了这个顽疾,会党才不会死灰复燃,我们的社会才能长治久安,社会主义"四化"建设才能顺利进行。

军阀与近代中国社会[1]

我们过去对北洋军阀史或多或少有些了解,对西南军阀史就接触得少。这次参加西南军阀史讨论会,大开眼界。这里想就军阀与中国近代社会的关系,谈点个人想法,请同志们批评指教。

一、近代军阀的演变过程

近代军阀的上限从什么时候开始,下限到什么时候结束?我的想法是,军阀与近代中国社会相始终,是与从鸦片战争后到1949年全国解放这一百多年的历史相始终的。近代军阀的演变过程,大体上可分四个阶段。

第一个阶段是酝酿准备阶段。这主要指通常说的曾国藩的湘军和李鸿章的淮军。曾和李算不算军阀?我的理解,所谓军阀,最基本的有两条:一是有枪,二是有地盘。首先,军队、武装是国家的统治工具,而且是重要的统治工具,是属于国家的。把武装、把军队变为

---

[1] 这是作者在贵阳西南军阀史研究会第二次学术讨论会(1982年8月)上的发言,载《西南军阀史研究丛刊》第2辑,贵州人民出版社1983年6月版。

个人所有,是构成军阀的一个前提。其次,军阀必然要有地盘,形成封建割据。没有无地盘的军阀。当然,近代军阀还有其他特点。我这里不是下定义,但要成为军阀,首先是有这么两个前提。

如果拿这两条来衡量,曾国藩的湘军和李鸿章的淮军就不是完全意义的军阀武装。湘军也好,淮军也好,先是曾国藩和李鸿章搞起来的,过去很强调是他们的私人军队。但他们这个军队和后来的军阀武装不完全一样,还得听命于清朝政府。曾国藩把太平天国镇压下去后,自己主动解散了大部分湘军,军阀都是视军队如命的。他这个军队有一点像他个人所有,但不完全。他们有没有地盘呢?似乎有,但也不是真正有。李鸿章做了多年的直隶总督,两江总督多由湘军将领担任,左宗棠好像以福建为地盘,但这些地盘不同于后来军阀的地盘,清政府还是可以随时调动的。我的理解是,湘军与淮军只能说是近代军阀武装的酝酿,曾国藩与李鸿章不是完全意义的军阀,有些军阀的迹象罢了。这些人只是作为开始意义的军阀来谈,所以我称为近代军阀的酝酿阶段。这不是我们这次会议讨论的重点。我们写西南军阀史,完全可以不追溯到那个时期。

第二个阶段是军阀的形成阶段。这就是从 1895 年袁世凯小站练兵开始,到辛亥革命时期。袁世凯小站练兵后建立的北洋军,还不能说是袁世凯的私人军队。因为在有个时候,清政府把他的军权削弱了,还撤了他的职,把他赶回河南老家。但到了武昌起义的时候,北洋军清政府指挥不灵,指挥不动,非袁世凯出来不可。这个时候,北洋军才表现为袁世凯所有。后来军阀的主要力量北洋军阀,就是以此为基础形成的。这是一个方面。

另外一个方面,武昌起义后各省独立,各省光复,各省响应,出现了许多都督。黎元洪是第一个都督,然后各省都有都督,自己出来独立起义。前一时期我初步理了一下,从武昌起义到南京临时政府成立,各地先后称都督的有一百几十个,有的一省有好几个,这些都督当时是反对清朝政府的。由于辛亥革命中同盟会的领导比较薄弱,这些都督在南京临时政府成立时,不那么完全接受命令,表现出一种半独立的性质。他们中有的人后来还是站在革命行列的,但也有一些后来转化为军阀。这些力量为什么会转化?因为旧的统一破坏了,新的统一又没有建立起来。所以,在辛亥前后袁世凯的北洋军和武昌起义后的某些都督,形成了后来割据混战的军阀力量。这种历史现象,是辛亥革命缺乏一个强有力的领导而造成的。革命家孙中山先生很痛心这种局势。关于军阀割据局面形成的更深刻的社会经济原因,我们后面还要谈到。

第三个阶段是军阀割据混战阶段,也就是我们所讲的军阀的一个典型时期,这个阶段从护国战争到1927年。在袁世凯没做皇帝、没有塌台前,还维持着一个统一的形势。已经存在的各股军阀力量之间的纷争,还没有完全暴露出来。护国战争把袁世凯拉下马,原来那种表面的统一破坏了、破灭了、覆灭了。护国战争要推翻袁世凯,但它没有一个统一的力量来取而代之。维持统治形式的北洋军阀,这时已处于分崩离析。这样一来,就出现了主要是北洋军阀和西南军阀两大体系,但各自内部也不统一。北洋军阀在袁世凯死后出了几大派,有皖系、直系、奉系。西南有个军务院,好像是个共同体,但这个共同体也是虚假的,内部有蜀军、黔军、滇军等。军阀割据混战,就是在这种混乱的局势下出现的。

在清朝政府的统一形势被推翻以后,孙中山的南京临时政府曾经好像可以统一,但没有成功。袁世凯如果不做皇帝,他不一定下马,一做皇帝就不能维持那个统一的形势了。过去酝酿、准备、形成的军阀势力,在旧的统一形势破灭以后,新的统一没有建立之前,随着护国战争而出现了割据混战。这是一个历史的悲剧。这种现象也不是中国近现代才有,过去也有过。三国时,东汉的旧的统一破坏了,新的司马炎的西晋的统一没有出现之前,就是军阀混战。唐末的藩镇之乱,就是军阀割据。北宋没统一之前,也是混战的局势。从中国历史上看,军阀割据混战往往出现于前一个统一破坏之后,但这种割据也是下一个统一的准备。这个阶段,是近代史上一个最乱最糟的时期,或者叫作军阀的全盛时代。

第四个阶段就是军阀的消亡阶段,是从 1927 年到 1949 年。在此期间,与军阀混战相比,蒋介石这个大军阀形成一个表面统一的政权。但蒋介石的军事独裁的统一,直到最后他本人逃出大陆时也未完成。他想把全国控制在他手里,经历了三个过程。第一个过程从 1927 年开始,在新军阀的几次混战中,如蒋桂战争、蒋冯阎战争等,他把一些军阀吃掉了。第二个过程是在我们红军北上抗日,经过西南时,蒋介石趁机吞并一些军阀。如贵州,就是 1935 年才落入他手的。他把其他军阀慢慢抓在手,这是一个过程。第三个过程是在抗日战争时期,抗战前夕他把广东的陈济棠打翻了,四川、云南在抗战期间也纳入他的势力范围。但广西并未完全纳入他的力量之中。一直到他被赶出大陆,没有把所有军阀都掌握在手。所以,近代史上的军阀是中国共产党领导全国人民连同蒋介石的统治一同消灭的。从全国范围来讲,军阀的消亡不是以前,而是在 1949 年。

所以说,近代军阀是和近百年的半殖民地半封建社会相始终的。而军阀本身也有个新陈代谢的过程,新军阀代替了旧军阀。随着整个近代社会的新陈代谢,军阀最后完全退出了历史舞台。

二、西南军阀和北洋军阀之区别

孙中山先生在护法运动失败后,曾经说南与北的军阀是一丘之貉。这话是从军阀本质来讲的。当然,孙中山先生上了西南军阀的当,受了骗,他很气愤。南和北的军阀有没有差异呢?我说应该是有所差异的。差异可以从各个方面理解,我了解的有这么几点。

第一点,北洋军阀始终操纵北京政府,打着统一的旗号,有点挟天子以令诸侯的样子,是掌握中央政权的。北洋军阀的内部斗争就是争夺中央政权,它当时是军阀中占主导地位的。西南军阀相对来说是地区的。西南曾经想搞一个联合的形式,但并未成功,始终是地区性的。从军阀的地位来说,它是从属的,形成的年代也晚一些。

第二点,西南军阀大多与武昌起义和二次革命有些关系,参加了这些活动,而北洋军阀一开始就是镇压革命运动的。这个差异与当时中国历史发展的诸因素有关。从中国近代社会历史来讲,新兴力量都首先从南方开始。以前不讲,就从辛亥革命来讲,黄花岗起义也好,武昌起义也好,四川保路运动也好,都是在南方。最后来个南北议和。到二次革命,反袁势力主要在江西、江苏等地,也是南方。护国战争还是以南为基础,从南方发动的。这和我们解放战争时期相反,那时大军南下,解放全中国。而在当时,新的生产力量、革命力量都从南方兴起,然后向北方推进。西南军阀同南方的革命势力有这样那样的关系。孙中山为什么受骗?因为原来都有些历史关系的。因此,西南军阀有时候和北洋军阀勾结,互相依存,投靠北洋军阀,有时候也与之对立。

第三点,南北军阀对近代社会的破坏在本质上是一样的,但由于他们所处的地位不一样,因而在对帝国主义的关系上,就不完全一样。北洋军阀代表国家,掌握中央政府,可以与帝国主义订立卖国条约,借款。段祺瑞向日本帝国主义借那么多钱,如"西原借款";南方军阀就借不到。卖国也要有资本。从这一点来讲,西南军阀的罪恶也就少一点。现在看来,贵州军阀和帝国主义的直接关系似乎不太明显,主要是买军火。云南的唐继尧与帝国主义还有点关系,请了日本教官之类。四川军阀与帝国主义也找不到太多的关系,但军火买了许多,替帝国主义销售了大批军火。可能有些情况我们尚未掌握。

还可以从其他方面去找到一些不同点。至于军阀个人又有些不同。过去我们只谈共性,不谈区别,罪恶大小也应有所区别。不仅北洋军阀与西南军阀有所差别,北洋军阀内部的各派系,西南军阀中的滇、黔、蜀军、湖南军阀也应区别。北洋军阀三大系中,皖系是日本帝国主义的走狗,这是千真万确的、证据确凿的。奉系张作霖与日本的关系也是这样。历来讲直系和英美帝国主义的关系,这一点,蛛丝马迹是有的,英美帝国主义是支持直系的,但没皖系与日本帝国主义那么密切。拿吴佩孚来说,吴佩孚不入租界。清末有个顽固派大学士徐桐,家住北京,他看见洋楼要避道而走,觉得可耻。吴佩孚不入租界还不是徐桐那样的顽固性。徐桐纯粹是顽固,不是爱国。吴佩孚后来住在北京,北京沦陷后,他不愿出来为日本帝国主义做事。西南军阀中,广东陈炯明与英国有直接联系;湖南的赵恒惕与北洋军阀勾得很紧;四川的刘存厚也依靠北洋军阀,但与帝国主义的具体勾结也是较少的。每个地区的军阀都有所不同。总的说,军阀是帝国主义的走狗,但各种情况不完全一样,所以说有差异。

三、军阀割据混战局面的形成原因

这种军阀割据混战的局面,在世界各国是罕见的,可以说是中国独有的。为什么出现这个情况？毛主席过去讲了两条：一是分散的小农经济，一是帝国主义的分裂剥削政策、分而治之的政策。这两条哪一条为主呢？前面一条为主。近代的买办阶级完全是帝国主义侵略中国以后的产物，军阀则是原来在中国封建社会就有土壤的，帝国主义的分裂和剥削政策加深了、助长了军阀的割据和混战。

鸦片战争以后，中国社会自给自足的自然经济有所分解，但强有力的统一的民族市场没有形成，分散的农业经济还是占优势。这是军阀割据的重要的社会基础。过去讲鸦片战争后自然经济如何如何分解，有些夸张，实际上自给自足的自然经济的分解是一个长期的缓慢过程。鸦片战争后十年二十年，只是很少数地区有所分解，广大地区没动。一直到抗战，我们在湖南乡下、四川乡下，还不是男耕女织？我们穿的衣服许多是家里织的土布嘛！分散的小农经济、自给自足的自然经济很顽强。顽强有个好处，有阻挡外国商品倾销的作用，但也保留了落后的东西，阻碍了自己前进。广西《刘三姐》戏里，刘三姐和阿牛为逃避地主恶霸的迫害，想找一片安静土地，你种地，我织布，过无忧无虑的美好生活，要的仍是自给自足。安徽黄梅戏《天仙配》，仙姑下凡了，也还是要找一片乐土，去种地织布，过人间日子，所要求所满足的仍是这些。小农经济在中国是很顽强的东西，破坏得很缓慢。

统一的民族市场经济不发展，地区与地区之间联系不很紧密，交通不发达，各地区可以自给自足。这种区域性的经济在四川表现得很充分。为什么四川军阀那么厉害？这一点很有关系。关起门来什么都有。贵州、云南的军阀拿鸦片烟换大炮回来，四川军阀自己有兵工厂。这是有利于割据的。那天林超同志讲到，我们红色割据也利用这个。从整个社会经济发展来讲，这是个落后状况。

另一方面，农业社会生产不发达，农业人口特别多。人口数字增加最主要是在乾隆末年到鸦片战争前，有三亿多，这是一个很大的基数。我们今天人口上十亿，清代以前总是几千万，一亿也很少。康熙年间休养生息以后，到乾隆末年三亿多，鸦片战争时期四亿多一点。以后到抗战时一直说四万万同胞，四万万同胞讲了100年。因为战争、灾荒，死亡率很高。生产不发达，人往哪里去呢？当然有一部分做了产业后备军，不多；有些沦为盗匪；还有的出路就在当兵。军阀一树旗杆子，城乡几万人可以集中起来。四川的军阀为什么一下子就是几万人、十万人、十几万人？农业人口没有出路是个重要原因。贵州军阀小一些，师把人、两师人、万多人，就很大了。谁的军队多，谁的势力就大。这个自给自足的农业社会，不但经济上落后，军阀的兵源也来自这种经济形态。可以想象一下，如果1949年没解放，今天十亿人口不知有几亿就是军阀的兵源，给军阀去当炮灰。没有旁的出路呀，生产不发展嘛。这造成社会动乱，社会不安定，也就是军阀混战的一个基础。军阀所以割据，主要与分散的农业经济，生产不发展有关。做土匪也可以一下子拉起很多人。人口和社会发展有个适度的问题。本来人多力量大，推动社会发展，但突破了度，超过了负担，就会变成破坏因素。

一百多年来，几次要搞工业、搞生产都是失败的。洋务运动算一次。那时日本明治维新，上去了，叫作近代化。洋务运动也要搞近代化，但失败了，为什么失败这里不谈了。后来辛亥革命把清朝政府推翻，孙中山、黄兴、宋教仁这些人想搞生产建设，的确也出现了搞铁路、搞工业的气氛，孙中山就要建20万公里铁路嘛。但是辛亥革命并未建立一个可以发展生产的政治环境，所以他们的愿望也落空了。要根除军阀，还得消灭军阀赖以生存的社会基础，改造这个社会基础,改变过去小农经济遗留下来的落后状态。我们这些年大量地做了这个工作。

四、军阀所反映的近代社会的复杂关系

现在来看,军阀头头有几种社会出身:

一种是清代的武官。清灭亡后,这些人物强有力,演变为近代军阀。他们做军阀是熟路,是便道。

第二种是行伍出身。如冯玉祥就是这样,当然还有一些。

第三种是受过新式军事教育的。军事学校过去的中国没有,19世纪下半叶至20世纪初才有。这些人有的是国内军事学校毕业,有的是日本士官学校毕业。他们接受近代军事知识,受近代军事训练,不是拿关云长的青龙偃月刀,是使用近代武器,指挥近代军队的。

还有一种是土匪头子出身。张作霖就是东北的红胡子,后来是大军阀。广西的陆荣廷就是绿林好汉。各地小军阀出身于土匪就更多。

五光十色的军阀头头的出身,是中国社会才有的,是奇观,五彩缤纷。这是近代中国社会新陈代谢极其复杂的过程的反映。我有了枪,我有了地盘,我就是头,我就有地位,我就有势力。这种现象在世界各国的近代社会是没有的。

这些头头的信条是什么呢?他们的指导思想是什么呢?他们的信条是有枪就有势,枪多势大,兵多势大,这是他们真正的信条。他们有没有像样的意识形态方面的东西呢,是不是抓意识形态呢?也是各种各样的。这些人很多是尊孔读经的,确实如此,从袁世凯到蒋介石的新生活运动,到陈济棠,到湖南的何键。张宗昌字不识几个,也搞。这是很重要的一个封建标志。他找不到旁的东西。还有一

条,他们这些人还搞扶乩迷信,有时拿来作为打仗的指导。四川的刘湘,有个刘神仙作军师,湖南的何键有个段道人,仗怎么打,要去问他们。陈济棠打仗也要扶乩。有个笑话,洪秀全埋祖坟的地方,风水先生看了,说洪秀全所以没有成功,没做成皇帝,是他的祖坟歪了,本来这个地方要出皇帝的。陈济棠就想方设法要把洪秀全的祖坟刨掉,把自己的父母埋到那里去。1935年、1936年,他借抗日名义,要问鼎中原,反蒋介石,当时找了个扶乩的,得了四个字,叫作"机不可失"。这不是笑话,不是闲话,是真事。陈济棠认为这是个好机会,他有好几十架飞机呀,就去反蒋。蒋介石有的是钱,收买了他底下的人,把他的飞机也收买过来。后来有人问扶乩的,说你这个讲得不对嘛,陈济棠失败了嘛。扶乩的说,你们误会我的意思了,我说"机不可失",是说那些飞机不好失掉啊。他就这样去指挥打仗。他们还算是受过近代军事教育的,就是这种意识形态,我们今天看来是笑话,他们觉得那是真理。

当然,他们也还有一种意识形态,接受一点资产阶级的东西,拿这个东西做个花招。曹锟他要做大总统,不只是直接靠枪杆子,他要搞贿选宪法,出5 000块钱,你投我一张选票,用资产阶级民主立法的花招,选他为总统。湖南的赵恒惕,因为南北军阀都要搞到湖南来,他提出个口号,叫作"以湘治湘",后来是"联省自治",要搞地方宪法,模仿美国各州联合的制度。搞的也是资产阶级招牌。"联省自治"一打出来,刘湘马上呼应,说我赞成。刘湘为什么要支持呢?他是在说,你们不要搞到我四川来。小军阀有小军阀的办法。大军阀说我要统一,小军阀说我要自治,资产阶级的东西变成了军阀割据的玩意。

军阀头头的各种来源和他们的意识形态,确实是五花八门的,这是中国近代社会的万花筒,无奇不有。军阀身上所表现出来的复杂的社会历史现象,是中国近代社会新旧两种因素互相交织而又矛盾冲突的产物。

五、 军阀代表人物的认识

我们60岁以上的人,都是在军阀统治下过来的,对军阀的罪恶勾当感受很深。近代军阀对中国社会造成无数罪恶,带来的破坏极为严重,但是不是说所有军阀就无所区别了呢?我们说军阀是帝国主义的走狗,确实是如此,但也不是每个人都如此,其中也可以说有爱国的军阀。这个词大胆一点,不过也可以说。左宗棠也算个开始意义的军阀吧,他镇压太平天国。但他到新疆去,新疆当时没有左宗棠去,以后就很麻烦。那时李鸿章反对。左宗棠70岁了,抬着棺材出兵,"舆榇出师",把外国侵略势力赶出去。后来有些军阀不完全屈服于帝国主义,有时是出于自己的利益。但新疆和左宗棠没多大关系呀,他是个湖南人,新疆和湖南相隔十万八千里。左宗棠如果是个军阀的话,就是个爱国的军阀。

冯玉祥是不是军阀呢?就军阀的特征来衡量,不能说不是。冯玉祥爱不爱国呢?冯玉祥就是爱国。他的察绥同盟军抗战还是蛮艰苦的。我看他是个爱国的军阀。他在大革命后跟着蒋介石跑,屠杀人民,是罪过,但爱国还是好的。这里说的爱国,是指还有一点民族观念,没有丧失民族气节。或许有人说军阀与爱国是不是矛盾?矛盾就让它矛盾,事物就是在矛盾中发展的。

有些来自军阀营垒里的人,大半辈子走错了路,但晚节可风。傅作义先生是不是军阀呢?不过他是军阀中的好人,做军阀是认真的,后来投到人民怀抱也是认真的。他晚节可风,交出一个北京。李宗仁是不是晚节可风？也是的。人到晚年，晚节很值得注意。其他有些人是罪恶的一生，但晚年做了一点好事，晚节可风。当然罪恶不能抹杀，但晚节可风这一点还是值得尊重的。不能说军阀中没有晚节可风的，也有晚节好的。过去讲"放下屠刀，立地成佛"，在某一个意义可以这么说。

除此以外，也有军阀在家乡或许也做了一鳞半爪好事，在文化、生产方面做了一点事情。如果对生产有利，对文化教育有利，也可以记上一笔。当然也不是说做了一两件好事，就可以掩盖坏事；但如果做了好事，也应实事求是地记上一笔，对历史有个严肃的态度。

我上面举的例子，是说明对军阀的代表人物不要一概而论，要有分析。中国近代历史是复杂的，这种复杂性具体地反映在各种代表人物身上，所以不能简单化。我们研究军阀史，不是为军阀招魂，我们是为军阀唱葬歌，是说明那种历史现象，杜绝那个历史现象，肃清这种残余的思想。

近代史研究往何处去，近代史是不是会灭亡？这好像有点危言耸听。我们近代史是讲鸦片战争以后的历史。近代史的概念和现代史的概念不稳定。史学祖师爷司马迁的近代史是什么时候？他的当代史是秦汉之间，近代史是春秋战国。春秋战国现在是古代史了。我们的子孙后代再隔三百年五百年，他们的近代史是什么时候？现代史又是什么时候？我说近代史要灭亡，也不会灭亡。这段历史，要作为半殖民地半封建的社会形态来研究，就可以不灭亡。清史也不能代替，民国史也不能代替，灭亡不了。这个半殖民地半封建的社会，中国过去没有，以后也不会有了；世界上别的地方也没有，只有这个时候中国有。把这作为一个社会形态来研究，一个特点是帝国主义的侵略，毛主席在《中国革命和中国共产党》中讲了十条，就是讲这个问题,首先是这个。还有一个是研究军阀。军阀有几代,以后也不会有了。把这个军阀研究清楚了,就是研究半殖民地半封建社会一个很重要的进展。所以说,研究西南军阀史是一件很有意义的工作。

农民起义与人口问题[1]

中国是一个人口最多的国家,在历史上也是一个农民起义最多的国家。从陈胜、吴广到洪秀全、张洛行,上下两千余年,到底有多少次农民起义,目前还没有一个确切的统计数字,可能永久也统计不出来。这无数揭竿起义的农民战争,与不断增长的历史人口有没有内在联系,多年来我们不敢去碰它,也不敢去设想,因为一谈这个问题就有点马尔萨斯嫌疑,谁不想去做马克思而去做马尔萨斯呢?

农民起义,是农民阶级对地主阶级剥削压迫的反抗,是封建社会阶级斗争的基本形式。人口增长是不是同历次大规模农民战争有关,是个有待于探讨、研究的问题。在中国历史上,至少有这样一种现象,一个王朝被农民战争削弱或推翻了,新王朝建立之初的人口总是少于前一个王朝,这姑且不谈。这里只就封建社会正在崩溃和进入半殖民地半封建社会初期的农民起义来分析,即从1796年川楚白莲教起义到1868年太平天国和捻军相继失败的农民战争来分析,看看在这连绵72年中,全国此伏彼起、席卷各地的农民起义,

---

[1] 本文作于1979年3月,载《中国农民战争史研究集刊》(1),上海人民出版社1980年版。

同当时人口的增长有哪些关联,向这个禁区探一下险,也许不是无病呻吟吧!

一、 从洪亮吉谈起

乾隆、嘉庆年间有个著名学者洪亮吉(1746—1809),他在经学方面是个汉学家,在文学方面是个骈文家,在哲学方面是个无神论者,这些方面都不足为奇,与他同时代的这种学者大有人在,奇的是他是中国第一个人口论者。有些书和文章对他的人口论已有所阐述。他与英国的人口论者马尔萨斯(1766—1834)基本同时而略早,他没有学过西学,大概也没有里通外国,他在《意言》一书中表述的人口论,据说比马尔萨斯的人口论还要早五到十年,可以说是个关心国计民生而有创获的学者。

洪亮吉的人口论包括哪些内容?

第一,关于人口增长和生活资料的关系。

他说:"治平至百余年,可谓久矣,然言其户口,则视三十年以前增五倍焉,视六十年以前增十倍焉,视百年、百数十年以前增二十倍焉。"他所说的"治平至百余年",是从康熙前期算起的;所说的五倍、十倍、二十倍,当然不是实数,而是表明他对人口增长速度的惊讶。他是江苏常州阳湖人,可能是就当地他所接触的人丁兴旺的家族推算出来的,所以他接着说:

> 试以一家计之,高曾之时,有屋十间,有田一顷,身一人,娶妇后不过二人,以二人居屋十间,食田一顷,宽然有余矣。以一人生三计之,至子之世而父子四人,各娶妇即有八人;八人即不能无佣作之助,是不下十人矣。以十人而居屋十间,食田一顷,吾知其居仅仅足,食亦仅仅足也。子又生孙,孙又娶妇,其间衰老者或有代谢,然已不下

二十余人。以二十余人而居屋十间,食田一顷,即量腹而食,度足而居,吾以知其必不敷矣。又自此而曾焉,自此而玄焉,视高曾时,口已不下五六十倍。

这个论点与马尔萨斯概括的人口增长是几何级数、生活资料增长是算术级数基本一致。但洪亮吉在说了上述现象之后,进而指出:"又况有兼并之家,一人据百人之屋,一户占百户之田,何怪乎遭风雨霜露、饥寒颠踣而死者之比比乎!"这在他的整个论述中虽是个附笔,但触及了社会矛盾,与马尔萨斯公开反对"平等制度"的顽固立场不完全一样。

第二,关于解决人口过剩的办法。洪亮吉对这个问题提出过两个方案。一是"天地调剂之法",即通过"水旱疾疫"的自然淘汰,这与马尔萨斯的用"瘟疫、饥荒、战争、急性病"等所谓"积极防制"法,除"战争"外,大致相同。二是"君相调剂之法",即政府采取一些调整和救济的措施。他说在于"使野无闲田,民无剩力,疆土之新辟者,移种民以居之,赋税之繁重者,酌今昔而减之。禁其浮靡,抑其兼并。遇水旱疾疫,则开仓廪,悉府库以赈之",这与马尔萨斯提出的"预防限制",如计划生育、实行晚婚有所不同,一个是发之于人口已增之后采取的应急措施,一个是采取预防办法以抑制人口的增长。这里反映了封建社会同资本主义社会的差距。计划生育、晚婚之类,是封建宗法制度的伦理道德绝不许可的。

第三,关于人口激增引起社会动乱的问题。洪亮吉认为上述"天地调剂之法"和"君相调剂之法",并不能解决人口增长快和生活资料增长慢的矛盾。他说:

> 为农者十倍于前而田不加增,为商贾者十倍于前而货不加增,为士者十倍于前而佣书授徒之馆不加增,而昔之以升(按指米)计者,钱

又须三四十矣;昔之以丈(按指布)计者,钱又须一二百矣。所入者愈微,所出者愈广,于是士农工贾各减其值以求售,布帛粟米又各昂其价以出市,此即终岁勤勤,毕生皇皇,而自好者居然有沟壑之忧,不肖者遂至生攘夺之患矣。

洪亮吉以为这还是就"勤力有业者"而言,至于那些失去恒业而"游手好闲"的人,灾荒一至,"其不能束手以待其毙也明矣,是又甚可虑者"。所谓"攘夺之患",所谓"甚可虑者",都是指农民将不能照常生活下去,势必铤而走险,使社会发生动乱。"治平至百余年"的清朝,这时面临的已是这样一个"甚可虑"的局面。

构成洪亮吉人口论的这些论点,既不是舶来品,也不全是阐发前人已有的论述,而是他生活在乾隆后期,对人口增长特别快所感到的严重威胁。清朝初年,全国人口约6 000万。据记载,1651年全国丁男1 000余万,由于户籍以一户一丁计算,每丁户若有5人,加上逃避丁赋而隐瞒的人口,所以约合6 000万。康熙时已突破1亿,到乾隆末年骤增至约3亿,150年间,人口增加了5至6倍。特别是1741年至1790年的50年增加得快,也就是洪亮吉的青壮年时代。作为那时生活资料主要来源的耕地,清初,全国面积是540余万顷(1661年数),一顷合百亩,平均每人近10亩;乾隆年间增至780余万顷(1766年数),平均每人约两亩。耕地面积只增加了百分之三十几,不及人口增长的十分之一。至于单位面积产量,在当时的生产条件下,变化是不会太大的。从这个人口和耕地的比数中,也就不难看出洪亮吉人口论的实际意义及其社会价值了。

二、 一个高峰连接着另一个高峰

中国历代人口,记载虽不精确,也不完整,但并不如费正清在《美国与中国》一书中所说的是一个谜,事实上历代人口的消长,大致还是有案可查的。在清朝以前没有突破 1 亿(唐朝最多时是 9 254 万),而乾隆年间竟增长至 3 亿,成为历史人口的高峰。3 亿是个巨大的基数,再过 40 年,至鸦片战争前夕的 1834 年就有 4 亿 100 多万人了。以后的百年间,我们一直笼统地称为"四万万同胞"。

乾隆年间出现的这个历史人口高峰,是同当时出现的比较承平的政治局面分不开的。清朝的统治从平定三藩和台湾之后,康熙、雍正、乾隆三朝的一百多年,除对边区多次用兵外,心脏地区没有太大的变乱,大体是安定的,人民得到了较长时期的休养生息,这是个总形势。而康熙五十年(1711)规定以当年人丁 2 462 万为征收丁赋标准,以后滋生人丁永不加赋。我们不去说这是否是他们的圣祖仁皇帝(康熙皇帝)的什么"德政",但它减少了人民的一点负担是个事实,对人口的增长无疑是有刺激作用的。

除了 3 亿这个总数目表现为中国历史人口的高峰外,有些具体的记载也说明了这个高峰的片断。1793 年(乾隆五十八年)英国马戛尔尼使团访华时,他们从大沽口乘船到天津,再到通州,由通州陆行到北京,其中的"狮子"号船大副爱尼斯·安德逊记述说:"在这国家里,在我们所经过的地方,人口是极为众多,而且到处是那么多:我们走过的乡村前后每一哩人数足以充塞我们英国最大的市镇。"[1]这个外国人目睹后的描写,反映出了那时人口兴旺的实际状况。

正是在这个人口众多、封建压迫日深的形势下,随之而来的是农民起义的高峰。洪亮吉所顾虑的"攘夺之患",就在他的晚年爆发了

---

[1] 〔英〕爱尼斯·安德逊:《英使访华录》,第 92 页。

川楚白莲教大规模起义,波及湖北、四川、陕西、甘肃、河南5省,延续了9年。从白莲教起义这一年到道光二十年(1840)的这44年,《东华录》所记起义共93次。这些起义标志着清朝的封建统治已由盛转衰,却不是农民起义的高峰,高峰还在后头。

那是由19世纪40年代起的频繁起义,发展到50年代以太平天国为中心的全国规模的农民大起义,这才是乾隆、嘉庆以来农民起义的高峰,也是两千多年以来封建社会农民起义的高峰。仅据《东华录》的记载,从道光二十一年(1841)至二十九年(1849)的9年中,农民起义就有110次。范著《中国近代史》在引述《东华录》所载这些起义后,说道光"二十九年以后不是事件减少,而是事件太多,地方官吏无法收拾,只得隐匿不报"。这个论断是符合实际的,以太平天国首义的广西而论,在太平天国前后各地起事者大小一百四五十股。天地会系统的"堂会",从1848年至1866年有125个;"党股",从1847年到1865年有22起。"堂会"和"党股"的主要区别:"堂会"不留发,以便趋避;"党股"蓄发,以便团结。单就这些数字看,就可想而知了。

从1796年川楚白莲教起义起,特别是从1851年至1868年捻军失败的18年中,在全国范围内包括太平天国、捻军、天地会系统、白莲教系统和少数民族的起义,到底有多少次(起)?投入起义的人又有多少?要举出个比较准确的约数来也是不容易的,只能说那时是山山冒烟,处处起火,农民英雄们演出了罕有的悲壮的历史场面。

这个以太平天国为中心的农民起义高峰,无疑是由于封建社会农民阶级和地主阶级的基本矛盾,以及后来殖民主义侵略的民族矛盾激化而成。但是人口空前激增和起义空前高涨这两个高峰的相继出现,绝不是双峰并峙,互不相涉,而是有一定关联的,好像横亘千里的巨大山脉,一个高峰连接着另一个高峰,或者可以这样说,乾隆以来膨胀的人口至少是嘉庆、道光、咸丰时社会矛盾加剧和农民起义高涨的激素。在太平天国革命后的一批改良主义者如薛福成、陈炽等人,都以总结历史经验教训的口吻,在他们的论著中说到户口激增带来的贫困和不安。他们撇开封建剥削和外国侵略的严重恶果不谈,当然是十分错误的。但他们触到了那时人口激增和农民大起义两个高峰的联系,也不能说是无的放矢。而且他们都提出了发展机器工业"浚其生财之源"的主张。

三、 正比—反比—正比的矛盾规律

人口膨胀这个激素在哪些地方激化了当时的社会矛盾,和对当时连绵不断、遍布全国的农民起义有些什么联系?我以为一个正比、一个反比、又一个正比,是两者的基本联结点。这些联结点是人口骤增促进社会矛盾激化的表征,是带有规律性的东西。

第一,人口激增同地主阶级的加紧剥削和农民失去土地成正比。

人口增长对农民阶级和地主阶级这一对矛盾的双方都有发酵作用,就地主阶级方面来说,作为封建统治阶级的地主同被剥削被压迫的农民阶级相比,总是居于少数。但随着全国人口的增长,封建统治阶级及其附属阶层的人数也必然相应增多。从明朝宗室来看,朱元璋及其子弟数十人,到隆庆、万历间已发展为亲王、郡王以次有封爵者达 2 万多人,宗族不下于 20 万人。按照明初法律的规定,这些天潢贵胄是不须务农、自谋生计的,而是按照亲疏远近的关系,分享或多或少一份从农民阶级那里剥夺来的租税。清初对清朝皇室也作了类似的规定,经过康熙、雍正、乾隆三朝一百数十年的繁衍,那些"红带子""黄带子"增加得更快。尽管在朝代的更替中,前朝的贵族有的没落了,但总的趋势仍是在增长的。在缙绅地主和世族地主中,尽管因不断兼并和其他斗争,有所代谢,但总的趋势也仍然是增多的。如果将地主阶级的人数都在总人口中按较低的5%来估计,那末清初地主阶级的人数应有250多万,到200年后的鸦片战争时,便有2 000多万人。地主阶级为了维持他们的奢侈淫逸生活,随着人数的增多,必然是加紧和扩大对农民的剥削。所以在封建王朝的后期,农民受到的压榨更为严重,是和这个阶级的人口增多大有关系的。

封建社会的基础是小农经济,主要人口是农民,人口增长的绝大多数也必然是农民。如前所说,由于人口的增长,清初平均每人占地10亩,到嘉庆、道光年间就不足2亩了。在这个演变中,地主阶级的人口增多,也就是兼并之家日多,造成土地日益集中,大批农民势必失去土地,由自耕农变为半自耕农、佃农,以至失业游民。这个趋势,是和人口增长成正比的。

第二,生产水平低,人口激增与农民的生活水平成反比。

在人口增长快和耕地增长慢、生活资料来源有限的情况下,农民生活水平是要相对下降的。以太平天国首义的广西来说,清初人口50余万,到道光、咸丰时增至780余万,增长14倍多,而耕地面积仅增加了10%;清初平均每人占地14亩,到道光、咸丰年间就只有1亩4分地,也就是说原来1个人的生活资料要由10个人来分享了。这是就人口和耕地的比较大致而言,实际情况当然不会是这样机械简单。

从人口多、食粮的需求量大来看,以产米著称的苏、松、常、镇四府为例,康熙四十六年(1707),四府旱灾,米价由每升7文涨至24文,每升7文当是常价;乾隆五十年(1785)大旱,每升竟涨至五十六七文;此后的若干年岁内,总以二十七八文至三十四五文之间为常价。在洪亮吉的论述中也说"昔之以升计者,钱又须三四十矣"。不谈荒年,仅以常价计,80来年,粮价涨了5倍以上,与人口增长的速度竞赛。由此可见,在封建社会里,生产发展缓慢,人口的增长与生活水平恰成反比。马克思说:"农村劳动者不断过剩化的事实,……使他们失去最后的反抗力,使他们变成地主和租地农业家的完完全全的奴隶,以致工资的最低限,就当作自然律钉在他们身上了。"[1]

第三,人口激增与农民起义的频繁及规模成正比。

洪亮吉在乾隆后期所忧虑的,"户口既十倍于前","游手好闲更数十倍于前",接踵而来的,就是上面谈到的自川楚白莲教开始的许多农民起义,这是一个不可抗拒的客观规律。尤其是在太平天国革命前后遍及全国的起义,次数那么频繁,股数那么众多,规模那么广阔,是以往任何农民大起义的年代所不可比拟的,这同从3亿到4亿多人口这个现实是前此历史社会所不曾有的情况紧密联系的。它们中一个是以往不可比拟的,一个是前此不曾有的,两者相遇,显然不是巧合,而是具有历史的必然性。

农民准备起义时,为了避免过早地为敌人发觉,往往从人烟较少的山区开始,但它的发展壮大总是要闯向那些户口稠密的地区,那里有许多被压迫的苦难群众,有大量的失业和半失业人群,他们是扩大农民起义队伍的天然预备力量。君不见两万多的太平军在杀出广西后,穿过湖南,打下武汉,攻向江南这些人口众多的地区,如鱼之得水,便迅速发展为号称百万的雄师。

上述正比—反比—正比这个公式,在于表明从乾隆以来激增的人口,对太平天国革命前后广大农民和地主阶级的矛盾及其斗争的影响,是说人口的激增加速和扩大了这种矛盾和斗争,不是说人口的

---

[1] 马克思著,郭大力、王亚南译:《资本论》第1卷,第875页。

激增决定了这种矛盾和斗争。

四、促进与延缓

农民起义是封建社会内部矛盾的尖锐化表现,它推动了封建社会的向前发展。人口的迅速增长,受生产水平的制约,封建统治者的乘机压制,成为激化社会矛盾的一个因素,给武装起义提供了广大的后备力量,对起义的兴起和发展应该说是大好事。然而这只是就起义作为推动社会前进的动力而言。一个社会如果经常处在人口过剩的压力下,长期动荡不安,并不利于积蓄财富,改善条件,扩大生产。事实上社会经济的繁荣、文化教育的发展、人民生活的提高,总是在统一承平的时候。历史上出现的"之治"或"盛世",我们不能闭着眼睛说它不"治"不"盛",历史从来是治、乱相承的。"大乱者救中国之药石也。"詹大悲这句名言,是武昌起义前夜为号召在全国范围内最后推翻清朝的腐败统治而发的铿锵之声。

生产力是发展生产的决定因素,人又是生产力的最积极因素,人口的增长意味着劳动力的增加,有了足够的劳动力那个地方就会兴旺发达起来;反之,则地不能尽其利,物不能尽其用,会长期处于贫乏状态。从长远来看,地球上或某个国度是还可以养活更多的人的,但是在一定的时间和空间内,如果人口过分膨胀,超过了那个社会的负荷,有利因素也就会变为不利因素。斯大林说:"当然,人口的增长对社会的发展有影响,它促进或者延缓社会的发展。"[1]历史正是按照这个辩证法则运动的,我们在一个时候却只看到"促进"的一面,以为人是万物之灵,越多越好;而忽略了"延缓"的一面,看不到人口迅

---

[1] 斯大林:《论辩证唯物主义和历史唯物主义》,见《斯大林文选》,第194页。

速增长会成为社会前进的阻力,拖历史的后腿。

这种"促进"与"延缓"的相反相成现象,在以小农经济为基础的中国封建社会中尤为显著。一家一户的自然经济结构,其特点就是自给自足,生产范围狭小,科学技术不发达,要增加生产,重要的一条是靠开垦荒地。但开垦荒地,并不像"江上之清风,山间之明月,取之不穷,用之不竭",它要受到可耕地和地区的限制。因此,发展农业生产,主要靠追加劳动力,深耕细作,经营农副产品。多少世代以来,儿子多就是劳动力多,儿孙绕膝就是福气好,成为这种小农经济的人生信条。等到人口大大增长,剥削与贫困与之俱增,社会岌岌可危,封建统治者就没有任何法子来解决这个难题。嘉庆十一年(1804)嘉庆皇帝的上谕中说:"今人数众多,生计既不免拮据,而少年子弟无所执业,亦恐启游惰之风。"他悲叹"宵旰筹思,终乏良策"[1]。不,他们不是没有"良策",他们的"良策"是:借欺骗的软手法来缓和矛盾,缓和不了就残酷镇压,这就造成了封建社会的循环动荡和不稳定。

我们从历史的实际出发,探讨人口激增和农民起义的关系,与马尔萨斯并无相同之处。(一)马尔萨斯是用人口论代替阶级论,掩盖资本主义的矛盾,顽固地对抗马克思主义;我这里是说人口膨胀是农民阶级和地主阶级这对矛盾的激素,在阶级社会里,人口的增减是直接受到阶级和阶级矛盾的制约的。(二)马尔萨斯是把战争当作消灭过剩人口的重要手段,鼓吹战争;我这里是说在封建生产关系的桎梏下,人口激增会激化社会矛盾,对农民战争的发动和发展会产生一定影响。对于马尔萨斯的人口论,我们揭露他的反动本质,分析他的谬误所在,是完全必需的;对他维护资本主义世界、希望其永世长存

---

[1] 朱寿朋:《东华续录》。

的意念,当然应该持否定的态度。但也不能因此就连他所揭示出来的问题也一概抹杀。他至少提出了人口增长和生活资料增长之间的矛盾和要控制人口,这个问题至今还是世界各国特别对许多发展中国家是个不容回避的现实。我国不是仍然在承受着经济落后和人口膨胀的强大压力吗? 对于一切事物包括理论上的分析批判,如果陶醉于纸面上的胜利,而在实际上却是失败的,那么这种胜利就毫无意义了。

历史·传统·现代化[1]
——答记者问

问：历史是一门古老而包容范围极广的学科，它记下了人类迈入文明门槛并不断前进的历程和脚印。广义的"文化"也涵容了人类生活的各个方面，您能否谈谈历史学与文化的关系？

答：文化是个总概念，它包含着有史以来有关生产力和生产关系的全部内容，凡人们在社会生活中创造、继承、发展、汲取的种种观念、制度、行为方式、意识形态，也无不是文化的表现。各门学科是人们在创造自己的生活、文化的过程中，经过理性的分析、归纳、演绎、凝练，具体探索文化的某一部分的特点和规律，属于观念形态方面的文化，它们既是人类文化的组成部分，更是文化的结晶，从各个方面丰富了文化的内涵和层次，表现出人们的认识能力和认识水平。历史学由于其研究对象和研究手段的特点，它不像其他学科那样仅仅注意文化的某一方面，而是着眼于整个文化的发展过程，是记述和阐明人类文化的学科。它的横向联系是人类文化的各个方面及其活动，纵向联系是人类文化的演进和发展。所以历史学是广义的文化

---

[1] 原载《文汇报》1987年8月26日。

史,中国史则是广义的中国文化史。

过去流行过的文化史观,不应该对之不屑一顾,而是要站在人类历史的天平上看它究竟说明了什么。

问:从人类发展的历程看,一个民族的历史愈长,绵延不绝,所形成的传统文化就愈深厚。中国是世界上唯一历史没有中断的文明古国,从鸦片战争开始,中国原有的历史(文化)进程,由于受到以火与剑开道的西方文化的猛烈冲击,从而产生了极大的转折,前此未有过的转折,呈现出与西方社会近代化过程不同的复杂现象,传统文化在这期间所起的作用究竟怎样?有哪些特点?

答:悠久的中国传统文化是以孔夫子为代表的儒学为其轴心的,与民族心理、性格融为一体,长期据有统治地位,并渗透到人们生活的各个领域,无所不在。尽管近百年来,特别是"五四"以后,曾狠狠予以抨击,它仍然像潜网一样牵制着人们的生活。如果抽掉孔夫子及其儒学,是很难说明中国的传统的。当然,从西汉到清代的两千多年中,儒学在吸取外来养料及自身运动中,也有过不少变化,但其轴心没有变,作为传统轴心的地位没有变,只有轴心的延伸和扩展。轴心变了,就不成其为中国的传统了。

我们现在热烈讨论的传统文化,都是指几千年中形成的这个以儒学为轴心的传统。其实,中国除了这个文化传统(民族传统)外,还有近六七十年来形成的另一个传统——革命传统。1840年鸦片战争后,中国的社会进程有了大的转折,旧有的儒学已不能回答时代的新课题了。先进的中国人一代又一代地向西方寻求真理,设计和推行一个又一个救国方案,产生过先后递嬗或同时并起的种种社会思潮,最后找到了马克思主义,并以之为指南,同中国革命实践相结合,取得了革命胜利,建立了中华人民共和国。建国后也以之为指导,进行社会主义革命和社会主义建设。在这半个多世纪中,实际上形成了一种新的传统,这个传统(新)是在改造前一个传统(老),并是与之相对抗而出现的,反映为我们老一辈人的政治、社会观念。所以有两个传统。我们对旧传统是批判继承(虽然有过只批判不继承的极"左"行为),对后一传统也不是只有发扬而无取舍。因为任何传统都含有合理的和可延续的因素,而任何力量和风尚一旦成了传统就会有凝固性和保守性,没有扬弃就不可能有发展,革命传统也不例外。事实上,革命传统也是从中国这块土壤中产生出来的,它并不能完全排除与之对抗的那个几千年的传统的渗透,对抗的东西有不对抗的内涵,这已经为近年来的社会实践所证明,并将继续受到正在进行的现代化的深刻检验。对于孔子的再认识、再探讨不是没有必要,但其间不能说没有新老传统的默契。

问:随着中西交往的增多,东西方文化的矛盾和冲突亦不断暴露。从 19 世纪末开始,康梁维新派的认识和探索中已涉及中国文化的前途与历史命运的问题,这场争论在本世纪 20 年代前后达到高潮,提出了"打倒孔家店""全盘西化"等观点。由于当时国际国内形势的变化和人们认识能力、认识工具的限制等原因,争论虽有起伏,总的来说是比较沉寂了,武器的批判超过了批判的武器。半个世纪之后,在当前开放、改革和搞活的现代化事业中,如何认识传统文化,如何对待外来文化的问题再次变得尖锐起来。对此,您有何看法?

答:现代化和近代化在西语中是一个词,在中国有时虽也互用,但按历史逻辑来说,现代化却是近代化的演进,反映出新旧两个社会各自的步伐。"近代化"这个词出现于本世纪二三十年代的中国论坛,它与西化相联系,大体指 19 世纪末年至本世纪初期,中国人追求文艺复兴以后的西方科学和工业革命的成果而言;60 年代以来提出的现代化,大致指第二次世界大战后科学技术的新发展,即前几年盛称的"第三次浪潮"。我们"四个现代化"所追求和要实现的就是这个新发展,是在完善和发展社会主义体制中进行。但是,"五四"提出的科学和民主的总要求,在今天进行的现代化中也还没有过时,仍然要我们锲而不舍地去追求。

现代化并不等于完全抛弃传统。任何一个民族或国家的文化,或者某一个文化类型,它的发展都离不开继承、吸收和创新,因为一切创新都不是从天上掉下来的,都不能超然于原有的基因,从这个意义上说,阳光下没有绝对新鲜的东西,所谓以崭新的面貌出现也只是包含着原有因素的最新发展。想砸烂一切传统文化建立起新文化,是粗暴的,也是很难实现的。但是科学文化的发展,既需要自身的运动,也需要吸收外来的新养料,躺在传统的交椅上,不去吸收别国的东西,不但难以创新,还将导致自身的萎缩。封闭体总是停滞和落后的。这一点对近代中国及其少数民族地区更有着切身的感受。因为对传统的承袭常常是不自觉的,有时甚而可以说是习惯性的,像历史悠久、传统文化包袱很重的中国更是如此;而吸收、创新则非得自觉地冲破因循的惰性和阻力,敢于承认并接纳别国先进的东西,还要不怕跌跤子才行。由于传统是在历史中逐步形成的,它虽有流动性,但有更大的凝定性,没有凝定性就不成其为传统,所以传统有极大的惰性和排他性,对传统的改造往往不能只依靠它自身的流动,需要新的冲击力。从历史事实看,在近代中国,不开放,不引进,就没有创新,不破传统就不能前进。

问:在这一次的"文化热"中,除进一步反思传统之外,对鸦片战争以来的中西文化之争也作了重新思考。当时那些"中体西用""全盘西化"之类的说法,出笼不久,即遭时人非议,今天更是人人嗤之以鼻了,但它们的幽灵仍隐约可见;而当时争论中的某些内容今日重又提出,或者以新的形式出现(当然,在深度上已超出了那时的认识水平)。现在既有要与传统决裂的意向,也有"西体中用"之说,海外不少学者还提出儒学现代化的问题,对这些问题又应怎样理解?

答: 在大变革的年代里出现各种思潮是通常的现象。当前中国出现的这些思潮,有的是老课题,有的是新意境。关于过去的"全盘西化"论,抹杀民族文化传统,照抄别人的东西,当然是不可取的,马克思主义也要与各国的具体实际相结合,才能取得胜利。不过,流行于二三十年代的"全盘西化"论,就其背景来说,至少有两点值得注意:(一)经过洋务、维新、辛亥之后,人们越来越看到了学习西方的形似神失和移橘变枳的现象,要求全面地仿效;(二)近代化一词是由西化递嬗而来,其含义与西学即新学相同,所谓"全盘西化",不外是更大程度地要求近代化。其实西化也好,近代化也好,他们追求的都是资本主义化,与我们当前进行的现代化在体制上不是一个范畴。"西体中用"是"中体西用"一词的颠倒,关键在"西体",不管它是指马克思主义还是指西方的民主体制,都是相对于旧有的"中体"来说的。如果"西体"指马克思主义,那末"西体中用"还是马克思主义与中国的实际相结合的意义好。因为,马克思主义虽然诞生于西方,但我们不习惯把它作为一般西学看待。至于儒学,曾经经过好多代了,这些新儒学都是一个时期的思想流派,是对传统儒学的补充或给以新的活力,在于革新它自己,并不是一种引导社会革新和文化创新的哲学。

传统·启蒙·中国化[1]

一

传统是近代的对称,如传统教育与近代教育、"新教育",传统逻辑(亚里士多德的直言判断的演绎逻辑)与现代数理逻辑,传统管理("经验管理")与现代科学管理,传统文化与近代文化,传统社会与近代社会,……这一系列对称,不单是时间维度上的跨越,也不只是两者之间的自我嬗变,它标帜出两者质的变异。从这个意义上说,近代不是传统的直接延伸,而是对传统的超越扬弃。

"传统"一词虽非"于古无征",但在近代以前的经籍中所谓"道统""政统""学统""文统",指的是中国文化整个系统中的各个子系统的某种代代相传、一脉相承的统绪。到了近代,传统才有了比较确定的内涵。传统不再是内涵单一的统绪,而是多层次多侧面的复杂建构,是一个有机的整体,是至今仍活跃于现代社会运行和社会生活血脉中的一切历史因素所组合而成的一个体系。中国的传统是植根于小农社会土壤之上的文化的正统、道统、核心、精髓或基本精神,用

---

[1] 原载《时代与思潮》1988年创刊号。

马克斯·韦伯的术语,即是"社会精神气质"。

悠久的中国传统文化是以孔夫子为代表的儒家为其轴心的。孔子是中国文化传统的精神象征,如同基督在西方一样。自周秦以来形成的以孔子为轴心的文化传统在数千年的演化过程中,有过不少变化,但其轴心没有变,作为传统的轴心地位没有变。它在融合释、道和自身的完善过程中,只有轴心的延伸和扩展。轴心变了,就不成其为传统。在我看来,抽掉孔子及儒学,说传统是多元的、流动的,很难说明传统。由于传统是在历史的演进中逐步形成的,它虽有流动性,但有更大的凝固性和保守性,与这种凝固性、保守性相适应,传统又有极大的惰性和排他性。正是在这个意义上,"传统在思想体系所有领域内都是一种巨大的保守力量"(恩格斯语),"一切死亡前辈的传统,好像噩梦般笼罩着活人的头脑"(马克思语)。

就中国的历史而言,虽然"传统并不是一尊不动的石像,而是生命洋溢的,有如一道洪流,离开它的源头愈远,它就膨胀得愈大"[1]。但千百年来沉积而成的传统不仅表现于相对静态的、长期延续的大一统社会秩序之中,而且内化于国民的文化心理和行为样态之中。就是说,植根于传统小农社会基础上的文化传统已内化于主体之中,成为"民族文化心理结构"的重要组成部分,它支配着民族的认知、思维和社会行为。具体说来,它不仅支配着统治者的文化心理结构、情感态度、观念意识和价值体系,而且成为庶民百姓的价值信仰中心,浸透到他们的理想与民间习俗之中,甚至影响着整个民族的生存选择和实践精神。由于传统是与小农经济扭结在一块的,因此它如同东方不死的"精灵",在近现代中国社会的历史江河的激流中时隐时

---

[1] 黑格尔:《哲学史演讲录》,导言。

现,它不仅无法孕育出近代工业文明,而且成为中国走出中世纪、迈向近代化的精神障碍。

无可否认,每个民族都有自己独特的文化传统,因此都面临着一个"近代化"问题。无论东方、西方都如此。但不同的文化传统、不同的"社会精神气质"对不同社会的近代化的影响是不同的。西方新教伦理孕育了近代资本主义精神,孕育了近代工业文明,换句话说,即是西方近代工业文明是自发生成的,是西方传统社会演化过程中质的蜕变;与此相反,基于小农社会秩序之上的儒家伦理——以伦理为本位的文化传统,把人从日常生活到社会生活的一切活动都伦理化,把人生的终极价值追求当作对纲常伦理的实践,把体现于文化心理的知、情、意诸子系统中的道德的和谐或和谐的意境视为社会的理想,并经过长时期的浸染与强调,一方面内化为自觉的价值规范、道德准则,另一方面又渗透到小生产的运作机制和社会行政管理系统之中,成为与政治、经济不可分割的文化精神因素。这种泛伦理化的儒家伦理传统阻滞了近代化社会的产生,中国的近代化不是中国传统社会直接演化的结果,而是外激、他发的。但不管近代社会是自发生成型的还是外激他发型的,都必然是对传统社会的价值主体、精神纽带的突破与超越,必然是对传统赖以生存的社会土壤的拔除与根治。这种突破、超越不是历史的中断,而是历史的转折。

传统渊源于过去,汇注于被轰出中世纪的多维的近代。对传统的改造往往不能依靠其自身缓慢的新陈代谢,不能依靠自身的流动,需要新的冲击力。传统与近代的并存与矛盾、对立与冲突,成为近代社会最尖锐、最本质、最深刻的对立与冲突,是近代的突出内容。在近代中国,传统体系虽然受到了近代工业文明的冲击与挑战,但作为一种巨大的保守力量或历史的惰性力的传统并没有很快地退却,它仍然严重地阻碍了中国人向近代化迈进的步伐,窒息着中国近代化的生机与活力。挣脱传统的束缚,从传统中脱颖出头,是一个巨大的历史难题。我这样说,并不等于说近代化必须完全抛弃传统,而是说传统伦理本位的价值观与近代化是一种逆向的精神力量。任何一个民族或国家的文化,或某一种类型文化,它的发展都离不开继承、吸收、创新。因为一切创新都不是从天上掉下来的,都不能超然于原有的文化基因。世界上没有任何一个民族可以一旦尽弃其文化传统而重新开始,离开文化传统的基础而求变求新是不现实的。Karl Popper认为,要把传统像清洗油画一样,一切从头画起,描绘一个理想世界是不可能的、胡闹的。当"雄伟的现代化移植工程"在伊朗展开之后,由于它完全背离了文化传统而酿成了王朝的危机和社会的骚乱。这些都是人所共知的事实,但问题的关键在于:是必须"从传统的阐述了解现代"还是必须"从现代的阐述了解传统"? 是必须使"过去"去同化"现在","旧的"同化"新的",还是使"现在"去同化"过去",以"新的"去同化"旧的"? 就是说,我们是以儒家伦理为本位来接纳、吸收、融汇近代文化的某些因素,还是以近代文化为本位来吸收传统某些有助于新的文化整体系统得到确立的因素?

由海外推向大陆的新儒家以"返本开新"的旨趣致力发展、开拓出"传统"与"现代"的"合"来:一方面必须返回儒家精神的本根(亦即中国文化的"最高的精神理念"),一方面又必须"立身于现代",以求重建中国的文化传统,实现传统的创造性转化。他们试图从传统的阐述了解现代,开出民主和科学之花,作为一个文化流派没有什么不可以,但如果要以这种文化信念来指导中国的现代化实践却是不行的。当代海外新儒学其实并没有跳出"中体西用"的窠臼,只是由物质与精神分割的"中体西用"转化为观念形态(精神世界)内部的

"中体西用"。新儒家不是现代化的改革和开放的精神支柱,而是现代化的改革和开放对儒学注射的现代意识;它不是具有指导意义的思想超前,而是反思中浮现的思想回归,是对我们时代普遍存在的失落感的填充。这种理论除了对"亚洲四小龙"的经济奇迹的误解之外,还说明了儒家传统的顽强性。传统僵而不死,这只"凤凰"并没有在时代大潮的冲击下"涅槃",它常常以新的形式在新社会里继续散发出它固有的性能,成为个人崇拜、造神运动的思想基础。源于传统封建意识的潜网,如缕缕游丝至今仍障碍着人们的理论视野,仍是思想解放的极大桎梏!回归传统不是出路,只有突破、超越传统才能认识传统,才能正确地对待传统。就是说我们应当站在时代的理论高度去反思、认识和吸收传统,而不应当从传统的角度来透视、规范早已走出中世纪、走出太平洋的多维的现在。

后顾是无补于事的一厢情愿,前瞻才是民族文化生存和发展的希望。

二

中国是被轰出中世纪的,是在传统文化的整体系统没有破裂的情况下被迫走上近代化道路的,没有经历过一场深刻的自我启蒙运动,因此启蒙的任务在近代中国格外急迫,格外严峻。根深蒂固的文化传统从一开始就给迈向近代的人们布下了巨大的阴影,设置了难以跨越的文化心理屏障。尽管一些有识之士憬然于时代的变兆,充满忧患意识,预感到中国的社会历史已步入"忽喇喇似大厦倾,昏惨惨似灯将尽"的"衰世"阶段,但几乎所有的统治者都沉湎于"天朝无所不有"的神话般的恬然与静谧之中,所有的庶民百姓则依然在"男耕女织"的中世纪磨道上转圈。时代在跳跃性飞进,文明与野蛮、愚昧,先进与落后的传统地位在空前移位,然而中国从统治者到一般民众却昏睡如初,呈现出另一番令人费解的景象。梁启超沉痛地说:"今有巨厦,更历千岁……非不枵然大也,风雨猝集,则倾圮必矣。而室中之人,犹然酣嬉鼾卧,漠然无所闻见。"巨大的文化遗产,巨大的文化优越感和自豪感,成为中国走出中世纪的巨大包袱,它障蔽了人们的时空视野,成为文明发展的赘疣。千百年来的文化传统沉积,夜郎自大、盲目虚骄的文化自我中心主义已渗透到民众深层文化心理,所以"中国太难改变了……不是很大的鞭子打在背上,中国自己是不肯动弹的"。民族的生存危机导致了文化认同的危机和思想信仰系统的危机,在寻求救亡保种真理过程中,一批具有国家兴亡责任感的经生儒士脱颖出来,迎着时代的浪潮迈进,成为近代启蒙者。

启蒙是对传统的否定,是任何民族走出中世纪、迈向近代化的一个不可跨越的环节。启蒙运动不仅是社会政治变革的理论先导,近代化的精神准备,也是推动促进社会变革、推进近代化的精神力量。欧洲从15、16世纪的文艺复兴运动到18世纪以法国为中心的启蒙运动,迎接了近代工业文明的曙光,迎接了法国大革命,推动了欧洲资本主义近代化。日本从兰学、洋学的启蒙到明治维新后的资本主义近代化,虽然经历了若干风浪,但总的说来,思想上的启蒙与政治、经济的近代化也是相伴前进而步步实现的。

在近代中国,启蒙者总是最先受启蒙的。接受启蒙的途径大致有三:一是沉潜于"西人公理公法之书";二是香港和上海租界的现实促使人们进行"华""洋"比较;三是如严复等人留学或出使西方近代文明诞生之地,沐浴和呼吸于西方近代教化之中,受其更直接的启蒙。

这些人在受西方近代文明启蒙后,或把自己所见的西书开列成表,或把自己的观感和其他真切的认识记录在案,或译介西方近代文化,去启他人之蒙。汤因比说:当两种文明发生碰撞交融之时,知识分子便作为一种"变压器"而出现了。他们承担着双重使命:一是学习先进的文明并把其精华传播到全社会中去;二是慎重地用全新的眼光"重构"固有的文明,使之获得新生而生存下去。前者说的就是自我启蒙和启他人之蒙。在近代中国,启蒙从某种意义说是比救亡与变政更为根本、更为艰难的任务。启蒙不只是对少数贴括考据之辈的启蒙,不只是对少数士大夫、绅贵的启蒙,而是对全体人民的广泛启蒙,用梁启超的话说,就是"维新吾国民"或"改造吾国民"。没有崭新的人生理想、价值信仰系统、行为规范的确立,社会近代化其路无由。诚然,文化的改造不能光用文化观念的手段来解决,但在没有别的办法的情况下,未尝不是一种办法。一个时代需要一个时代的国民,用滞留于中古的国民头脑推进近代文明的发展是不可能的。近代文明总是与国民的近代理性觉醒相伴而行的,没有突破封建之蒙,没有否定传统的蒙,就缺乏能够赋予近代社会行政管理系统、近代化工业以真实生命力的社会心理基础。由此可见,启蒙是传统小农社会转变为近代工业社会过程中不可忽视的环节。

  中国的启蒙是与她进入近代同步的,但作为一场自觉的运动则是从"戊戌"开始,"五四"启蒙则是它的纵深推进。在"五四"前,"开智"与"新民"是启蒙的钥匙,也是最具启蒙内涵的。虽然在很长一段时期内并没有充分展开;设会合群以改变社会旧有的散漫性,使涣散的个人变为凝聚的社会力量,也没有达到预期的目的;开学会以破启民智最后并没有由省推之于府,由府推之县,由县推之各乡镇市;"开民智"仅停留于"开绅智""开官智"阶段。过去我们对此指责较多,其实"开绅智""开官智",开启士大夫"合群"(结社集会)的风气,是具有积极意义的。绅智、官智之所以要开,并不是因为他们没有文化知识,他们大多是饱学之士。但他们大多数是传统教育体制下培养出来的学生,只会做堆砌骈偶和典故的华丽辞藻文章,是呆板、因袭和没有创造性思想才能的人,他们所拥有的知识结构已无法适应新时代的要求,无法满足已经变化了的社会需求结构。新时代呼唤着具有崭新的人生理想、价值观念、伦理意识和行为系统的新人的产生。传统士大夫的观念是旧的,行为规范是旧的,文化心态也是旧的,他们深受传统文化的桎梏,是中国文化传统的重要载体,但他们在中国社会中具有很广泛的社会联系,往往能左右乡村社会的一切。在广大的乡村社会,他们起着重要的"示范"作用。他们的"蒙"开启了,走上近代化的轨道,对于改变乡村社会所沿袭的种种落后于时代的陈腐观念,促进乡村社会观念的新陈代谢将具有重大作用。因此,有意识地去开绅智、开官智是具有历史的合理性的,它有助于浚民智,启锢蔽,以文明改造愚昧。几千年的封建蒙蔽,几千年的历史沉积,几千年的愚民政策,使中国民众俱困缚于旧风习之中而不能跳出于旧风习之外。如何使民众从文化专制主义的缚扼下解放出来,实现传统国民向近代化国民的转变? 这不仅是一个社会政治问题,也是一个深刻的启蒙问题。

众所周知,那时中国民众待启之智有二: 民主和科学。梁启超主张"当以政学为主义,以艺学为附庸",兴学校开民智。其实质就是以提倡与专制主义相对立的民权思想为主,以提倡与蒙昧主义相对立的科学为辅。要开民智,必须大力兴办女学、幼学师范,普及教育;必须尽快译介西方,首先必须翻译政法书籍,"必尽取其国律、民律、商律、刑律等书而广译之"[1]。他们把民智与民权紧密地结合起来,

---

[1] 梁启超:《论译书》,见《变法通义》。

认为"西国之所以能立民政者,以民智既开、民力既厚也"[1]。专制与愚民,民权与智民有着某种内在的必然联系,所谓"君权之重轻,与民智之浅深为比例",有一分之智即有一分之权,有六七分之智即有六七分之权,有十分之智,即有十分之权,"今欲伸民权,必以广民智为第一义"。由于中国民众绝大多数是文盲或半文盲,少数有点知识,但亦识字无多,在这种情况下,"开民智""新民"本身意味着双重使命,一是要使不识字者识字,二是要使识字者具备近代知识。因此近代启蒙者为了破除"迂儒之陋说""独夫之专制""野蛮之习俗",力主兴办各类新式学校,普及教育。新式教育是近代启蒙的基石。与此同时,译介国外书刊,创办俗话报、白话报之举,是适应启蒙要求的,他们用浅易通俗、生动形象的文字或图画进行启蒙。不仅要使民众识字,而且要促动民众观念的变化,以适应近代化的社会要求。从戊戌到"五四"的报纸杂志,很少不以"开民智"为宗旨的,这既说明了启蒙已不再局限于士大夫和绅贵阶层,也从侧面说明了民众传统锢蔽之多之深。

戊戌维新后的启蒙运动,经过梁启超等人的激扬,更加自觉。"欲维新吾国当维新吾国民"口号的提出,标志着启蒙运动在深入。但只有到"五四"新文化运动,才把启蒙运动推向高潮。它不只是广泛地输入新文化,而是在打破重重旧枷锁,为新文化的传播铺路;更重要的是竖起了民主与科学的大旗,一切以此为准则:合乎民主与科学的则提倡、推广,反乎民主与科学的则批判、摒弃,为建立近代国家、近代民族和做一个近代人找到了奋斗目标。新文化运动的健将们认为,科学与人权,"若舟车之有两轮焉","国人而欲脱蒙昧时代,

---

[1] 梁启超:《尊皇论》。

羞为浅化之民也,则急起直追,当以科学与人权并重"[1]。民主与专制相对立,科学与蒙昧相对待,"要拥护那德先生,便不得不反对孔教、礼法、贞节、旧伦理、旧政治;要拥护那赛先生,便不得不反对旧艺术、旧宗教。要拥护德先生又要拥护赛先生,便不得不反对国粹和旧文学"。在民主和科学浪潮的冲击下,"无论是古是今,是人是鬼,是《三坟》《五典》,百宋千元,天球河图,金人玉佛,祖传丸散,秘制膏丹,全都踏倒他"[2]。当他们以时代的潜光烛照、反思历史的时候,已深刻意识到政体近代化的关键在于广大民众没有觉醒,"继今以往,国人所怀疑莫决者,当为伦理问题。此而不能觉悟,则前之所谓觉悟者,非彻底之觉悟,盖犹在惝恍迷离之境。吾敢断言曰,伦理的觉悟,为吾人最后觉悟之最后觉悟"[3]。要实现真正的民主政治,就必须促使民众的民主觉醒,即"吾人最后之觉悟"。"五四"正是用民主科学的精神来促使民众的"最后之觉悟"的,用民主精神来反对封建专制,以及被历代统治者奉为"天经地义""振古如斯"的"万世之至论"——以家族伦理为本位的儒家传统以彻底的弃绝,"打倒孔家店"即是这个时代精神的最集中体现;用科学精神来反对蒙昧主义,打破"宗法上、政治上、道德上自古相传的虚荣、欺义、不合理的信仰"的,改造"格路矿以风水、掷金帛以鬼神"的国民心理状态。"五四"新文化运动以资产阶级的民主主义、自由主义、个人主义和人文主义观念对专制主义及其纲常伦理的猛烈批判,体现近代中国知识群批判理性的觉醒和成长,而它对传统宗法等级观念的冲击和对自我独立的意义和价值的推重又体现了近代人文主义精神。

---

[1] 陈独秀:《敬告青年》。
[2] 鲁迅:《忽然想到》。
[3] 陈独秀:《吾人最后之觉悟》。

启蒙无非是用近代的科学理性精神反对传统的实用主义精神，用近代的理性主义反对传统的信仰主义和蒙昧主义，从这个意义上说，启蒙运动实质上就是反传统主义运动。"五四"新文化运动是激烈的反传统主义运动，它与康梁等中国近代第一批知识分子局部反传统不同，康梁反传统的心态是矛盾的，他们既为传统所导致的现实灾难所苦，又为传统的辉煌的成就所累，因此在反传统的时候又要保护传统，在吸收西学的时候又要张扬国故。"五四"对传统的反叛，笔锋是犀利的，情感态度是坚毅的，惜乎很快为政治性的救亡运动所淹没，随之而来的马克思主义还没有来得及与中国革命实践相结合，新文化运动的反传统主义任务并未完成，而解放个性、追求理性的启蒙要求已被视为有害的腐朽思想，而以后的"突出政治"对思想文化的启蒙就更为虐待了。民主与科学的旗帜最终并没有插到中国的国土上，历史给它们安排的是另一种命运。

三

近代是两极相逢的时代，中与西、新与旧的对抗与冲突是这个时代的突出内容。一个在时代浪潮冲击下凝聚起来的近代知识群在进行现代化而又保持中国化的两难困境中徘徊。

近代化是中国近代社会的要求，也是历史与时代的要求，但近代化不可能凭空而降，它必须借助他山之石，引进西方先进的科学技术和观念意识。但这种引进又不等于照搬或照抄西方的近代化发展模式，引进不结合中国的具体的社会实际，西方先进的东西无法落脚；结合中国的具体国情，又往往导致先进的东西落后化，这是一个难以跨越的历史逻辑。

以儒家传统为核心的中国原生文化实体既深且久，具有极强的同化力和排他力。尽管它在近代已面临而且经受着沉重的冲击和严峻的挑战,但这并不意味着它的文化载体发生根本性的破裂,相反近代高扬的民族主义在某种程度上又庇护了它,强化了它。在这样具有悠久绵亘的文化传统的国度里,没有文化载体——历史创造主体的根本改变,异质文化想立足中国,是缺乏必要的现实基础的,也就是说,在中国文化传统的强大的排他力和同化力没有减弱时,任何异质文化的被选择,并在中国发生影响,可能性很小,即便是被选择了,也绝不能以原初的面貌和精神出现,而只能改变自己的固有形态和精神,佛教的儒学化便是显例。"橘逾淮而为枳",西方先进的东西进入中国后的扭曲、变形和"失真"是不可避免的,是异质文化进入中国没法逃脱的历史命运。理论在一个国家实现的程度取决于理论在这个国家适应的程度。进化论以生存竞争的理论适应了中国救亡图存的、反对帝国主义的需要而被选择,并在中国思想界、知识界引起巨大的震动。民约论则以天赋人权的观念适应了要求平等自由、反对封建专制主义的需要,成为区别先前与近代中国人的重要标志,它曾在近代中国思想界留下深刻的影响,对一向缺乏民主传统的中国来说具有巨大的启蒙作用,促进中国民众的文明自觉。但民族生存危机所激发出来的高涨着的爱国主义和民族主义几乎淹没了对民主化的追求,几乎无时不在困扰着民主化的进程。在西方文明的冲击和挑战下,传统文化已无法对抗西方近代文化,不改变原生文化的基本精神,中国没有出路!于是不同的群体,不同的阶级、阶层、社会集团纷纷从各自的需要出发选择自己所需要的理论,西学如潮水般涌向中国。不论是东方文化派还是本位文化派,不论是西化派还是俄化派,无可回避的是中西文化的冲突与对立。"本位文化派"无法漠视西方文化的存在事实,或完全否认有选择引进西方文化的必要;"西化派"也同样无法回避儒家文化的存在事实,或否认有吸收、接纳东方文化的必要。从这个意义上说,它们之间并无本质的差异,只有程度的区别,即以本位文化(儒家文化)为主体还是以西方近代文化为主体。这是个百年来一直争论不休的问题。人们常说,没有撞击的文化是不幸的文化,它往往是"文化阿Q主义"的精神土壤,因此经过中外文化的撞击而呈现出的文化多元选择,并非坏事。然而问题的复杂性并不在于此。

一方面,以西方文化为主体,融汇、吸收若干不该失去的传统基因,并不是没有合理性。但这种构想往往不能与中国一贯的知识结构、理论思维方式、观念形态和行为规范有机衔接起来,也往往不能与近代中国独立和民主两大神圣课题紧密地结合起来,这又在很大程度上决定了它在近代中国的命运。孙中山的悲剧,当然不只是个人的悲剧,而是时代的悲剧,是理论选择的悲剧。孙中山的知识结构、理论思维方式、思想体系都是在比较正规的"西学"教育及熏陶之下形成的,近代色泽最为鲜明与艳丽,却与中国的具体国情存在着一段很长的距离,与近代中国社会现实严重脱节而缺乏必要的契合处。历史选择了袁世凯而否决了孙中山。后来的文化学者陈序经反叛中国文化传统,力倡"全盘西化",虽并非尽弃文化传统,但体现了历史创造主体的理论思考勇气和民族文化发展前景的热忱与关注,表达了对"充分的现代化"和"充分的世界化"的文化理想与追求方向。作为一个文化流派,他们是有感而发的。经过洋务、维新、辛亥之后,人们越来越看到了学习西方的形似神失和移橘变枳的现象,要求全方位地仿效,不是皮相地仿效,而更重要的是实质性仿效。但照搬西方的近代化模式,不免疏离了中国独特的社会现实,自然不会有许多人接受,因此也就谈不上改造中国社会的功效了,它不过是无补于时的一厢情愿。

另一方面以本位文化为主体,吸收一些近代西方先进的东西,以推动民族文化的现代化。这样既照顾了民族前进中的情感,又往往导致民族情感淹没理智的选择。试图通过主体的需要及其批判的意识与眼光,自觉地吸收、采用、融化、批评和创造,用贺麟的话说,即是"化西"。这自然不会导致照搬西方近代化发展模式的非现实性,不会与中国的具体实际疏离。以日新月异的西方文化为价值参照系统,自觉地吸取、采用、会通世界各民族所创造的"优美的文化",在"化西"的同时,或以"化西"为媒介来推动中国本位文化的新陈代谢,建立一个涵泳古今、会通中外、崭新的现代文化体系。这个被称为"中国本土文化运动",因其深深扎根于小农经济的土壤上而又攀附在民族感情的大树上,在近代中国并没有很快地销声匿迹。它在某种意义上说不但不可能把中国导向未来,相反还要倒回传统的怀抱。理论上有力的东西,在现实中不一定总是有力;理论上僵死的东西,在现实中有时却有很大的市场。这一派文化建设理论具有鲜明而强烈的中国化色调。它建立在独特的"国情论"上。它并不一般地反对马克思主义,但认为马克思主义不适合于中国国情,如"五四"时期的梁启超、张东荪的文化观点便是如此,他们强调了文化类型的独特性。

"中国化"一词最早出现于毛泽东1938年在中共六届六中全会的报告《论新阶段》,尽管中国化思想在近代中国早就有了。但中国化在当时提出是有针对性的:一是中国共产党内部以王明为代表的教条主义,他们只会生搬硬套马克思主义,不知道以时间、地点、条件的转移,因时、因地、因条件而制宜,不知道要结合中国革命的具体实践灵活地运用马克思主义;二是针对一些人认为中国国情特殊,不宜搞马克思主义,并以此为借口抵抗马克思主义在中国的传播与实践。应该说,这是有它的合理性的。1945年刘少奇在"七大"上高度赞扬了毛泽东创造性地把马克思主义中国化(或曰"民族化")的伟大贡献。的确,毛泽东思想在中国具体革命实践中发挥出了巨大的理论威力,创造了东方历史的辉煌业绩。所以农村包围城市最后夺取全国的胜利,是相对于苏俄城市中心革命经验的中国化革命理论,它结合中国革命的社会环境,结合当时的革命形势,走出一条中国独特的道路。中国化理论的提倡使马克思主义理论适应了中国的具体情况,同时在批判地继承中国文化的基础上又使马克思主义的内容更丰富,使中国民众更加容易理解。在革命战争年代,这无疑是必要的,但中国化又造成了巨大的消极结果,中国为此付出了沉重代价。

中国是个落后的国家,无论经济上、政治上、文化上都如此;中国又是一个具有悠久历史的国家,背负着传统的沉重积淀。在这样的国度里推行"中国化"又往往导致先进理论的落后化,导致先进理论的扭曲、变形和"失真"。马克思主义中国化也包含有这样的危险,它使中国传统文化中的许多落后于时代的观念意识非但得不到及时的全面的清理和审视,相反往往被整合到中国化的马克思主义理论之中,把文化接受主体自身的许多消极观念自觉或不自觉地渗进了马克思主义思想体系。由于旧的落后的东西混进新的学说体系,由于马克思主义中国化在适应中国国情的同时又在一定程度上迎合了旧的文化传统,这必然影响理论形态的彻底更新、丰富和发展,导致先进理论不同程度的倒退或蜕化。有位学人指出:以儒家为主体的中国文化传统在对马克思主义进行重新解释过程中,也就是马克思主义中国化过程中出现了"失真"或变形。有一时期,人们把中国化的马克思主义视为"永恒的真理""终极真理""不变的真理体系",从根本上扭曲了马克思主义的基本精神。于是,把讲求物质利益斥为"物质刺激""金钱挂帅",是"资本主义复辟",把人性、人情、人道主义统统看作"资本主义""资产阶级"的低级趣味,把资产阶级思想等同于道德败坏,……而许多明显落后于时代的传统的陈腐观念往往被加上"马列主义""社会主义"这两个神圣标签而畅行无阻,给旧的传统罩上了道德的灵光和意识形态的保护色,结果导致严重阻碍中国现代化的封建主义四处横溢。在这个过程中,许多叱咤风云的反封建战士到后来却成了封建的俘虏,做了俘虏他们自己还没有觉察到。中国的传统岩层凝结得太深了,我们即使把传统体制及附属物一一拆除,甚至掘地三尺,而无形的传统意识仍有似缕缕游丝,形成潜网,迷惑人们的眼睛,滞迟人们的步伐。我们以马克思主义来改造中国社会,改变中国的贫穷、愚昧的状态,而中国化理论又在某种程度上保护了中国的传统格局,并代表或体现了这种由来已久的传统,因此,历史的正剧又转变成为悲剧。

历史给我们深刻教训:传统的包袱极为沉重,思想启蒙显得步履艰难,近代中国一直处于两难困境——"中国化"往往摆脱不了传统而导致落后化,而"西化"因其背离了中国的社会现实,也无法起到改造中国社会现实的功效。只有进一步地启蒙,使中国从这两难困境中走出来,才能沿着民主化和科学化的道路迈进,这不仅是改革与开放时代的要求,也是中国未来的唯一去路。

学术专题

论"中体西用"[1]

"中体西用"这个词,是"中学为体,西学为用"的节略语,是一个有深刻时代烙印的命题。它包含两对范畴,一是"中西",一是"体用"。中与西是欧风美雨东来之后产生的对待之词,不单是区域名称,而有着不同生活和不同文化的丰富内涵;"体"与"用"运用的面很广,涉及的范围常因论旨而异,是一对古老的哲学范畴,和另一对更古老的哲学范畴"道"与"器"常发生联系。怎样运用它们,有唯物和唯心之别。本来中学有中学的"体用",西学有西学的"体用",即封建主义和资本主义有各自的"体用",移花接木地把西方资本主义的"用"移到中国封建主义的"体"上来,这是近代中国特殊历史条件下的产物,是在中西文化两极相逢的矛盾中第一阶段的结合形式,是以以新卫旧的形式来推动中国社会的新陈代谢的,与同一国度内资本主义对封建主义的斗争既否定又吸收的形式相比,是被逼拶得变了形的。

---

[1] 原载《历史研究》1982年第5期。

一

长期以来,学界视"中体西用"为洋务派的思想体系,而又具体地挂在张之洞的名下,一说到"中体西用"仿佛成了张之洞的代号。这种印象是否完全符合事实,不妨从"中学为体,西学为用"的产生及其阐发过程寻个究竟。

"中体西用"思想,出现于19世纪60年代之初,那是1861年冯桂芬在《校邠庐抗议》中说的一句话:"以中国之伦常名教为原本,辅以诸国富强之术。"这句话说于鸦片战争期间萌发的"师夷之长技"二十年之后。不管冯桂芬属于什么派[1],他看到西方资本主义的狂潮正向中国猛烈冲来,当之者靡,"采西学""制洋器"已无可回避,怎样采? 是一个必须回答的问题,他谨慎地回答了。随之,一些留心时务、与洋人打交道的官员对此大都有所探讨。李鸿章在派学生出洋的"应办事宜"中说:"考查中学西学,分别教导。将来出洋后,肄习西学,兼讲中学,课以孝经、小学、五经及国朝律例等书,随资高下,循序渐进,……宣讲圣谕广训,示以尊君亲上之义,庶不囿于异学。"[2]他是针对出洋学生讲的,所以说"兼讲中学",是怕他们被西学熏染,在"肄习西学"中要用中学来护其本,"尊君亲上"。郭嵩焘说:"西洋之入中国,诚为中国一大变,其气机甚远,得其道而顺用之,亦足为中国之利。"[3]他说得很圆浑,着眼于一个"道"字,一个"顺"字,然后落实到"用"。薛福成在《筹洋刍议》中的《变法》篇说:"今诚取西人

---

[1] 19世纪60年代,对冯桂芬思想,有最初的资产阶级改良派、地主阶级改革派和洋务派等不同说法。
[2] 李鸿章:《李文忠公全集》,奏稿第19卷,第9页。
[3] 郭嵩焘:《复李次青》,见《养知书屋文集》第12卷。

气数之学,以卫吾尧、舜、禹、汤、文、武、周公之道。"这两句话从文字到立意,与冯桂芬所说十分吻合,他们虽然没有揭出"体"与"用"的对待之词来,却表达了灵犀相通的"中体西用"思想,冯桂芬与薛福成的话表达得很清晰。

专门从事精神生产的王韬,在七八十年代写的大量文章中,涉及"中体西用"这个宗旨的话甚多。如说:"器则取诸西国,道则备自当躬。"[1]又说:"形而上者中国也,以道胜;形而下者西人也,以器胜。如徒颂西人,而贬己所守,未窥为治之本原者也。"[2]又说:"西学西法,非不可用,但当与我相辅而行之可已。"[3]如此等等。他所列举的"形而上者""道""本原"为一方,是中学;"形而下者""器""末"为一方,是西学。中学为"主""体";西学是"辅""用"。他把中西两方纳入中国传统的哲学范畴内以阐明它们的主从关系,对那时的士大夫具有诱导作用。上海中西书院掌教沈毓桂更以《西学必以中学为体说》命题,发挥中西书院的旨趣是"假西学为中学之助,即以中学穷西学之源","西学自当以中学为本而提纲挈领"[4]。传教士傅兰雅主编的《格致汇编》也怂恿说:"形而上之为治平之本,形而下之即富强之术。"[5]对中学西学这样区分和运用,在王韬这班人看来已是天经地义的了。

到了八九十年代,"中体西用"说日益明朗,说的人也多起来了。郑观应在《盛世危言》中的《西学》篇说:"中学其体也,西学其末也;主以中学,辅以西学。"这已是人们熟知的话。邵作舟的《邵氏危言》

---

[1] 王韬:《杞忧生易言跋》,见《弢园文录外编》,第321—323页。
[2] 王韬:《弢园尺牍》,第30页。
[3] 王韬:《弢园文录外编》,第297页。
[4] 《万国公报》第2册。
[5] 《格致汇编》第5年秋,告白。

是同《盛世危言》一样被列为早期改良派的论著,其《纲纪》篇中说:"以中国之道,用泰西之器,臣知纲纪法度之美,为泰西之所怀畏,而师资者必中国也。"一个说的是"中体西末",一个说的是"中道西器",与王韬的立意与用词若合符节。1895 年 4 月沈寿康在题为《匡时策》的文中进而说:"夫中西学问,本自互有得失,为华人计,宜以中学为体,西学为用。"[1]沈寿康即沈毓桂,这时是《万国公报》的编者,文章发表于《万国公报》第 75 期上,用"为华人计"的洋人口吻,使人看了怪不舒服。他一字不差较早地提出了"中学为体,西学为用"的"中体西用"说。次年 8 月,孙家鼐在《遵议开办京师大学堂折》中说:"今中国创立京师大学堂,自应以中学为主,西学为辅;中学为体,西学为用;中学有未备者,以西学补之;中学有失传者,以西学还之;以中学包罗西学,不能以西学凌驾中学。"[2]他唯恐中学和西学的位置摆得不正,把时人有关这项主张同神异词的话一起搬了进去。1897 年 9 月 17 日宣传维新变法的《湘学报》则说:"查泰西各学,均有精微,而取彼之长,辅我之短,必以中学为根本。"它承认西学有其"精微",取而用之,以辅助中国的"根本",是对"中体西用"的诠释。1898 年 5 月,盛宣怀在奏荐何嗣焜总理南洋公学事务一折中也说:"臣与(何嗣焜)纵谈西学为用,必以中学为体。"[3]"中体西用"出自各类人物之口,并成为各自要求维新变法的原则,谁也没有怠慢这个原则。孙家鼐,时任工部尚书兼管官书局,不久调吏部尚书、协办大学士,管理大学堂,他的话明白宣示是近代中国自办的第一所大学堂的办学宗旨,京师大学堂的开办确也是照这个宗旨行事的。而京师

---

[1] 这里的着重点是笔者加的,下同。
[2] 中国近代史资料丛刊《戊戌变法》(2),第 426 页。
[3] 国家档案局明清档案馆编:《戊戌变法档案史料》,中华书局 1958 年版,第 250 页。

大学堂又是戊戌维新直接留下的仅有成果。

1898年6月,光绪帝"诏定国是",宣谕"中外大小臣工,自王公至于士庶,各宜发愤为雄,以圣贤之学植其根本,兼博采西学之切时务者,实力讲求,以成通达济变之才"[1]。至此,"中体西用"思想已作为光绪帝实行维新变法的政治准则宣示天下了。

就在这时,1898年5月,张之洞的《劝学篇》撰成,他在《设学》篇中写道:"新旧兼学,四书五经、中国史事、政书、地图为旧学;西政、西艺、西史为新学。旧学为体,新学为用。"全书四万言,就是围绕着这个基本论旨大发议论的。《劝学篇》为何而作? 且从《抱冰堂弟子记》中的一段话看看张之洞的心迹,这段话是:"自乙未后,外患日亟,而士大夫顽固益深。戊戌春,金壬伺隙,邪说遂张,乃著《劝学篇》上下卷以辟之。大抵会通中西,权衡新旧。有人以此书进呈,奉旨颁行天下,秋间果有巨变。"[2] 赵炳麟也摘发其隐衷说:"之洞曾荐梁启超,惧为时议非刺受祸,遂著劝学内外篇,外篇言采西学,内篇宗经典,以抵康学。"[3] 可见维新变法运动的高涨,"邪说遂张",正在冲击"中体西用"的防线,张之洞为了固守这道防线,"乃著《劝学篇》上下卷以辟之",意在堵截,与先前的赞助作用已不同。这也说明了戊戌维新是洋务运动的否定和发展。

显然,三十余年间阐发"中体西用"者不止洋务一派,凡谈时务、讲西学的人,莫不接受或附和这一主张,甚至倡发此论者还以早期的改良派居多。因为那时盈中国皆守旧的士人,欲破启锢闭,浸润新知,只能把西学放在他们可能接受的范围之内;那些倡导西学的人,

---

[1] 朱寿朋:《光绪朝东华录》(4),第78页(总第4094页)。
[2] 张之洞:《张文襄公全集》第228卷,第14页。
[3] 赵炳麟:《赵柏岩集》,见《光绪大事汇鉴》第9卷,第23页。

也只能就"中体西用"来立论,过此则是他们不敢涉想的,或者是想而不发。既然谈"中体西用"的人并不算少,何况如数揭出"中学为体,西学为用"八个大字来的是在《劝学篇》出世之前,而《劝学篇》说的还是"旧学为体,新学为用",意思尽管一样,何以竟归之于洋务一派,归之于张之洞一人?论者谓因梁启超在《清代学术概论》中是如此立论的。他说:"甲午丧师,举国震动;年少气盛之士疾首扼腕言'维新变法',而疆吏李鸿章、张之洞辈,亦稍和之。而其流行语,则有所谓'中学为体,西学为用'者,张之洞最乐道之,而举国以为至言。"读者不察,接受了梁启超的说法,广为引发,"中体西用"遂流而为张之洞的一家言。

梁启超在《清代学术概论》中的这些话是有影响的。但他明明说"中学为体,西学为用"是那时的"流行语",是"举国以为至言"的,张之洞只是一个"最乐道"的人,为什么还是归之于张之洞?因为张之洞这个大言炎炎的清流派,中法战后迅速变为与李鸿章争雄的洋务派强者。他不仅举办了一批洋务企业,而且网罗了一批知识界人士为其创报刊、办学堂。1893年在武昌办的自强学堂,分方言(外国语)、格致、算学、商务四斋,以提倡西学邀时誉,此校至1901年改为文普通学堂;他又撰写了以"会通中西、权衡新旧"相标榜的《劝学篇》。后者恰是李鸿章所不及的。《劝学篇》一进呈,迅即得到光绪帝的赞许,将其"颁行天下",由军机处印发总督、巡抚、学政各一部,各地相继翻印。洋人亦大为吹嘘,《教务杂志》(*Chinese Recorder*)连续译载,译者伍德布里奇牧师的前言且说:"长时期以来习惯于孔夫子的陈词滥调下变得死气沉沉的中国人,终于在时代的现实面前苏醒过来。"这些言过其实的话大大地夸张了《劝学篇》的作用。梁启超综览这些印象,没有从"中体西用"的历史进程去考察,强调了张之洞的"最为乐道",忽视了许多人的"乐道",也隐瞒了他自己的"乐道"。梁启超在他参与制订的《京师大学堂章程》中不也说"夫中学体也,西学用也,两者相需,缺一不可"吗？但必须指出,前此的"中体西用"言论,为引进西学开了路,梁启超等所说的中学西学"两者相需,缺一不可",还是向前看为推广西学铺路。他在《学校总论》一文中慨乎地说："今之所患者,离乎中国,而未合乎夷狄。"与张之洞断断论述中学与西学的主从关系,唯恐日益扩大了西学的"用"会危及中学的"体",毕竟有很大区别。

如果说洋务运动是19世纪60年代至90年代初清朝政府中洋务派的改革部署,被称为早期改良派的那批人及其他谈时务的人大抵附从于洋务派,则"中体西用"作为洋务派的纲领是当之无愧的。但我们应该承认一个事实：持此主张者绝不只是洋务一派。完全可以这样说："中体西用"主张是经早期改良派阐发而成为洋务运动的指导思想的。也可以这样说：早期改良派的言论是洋务运动的理论指导,洋务派则是"中体西用"宗旨的实施者；言论先行,实施随之,实施的进程和得失,言论家又是敏锐的批评者。

"中体西用"是在维护"中体"的名义下采纳西学的,久被判为包庇封建罪。须知那个时候的中国,要在充斥封建主义旧文化的天地里容纳若干资本主义的新文化,除了"中体西用",还不可能提出更好的宗旨来。如果没有"中体"作为前提,"西用"无所依托,它在中国是进不了门、落不了户的。因此,"中体西用"毕竟使中国人看到了另外一个陌生的世界,看到了那个世界的部分,并设法把这部分引进到中国来,而成为中西文化频繁接触后的当时两者可能结合的一种形式。这种结合曾经产生了某些有益的东西：一是在引进技术中建立了一批工矿企业,造成中国最早的产业工人；二是使某些社会结构的异变，如旧式学院逐渐向新式学堂过渡，即其著者；三是在汲取声光化电中产生了一批科技人员，或者变为思想资料在思想领域中放出光辉。这些，无疑是封建文化的异军，力量虽然有限，但终究给僵化的封建文化打开了缺口，促进了近代中国社会的新陈代谢。正如马克思所说，"每个原理都有其出现的世纪"[1]。"五四"时期，蔡元培在北京大学主张对新旧文化"兼容并包"，为马克思主义的传播开了方便之门，受到推崇，要是在全国解放后提出这种主张，那就会是另外一回事了。所以，无论"中体西用"或"兼容并包"，都有他们自己的"世纪"。

日本明治维新提出的"和魂洋才"口号，与"中体西用"并没有本质的区别，而它们所产生的实际效果却大异。这不能单从所处国际环境的对比中去寻找答案，还须从中日两国的社会结构的内在因素及彼此主持国务一代人的作为进行探讨，寻出究竟。1967年吉田茂为《大英百科全书》撰写的专稿——《激荡的百年史》，不妨读一读，开头两章论述"开港论与攘夷论的争辩""输入外国文明的代价"，对我们认识"和魂洋才"和"中体西用"的不同结局，是颇有借鉴之益的。

二

中学或旧学，西学或新学，一方是"道""体""本""主"，一方是"器""用""末""辅"。为了明了19世纪后半叶中国人对中西文化的这种区分，有必要进一步说一说他们称道的中学和西学各自的含义和内容是什么，以辨明其"体用"关系。

《易经·系辞》说："形而上者谓之道，形而下者谓之器。"这是两

---

[1]《马克思恩格斯选集》第1卷，第113页。

句不可分割的权威性古语,是历来哲学家、政治家阐发的命题。王韬、郑观应等都借此以概括和区分中学和西学的不同。汤寿潜也说:"盖中国所守者形上之道,西人所专者形下之器。"[1] 廖平则在肯定"中道西器"的区分后,主张中西各取对方之所长,以补自己之短。他说"中取其形下之器,西取乎形上之道"[2]。他们所说的"道"和"器",易言之即精神文明和物质文明。其他如"体用""本末""主辅"等词,虽常因譬举的广狭不同而含义各异,但在区分中学西学时,也与"道器"一样都先验地要表明中西的主从关系。所不同者,"道器"是就事物的本体而言,"本末""主辅"是对事物表现的形式划分,"体用"则两者兼之。《易经》上的"道器"观,"器"原指一切客观事物,"道"是指事物的道理,并行不悖,"道在器中"。堪称洋务高才生的钟天纬[3],他对此加以推论道:"格致之学,中西不同。自形而上者言之,则中国先儒阐发已无余蕴;自形而下者言之,则泰西新理方且日出不穷,盖中国重道而轻艺,故其格致专以义理为重,西国重艺而轻道,故其格致偏于物理为多,此中西之所由分也。然其实言道而艺未尝不赅其中,言艺而道亦莫能究其外。其源流固无不合也。"[4] 除了说形而上的"道"已为中国的先儒尽情发挥外,他在这里阐明了两点:(一)中西各有侧重,"中国重道而轻艺","西国重艺而轻道",不是各有其一;(二)"道"与"艺"不是孤悬于另一方之外的,而是"道"中有"艺","艺"中有"道","其源流固无不合"。

---

[1] 汤寿潜:《危言·中学第六》。
[2] 廖平:《蓄艾文编》第 6 卷,第 15—16 页。
[3] 钟天纬(1840—1900),出身于上海广方言馆,曾去过德国。先后供职山西机器局、江南制造局翻译馆、武昌铁路局,并任武昌自强学堂监督、吴淞电报局长等职。戊戌被推举应经济特科,因政变发生下要,他始终参与洋务事业,著作有《刖足集》等。
[4] 钟天纬:《刖足集·外篇》,第 90 页。

对于中学,他们率多以抽象的"道"来概括,也可以从上引的许多人的话中看到各种表述:或说"伦常名教",或说"四书五经",或说"尧、舜、禹、汤、文、武、周公之道",或说"四书五经,中国史事、政书、地图",推而及于中国旧有的文化皆属之,其核心则为"伦常名教"。这个核心他们认为是不可动摇的,却是谭嗣同在《仁学》中所抨击的,更是"五四"新文化运动集中批判的所在。

至于西学,是作为中学的对立面出场的,对近代中国有极大的影响,人们怎样认识和汲取它,是一个艰辛而曲折的历程。

早从16世纪末耶稣会传教士利玛窦等人开始,到18世纪末,他们在传布宗教神学的同时,也译介了若干有关天文、数学、物理、地理及哲理方面的书。他们的著译有中文可考者,约计370种,其中属于科学性的书占120种左右,但当时先进的科学论著绝少。[1]"西学"这个词是随同这一活动而来的。1623年,艾儒略编写的欧西大学所授课程纲要,分列六科:(一)文科;(二)理科(指哲学);(三)医科;(四)法科;(五)教科(包括教规、圣典);(六)道科(指神学),名曰《西学凡》。参与校刻此书的许胥臣解释说:"凡也者,举其大概也。"[2]《四库全书总目提要》有《西学》一篇,就是对《西学凡》的题解。1673年(康熙十二年)第二次印行的《利玛窦汤若望二君传略》,其中说利玛窦来到中国后,"各处大宪造访者众,皆喜观其奇器,听其西学"[3]。这些西学,传习的范围很狭窄,限于宫廷和少数官员,后又中断。西学成为资本主义新学在中国广泛传播,已是鸦片战争以后的事。但在19世纪后期的几十年间,中国人对它的认识仍很不稳

---

[1] 侯外庐主编:《中国思想通史》第4卷下册,第1246—1255页。
[2] 徐宗泽编著:《明清间耶稣会士译著提要》,第289—294页。
[3] 《格致汇编》第5年冬。

定,随着视野的扩大,西学的内涵不断调整、延伸,考察其脉络,大约有这样几个进程:

(一)经过鸦片战争,继之以第二次鸦片战争,沿海极少数官员开始注视外部世界。较早的有杨炳南撰述的《海录》,之后有林则徐的《四洲志》、魏源的《海国图志》、梁廷枏的《海国四说》、徐继畬的《瀛环志略》等书。他们在介绍各国地理、历史的同时,对英、美、俄等国的政治体制也略有记闻,但他们笔下的"海国""瀛环"也还没有消除"四裔"的影子,60年代初设立的外国语学堂不就名之曰"同文馆""广方言馆"吗?最使他们震慑的还是来自遐方的那些"坚船利炮",他们领会的西学就是这种"长技",值得师法的也限于这种"长技",个别人则开始触到了机器生产上的技术。至于如钟表、西琴、玻璃一类工艺品,都被视为伤风败俗的"奇技淫巧",照出原形的玻璃镜未免太妖气,总不如若隐若现的铜镜古雅而正统。魏源说"有用之物即奇技而非淫巧",要算是发人所未发了。

(二)从1865年江南制造局开办到各省相继设立机器局的70年代,围绕着军事技术摸索西学。为此,江南制造局附设翻译馆,先后译出了《列国陆军制》《海防新论》《制火药法》《克虏伯炮说》《轮船布阵》《营垒图说》《攻守炮法》《水雷秘要》等书。近代军事技术是离不开数学和其他科技知识的,因而声光化电等学问也已在讲求之列,有关汽机、轮船的书也是从军事着眼的。科学家徐寿(雪村)、徐建寅、李善兰、华蘅芳等人,都由此以数学和翻译西方科技书协同傅兰雅而开始了他们的科学事业。徐雪村曾说:"格致之学必借制器以显,而制器之学原以格致为阶。"[1]

---

[1]《徐雪村先生像序》,见《格致汇编》第2年秋。

（三）七八十年代，由开办军用工业的"求强"进入举办民用工业的"求富"。薛福成写了《机器殖财说》，郑观应等提出了发展贸易的"商战"口号，"十万之豪富，则胜于有百万之劲卒"[1]。轮船招商局、上海机器织布局等企业就是在这种呼声下办起来的。他们认识到工业是商业的基础，格致又是发展工业的前提，对西学的要求也随同洋务企业的扩展而扩展，并视声光化电为西学的精华。仍以江南制造局的译书为例，《江南制造局译书提要》[2]共录译书158种（包括附录10种），其中史志、政治、教育方面的书18种，兵制、兵学方面的书32种，船政、商学（着重管理）方面的书8种，理工医农等科技方面的书90种；附录10种，除《西国近事汇编》一种外，其他9种也都是科技书。由此可以看出西学在这一阶段的趋向。为适应这种需要，傅兰雅从1876年起主编的《格致汇编》，每年4本，更几乎全是理工医农、声光化电方面的内容。这也由于一些感世忧时之士，认为当时只有"延精于中西学者，广译西国有用之书，贱价出售，以广流传，使咸知格致之妙用，然后迂腐之见化，然后诽谤之风息，人无间言，为国者庶乎有所借手矣"[3]。

（四）由科技学问推而及于上层建筑的教育政治体制。还在1877年，马建忠《上李伯相言出洋工课书》中即已指出西方国家的富强："学校建而志士日多，议院立而下情可达，其制造、军旅、水师诸大端，皆其末焉者也。"这是几句很有代表性的话，一是说了议院制的优越性，二是承认西学自有本末。与此略早，王韬、郑观应也已在憧憬"君民共主"的议院制，开始触及这一中枢政制，但仅是散见的点滴言

---

[1] 郑观应：《盛世危言》，商战。
[2] 线装两本，宣统元年七月印。
[3] 《皇朝经世文统编》第105卷，杂记，第6—7页。

论。经过80年代的酝酿传述,到90年代才被先进的中国人共同认识,成为公开的论题。有人断然地说:"盖中国之人震格致之难,共推为泰西绝学,而政事之书,则以吾中国所固有,无待于外求者,不知中国之患,患在政事之不立,而泰西所以治平者,固不专在格致也。"[1]这种认识导向随后的政治革新运动。

向西方学习由科技进入政治的领域,这是就"中体西用"说近半个世纪的发展进程来说的。至于个人,有的认识较早,有的认识较多,在时间上和涉及的范围如浪层相逐,是交错地出现的。早在1875年郭嵩焘的《条陈海防事宜折》中已说:"西洋立国,有本有末,其本在朝廷政教,其末在商贾、造船、制器,相辅以益其强,又末中之一节也。"继郭嵩焘任出使英法大臣的曾纪泽,从伦敦给丁日昌的信也说:"目睹远人政教之有序,富强之有本,艳羡之极,愤懑随之。"他所"艳羡"的是西方的政教,"愤懑"的是清朝的腐败。郭、曾虽还没有提到议院,但已呼之欲出了。

议院在中国作为一种政治主张提出,是认识西学、学习西方的突破点。尽管他们并没有修改"中体西用"的宗旨,或者仍是把议院当作"西用"来接纳,但议院是与民权相联系的,它的实行必然是对君权的限制和削弱,是对"君臣之义"的中体的改造。事实上他们也已隐约地把它看作"西体"了。历来以此作为改良派和洋务派的分界线,这个分界线不是完全乌有。姑以张之洞为例。有人说张之洞的西学观不包括政治,这不尽然,张之洞在他的"新学为用"中明明指出了"西政"。他说:"政艺兼学,学校、地理、度支、赋税、武备、律例、劝工、通商,西政也;算、绘、矿、医、声、光、化、电,西艺也。"他在这里说

---

[1]《翻译泰西有用书籍议》,见《皇朝经世文统编》第1卷。

的"西政"很泛,是个大呼隆,但在上引行文下注道:"西政之刑狱,立法最善。"他不敢触及的是西政的枢纽——议院,认为"倡此民权之说,无一益而有百害"。这与王韬、郑观应、马建忠等人的推崇议院制是有差别的。

那么,被列为洋务派的人是不是绝口不谈议院呢? 也不尽然。满洲贵族、总理衙门大臣文祥,是公认的洋务派首领之一。他在1874年的《密陈大计疏》中说:"说者谓各国性近犬羊,未知政治,然其国中偶有动作,必由其国主付上议院议之,所谓谋及卿士也;付下议院议之,所谓谋及庶人也。议之可行则行,否则止,事事必合乎民情而后决然行之。"又说:"中国天泽分严,外国上议院、下议院之设,势有难行,而义可采取。"[1]淮军大将、官至两广总督的张树声,他不是一个高谈西学、著书立说的人,而是一个洋务派官僚。他在1884年病危时的遗折中更明确地写道:

> 近岁以来,士大夫渐明外交,言洋务,筹海防,中外同声矣。夫西人立国,自有本末,虽礼乐教化远逊中华,然驯致富强,具有体用,育才于学堂,论政于议院,君民一体,上下一心,务实而戒虚,谋定而后动,此其体也;轮船、大炮、洋枪、水雷、铁路、电线,此其用也。中国遗其体而求其用,无论竭蹶步趋,常不相及,就令铁舰成行,铁路四达,果足恃欤?[2]

这段话既指出了西学的有"体"有"用",又指出了"育才于学堂,论政于议院"即其"体";不仅对前此只求"西用"表示不满,而且毫不隐讳地寄意于"西体"。与同时期谈议院制的改良派比,他的话也是有分量的。张树声的话说于维新运动高涨的十年前——中法战争时,他

---

[1] 赵尔巽等:《清史稿》第386卷,第11691页。
[2] 张树声:《张靖达公奏议》第8卷。

是在弥留之际把思想写成奏言的,希望清廷作出抉择。显然,这是蓄之已非一日的思想,也不同于一般的私下撰文发论了。至于所说西国的"礼乐教化远逊中华",是他不能放弃历史上的民族优越感,也是他既要延纳"西体"又不能割舍"中体"的矛盾。其他谈议院制的人何尝摆脱这种困境,获登彼岸!

照此,是不是要改变张树声的政治关系,把他从洋务派换到改良派的岗位上来?我不是这个意思,只想借此揭示一个事实:在承认和推动"西学为用"的年代里,他已逐步看到"西体",并想把它引进来,使"中体"有所改变。这不只是反映于张树声这个洋务官员的身上;被封为洋务派理论家的郭嵩焘,在80年代后期他对议院也明显地表示了自己的向往。他说:"法人君党凡三,民党亦三,议论视他国尤繁,然至于用兵,先由议院定议,尽一国之臣民皆无异言,而后筹定兵费以为调兵之数……"[1]此外,彭玉麟等人也有类似的言论。多年来大家区分早期改良派与洋务派说了好些条,我以为只有是否承认议院制这一条是个分界线。其实这一条也不是铁案如山的。看来同光时推行洋务新政的似有两种人,一种是主持洋务的实施者,一种是参与或不参与洋务的开风气之士,后者常向前者提供理论和建议。理论与实施之间,在时间上自有先后,理论先行;在进程中议者与行者也不可能完全步趋一致,行者总比议者持重。

(五)对西学既要求其"用",在举办洋务的"用"中,日益碰到有形和无形的"中体"障碍,并发觉西学是"体用"兼备的,"中国求其用而遗其体",所以成效难期。上引张树声的话,就充分揭示了这个历史辩证法。张树声所说的"西体"限于政教,其他谈到这一内容的人,

---

[1] 郭嵩焘:《致李傅相》,见《养知书屋文集》第12卷。

也还没有提供较多的内容。而西学中比这更深一层的"形而上之道"的哲理学说，虽然直到19世纪末年和20世纪初年才被中国知识界所发掘和传介，但在"西用"的逐步延伸中，80年代已有人开始在窥其崖岸了。

就在张树声写遗折时的前后，那个始终从事洋务活动的钟天纬，写了多篇有关西学的文章，其中的《格致说》特别论述了西学的源流。它说："考西国理学，初创自希腊，分为三类：一曰格致理学，乃明征天地万物形质之理；一曰性理学，乃明征人一身备有伦常之理；一曰论辩理学，乃明征人以言别是非之理。"接着，阐述了希腊阿卢力士托德尔（亚里士多德）的著作和学说，说过了两千余年，"始有英人贝根（培根）出"，"以格致各事必须有实在凭据者为根基，因而穷极其理，不可先悬一理为的而考证物性以实之"。进而说1809年"达文（达尔文）生焉"，他"随英国兵船，环游地球，测量绘图，并考究动植各物及舆地等事"，更于1859年"特著一书，论万物分种类之根源，并论万物强存弱灭之理。其大旨，谓凡植物动物之种类，时有变迁，并非缔造至今一成不变。其动物植物之不合宜者渐渐消灭，其合宜者得以永存，此为天道自然之理"。接着，钟天纬又介绍了施本思（斯宾塞）的学说，说他"所著之书，多推论达文所述之理，使人知生活之理，灵魂之理，其书流传颇广。其大旨将人学而确可知者与不可知者，晰分为二，其所谓确可知者皆万物外见之粗质，而万物之精微则确有不可知者在也"[1]。如此简明地概述西方大师们的学说的主旨，以事实纠正"西学源出中国"的附会之说，在那时的中国人中还是罕见的。钟天纬虽没有也不可能区分达尔文的进化论和斯宾塞的庸俗进化论，

---

[1] 以上均见钟天纬：《刖足集·外篇》，第90—92页。

但他把达尔文的物种变化说和斯宾塞的不可知论,说得还是比较准确的。可见他的这些知识不只是在广方言馆、江南制造局翻译馆的耳闻,而是直接取之于有关西书或大师们的原著的。

钟天纬的《格致说》,比严复1895年申论达尔文、斯宾塞学说发表于《直报》的《原强》,要早几年或十年,把西学的格致推进到对哲理的探索,是一个可贵的尝试。正是有了这种尝试,邵作舟在《邵氏危言》一书的《纲纪》篇中,刚说了"夫泰西者独器数工艺耳"的话,随之在《译书》篇中却说:"然则今日译泰西政教义理之书最急,而器数工艺之书可以稍缓。"这是针对江南制造局所译各书大都属于科技而发。他承认泰西在"器数工艺"之外还有"政教义理",并以翻译"政教义理"之书为"最急"。所谓"政教义理"者何?就是他们心目中的"西道""西体",也就是指西方资产阶级的政教体制和各种学理。可知康有为等之谈及培根,严复《天演论》之风靡一时,并不是突然出现在中国学界,而是"今日适越而昔来"的。

从上述这个由表及里、由具体到抽象的汲取西学过程,我们可以清楚地看到,它是在"中体西用"宗旨的引导下迈开步伐的,又徐徐地冲击着"中体西用"的宗旨。

因为,西学是新学,中学是旧学,在实施中,旧学和新学、"中体"和"西用"是不会互不侵犯的,"用"在"体"中会发酵,势必不断促进事物的新陈代谢。轮船火车所至,蒸汽机轰鸣,瞬息千里,不能不牵动人们的大脑,改变观念。1890年,黄遵宪的名篇《今别离》对近代化交通工具描绘道:"虽有万钧柁,动如绕指柔。岂无打头风,亦不畏石尤。送者未及返,君在天尽头。"[1]诗人在这里所咏叹的,正是疾

---

[1] 黄遵宪:《人境庐诗草笺注》,第186页。

驶的轮船改变人们思维的写照。王韬领悟了这个道理,前此他在引述"形而上者曰道,形而下者曰器"这条原理后说:"道不能即通,则先假器以通之,火轮舟车皆所以载道以行者也。"[1]本来王韬、郑观应等人对"道器"的解释是"器由道出",与王船山说的"道在器中"背道而驰,这里的客观事实却使他们得出了近于唯物的认识。王韬他们虽然口口声声在"求形下之器,以卫形上之道"[2],而在事实面前,终不能不承认"火轮舟车皆所以载道而行也"。封建主义者所以拼命反对修铁路,就是怕震动了山脉祖坟,伤害了"伦常名教"的"体",恰从反面反映了他们这一无法排遣的厄运。1922年有首讽刺李慈铭的诗道:"铁路万不可造,彗星着实可怕。四十年前好人,后人且莫笑话!"[3]后人看来笑话,那时顽固的封建主义者却视为"真理"啊!

西学、"西用"分明在逐步冲击中学、"中体"的防线,而这些走向世界、寻求新知的中国人,却谁也没有去指摘中学"中体"的不是,甚至还得坚持以往的历史,声明泰西的"礼乐教化远逊中华"。这同竞称"西学源出于中国"的态度一样,不甘心中国的落后。在泰西议院之风吹进中国,"中体"有招架不住之势时,梁启超这样的佼佼者,就在1896年赶紧写出《古议院考》,说古代中国早有这种遗制,只是被后来的民贼湮没了,泰西算老几!这并不全是一味自我陶醉,而是想减少士大夫那种"披发左衽"的隐痛,有利于新学的推行。所以洋务运动中的好些人,觉察到"西用"途上的处处荆棘,蹒跚不前,浸浸乎要以"西体"为法,去改变中国某些旧制。原为天津武备学堂总教习、

---

[1] 王韬:《弢园文录外编》,第2页。
[2] 汤寿潜:《危言》第1卷,第9页。
[3] 《胡适日记选》,载《新文学史料》第5辑。

1898年任丰润知县的卢木斋,在致梁鼎芬信中,说了他自己的感受:对西学"初亦不甚厝意,以谓一艺一术,不足语道。及读西士译就各种新理新书,又与严幼陵诸君子游,则益恍然于宇宙之大,古今之遥,尧舜禹汤文武周公孔子中土圣人递相传授之实际,泊今学者已湮其源,独赖二三西士,深操力取穷乎阃辟之始,扩诸名教之繁,推隐钩沉,发扔交畅,虽其道,未必遽合,要其征实不诬,则固吾圣人复起,有不能废者也"[1]。这是"中体西用"的内在矛盾推动着人们观念形态的新陈代谢,由卑视西学为"一艺一术,不足语道",到承认其"吾圣人复起,有不能废者也"。如果没有"一艺一术"的"西用"引导,则人们还是相信"天圆地方"的。

　　新陈代谢是个客观法则,人们不能不受到它的制约,人们的观念不能不受到它的制约。"中体西用"是在这种制约下提上日程的。鲁迅说:"中国的文化,便是怎样的爱国者,恐怕也大概不能不承认是有些落后。新的事物,都是从外面侵入的。新的势力来了,大多数的人们还是莫名其妙。"[2]当"大多数的人们还是莫名其妙"的时候,把"西用"放在"中体"的轨道上,使它有个进身之阶,有个"用武"之地,这就是一个进步。而新事物在旧体内总是较有活力的因素,人们虽想把它限制在原先许可的范围之内,是很难完全如愿的。开明的人们在于看到这个事实,因势利导,马建忠、张树声、邵作舟等人的话表现了这种趋向。这是新陈代谢对人们又一个方面的制约。这个制约与前此取决于历史条件许可的制约不同,而是受历史的诱导,叫人们不应该停留在原有的起点。

---

[1]《天津文史资料》第17辑,第106—107页。
[2]《鲁迅全集》第4卷,第143页。

三

当洋务运动开展之后,为接纳西学的"中体西用"思想在上层领域里缓缓地流动,首先遭到封建顽固派的反对,跟着则是来自参与洋务、有志西学的人的批评,这两种人的声音对准的目标是一个。权衡两者对中国的利害是相等还是两样,是我们考察"中体西用"的历史作用时的又一个值得研究的重要问题。

封建顽固派视西学为妖魔。在保护"中体"的前提下延纳一点"西用",他们也不愿意,看到一丁点由西方传进来的东西,就大嚷是"用夷变夏"。1867年,同文馆决定招选科甲正途人员学习天文算学时,大学士倭仁带头反对说:"何必师事夷人!"一唱十和。监察御史张盛藻的弹折很有代表性,他说:"朝廷必用科甲正途者,为其读孔孟之书,学尧舜之道,明体达用,规模宏远也,何必令其学为机巧,专明制造洋枪之理乎?"[1]这样一点小小的改进,经他们一闹,一些原想入馆学习的科甲人员也裹足不前了。以致洋务新政中首办的这所有利于"西用"的学堂,就很难获得发展。他们总以中国的圣道"明体达用",浑然一体,好得很,就这样梗阻不允许混进"西用"。他们不仅攻击西学,也攻击提倡西学的人。如郭嵩焘出使英法时所写的《使西纪程》,是早年中国人横渡大西洋的西游记,述其所见所闻,为认识世界、沟通中西文化作参考,对泰西的法度和设施颇有赞词。李慈铭看了,诟他"不知是何肺腑"[2],王闿运则骂他"殆已中洋毒"[3],李

---

[1] 中国近代史资料丛刊《洋务运动》(2),第29页。
[2] 李慈铭:《越缦堂日记·桃花圣解庵日记》已集,第2集,第80页。
[3] 王闿运:《湘绮楼日记》第6册,第18页。

鸿藻且"逢人诋毁"[1]，以致书被毁版。综郭嵩焘一生，因赞成西学，倡办洋务，备受撕咬，终至抑郁而死。

至于来自参与洋务、有志西学的人的批评，就他们批评的内容来说，约有三个方面：（一）指责其"徒袭皮毛""遗其体而求其用"，是捡了芝麻丢了西瓜；（二）指责其因循苟且，经营非其人，徒掷千百万有用之财，成效甚微；（三）指责"官督商办"是"国家之厚敛"，"名为保商实剥商，官督商办势如虎"。持这种批评态度的人不少，类似的言论也多。再引钟天纬的一段话为例，他说：

> 刻下中国设局置厂，制造枪炮丸药、兵船铁甲诸务，非不借用西法，刻意经营。但外强中干，徒得其糟粕枝末，而未尝窥其精微，仍是粉饰习气。欲挽回大局，岂仅在船坚炮利区区末艺之间，即小小补苴，仍无补存亡之大计。必须破除积习，大为更张，兴学术，定庙谟，去壅蔽，收人才，通民情，采公议，而其尤在官民一力，上下一心，富必求其民生之本富，强必求其风气之自强，使间阎家自教战，胜于国家之练兵；使间阎家自求财，胜于国家之厚敛，人人明格致而制造自精，人人勤治生而利源日辟，合中国三百兆人谋之，何患不济！若东开一局，西设一厂，岁靡县官千百万金钱，而仍无丝毫实际，则何益之有哉！[2]

又如陈炽则说：

> 其号为通洋务者，又以巽懦为能，以周容为度，以张皇退葸为功。言交涉则讲求于言语文字、交际晋接之间，屈己伸人，以苟求无事；言海防则鳃鳃然敝精竭财于利炮坚台、鱼雷铁舰之属，岁掷帑金千万，

---

[1] 李鸿章：《李文忠公全集》，朋僚函稿第17卷，第29页。
[2] 钟天纬：《刖足集·外篇》，第80页。

以苟且侥幸于一时,弃其精英而取其糟粕,遗其大体而袭其皮毛。[1] 这些话,有的是直接指向"体用"问题的,如钟天纬所说"必须破除积习,大为更张","富必求其民生之本富,强必求其风气之自强",陈炽所说"遗其大体";其他多是指向洋务设施和主持人的,也间接和"体用"有关。钟天纬、陈炽这些人,或者因懂西学而厕身洋务活动,或者以言论久被视为早期改良派,无疑都是赞同"中体西用"宗旨的,他们的词锋所及,却在怀疑和触动"中体西用"。这是洋务实践向他们提出的问题,既反映了言者在行进中和宗旨之间的矛盾,也反映了言者和行者之间的矛盾即理论与实践之间的矛盾。看来自相抵牾,却比固守圣道的封建主义者的攻守一致要好,他们是想顺水推舟而不是逆水行舟。

反过来,我们看看封建主义者是怎样攻讦的。他们在戊戌政变时大放厥词:"近年以来,嗜西学者恐专言西学之难逃指斥也,因诡言'中学为体,西学为用,中学为本,西学为末',以中学兼通西学乃为全才,此欺人之谈也。如大逆康有为等皆以中学兼通西学者,自应体用兼备,本末兼赅矣,称全才矣。乃以所通之西学,变我祖法,乱我圣道,结党谋叛,罪通于天。向使纯务中学而不通西学,世间无此种全才,焉有此非常之祸?"他们主张"明查暗访,如有私肄西学、谬称讲求时务者,立即严拿,奏明重惩"。[2] 在他们的眼中,"中体西用"是祸根,"私肄西学"是钦犯,世间没有比此更严重的"邪说诐行"了。

所以,攻讦者和批评者对准的目标虽是一个,但绝不能相提并论。攻讦者对洋务对西学是敌视,是堵塞事物的新陈代谢;批评者对洋务对西学是诤言,是促进事物的新陈代谢。就以史学界通常划分

---

[1] 陈炽:《庸书内外篇·自叙》。
[2] 国家档案局明清档案馆编:《戊戌变法档案史料》,中华书局1958年版,第484页。

的顽固派、洋务派、改良派三者的分野来说,作为早期改良派的王韬、郑观应、薛福成、马建忠等人同洋务派的关系固然是互相联结,几乎是荣辱与共,但刚从美国留学归来的容闳,被称作中国资产阶级改良主张的首倡人,他与洋务派官僚素昧平生,1860年他访问太平天国时向洪仁玕提出了新政建议,却没有接受洪仁玕对他的真心挽留,旋即离去,他没有向清廷的顽固派找出路,而是投向了曾国藩、丁日昌,帮助洋务派创办江南制造局,带领留学生赴美,与封建顽固派始终无缘,他的留学生计划后且横遭顽固派的摧残。这不是谁去左右了容闳的去就,而是他的自我选择。我并不是说容闳投得其所,但从这个久在美国而热爱祖国、终生为促进祖国进步事业出力的改良派人士的去就,不难看出改良派同洋务派、顽固派的关系不是等距离的,而是有亲疏之别的。王韬的情况也大体相似。这种关系在戊戌维新变法运动中也还依稀可辨。

其实,对于"中体西用"的严峻批评,还是来自经历甲午战争实战的人们。他们原想李鸿章经营了二十年的北洋海军,敌日本是亦无不足的,谁知竟如此不堪一击。就在北洋海军被歼的当时,海军衙门要幸存的海军官佐总结教训,条陈海军惨败的原因。那些官佐各自列写了他们的感受和认识,在"盛宣怀档案"中有七八份这样的条陈。"镇远舰"枪炮官曹嘉祥、守备饶鸣衢合写的一份条陈中这样说:

> 我国地广人众,沿海甚多,不能不设海军护卫。既设海军,必全按西法,庶足不以御外侮。西人创立海军多年,其中利弊,著书立说,无微不至。我国海军章程,与泰西不同,缘为我朝制所限,所以难而尽仿,所以难而操胜算也。[1]

---

[1] 盛宣怀档案资料选辑《甲午中日战争》下册,第400、414页。

另一兵舰的千总郑祖彝所写的条陈中则说：

> 海军所有章程，除衣冠语言外，均当仿照西法，万不得采择与中国合宜者从之，不合宜者去之，盖去一不合宜，则生一私弊。[1]

这几个写条陈的海军下级军官，他们的认识是付出沉重的代价，从出生入死中得来的。虽然他们是在"中体西用"思想指导下而成立的海军中工作，但他们不一定知道有"中体西用"这条宗旨，因为"中体西用"只是洋务官僚和采纳西学者的指导思想，并不是清廷的国策，军中还只有"圣谕广训"和军事技术方面的教育。然而他们的话却是命中了"中体西用"的靶子的。所说"必全按西法""均当仿照西法"，绝不是后来的"全盘西化"思想，而是指海军这种近代化军事建制就得按近代化的"西法"去管理。本来北洋海军的兵舰主要是从英国、德国买来的，舰只管带多是到国外学过海军和驾驶技术的，舰队也是仿西法编制和雇请洋军官训练的，何以"与泰西不同"？关键"缘为我朝制所限"。"朝制"就是封建的"中体"。所说"与中国合宜者从之，不合宜者去之"，也不是我们通常说的要从事物的条件和需要出发，要适合中国国情，而是以是否不违背封建"朝制"为取舍准则的，以"中体"限制"西用"，所以"难而尽仿"，"难而操胜算"。这是他们的切身体会，比一般人的批评更切实际。亦即有人所指出的："我中国则以积习因循而行西法，观其外，西法也；察其内，无一西法。"[2] 这也是一种国情，妨碍历史车轮前进的国情。

甲午战争的惨败，洋务运动的破产，是对"中体西用"宗旨最残酷的批评。经此剧变，没有被硝烟和波涛吞没的官佐长了一智；许多钻

---

[1] 盛宣怀档案资料选辑《甲午中日战争》下册，第400、414页。
[2] 海上闲鸥：《变法议》，见《时务经世文分类文编》第32卷。

研经籍、流连诗文的知识分子,也在救亡图存的呼唤下前进了。如谭嗣同,他痛切地审察政治得失,沉思事变的由来,为了回答"洋务之术尚未精,必变法以图存"的问题,就"道器""体用"的关系,他在1895年7、8月的《报贝元征书》中发表了深刻的意见,一面从理论上批判了"中体西用"的不当,一面也是从"中体西用"的实受中对接受西学的检查和发展,把王韬的"道不能即通,则先假器以通之"的观念提到了较高的水平。他说:

> 圣人之道,果非空言而已,必有所丽而后见。……故道,用也;器,体也。体立而后行,器存而道不亡。自学者不审,误以道为体,道始迷离徜恍,若一幻物,虚悬于空漠无朕之际,而果何物也邪?……将非所谓惑世诬民异端者耶?夫苟辨道之不离乎器,则天下之为器亦大矣。器既变,道安得独不变?变而仍为器,亦仍不离乎道,人自不能弃器,又何以弃道哉!且道非圣人所独有也,尤非中国所私有也,……彼外洋莫不有之。

这段富有哲理的文字,论旨很鲜明:(一)明示"道"为"用","器"为"体",有物有则,把颠倒了的"道器"观、"体用"观颠倒了过来;(二)论证"器既变,道安得独不变",把"器"可变而"道"不可变的形而上学观点否定了;(三)确认"道非圣人所独有","尤非中国所私有","彼外洋莫不有之",既剥夺了圣人对"道"的独占权,也把"中西"和"道器"互相分离的误解辨明了。谭嗣同这番议论的价值,在于破了"中体西用"的防线,为推动维新变法运动扫去思想障碍,是时代脉搏的跳动。

北洋海军的实际检验、谭嗣同的理论考察,清楚地表明:"中体西用"原先引进西学的作用日益被"中体"所困扰,要前进一步是那么艰难。一些厕身洋务、附会西学如张之洞这样的大人先生们,不是扩大眼界使自己去适应客观事物,而是要客观事物来适合自己的胃口。洋务运动破产了,作为观念形态的"中体西用",并不会像下沉的兵船一样很快从海面上消失,所以甲午战后的两三年间,人们在筹建京师大学堂、创办南洋公学时,仍要把"中体西用"悬为办学的准则,唯恐偏离。即以康有为而论,他擎起的变法旗帜,在于改变封建的政治体制,仍得"托古改制",托之孔子,托之古圣先王,不敢公然背叛"中体"。这里埋伏着一个不易为人们觉察而有很大约束力的历史隐秘,即"中体西用"一方面采纳西学,是进步的,却带来了崇洋思想;另一方面固守"中体",是保守的,却又依托于民族性。在光绪帝宣布变法、广开言路的日子里,河北丰润县增生赵桂胜在其陈述己见的呈文中,说到"不行新法,终难致积弊之除",又担心受"外夷摇惑",因此主张治事要用"西法之实",而不可"显更其名",以保持中国的"仪型"。[1] 这位赵先生所透露的正是深藏的不可怠慢的民族自尊心。不合理的依附于合理,失去时效的仍有时效。张之洞的《劝学篇》挟"旧学为体,新学为用"的调门,在实行变法的时候仍然不胫而走,就是这种历史的作用。如山西巡抚胡聘之、学政钱骏祥的《请变通书院章程折》说:"顾深诋新学者,既滞于通今未能一发其扃钥;过尊西学者,又轻于蔑古,不惮自决其樊篱。"[2] 当时,这是被看作公允之论的,恰与张之洞的《劝学篇》同一副腔调、同一种姿态。

戊戌维新运动是在批判"中体西用"中前进的,但不少具体兴革又是以"中体西用"的词旨为号召的。因为有些人还在固守这道防线,又有许多人刚刚才找到这种使他们可以接受的中西文化结合的

---

[1] 国家档案局明清档案馆编:《戊戌变法档案史料》,中华书局1958年版,第56页。
[2] 中国近代史资料丛刊《戊戌变法》第2册,第298页。

形式。就这样,"中体西用"在一些人中失去了时效,在更多的人中并没有失去时效。

戊戌维新运动过去了,义和团运动也过去了,资产阶级民主革命势力已经兴起,革命已在取代改良,"中体西用"旗号下的志士处于大分化中,"中体西用"还没有咽气。1901年初,逃往西安、准备回銮的慈禧太后也宣称要变法了。这年7月,两江总督刘坤一、湖广总督张之洞的《江楚会奏三疏》,提出"整顿中法""采用西法"的新建议,承认封建的"中法"并不么完美,需要"整顿";而且把主从分明的"中体西用"改为并列的"中法""西法"。对他们来说,也是一个变化。但是"江楚会奏"的内容,大体仍是"中体西用"的脉络。次年,严复发表的《与〈外交报〉主人论教育书》,其中引述别人所说:"体用者,即一物而言之也。有牛之体则有负重之用,有马之体则有致远之用,未闻以牛为体以马为用者也。"严复然后申论道:"故中学有中学之体用,西学有西学之体用,分之则两立,合之则两亡。议者必欲合之而为一物,且一体而一用之,斯其文义违舛。固已名之不可言矣,乌望言之而可行乎?"严复用逻辑推理对"中体西用"的这一批评很有名。前此吴廷栋也有类似论断:"尝谓世无无体之用,亦无无用之体。有用而无体,其用只是诈伪;有体而无用,其体必多缺陷。"严复的话说得虽较晚,但并不是失去时效的无的放矢,因为"中体西用"作为政治社会思想还有它的实际作用,"江楚会奏"之后的清廷"新政"仍未远离此旨。严复用逻辑推理批评"体用"分立的谬误很有说服力,然而它毕竟不是唯物主义的辩证思维,难以析明中西文化的异同及汲取西学的途径。一切事物固然各有"体用",不能强分为二,而任何健全的"体"又是不会拒绝一切有益的养料的。

"中体西用"作为兴革政治、教育的宗旨,随同19世纪末年及稍后的国内政治风云已经消逝;作为思想流派及影响延续的岁月却较长。只有在马克思主义与中国革命实践结合之后,科学地认识和分析中国和西方的文化,阐明"体用"的一致性及其内在矛盾,才有可能"把一个被旧文化统治因而愚昧落后的中国,变为一个被新文化统治因而文明先进的中国"。

辨"夷""洋"[1]

"夷""洋"两字的本义,互不相涉,更无厚薄之殊。但在中国历史上的国与国、民族与民族之间的交往发展中,它们不仅有文野的区别,而且有过新旧递嬗的关系。

古史上的"东夷",指居住东方的夷人,即东方的部族;"夷"也泛指四方的部族,都是相对于"夏""华"而言,所谓"严夷夏之防"。由于历代的互相征战和经济文化上的差异,夷戎蛮狄并举,均是对异族或外族的贱称。到了明清之际,被称为"红毛夷"或"白夷"的欧人东来,"夷"的范围扩展了。但是这些"夷"已大不相同,随着他们带来的事物,我们的祖辈除了正统地在语前语尾嵌上"夷"字外,也出现了"洋货""洋钱""西洋画""西洋药"(指鸦片)一类词。"洋"不过说它来自远洋的东西,并不含任何高贵的特殊意义。

对"夷"较早提出异议的,是19世纪二三十年代之交来往于澳门、广东的英国人胡夏米。

东印度公司职员林德赛(Huyh Hamilton Lindsay),通中文,为了

---

[1] 原载《光明日报》1982年12月15日。

便于在中国活动,易华名胡夏米。1832年3月,他与德国传教士郭士立驾船自广东北驶,经厦门至福州、宁波,窥探沿海城镇,6月径达吴淞口,要求递禀上宪,准其贸易。苏松太道吴其泰批复"查该夷船(**着重点是引者加的,下同**)无在上海贸易之例,未便违例据情上转",并将原禀退还。胡夏米认为这是对他的"凌辱",上书抗议,说"大英国终不是夷国,乃系外国"。吴其泰去函解答:

> 中华自上古圣人该书传世,书内说得明白:南方谓之蛮,东方谓之夷,北方谓之狄,是南蛮、北狄、东夷、西戎,自古至今,总是照此称呼。况中华舜与文王都是大圣人,孟子尚说:"舜东夷之人也;文王西夷之人也。"岂是坏话? 是你多疑了。

胡夏米不服,乃撷拾中国古籍复禀驳道:

> 大英国船主谨悉知为夷称外国的人称。大英国民人东夷:一者,贵国的古人称朝鲜东夷,夫英吉利民人的本地,向大清国西方;二者,大英国的属地方向大清国东西北南;三者,《大清会典》卷十一称苗、羌、蛮、貊等,居在中国与夷人同样;四者,苏东坡曰:"夷狄不可以中国之治治也,譬若禽兽然,求其大治,必至于大乱。先王知其然,是故以不治治之,以不治者,乃所以深治之也。"由此观之,称夷人者,为蛮貊而已矣。倘以大英国民人为夷人,正是凌辱本国的体面,触犯民人,激怒结仇。

吴其泰接到这一驳函,没有反诘,也不是置之不理,而是改变措辞,用"该商"代替"该夷",再次函复,敦促他仍回"例准交易之广东"[1]。胡夏米纠缠了几天,还是驶离吴淞而去。

这是150年前中外交涉中的一个小小插曲,它虽没产生什么社

---

[1] 以上见许地山:《达衷集》,第50—60页。

会政治影响,却耐人寻味。此后至鸦片战争及以后的十余年间,只有在来往公牍中称其国名和官职,如"英吉利国领事义律"一类字样,或间用"洋"字,仍然一律使用"英夷""法夷""米夷""夷酋""夷商""夷语""夷船"及"该夷"等,翻一翻《信及录》等书,即可了然。唯有太平天国的文书中已不称"夷"了。

"夷务"这个词应此需要大约就出现于道光年间。后来的《筹办夷务始末》中的"夷务"二字,显然是沿用道光年间开始流行的这个词而来。

"洋务"一词又是何时出现的?1839年7月(道光十九年六月)江南道监察御史骆秉章奏折中有"把持洋务"[1]句。1840年7月(道光二十年六月)御史陆应谷奏中有"于洋务不无裨益"[2]句,是"洋务"之最早见于官方文字者。另外,旧传《英夷入寇记》钞本,亦作《夷艘寇海记》《夷舶入寇记》《英舶入寇记》,作者没有署名。《鸦片战争资料》书目题解中,以汤纪尚《槃荁斋文集》所说为据,认为是魏源作,即《道光洋艘征抚记》。《征抚记》是最后点定本,所以文词与钞本有出入。最值得注意的是,《征抚记》把钞本中的"夷"字通通改作"洋"字,如"洋馆""洋人""洋官""洋兵""洋炮"等,并有"此洋务第一转机"句,亦为"洋务"一词之早见者。《征抚记》初撰于1842年《南京条约》签订后不久,魏源死于1857年,最后点定本当在40、50年代之交。

在咸丰帝的上谕中,1853年6月(咸丰三年五月)已有"向来洋务,均归钦差大臣两广总督酌量办理"[3]语。据此,在50年代初,

---

[1] 《道光朝筹办夷务始末》第1册,第191页。
[2] 《道光朝筹办夷务始末》第1册,第323页。
[3] 《仁宗显皇帝实录》第93卷,第43页。

"洋务"一词已见之于皇帝的诏谕,但尚是不常见的偶用。

"洋""夷"二词的正式交接点,则是1858年6月26日签订的《中英天津条约》。约中第五十一款规定:"嗣后各式公文,无论京外,内叙大英国官民,自不得提书夷字。"[1]这个规定不是不合理,但它是炮口下产生的苦果,是不平等条约的制造者要求的"平等",要别人给他们以平等,却把极大的不平等给别人。

这个规定出现的当时,官绅和民间都有过强烈的或无可奈何的反映,姑举数例。

例一:就在《中英天津条约》签订的前月,广东在籍侍郎罗惇衍等对当地官场不用"夷务",使用"洋务"字样,大为反感,曾上奏皇帝说:

> 缘人心愤夷已极,而地方官自夷人入城以来,每讳言夷务,甚至文移公牍,称夷务为洋务,又称为外国事件,不敢斥言夷字。臣等再四商酌,应于关防内明刊"办理夷务"字样,方足鼓舞人心。现经刊刻完竣,业已随时盖用。[2]

这段话说明了两点:(一)广州在英法侵略军的占领下,当地官厅已公开以"洋务"代替"夷务",就字义和往来称谓来说,这种代替是必然趋势,但它表现为屈从于侵略者的奴态;(二)一部分如罗惇衍这样的官绅,坚持旧日的传统,甚至特意在关防内明刻"办理夷务"字样,"随时盖用",借以抵制"洋务""外国事件"新词的流行,反映了"愤夷已极"的心理,但固执旧称,不一定合于事理。

例二:1858年10月9日(咸丰八年九月初三日),《中英天津条约》签订三个多月后,钦差大臣桂良等的奏折中说:

> 英酋额尔金因邸报内,见上谕有夷船闯入天津字样,指为背约,

---

[1] 王铁崖:《中外旧约章汇编》第1卷,第102页。
[2] 《咸丰朝筹办夷务始末》第3册,中华书局1979年版,第812—813页。

照会前来。奴才等查英国条约第五十一款开载：嗣后各式公文,无论京外内叙英国官民,不书夷字,原非指明谕旨而言。奴才等现在备文照覆,嗣后仍当照约办理。惟将来由军机处发出各件,凡关夷务者,可否饬令毋庸发抄,以昭慎密之处,出自圣裁。[1]

这里除了所说"原非指明谕旨而言",仍是对皇帝不受任何限制的至尊和虚骄外,特别反映了桂良等人的态度是：公开文书"照约办理",不使用"夷"字;内部有关"夷务"谕旨,仍照旧沿用,但不发抄,以免触怒洋人。这恰好表明他们在对外关系上不能明辨是非,只图应付、苟且于一时。

例三：1860年在英法侵略军攻入北京的日子里,一个署名"赘漫野叟"的人在其亲历的记载中说：

独约内一条云,不许名之为夷,不可不知。日前崇文门外三转桥地方,有一傻子,立于门前,见夷人经过,拍手大笑曰："鬼子来也。"夷众立将此傻子毒殴,伤重垂毙,复入其家,举室尽被殴伤,毁坏什物。强梁至此,可不避其忌讳耶？[2]

这个例子,说明在外国资本主义强盗的直接凌逼下,为回避他们的忌讳,民间相戒不要使用"夷""鬼子"一类惯用语,免招祸害。

此外,通过同外国人的正常交往和认识,凡对别国、别民族不够尊重的习惯词语,主张自觉地抛弃。1859年洪仁玕在《资政新篇》中写的一段话就很鲜明,他说："凡于往来语言文书,可称照会、交好、通知、亲爱等意,其余万方来朝、四夷宾服及夷狄戎蛮鬼子,一切轻污之字皆不必说也。盖轻污字样,是口角取胜之事,不是经纶实际,且招祸也。"洪仁玕在香港多年,与传教士友善,加上太平天国的拜上帝

---

[1] 中国近代史资料丛刊《第二次鸦片战争》(3),第531页。
[2] 中国近代史资料丛刊《第二次鸦片战争》(2),第20页。

会,他对外国资本主义的侵略者和朋友还不可能很好区别。但他是忠诚于太平天国事业、热爱中国的,他指出"夷狄戎蛮鬼子"这些轻污字样,是"口角取胜之事,不是经纶实际",无疑是启迪民族觉醒,发愤自强的正确议论。稍后王韬也说:"以时局观之,中外通商之举,将与地球相终始矣,此时而曰徙戎攘夷,真迂儒不通事变者也。"[1]对中国人来说,公开提出不要以"夷"称外国,可见不是始于清朝的官员,而是洪仁玕这类有见识的爱国知识分子。

由于历史的鞭策,论势论理,"夷其人,夷其事"的观念已不能不改变了。就在第二次鸦片战争刚结束的1860年冬天,清朝政府设"抚夷局"于北京嘉兴寺,旋即感到这个名称不合时宜,次年初就改设为"总理各国事务衙门"。查《文宗显皇帝实录》,1860年左右的有关上谕,也已看不到"夷""夷务"等词,而被"洋""洋务"所取代了。

相应而来的,清朝好些官员也自动改变了用词。如兵部尚书沈兆霖,1860年冬奏请咸丰帝回銮一折,劈头就说:"夫圣驾之移幸热河,与暂缓回銮,皆因洋务未定起见。"下文说明英法已从北京撤兵,理因回銮以安朝局,凡涉及对外事务的词语,皆用"洋务"。又如富文书舍木刻本——《洋务权舆》,由曾望颜所作的序文考之,此书刻于1865年(同治四年),序中并说:"是书初名《英吉利夷船入寇记》,骆吁门同年咸丰十年(1860)因中外通商议和,改题之曰《洋务权舆》。"骆吁门即骆秉章,时以湖南巡抚派赴四川督办军务,他深体时旨,断然把别人的书名改称。其后李凤翎(咸丰十年供职广东巡抚耆龄幕中)追记1858年初英军攻入广州,掠走总督叶名琛的经过,题曰《洋务续记》,以之为《洋务权舆》的续篇。这就更加明了继《天津条约》

---

[1] 王韬:《弢园尺牍》第93页。

之后《北京条约》签订时,"夷""洋"这种涉外用词的明显变化。随之,早期的资产阶级改良派和奕䜣、曾国藩、郭嵩焘、李鸿章等人都相继使用"洋""洋务"词语,原来的"夷夏"大防一变而为"华洋"并列之局。尽管这是一个无可回避的、令人气愤的历史事实,它却又是在踽踽地向前行进的脚步。

由于语言词汇长期形成的稳固性,它的演变总是持重而缓慢的。就在"夷""洋"替换已经成熟了的当时,那些乐道时务的大员,也还是"夷""洋"掺用,不仅在不同的文篇中是如此,而且在同一文篇也前后互见。如《曾国藩全集》中,1860年、1861年(咸丰十年、十一年)涉及外国事务的奏折和书札,大都"夷""洋"混杂使用,直至1862年(同治元年)的《议复借洋兵剿贼片》《筹议借洋兵剿贼折》等篇,才全易"夷"为"洋"。奕䜣、李鸿章等人也没有超越这个轨迹。至于那些坚持旧称,绝口不谈"洋务",甚至见洋楼而走避的人,那就不用说了。且看分朝编撰的对外关系档案资料《筹办夷务始末》巨帙,道光朝的编于第二次鸦片战争前夕的1856年(咸丰六年),其时"洋务"一词还不多见;咸丰朝的编于1867年(同治六年),同治朝的编于1880年(光绪六年),仍然沿袭前称,不难看出主编人贾桢、宝鋆等清朝大学士对时局的态度。其后王彦威、王亮父子编纂的《清季外交史料》,实即光绪朝、宣统朝的夷务始末。据王亮说:"先公(王彦威)生当季世,㷊直枢垣,目睹国势凌夷,外交丛棘,爰竭二十年心力,搜集光绪元年至三十年之稿件,名曰《筹办洋务始末记》。……亮以此编注重外交,因易署今名(指《清季外交史料》),……并续辑光绪季年至宣统三年之史料,连同卷首共得五十三卷。"[1]这里说明直到王彦

---

[1] 王彦威、王亮:《清季外交史料》。

威才把《筹办夷务始末》改称《筹办洋务始末记》,但"洋务"一词也已过时,所以王亮又将他们所编的光绪、宣统两朝的洋务资料改称为"外交史料"。

如上所述,对外国资本主义事物称之为"洋",为"洋务",早已散见于鸦片战争前后的公私文字,至于公开而较广泛地使用,则是在第二次鸦片战争时期形成的。1858年中英《天津条约》的规定及广州出现的情况,而1860年签订的《北京条约》又申明《天津条约》完全有效,并加重了对中国的压迫,由此而来的是上谕和奏折以及书名的实际运用,有些人更就此发挥符合事理的议论,都证明了"夷""洋"递嬗的时代关系。尽管到了"洋务"又被"外务"一词所代替,仍有不少人在继续使用"夷""夷务"一类字样,那是历史惰性的表现。

以"洋"代"夷",以"洋务"代"夷务",是封建传统精神及其价值的动摇。当时人们之所以要以"西用"卫"中体",或者说以"西学"补"中学"之不足,都表明了这个无可绕越的事实。洋务运动就是在这样一种被动的新旧演变中登场的。"洋""洋务"本来不过是区别于中国固有事物的概念,没有赋予任何高贵之意。但是资本主义比封建主义是大踏步前进了,客观上存在着彼善于此的差别。而且清朝的"洋务新政"年复一年,并没有取得成就,缩小中西的差别;中国仍然处处落后,事事仰人鼻息,于是"洋"字在人们的心目中日益放大,以至高不可攀。这是存在作用于意识,意识又上升为迷惘的云雾。我们新编的《辞海》,对"夷""洋"两词只写了固有的字义和我们今天的理解,没有把它们的历史的特定含义写出来,查阅时总感到缺少了点什么。我们知道,鸦片战争后汉语的词汇补充了许多新词新语,有些陈词旧语消失了,有些词改变了原来的意义。"夷""洋"的递嬗就是这种变化的重要标志。

"夷""洋"交替的时代早已过去，"华洋"一词也早为"中外"所替代，所谓"西学""洋货"也代之以学科和物类的区分了。历史的差距正在被历史销磨。但是"夷""洋"相称的历史现象及其特定含义，不能随我们的意愿去改装或取消。相反，正视它们的递嬗关系和时代印记，恰可以帮助我们认识近百年的民族命运。如果说把别人称之为"夷"是自大，后来一切以"洋"为贵就是自卑。这种自大与自卑，不只是许多个人的表现，而是整个民族所处的地位和状态决定的。因为"夷""洋"相称是多少个世纪或一个时代的民族语言，它们的递嬗又是近代中国社会新陈代谢表现的环节，绝不同于浮泛的习语和一时的行话。阐明这种情况正是对历史的尊重。

对洋务与洋务派进一解[1]

洋务,是19世纪后半叶中国人对外洋事物的概称。其主旨则是冯桂芬指出的"制洋器""采西学",即向西方学习军用民用工业技术和声光化电等学问。凡持这种主张的人被称为洋务派,以区别于对此尚无认识和反对这种主张的人。

这种认识,开始表现于鸦片战争中的林则徐,他译编《四洲志》,了解西方世界,仿制大炮;魏源继起编辑《海国图志》,撰写《筹海篇》,主张学习西方军事技术。他们提出的"师夷之长技以制夷",即"师洋之长技以制洋",是洋务派的先驱。称他们为地主阶级改革派,不能反映其时代意义,因为以前的王安石、张居正等都是地主阶级改革派,林、魏的可贵之处是开眼看世界,与那些地主阶级改革家不同了,在他们身上有时代脉搏的跳动,是洋务思潮的酝酿,为第二次鸦片战争后开展的洋务运动做了思想准备。

以"制洋器""采西学"为主旨的洋务,由鸦片战争开始迸发出来的这个新课题,不只是某个政治集团或某个阶级的独识和特任,而是

---

[1] 原载《陈旭麓学术文存》,上海人民出版社1990年版。

整个中华民族前此不曾遇到而必须严峻对待的新课题。但鸦片战争后的二十年间有此点认识的人,除林、魏之外,能够数得出姓名来的是很少的。再经创深痛巨的第二次鸦片战争,获此认识的人多了,渐渐汇成为洋务思潮,并由思潮变为兴办洋务的行动。但就其代表人物来说,大致有这样几个层次:

(一)满洲贵族的奕䜣、文祥等,我们素称的在清朝中央的洋务派。奕䜣、文祥说他们在未经营洋务之前,与倭仁也无二致。

(二)汉族地主官僚曾国藩、左宗棠、李鸿章和后期的张之洞等。曾、左、李虽以镇压太平天国起家,但他们的洋务思想及举办的洋务事业并不只是对内的,既有抵制外国的一面,也有革新的意义。

(三)依附曾国藩、李鸿章的冯桂芬、薛福成、马建忠等深通洋务的官员。郭嵩焘的地位比薛、马略高,其主张、活动与薛、马基本同一层次。

(四)在野的容闳、王韬、郑观应等,他们虽不像薛、马是曾、李的属员,却与曾、李也是声气相通或供其驱策的。

以上这四个层次的人,我们历来区分为洋务派与早期改良派两种人。其实都同一个背景,由前此的经世思想,面对新的形势,必须扩展,增加新的内容,"制洋器""采西学"。这是他们在同一处境的逼迫下发出的共同声音。他们所处的地位不一样,接触外洋事物程度上的不同,以及认识上的差异,因此在"制洋器""采西学"的同一要求下,而有广狭、深浅的不同,其间更有实施者和言论者的显著差别。但不是本来存在的殊途,而是在同一要求下逐步产生的差异。前此,我们认为两者自始即有爱国主义、发展民族资本和主张君主立宪的不同,从他们的主张和设施来看,只有强弱和广狭的差异,而且是随着事态的发展产生的。只有到后来认为洋务是皮毛,把改革政治、实行君主立宪作为奋斗的主题,才有洋务派和改良派的分野,为进入下一历史阶段——维新变法运动准备。这是中国进入近代历史发生的第一次转化。

挽救清朝统治的曾、左、李等人和要推翻清朝统治的太平天国之间的斗争,是地主阶级和农民阶级的对抗性斗争。但洪仁玕提出,经过洪秀全批准的《资政新篇》,是一个更加鲜明的"制洋器""采西学"的方案,他们来不及实施且为洋务派所推行。他们对洋人采取的和好与抵抗的态度,同洋务运动的对策并非毫无相似之处的。李秀成也是购置洋枪洋炮的。尽管太平天国同清朝统治是势不两立的,而对"制洋器""采西学"的要求却不谋而合,他们学习西方的方案较之旨在维护清朝统治诸人的方案还要完整。这说明了什么呢?即在当时的中国,不管哪一种政治力量,要保存中国,使其卓立于世界,不讲求洋务,不学习西方是不行的。从这个意义上来说,洪秀全、洪仁玕也是洋务派。

这样说,并不认为洋务是个十全十美的东西,只是指出在鸦片战争后的中国,要经国济世,讲求洋务是一个必然的趋势,是人类历史在进入资本主义世界后,封建的中国没有脱颖而出,必然是在西方资本主义的逼凌下企图从洋务入手走上近代化之路。

戊戌维新论[1]

一

1898年6月11日,清光绪帝诏定国是,实行新政,至9月20日,先后仅百余日,新政在旧势力的重重压迫下,完全失败。新政的领导者光绪帝做了瀛台的囚犯,谭嗣同等六人做了新政的牺牲者,康有为、梁启超逃亡国外,得免于难。这一场由士大夫提出通过封建王朝的革新运动,历史上所盛称的戊戌政变或百日维新,从王朝的一部分人发动,又被王朝的另一部分人推倒,这给予中国的改良政策是一个讽刺,更给予中国的士大夫一次深深的反省。

屈指计算,戊戌维新到今年整整的50年了。50年是一个世纪的一半,说来也不算太短,当时的幼年少年,今日已都是白头老翁了。在这半个世纪的中国,不知眼见了多少变迁,经历了多少风波,沧海桑田,红羊浩劫,未足以说明中国的扰攘多事。然而中国的一切究竟

---

[1] 作者自注:"这篇短论写于1948年6月,发表于同年7月上海《展望》周刊。那时北平、上海等地的言论界有一股鼓吹中间路线的思潮,出刊《新路》杂志,为正在崩溃中的国民党反动统治找出路。我有所感地写了此文,多袭用当日用语,其间也不无移史就今之嫌。录存以备考察。"

又改变了多少！中国的社会究竟又进步了多少！凭吊50年前六君子的热血，瞻望50年后的今日，中国的厄运，谁不为之惘然。

今天我们来回溯这一段历史故事，所谓"变法"，所谓"维新"，看来是代表光明的一面，是代表向上的一面，不过这光明是极有限度的，向上也是曲折迂回的。唯其如此，给予历史的进程仅是一次有名的政变，而没有达到政治社会的改良，"变法""维新"也仅是在巨海里揭起一团转瞬即逝的浪花而已。可是浪花的消失，并不是波平浪静的获得，相反的却是整个溃决。即是说清政府在维新运动失败之后，内在的腐烂已至不可救药的田地，只待操刀一割了。

二

从鸦片战争到中日甲午之战，一连串对外的失败，失败的结果，使帝国主义对中国的榨取，无孔不入，刺激得这古老的社会椎心饮泣，许多知识分子从鼾梦中觉悟，不但认为帝国主义的坚甲利兵是侵略中国的工具，就是祝福人类升入天堂的传教师也多是不穿军衣的武士。帝国主义之所以得寸进尺，所以无孔不入，固然是他们的势力在膨胀，实在也是自己太落伍，太不如人。不但机器大炮方面的物质文明赶不上人家，连自夸自大的政治社会、教育文化也落在人家的后面。1898年6月11日光绪帝下的国是诏有云："又须博采西学之切于时务者，实力讲求，以救空疏迂谬之弊。"这一种警觉，较之洋务运动时期的"中体""西用"说，自然是迈进一步了。然而在列强窥伺、朝不谋夕的情形下，怎样应用旋乾转坤的力量，来扭回这一个危殆的局面？一般警觉的士大夫看来，只有变法图强的一条路。人家所有的，使我们也有；人家所能的，使我们也能，即以其道反诸其身。康有为的《应诏统筹全局折》内云："能变则全，不变则亡，全变则强，小变仍亡。"这是维新运动由客观环境的促成,经康有为等先进知识分子的力争,通过封建王朝的代理人光绪帝,得以一时实践的主要因素。

除了外铄的因素,还有更重要的是国内各处已传播了革命的种子,这些种子传播的范围如果扩大了,无疑会加倍影响清王朝的灭亡。德龄女士的《光绪秘记》里,记着康有为向光绪帝说的一段话:"皇上,现在只有一个办法,就是赶快努力建设起一个新的中国来,只要皇上能够把国家治理得空前的富庶强盛,只要皇上能够给人民以幸福快乐,只要皇上能够用种种事实来证明政府确然是一心在那里打算替百姓们谋福利,那末任何一个能言善辩的革命党,也决不能损伤皇上分毫的。"当革命的声浪逐渐扩大,到处发现革命者的宣传品,据说康有为曾坚劝光绪帝不要采用高压的政策,认为只杀了发小册子的人,没有把小册子里的"混"话驳倒,事实上还是没有用的,认为我们尽可用各种方法强迫人民服从我们的命令,但我们是绝对无从约束他们的心的。这些话康有为是否真的面对着光绪帝说过,是一个疑问。但是革命势力的起来,给予清政府和保皇的士大夫们是一根拔不掉的刺,而且这刺正中要害,愈刺愈深。他们心目中的打算,对付帝国主义要变法图强,对付革命分子则于变法图强之外还要收拾民心。

许多朝代里,到了政治腐败民不聊生的时候,一些好心而有识见的士大夫,提出改革方案,想挽狂澜于未倒,原是很自然的事,戊戌维新就是这夹缝中的产物。

三

1898年6月里开始推行的维新政策,既是对前此的洋务新政的否定,也是洋务新政的发展,在许多方面有了新的设施。属于政治制度的,如废科举、设立新学堂、改良司法、裁撤骈枝机关、官民得一律应诏言事。属于实业经营的,如筹办铁路、开发矿源、振兴农业、奖励商业并在京师设立农工商总局。属于军队编训的,如裁兵练军、改习洋枪、倡办海军。属于文化推进的,如设立译书局、举办官营报纸、派宗室王公游历各国以资见习。把这许多新的措施归纳起来,大部分是受欧风美雨影响而来的洋务,是崭新的;也有些是封建王朝的循环改良。没有一件不是当时的急需。就是守旧派虽然认为这是天翻地覆的举动,而变法图强的原则,倒也不敢公然反对。慈禧有一次在诏书里这样说:"朝廷振兴商务,筹办一切新政,原为当此时局,冀为国家图富强,为吾民筹生计……"可知"变法"和"维新",顽固的慈禧在表面上也是承认的。可是,"变法"和"维新"与死硬的统治力量是丝毫不相容的。要是让先进的士大夫"变"下去、"新"下去,死硬派的统治阵脚是会被牵动的。这不免使慈禧和她的党羽感到有些惶惑,他们觉得与其让变法牵一发而动全局,不如使用毒辣的手段,凡可以动摇所谓"国本"的毫毛也要尽情剔去。因此新政不能不受到旧势力的摧毁而归于失败。

　　由革新派里的急进分子看起来,慈禧卵翼下的旧势力,是一些阻碍进程的顽石,如不铲除,革新的轮子无法推进,也就无法达到变法图强的目的。在他们看来,当时如欲完成革新的使命,宫廷流血是不可避免的。所以谭嗣同想假手袁世凯的武装力量,杀荣禄,围颐和园,监禁阻碍新政的慈禧。可是这一个断然的手段被投机取巧的袁世凯出卖了,没有生根的新政即从半空中摔下来。

　　当清朝宫廷内展开尖锐的斗争时,事实即已非常清楚,谁的力量能打击谁,胜利即属于谁。新派的领导者光绪帝,虽然他是当时的万岁爷,他是皇权的代理人,可是他在慈禧的铁腕控制之下,不仅国家大事要取决于慈禧,连他私人的日常生活也要受着她的管制。所以光绪帝对于新政的推进虽然有极大的热忱,却是心有余而力不足。而那些帮助推行新政的士大夫,翁同龢早就给慈禧撵走了,剩下的只是康梁等先进人物,根基不厚,力量有限,哪里能够担当得起如此大的变革。因此新政在人事上种下了不可弥补的脆弱和缺憾。

四

慈禧拥有的力量,不是慈禧本身有什么天大的本领,而是她代表了几千年来封建地主的旧势力,或者说她正象征着官僚贵族地主的堡垒。这种旧势力的和顽固的堡垒,在欧洲被蒸汽的动力摇撼了,被工业革命摧毁了,就是我们的邻邦日本也利用了这些新的动力推翻了封建的幕府政治,完成了明治维新。只有19世纪末年的中国,虽然或多或少受过工业革命的刺激,出现了所谓"洋务",所谓"维新",甚至有了幼稚的民族工业。然比之于封建地主的关系,纵不是蚍蜉撼树,也是羽翼未成,不能高飞。

蒸汽机推动下的生产技术,在中国还没有取得决定作用的时候,由康有为编剧、光绪帝导演的资本主义国家的新节目,遭受惨败,是必然的。康有为等的意识表现,最高的政治标准,是希望建立英日式万世一统的君主立宪,而且要让君主有实权。所以一切的维新措施,无论政治的经济的文化的以及军事的,都是用来维系皇权于不坠的工具。康有为拖的那一条辫子,就是翼护皇权的标记,一直拖到他最后的一天,他从没有忘记过他的圣明天子光绪帝。戊戌失败后的梁启超,逃亡国外,已饱受欧美民主思想的熏陶,对革命应该有较多的认识。可是梁启超认为革命要经过数十年流血大变,方可建立政权,恢复社会秩序,所以他依然主张君主立宪。辛亥革命后的大乱,固然是事实，不幸被梁启超言中。可是革命后的失败，并不是革命本身的错误，相反的正是革命不彻底，被买办型和士大夫型混合的新官僚主义及军阀腐蚀了革命的成果。同时我们应该了解戊戌维新的本质，是士大夫阶级引起的由上而下的改良运动。士大夫的属性，封建君主是他们的保姆。所以慈禧和光绪帝虽是新旧斗争的代表人，实际只是双方争取政权的冲突，只是同一社会阶层的两面：一面是想以不变应万变，用死硬的方法来保持皇权，保全大清帝国；一面是想以变来迎合世界的潮流，企图以旧瓶装新酒的方法达到保皇的目的。在一个目的两个方法的矛盾下，就发生了这一幕宫廷的惨变。以此戊戌政变在宫廷里尽管闹得天翻地覆，究竟只是上层政治结构里的几个大人先生们和一部分知识分子的搅扰，与整个中国社会并没有发生什么了不起的作用。因为这一次的维新运动与社会与人民原是脱节的，是由上而下的运动，并且还没有发展到上情下达的时候，已经偃旗息鼓了。然而我们不能否认，新政的遭受摧毁，正加速了旧势力的灭亡，也坚定了革命的信心和阵容。

五

由上面看来，当时中国的政治路线，显然有着三个不同的方面。第一方面是慈禧太后及许多贵族权臣，握实际政治权力。第二方面是中山先生领导的革命力量，在现实政治上丝毫没有他们的地位，可是代表着社会的新生，是一股潜伏的浪潮。第三方面当是康有为等拥护光绪维新的一派，他们想建立新的皇权来打击守旧的后党，并缓和革命势力的起来。结果他们的愿望完全失败，不但没有打击着旧势力，相反的自己倒被旧势力所打击；革命分子也由暗到明，渐渐汇成了一条洪流，这是维新人物始料之所不及。本来儒家的中庸主义有着支配中国社会的作用,"维新"既不是激进的革命,也不是顽固的守旧,该是合于中庸之道的,该为多数人所拥护。然而出于意外,不但没有达到革新的目的,反落入了历史的老套,仅是朝代末期回光返照的变法运动,它的命题将在新的政体里找到答案。为什么中庸的革新运动会遭受这样的失败?我在上面已经提到英日的君主立宪,是产业革命后产生的政治构造,中国没有完成新的社会基础,空中楼阁的维新政治怎样会落地生根呢?因此清政府也就不能不与其他的许多朝代同样地归于灭亡。本来封建地主官僚为了自身权利的稳固,对于任何新的改革都是深闭固拒的,所以历代的变法运动都遭受他们的打击或扼杀,戊戌维新自然也不能例外。其不同者,其他许多王朝灭亡之后,接着是一个新的王朝出现,这一个王朝的一切与前一个王朝只是姓氏的不同,其他统治的方法、政治的构造并没有什么两样。然而戊戌维新失败后的辛亥革命,由王朝政治转变为共和政制,是中国历史上的"突变"。因此维新运动给予当时的影响也就不可同日而语。

第一,维新政治虽被旧势力扑灭了,而维新的需要在许多人的心里渐渐扩大,暴露了清朝反动统治的裂口。反动统治者在失尽人心的时候作困兽之斗,作垂死的挣扎;挣扎得愈厉害,反动的程度愈深。例如在庚子义和团时清朝的举动,就是压垮了维新政权后出现的更反动的卖国行为。这不能不使许多人怀疑到封建地主官僚的反动政治的存在了。

第二,经过失败的教训,许多维新的知识分子转变了他们的意识形态,对于存在的清政府已不寄予殷切的期望,这无形中增加了革命分子的力量,有的且直接参加了革命集团的同盟会,与人民渐渐发生了联系,由革新走入革命的道路,由半空中落到社会的基地。这是革新运动失败后的警觉。

第三,革新运动的失败,虽然膨胀了革命的力量,可是辛亥革命在外表上是成功的,事实上却是失败的。由于革命的失败,许多人遂以为革新不致摇动社会的基础,容易恢复社会的常态,一直在憧憬着革新的好梦,从戊戌到现在 50 年中,就没有忘记这一条道路。所以康有为有形的辫子随着康有为消失了,康有为那无形的辫子依然拖在许多人的头上,正像清朝的宝座虽然给推翻了,而皇权政治仍留存于许多人的心坎里一样。

革新运动的提倡,如果确是具备了当时社会的需要,不但是需要,而且是促进当时政治社会发展的唯一进步方法,则谁不希望运动的实现,俾能达到不流血的光荣革命。假使革新是保持传统政治的手段,是被动的而不是自发的,甚至是阻碍新的历史进程的,则戊戌维新的结果说明了历史的出路。后之视今亦犹今之视昔。

戊戌变法[1]

一、资产阶级改良主义思潮的出现

　　1898年中国发生了一次著名的政治运动——戊戌变法。这次运动也叫戊戌维新,是一次自上而下的资产阶级政治改良运动。这个运动是在19世纪后期封建主义和人民大众、特别是帝国主义和中华民族尖锐的矛盾下产生的。

　　那时候的中国,被外国资本主义侵略者一次又一次打败,两次鸦片战争之后,发生了中法战争,又发生中日甲午战争,几乎每隔十年或十几年,资本主义侵略者就要对中国发动一次大规模的侵略战争。它们一次又一次地迫使清朝政府割地赔款,签订不平等条约,把独立的中国变为由它们宰割的半殖民地。

　　这些资本主义侵略者,就是英国、法国、美国、沙俄、德国和后起的日本等,一个一个闯进中国,横行霸道,凭借不平等条约,一面对中国的政治、经济、文化进行无孔不入的侵略,一面又侵占中国周围的邻邦作为基地,把魔爪伸入中国的边疆。从海上到陆上,从东北到西

---

[1] 即《戊戌变法》,上海人民出版社1972年版。

南，形成了一个大包围圈。1895年《马关条约》签订后，它们更在"利益均沾"的借口下，不但争先恐后地在中国办工厂，筑铁路，开矿山，设银行，争夺贷款，大量输出资本，摧毁中国社会经济的每一个堤岸，进一步控制中国的政治经济命脉，并且纷纷强夺"租借地"，划分势力范围，准备瓜分中国。

资本主义侵略者这种无止境的侵略，加深了中国社会的矛盾，激起了中国人民对外国侵略者和封建统治阶级的强烈反抗。轰轰烈烈的太平天国革命运动，虽然被清朝政府勾结外国侵略者镇压下去了，但是中国人民的反抗并没有一天停止。19世纪七八十年代，各地会党以"打富济贫"、反洋教相号召，开展了此伏彼起的群众斗争。到90年代，城市贫民和乡村农民的抗捐抗税斗争，遍及全国十多个省份，长江流域的江苏、浙江、安徽、江西、湖北、湖南、四川等省，更连绵不断地掀起反洋教斗争的巨浪。其中四川余栋臣的起义，发布檄文，痛斥帝国主义的滔天罪行，英勇抗击清军的围剿，影响达到30多个州县，标志着人民群众的反抗斗争，在向更大的规模发展。

在严重的民族危机和阶级矛盾的震惊下，第二次鸦片战争前后开始出现的资产阶级改良主义思想，到中法战争的80年代，已逐步汇合成为一股怯懦的改良主义思潮。

这种资产阶级改良主义思潮，是伴随着资本主义工业在中国产生而出现的。在七八十年代，沿海各省先后开办了50个左右的近代企业，是中国最早的一批民族资本主义工业。一些地主阶级知识分子和官员，逐步向资产阶级转化，他们开始感到光凭儒家学术和八股文一类旧学问，已不能适应新的环境，想从中挣扎出来，探讨现实的政治经济问题，向西方学习，寻求医治中国的方案，以实现他们解救民族危难和缓和社会矛盾的愿望。他们不甘心帝国主义的奴役，要求自强。他们也担心清朝政府将被日益扩大的群众反抗风暴淹没,主张通过革新把它拯救出来。这表明,资产阶级改良主义刚以新的姿态出场,在忠诚救国的宣言下,就掩盖着麻痹人民和欺骗人民的作用。

向西方学习,是改良主义思潮的重要课题。但那时的中国人,能到外国直接接触资本主义的社会政治和科学文化的,只有极少数外交官和留学生。国内知识界的西学来源,除了得自这极少数人的辗转传闻外,主要依靠这样几个方面:(一)1862年清朝政府在北京设立同文馆,培养翻译人员,也译述一些以"公法"为主的外国书,所谓"公法",是维护资本主义世界秩序的法规;(二)1865年洋务派在上海设立江南制造局,附设翻译官,译述洋务工业必需的技术知识,也有少量政法方面的书;(三)来华的外国传教士很早就出版书报,散布麻痹中国人民的"基督文明"。1887年,英美传教士在上海设立的广学会,就是一个臭名昭著的文化侵略机构,发行了《万国公报》,出版了100多种书,主要是宗教书,也有一些是从殖民主义要求出发的政法、历史书。这些就是资产阶级改良主义所能取得的西学资料。他们从这些书刊中,吸取了有关声、光、化、电的粗浅科技知识,也从中获得了一些国际形势和社会政治方面的知识。

在改良主义思想酝酿的过程中,最早较明显地提出这种主张的,是广东的容闳。他是近代中国第一个留美学生,也是近代中国资产阶级改良主义思想的首倡者,自称要"以西方之学术,灌输于中国,使中国日趋于文明富强之境",就是说要按照资本主义的面貌来改造中国。他回国后,到太平天国访问,向洪仁玕提出过革新意见。在60年代,又多次向清朝的洋务派官僚兜售他的改良建议,想依靠一种政治势力,来实现自己的政治改良主张。其后较有名的有王韬、薛福成、马建忠、郑观应等人。他们在80年代前后，写书、写文章，发挥变法言论，在知识界形成一股缓慢的思潮。这些人属于统治阶级的中下层，大都同洋务派官僚有很深的关系，也同外国传教士有密切的来往。但他们主张学习西方资本主义，以抵制资本主义的侵略，认为洋务派专搞"制造"，只是西学的皮毛，对当时的社会政治，多少采取了一点批评的态度。这就使他们不同于顽固守旧的士大夫，也有别于洋务派官僚和买办。

譬如郑观应这个人，早年就放弃了读书赶考的道路，投入商界，为洋务派经办过招商局、电报局、织布局一类企业，是一个熟悉中外贸易的官商。他自己说是"触景伤时，略陈利弊"，于1862年出版了《救时揭要》一书，1871年增删为《易言》，1893年又增订改名为《盛世危言》发行。因此，前后经过30年才完成的《盛世危言》，是资产阶级改良主义思潮中一部具有代表性的书，反映了甲午战争前改良主义思潮的全貌，也基本上概括了那个时期这批人的一些想法和看法。直到20世纪初年，在贫乏和饥荒的知识界中，还流行这部书。

他们在这一类书中，强调时代不同了，形势变了，中国不能守着老样子不变，相信"穷则变，变则通"的道理，但只能由渐而变，一点一滴地变，不能变得太猛太急。他们相信事物是变的，这一点是对顽固派永恒不变思想的否定；但他们只看到点滴的量变，不承认事物的质变，这就又使自己滚进了对抗革命的泥坑。他们主张：（一）要保持国家的独立自主，只有兼采西学，变法自强，才能改变被侵略的地位，因此揭露了不平等条约对中国的危害，但是他们以为只要"自强"起来，帝国主义就会停止侵略，就会从中国撤走，完全是一种不切实际的幻想；（二）要求振兴工商业，发展资本主义，提倡"民间自立公司"，提倡"富人出其资，穷人出其力"的资本主义剥削，提出"商战"

的口号,同外国资本主义竞争;(三)把世界各国的政治制度划分为君主专制、民主共和、君民共主三种,认为君主专制君权太重,民主共和太偏激,只有地主阶级和资产阶级联合专政的君民共主(君主立宪政治)最"合适"。新起的资产阶级,满想通过这种药方来挽救民族危机,缓和阶级矛盾,从而改变自己的政治、社会地位,使自己成为当权的统治阶级中的一员。这些软弱的表示,也就是后来戊戌变法所要努力实现的基本内容。

二、 康有为最初的活动

作为维新变法运动主角的康有为,在资产阶级改良主义思潮酝酿的后期,就已开始活动。

康有为,广东南海人,出身于官僚地主家庭,深受儒家教育的熏陶。他早年去香港、上海等地,接触到一些西方资本主义的事物,读了些介绍西学的书,感到外国资本主义国家有一套治国的办法,不能用旧时代看待"蛮夷"的眼光,去看待它们。因为那时的外国,只有西方资本主义国家是进步的,它们成功地建设了资产阶级的现代国家;反过来看清朝封建统治下的中国,却是那样古老闭塞,老被外国资本主义国家侵略,处境一天比一天坏。这样,康有为的革新思想产生了,他把学外国、搞改良当作救国真理。

1888年,康有为去北京参加顺天乡试(考举人)。当时正当中法战争后不久,不仅一些同中国有密切关系的邻邦,如越南、缅甸、锡金,已被英、法侵占,而且英国又在发动侵略中国边疆西藏的战争,俄国在侵占中国黑龙江以北、乌苏里江以东和中国西北的大片土地后,进而窥伺中国东北等地区,日本也在向中国东北亲密邻邦朝鲜步步进逼。康有为看到这般情景,写了封5 000字的上皇帝书(第一书),

去叩紫禁城的大门。书中指出,外国资本主义的侵略,已从侵占邻邦、伸入边疆,进而达到深入内地的危险局面;人民的不满情绪也越来越大,到处是"骚乱",太平天国那样的革命,将会再次爆发。他认为在这个时候赶紧变法改良,还可以挽救危局,要是再迁延下去,就不堪设想了。这是康有为把酝酿已久的变法思想,变为正式建设的开端。

这封上皇帝书,不过是一个不安分的知识分子向地主阶级总头目——皇帝的出谋献策,表达了一点资产阶级的改良愿望而已。在顽固守旧的官僚们看来,一个毫无地位的书生,竟敢向皇帝大发议论,实在不像话,不愿把书送给皇帝。本来,康有为在这次乡试中,已被内定为考中的第三名。主考官顽固派徐桐,对康有为的上书很反感,大骂"如此狂生",不予录取。康有为落选了,但是,他经过这次上书,却渐渐有了声名。

康有为见他的建议书没有送到皇帝那里,曾写下"治安一策知难上,只是江湖心未灰"的诗句。就是说这次向皇帝上的"治安"建议,明知很难上达,是失败了,但他这个在野的知识分子并不因此灰心,还要加油干。他回到广东,招收学生讲学,于1891年在广州长兴里设立名叫"万木草堂"的学馆。他写了《长兴学记》,开始发挥他的改良主义教育思想。梁启超、麦孟华、徐勤等,先后来到这里学习。梁启超出身地主家庭,这时已经是个年少的举人,却来拜还没有考上举人的康有为为师。梁启超渐渐放弃专搞科举考试的那一套,扩大学习领域,学习经学、理学、史学和西学,在维新变法运动中成为康有为的主要助手,被人们合称为康梁。

万木草堂开始只有20多个学生,1894年达到100多人,是康有为培养助手、制造维新理论的场所。据说因为康有为反对八股文,学生受了他的影响,不愿参加科举考试。家长大不高兴,说不参加科举考试还读什么书? 他们以不给学费来要挟自己的子弟。康有为转而力劝学生向八股文投降,说:"我且考过,诸君何妨勉力为之,以慰父兄之心呢!"

康有为在广州的这几年中,一边教学,一边著作,为了使变法主张在地主阶级知识分子和士大夫中得到共鸣,写了不少书,着力引申和附会孔子的学说,作为变法理论的依据。其中有两部书在思想界产生过震动,对戊戌变法的影响最大,一部是1891年写成的《新学伪经考》,一部是1892年开始写起、几年后才完稿的《孔子改制考》。

儒家的《诗》《书》《礼》《乐》《易》《春秋》称作"六经"。经就是经典的意思,相传都是经过孔子编订的,是中国封建社会地主阶级知识分子的必读书。到西汉末,因为发现了一批儒家经传,是用篆书一类的古文字写的,同那时用隶书写的通行的本子有所不同,从此产生了今文经和古文经两派。康有为想引用经传,编造变法理论,来开展他的政治活动。他的《新学伪经考》就是要打倒古文经,树立今文经在思想界的支配地位,使变法改良主张从传统的儒家思想中找到依据。他多方论证,古文经是刘歆为帮助王莽篡夺汉朝刘家的天下而伪造出来的,所以他叫古文经为"新学",是王莽的"新"朝之学,是刘歆捏造的伪经,不是孔子的真经。这样,他公然把历代奉为神圣的孔子经书的一部分说成是假货,就引导知识分子去怀疑古代的经典,是对封建传统思想的动摇,在客观上也打击了死守"祖宗家法"的顽固势力。因此,这部书一再遭到清朝政府的禁毁。

《孔子改制考》,发挥了"托古改制"的思想。托古改制就是把自己设想要建立的制度,托为古代曾经实行过,借以争取人们的信服。康有为认定孔子就是一个托古改制的大家,孔子著作的六经是托古改制的范本。康有为想用这些证明自己的变法主张是合理的,是对孔子的托古改制思想的继承和发扬。这些议论也和《新学伪经考》一样,遭到了顽固派的骇怪和反对。但是,《孔子改制考》的许多论证,确是极为荒谬的。譬如,六经本来是长期累积、流传下来的古代典籍,顶多经过孔子的整理删订,康有为却硬说都是孔子为了托古改制写出来的。这样一来,连包括大量民间歌谣的《诗经》这样一部古代诗歌作品选集,也都成了孔子个人的创作。为了把孔子神秘化,甚至用一些荒唐无稽之谈附会起来,说孔子是什么上天降精的黑帝(神),所以是"大圣人""大救世主",而他康有为又是最能获得孔子真传和最崇敬孔子的一个人。

康有为又写了《大同书》。《大同书》也不是像有些人瞎吹的那样,是一部什么"不平凡的天才"著作,只不过是拾取有关思想资料,加上他自己的推想,拼凑成一个空想的"大同世界"图案。他认为人世间是个大苦海,贫贱人有苦,富贵人有苦,连帝王也有苦,要把这个大苦海,变为"无邦国,无帝王,人人相亲,人人平等"的极乐世界。康有为害怕资产阶级革命的"铁血之苦",更害怕当时世界上已经出现的无产阶级革命的"铁血之苦",想乞灵于人的"本性",发挥"不忍之心",让人们互相携手,互相拥抱,来消灭革命的铁和血,走向"大同",把被压迫阶级"同"到地主资产阶级的旗帜下去。这就是康有为梦想的"大同"。毛主席指出:"康有为写了《大同书》,他没有也不可能找到一条到达大同的路。"[1]这条路不是别的什么,只能是无产阶级革命和无产阶级专政。

康有为的《新学伪经考》《孔子改制考》等书,虽然对冲击封建社

---

[1] 毛泽东:《论人民民主专政》。

会的上层建筑,起了一定的作用。其实,他尽管把古文经书看作是伪造的,却仍旧把孔子的六经看作是至高无上的;他只是否定了孔子删述六经的成就,却引申出孔子是为改革社会政治制作六经的"新"论。他仍然是依靠孔子这个"权威"来进行说教,想把孔子改造为适合资产阶级改良主义的需要,拿孔子作为资产阶级改良派爬上政治舞台的敲门砖罢了。

可见,康有为的维新变法活动,一开始就是抱住两个最大的封建权威,一个是孔子的理论权威,一个是皇帝的政治权威。资产阶级一出场,就表明了它的软弱性、不彻底性,以及和封建阶级千丝万缕的联系。孔子和皇帝,到19世纪末年,本来已是两具封建僵尸,康有为却想用资产阶级改良主义的思想主张,来改造这两具僵尸,然后借用他们的旗号,演出历史的新场面,结果是失败了。他后来保皇、复辟,连自己也变成了封建僵尸,正如鲁迅先生所说的被人们"永定为复辟的祖师",绝不是偶然的。

三、 走向政治改良运动

1894—1895年的中日甲午战争,清朝政府又一次惨败,无耻地向日本投降,签订了丧权辱国的《马关条约》,给予中国自鸦片战争以来更大的侵害和震动。战争开始时,人们满以为搞了很久的北洋海军,对地狭人少、羽毛未丰的日本帝国主义,总可以抵挡一阵,却没有料到经黄海和威海卫两次战役,就全军覆没,陆军也节节溃败。洋务派官僚吹嘘的"富国强兵",像泡沫一样破灭了。清朝政府的腐败、中国的积弱,暴露得更加彻底了。《马关条约》规定,"割让"台湾省等大片领土,赔款二万万两,日本资本家得在中国自由设置工厂,等等,不仅使中国的半殖民地地位陷得更深,眼看沙俄、德国、英国、法国、美国等帝国主义,将挟持不平等条约的"最惠国"待遇,进一步争夺特权,扩张各自在华的侵略势力,中国已面临被分割的危险局面。帝国主义分子公然叫喊:过几年再来看中国,就不复存在了!

正是在这种形势下,酝酿了多年的资产阶级改良主义思潮,开始转变为具有实际斗争意义的政治改良运动。

1895年春天,是清朝政府定期举行选拔进士的国家考试——会试期间,各省举人齐集北京应试。康有为先一年考上了举人,取得了参加进士考试的资格,这时正同他的学生梁启超、麦孟华在北京参加会试。4月17日,签订《马关条约》的消息传来,康有为探知条约的全部内容,大为震惊,立即要梁启超去发动广东籍举人联名上书,请求清朝政府不要批准卖国的《马关条约》。湖南籍举人闻风而动,报名参加。22日,两省举人便联合到都察院(清朝政府监督、弹劾、建议的最高机关)上书,打了头阵,接着是福建、四川、江西、贵州等省举人上书,接着是江苏、湖北、陕甘、广西等省举人上书,又接着是直隶、山东、山西、河南、云南等省举人上书,台湾省举人更声泪俱下地上书反对割让台湾。几天里,都察院门前,车马盈巷,人群纷集,一时议论沸腾,激起了反对签约的巨大声浪。

康有为看到举人们爱国的激动情绪,大可以为变法活动造成声势,决定联合在北京的所有举人,来一次规模更大的上书请愿,便连夜起草了一封长达14 000多字的上皇帝书(第二书)。书中指出《马关条约》割地、赔款的严重后果,割弃台湾将失去全国民心,极力主张拒绝和议,明定对策,提出了一系列建议。(一)皇帝赶快下罪己诏,大行赏罚,提拔善兵能战的军官,处分辱国和敌的大臣和不做战备的地方长官。(二)迁都西安,免得在北京容易受敌人要挟,以利再战。(三)加紧练兵,把对日本的两万万两赔款移作军费。(四)发奋变法,推行富国、养民、教民即改进工业、农业、商业、货币和教育等方面的政策;在政治生活中,为了改变上下隔阻,下情不能上达的状况,主张以府县为范围,约每10万户中,由士民公举一个有学识、有才能的"士"(知识分子)充当"议郎"。担任官职和没有担任官职的"士",都可以被推举。这种"议郎"不仅供皇帝咨询,还可以对皇帝的诏书提出不同意见,中央和地方的重要政令,都要由他们开会讨论。这就是要求清朝封建统治者为新兴的资产阶级开放政权,让改良派的君子们有一个做官的机会。以上四项,前三项是权宜办法,第四项才是康有为认为的独立强国的根本大计。用他的话来说,叫作"变法成天下之治"。这种所谓的根本大计,不过是在不触动封建体制的基础上,采取若干资本主义措施罢了。

康有为完成了这封上皇帝的万言书后,各省举人便齐集达智桥松筠庵开会,有1 200多人签了名。他们决定5月2日一起去都察院,投递上皇帝的请愿书。投降派知道了,生怕妨碍条约的批准,多方进行破坏,一面在宫内活动,要西太后强迫光绪帝提前批准条约,造成无可改变的局面;一面进行威胁,军机大臣孙毓汶派爪牙到各举人的寓所,叫他们不要损害自己的前途。有些经不起一吓的举人,竟要求除掉自己的签名。虽然如此,在反对投降卖国的正义呼声下,大家还是把请愿书送了上去。都察院推说皇帝已在条约上盖印,无可挽回。但举人们的上书大请愿,毕竟是一个不平凡的举动,使一潭死水的清朝政局,激起了一阵波浪。这就是中国近代历史上有名的"公车上书"(汉朝用公家车马接送被征举的士人,后来人们就用"公车"作为举人入京应试的代称)。当时上海就出版了《公车上书记》,宣传这件事。

公车上书的参加者都是举人,举人是有了点功名的地主阶级知识分子,已经进入士大夫阶层的行列了,但是他们还在应试,还不属于当权派,很多是青年知识分子,有的已在接受资产阶级的西学,要求进步。因此,公车上书在一定意义上,也可以说是近代中国知识分子,开始以一种社会政治力量表现的群众性爱国行动。社会阶层虽然狭窄,但联系面广,对社会的影响和震动很大。

公车上书的第二天,会试的榜发出来了,康有为中了进士,被任为工部主事,但没有到工部就职。5月29日,康有为又写成一封长达13 000字的上皇帝书(第三书),内容与公车上书大致相同,只是删去了拒和、迁都的建议,把要求变法的内容加强了,从各方面说明必须赶快变法的道理。这封上皇帝书,仍是投送都察院。这次,都察院迫于当时的议论,把它递给了光绪帝。光绪帝读了,觉察到所述变法要求,正是巩固清朝统治、提高自己权势的途径,对它马上重视起来,命令誊抄四份:一份呈西太后;一份交军机处,转发各省总督、巡抚、将军审议;一份存乾清宫皇帝文件柜;一份存勤政殿,以备随时展阅。

康有为紧接着在6月间再次写了封上皇帝书(第四书)。在这封上皇帝书中,他不再转弯抹角地借用汉代那个"议郎"的名称,而是从正面论证设立议院的必要性。认为当前应尽先做好几件事:(一)下诏鼓励臣民踊跃陈述政见;(二)邀请有识之士讨论国家大事;(三)设立顾问馆供皇帝咨询;(四)设立报馆互通声气;(五)设置专门机关吸引贤才到政府任职。这些无非都是为资产阶级分享政权,制造气氛和准备条件。但是都察院不愿再给康有为递送上皇帝书,推说他是工部主事,照例应由工部代递。康有为就去找工部尚书孙家鼐,孙答应了,不料工部的第二把手、侍郎李文田持反对态度,不肯画押(签字)。康有为又想通过兵部转呈,兵部尚书荣禄是西太后的心腹,更不肯代递,因此这次上书被阻搁。

这时,康有为却得到了另一条门路。光绪帝的师傅翁同龢,是户部尚书,并任军机大臣,居于很重要的地位。本来他是一个毫无改革要求的大官僚,在中国被日本战败后,眼看清朝的统治朝不保夕,在西太后的牵制下,又不能有所作为,很想为光绪帝,也为自己,寻找支持力量。他看到康有为的上书,大为触动。这个当朝的一品大员,便降低身份去访问小小的六品主事康有为,没有遇到。康有为受宠若惊,马上回拜了他。会晤中,两人进行了长时间的谈话,康有为详述了维新变法的道理,翁频频点头,并向康有为透露了光绪帝受制于西太后的宫廷内幕。梁启超在《戊戌政变记》一书中,说自翁、康谈话以后,翁同龢"议论专主变法,比前若两人焉"。那是因为,翁同龢懂得了康有为的维新变法主张,大有利于对西太后的夺权斗争。

此后,康有为给翁同龢写过多次信,陈述变法的具体措施,信中并敦促说,如果不进行改革,那就"上不能保国,下不能保身"。7月,翁同龢接受了康有为的大部分建议。那时有个户部主事陈炽,是翁同龢的僚属,此人在甲午战争前就写过《庸书》《续富国策》等书,宣传维新变法,可算是一个老牌的资产阶级改良主义者。翁同龢叫他起草了十二道新政诏书,准备请皇帝陆续颁行。老于世故的翁同龢,怕因此触怒西太后,想怂恿在皇族中有很高地位的恭亲王奕訢出来挡风,请他向皇帝面陈。这个曾经主持洋务活动的恭亲王,却断然予以拒绝,翁同龢就更不敢再去进行这桩冒风险的事了。

这里需要说明一下,关于帝党和后党的问题:

西太后是咸丰帝的妃子。1860年,英法联军进攻北京,咸丰帝逃奔热河,次年病死在那里,同治帝年幼即位。同治帝是西太后的亲生儿子,儿子做了皇帝,她得以升为太后,"垂帘听政"。封建王朝因故由太后或皇后主持政务,接见大臣时,要用帘子遮隔,表示男女有别,叫作"垂帘听政"。1875年初,同治帝短命死去,按照清朝皇室的家法来说,应该为同治帝立嗣,继承帝位。可是西太后偏偏不这样做,因为如果为同治帝立嗣,同治帝的皇后就成了太后,西太后就要退居于无权的地位。所以她立同治帝的堂弟弟、一个四岁小孩为帝,即光绪帝。这样,她就仍然是皇太后,仍然可以"垂帘听政",掌握大权。

1886年,光绪帝16岁,开始处理朝政,但须报告西太后取得同意,西太后就由"听政"变为"训政"。到1889年,光绪帝成年了,已不便再"训"下去,55岁的西太后只得归政给光绪帝,自己退居于花费了数千万两银子扩建的颐和园。但她不愿"颐和",身在颐和园,心在紫禁城,仍然揽权。因此,在统治集团内部狗咬狗的争斗中,皇帝和太后的周围,形成了帝党和后党两股官僚势力。朝中和地方的顽固大臣多属后党,帝党只有翁同龢、文廷式等没有掌握实权的少数官僚。

甲午战争中,后党主和,帝党主战。帝党想侥幸取胜以挫败后党的气焰,结果这种"战"破了产。虽然如此,他们对公车上书的"拒和"主张,毕竟有点引为同调。因而,康有为在要求通过皇帝进行变法的频繁活动中,就把帝党作为靠山;而帝党也看出变法是取胜后党的一着棋,有意运用改良派这份力量。这就是帝党同改良派日益接近、互相呼应的内在关系,但帝党同后党的矛盾,也因此剧烈起来。

四、 组织学会和创办报刊

公车上书给维新变法造成了气氛,资产阶级改良主义思潮发展成政治改良运动。资产阶级改良派要想从士大夫和地主阶级知识分子中得到支持,从中积蓄力量,就有一个迫切的任务,必须打开他们的眼界,给他们灌输维新变法的思想。因此,康有为继上书皇帝的活动之后,就着手组织学会和创办报刊。这是资产阶级改良派尽最大可能去做的事。

1895年8月,康有为自己凑钱在北京创办了《万国公报》,因与广学会办的报纸同名,遭到教会势力反对,于12月改名《中外纪闻》出刊。由梁启超、麦孟华编写文稿,除转载清朝政府的章奏和在华外国人报刊上的文章外,有论说一篇。每期印1 000份,托送《邸报》(清朝政府的官报,专载诏书、章奏一类东西)的人,送给北京的官员们看,不收报费。一个月后印至3 000份,可见人们还是欢迎的。这是资产阶级改良派主办的第一份报刊。最初,守旧官僚们不明《中外纪闻》的来历,有人揣测出自总理衙门,也有人以为出自外国公使馆,等到他们知道来自南海馆(康有为在北京的寓所),便大为惊讶。

随着是组织学会,这是用学会的名义进行政治改良活动的组织形式。经过康有为奔走联络,8月由帝党文廷式出面,邀同陈炽等人组成了强学会,推陈炽为会长,梁启超为书记员。当时在天津小站练兵的袁世凯,也钻了进来。康有为作《强学会序》,陈述了在列强侵略下的危迫形势,和成立学会挽救时局的目的。强学会隔几天集会一次,每次有人讲演;向上海购得译书几十种,计划设立图书馆;帝党翁同龢、孙家鼐出面支持,大官僚张之洞、刘坤一等,想标榜助新,也捐了款;李鸿章更想纳银两千两,申请入会,会中以李鸿章卖国,拒绝接受。李鸿章想入会,固然是投机、观风色,但也反映了这个运动刚兴起时的力量和作用。

强学会憎恨李鸿章的卖国,却识不破帝国主义分子的阴谋利用。

那时后党和李鸿章投靠沙俄,沙俄在中国的政治势力增长了。强学会一出现,英、美帝国主义分子就很感"兴趣",满想抓着这个机会,对帝党和维新人士施加影响,使强学会适合于他们的需要,同沙俄对抗。英、美驻中国公使馆,立即表示愿意捐助强学会图书仪器,英国公使欧格纳还力劝翁同龢,赶快着手"变法"。英国传教士李提摩太、美国传教士李佳白,分别从上海和山东赶到北京,多方活动,打入强学会。他们举行宴会,招待帝党官僚和维新人士,在宴会上发表赞同中国"改革"的"热情"演说,骗取好感。李提摩太又遍访北京的大官,向翁同龢提出名叫《新政策》的长篇意见书,想通过翁转达给光绪帝,把他的意见变为施政纲领。意见书中说了一通"教民、养民、安民、新民"的漂亮话,把自己打扮成活像一个外国的"康有为"。但是假的就是假的,真相总是要暴露出来的,他在意见书"中国目下应办之事"一段中,公然提出要清朝政府"延聘深可信任之二西人,合筹良法"。这"二西人"中,就有他自己的影子在内。并建议设立"新政部",作为推行"新政"的领导机关,"以八人总管,半用华官,半用英、美人"。李提摩太心目中的四个英、美人,就是海关总税务司英帝国主义分子赫德,英帝国主义汇丰银行大班艾迪斯,曾任美国国务卿、签订《马关条约》时充当李鸿章顾问的科士达,天津海关税务司、美帝国主义分子杜维德(又译作鲁德)。还建议设立"国家日报",由英国传教士傅兰雅、美国传教士李佳白总管。李佳白也赶紧写出名叫《新命论》的文章,要清朝政府聘用"西国大有声名、中外推服之人"。这个"西国",当然就是英、美帝国主义。据李提摩太说,是因为英、美两国人士"皆无贪心","皆不好战",最宜于帮助中国!按照他的逻辑,武装侵略中国,强迫中国签订不平等条约,控制中国的经济命脉,干涉中国的内政,破坏中国的革命,等等,都不算是贪心,不算是好战,而是帮助了中国,中国应向他们全部开放政权。李提摩太这些披着宗教外衣的帝国主义分子,就是这样一唱一和地兜售他们血腥的殖民政策。

他们的建议虽然没有得逞,但加深了帝党官僚对英、美帝国主义的依赖,也助长了维新人士对帝国主义的幻想。翁同龢曾经专程去拜访李提摩太,恭维他是一位"豪杰";康有为则去找李提摩太商讨"合作"问题;梁启超还充当李提摩太的私人秘书。

强学会在北京活动的影响一天比一天扩大,顽固守旧官僚不能容忍了,到处散布不利于强学会的流言蜚语,以致《中外纪闻》送出去,得到的回答是"怒目相向",连付给高报酬,也没人肯代送了。他们还声称要奏请西太后严惩康有为。康有为待不下去了,只好离京暂避,叫梁启超负责北京的工作。

11月,康有为南下到上海,为了取得张之洞的支持,特地去南京拜会了这位以"通达时务"自居的两江总督。张之洞表示赞同在上海设立强学会,答应提供开办经费。康有为返回上海,制订了上海强学会章程,标明宗旨是研究各国强盛弱亡的缘故,以讲求中国如何自强的学问,规定四项任务:(一)译印图书,(二)出版报刊,(三)设立图书馆,(四)开办博物院。随即发刊《强学报》,每日印一小册,同《中外纪闻》一样不取报费。那时的所谓东南名士黄遵宪、张謇等都入了会。黄遵宪,广东嘉应州(今梅县)人,在这以前,担任过驻日本公使馆参赞和驻美国旧金山总领事,写了《日本国志》一书,赞同维新变法,是中国近代的著名诗人。他的《人境庐诗草》,反映了近代中国的许多重大历史事件。张謇,江苏南通人,光绪时状元,是经营纺织、面粉业的大资本家。他这时赞同变法,后来成为著名的立宪派头目。

北京和上海强学会的会员,共有50人左右,大致包括这几种人:一是资产阶级改良派分子,二是帝党官僚,三是依附洋务派的官员或所谓名士,四是居于赞助地位的大官僚,甚至还有帝国主义分子。在北京,可以说主要是以康有为为代表的资产阶级改良派,同帝党翁同龢、文廷式等官僚的合作;在上海,则主要是以康有为、黄遵宪等,同张之洞系的洋务派官员的合作。但起核心作用的,仍是康有为等资产阶级改良派。

强学会由北京发展到上海,变法的呼声高起来了。顽固派感到这是对他们的严重威胁,公开叫嚷"宁可亡国,不可变法",决心扑灭强学会这个组织。1896年1月,御史杨崇伊(李鸿章的亲家)上了一个奏章,攻击强学会结党营私,攻击《中外纪闻》贩卖西学。西太后便借此勒令光绪帝封闭强学会,查禁《中外纪闻》。狡猾的张之洞得到消息,便借口不同意宣传"孔子改制",不同意用孔子降生纪年为理由,停止供给上海强学会经费,并用两江总督的大权,下令查禁上海强学会和《强学报》。那些见风转舵的官僚,也就纷纷宣布退出强学会。

不久,有个御史奏请设立书局,翁同龢乘机主张恢复强学会。结果将查抄强学会的图书仪器发出,在北京设立官书局,选译外国书籍和报刊文章,这个官书局日后并归京师大学堂。

上海强学会被查禁后,黄遵宪、汪康年等提议,以强学会余款创办《时务报》(旬刊),邀请梁启超来上海任总编辑。1896年8月,《时务报》创刊,刊载论说、上谕、奏折、京外近事、海外报译等内容。梁启超发表了《变法通议》等一系列鼓吹改良的论文,吸收西方资产阶级进化论观点,论证维新变法的必然趋势。他说,"物新则壮,旧则老;新则鲜,旧则腐;新则活,旧则板",驳斥了顽固派墨守祖宗成法的反动思想。他的文笔新颖流畅,知识分子比较爱看,几个月里《时务报》销数增加到10 000多份,是维新变法运动中影响最大的报刊。但是,梁启超也和他的老师康有为一样,害怕人民群众的起义斗争,说"教匪会匪,蔓延九州,伺隙而动",要赶快变法来加以防止。这正是资产阶级改良主义反动本质决定的。

当强学会被迫解散时,康有为回到广州,仍在万木草堂讲学,一度去香港、澳门活动。1897年2月,他在澳门与一个侨商创办《知新报》,由他的弟弟康广仁和学生徐勤主编,成为中国南部宣传维新变法的重要报刊。随即又去桂林讲学,在那里发起组织"圣学会"。康有为总是念念不忘孔子的"圣教",到处把它作为大旗挥舞。

当北京、上海的维新变法活动进入高潮的时候,湖南也开始动起来了,并且成为维新变法运动中最为活跃的省区。这是同谭嗣同等人的积极倡导分不开的。

谭嗣同,湖南浏阳人,出身大官僚地主家庭,早年在新疆巡抚衙门里办过事,后来游历各省,足迹遍大江南北、黄河上下,对社会接触较广。他对《马关条约》的签订极为愤慨,说是把四万万人的身家性命都断送了,思想从此发生变化,在家乡同好友唐才常筹办革新事业。1895年秋天,他又专程去北京拜访康有为,恰好康有为离开了北京,没有碰上,只同梁启超见了面。梁启超向他介绍康有为的思想主张,他大为佩服,愿作康有为的"私淑弟子"(没有直接受教的学生)。强学会被封闭,他很惋惜,幻想争取汉口英国领事的支持,组织湖南强学会分会。

1896年7月起,谭嗣同在南京任候补知府的闲职,他用功钻研中西学问,写成哲学著作《仁学》。有些人称赞它是一本思想锐利、富有战斗性的书。这本书实际上是儒家、墨子、老庄、佛学和西学的杂糅,书中虽然偶有些带唯物论色彩的话,而渲染得更多的却是先验论和神秘主义。他拿物理学上"以太"一词,作为他的哲学术语,说万物都有知觉,都有灵魂,这种知觉和灵魂就是"以太"。那末,"以太"既是物质的,又是精神的,是物质和精神的混合体,这就抹杀了物质和精神的界线,抹杀了精神依赖物质的关系,完全将物质、生理、社会等现象等同起来,是一种把人引入迷宫的神秘哲学。

但另一方面,书中也尖锐地抨击贵古贱今的错误思想,激烈地控诉封建伦常的滔天罪恶,声言要"冲决网罗",就是说要同一切封建束缚决裂。这是具有民主精神的思想,在当时的思想界产生过积极作用。不过他自己并没有从"网罗"中挣扎出来,而是站在"网罗"中冲决"网罗"。他反对封建伦理,却不敢同孔子真正决裂,他咒骂君主专制,却为拥护光绪帝变法卖力。这个事实表明,资产阶级改良派即使是表现得慷慨激昂的左翼如谭嗣同这样的人,也逃不出被织成蛛网一样的封建势力的束缚。而谭嗣同偏偏要把康有为捧作"一佛出世"的救世主,把自己打扮成"冲决网罗"、革命社会的"先知",这又完全是在散布"英雄造时势"的唯心史观。

当时的湖南巡抚陈宝箴,是总督、巡抚中唯一倾向变法的地方大官,调到湖南任按察使(掌握一省刑法的官)的黄遵宪和学政(掌握一省文教的官)江标及后任徐仁铸,都赞同变法。1897年秋天,陈宝箴又邀请谭嗣同回湖南,梁启超也应约来湖南。于是,资产阶级改良派能够发挥能量的学堂、学会和报刊,都在湖南举办起来了。

1897年10月,长沙设立时务学堂,梁启超担任"中学"总教习,谭嗣同、唐才常等担任分教习,还有"西学"总教习。梁启超以康有为在万木草堂的教学原则为蓝本,制订《湖南时务学堂学约》,设经学、子学、史学、西学等课程,是从旧式书院到新式学堂的过渡形式,也是作为科举、八股的对立物产生的。梁启超在批改作业和讲课中,发挥了为新兴的资产阶级争权的所谓"民权"思想,遭到顽固派岳麓书院山长(院长)王先谦和大劣绅叶德辉等攻击,说他宣传不要父母、不要君上的邪教,要把他驱逐出境。梁启超不能坚持,不久就离开湖南到上海去。

在谭嗣同、唐才常的积极策划下,1898年1月南学会成立。南学会是强学会的继续和发展,规定由地方有威信的士绅十人担任会长,再由这十人根据自己的了解和朋友的介绍,吸收会友,每州每县须有三到十人。总会设在长沙,各府厅州县设分会。讲论是会中的主要活动,每月四次,由黄遵宪等主讲学术、政教、天文、舆地等内容,凭单(票)听讲。据主讲人之一皮锡瑞的日记中说,索取听单的人很踊跃,有时开讲,"人尚未来而坐已满矣"。这种情况,反映了那时的知识分子,很想从封建传统思想的禁锢中解放出来,也反映了他们想在尖锐的民族矛盾中,找到一条救国的道路。

顽固派害怕这种风气蔓延滋长,王先谦又跳了出来,要求陈宝箴奏请清朝政府处死康有为,并指使喽啰大起哄,攻击南学会的讲学是宣传"邪说"、散布"淫词"。叶德辉也紧跟上来,对徐仁铸介绍新学书籍的《𬨎轩今语》,肆意歪曲,逐条反驳。他们逼迫皮锡瑞离开湖南。顽固派还不罢休,进而宣称南学会邵阳分会负责人樊锥的罪状,是"背叛圣教""惑世诬民",然后他们齐集学宫大成殿(供奉孔子牌位的殿宇),祷告孔子,把樊锥驱逐出境。

报刊方面,先是学政江标已在长沙创刊《湘学报》(一度改名为《湘学新报》),倾向维新。1898年3月,谭嗣同、唐才常等又创办《湘报》(旬刊),作为南学会的机关报,刊载了不少有关维新变法的论文,主张"君民共主"的立宪政治,认为只要"利之所在,听民自兴之;害之所在,听民自去之",就可以使旧法逐渐解体,新政逐渐推行。张之洞对这种不痛不痒的议论,也惊怪是煽动人心、犯上作乱的文字,写信要陈宝箴加以约束。陈宝箴答应以后删去报首议论,张之洞才罢休。

在天津，1897年10月，严复、夏曾佑等举办了《国闻报》。《国闻报》是日报，每日出版八开报纸一张，登载国内外时事，经常发表社论。稿件来源，除了大量选译外国报刊外，还派员到各地采访，国外也设有访员（记者），是当时比较完备的报纸。还另编一种旬刊，叫《国闻汇编》，把报上的重要议论收入汇编。它的目的是要求中国仿效西方资本主义的政治，力求自强，对介绍西方资本主义的社会政治，有较大影响。

严复，福建侯官人，少年时进入洋务派举办的福州船政学堂学习，1867年被派往英国学海军，留心西方文物制度。回国后担任天津水师学堂监督（校长），受中国在甲午战争中惨败的刺激，在《直报》上发表《论世变之亟》《原强》等文章，鼓吹变法，主张废除八股文，改变专制制度。并努力译述西方的哲学和社会政治学说，1895年译述了赫胥黎的《天演论》，即《进化论与伦理学》的主要内容，但附加了他自己的许多见解，后来在《国闻报》陆续发表，至1898年才正式出版。自鸦片战争以来，较认真地译介西方资产阶级理论著作的，这是第一部书。它以进化论的观点，否定了历史倒退论和历史循环论。

赫胥黎是19世纪英国的自然科学家，著名的进化论者达尔文的朋友，他的《天演论》是宣传达尔文学说的。总的说来，前半部着重解释自然现象，是唯物的；后半部着重解释社会现象（伦理过程），是唯心的。书中的基本论点，阐明生物界的进化是由于"物竞"和"天择"。"物竞"是说生物都是互相竞争的，在竞争中适者生存，不适者淘汰，这是不以人们意志为转移的"天择"。他认为这个法则也适用于人类社会，说社会中的人，"正如其他动物那样，繁殖不断地进行，并为寻求生存资料而进行激烈的斗争。生存斗争，使那些比较不能使自己适应于他们生存环境的人趋于灭亡，最强者和自我求生力量最强者,趋于蹂躏弱者"。完全把人类社会和生物界等同起来,注定强者要蹂躏弱者,弱者只能被强者践踏,这就为资本主义列强侵略弱小民族提供了论据,是十足的反动理论。无数事实证明,得道多助,失道寡助。弱国能够打败强国,小国能够打败大国这个历史规律,已经彻底粉碎了这种反动的庸俗进化论观点。但在帝国主义张牙舞爪地要瓜分中国的形势下,把这种观点介绍到中国来,却促使人们憬悟到中华民族如果再不振作,就会在这个"弱肉强食"的资本主义世界里沉没。因此,一些先进的中国人纷纷起来大声疾呼,要求变法自强。这却是赫胥黎始料所不及的。毛泽东指出:"近百年来输入了欧洲的机械唯物论和庸俗进化论,则为资产阶级所拥护。"[1]19世纪末年的资产阶级改良派,就是把这些东西拿来当作武器的。事实上,这种武器根本不能战胜顽抗的封建势力,斗不上几个回合,就败下阵来。

组织学会和创办报刊,是维新变法运动中的重要步骤,起了组织力量和制造舆论的作用。据《戊戌政变记》所载,3年内,全国设立学会、学堂、报馆等51所,其中学会24个,学堂18所,报馆7所,书局2所。实际远不止这个数目,经过统计,学会、学堂、报馆合计达300所,主要分布于江苏、湖南、直隶、广东等省,表明资产阶级这时在中国已经有了一个薄薄的社会基础。但当时参加学会、学堂和阅读报刊的人,仅是部分士大夫和知识分子,他们只是全国四万万人中的极少数。

五、 死抱住一个皇帝

改良派眼睛里只看到一个高高在上的皇帝,根本看不到人民的

---

[1] 毛泽东:《矛盾论》。

力量,以为通过皇帝下诏书,发动变法,就可以达到"救国"和参政两个目的。这是康有为等倡导的资产阶级改良主义政治运动的基本途径。1897年11月,德国强占胶州湾,接着是沙俄强占旅顺、大连,法国强占广州湾,英国强占威海卫和九龙。中国已面临帝国主义瓜分的紧急关头。康有为又从广州赶到北京,进一步向他的"皇上"上书。

这次,和1888年那次上书不大相同,和公车上书时也不相同。这时,好些地方已经建立学会、学堂和报馆,士大夫和知识分子已有了些组织准备和思想准备;而光绪帝和帝党迫于国内国外的形势,和恢复皇帝权势的要求,接受变法主张,把它付之实施的决心也增加了。

12月,康有为赶写了又一封上皇帝书(第五书),书中的措辞比以往的历次上书都更慷慨激昂。他沉重地指出当时的形势说:日本议院天天在开会,各国的报纸议论纷纷,都是在讨论瓜分中国的事,"譬犹地雷四伏,药线交通,一处火燃,四面皆应"。国际形势是这样,国内情况又怎样呢?他说自从割了台湾后,全国皆知朝廷不可靠,"人无固志,奸宄生心",到处埋伏着人民反抗政府的危机,即使没有外国的逼迫,已经是够值得忧虑的了。现在已是内外交困、山穷水尽的时候,如果还不动手变法,赶快想办法挽救,到那时想求一个半壁河山的偏安局面,"皇上"和诸大臣想当老百姓,也不可得了。这种话对封建统治者来说,是不堪设想的,而康有为正是想用这种不怕杀头的话,来激动光绪帝,以表示他的耿耿忠心。

怎样改变这个危险的局面?康有为提出了三个对策:

以俄国彼得大帝、日本明治天皇为榜样,亲定国家大政方针,宣布变法。日本和中国在地理上很接近,两国的政俗也大同小异,如果效法日本,不但易于着手,也易于取得成效。这是上策。

召集有才能的官员,谋划变法,逐日分批召见这些官员,商讨变法的具体方案和步骤,权衡轻重缓急,依次推行。这是中策。

督促各省大臣,各就本省实行新政,各省总督、巡抚在三年内对新政要办出成绩来,如仍敷衍应付,就把他们撤职。这是下策。

以上三策,他请光绪帝选择一个加以实行,说是能行上策,就可以强国;能行中策,可保弱国地位;能行下策,仅免于亡国。康有为当然希望他的"皇上"能行上策,把日本的明治维新移植为中国的"光绪维新",他自己就可以成为中国的"伊藤博文"(日本明治维新的功臣)。

康有为把这封上皇帝书送到工部,请转呈光绪帝。那时的工部尚书淞溎,是一个顽固守旧的满洲贵族,看了大为恼火,不肯代递。这封大胆的上皇帝书,虽然没有送到光绪帝手里,但是许多官员转相传抄,天津、上海的报纸也把它刊载出来,一时流传甚广,为一些士大夫所欣赏。都察院的给事中(谏官)高燮曾看到后,想借此攀附新兴力量,从中捞一把,当即上了一个推荐康有为的奏章,请光绪帝立刻召见康有为,给以重任。翁同龢趁势在光绪帝面前夸奖康有为。光绪帝准备召见康有为,但顽固守旧大臣从中拦阻,恭亲王奕䜣向光绪帝说:"本朝成例,非四品以上官不能召见。今康有为乃小臣,皇上若欲有所询问,命大臣传语可也。"没有勇气打破成例的光绪帝,只好依照奕䜣的意见,改令大臣传康有为"问话"。

1898年1月24日,康有为被请到总理衙门的西花厅。出席问话的大臣有李鸿章、翁同龢、荣禄和刑部尚书廖寿恒、户部侍郎张荫桓等五人。这次问话是变法和反变法的一场小小辩论会。荣禄首先开口,他说:"祖宗之法"不能变。康答:"祖宗之法"是用来治理祖宗的领土的,今天祖宗的领土也保管不住了,还谈什么"祖宗之法"呢? 比如这个总理衙门,就不是"祖宗之法"规定的。接着,廖寿恒问:变法从什么地方下手？康答：应从改变法律、制度开始。李鸿章听了不耐烦，便以质问的口气说：难道六部都可以裁撤，规章制度都可以不要吗？康答：今天是列强并立的时代，不再是从前关起门来做皇帝的局面了。现行的法律和官制，都是过去的旧法，造成中国危亡的，都是这些旧法，理应废除。康有为唯恐说得过重了，又退一步说：即使不能尽废，也应斟酌情形加以改变，新政才能推行。翁同龢岔开他们的辩驳，转问变法需要的款项怎样筹措。康答：日本设立银行发行纸币，法国实行印花税，印度征收田税，成效都很可观。中国地广人众，只要改变制度，税收将比现在增加 10 倍。接下来，康有为详谈了他所设想的具体方案。

第二天，翁同龢把问话的情形告诉了光绪帝，再一次保荐康有为。光绪帝又要召见康有为，奕䜣再次拦阻，说不妨先叫他提出书面意见，如确有可行的办法，再召见也不迟。光绪帝又只好将原定的亲自问答，改为书面建议，并要康有为将他编写的《日本明治变政考》《俄罗斯大彼得变政考》等书送上去。这一次康有为接近了光绪帝一步。光绪帝命令以后对康有为的奏章、条陈，应该随到随送，不得任意阻挠和积压。

1 月 29 日，康有为上了一个《应诏统筹全局折》（第六书）。这时康有为是"应诏"（遵皇帝之命），而不是自说自话上书了。他在这篇奏书中，概述当时世界上波兰、埃及、土耳其、缅甸等国，由于守旧不变，没有不沦于被分割和危亡的悲惨命运。因此他得出一个结论，世界各国的趋势，"能变则全，不变则亡；全变则强，小变仍亡"。中国之所以面临危亡，就是由于保守旧法不知变革。现在只有毅然推行新政，走日本明治维新的道路，此外没有别的路好走。

他说明治维新时，头绪虽多，但最基本的是三条：皇帝和大臣一起宣誓变法；设立专门机构延揽贤才参加政治；设立制度局制订新法、新制。以此为依据，他请求光绪帝尽快做好三件事：

（一）召集群臣于天坛或太庙或乾清门，宣誓变法，大臣们都要表决心，革除旧习，努力维新，否则自请免官；

（二）设上书所于午门，让士民自由上书，官员上书建议都可以直接送到皇帝手中，无须代递，有合要求的，就要破格任用；

（三）设制度局于宫廷，选拔通才数十人主持，皇帝每日到局议政，哪些应新增，哪些应修改，哪些要保留，哪些要废除，都要订立章程，颁布施行。

康有为进而以西方资本主义国家议政（立法）、行政、司法三权分立的资产阶级体制，来衡量清朝政府的政制，认为多不合理，难于推行新政，所以要设立制度局，作为策划和实施新政的领导机关。在制度局之下，分设法律、度支（财政）、教育、农业、工业、商业、铁路、邮政、矿务、游会（管政会、学会、教会、游历等事）、陆军、海军12个局。地方每道设一民政局。选拔通才主办地方新政，准许专折直陈皇帝，地位和总督、巡抚相等；每县设民政分局，负责兴办地方的户口、道路、山林、学校、农工商务、卫生、警捕等事。他还建议送人出国游学，大译外国书籍，改变科举，设立各种学堂，兴办银行，训练军队，等等。

这个"统筹全局"的奏折，是资产阶级改良派革新政治的全部要求，也是戊戌变法的施政纲领。

光绪帝看了这道奏折，就把它发给总理衙门的亲王、大臣会议。看来这个想从西太后掌握中挣扎出来的皇帝，已经决心一试了。

随同"统筹全局"奏折，康有为把《日本明治变政考》等书也送了上去。他在这本书的序文中说：欧美大约经过300年造成了它们的体制，日本学习欧美，花了30年而模仿成功。如果以中国地广人多的基础,就近学习日本,3年就可初具规模,5年就可纳入轨道,8年就可大见成效,10年就能成为称雄世界的强国。康有为这些改良派君子们想得多么美妙,好像只要一学日本就灵,顽固派都会乖乖地驯服,帝国主义就会吓跑了。隔了几天,康有为又使出他的上书本领,写出上皇帝的第七书。书中着重称述俄国彼得大帝放下尊贵的皇帝身份,到外国游历学习,取得经验,然后回到国内进行改革,是皇帝勇敢学习他国的好榜样。康有为要光绪帝学习的外国,并不是俄国,而是日本,只是要光绪帝拿出彼得大帝的勇气来学习日本。

毛泽东指出那个时候中国人的思想认识说:"要救国,只有维新,要维新,只有学外国。那时的外国只有西方资本主义国家是进步的,它们成功地建设了资产阶级的现代国家。日本人向西方学习有成效,中国人也想向日本人学。"[1]以康有为为代表的资产阶级改良派,就是这样的一批中国人。他们学习西方,更多的是想通过向日本学习来实现,因为日本的明治维新,向西方学习取得了成效,变成了资本主义国家,资产阶级参加了政权;日本又是个君主立宪国家,有一个天皇,正合中国资产阶级改良派要拥护一个皇帝的胃口。所以在他们看来,向西方学习,日本恰是一个现成的样板。

康有为从1888年第一次上皇帝书,到1898年光绪帝宣布变法前夕,10年间,一共上了7次书,反复陈述维新变法主张,他自己在一首诗中说是"忧时七上皇帝书"。但其中起作用最大,使资产阶级改良派的要求逐步变为光绪帝的主张的,是他的第五书和"统筹全局"的第六书。光绪帝在得到"统筹全局"的奏折和《日本明治变政考》等书后,把它们放在写字台上,经常阅览,并开始零星地下达新政诏

---

[1] 毛泽东:《论人民民主专政》。

书,表明变法已提上了光绪帝的议事日程。

资产阶级改良派依靠皇帝、实行变法的"救国"愿望,就是想要使中国从帝国主义的瓜分威胁中解救出来,变半殖民地的中国为独立自主的中国。摆在他们面前的,是一个反对帝国主义及其走狗封建势力的严重任务。然而他们是怎样认识和对待帝国主义的呢?他们反对帝国主义公开的武装侵略,却不认识帝国主义隐蔽的和平进攻;他们看得出这一些帝国主义的张牙舞爪,却识不出另一些帝国主义的口蜜腹剑;他们要学习西方、学习日本,却又把学习当作了依靠。这样,他们就给自己的"救国"宣言,打了一记响亮的耳光。

当德国强占胶州湾时,日本参谋本部派间谍神尾光臣、宇都宫太郎,到武汉活动,想通过张之洞劝告清朝政府,联络日本的同盟——英国,以抗德国。那时刚在甲午战争后,清朝的大臣们对日本不太信任,起决策作用的恭亲王奕䜣,又是个联俄派,没有接受日本的这种劝告。康有为知道了,却以为英、日可用,特地去找翁同龢,要翁接受日本的劝告,替御史杨深秀写了一道请联英、日的奏折,又替另一个御史写了请联英、日的奏折,自己还写了一篇《联英日策》,送人传阅。他甚至向日本驻华公使矢野文雄,乞求延期偿付尚未付给的对日赔款,以便将这笔款子移作变法经费。矢野文雄装出一副可以商量的姿态,想借此扩大日本的影响,煽动康有为鼓吹中、日两国召开"合邦大会议"。恰好这时沙俄提出"租借"旅顺、大连的侵略要求,逼迫清朝政府签订"租借"条约。翁同龢等帝党官僚极力反对,主张联英拒俄,而一意投靠沙俄的奕䜣、李鸿章,则力主签约。两派官僚各投一方,互相扯皮。光绪帝在翁同龢、康有为的主谋下,责问奕䜣、李鸿章,说:"你们说俄国可靠,与它签订密约(指"中俄密约"),给以大利,现约期还没有到一半,不但不能阻止别国来瓜分中国,俄国反而自己背信弃义来索取土地,密约又有什么用!"但西太后早已投向沙俄,极力支持奕䜣、李鸿章,终于同沙俄签订了出卖旅顺、大连的"租借"条约。

英、日帝国主义企图利用帝党和维新派,同沙俄争夺对清朝政府的控制权,毫不放松,它们一再向帝党、维新派以及地方实力派施加影响。1898年初,英国议员贝士福来华"游历",先在北京活动,多次诱使翁同龢商谈中、英"合作",又南至武汉、南京,向张之洞、刘坤一兜售"联英"路线。这时,日本参谋本部派来的间谍,又一次在武汉出现,找到谭嗣同游说中、日联盟。这种诱惑,更加引起了维新派君子们的极大幻想。唐才常在《湘学新报》上发表《论中国宜与英日联盟》的文章,说什么和英、日结成同盟,就可以对抗其他国家的侵略。康广仁也在《知新报》上发表以《联英策》为题的文章,说什么英国是"救人之国"。

自甲午战争后的几年间,帝国主义在侵略中国的问题上,大致分为俄、法和英、日两大势力。资产阶级改良派联络英、日的路线,对国外是想仰仗英、日以抵制沙俄;对国内以为有了英、日的支持,就可以打击以西太后为代表的后党顽固势力,取得能够顺利进行变法的保障。后一点是主要的,因为抵制沙俄也是为了打击沙俄扶植下的后党势力,证明资产阶级改良派完全没有独立自主的力量和信心。他们抱住一个皇帝,这个皇帝没有实权,还得依靠半殖民地的太上皇——帝国主义,来帮助这个皇帝变法。这就决定了资产阶级改良主义道路是走不通的。而光绪帝和帝党官僚采取投靠英、日的路线,以对抗西太后和后党执行的投靠沙俄的路线,在本质上是一样的卖国主义路线。

六、围绕着保国会的斗争

1897—1898年康有为在北京的活动,是1895年公车上书时在北京活动的继续。这时,康有为等除抓紧向皇帝上书外,还倡设学会。最先,广东籍旅京人士发起开粤学会,跟着杨锐等发起开蜀学会,林旭等发起开闽学会,杨深秀等发起开关学会。这是通过各省在北京人士的活动来扩大影响,把维新变法运动,由北京推广到各省。

1898年春天,北京又要举行会试了。康有为想再次把举人们吸引到维新变法的道路上来,准备邀约举人们同主张或倾向维新的官员,一起开一次大会,向顽固派造成有力的攻势,推动变法。恰好御史李盛铎有钻进来标榜维新的意思,便联名组织发起保国会。4月12日,保国会在粤东馆开第一次大会,有两三百人到会。康有为写了《保国会序》,在会上发表演说,追述中国自鸦片战争以来一败再败的历史,并分析了失败的原因。特别指出,从德国强占胶州湾起,仅两个月中,丧权失地的事就发生了20起,这样下去,还能保持多久?他还拿日本和中国作对比,说日本本来也受外国欺侮,是个弱国,因为有的人出来痛哭,有的人出来发动"尊王攘夷"(尊事天皇,抵御外国),有的人出来大叫大嚷要变法,大家振奋起来,所以一变而为强国。他在这里抹杀了当时日本激烈的群众斗争对历史的推动,只看到少数"志士仁人"的活动,完全暴露了资产阶级改良派不要群众、看不见群众力量的反动唯心史观。

保国会的名称标示了它的宗旨,是要保清朝政府统治的中国。为什么要保?因为遭到帝国主义的侵略,有被灭亡的危险。会上通过了康有为起草的"保国会章程"30条,主要内容是:(一)国土一天天被侵占,主权一天天被剥夺,国民的生计一天比一天困苦,总得想个法子拯救,所以要开会共谋保全;(二)以保国、保种、保教为宗旨,即保国家政权、土地不丧失,保民族种类能自立,还要保他们当作民族精神象征的"圣(孔)教";(三)讲求变法,讲求内政外交,讲求经济实效,以协助政府进行治理。规定在北京、上海设总会,各省各府各县皆设分会;还规定了总会和分会的组织、权限、领导关系、入会手续、会员权利,等等。可以看出,从强学会发展而来的保国会,是一个初具资产阶级政党性质的组织。但它只是想在清朝封建统治者的许可之下,进行一些政治的经济的改革,以达到"保"的目的。列宁说:"改良主义就在于,人们只限于提倡一种不必消除旧有统治阶级的主要基础的变更,即是同保存这些基础相容的变更。"[1]保国会标出的宗旨,只能是向封建统治阶级乞讨的革新。

保国会在第一次大会之后,4月15日在崧云草堂召开第二次大会,梁启超到会演讲,驳斥了当时在士大夫中流行的中国已无可作为的悲观思想;19日又在贵州会馆召开第三次大会,到会仍在百人以上。这时保滇会、保浙会、保川会等,也相继在北京组成,康有为都到这些会去作了演讲。梁启超说,在那个"强盗入室,大火烧门"的亡国威胁中,在北京召开的保国会,是"壮者荷戈持锣,大声疾呼"的行动。虽是自吹自擂,却也反映了一定的情况。经过保国会的推动,维新变法的波浪确在士大夫中较大程度地激荡起来,在一部分人中已造成了非变法不可的舆论。

尽管资产阶级改良派是在不动摇封建统治基础的前提下,要求做点革新,可是顽固派对这种有限的维新,也看不顺眼。哪里有维新活动,哪里就遭到他们反对、破坏。从1888年以来,顽固派禁止传播

---

[1]《列宁全集》第19卷,第157页。

西学,焚毁新书,查禁报纸,封闭强学会,哄散南学会,驱逐维新人士,等等,都是顽固保守势力对维新力量的抑制和打击。

从强学会、南学会发展到保国会,已由地区性的立会,进而成为全国性的具有政党规模的统一组织,影响愈来愈大。因此,顽固派对保国会也就更为仇视了。

一个叫洪嘉与的吏部主事,代表一切守旧官僚的心理,唆使正在北京找门路的无聊文人孙灏写了一篇题为《驳保国会》的文章,说康有为"目无君上",想做"民主教皇",并把它印成小册子,遍送北京的官老爷。一班守旧大臣和皇族亲贵,看了这本小册子,辗转传布开去,一唱百和,攻击的言论大起。荣禄公开对人说:"康有为立保国会,现在许多大臣还没有死,就是亡国也不劳他来保。他这样狂妄,非杀不可!你们如有熟人入会者,叫他们当心自己的脑袋!"在这个权势显赫的荣禄恫吓下,不少人怕事退会。原来是保国会发起人之一的李盛铎,看风头不对,便上疏诬蔑保国会,以求免祸。有个列名保国会的刑部官员乔树枬,竟写信给梁启超,否认自己加入过保国会。说"保国"两字,只有在位的亲贵大臣,才能担当得起,出于低贱的下级官吏,那是极大的不安分。御史潘庆澜便上了一个弹劾保国会的奏章,控告康有为是聚众滋事,阴谋叛乱。顽固的军机大臣刚毅,准备以这个奏章为依据,进行查究。只因光绪帝要为自己在对西太后及其一伙的争夺中,留点可用的力量,说了"会能保国,岂不大善"的话,才没有追究下去。但保国会在顽固派的压力下压服了,不敢继续活动,自行停顿。

另一个御史又上奏弹劾保浙、保滇、保川诸会,说这些会名为保家乡,实际是制造分裂、毁坏国家,并攻击保国会。光绪帝同样置之不问,但这些会也同保国会一样自行瓦解。

顽固派并不以搞垮保国会和保浙、保滇、保川诸会为满足,直到光绪帝宣布变法后,他们仍然拿保国会做题目,加紧围攻康有为。礼部尚书许应骙,弹劾康有为拾取外国报纸上的陈说,反对中国的典章制度,说他的建议都不可行,居心尤为险恶,要求把他驱逐回原籍。光绪帝没有接受这个要求,反而指责了许应骙。顽固派有西太后撑腰,一不做二不休,御史文悌跟上来咒骂康有为设立保国会,不是保国,而是乱国,更恶意挑拨说,是"徒欲保中国四万万人,而置我大清国于度外"。光绪帝是知道康有为对他、对清朝的忠心的,认为文悌的奏折是受人指使,有意攻击,不能担任御史职务,罢了他的官。这也是皇帝对后党的一个反击。但是,那时硬派给保国会的罪状"保中国不保大清",好像可怕的噩梦一样,在宫廷内亲贵和太监中流传,也在宫廷外顽固官僚中流传,成为他们后来镇压维新变法运动的依据。

保国会在北京受到围攻,在武汉的张之洞也摸到了政治气候,便装出一副关心时局、折中新旧的姿态,写出了四万字的《劝学篇》。他说,图谋挽救时局的人讲新学,担心丧失"圣道"的人守旧学,弄得众说纷纭,不知谁是谁非,因为"旧者不知通,新者不知本"。现在,他这个既知"通"又知"本"的人,要出来说话了。

那末他说的"通"和"本",究竟是什么东西?看看他的《劝学篇》,分作"内篇"和"外篇"两部分,就可一目了然。"内篇务本,以正人心","本"是什么?是指有关世道人心的封建伦理,即孔孟之道;"外篇务通,以开风气","通"是什么?是指有关工商业和学校报馆等事,可以变通举办,不必一概排斥。仍然是洋务派"中学为体,西学为用"的老调。

他从"以正人心"的封建伦理那个"本"出发,剽窃"保国、保种、保教"的词句,解释为"保种必先保教,保教必先保国",要以激发忠爱、尊重朝廷为根本大计。就是坚持封建道德不能变,封建制度不能变,"祖宗之法"不能变,如果变动这些东西,就叫作动了"本",是绝对不容许的。当时资产阶级改良派提出的"民权说",虽然只是为新兴的资产阶级争权,为不当权的地主阶级知识分子争权。但它同君权高于一切的观念是抵触的,触及了封建王朝的体制,动了"本",所以顽固派极端仇视它,集中加以攻击。张之洞说,要是这种"民权"说一倡,"愚民"听了很欢喜,"刁民"就会起来造反,将使法纪败坏,天下大乱,是一种可怕的"邪说暴行"。他更以中国和西方国家不同为理由,说西方国家历来多暴君虐政,所以人们要提倡"民权",要求自由、平等;至于中国,清朝的皇帝都是"深仁厚泽",万万不可提倡"民权",贻误天下。聚集在张之洞周围的一批腐朽文人,看到《时务报》上的"民权"说,更是嬉笑怒骂,说"要打民权一万板,民权屁股危矣哉"!

张之洞把他用尽心机炮制的《劝学篇》送到北京,西太后看后大加夸奖。光绪帝对那些尊君权的奉承话,也很为欣赏,说这本书对"世道人心,大有裨益",当即命令军机处发给各省总督、巡抚和学政各一部,要他们广为流传。在官府的布置下,据说十天之内,就重印了几次。因为它说了些顽固派说不出的话,为守旧顽固思想提供了论据。这本书还被帝国主义分子所看中,被译作英文,改名为《中国唯一的希望》,在纽约出版。但当时就有人指出,这本书以"骑墙"的两面手法,混淆新旧,为打击维新运动张目。这是一本绝妙的反面教材。

从强学会到保国会,从北京、上海到湖南,资产阶级改良派开展的维新变法活动,都遭到封建顽固势力的恶毒攻击,形成维新和守旧两个对立的壁垒。洋务派原来在形式上同顽固派还有点区分,经过甲午战争,洋务运动彻底破产,这种形式上的区分也就更加微弱了。对于维新变法运动,洋务派虽也一时表面敷衍,骨子里却完全是站在顽固派一边,加以阻挠、破坏。张之洞的表演是很典型的。

资产阶级改良派同顽固派的对立,几年中,通过报纸、书刊、奏折和学堂(或书院)讲坛,进行了激烈的论战。总的说来,论战的中心问题是三个:第一,是要不要变"祖宗之法"的问题;第二,是要不要废八股、提倡西学的问题;第三,是要不要兴"民权"、实行君主立宪政治的问题。改良派是问题的提出者,他们的答案是"要";顽固派是问题的反驳者,他们的答案是"不要"。无论强学会的斗争、南学会的斗争,以至保国会的斗争,基本上都是对这三个问题的"要"和"不要"的论战。这场论战,是近代中国思想领域斗争的一个重要回合,给"天不变而道亦不变"的顽固思想,打开了一个缺口。

七、103 天的新政

1898 年夏天,北京清朝政府里的气氛是紧张的。后党一方的顽固守旧大臣,害怕变法将动摇他们的统治地位和封建秩序,以西太后为靠山,想拼命把它压下去,并等待事态的演变;而光绪帝一方,依靠帝党和维新派的奔走推动,满想通过变法从西太后的控制下摆脱出来,使自己成为掌握实权的皇帝,这种要求越来越强烈。这时,拥护变法的御史杨深秀、翰林院侍读学士徐致靖,两次向光绪帝上书,请"明定国是",即要求决定变法大计。光绪帝接到杨深秀等的奏章,召集军机处的亲王大臣,表示变法决心,于 6 月 11 日下了一道"明定国是"的诏书,宣布变法。诏书中指责一些顽固官僚,装出一副"老成忧国"的样子,以为旧章必须遵守,新法应行排斥,喋喋不休,都是空言无补。现在的"时局如此,国势如此",难道还可以照老样子行事吗?

法制应随着时代的不同而改变,好像冬天穿皮衣、夏天穿葛纱一样的道理。新政就从这一天开始,到 9 月 21 日政变,一共 103 天,历史上称作"百日维新"。

为了引用新进人物,辅佐新政,就在宣布变法的第三天,光绪帝命令康有为于 6 月 16 日入紫禁城朝见,命令黄遵宪、谭嗣同由湖广总督护送前来北京,又要总理衙门对梁启超进行了解,向光绪帝具报。新政正在冲破皇帝不能接见小臣的"祖宗家法"。

康有为梦寐以求想见皇帝的愿望实现了。16 日,光绪帝如期接见了他,同他谈了两个小时,是皇帝接见臣下少有的例外。他首先陈述中国在外国的逼迫和分割下,已经到了生死存亡的关头,非尽变旧法不能自强。光绪帝表示同意他的话,说今天确非变法不可。

康有为接着向光绪帝指出,近年来不是完全没有变法的行动,但只是少变而不是全变,办了这一桩不办那一桩,所以不能取得什么成绩。他认为所谓变法,需要把制度、法律先行改订。否则只是变事,不是变法。他请求光绪帝统筹全局,设立制度局。并说他研究过各国变法的情形,西方各国经过了 300 年才富强起来,日本搞"维新" 30 年就强了,中国好好变法,3 年就可以自立。光绪帝说他的条陈(指《应诏统筹全局折》)讲得很详备。

康有为又询问光绪帝说:"皇上既然知道非变法不可,为什么长久没有举动,看着国家危亡?"光绪帝注视了一下帘外(防人偷听),然后叹息说:"我受到种种牵制,不能放手干。"康有为领会了他的心思,便改变口气说:"皇上可以就权力能够做得到的先做,虽然不能尽变,如能扼要地做几桩大事,也可以救中国。不过现在的大臣大都老朽守旧,不懂世界大势,要靠他们来变法,是没有希望的。"因此他建议:"不必尽撤旧衙门,只须增设新衙门,不必尽撤旧大臣的职,只要擢用有才干的官员,多多接见维新志士,给以官职,准许专折奏事(直接向皇帝上条陈,不须代递),将新政诸事交给他们办理。对旧大臣保持他们的高官厚禄,使他们没有办事的辛劳,也没有失位的恐惧,他们便不会阻挠新政了。"光绪帝表示同意这些见解。这里的君臣对话,活画出了一个是怯懦的皇帝,一个是回避斗争的改良派君子。

康有为还对答了废八股、译书、游学、筹款等事,特别向光绪帝强调,对于变法措施,要多下诏书。他以为只要皇帝的诏书一下,新政就可朝令夕行了。

经过这场君臣间的对话之后,光绪帝准备重用康有为,使他更大程度地为新政效力,因荣禄、刚毅等人反对,又怕触怒西太后,结果只给了他在总理衙门章京上行走(办文稿)这个较低的位置,但准许专折奏事。康有为抓着专折奏事的特殊待遇,不断地上奏折,提建议,有的自己具名,有的为别人撰稿上奏,极大地发挥了他的这种本领。后来编成了一本厚厚的《戊戌奏稿》。

为了增加光绪帝的变法信心和有关知识,康有为又先后呈上他写的《突厥削弱记》《波兰分割记》《法国革命记》《德国变政考》《英国变政考》《列国比较表》等书,各书都有序文和按语。目的是想通过这些书,使光绪帝从西方资本主义国家得到借鉴,懂得变法的条理秩序。陈述突厥(土耳其)的削弱、波兰的灭亡,是警告光绪帝要加速变法的步子,否则中国的命运也将同突厥、波兰一样。他的《法国革命记》,却是从另一个角度来教训光绪帝的。原稿虽已在政变中散佚,但我们现在还能看到保留下来的这本书的序文。序文中用阴郁的笔调描写了1789—1893年法国革命的"惨状",和盘托出了资产阶级改良派害怕革命、反对革命的内心世界。他认为法国的路易十六是个"好皇帝",其所以被送上断头台,就是对实行政治改革拖延得太久，人民不能等待了，就革了他的命。这说明资产阶级改良派要求维新变法的目的，除了挽救民族危亡的一面外，更有防止革命、抵制革命的反动一面，是与人民为敌的一面。事实上，没有人民的力量，他们叫喊的挽救民族危亡，也就完全成了空话。

7月3日，光绪帝召见梁启超，给他六品衔，办理大学堂和译书局事务。梁启超只是个举人，没有做官。那时称没有官阶的知识分子为"布衣"，他以"布衣"被召见，感激得很，说是清朝"数百年所未见"的特殊待遇。8月29日，光绪帝又命令严复、杨锐、刘光第、林旭等人，为召见做好准备，随着先后接见了他们。谭嗣同因生病，延至9月才赶到北京，光绪帝召见他，叫他凡认为应变的事，随时条陈。9月5日，光绪帝特别给谭嗣同、刘光第、杨锐、林旭等四品卿衔，担任军机处章京，批阅大小官员递上的奏折，为皇帝颁发诏书拟稿，是机要工作，当时称他们为"军机四卿"。四个人中，刘光第、杨锐是由湖南巡抚陈宝箴保荐的，但杨锐是张之洞的门生，与张关系密切；林旭是康有为的学生，当过荣禄的幕僚，康有为叫他与荣禄拉关系；只有谭嗣同是一个跟着康有为，忠实于维新变法事业的人。

在以西太后为代表的顽固守旧势力占绝对优势的清朝政府里，康有为只抓牢一个光绪帝及少数帝党官僚，这些帝党官僚如文廷式等，又早就被西太后罢了官；而光绪帝也只抓到康有为、梁启超、谭嗣同等这样少数为他卖力的新进人物。他们君臣之间构成的唯一的一条新政渠道，就是康有为等人今天一个奏章、明天一项条陈的新政建议，流水般地传到紫禁城里，经过光绪帝，把奏章、条陈变为诏书、谕令，又一件一件从紫禁城里飞出来。103天中，飞出来的新政诏书、谕令，一共是110多起，基本内容如下：

（一）废除八股，改革科举制度。凡国家的会试、省级的乡试及府县的生童岁科（考秀才），旧用八股文，一律改试策论；各级考试定为策论、时务、四书五经三场；以后一切考试，均以讲求实学为主，不凭楷法（写字）好坏为取舍标准；在规定考试外，开设考试经世致用学问的"经济特科"，选拔新政人才。

（二）设立学堂，学习西学。创办京师大学堂（北京大学前身），将原设的官书局和译书局并入大学堂；旧有大小书院，一律改为兼学中学和西学的学堂；省会的书院改为高等学堂，府城的书院改为中等学堂，州县的书院改为小学堂；民间祠庙，不在规定范围之内的，一律改为学堂；还下令筹备设立铁路、矿务、农务、茶务和医科等专门学堂。

（三）派人出国游学、游历。凡王公贵族能留心时务，有志上进的，分别派往外国游历，增长见识；各省挑选学生分送日本大学堂、中学堂及矿务学堂学习。

（四）奖励新著作、新发明。各省士民著作新书，创行新法，制成新器，合于实用的，均给奖赏，或量才授予实职；新制品，在规定年限内，准许本人专利售卖。

（五）奖励创办报刊，提倡上书建议。要上海等地所出的报纸，有关时事内容，随时送呈皇帝；各报体例，在于增广见闻，中外时事均许据实议论，不必意存忌讳；批准在北京设立报馆；允许官民上书发表意见，严禁官吏借故阻止。

（六）保护和奖励农工商业。在京城设立农工商总局，各省设立农工商分局；各省可耕之地而未尽地利的尚多，务必兼采中西各法，切实开垦；总理衙门应制订有关制造的奖赏章程；在上海、汉口等大城市，筹设商学、商报、商会各项组织，逐步推广；茶丝为出口大宗，应分别设立公司，采用西法制造，以利行销。

（七）修筑铁路，开采矿产。芦汉铁路非常重要，应赶快兴工，粤汉、沪宁各路也应迅速开办；铁路、矿务的业务繁重，在京城设立铁路、矿务总局，所有各省开矿、筑路的事，均归总局统一管理。

（八）广办邮政，裁撤驿站。在京城及各通商口岸设立邮政局，各省府州县也一律举办，邮政局设立后，原设驿站由总理衙门和兵部会商裁处。

（九）改订规章条例，精简机构，裁减不必要的官员。各部院对该衙门的章则条文应行检查，凡语意混淆、烦琐难行的，通通删除，另订简明条例，切实施行；裁撤管皇室家务的詹事府、管理内外章奏的通政司等衙门，所管事务并入有关机关办理；裁撤总督、巡抚同在一城的湖北、云南、广东三省巡抚，所管各事，由当地总督兼管。

（十）改革财政，编制预算决算。对征税、厘金、军饷及收支款项等，均分别进行整顿，订立章程；编制预算决算，户部将每年出款入款，编制表格，按月刊报。

（十一）精练海陆军，改用新法操练。各省军队和八旗一律改练洋操，按照西方国家兵制，改订新章；各省机器局生产的枪炮弹药，须统一规格；裁汰练勇，挑留精壮，勤加训练；沿海各省增加水师学堂名额，添置练船，以培养海军人才。

（十二）准许旗人自谋生计。取消旗人原由国家供养的特权，让他们参加士农工商等职业。

这些新政，看来范围很广，包括了政治、经济、军事、文教各个方面的内容，有的是除旧，更多的是布新。但只是一些枝枝节节的改革，在封建国家的衰老躯体上，缀上零零落落的资本主义花环而已。

资产阶级改良派叫嚷了多年的所谓"君民共主"的君主立宪政治，要求同地主阶级的总头目——皇帝分享政权，是资产阶级改良方案中带全局性的东西。在实行新政期间,康有为还替内阁学士阔普通武写了《请定立宪开国会折》,要求"立行宪法,大开国会",送了上去,却没有变为新政诏书颁发下来。随后,康有为、阔普通武又各自上奏,续请仿照西方,定期召开国会,选才议政,都无下文。证明光绪帝对于新政建议,接受什么,不接受什么,是以有利于他的皇权统治为取舍标准的,如果削弱了皇权,他是不予采纳的。他虽也说过如能有益于国民,他这个皇帝没有权也无妨一类的话,那是装点门面,用来大言欺世的,而他表示如不予以"人君实权"宁可"逊位"的话,才是道出了他的真实要求。他对张之洞《劝学篇》的重视,也正是从这里着眼的,因为《劝学篇》也谈"改革",也谈"变法",却痛诋"民权",拥护君权。那就是说光绪帝真正能够接受的,还是"中学为体,西学为用"的原则,是一个"洋务皇帝"。

就是这些枝枝节节的改革,能够做到的也不多,大都还只是纸上的东西,纸上的东西并不等于现实的东西。康有为等人把皇帝下诏书看得极为重要,以为只要依靠最大的封建权威——皇帝的命令,就可以把纸上的东西变为现实的东西。但是以西太后为代表的顽固势力,并没有将这个虽然早已当政的皇帝放在眼里。各省的总督、巡抚,除了一个湖南巡抚陈宝箴还能执行新政外,其他都是些抗拒新政或阳奉阴违的人,他们等着瞧。光绪帝曾经下过诏书奖励陈宝箴,也下过诏书斥责办理新政不力的两江总督刘坤一、两广总督谭锺麟,但这种奖励和斥责,对那些狡猾的封建官僚,并不发生什么刺激作用。

八、顽固派发动政变

当决定变法的诏书颁布后,光绪帝和西太后、帝党和后党之间的争权斗争,更加剧烈起来。光绪帝抓着下诏书、盖玉玺的权力,在不断发布新政诏书的同时,引用了一些新进人物,也斥退过几个反对变法的旧大臣。西太后和后党感到这是对他们的最大威胁。几年来,西太后因为光绪帝这个由她立起来的儿皇帝渐渐大了,不听话了,就想把他废掉,这时越发按捺不住,便串同顽固大臣荣禄等,着实部署力量,准备发动政变。

就在变法诏书下达的第四天,在顽固派头子西太后的威逼下,光绪帝以自己的名义,一连下了三道预告新政危机的命令:一是撤除翁同龢协办大学士、户部尚书的职务,送回江苏原籍;二是新授二品以上文武大臣要谒见西太后,向她谢恩;三是调直隶总督王文韶回京供职,派大学士荣禄署理直隶总督。

这三道命令替顽固派发动政变,完成了准备工作。翁同龢是光绪帝的唯一亲信大臣、帝党首领,在光绪帝和维新人物之间起着桥梁作用,所以给他的罪名是"取悦于皇上""揽权狂悖",把他撵走,就是孤立光绪帝。西太后早已归政,照例不应接见大臣,这时她不管"祖宗家法"了,要大臣向她谢恩,是把用人大权抓到自己手中来,准备再度临朝听政。荣禄是西太后的老搭档、头号亲信,西太后不要他留在身边担任大学士,却调他去做直隶总督,那是因为直隶总督统帅北洋三军——董福祥的甘军、聂士成的武毅军、袁世凯的新建陆军,拥有重兵,可以控制北京的政局。

当荣禄还没有出京,西太后又和他商定在秋天要光绪帝陪同她去天津阅兵,到时便以兵力逼迫光绪帝退位,另立由她完全控制的新君。西太后掌握了北洋三军的武力还不够,进一步把京城和颐和园的警卫权也抓到自己的手里,先后任命刑部尚书崇礼署步军统领,任命怀塔布管理有关颐和园的警卫事务,任命刚毅管理健锐营,这些人都是她的忠实奴才。步军统领是掌管京城正阳、崇文、宣武等九门守卫巡警职务的,又称九门提督,连一二品的大员对他也有三分畏惧;健锐营是清朝的禁卫军之一,是直接管制北京的武装力量,担负着宪兵的职务。

那时候,西太后住在颐和园,光绪帝住在紫禁城,光绪帝常要去颐和园向西太后请安,借以观察西太后的动静,在颁行新政的103天中,就去请安12次。西太后则在内廷布满了她的亲信太监,监视光绪帝的行动,稽查宫门的出入人员,虽王公大臣,也须检查后才能放行。紫禁城由步军统领派出八旗官兵把守,遇到他们认为可疑的人,立刻报告西太后。西太后掌握了紫禁城的一切活动。

推行新政,当然不能不触犯一些人的利益。譬如八股文的废除,使大批八股士人倚为身家性命的敲门砖,一旦变为无用,简直是比挖了身上的肉还要疼,哪能甘心,于是群起攻击新政。湖南有个叫曾廉的举人,甚至上书请求处死康有为和梁启超。废淫祠、停书院的命令发出后,许多土豪劣绅与和尚道士失去诈骗勒索的工具,就到处散布破坏新政的言论。一些衙门裁撤后,大批丢掉了乌纱帽的官员,更是惶惶如丧家之犬,极端仇恨新政。所有这些腐恶社会势力一齐集结在西太后的周围,都想反扑过来,扼杀新政。

9月初,光绪帝和西太后争夺权力的斗争,已经达到了非常激烈的程度。光绪帝很想打破顽固势力对新政的顽抗,为自己立点威。4日,他赫然震怒,下令撤了礼部尚书怀塔布、许应骙等六个大官的职。

事情是这样的:

有个礼部主事王照,给光绪帝写了个斥责守旧派的条陈,劝光绪帝游历日本,吸收新政经验。怀塔布等不肯代奏。王照不服,抗议他们违背光绪帝开放言论的宗旨,说他们不肯代递,将径投都察院转呈。许应骙反咬一口,说日本素多刺客,王照要"皇上"去日本游历,是有意置"皇上"于险地;又说王照借端要挟,咆哮公堂,因此闹得很凶。光绪帝知道了,认为怀塔布、许应骙等是大臣霸道,压制下级,便罢了他们六大员的官;并称赞王照"勇猛可嘉",提升了王照的职位。怀塔布的老婆常在颐和园侍候西太后,很得西太后的欢心。事情发生后,她哭诉于西太后,西太后要他们夫妇暂且忍耐。

7日,光绪帝又将阻挠新政的李鸿章、敬信从总理衙门撵走。

后党认为时机到了,纷纷出动。怀塔布和李鸿章的亲家杨崇伊,相继赶往天津,与荣禄阴谋策划。14日,旗人自谋生计的诏书发下,满洲贵族借端煽动,管理皇室事务的内务府大臣立山,率领满员前往颐和园告状,说皇帝不要满人了,请太后临朝训政。这时,西太后和荣禄的密谋更为加紧,京津道上西太后的亲信来往不绝。荣禄还突然调聂士成军队移驻天津,又叫董福祥的军队移驻长辛店(离北京彰德门40里),发动政变的迹象已经越来越明显。

光绪帝觉察到了这种严重形势,于9月14日由杨锐传出了一道"密诏",说"今朕位且不保,汝康有为、杨锐、林旭、谭嗣同、刘光第,可妥速密筹,设法相救"。17日,又由林旭带出了第二道"密诏",借题要康有为去上海督办官报,严令康有为"迅速外出,不可迟延",留着性命,将来好为他这个"皇上"出力。第一道"密诏"是要康有为等救他,第二道"密诏"是要康有为赶快离开北京的险恶环境,却是他救康有为。事隔三天,光绪帝为什么由自己呼救,转而要期待救他的人"迅速外出"呢?因为杨锐读了第一道"密诏",眼看大祸临头,吓得六神无主,竟将"密诏"搁置在他那里,到第二道"密诏"出来,才由林旭一起传到康有为的手中。彷徨焦急的光绪帝,等待援救妙计,毫无消息,而事态演变,越来越险,所以迫不及待地要康有为赶快逃命。

康有为、谭嗣同等读了"密诏",痛哭一场。这些君子们究竟怎样"妥速密筹",去营救他们的"皇上"呢?"密筹"的结果,不仅把他们的"皇上"的命运,而且把他们自己的命运和新政的命运,全都寄托于东交民巷的公使馆和拥有新建陆军的袁世凯身上。

9月19日上午,康有为在整理行装后,赶紧去找李提摩太求救,李提摩太便领着康有为去见英国公使,不料英国公使到北戴河避暑去了,扑了空。又去见才到中国不久的日本大政客伊藤博文,请他向西太后说几句话,以缓和对光绪帝的压力。康有为做完了他能做的一切,向他的"皇上"表了忠心,便化装逃离北京。

向英、日帝国主义求救,光绪帝虽然没有在"密诏"中明白写出来,其实是心照不宣的,他曾口头指示林旭去请英、日相助。李提摩太由上海来到北京,康有为曾建议请李提摩太任顾问大臣,李提摩太向康有为保证,说他"可以向英国政府说项,取得英国的支持"。这些话当然传进了光绪帝的耳朵。康有为和日本公使林权助也早有联系,当伊藤博文借"游历"为名,于9月14日的紧张气氛中来到北京,是别有用心的,康有为等人竟想请他做指导新政的"客卿"。光绪帝在接见伊藤时,也希望他无保留地将日本维新的"改革顺序方法"告诉中国,想同日本拉上关系。对光绪帝和康有为这些人来说,此时此刻把英、日帝国主义当作"救星",并不是什么怪事。因为光绪帝早已是英、日帝国主义所要扶植的对象,而康有为等人也是英、日帝国主义所要利用的力量。

他们又怎样去找另一个"救星"——当时尚未崭露头角的封建军阀袁世凯呢?

袁世凯做过强学会的会员,他拥有一支7 000人的新练武装,驻扎在离天津70里的小站,距北京也不算远。当西太后的天津阅兵密谋泄露出来后,康有为就有意把袁世凯拉到光绪帝一边来,以便对付荣禄。康有为派了他的亲信弟子徐仁禄去小站,同袁拉关系,并写了一道密奏,由谭嗣同上递,向光绪帝推荐袁世凯。光绪帝接受了康有为的建议,传令袁世凯到北京去见皇帝。9月16日,光绪帝在发出求救"密诏"的紧张时刻,接见了袁世凯,赏以侍郎衔,派他专办练兵的事。接见后,袁世凯立即去拜会顽固的军机大臣刚毅、裕禄、王文韶等,以求得后党的谅解。他还请示王文韶,是否有上疏力辞的必要?王文韶劝他不要这样做,说这是出自"特恩",辞也没有必要,反露痕迹。于是袁世凯立刻具折感谢皇帝的重赏,将力图报答。因此,康有为等人得到光绪帝的"密诏"后,决定分头进行,由谭嗣同去找袁世凯。林旭写了一首小诗给谭嗣同,说对袁世凯这个"健者"不可"轻言",就是说对袁世凯这样的"强人"不能轻信。但是事已临头,他们认为"可救(皇)上者,只此一人",别无可以商量的对象,只好带着极为危险的侥幸心,寄希望于袁世凯。

  18日夜间,谭嗣同访袁世凯于法华寺(袁的住处)。谭嗣同说了几句试探的话,问袁知不知道天津阅兵的密谋,接着便把来访的目的,坦率地端了出来,要袁世凯举兵杀荣禄,围颐和园,以救"皇上",可以立下很大的功勋。并以手抚摸自己的脖子说:"如果你不欲救'皇上',向颐和园告密,杀了我的头,也可以得大官。"狡猾的袁世凯竟激昂地说:"你把我袁某看作什么人!皇上是我们共事的圣主,救护的责任是你的,也是我要担当的。"还说:"阅兵时,如果皇上迅速跑到我袁某的军营里,杀一个荣禄就像杀条狗一样!"随后,他又做出很慎重的样子说,事情这样紧迫,得先回天津去,调换几个军官,贮备一些弹药。谭嗣同满以为策划成功,再向这个刚刚结作"战友"的袁世凯叮嘱一番,在深夜里辞别了法华寺。

20 日,光绪帝又一次召见袁世凯。在奏答时,袁世凯不阴不阳地说:"新进诸人,固不乏明达勇猛之士,但阅历太浅,办事不能缜密,倘有疏误,累及皇上关系极重,总求十分留意。"这是为他自己日后推卸罪责埋下的伏笔。当天傍晚,袁世凯赶回天津,直投总督衙门,把谭嗣同的策划向荣禄告密。列宁说:"当那些主张改良和改善的人还不懂得,任何一个旧制度,不管它怎样荒谬和腐败,都是由某些统治阶级的势力所支持的时候,他们总是会受拥护旧制度的人们愚弄的。"[1] 改良派的被出卖,谭嗣同的被出卖,正是由于他们不懂得,也不可能懂得去寻找能够冲破旧制度的巨大力量——人民群众,就必然受到拥护旧制度的人们的愚弄。

荣禄得到袁世凯的密报,大惊失色,立刻挂专车到北京,飞奔颐和园,向西太后告发。袁世凯对荣禄立了一大功,对西太后立了一大功。从此,他以"才堪大用"得到以西太后为代表的顽固势力宠信,很快被推上直隶总督、北洋大臣的高位。插足维新活动,回过头来出卖维新人士,取得富贵,这就是袁世凯在中国近代史上第一次表演的丑剧。

21 日凌晨,西太后从颐和园急急赶回紫禁城,直入光绪帝寝宫,吆喝光绪帝说:"我抚养你二十多年,竟听小人的话,要谋害我!"光绪帝结结巴巴地说:"我没有这个意思。"西太后恨恨地骂道:"蠢东西,今天没有我,明天还会有你吗!"便拿走一切文件,囚禁光绪帝于中南海的瀛台,接着用皇帝的名义,发布吁请太后训政的诏书,西太后又一次"临朝听政"。

政变发生时,梁启超、谭嗣同等还聚集在李提摩太的寓所,同这

---

[1] 《列宁全集》第 19 卷,第 8 页。

个英帝国主义分子商讨挽救的办法。他们决定由李提摩太去见英国公使,容闳去见美国公使,梁启超去见日本公使。可是急病碰上慢郎中,英国公使还在北戴河未回,美国公使也在西山度假,没有联系上。梁启超虽然会见了日本公使林权助,除了听到一些表示"同情"的外交词句外,这些帝国主义分子只是观察事态的发展,以便左右逢源,从中操纵。

顽固派想利用政变把维新力量一网打尽。当日,崇礼领兵围南海馆,抓走了康广仁。康有为已事先出京,在英国人掩护下,才摆脱追捕,逃往香港;梁启超在日本人掩护下,化装逃出北京,直奔日本。22日,荣禄派兵3 000名,封锁北京各城门,断绝交通,搜捕维新人士和帝党,许多人被捕下狱。28日,下令杀死康广仁、杨深秀、杨锐、林旭、谭嗣同、刘光第等六人,人们称之为"戊戌六君子"。但他们生前的情况既不相同,临死的表现也很不一样。其他大批参与新政和倾向变法的官员,有的被革职,有的被放逐。顽固派发动的政变,结束了资产阶级改良派倡导的维新变法运动。

"在从前,在旧中国,讲改革是要犯罪的,要杀头,要坐班房。"[1]戊戌变法中的谭嗣同,是一个立志改革的人,他不怕杀头。在他被捕前,人们劝他逃亡日本,他却把自己的书稿送交决定东走日本的梁启超,说:"没有逃命的人,谁来图谋将来;没有死难的人,又怎样报答圣明的皇上!"他等待逮捕,并写出"我自横刀向天笑"的诗句,表现临死不惧的精神。但他是为谁"横刀"?是为资产阶级的改良主义道路"横刀",是为报答他的"圣主"流血,这是他的阶级本质所决定的。他的流血不是宣告改良主义政治运动的开始,而是宣

---

[1] 毛泽东:《在中国共产党全国宣传工作会议上的讲话》。

告改良主义政治运动的结束,证明改良主义这条道路是走不通的。

政变后,除京师大学堂外,全部新政都被宣布取消。

九、 走不通的改良主义道路

戊戌变法的失败,证明了资产阶级改良主义是一条走不通的道路,是一条失败的道路。

这次政治改良运动,是中国资产阶级走上政治舞台的第一次尝试,是在甲午战争后中国资本主义得到初步发展的基础上开展起来的。中国资本主义的产生和发展,基本上来自两种社会力量:一种是随着洋务派举办的民用工业,由官督商办、官商合办进至商办,若干地主、官僚顺着这条道路转化为资本家,或兼有资本家的身份;另一种是少数手工工场主或中小商人开设工厂,发展为资产阶级。在19世纪的后期,前一种居优势,后一种主要是华侨。康有为、梁启超等人倡导的资产阶级政治改良运动,正是代表前一种人的要求,是作为这种社会力量的政治代表出场的。他们自己就是以地主阶级知识分子、士大夫的身份,向资产阶级的道路上转化。他们的经济地位、政治要求和所受的教养,规定了他们不可能超越资产阶级改良主义的范围,更前进一步。

改良运动的产生,总是对抗革命、企图缓和社会矛盾,本质上是反动的。改良主义者鼓吹改良,又害怕群众运动,这是他们不可救药的顽症。他们害怕群众革命运动,更甚于害怕顽固反动势力。康有为、梁启超这些人在开展变法改良的活动中,就一再以"金田起义"作为教训,以"民变"纷起当作警钟,把革命斗争描写得阴森可怕,要用变法改良的手段,来制止这种"可怕"事变的发生。这就使他们远远地离开人民群众,找不到能够真正打破一切旧势力的同盟军,只能借皇权的威力去推行新政,到愿意接受维新变法的地主阶级知识分子和士大夫中,去寻找力量。竟想凭借这样一种力量,依靠极少数人的努力,去完成革新社会政治的艰巨事业,当然只能是君子们的幻想。

对于帝国主义加紧侵略下的民族命运,是那时资产阶级改良派最关心的课题。康有为的七上皇帝书,是在三次民族危机的狂潮中出笼的,第一次是中法战争后,第二次是《马关条约》的签订中,第三次是瓜分的形势出现时。说明他的活动,是和越来越严重的民族危机紧密呼应的。梁启超、谭嗣同、严复等人的注意时局,关心民族命运,发表变法言论,参加改良活动,也都是在甲午战争的强烈震动下开始的。经过长期的摸索,付出沉重的代价,他们获得了一个共同的认识:要救国,只有维新,要维新,只有学外国。外国是可以学的,也是应该学的。但是,有一个怎样学、学什么的问题,是学了用来反对帝国主义的侵略,还是把学当作投靠?资产阶级改良派以为只要把外国的东西移植过来,革新内政,自强起来,就可以消除外患。并且企图依靠几个帝国主义来抵制另外的帝国主义,根本不认识中国不反对帝国主义,就没有独立自主的改革,不认识帝国主义对中国分裂剥削和阴谋利用的两面手法,错误地把英、日、美三个帝国主义看作可以帮助中国革新的"友邦"。这就制定了一条与他们自己的"救国"要求相反的外交路线,这条路线无疑是使中国仍然走不出半殖民地的死胡同。

我们说改良主义的本质是反动的,不仅因为它反对革命,还由于它用改良的手法来保护旧事物,使旧事物得免于死亡,较之顽固派死抱住旧事物不放,虽有所不同,却富有欺骗性。就是资产阶级改良派在同顽固派作斗争,表现不怕坐班房、不怕杀头的时候,也毫不改变这种本质。不过在19世纪末年中国的具体历史条件下,以孙中山为代表的资产阶级革命派的活动才开始,人民群众的斗争仍然处于感性的自发状态,无产阶级还没有登上历史舞台。而中国那时所面临的,是帝国主义要灭亡中国的惊涛骇浪的现实,清朝政府的封建统治又是那样顽固、腐朽、黑暗,资产阶级改良派想改变这种状况,主张摔掉八股文,发展工商业,搞点立宪政治,对封建统治和封建思想的桎梏,进行了冲击,使闭塞的中国社会,透进了一点新鲜空气和阳光。应该说,在历史上还是有一定进步意义的。列宁说:"任何改良之所以为改良(而不是反动的或保守的措施),正因为它是趋向改善的一个一定的步骤或'阶段'。"但是任何改良,"其目的是阻止、削弱或扑灭革命斗争,分散革命阶级的精力,模糊他们的认识,等等"。[1] 在19世纪末年的中国,资产阶级改良派发动的政治改良运动——戊戌变法,就是这样一种"步骤"或"阶段"。

由于资产阶级改良主义,走的是一条抱住一个皇帝而脱离人民群众的道路,决定了资产阶级改良派的力量是非常脆弱的。当封建顽固势力联合反击,他们便一触即溃,败下阵来。从西方资产阶级武器库里拾起来的所谓"新学",也在帝国主义的奴化思想和封建阶级的崇古思想打击下,化成败鳞残甲,失去了活力。但是,"在当时,这种所谓新学的思想,有同中国封建思想作斗争的革命作用,是替旧时期的中国资产阶级民主革命服务的"[2]。在资产阶级改良主义的戊戌变法时,它是作为旧事物的对立面出现的,对旧事物作过斗争,掀起过全国性的政治风浪。尽管这种斗争非常有限,但是不可能不在思想领域中产生影响。那就是戊戌变法后,人们的民主要求增长了,

---

[1]《列宁全集》第12卷,第222页。
[2] 毛泽东:《新民主主义论》。

怀疑旧学、欢迎新学的人渐渐多起来了。以西太后为代表的顽固势力取消了新政,却取消不了由新旧斗争产生的思想影响。

变法改良运动失败后,在参加当时政治社会活动的许多知识分子中,有些人换了脑筋,开始抛弃了改良主义道路,走上推翻清朝政府的资产阶级民主革命行列。可是,资产阶级改良派头目康有为、梁启超逃亡后,并没有接受失败的教训,从此醒悟过来,改弦更张,却仍然死抱住破产了的资产阶级改良主义道路不放。康有为拿着政变时光绪帝给他的"密诏",视为"法宝",在海外招摇撞骗;梁启超到日本主编《清议报》,编写《戊戌政变记》,宣传他的"皇上"的"圣德";被誉为维新派激进分子的谭嗣同,在他留给梁启超的绝命书中,还指望有一两个忠臣义士挺身而出,效法唐朝徐敬业讨伐武则天那样,举兵讨伐西太后,把做了囚徒的光绪帝解救出来,重登帝位。唐才常充当了徐敬业,执行了谭嗣同的遗命。这就是 1900 年 8 月,唐才常等在以武汉为中心的长江中游几省发动的自立军起事,也是资产阶级改良派的最后一试。

自立军起事的经过是这样:

顽固派发动政变前,谭嗣同在北京做了军机章京,招邀唐才常前往北京参加新政机要。唐才常应邀北上,刚到汉口,就听到政变发生,谭嗣同牺牲。他非常悲愤,折回湖南,处理一些事务后,便东渡日本,与康有为、梁启超会商,决定联络长江两岸的会党,把反清的会党群众引向他们起兵勤王(援救皇帝)的邪路上去。那时,资产阶级革命派为了组织武装反清力量,已在长江流域各省的会党群众中进行工作,为此唐才常也取得了同孙中山的联系,说什么他们的起兵勤王,同革命派的武装反清,可以"殊途同归"。

1899 年,唐才常同曾在湖南时务学堂学习的留日学生林圭回到上海,设立正气会,作为策划起事的机关。唐才常在正气会宣言中,既说"非我族类,其心必异"之类反对清朝统治的话,又说"君臣之义,如何能废"等坚决拥护光绪帝的话。这种自相矛盾,是资产阶级改良派混淆革命和改良的界限进行欺骗的手法。不久,唐才常接受康有为的指示,改正气会为自立会。因为"正气"两个字来自文天祥写的反抗元朝的《正气歌》,有反对清朝贵族统治的嫌疑,与改良派的拥清宗旨相违背。自立会随即联络湖北、湖南、安徽、江西等省的哥老会和清军部分士兵,组织自立军。

1900年7月,反抗帝国主义的义和团运动在北方高涨,清朝政府处于混乱状态,东南各省的总督、巡抚正在同帝国主义勾结,倡议"自保"。唐才常为了利用这个形势扩大自己的影响,造成勤王的声势,在上海英租界召集维新人士开会,名曰"中国国会"。那些在政变后躲起来不敢露面的维新人士,又跃跃欲试了,容闳、严复、文廷式、章炳麟等数百人到会。宣布宗旨三项:(一)保全中国自立之权,创造新自立国;(二)决定不承认清朝政府有统治中国之权;(三)请光绪帝复辟。第二项是敷衍革命派和会党的反清要求,第三项是保皇,是自立军的主题,与正气会的宣言一样陷入矛盾。章炳麟劝唐才常取消第三项,唐不听,章炳麟当场把自己的辫子剪掉,表示对保皇的抗议。说明改良主义的谎言,已不能再欺骗要求革命的知识分子了。

"国会"召开后,自立军在武汉设总机关,决定在湖北、湖南、安徽、江西等省,分七军同时举兵起事。唐才常没有记取谭嗣同被袁世凯出卖的血的教训,曾经通过日本人向洋务派大官僚张之洞说话,请张接受自立军的拥护,宣布两湖独立。张之洞佯许不干涉自立军的行动,也不明说接受自立军的拥护,表示默认;却在自立军起事的8月下旬,联络汉口的英国领事,调亲军营伙同英租界的巡捕,包围了设在汉口英租界的自立军总机关。唐才常等多人被捕,同遭杀害。张之洞还捕杀了其他许多自立军分子,湖南巡抚也乘机兴狱,大批捕杀自立军和维新人士。

资产阶级改良派号称的自立军,根本不可能自立。他们依赖帝国主义,依赖清朝统治集团中的地方实力派,结果被封建势力和帝国主义串通起来,投于血泊中。历史又一次给资产阶级改良主义作出了严峻的结论:此路不通!

戊戌时期维新派的社会观[1]
——群学

一、群学的由来

群学就是社会学,它出现于甲午战后先进的中国思想界,反映了那时维新派的社会观。

社会学并非中国所固有,作为一门学科,是资本主义的产物。19世纪上半叶,西欧主要的发达国家正处于鼎盛时期,产业革命胜利完成,自然科学飞速发展,工业城市一座座崛起,使社会生活的各个方面空前复杂化,涌出了许多新的社会问题,集中表现为生产的社会性和生产成果的私人资本主义占有形式之间的矛盾,无产阶级反对资产阶级的斗争尖锐起来,对资本主义造成了严重的威胁。面对这种形势,资产阶级思想家们力图从资本主义社会内部机构造出新的理论,为缓和社会矛盾、医治资本主义创伤提供方案。资产阶级社会学就是在这种要求下产生的。法国实证主义者孔德(1798—1857)是社会学的倡始人,他在1830—1842年完成的《实证主义哲学大纲》中首次使用了社会学(Sociology)一词,自此社会学很快成为社会科学独

---

[1] 原载《近代史研究》1984年第2期。

立的学科之一。

随之,英国赫伯特·斯宾塞(1820—1903)发展了孔德的社会学说,他发挥达尔文的进化论理论和边沁的功利主义思想,建立他自己的社会学说。斯宾塞的社会学理论主要包括两个部分:(一)社会有机体论,认为社会也是像生物一样的有机体;(二)社会进化论,他把达尔文的生存竞争、自然淘汰、适者生存的生物进化原理搬到社会生活中来,以证明优胜劣败、弱肉强食是天演的"公例",并认为任何进化"都要遵循阻力最小的路线",被称为社会达尔文主义。这种社会达尔文主义的进化观点对所有改良派具有极大的吸引力。

达尔文、斯宾塞的学说在19世纪80年代前后已经星星点点地传入中国,但对思想界发生影响并与政治生活发生联系却是19世纪最后几年的事。1895年严复发表于天津《国闻报》的《原强》一文,用古雅而带激情的文词,以达尔文的进化论、斯宾塞的社会学理论阐明国家强弱盛衰之理。文中说,斯宾塞"则宗天演之术,以大阐人伦治化之事,号其学曰群学,犹荀卿言人之贵于禽兽者,以其能群也,故曰群学"。"群学"一词首从这里公开于世。

不久,严复译述了赫胥黎的《天演论》(即《进化论与伦理学》),进化论原理得以系统地介绍;他又于1896—1897年译述了斯宾塞的《群学肄言》(即《社会学研究》)的第一章《砭愚》、第二章《倡言》,刊于《国闻报》,合称曰《劝学篇》,亦仿自《荀子》一书中的《劝学》篇名而来。1901—1902年严复将《群学肄言》十六章全部译出,1903年出版。斯宾塞的社会学理论也得以完整地介绍过来。

严复早年留学英国,直接接触和钻研了西方的政治社会及其学说,对西学的掌握在当时的中国人中是首屈一指的,他又有深厚的中国文化修养,以信、达、雅为译述宗旨的译笔远非一般译书可比,能折服士大夫的心。所有维新人士几乎没有不从他那里吸收西学的养料的。梁启超曾深情地说:"天下之知我而能教我者,舍父师之外,无如严先生。"[1]《原强》和《天演论》《群学肄言》相继刊出后,康有为、梁启超、谭嗣同等人都接受了群学的观念。1895年冬康有为在《上海强学会章程》中强调群与学的旨趣说:"一人独学,不如群人共学;群人共学,不如合什百亿兆人共学。学则强,群则强,累万亿兆皆智人,则强莫与京。"[2]1896年梁启超写了《说群序》,序中引述康有为"以群为体,以变为用"的话为论旨,阐发了他们以群学为出发点的社会观,并讲他写了《说群》十篇,但序后只有《说群一》,可能他原定写十篇,结果只写成了一篇。其后,他在《新民说》中写的《说合群》一节,进一步发挥了合群的社会思想。1898年初,黄遵宪在南学会第一次开讲中,畅谈"合群""合国"之义,认为"人必能群而后能为人""国以合而后能为国"[3]。同年,谭嗣同的《壮飞楼治事》十篇中的第九篇更标为《群学》,阐述了他所了解的群学。他还组织了群萌学会,在《群萌学会章程》第一《命名》中说:"本会以群萌为名,盖因群学可由此而萌也,他日合群既广,即竟称为群学会。"[4]唐才常的《公法学会序》中则举了群学、种学、生理学、天演学等学科,把群学列为研究人类社会各种学科之一。

但是,"社会"一词,已早见于中国古籍,宋人《近思录》的《治法》篇说:"乡民为社会,为立科条,旌别善恶,使有劝有耻。"察其释义,显然不是后来所称的社会。1875年,日本政论家福地樱痴(1841—

---

[1] 梁启超:《饮冰室合集》,文集之一,第107页。
[2] 《康有为政论集》上册,第472页。这里所说的"学",虽非群学之"学"的全部含义,但是严复他们实现群学的重要途径。
[3] 于宝轩编:《皇朝蓄艾文编》第4卷,第18页。
[4] 《谭嗣同全集》增订本,第430页。

1906）译 Society 为社会,"社会"一词便以近代意义在日本流行。黄遵宪 1887 年定稿的《日本国志》中说:"社会者,合众人之才力,众人之名望,众人之技艺,众人之声气,以期遂其志者也。"[1]谭嗣同 1897 年写成的《仁学》,其中亦说"于西书当通《新约》及算学、格致、社会学之书"。两者的"社会"一词当自日本移译而来,但他们只是偶一用之,那时他们经常使用的仍是"群"或"群学"。

严复何以要译社会学为群学？译述西方资产阶级著作,严复一般的做法总是尽可能从中国的古籍中找出相应的词语来表达。这样做,既使寝馈于古籍的士大夫乐于阅读,而且也可以表示这种思想古已有之,不至被轻视为"夷说"。所以群学要从《荀子》中找依据。荀子是战国后期的著名思想家,在先秦诸子百家中,他的社会思想最丰富,他书中的《王制》《富国》等篇,可以说就是社会学论著。他说人,"力不若牛,走不若马,而牛马为用,何也？曰:人能群,彼不能群也。人何以能群？曰分。分何以能行？曰义。故义以分则和,和则一,一则多力,多力则强,强则胜物。……故人之生不能无群,群而无分则争,争则乱,乱则离,离则弱,弱则不能胜物。"这段话是说,人的体力不及其他大动物,而能驱使牛马等大动物,因为人能合群,合群则有力量,就能竞争,所以社会组织在于合群。在 19 世纪末的中国,合群具有民族觉醒的意义,是反抗帝国主义侵略的行动。严复以"群"与社会(Society)的含义相近,便译"社会学"(Sociology)为"群学"。

社会学在中国最初以群学的名义出现,反映了维新派引进西学为我所用的态度。冯自由回顾当时的情况说:"维时译事初兴,新学界对于日文名词,煞费斟酌,如社会一字,严几道译作群,余则译作人

---

[1] 黄遵宪:《日本国志》第 37 卷,第 22 页。

群或群体。"[1]但严复译社会为群,如前所说是直接从英字 Society 译出的,不是从日文转译的。对译名"煞费斟酌"则是实情。正如严复自己所说,"一名之立,旬月踟蹰"[2]。唯"群学"一词使用的时间不太长,20世纪初年虽然仍间有群学的论述[3],事实上戊戌政变后即渐为较确切的"社会学"一词替代。1899年唐才常已有"若大日本志士所欲饷遗于中国者,则专以政治学、经济学、哲学、社会学为汲汲"[4]的话。严复在译完《群学肄言》全书写的《译余赘语》[5],世铎等1898年8月2日议复康有为《应诏统筹全局折》[6]的折中,也都使用了"社会"一词。1902年章太炎翻译了日本岸木能武太的《社会学》,并为《社会学》写了序,序中对斯宾塞、葛通哥斯(美国人)及岸木的社会学说有所论列。在他的《訄书》中有关社会学的内容亦不少。1903年汪荣宝、叶澜编的《新尔雅》,其中有《释群》一节,指出"群"即"社会"。1906年京师法政学堂所订章程,在正科政治门第一学年课程表内,列入社会学课。[7] 自此才以"社会学"的名称逐步在中国成为一门专门学科研习。

二、群学与学会

近代性质的学会,在中国是维新派在维新变法运动中倡始的;群学则是他们倡设学会的指导思想。继康有为引发的"以群为体,以变

---

[1] 冯自由:《吊章太炎先生》,载《制言》第25期。
[2] 严复:《〈天演论〉译例言》。
[3] 1902年5月《普通学报》第5期有蔡孑庼(元培)的《群学说》。
[4] 《唐才常集》,中华书局1982年版,第193页。
[5] 该书卷首。
[6] 国家档案局明清档案馆编:《戊戌变法档案史料》,中华书局1958年版,第11页。
[7] 参看《社会》1983年第3期介绍康宝忠一文。

为用"的论旨后,谭嗣同也说:"夫群者学会之体,而智者学会之用。"[1]他们的主张,一是合群,二是力学,学会则是两者的结晶,赋予了学会以普遍的社会作用。这种"群体智用"说是"中体西用"思想的蜕化,他们把中、西对待的体用观变嬗为群、学(智)相契的体用观,群是社会实体,学(智)是具体运用,以学会体现群学,有外铄于人,内求诸己的要求,是借西方的社会学来发挥自我的群学观念,已不是西方社会学的原型,其实他们对西方的社会学并不太了然。

西方的社会学已如上述是医治高度发展了的资本主义内部创伤的,是挽救资本主义危机的学说。中国与西方国家的处境完全不同,是受外国资本主义强盗的剥削压迫和本国封建势力的黑暗统治,面临的紧迫问题是救亡图存,维新变法。维新派从历次对外战争和交涉失败中得到的体验,特别是经过甲午战争的惨败,他们认为广土众民的中国之所以如此衰弱,受制于人,一是由于分散隔离,互不相谋,二是由于闭塞愚陋,遇事颠顿,这些不仅对强敌失去抵抗力,而且也是破旧立新的极大障碍。所以他们大声疾呼要合群,要求知。群和独是相对待的,独是寡而无助、弱而无力的,要有力量只有合群。梁启超排比地指出:"道莫善于群,莫不善于独。独故塞,塞故愚,愚故弱;群故通,通故智,智故强。星地相吸而成世界,质点相切而成形体,数人群而成家,千百人群而成族,亿万人群而成国,兆京陔秭壤人群而成天下,无群焉,曰鳏寡孤独,是谓无告之民。"[2]他们把群看作社会的基数,有群的吸力才能聚为社会,成此世界,能群与否是国家强弱、社会兴衰的分界线。他们说,中国"由二千年合群之公理湮塞

---

[1] 《谭嗣同全集》增订本,第429页。
[2] 梁启超:《论学会》,见《饮冰室合集》,文集之一。

弗明,日销月蚀,至今日而有陆沉之惧"[1]。这里实际是指封建君主的专制统治,只顾一身一家的尊荣,背离了合群的公理。而"西人凡事得力在一群字。我则家自为谋,人自为利,亿万人不啻亿万心也,安得不贫不弱?"[2]这样,一到资本主义国家的连续入侵,遂使中国濒临被灭亡的险境。怎样应付这个局面?合群是头等大事,因此,西方医治资本主义创伤的社会学便变而为中国维新派挽救祖国危亡的群学。

在维新派开展的一系列爱国革新活动中,具有较大社会作用的是兴学堂、办报刊和开学会三桩,三者又是相互联结的。兴学堂和办报刊着眼于学,是他们呼吁广开民智的积极步骤,以学为吸力,引向合群。开学会则是着眼于合群,通过开会的组织形式,使涣散的个人变为凝聚的社会力量,并寓学于会。而开学会更是他们视为维新变法积蓄力量、打开局面的重要途径。康有为说:"开风气,开知识,非合大群不可""合群非开会不可"[3]。梁启超也说:"今欲振中国,在广人才,欲广人才,在兴学会。"[4]维新派深信,由倡学以浚民智,以改变封建锢闭的愚昧性;由设会以合大群,以改变社会旧有的散漫性,学会是两者的集中体现,比学堂有较大的号召力,比报刊有较强的组织力,所以他们汲汲于倡设学会。

从1895年8月康有为在北京创设强学会开始,强学会虽很快遭到封禁,但在维新派的积极活动下,迄1898年9月政变止,3年间开设的学会,梁启超在《强学会封禁后之学会学堂报馆》一文中列举的

---

[1] 《湘报》光绪廿四年四月初八日。
[2] 于宝轩编:《皇朝蓄艾文编》第28卷,第29页。
[3] 中国近代史资料丛刊《戊戌变法》(4),第133页。
[4] 梁启超:《论学会》,见《饮冰室合集》,文集之一。

学会计33个,其实远不止此数,有人统计达百余个。最近李文海同志作了研究,在《戊戌维新运动时期的学会组织》一文中分地区列举的学会是75个[1],较近实。这些学会的组织规模和着重点虽不一律,但都是从合群与力学两个方面以集会结社的形式来开展活动的。谭嗣同说,照此做去,"于是无变法之名,而有变法之实"[2]。它们大致可以区分为下列几类:

(一)具有全国意义的,如强学会、保国会一类。这类会以学为号召,政治性强,已具政党雏形。康有为说他们"开强学会于京师,以为政党嚆矢"[3]。又说"几与外国议院等"[4]。其后的保国会,以保国保种保教为宗旨,政治色彩更浓。在他们的言论中,就一再指出欧美的政党是"合大群"的形式,但他们当时还不可能倡设欧美那样"合大群"式的政党。

(二)属于地区性的,如南学会、苏学会、蜀学会、粤学会一类。以地区标名的这类学会较多,其中湖南的南学会在省城设总会,各府县设分会,既讲学,也议政,已带地方议院色彩。他们说:"大智恶乎开,开于今日之学会。由省推之一府,宜设府学会,以益民智。由府推之一县,宜设县学会,以强民智。由县推之各乡镇市,皆宜设学会以通民智。"[5]这种依地区层次设立的学会,显然是后来倡议地方自治的先声。

(三)以探讨专门学问为旨趣的,如湖南的地学公会,北京的经济学会,上海的农学会、算学会、医学善会、译书公社一类。这类学会

---

[1]《戊戌维新运动论集》第54—57页。
[2]《谭嗣同全集》增订本,第437页。
[3]《康有为政论集》上册,第163页。
[4]《记强学会事》,转引自蒋贵麟编《万木草堂遗稿外编》下,第568页。
[5]《南学会问答》,载《湘报》第50号。

的西学实科性较强,为数也较多。梁启超说:"西人之为学也,有一学即有一学会。"他列举了农学会、矿学会、工艺学会等 20 多种学会[1],正是维新派所要一一仿设的,也是后来学会发展的本干。

(四)以昌明孔学相标榜的,如广西的圣学会、湖南的校经学会、陕西的味经学会、贵州的仁学会一类。这类学会的宗旨,虽在"表明素王制作之功,御外侮,翼圣道"[2],但已是维新派改造中的孔学,并且兼采西学,译西书,是"中体西用"的版式。其他如湖南的明达学会、北京的知耻学会等,也大都不脱这种窠臼。

(五)有社会性较强的,如上海、湖南、广东、福建等地设立的戒缠足会或天足会及各地的戒鸦片烟会一类。这类会旨在改变社会风尚和陋习,会虽不以学名,但在说明缠足、吸烟的危害,也必然要宣传新学新知。此外如湖南的延年会、上海的女学会也属于这类有强烈社会性的学会。

以上各类学会,多数开设于上海、北京、湖南、广东、江苏,随着新学的传播,学会也像浪层一样推向其他省区,推向全国,反映了新兴的中国资产阶级亟谋发展社会力量的愿望。学会是群学的具体化,它同学堂、报刊、译书等事都是为促进新政而设,又是新政的组成部分。新兴的政治运动在其当初,学与政、言与行大都是密不可分的。学会开始出现于由改良思潮变为改良政治运动的甲午战争期间,它们尽管有的政治性强,有的学术性强,但政与学都紧紧地联系在一起。由此表现出来的事实:新学即新政,传播新学即新政的推行。所以说:"当进步分子自发地继续进行自己的日常工作,使旧制发生

---

[1] 中国近代史资料丛刊《戊戌变法》(4),第 375 页。
[2] 中国近代史资料丛刊《戊戌变法》(4),第 380 页。

一些小的变化、量的变化的时候,运动就是进化的。"[1]而维新派的这类活动已经是在自觉地进行的。

按照维新派阐发的群学观点,"群"即社会,社会是小群和大群的集结。学会是群的体现,包括各种社会法团的群体,都是由小而大,由寡而众,由分而合,发展而为脉络相通的全社会结构。且看维新派的代表人物是怎样说的:

梁启超:"一群之立也,少则二三人,多至千百兆","善为群者,小而一地一事之法团,大而一国之议会,莫不行少数服从多数之律"。[2]

谭嗣同:"士会于庠而士气扬,农会于疆而农业昌,工会于场而工事良,商会于四方而商利孔长。各以其学而学,即互以其会而会。力小,会二三人;力大,会千万人。人人可以自致,处处可以见功,夫何惮而久不为也?"[3]

严复:"群有数等,社会者,有法之群也。社会,商工政学莫不有之,而最重之义,极于成国。"[4]

由此可见他们所说的群,即由多数个人集结而成的会,由多数纵横连贯的大大小小的会而构成为社会、国家。旨在把封建统治下分散的小农经济社会改造为有组织而符合近代生活的资本主义社会。从维新派开设的各类学会来看,虽然多为十数人和几十人的小会,有几百人参加的南学会、保国会算是大会了,且零散而不成体系。但他们以学会为基点,由此加以推广,横而士农工商莫不有会,纵而从县、省社团到国家议院的设置,在他们开设的70多个会中已露端倪。无

---

[1] 《斯大林全集》第1卷,第277页。
[2] 梁启超:《饮冰室合集》,专集之四,第78页。
[3] 《谭嗣同全集》增订本,第437页。
[4] 严复:《译余赘言》,见《群学肄言》。

疑,这是促进近代中国社会新陈代谢的积极行为。

社会是以共同物质生产为基础、相互联系的人类生活的共同体,它"是人们交互作用的产物"[1],属于生产关系。维新派以"群"为社会的代称,群也是就有组织的人我关系而言,具体表现为会社。士农工商各种社会职业的人群,必须集结为会社始进而为群,那就是他们说的"士会于庠""农会于疆""工会于场""商会于四方"。1898年《湘学报》发表的《拟中国建立商务总会章程》,是后来1905年上海等地建立商务总会的预告,即维新派倡设学会的延伸,也即他们的"群体智用"宗旨在实践中的发展。看来他们是以士农工商或商工政学的职业分途而撇开了社会的阶级分野,其实他们以学会的名义倡设的各类会社,"学"始终是居于领先的地位。梁启超说:"群心智之事则赜矣,欧人知之,而行之者三:国群曰议院,商群曰公司,士群曰学会。而议院、公司,其识论业艺,罔不由学,故学会者又二者之母也。学校振之于上,学会成之于下,欧洲之人,以心智雄于天下,自百年以来也。"[2]他明显地指出要以知识界集结的学会为其他政、商组织的主体。他们又说:"夫居今之日,而欲为保种保教计,则必群天下才智之士,相与讲求养民教民之术,如其不然,吾华决无有可以自强之一日也。"[3]所以他们倡议的工界会、商界会的首领,在他们的心目中必然是经元善、曾铸这种有学识的新起的资产阶级化的商人。这种阶级意识应该说是与那时的中国社会的客观要求相适应的。

从呼吁合群到开办学会以促进合群,是19世纪末年中国社会的新论新事,对封建势力不能没有冲击,因此,它同"民权"一样也遭到

---

[1]　《马克思恩格斯选集》第4卷,第291页。
[2]　梁启超:《论学会》,见《饮冰室合集》文集之一。
[3]　《说党》,见《沅湘通艺录》第4卷。

顽固派的反对。这里姑举一例。湖南的王先谦,在"戊戌"期间是以反对维新运动著称的,他也写了一篇《群论》,对"群"大加攻击:"天下之大患曰群。夫子言'君子群而不党',明非君子而群必有党,而为祸烈也。又言'群居终日,言不及义',明终日为群,弊必至是,而不义之言,其害不可胜穷也。然则敬业乐群非与?曰:以业相群,即以文会友之义,唯敬故乐否则殆矣。是故群者,学之蠹也。"[1]他想借孔圣人的话来斥责"群"是"天下之大患",是"学之蠹也"。其实"群而不党""群居终日"的"群",与维新派提倡的合群,立意各不相同,论据并不成立,而抱残守缺之辈却乐此不疲。

三、 群学与社会进化

以"群体智用"为宗旨的群学,立足于合群,开学会则是合群立新的张本。维新派认为只有这样,才可为竞胜争存获得条件,然后在竞争中自强,在竞争中发展,"不争则治化不进,聪明不开",竞争与进化是相依而来的。西学与现实提供的这个逻辑,正是群学的灵魂。

竞争、进化之说,是对古老的呆滞的中国社会及其思想注入的激素,群学是在竞争、进化观念的传播中产生的。唐才常发挥严复首先在《原强》中揭出的旨趣说:"西儒达尔文之言曰:'争自存。'而锡彭塞(斯宾塞)衍其旨曰'群与群争',赫胥黎阐其微曰'人与天争'。于是乎有群学,有种学,有生理学,有天演学。凡所以孳孳皇皇,求自存于人物交战中者,则靡不惟争之为务。"[2]他们在达尔文的《物种起源》思想和斯宾塞、赫胥黎的社会学说的启示下,深信一个社会的存

---

[1] 王先谦:《虚受堂文集》第 1 卷。
[2] 《唐才常集》,第 155—156 页。

在和发展,必有所适应和竞争,否则将在弱肉强食的世界中被淘汰。这种认识和忧虑,完全是和当时中华民族的命运相联系的。

1896年,吴汝纶接到《天演论》译稿,珍重地录了副本然后复信给严复说:"抑执事之译此书,盖伤吾土之不竞,惧炎黄数千年之种族,将遂无以自存,而惕惕焉欲进之以人治也。本执事忠愤所发,特借赫胥黎之书,用为主文谲谏之资而已。"[1]这些话,如实地道出了严复在《原强》和译述《天演论》的民族感情,也正是吴汝纶这样一批爱国知识分子的共鸣。其后在他们的论著中更反复地予以论证:"物苟有志,强力以与天地竞,此古今万物之所以变。变至于人,遂止不变乎?人之相竞也以器。"[2]又说"竞争者,文明之母也。竞争一日停,则文明之进步立止";"凡群之成,必以对待,苟对于外而无竞争,则群之精神与形式皆无所着";"凡集结一群者,必当先明其对外之界说,即与吾群竞争之公敌何在也"[3]。这些话,旨在说明竞争是一种动力,而竞争的对象,"必当先明其对外之界说",外国资本主义的侵略是"吾群之公敌"。这就是他们吸收和认识竞争学说的基本精神,在于唤起民族的自我觉醒。

竞争的凭借在合群,合群的吸力在图新,以新学开民智,聚民力,图自强,而"日新"不已。维新派的"日新"说已不是先前的伦理观念,它反映了人类社会"治化日进"的客观事实。他们说:"《天演论》宗旨,要在以人胜天。世儒多以欲属人,而理属天,彼独以欲属天,而理属人。以为治化日进,格致日明,于是人力可以阻天行之虐,而群

---

[1] 沈云龙编:近代中国史料丛刊《桐城吴先生(汝纶)尺牍》(1)。
[2] 章太炎:《原变》,见《訄书》。
[3] 梁启超:《饮冰室合集》,专集之四,第18、77页。

学乃益昌大矣。"[1]认为群学之得以昌大,是由于《天演论》阐发的"以人胜天","治化日进"而来,并以社会进化与"物竞天择"的生物进化,同为天演。严译《天演论》的最后一题即标为《进化》,从生物界说到人类社会,谓"诚使继今以往,用其智力,奋其志愿,由于真实之途,行以和同之力,不数千年,虽臻郅治可也。况彼后人,其所以自谋者,将出于今人万万也哉。居今之日,藉真学实理之日优,而思有以施于济世之业者,亦惟去畏难苟安之心,而勿以宴安偷乐为的者,乃能得耳"。这些言论,遽然把束缚于唐虞三代、古圣先王的读书人的视线引向现在与将来的世界,确实是一股飓风。

伴随着达尔文、斯宾塞、赫胥黎等人学说的译介,维新派的大倡群学,于是进化论在中国知识界得以迅速传播,成为近代中国思想启蒙运动的突出内容。可以这样说,接受进化论,在19世纪末年的中国是地主阶级知识分子向资产阶级知识分子转化的重要标志。使这种思想由外来变为内在的功绩,当然首推严复。但是在甲午战前的20年间,达尔文、斯宾塞等人的事迹和论著,在《申报》《万国公报》及其他译著中相继有过简介,在少数先进中国人的言论中也有所反映。如钟天纬作于80年代的《格致说》等文,用相当准确的文字,概述了达尔文、斯宾塞的学说[2],即其一例。近年探讨中西文化特别是有关科技史的论著对此都有较详尽的引述,这里不一一罗列,姑以康有为接受西学反映进化论思想为例:

1879年,得读《西国近事汇编》《环游地球新录》等与西学有关的书数种,薄游香港,览西人之设施。

---

[1] 孙宝瑄:《忘山庐日记》,第155页。
[2] 钟天纬:《刖足集外篇》,第90—92页。文中达尔文作达文,斯宾塞作施本思。

1882年,道经上海,大购译书,归而讲求西学。所作《苏村卧病书怀》[1]诗中,有"世界开新逢进化"句。

1883年,购《万国公报》。对声光化电、各国史志,无所不读。不让女儿缠足,并在家乡立不缠足会。

1884年,自称"以三统论诸圣,以三世推将来"。"自生物之源,人群之合,诸天之界,众星之世",皆在探索之列。[2]

1885年,研习算学,以几何著《人类公理》。

1886年,托张延秋转告张之洞,"西学甚多新理,宜开局译之"。张之洞然其言而不果行。自研天象学,治历法。

1887年,钻研中国古代史,其《民功篇》,从太昊帝庖牺氏谈到"禹作宫室",认为"三代旧事旧制,犹未文明之故"。

1888年,第一次上书光绪皇帝,请求变法。

1890年,告学生陈千秋等以"尧舜三代之文明,皆孔子所托""人从猿猴变出"等说。[3]

1891年,《新学伪经考》刊行。所撰《实理公法》中有"后人知识固胜于前人,其功亦可过前人"语。[4]

1892年,用孔子生二千四百四十三年纪年。编《孔子改制考》,至1897年完编刊行。教长女同薇编书,"又将廿四史,编各国风俗制度考,以验人群进化之理焉"。[5]

上述康有为接触西书及其萌发的进化观念,在年份上容有参差,

---

[1] 《苏村卧病书怀》诗,有的书系于1879年,有的书系于1882年,这里从后说。究成于何年?待考。
[2] 《康有为自编年谱》,见中国近代史资料丛刊《戊戌变法》(4)。
[3] 《康有为自编年谱》,见中国近代史资料丛刊《戊戌变法》(4)。
[4] 《万木草堂遗稿外编》上,《实理公法》中引述了1891年的事,当成于此年或略后。
[5] 《康有为自编年谱》,见中国近代史资料丛刊《戊戌变法》(4)。

但可断言在公车上书之前,康有为已从西书中汲取了进化观念。前此谓康有为的进化论思想只得自严译《天演论》,显与事实不尽符。这不仅因为康有为在80年代至90年代初的若干言论已含有进化论的因素,而且就公羊家的"通三统"说论证夏、商、周是随时因革,"张三世"说是据乱世、升平世、太平世递嬗而进,具有明确历史进化观的《孔子改制考》,是继《新学伪经考》于1891年刊行后即已开始编著,至1896年《天演论》译出后的次年刊行。康有为在看到严复的译稿时可能有所增补,而《孔子改制考》全书的体系却几乎是与《天演论》译稿同时完成的。1896年,梁启超《与严幼陵先生书》中说:"南海先生读大著后,亦谓眼中未见此等人。"表明康有为对严译的钦佩,必然从中得到启发。又说:"书中之言,启超等昔尝有所闻于南海而未能尽。"[1]这句话则说明《天演论》中有关竞争、进化等理论,万木草堂的高才生梁启超等昔已闻之于康有为,只是不及《天演论》的详尽罢了。

由生物进化推及社会进化、历史进化,是维新派提倡群学的理论依据。当然,系统地把西方的进化论译介给中国人是严复的业绩,然而把进化论注入公羊"三世"说,改造历来的历史倒退论和历史循环论,又是康有为匠心独运的贡献。所以梁启超在所撰《康有为传》中说:"先生之哲学,进化派哲学也。中国数千年学术之大体,大抵皆取保守主义,以为文明世界在于古时,日趋而日下,先生独发明春秋三世之义,以为文明世界在于他日,日进而日盛。盖中国自创意言进化学者,以此为嚆矢焉。先生于中国史学,用力最深,心得最多,故常以

---

[1] 梁启超:《饮冰室合集》,文集之一,第110页。

史学言进化之理。"[1]这里不是学生对老师的过誉,而康有为确是近代中国以进化论治史学,以历史言进化的先驱。

康有为由历史进化的轨迹推想未来,还写了著名的《大同书》,认为人类历史只有经过据乱世、升平世,然后才能进到太平世,即大同世界。与约半个世纪前洪秀全颁发的《天朝田亩制度》,同样富有理想色彩。所不同者,洪秀全是想在现有的小农经济基础上立即建立起一个绝对平均的没有剥削压迫的"天国",康有为是想在"升平世"发展了经济、文化之后缓缓进入"大同",并没有找到大同之路。尽管同属空想,但一个是不受时代制约,在于即施即行,一个是严划时代界限,憧憬未来,即一个是历史平面图,一个是历史进化论,反映了先进中国人的时代足迹的差异。

进化论大大地开拓了维新派的眼界,使古老的"三世"说不再是"一治一乱"的僵化公式,而是过去、现在、未来的社会进化历程,以此为核心的群学也就成为维新派组织力量、革新社会政治的实施学理。所以他们说:"《公羊》、《春秋》之旨,多与群学之公例合。"[2]虽然,他们所说的"据乱之世以力胜,升平之世以智胜,太平之世以仁胜",并没有跳出历史唯心主义的旧轨,但已装上了进化的合理内核,使他们获得了批判旧世界的武器,在合群、力学的道路上迈出了前进的步伐。戊戌维新失败之后,合群的要求、进化的魔力,在思想战线上以更宽广的路子促进中国社会的新陈代谢。

---

[1] 中国近代史资料丛刊《戊戌变法》(4),第20页。
[2] 孙宝瑄:《忘山庐日记》,第156页。

日本的明治维新与中国的戊戌维新为何一成一败？[1]
——答读者问

日本的明治维新与中国的戊戌维新，为什么一个成功了，一个失败了？在近代史的学习和探讨中是经常被提出来的问题。要回答这个问题，固然不应忽视两国所处国际环境的变化，主要的还是要从各自的国内条件去找原因。

历史进入19世纪后，西方资本主义已高度发展，它们的侵略势力正向东方汹汹袭来，闭塞的东方国家怎样认识这种形势，面向世界，是一个极为严峻的时刻。中日两国对此作出的反应一开始就有差别。约当18世纪和19世纪之交，日本因与荷兰的频繁接触，已在初步传播西方文明的"兰学"，诱启人们的心扉。继经震撼亚洲的鸦片战争，日本有识之士目睹泱泱大邦的中国竟被来自遐方的英国打败，跟着侵及日本被迫开埠，于是对原来步趋中国的"锁国"政策和攘夷论产生了极大的怀疑，由"兰学"进而探讨英、法、德等国的"洋学"，逐步认识英国的资本主义体制及其所以强盛，并把这种认识变

---

[1] 原载《书林》1985年第2期。

为追求。从40、50年代的佐久间象山、桥本佐内发其旨，吉田松阴、福泽谕吉倡随于后。在时势的激荡下，他们著书讲学，鼓吹改革，造就了木户孝允、大久保利通、山县有朋、伊藤博文等一代矢志维新的人才，济济承承，为变革日本的政治而奋斗。

反观中国，直到鸦片战争时才有开眼看世界的林则徐、魏源提出了"师夷之长技"的主张，他们仅此而已，没有进一步发展这种认识。在后来的洋务运动中，传播西学而谋富强者虽不乏人，但主要致力于军事改建和生产技术及与此相应的教育设施，迈不出封建的立脚点，就此徘徊了30余年，已经落在日本后头。等到甲午被维新的日本打得一败涂地，康有为等人才以日本为榜样发动了政治革新运动，对洋务既否定又有联系，事实上已分成两截，缺乏连续的积聚的革新力量，远不是日本的急起直追、一气呵成，所以在旧势力的反击下迅速失败。

中日两国在革新力量和革新进程上产生的这种差距，当然，我们不能排除革新志士认识世界的敏锐性和勇往直前的毅力。但他们的认识、毅力和作用，各自的程度会产生不同社会效果，并不取决于他们自己，他们都直接受到各自社会的制约。这种制约主要来自顽固的封建势力。因为明治维新与戊戌维新都是向封建主义挑战的，都受到封建势力的强烈反对。但相比起来，中国的封建阻力大于日本，也深于日本，不仅中国的地主土地所有制和日本的领主土地所有制形成的自给自足的自然经济体系，清朝的皇权政治和日本幕府政治构成的封建专制统治有强弱之分，而且在这些条件下，中国两千余年来凝结的封建伦理道德观念，较之大化革新（646年）才从中国吸收这种观念形态强化起来的日本远为顽梗，它密似蛛网地牵制着人们的心思。所以，谭嗣同的《仁学》呼吁要冲决重重网罗，就尖锐地反映了这一情况。

日本既没有中国这样沉重的历史包袱,在地理环境上它是个岛国,也较能把目光投向大洋的远处,以英国的向外开拓为借鉴,这与中国自古以来囿于"九洲方圜"的"上国"观念,故步自封,迥然有别。

正是由于这些不同的内在因素,使日本的明治维新和中国的戊戌维新这两个看来相似的资产阶级改良运动形成了截然相反的结局。

那么,是否所有的改良道路都是走不通的,一切政治社会改良都是要失败的呢? 不,不是这样。戊戌变法的失败只能说明在当时的中国不具备取得改革胜利的条件,或者说,在当时的条件下无法用改良的方式使中国从半殖民地半封建社会过渡到资本主义社会。但是在异国异地的日本,由于条件具备,它通过维新由封建社会过渡到资本主义社会,这可以说是一个成功的例子。像这样的例子在人类历史上绝非仅见,中国历史上的商鞅变法,俄国1860年的农奴制改革,都是成功的,或者说是基本成功的。前者使秦国从奴隶制过渡到封建制,后者是俄国历史上封建生产方式过渡到资本主义生产方式的转折点。历史的发展明确地告诉人们:政治社会改良与政治社会革命一样,都是社会发展的产物,又都是推动社会发展的重要力量。两者在历史上交叉出现以推动历史前进。当然,改良相对于革命而言,要缓和得多,它推动社会发展是通过部分质变的方式,在渐进的过程中使旧质变新质。同样,改良和革命的发生及成功与否,也都要受到各自社会的制约。在日本,作为政治改良的明治维新成功了,而中国的戊戌维新却失败了,这就是社会制约的结果。

对以上的问题如果你想多知道一点,请参阅:日本吉田茂的《激荡的百年史》(世界知识出版社1980年版)第一章、第二章,丁日初等的《十九世纪中日资本主义现代化成败原因浅析》(《历史研究》1983年第1期)。

"戊戌"与启蒙[1]

一

今年是戊戌维新90周年,明年是五四运动70周年,由于历史的反思,人们提出了对"五四"的再认识,在接近它的70周年,大家已在讨论"五四精神与当代中国文化";对"戊戌"也有个重新认识的问题。人们之所以如此关注这两个运动,并把它们联系起来研讨,不仅因为它们是中国近代史上两个激动人心的年代,在救亡与革新方面都曾有过激扬的旋律,更重要的是由于历史反思的深入,人们需要重新认识"戊戌"与"五四"启蒙的意义和价值。

"戊戌"与"五四"前后相隔21年,它们有什么联系?大家知道,"戊戌"在思想文化上是启蒙,在反对民族压迫上是救亡,在政治运动上是革新。启蒙、救亡(爱国)、革新是相互联结、相互促进的。经过义和团运动、辛亥革命、护国运动、护法运动到伟大的"五四",也是启蒙、救亡(爱国)、变政(反对军阀统治)相联结的。"五四"比"戊戌"大大地前进了,"戊戌"是近代中国启蒙运动的发端,"五四"则是启

---

[1] 原载《学术月刊》1988年第10期。

蒙运动的推进，但两者的骨架极相似。

　　救亡、革新与启蒙是近代中国三大急迫而突出的课题，是那个时代的中心内容。对于"戊戌"的救亡与革新，过去的论著写得较多，作了较充分的阐述，对它在思想文化上的启蒙却谈得很少。救亡与革新(变政)固然每每是激动人心的狂澜，而启蒙的激扬理性，启迪民智，反对专制，反对迷信，反对愚昧，在于改变中世纪的生活方式、观念意识、伦理精神、行为模式与思维方式，对两三千年的中国传统社会来说，是具有特殊意义的。从某种意义上说，启封建之蒙，启传统之蒙，对冲破经过长时期的历史积淀而成的、已渗入骨髓的、凝固化的文化潜网，对植根于传统小农社会的观念意识和伦理精神的根本性改造或创造性转换，是比救亡、革新更艰巨的任务。一个时代需要一个时代的国民，近代文明总是与近代国民的理性觉醒相伴而行，用滞留于中世纪的国民来推进近代文明的发展和近代社会的新陈代谢是不可想象的。因此，不冲破封建之蒙，不否定传统之蒙，近代化就缺乏现实的可行性，就缺乏能够赋予近代国家制度、管理体制以真实生命力的社会心理基础。改造国民性，改造民族精神，确立近代观念意识与行为规范，光靠思想文化的力量当然不行，它需要整个社会经济基础的根本改造，需要对现实"存在"的改造，需要"物心一致"的改造。但思想文化上的启蒙仍是必不可少的重要环节，因为对"物"或"存在"的改造，固然可以推动"心"的改造，但心的或民族精神的改造，同样会促进"物"的改造。西方从文艺复兴算起，到法国18世纪的启蒙运动，花了两三个世纪，才把人从中世纪的神学桎梏下解放出来，为后来的资产阶级政治革命乃至整个社会革命提供了必要的精神准备和文化氛围。马克思说，哲学革命是社会革命的理论先导，其实，启蒙也是近代化的理论先导，是传统社会过渡到近代社会过程中不可忽视的一个重要环节。

二

中国的启蒙可以说是与她进入近代同步。林则徐的《四洲志》、魏源的《海国图志》、徐继畬的《瀛环志略》，把封闭的中国引向世界，把"师夷之长技"首次列为课题，这对于摆脱根深蒂固的夷夏观念，走出传统的华夏文化圈，确立新的世界观念和宇宙意识，都起了积极的作用，无疑是启蒙的萌芽，是近代化的前奏。这些书在其初始可能并没有自觉的启蒙意向，但它窥察鸿蒙，实际上已具有近代启蒙的征兆。由这种征兆，经历三四十年对声光化电、农商工矿的讲求，以器物的形式承担了直接的启蒙使命，它不仅冲撞了旧物，而且刺激了观念形态的新陈代谢，如重义轻利的社会价值观的变化，以经义为主体的传统知识结构的动摇……然而，启蒙成为一场自觉的运动，却是从"戊戌"开始的。

"戊戌"启蒙作为一个运动，其核心内容便是"开官智""开绅智"和"开民智"。所以要"开智"，是因为我们的传统痼蔽太深，是因为那时西方世界早已进入所谓近代文化，东方世界则仍滞留于中古，那时我们的政府是中古的政府，我们的人民，连士大夫（知识分子）阶级在内，是中古的人民[1]。"官""绅""民"俱困缚于旧风气之中而不能跳出于旧风气之外：

> 我国蚩蚩四亿之众，数千年受治于民贼政体之下，如盲鱼生长黑壑，出诸海而犹不能视；妇人缠足十载，解其缚而犹不能行。故步自

---

[1] 蒋廷黻：《中国近代史》，岳麓书社1987年版，第24页。

封,少见多怪。曾不知天地间有所谓民权二字。[1]

如何使滞留于中世纪的国民从专制统治的重重缚扼之下解放出来,迎着近代化的时代浪潮迈进,实现向近代国民的根本性转变?这绝不仅仅是政治或经济问题,也是思想文化问题,是启蒙的问题。

(一)以"新学"开民智。中国的启蒙运动与西方有所不同,西方是社会历史演进的自然产物,中国则是进入近代后才开始接受西方近代文明的浸染和启迪的。"西学"或"新学"是推动启蒙运动展开、促进社会新陈代谢的文化触媒,而变外来为内在的中介体(媒介)便是近代启蒙者。

在中国,启蒙者是最先接受西学启蒙的。他们在多大程度上突破或超越传统之蒙,又在多大程度上实现向近代人的转变,必然影响到中国启蒙运动的命运。中国启蒙者所受的启蒙大抵来自三个方面。一是通过各种渠道进来的西书。梁启超在1896年编成《西学书目表》,收录了300多种讲求西学的书。他说:"译出各书,都为三卷:一曰学,二曰政,三曰教。今除教类之书不录外,自余诸书分为三卷:上卷为西学诸书,其目曰算学,曰重学,曰电学,曰化学,曰声学,曰光学,曰汽学,曰天学,曰地学,曰全体学(人体学),曰动植物学,曰医学,曰图学;中卷为西政诸书,其目曰史志,曰官制,曰学制,曰法律,曰农政,曰矿政,曰工政,曰商政,曰兵政,曰船政;下卷为杂类之书,其目曰游记,曰报章,曰格致,总曰西人议论之书,曰无可归类之书。"这就是一套启蒙丛书,其中有些书直称之为《西学启蒙》《格致启蒙》《数学启蒙》《西国乐法启蒙》等。康有为、梁启超、谭嗣同等人就是受这些西学西政诸书启蒙的。二是上海租界和香港也启了他们的

---

[1] 梁启超:《爱国论》。

蒙。租界是西方文化的综合载体,是移植到中国社会里的近代小社会。租界的一整套市政管理制度——路政、警政、邮政、司法,尤其是代议制的政治组织形式,一度成为近代中国人学习西方文化的蓝本和教科书,许多先进的中国人正是在租界中直接领略西方近代文明的,这是书本上找不到的,具有书籍报章所不可企及的功效。中英《南京条约》签订后的香港成了英国的殖民地,在那里它们按西方资本主义模式建立了与中国传统小农社会截然不同的社会制度。康有为就是在香港"览西人之设施"后始倾慕西方文明,并努力讲求西方文化。立体实物与书本知识结合起来,依稀窥见西方近代文化的景致。"华""洋"比较,然后知优劣。康有为、孙中山等人的著作中都有游历上海或香港的真实记录和感受。三是如严复等人留学西方,沐浴、呼吸于西方近代文明之中,受其更直接的熏陶,实现向近代人的转变。这些人在受西方近代文明启蒙后,或把他们所见到的西书开列成表,或把自己的真切观感和其他认识记录在卷,或译介西学西政之书,去启他人之蒙。康有为常向光绪帝呈送新书,所以康有为是光绪帝的西学启蒙老师。至于以启蒙思想家著称的严复,他留学西方,归而译述《天演论》,绍介"物竞天择""适者生存""优胜劣败"的进化论原理,在中国知识界引起很大的震动。"自严氏书出,而物竞天择之理,厘然当于人心,而中国民气为之一变。"[1]进化论成了近代中国启蒙运动的突出内容。"戊戌"时期,他在《直报》上连续发表《论世变之亟》《原强》诸文,倡导"鼓民力""开民智""新民德",培植近代国民的"血气体力""聪明智虑"和"德行仁义",而"开民智"更是启蒙的钥匙。因为民智乃富强之本原,"欲开民智,非讲西学不可;

---

[1]《辛亥革命前十年时论选集》第2卷上册,第146页。

欲讲实学,非另立选举之法,别开用人之途,而废八股试帖策论诸制科不可"[1]!"学则智,智则强",成为维新派共同呼唤的声音。所以"戊戌"比之洋务运动,不仅是政治革新上的超越,更因其在思想文化上的启蒙做出了贡献。

（二）启蒙是对传统的否定,启蒙运动的实质是反传统主义运动。以"民权"反对"君权",抑制"君权",是戊戌启蒙运动的又一重要内容。戊戌维新志士以民主、自由、平等的天赋人权说为理论依傍,对封建专制制度及其理论基石——纲常伦理进行了猛烈的批判。他们把中国积弱之势及甲午战败的耻辱统统归咎于专制政体,认为"中国败弱之由,百弊丛积,皆由体制尊隔之故"[2]。要破除"体制尊隔",必须突出"民权","今之策中国者必曰民权",中国之政"当以兴民权为真际"[3]。所谓"民权",即指"人民的权力",包括自由、民主、平等天赋人权。突出"民权",强调"民权",就是对"君权"的剥夺或部分剥夺。把君权与民权分开,把君臣、臣民放在平等的位置上,不仅是对传统的"君权神授"观念的否定,也是对"君为臣纲"说的合理性的怀疑。谭嗣同、梁启超、唐才常等人热情地宣传"民权"学说,把欧美权归国民视为"太平之公理,仁学之真诠",他们遍数历朝君主的罪恶,并以"民贼"视之,呼吁:只有"执民权而强之,用民权而变之"[4],才能推进政治的民主化和社会的近代化。毕生"致力于译述以警世"的严复,对韩愈所力倡的封建道统说的尖锐而激烈的批判,触及了专制政体的实质:

---

[1] 严复:《原强》。
[2] 康有为:《上清帝第七书》,见《戊戌变法》(2),第204页。
[3] 《谭嗣同全集》增订本下册,第462页。
[4] 《湘报类纂》,杂录,己上,第12页。

> 秦以来之为君,正所谓大盗窃国者耳。国谁窃?转相窃之于民而已。既已窃之矣,又惴惴然恐其主之或觉而复之也,于是其法与令猬毛而起。质而论之,其什八九皆所以坏民之才、散民之力、漓民之德者也,斯民也,固斯天下之真主也,必弱而愚之,使其常不觉,常不足以有为,而后吾可以长保所窃而永世。[1]

"开智"与"愚民"是对立的,愚民是对君主专制政体的维护,开智则是专制政体的异军,是建立近代政治体制的先路。昭示专制统治者愚民政策的实质是有助于开智的。严复从西方天赋人权学说出发,认为一定的政体须与一定的社会伦理、风俗习惯、文化教育等相联系。他把西方"天赋人权论"译成古雅的中文"民之自由,天之所畀"[2],认为西方的民主是"自由"的表现形式,"自由"才是最根本的,"以自由为体,以民主为用"[3]。对于我们这个封建历史漫长、缺乏民主传统、吃够专制苦头的国度来说,民主是迷人的具有极大魅力的字眼,也是近百年来力追不舍的目标。以民权观念来启封建之蒙,以民主来否定专制,无疑是政治生活上的重大而又尖锐的问题。

我们说启蒙运动是从"戊戌"开始的,而戊戌启蒙又是从批判封建专制政体和纲常名教开始的。纲常名教是专制统治的理论基石,以激进的思想著称的谭嗣同认为"君也者,为民办事者也;臣也者,助办民事者也"[4],断然否定君主的神圣性和合理性,申论君仆民主、君由民举、立君为民和人民有权"易"君的观点,认为"二千年来之政,秦政也,皆大盗也",两千年来的传统儒学"皆乡愿也",两千年来

---

[1] 严复:《辟韩》。
[2] 严复:《辟韩》。
[3] 严复:《原强》。
[4] 《谭嗣同全集》增订本下册,第339页。

的帝王皆"独夫民贼"也。[1] 他甚至将思想的锋刃直指清王朝的专制统治,并引用法国大革命中的民主豪言:"誓杀尽天下君主,使流血满地球,以泄万民之恨。"他也没有停留在一般愤激的咒骂上,而是把批判的矛头指向了君主专制统治的理论支柱——三纲五常,其间的称心快意的惊世之语,无疑是具有石破天惊,振聋发聩的启蒙意义的。何启、胡礼垣等人则从另一个角度对"纲常名教"提出公开的质疑,在他们看来,"三纲之说,非孔孟之言也。商纣无道者也,而必不能令武王为无道,是君不得为臣纲也",所谓三纲之说不过是后世陋儒制造的,指出"三纲之说,出于《礼纬》,而《白虎通》引之,董子释之,马融集之,朱子述之,皆非也"[2],"夫中国六籍明文,初何尝有三纲二字"[3],从根本上动摇了三纲之说的神圣性,揭开了纲常名教的神秘面纱。这在以孔子为"至圣先师",以六经为"万世圣典"的中国社会,同样是具有重要的启蒙意义的。

戊戌启蒙运动以西方资本主义的天赋人权学说和自由、平等、民主的资产阶级原则来批判中国传统小农社会流行的君权观念、行为模式和伦理精神,显示了近代中国人批判理性精神的觉醒与成长;而其对传统宗法等级观念的冲击和对自我独立的意义、价值的推重,又体现了近代人文主义精神。"戊戌"一代知识分子以舶来的"西学"为文化触媒,在思想文化领域里兴起了一股飓风,形成戊戌思潮,为救亡图存、抑制君权、突出民权的"革新"(变政)提供了理论依据,这是中国有史以来的第一次,但它无论是反传统的彻底性,还是启蒙的深广度,都远不及 21 年后的"五四"。具体说来,"戊戌"仍然没有摆

---

[1] 《谭嗣同全集》增订本下册,第 337 页。
[2] 何启、胡礼垣:《〈劝学篇〉书后》,明纲篇辩。
[3] 何启、胡礼垣:《〈劝学篇〉书后》,正权篇辩。

脱传统的阴影,也没有越出传统的窠臼。对传统权威的依附显示了"戊戌"启蒙的不彻底性,他们还是借用孔子的权威和对传统的文化认同,来宣传西方资产阶级的进化史观和民权观念,来演出历史的活剧,尽管是"旧瓶装新酒",但"托古"和"尊皇"仍然制约、影响着启蒙的生机和深广度。"戊戌"启蒙的局限不仅表现在它没有能砸碎"旧瓶",没能推倒中国传统社会的精神象征——孔子,因而没能把落后于时代的传统包袱尽可能摒弃,而且表现在它一开始就与救亡图存的旨归紧密地纽结在一块,最激烈的民族主义与最激烈的民主主义的纠缠,无疑又冲淡了启蒙运动的相对独立性和理论先导性。"戊戌"时期所揭示的"鼓民力""开民智""新民德"原本是最具有启蒙的内涵,但"开智"和"新德"作为启蒙的钥匙,也没有得到充分的展开,仅停留在"开官智""开绅智"的阶段,既没有"由省推之府""由府推之县",更没有"由县推之各乡镇市"。"戊戌"一代知识分子曾采取过一些措施,如开报馆、办报刊(这是启蒙所绝对必需的传播媒介),兴学堂(教育是启蒙的基石),开学会(这是启蒙的信息集散中心),他们试图由倡学以启民智,以改变封建锢闭的愚昧性,提出:"开风气,开知识,非合大群不可!""合群非开会不可!"[1]"今欲振中国,在广人才;欲广人才,在兴学会。"[2]由设会合大群以改变社会旧有的散漫性,使涣散的个人变为凝聚的社会力量,可惜的是,他们并没有把启蒙推向纵深,所谓"广联人才,开创风气",亦仅局限于"官绅"阶级,开启士大夫"合群"(结社集会)的风气,参加"学会"的成员,无一不是士大夫和绅贵。因此"戊戌"启蒙的范围仍是有限的,同时为

---

[1] 《康有为自编年谱》,见《戊戌变法》(4),第133页。
[2] 梁启超:《论学会》,见《变法通议》。

了争得士大夫或绅贵的同情和支持，又不能不偏离启蒙的真义。"五四"虽是继"戊戌"以来的启蒙之业，但它大大地前进了，它显示了比"戊戌"更彻底、更全面、更系统的批判理性精神和社会批判精神。"五四"已不像"戊戌"一代知识分子那样局部地反传统，而是把中国既深且久的文化传统作为一个整体加以彻底的批判和否定。他们标举民主和科学两面大旗，向落后于时代的中国传统礼教掀起了最猛烈的冲击，给当时的知识界、思想界以强有力的震撼。民主即资产阶级民主，是同封建专制主义相对立的，是同宗法等级观念互为冰炭的；科学则是同封建偶像崇拜和封建迷信蒙昧主义相对立的。"五四"一代知识分子正是以民主来反对"孔教、礼法、贞节、旧伦理、旧政治"；以科学来反对封建迷信和盲从，反对"国粹和旧文学"，用科学的精神打破"宗法上、政治上、道德上自古相传的虚荣、欺义、不合理的信仰"的。给被历代统治者奉为"天经地义"，"振古如斯"的"万世之至论"——以家族、伦理为本位的儒家文化以无情的打击，"打倒孔家店"的口号即是这个时代精神的最集中体现。"民主"与"科学"的提出，是"五四"前先进的中国人向西方资本主义国家寻求真理、探索中国致富致强之道所达到的最高成果，也是对前此的启蒙要求的总结，它真切地反映了"辛亥"后的时代焦渴与需求，因而成为"五四"时期文化意识形态领域里横扫专制与愚昧的两面所向披靡的旗帜，对中国人民起了振聋发聩的思想大启蒙、精神大解放的作用，无疑是"戊戌"难以伦比的。

"戊戌"而后启蒙运动的发展，因为资产阶级革命派一登场就把注意力集中于政治变革，它在思想上的宣传也是围绕着争取政权，所以文化上的启蒙工作，同盟会的《民报》还赶不上梁启超的《新民丛报》，那时的学堂、报刊、著译等启蒙要著，革命派也比立宪派做得少。

如"戊戌"时期创办起来的作为新文化教育事业重镇的京师大学堂和商务印书馆，大抵仍是以立宪人士为核心；又如梁启超的论著、严复的译书，所具有的影响力和启蒙意义，也是革命派所不及的。把启蒙运动推向较高的形式，当为"五四"新文化运动。它不只是广泛地输入新学理、新文化，而是在打破重重旧枷锁，为新文化的传播铺路；更重要的是竖起了民主和科学的大旗，一切以此为准则，合乎民主与科学的则提倡、推广，反乎民主与科学的则批判、摒弃，为建立近代国家、近代民族和做一个近代人找到了奋斗目标。然而我们并没有能够实现它，想做得更多一点也不可能。其后，在抗日战争期间又有新启蒙运动的提出，除了对"五四"要求的重申外，并没有增加什么，而且更多地着眼于政治上的启蒙。

三

启蒙运动是近代化的精神准备，是推动近代化的精神力量。中国兴起了多次启蒙，表明了中国启蒙运动的断续与艰难，同其近代化的曲折是相倚伏的。18世纪以法国为中心的欧洲启蒙运动，迎接法国资产阶级大革命，完成欧洲的资本主义近代化是势如破竹的。日本从兰学、洋学的启蒙到明治维新后的资本主义近代化，虽也经历了若干风浪，但总的说来，思想文化上的启蒙与政治、经济的近代化是相伴前进而步步实现的。东西比较，中国的启蒙运动虽然经历了"戊戌"的倡导，经历了"五四"的激扬及其明确的航程，终未底于成，蒙仍然很多。除了千百年小农经济的积习和根深蒂固的儒学传统梗阻外，有两点明显地抑制和阻滞了启蒙的普及和深化。

（一）政治的冲击。启蒙是政治变革和社会革命的理论先导，又是与政治变革并行不悖、互相促进的，但在近代中国，启蒙运动每每为满坑满谷的旧势力所敌视,也往往为正义而盲目的民族仇恨与民族义愤所排挤、所淹没。这说明近代国民包括知识分子群并没有能够跳出民族心理上的"二律背反":一方面为了救亡图存,为了民族的存在与发展,必须彻底地反省、批判传统文化,另一方面,为了确立自己的民族心理认同,又必须强化民族传统文化自尊心;一方面要反抗外来侵略,阻遏接踵而来的外力扩张,另一方面又必须向西方学习,迎着时代的浪潮迈进。这的确是深刻的矛盾和冲突。民族情感、民族义愤与启蒙运动的展开,与资本主义近代化并不一定是同步的,相反,深深扎根于传统小农社会土壤之中而又攀附在民族感情大树之上的义愤往往淹没启蒙的声浪;由救亡图存引发的民族主义的高扬与作为启蒙运动的核心内容的民主主义的结伴而行,其间不可能没有矛盾和冲突,这严重干扰了启蒙运动的正常航程。西太后发动的戊戌政变,一巴掌把维新派打下去,也遏止了思想上的启蒙运动,这是势若汪洋的传统势力对方兴未艾的启蒙的反动;而义和团对帝国主义的满怀怒火,罪及一切西事西物,则几乎扼杀了启蒙的生机,这是正义而盲目的民族义愤对启蒙的排拒。继起的资产阶级革命派突出的政治使命是推翻清朝专制统治,建立资产阶级民主共和国,即使如邹容的《革命军》、陈天华的《猛回头》这样充满战斗激情的政治启蒙读物,在其高于一切的反满反帝的政治口号下,也掩盖了对文化启蒙的热忱与追求;同盟会宣言及其与《新民丛报》的论战文字,无不反映了对文化启蒙的淡漠。"五四"新文化运动的兴起,军阀们拾起孔学的反击,固然是对新文化运动的考验,但随之而来的马克思主义,它还来不及与中国革命实际相结合,对前此新文化运动中的破旧仍有兴趣外,解放个性、追求理性的启蒙要求已被视为资产阶级的腐朽思想,而以后的"突出政治"对思想文化的启蒙就更为虐待了。政治需要智慧,有时又纵容愚昧!

(二)所有站在思想前哨的猛士,从"戊戌"到"辛亥"到"五四"及以后的岁月,只有极少数的个别人能坚持韧性斗争、始终不懈;大多数人都由激昂而冷漠而回归,回归虽不无矫枉之处,但大多是何必当初的忏悔。他们激昂得快,在政治的冲击下,在外界的迷惘和诱惑中,他们的落差也很大。这除了说明儒学传统无孔不入的侵蚀力外,还说明了启蒙者本身摆脱不了传统的束胸绑腿的羁绊。过去我们对康有为、严复、章太炎和吴虞、钱玄同、刘半农等人已经谈了很多,其实何止他们!这里我想举一个不太典型而意味深长的事例来说一说。1917年写了《文学改良刍议》提倡白话文而名噪一时的胡适,也算是站在新文化运动前列的人,五四运动后不久,在学术上便拉起"整理国故"的旗号,继而又创办倡导整理国故的《读书杂志》和《国学季刊》,不仅自己埋首于故纸堆中,去发见文字的"古义",而且引导青年置身于国事之外,躲进"国故"的蜗庐里。六年之后(1923年),他应人之请,开了《一个最低限度的国学书目》,约有工具、思想、文学三类书200部。20多年前作过《西学书目表》,说了"古之人惟恐变夷,今之人惟恐不变夷"的梁启超,嫌其不全,跟着也开了《国学入门书要目及其读法》,比之胡适的书目有增无减。一个说是"最低限度",一个说是"入门书",可谁要想读完读懂这些书,只能做"髫年识字,皓首穷经"的老儒生。单以他们两人都开了的《四库全书总目提要》(商务印书馆精装四厚卷)一书的字数来说,就足以压倒梁启超那个《西学书目表》的300多种书。继胡、梁之后还有别的人提出的国学书目,形成了一股小小的开列国学书目的旋风。风自何来?请看朱启钤当年写的一段文字:

  欧战告终,美故总统威尔逊倡民族自决主义,和平之先声,充塞寰宇,欧陆士流,追恫战祸创夷之巨,亦颇歆羡东士礼让之风。法故总揆班乐卫(Paul Painlerie)者,素尚儒术,尤以沟通中西文化为己任。这就是梁启超在《欧游心影录》中所说的西方科学破产,等待宁静的中国文化去医治创伤,去拯救、超拔大海对岸那边愁着物质文明破产、哀哀欲绝的喊救命的好几万万人。这几乎成为中国人士一时乐道的国际要闻,大开国学书目的活动即由此而来。从梁启超的西学、国学先后两个书目不难找出其心态变化的轨迹。

由于上述的政治冲击和人物落差很大,无论"戊戌"后或"五四"后,都出现了启蒙的间歇状态。在近年的中国文化热的研讨中,许多年轻学人提出了文化断层或断裂说,而以"五四"后作为显著的史例。所谓文化断层或断裂,就是新陈代谢中内因在和外来的干扰所产生的历史"返祖"或新陈错位的现象。

"戊戌"早过去了,"五四"也早过去了,现在已进入了历史的新时期,已在大力开展现代化建设,但我们是在没有取得或完成启蒙运动的胜利踏上新的征途的,启蒙的任务仍十分繁重,中国的大地上还有许多不能适应新时期的心态和行为,文盲、半文盲就有两亿多,抵得上一个超级大国的人口;单以《解放日报》发行的《报刊文摘》而论,刊录的仅是部分报刊披露的世态,已有多少因愚昧造成的罪恶使你惊心动魄,尚有多少正在被愚昧和迷信捉弄的人们,从乡村到城市又有多少愚昧的网络在包围着不愚昧,不要说"五四"的民主与科学远是我们的未竟之业,就是"戊戌"的"开民智"也仍是我们的严峻任务。社会主义的初级阶段需要一个伟大的新的启蒙运动,启蒙运动不是政治运动,抢救教育、爱护教育、发展教育是现代启蒙的基石,它需要的是物体自身的经常运动。贫穷不是社会主义,愚昧也不是社会主义。

"神道"与"圣道"[1]

一

毛泽东同志说:"中国的男子,普通要受三种有系统的权力的支配,即:(一)由一国、一省、一县以至一乡的国家系统(政权);(二)由宗祠、支祠以至家长的家族系统(族权);(三)由阎罗天子、城隍庙王以至土地菩萨的阴间系统以及由玉皇上帝以至各种神怪的神仙系统——总称之为鬼神系统(神权)。至于女子,除受上述三种权力的支配以外,还受男子的支配(夫权)。这四种权力——政权、族权、神权、夫权,代表了全部封建宗法的思想和制度,是束缚中国人民特别是农民的四条极大的绳索。"这"四条极大的绳索",就社会意识形态方面来说,主要有两个代表,一个是神,一个是圣。

在旧社会里,神和圣长期支配着人们的思想和生活,它们相互为用,相互补充,是共同编结在封建剥削这条锁链上的虚幻的花朵。神是精神世界的幻象,圣是伦理生活的准则。暴力加神道加圣道,表明了封建统治阶级总的理论、纲领和治术。

---

[1] 原载《解放日报》1963年12月15日。

神的观念，是由于对自然现象和人类自身的不理解而产生的，人们并赋予这些不可理解的现象所产生的神以超人的权能。历来的剥削阶级，为了便于自己进行统治，又利用人们这种对于客观事物认识的稚气，加以精心铸造，在现实世界外，也是在现实世界中，建立起一道不可冒犯的主宰人世祸福的神权。后来不仅把这种神权变为法的一部分，而且在法令力所不及的范围内，又以神权来伸张其毒焰。早就有人说过："今若使天下之人偕若信鬼神之能赏贤而罚暴也，则夫天下岂乱哉！"这大体上揭示了剥削阶级为什么要推崇鬼神的初衷。

在中国历史上，"殷人尚鬼"，第一个剥削阶级——奴隶主就是笃信鬼神的。他们按照自己的模样，塑造了一个高高在上的"帝"，或者叫作"天"、叫作"上帝"，后来演化为"玉皇上帝"之类。这个"上帝"不是那个创造世界和人类的"洋上帝"，而是《诗经》中载称的"上帝临汝"的天帝，它是自然界和人世间的最高主宰，所有自然现象、人类社会的活动都要听命于它。那时剥削阶级的伦理观念，法的思想尚在形成过程中。因此，神就是最高的圣，法的裁判也往往以神权的形式出现。

随着奴隶社会的崩溃，代之而起的地主阶级，在他们崇奉天帝的同时，又从前人已经积累的思想资料中吸取一些政治伦理观念，根据自己建立封建秩序的经验和要求，加以演绎、发展，把历史社会中那些所谓"以德配天""敬天保民"的人物，进而塑造成为道德智能完满无缺的圣人，作为人们膜拜的对象。这种被膜拜的圣人，本来有尧、舜、禹、汤、文、武、周公、孔子等神化了的人，但是到后来圣人却成为孔子的专称。因为"先孔子而圣者，非孔子无以明；后孔子而圣者，非孔子无以法，所谓祖述尧舜、宪章文武、仪范百王、师表万世者也"。这样，孔子不仅是圣人，而且是前无古人后无来者的圣人，即有，也只能是圣之一端或退居"亚圣"了。所以鲁迅先生说:"孔夫子到死了以后,……种种的权势者便用种种的白粉给他来化妆,一直抬到吓人的高度。"[1]

不过孔子是人,据有些学者说,他还"是一个寻常百姓家的儿子"。怎么会如此之圣呢?关于这个问题,历代的封建文人做过许多文章,归结起来,不外说是"道原于天,宏之者圣",孔子既是一个生有异禀而又掌握了天道的人,自然成为"天人合一"的表率。所谓"天人合一",虽各家论证不同,立意有别,但不管人们怎样解说和附会,有一点是很明显的,即"天"是指最高的神,"人"是指超人的圣,究其实是夸张神道和圣道的一致。

孔子是一个很大程度被神化了的人,据说他自己并不欢喜讲"怪、力、乱、神";清朝的袁子才写过一部神怪小说,就叫作《子不语》。所以夫子之道的"君君臣臣父父子子""仁义道德""三纲五常"之类,倒是一些"坐而言,起而行"的人事,是规定封建体制的纲领,是人伦日常的准则。马克思、恩格斯说:"一个阶级是社会上占统治地位的物质力量,同时也是社会上占统治地位的精神力量。支配着物质生产资料的阶级,同时也支配着精神生产的资料,因此,那些没有精神生产资料的人的思想,一般地是受统治阶级支配的。"[2]不容讳言,封建阶级的伦常道德,曾经对人民群众是起着支配的作用,但只是就"一般"而言,它并不代表人民群众的全部道德,因为人民群众还有反抗封建秩序的一面,而且是很重要的一面。鲁迅先生说:"中国的一般的民众,尤其是所谓愚民,虽称孔子为圣人,

---

[1]《鲁迅全集》第6卷,第251页。
[2]《马克思恩格斯全集》第3卷,第52页。

却不觉得他是圣人；对于他，是恭谨的，却不亲密。"[1]这个"不亲密"，正表现着被支配者的精神生活和占统治地位的精神力量之间的距离。

自西汉独尊儒学以后，事实上纲常名教并不能完全控制人们的思想行为，不但那些被指为"乱臣贼子"的人未必惧，就是那些"山野鄙夫"也仍然要"铤而走险"。因此，封建阶级在神化自己进行互相欺骗的同时，更利用人民群众物质上的匮乏和精神上的憧憬，就早已盛行的鬼神迷信，积极发展各种神学体系，以强化圣道。先有谶纬之学，后有佛道诸教，五洋杂陈，互相援引，编织成"由阎罗天子、城隍庙王以至土地菩萨的阴间系统以及由玉皇上帝以至各种神怪的神仙系统"。其实在这个鬼神系统中，还有对人世间的统治者死了以后虚构的神，所谓"自古生有功德，没则为神"，就是这种反映。《三国演义》里的那个拖青龙偃月刀、骑赤兔马的关羽，后世不是把他尊为"关圣帝君"的神吗？他在死后居然仍能威武地向人们发号施令，说什么"人生在世，贵尽忠孝节义等事，方于人道无愧，可立于天地之间。……若负吾教，请试吾刀"[2]。这个"关圣帝君"，岂不既是纲常名教的宣教师又是执法以绳的判官吗？所以说"凡是神，在中国仿佛都有些随意杀人的权柄似的"。

神的种类不一，有自然界的神，有社坛、城隍的神，有人死后被尊奉的神，还有数不清的牛鬼蛇神。其实都是现实社会大小统治者的化身和人们头脑里的幻影。因此，神的称号虽然繁多，但概括起来，可以说"自古到现在就有两种思想两种力量在活动着。其中

---

[1]《鲁迅全集》第6卷，第253页。
[2]《关圣帝君觉世真经》。

一种需要以神作为工作完善化的形象,作为劳动中模仿的范例;而另一种,却是神作为巩固它的违法政权的工具"。这两种思想、两种力量在中国的神和圣的身上都有所体现,而前一种力量作为"完善化的形象",更表现为神圣的一体化;后一种力量却是圣道的补充物,是以因果报应来推行圣道和巩固宗法的。然而它们都是人们精神上的麻醉剂。

本来中国的圣道,就某种意义说,它是宗教化了的。人们把它和道教、佛教并称为"孔教"或"儒教",不是无因的。所谓三教合流,正是神和圣步趋一致的表现。《南齐书·张融传》里有一节很生动的描写:张融病卒前,遗令家人,在他入殓时,左手执《孝经》《老子》,右手执《小品法华经》。可见作为宗教的道、佛和标榜圣道的儒,早就寄生在一具尸体之上。诚然,儒道佛三教在汇合的过程中,产生过激烈的矛盾。比如东汉就开始了佛教和道教争师的斗争,以后儒家有反对佛道两教的斗争。它们不仅极尽诋毁谩骂互揭阴私的能事,而且儒家的韩愈甚至要"人其人,火其书,庐其居",誓与佛道不并存。这种斗争的本质是什么呢?据说民间曾经流传一幅漫画——《吃醋图》,画一僧、一道、一儒生,共围一瓮,攒眉持杯相互吃醋,便是对这种斗争的实质的揭露。

神和圣有不解之缘,同是被封建剥削阶级灌溉的连根树,而且在社会政治上的运用,它们实际成为法令的依据或法令的一部分。所谓先王以神道设教,儒家以理杀人,即可说明这种关系。神和圣之所以取得这样大的权能,神之所以为神,圣之所以为圣,是人们给予它的。人们给予神和圣的愈多,他们自己保存的就愈少。那些以神圣自居、代神圣立言的大小统治者,他们在精神世界取得的特权,回转来又加强他们在政治上和经济上的支配力量。所以说:

"人的自我异化的神圣形象被揭穿以后,揭露非神圣形象中的自我异化,就成了为历史服务的哲学的迫切任务。于是对天国的批判就变成对尘世的批判,对宗教的批判就变成对法的批判,对神学的批判就变成对政治的批判。"[1]马克思这段话,虽然是就17世纪以后科学对神学、唯物论对唯心论展开斗争得出的科学总结,然而它也完全适用于中国思想领域斗争的发展。

二

在中国,对神道和圣道的批判,是很早就有的事。如东汉王充《论衡》中的《问孔》《谈天》《论死》诸篇所发挥的思想,其后范缜的《神灭论》,李卓吾的"夫天生一人,自有一人之用,不待取给于孔子而后足也"的思想,都是唯物论反对唯心论,异端反对正统的著名事例。千百年来,唯物主义同唯心主义的斗争是不断的,但真正对神道和圣道展开激烈的持续的斗争,还是近代的事。近代中国的百余年中,反对神道和圣道,是反帝反封建民主革命的组成部分,是压迫阶级的精神世界逐步瓦解的表现。因此,一边要反对,一边却死力抗拒,反对和抗拒之间,构成鲜明的阶级对峙。而且这种反对,必然指向政治;反过来政治上的民主斗争,也必然通向对神圣的严厉批判。

众所周知,太平天国革命是一次波澜壮阔的农民战争,它虽然还不能自觉地科学地对待一切偶像,但曾经严重地打击了封建主义奉为安身立命之所在的圣道和神道,这对地主阶级就有切肤之痛。当时代表地主阶级以卫道自居的曾国藩,竟然举起"讨伐"的旗帜,说太平天国"举中国数千年礼仪人伦,诗书典则,一旦扫地荡尽。此岂独

---

[1]《马克思恩格斯全集》第1卷,第453页。

我大清之变,乃开辟以来名教之奇变,我孔子孟子之所痛哭于九原,凡读书识字者,又乌可袖手安坐"不思一为之所也"。又说"粤匪焚郴州之学宫,毁宣圣之木主,十哲两庑,狼藉满地。嗣是所过郡县,先毁庙宇,即忠臣义士如关帝、岳王之凛凛,亦皆污其宫室,残其身首。以至佛寺、道院、城隍、社坛,无庙不焚,无像不灭,斯又鬼神所共愤怒,欲一雪此憾于冥冥之中也"[1]。这里不是什么"我孔子孟子之所痛哭于九原",也不是什么"鬼神之所共愤怒",而痛哭、愤怒的正是曾国藩这些人自己。

太平天国革命失败后,不消说仍是圣道和神道支配着全国。这里还要引一段鲁迅先生的话,因为它最能说明当时顽固的中国思想界。这段话是:"我出世的时候是清朝的末年,孔夫子已经有了'大成至圣文宣王'这一个阔得可怕的头衔,不消说,正是圣道支配了全国的时代。政府对于读书的人们,使读一定的书,即《四书》和《五经》;使遵守一定的注释;使写一定的文章,即所谓八股文;并且使发一定的议论。然而这些千篇一律的儒者们,倘是四方的大地,那是很知道的,但一到圆形的地球,却什么也不知道,于是和《四书》上并无记载的法兰西和英吉利打仗而失败了。"[2]由于这种失败,中国逐渐丧失了独立国家的地位,于是新兴的资产阶级改良派便酝酿一次变法维新运动。改良派提倡民权思想,要求改变专制政治,并积极改造孔子的学说为变法维新运动服务;他们也不甚赞成鬼神迷信,主张把不在祀典的祠堂庙宇改变为学堂。这种精神体现在康有为、梁启超、严复、谭嗣同等人的论著中。可是我们来看看一部名叫《翼教丛编》的

---

[1]《曾文正公全集》,文集。
[2]《鲁迅全集》第6卷,第249页。

书,就知道那些封建卫道者又是怎样顽固地害怕圣道的沦丧,而对变法维新运动进行疯狂的攻击。他们说:"人人平等,权权平等,是无尊卑亲疏。无尊卑是无君也,无亲疏是无父也,无父无君,尚何兄弟、夫妇、朋友之有?是故等不平则已,平则一切倒行逆施,更何罪名之可加,岂但所谓乖舛云乎?圣人人伦之至,似此灭绝伦常,岂格外更有违背者乎?……"他们为什么这样痛心疾首?无他,因为对圣道的批判,就是对法和政治的批判,对法和政治的批判也就是对圣道的批判,而圣道的没落又意味着他们自身的沦亡。

到20世纪初辛亥革命准备时期,资产阶级、小资产阶级的革命民主主义思想,以自由平等的社会政治学说反对压抑人们的圣道和神道。他们针对改良派的"立孔教为国教"的主张,说明儒家不是宗教,孔子不是教主,其功绩,只是在编写历史书、整理经籍和开私家讲学风气等方面,和希腊的苏格拉底、柏拉图这些哲学家的身份相同。这就开始撕下了孔子作为神圣的面纱。并且说"惟神之说,崇奉一尊,则与平等绝远也,欲使众生平等,不得不先破神教"[1]。他们又以吸收到的有限的自然科学知识,对长期以来被附会为鬼神所致的雷、电、磷火、日蚀、月蚀等自然现象作了说明;也认为进化论遗传学说的传播,会使抟土造人的迷信不衰而自衰。随着清政府的被推翻,皇帝被拉下了马,载述圣道的四书五经也已降为一般的哲学、文学、史学的著作了,神圣的观念在毁坏中。所有这些,比前此对神圣的冲击,无疑有了较大的说服力。但是,资产阶级、小资产阶级革命派没有一个彻底的反帝反封建纲领,政治上的斗争是软弱的,文化思想上的斗争更为软弱。"这种资产阶级思想只能上阵打几个回合,就被外

---

[1]《无神论》,载《民报》第8号。

国帝国主义的奴化思想和中国封建主义的复古思想的反动同盟所打退了。"[1]他们不但没有把这种反对神圣的斗争推向群众,也没有把它推向较大范围的思想界,就是他们自己在反对神圣的同时也没有跳出唯心论的圈子。有的甚至说:"如谓宗教必不可无,则无宁仍尊孔教,以重于违俗之故,则兼奉佛教亦可。至于耶教,除好之者可自由奉之外,欲据以改易国教,则可不必。"[2]

对一切反动思想,如不能狠狠地把它打下去,它就会更加凶恶地反扑过来。所以辛亥革命后的不久,曾经一度受到抑制的圣道和神道又猖獗起来,祭天祀孔的把戏一齐出场了,孔教、灵学那些滥调在报刊上喧嚣一时。曾经被誉为维新志士的康有为、严复等人,且又回到老路上成为复古主义者,严复公然说:"孔孟之道,真量同天地,泽被寰区";"窃尝究观哲理,以为耐久无弊,尚是孔子之书"[3]。本来封建主义的同盟者披着宗教外衣的侵略分子,在19世纪90年代就宣称:"中国旧学,阅数千年决不可废。"[4]并说三纲五常应和宗教神学联系起来。至此如卫西琴之流,进而假讨论中国教育之名,对孔子的"中庸"之道大加赞扬,说什么"使中国而真用孔子之道,无所谓义和拳之赔款矣";"使中国而用孔子之道,则路矿诸实业将炽然并兴"。[5] 在内外反动派叫嚣的复古要求下,资产阶级的"所谓新学,就偃旗息鼓,宣告退却",随着而来的就是封建帝制的复辟。李大钊同志对此总结了一条经验,他说:"我总觉得中国的圣人与皇帝有些

---

[1]《毛泽东选集》第2卷,第690页。
[2]《陈星台先生绝命书》,载《民报》第2号。
[3]《与熊纯如书札节录》,载《学衡》第18期、第13期。
[4]《广学兴国说》,见于宝轩:《皇朝蓄艾文编》第17卷。
[5]《卫西琴中国教育议》,见《民国经世文编》第32册。

关系。洪宪皇帝出现以前,先有尊孔祭天的事;南海圣人与辫子大帅同时来京,就发生皇帝回任的事。"[1]如果说先进的思想是革命运动的先行,那末在这里却是一股逆流,即反动思想作了反动政治的先行。

17世纪法国的唯物论者梅叶说:"宗教甚至支持最坏的政府,而政府也同样庇护最荒谬的最愚蠢的宗教。"以上述的事例来看,近百年中国的历史,圣道和神道不总是在支持着反动统治势力的清政府和北洋军阀政府吗?而这些政府不也都是在庇护着荒谬的愚蠢的圣道和神道吗?然而它们(圣道和神道)与他们(反动政府)并不能拉回历史的车轮。这里仍要引述鲁迅先生的一段话来说明这个道理,他说:"孔子这人,其实是自从死了以后,也总是当着'敲门砖'的差使的。一看最近的例子,就更加明白。从二十世纪的开始以来,孔夫子的运气是很坏的,但到袁世凯时代,却又被从新记得,不但恢复了祭典,还新做了古怪的祭服,使奉祀的人们穿起来。跟着这事而出现的便是帝制。然而那一道门终于没有敲开,袁氏在门外死掉了。余剩的是北洋军阀,当觉得渐近末路时,也用它来敲过另外的幸福之门。盘踞着江苏和浙江,在路上随便砍杀百姓的孙传芳将军,一面复兴了投壶之礼;钻进山东,连自己也数不清金钱和兵丁和姨太太的数目了的张宗昌将军,则重刻了《十三经》,而且把圣道看作可以由肉体关系来传染的花柳病一样的东西,拿一个孔子后裔的谁来做了自己的女婿。然而幸福之门,却仍然对谁也没有开。这三个人,都把孔夫子当作砖头用,但是时代不同了,所以都明明白白的失败了。"[2]其

---

[1]《李大钊选集》,第244页。
[2]《鲁迅全集》第6卷,第252—253页。

实后来受过洋教洗礼的蒋介石,也把孔夫子当砖头敲过幸福之门,但他的命运早已注定也不会比袁世凯、孙传芳、张宗昌好些。

当北洋军阀统治初期,那些将军们和封建卫道士叫嚷要尊孔教为"国教""国民教育以孔子之道为修身大本"的时候,与这种圣道相呼应的又有扶乩降坛等鬼神迷信的流行,公开宣传"鬼神之说不张,国家之命遂促"。有深远影响的"五四"新文化运动正是在这个历史背景下开始的,它鲜明地举起民主和科学两面大旗,对反民主反科学的圣道和神道进行了前所未有的勇猛攻击。自此以后,中国的马克思列宁主义者和其他阶级的先进分子,从思想文化斗争方面,对植根于反动政治土壤的圣道和神道,继续作了彻底的揭露和深刻的批判,使它们在人民群众中的影响逐步缩小。但是,正如马克思、恩格斯指出的:"意识的一切形式和产物不是可以用精神的批判来消灭的,也不是可以通过把它们消融在'自我意识'中或化为'幽灵'、'怪影'、'怪想'等等来消灭的,而只有实际地推翻这一切唯心主义谬论所由产生的现实的社会关系,才能把它们消灭;历史的动力以及宗教、哲学和任何其他理论的动力是革命,而不是批判。"[1]

三

在中国共产党的领导下,以马克思列宁主义和毛泽东思想武装起来了的中国人民,日益深刻地懂得,长期支配着人们精神生活的而又依附于民族传统躯体上的圣道和神道,虽然在一次又一次地批判中,神圣尊严的面纱被撕破了,神圣的影响也打翻了;但是,要使人们完全摆脱它的一切影响,必须采取严重的革命手段来推翻"一切唯心

---

[1]《马克思恩格斯全集》第3卷,第43页。

主义谬论所由产生的现实的社会关系",即铲除这种思想赖以生存的土壤。中国人民在共产党的领导下,经历千辛万苦,到1949年,终于取得了人民革命的胜利,建立了中华人民共和国,进入了社会主义革命的时代,并通过一系列社会改革运动,半殖民地半封建的社会基础才被彻底摧毁。从此,束缚在中国人民身上的"四条极大的绳索"——"四权",随同反动统治阶级的复灭而趋于消逝,神道和圣道也随同社会关系的改变而丧失了依托。

当我们的国家进入这样一个崭新的时代以后,我们"一方面在完全改变了的条件下继续从事先辈的活动,另一方面又通过完全改变了的活动来改变旧的条件"[1]。在短短的十余年中,无论在经济、政治、文化等方面,我们所取得的成就都是空前的。广大人民的思想觉悟大大提高,精神面貌焕然一新。但是,要完全清除旧社会遗留下来残存在人们头脑里的一切旧思想,并不是一朝一夕所能做到的。思想领域里的阶级斗争,将是长期的。而被推翻了的反动统治阶级不甘心于自己的灭亡,总要千方百计地伺机复辟。如当我国连续遭受三年特大自然灾害的时候,旧社会遗下的一小撮牛鬼蛇神便乘着自然灾害对人们的压力和残存在人们脑子里的迷信幻影,在农村和城市里,重新搬弄迷信活动,赛神打醮,卜卦算命;有些地方并在进行祭祖庙的封建宗法活动,使人民的身心和财产都蒙受损害。

与此同时,学术论坛上的某些部分,也抹上了一层复古的暗影,主要表现为对圣道的喝彩。在过去两千年间一直被人作为偶像崇拜的孔子,在五四运动中,受到了一次激烈的革命的冲击;在全国解放以后的十多年来,我们在整理文化遗产中,又对孔子进行了广泛的研

---

[1]《马克思恩格斯全集》第3卷,第51页。

究和讨论,从历史唯物主义的观点出发,恢复了他作为中国古代伟大思想家和教育家的本来面目,也论证了他的思想在历史上的地位和作用。毛泽东同志说:"从孔夫子到孙中山,我们应当给以总结,承继这一份珍贵的遗产。"[1]我们在这一指示下,已经做了不少工作,今后还要继续做下去。但是,曾经奉孔子思想为最大权威的圣道,在一些人的脑子里还没有消失,或者说仍然顽固地保留着。随着我们整理文化遗产和纪念古代文化名人的活动,在学术界,出现了一股小小的新的尊孔思潮,好些人为孔夫子唱赞美诗;他们不只是把孔子看作一个古代的伟人,而且把孔子看成是一个超越一切阶级和一切时代的伟人,并引起了一些有"古癖"者的共鸣。一度确有点泛滥。为了说明这种现象,这里就不能不分别引述若干言论而略加分析了。

第一,孔子生当春秋战国转变时代,他的身份是没落中的奴隶主还是封建领主或新兴的地主阶级?这是一个进一步研究的问题。但他一生的言行,是为封建社会那个掌握生产资料的阶级吸取的精神力量,长期以来又成为这个阶级行事的准则。这本来是一桩非常明白的事。然而有人说:"孔子本人上无片瓦,下无寸土,是个寻常百姓家的儿子,栖皇了一生,到处被一些封建领主所排斥,在祖国宋内,甚至有像桓魋其人竟至要取他的性命。他而要维护封建制度,又为谁辛苦为谁忙呢?主张阶级斗争论的先生们,觉得合乎情理吗?"因此认为"孔夫子实实起码是个庶民,不是什么贵族。他的革命性正由他的阶级成分上来"。看来,这位先生好像是反对阶级和阶级斗争的学说,实际上立论者自己仍是一个阶级论者,否则为什么要斤斤地为孔

---

[1]《毛泽东选集》第 2 卷,第 522 页。

子的"庶民"身份争辩不休呢？事情只是因为历史上的高贵已成为今天的卑贱，历史上的卑贱却是今天的高贵；如果能使孔子由历史上的高贵变为今天的高贵，圣道不就可以在新的历史条件下起死回生吗？

孔子既然是一个被压迫阶级而又具有革命性的成员，立论者就进一步证明"孔夫子的世界观，不但是唯物主义，似乎还有点辩证唯物主义的味儿"，甚至愤愤地说："我不想学时髦把历史主义丢开手，但一定要把唯心主义这顶帽子扣在孤寒的私生子头上，总觉得有点不大对头。"孔子的世界观既是唯物主义的，又有辩证法，据说他还是"一个利用礼乐组织群众而大有所为的人"。还说孔子主张的"礼"，不是一般理解的"周礼"，而是"原始意义的礼"，即今天所讲的"按劳分配"；因此，孔子主张"克己复礼"，就是要人"克服个人主义"，云云，且看，孔子在带魔术家味儿的笔端，不就由"至圣先师"向无产阶级导师转化了吗？

这些论点还有一层意义，那就是想通过对孔子身份的论证，以模糊阶级的分野，借以证明阶级分析方法的一无是处。然而论者自己并没有逃出阶级分野的边境以外。试问不要"时髦"的阶级分析只要固有的历史主义，那末这个历史主义又是什么呢？

第二，"仁"是孔子思想的核心，它涉及的范围很广，包括恭、宽、信、敏、惠、智、勇、忠、恕、孝、悌等内容，这些具体的伦理道德规范，无疑是有明显的阶级属性的。可是有人说："孔子发现'仁'，好像牛顿发现万有引力一样。万有引力只能也用公式表现的抽象定律，只可以从各种不同的事实中表现出来。'仁'呢？也是自古及今、人类社会上各具体事件中归纳出来的抽象名词。"这不仅是把有阶级性的社会道德和没有阶级性的自然规律等同起来，而且是把孔子标榜的"仁"，作为一切阶级行事的准则。也有人把"仁"看作"普遍性形式"

的道德,说法虽有不同,抽掉阶级属性的错误则一样。

或者说:"……从统治阶级的要求出发,把'仁'提到了为某一理想目标而牺牲自我的道德升华的高度;'仁'体现了一种高度的积极有为的精神。孔子一生栖栖皇皇,席不暇暖,正为他这种'仁以为己任'的积极有为的精神,作了注解。"这里虽然说孔子的"仁"是从统治阶级的要求出发,而这个从统治阶级要求出发的"仁",却是一种"牺牲自我的道德升华"和"积极有为精神",而且是"高度"又一个"高度"。这个统治阶级难道还像剥削的奴隶主或封建阶级吗?因此,立论者进而认为由"仁"扩大的大同思想,"它接触到财产公有,为社会而劳动和社会公养等问题,反映了古代劳动人民要求摆脱剥削压迫和向往幸福生活的善良愿望"。这样,"从统治阶级的要求出发"的"仁",竟然被移植到了劳动人民的身上,仿佛成为摆脱剥削压迫的手段。如此说来,社会阶级对于作为"崇高的道德标准"的"仁"也就没有任何实际意义了。

孔子的"仁"既然是这样通行无阻,又是这样高尚的道德升华。我们岂不只能虔诚地皈依于"至圣先师"的门下了吗?

第三,据说孔子的学术思想,特别有功于后世。因为它"一经后来进步思想之批判的发展,就在一定历史条件下成了反抗统治阶级专横残暴和揭露政治黑暗的'经典'依据,成了他们坚持人民立场向当权者作斗争的思想武器……"其实历代的进步思想家大多数都有反对儒家传统思想的一面,没有这一面就很难成为历史上的进步思想家,即使那些依托孔子主张社会政治改革的人,也包含着一定程度的叛逆性。然而立论者却把这些都看作是孔子思想的发展,是人们"坚持人民立场"的依据,这就把维护封建统治的思想说成了反抗封建统治的思想。也有人说孔子的学术思想,"在中世纪为抵抗佛教的根据,在近代则为抵抗西方文化的根据"。"就这一点说,孔子在历史上,对于民族精神的激发或表现,有直接关系。假使祖国没有孔子学术思想的传统,印度佛教之来,如入无人之境;西方文化之来,如入无人之境。我们将转疑祖国没有民族精神。"这里不是说明"中华民族不但以刻苦耐劳著称于世,同时又是酷爱自由、富于革命传统的民族。"[1] 而以孔子的封建传统当作中国的民族精神,并把19世纪后期反对"向西方学习"的顽固思想,也看作民族精神的激发。照此类推,那末五四运动后地主资产阶级打着孔子的旗号抗拒马克思列宁主义在中国的传播,不也成了孔子对后世的伟大功绩吗?这是多么奇怪的逻辑!

对于孔子及其思想究竟应该怎样探讨呢?有人说:"我们要有的放矢,要射中靶子,不能乱发箭。……不能把后世的腐儒、愚儒、黠儒,更其是一些滑头政客的罪孽,都算在孔子账上。"当然,研究孔子,要把后世"述孔""尊孔""释儒"等议论适当区分开来。因为确有不少议论是硬派在孔子头上的。可是,也不能把后世儒家的思想都说成与孔子无关;要是这样,中国就没有发轫于孔子的儒家传统了。其实那些腐儒、愚儒、黠儒又何尝不是从四书五经之中陶冶出来的呢?如果我们担心"射不中靶子"而裹足不前,或者把应有的批判看作"乱发箭",那末,我们对孔子的思想,就只有继承的一面了。这恐怕未必是对待古代文化遗产的正确态度。

这里的两种言论,一种说孔子的学术思想是进步思想发展的依据和无往不宜的民族精神,一种说不要把后世的罪孽"都算在孔子的账上"。前者侧重粉饰,后者刻意洗刷,其趋向,则都是在于达到恢复

---

[1]《毛泽东选集》第2卷,第617页。

孔子这个完善的"至圣先师"的形象。

上述三点中的引语，是从不同作者的几篇文章内摘下来的。在过去的两三年间，类此言论还有不少，把这些言论汇合在一起，已不难看出一种迹象，即圣道的挣扎。不管作者承认与否，对古圣先王的膜拜，就意味着对人民群众创造历史的贬低；对往昔事物的无限激情，就意味着对现实的缺乏信心。所以无论夸饰孔子的"庶民"身份也好，宣扬"忠恕之道"的"仁"也好，或者称颂孔子是一个完善的形象也好，都是一种复古的倾向，是把人们的视线引向后看。今天，全国人民在党的领导下，正在进行伟大的社会主义建设，并为逐步过渡到共产主义社会而积极准备条件。社会主义和共产主义事业光辉灿烂，前程广阔无边。我们应当在马克思列宁主义、毛泽东思想的指导下，从历史博物馆中把过去引到现实，把视线伸向前看。

我们知道，作为封建伦常准则的圣道，是曾经为革命的资产阶级激烈反对过的，辛亥革命是这样，"五四"新文化运动更是这样。然而在社会主义革命和社会主义建设的历史时期，资产阶级又乞灵于他们曾经反对过的圣道，把它重新装饰起来，用以填塞自己的精神世界的空虚。上面引述的那些论点，虽然不一定是立论者自觉的个人意志，但很难否认它不是一种阶级意识的反映。

神道的蠢动，圣道的忽现，在我们的社会里看来好像互不相干，但它们出现在同一个时候，这不是巧合，而是一种历史的内在联系。

关于辛亥革命教学中的若干问题[1]

去年上海市各中等学校的"中国近代史"一课,以辛亥革命一章为重点教学,进行了观摩和讨论,提出了若干问题,对问题展开了争论,这是提高教学质量的好现象。但是这些问题的提出,是从通常的资产阶级革命来衡量辛亥革命的,而辛亥革命这一资产阶级民主主义革命,却和通常的资产阶级革命有着不同的背景。

首先,辛亥革命爆发于20世纪初年,比起西方先进国家的资产阶级革命来,晚了二三百年,而且这时世界资本主义已进入帝国主义阶段。一方面正如列宁指出的:"西方的资产阶级已经腐化了,它面前已经站着它的掘墓人——无产阶级。而在亚洲却还有能够代表真实的、战斗的、彻底的民主主义的资产阶级。"[2]另一方面中国的资产阶级是外国资本主义侵入中国后生长起来的,它缺乏十七八世纪英、法资产阶级革命时期的资产阶级那种独立领导革命的地位,对外国资产阶级具有极大的依赖性。

---

[1] 原载《华东师范大学学报》1956年第3期。
[2] 《列宁、斯大林论中国》,人民出版社1953年版,第26页。

其次是辛亥革命不是发生于一个完全的封建国度里,而是发生于一个有四亿以上人口的半殖民地半封建社会的大国。它的历史任务,不只是要反对国内的封建主义,还要从帝国主义的压迫下争取国家民族的独立自主,也就是说它的革命任务比通常的资产阶级革命要繁重得多。

由于上述条件的变化,即时间与地点的不同,因此,辛亥革命也就不同于17到19世纪各国的资产阶级革命,格外有它的特殊性和复杂性。下面的问题,就是没有充分估计到这些特殊性和复杂性而产生的。

一、关于辛亥革命的主要矛盾

辛亥革命的主要矛盾是什么？有三种不同的意见：（一）封建主义和广大人民的矛盾是主要矛盾；（二）帝国主义与中华民族的矛盾是主要矛盾；（三）代表帝国主义、封建主义利益的清政府和中国人民的矛盾是主要矛盾。

第一种意见着眼于辛亥革命时期帝国主义对中国的侵略是采取比较温和的形式,所以内部矛盾(阶级矛盾)特别尖锐化。第二种意见着眼于中国的降为半殖民地半封建社会,是由于帝国主义的侵略,帝国主义侵略的步步深入,中国的革命运动也步步高涨,所以帝国主义的侵略和中华民族的解放斗争,是研究中国近代历史的主要线索;这种意见有其正确性,然而是不完整的,如果把中国近代历史的每个阶段都均衡地着重在这一问题上,必然局限于帝国主义压迫中国的历史。第三种意见乃着眼于近代中国革命的性质是反帝反封建的民族民主革命,认为《辛丑条约》订立后,清朝统治者不唯是封建专制,也是帝国主义统治中国的代理人,所以辛亥革命的反满民主革命,是民族矛盾与阶级矛盾的集中表现。这种意见实际是前两种意见的综合,以近代中国社会的两个基本矛盾在辛亥革命中起同样的作用。这样不但取消了谁是主要矛盾的争论,也没有分清"只有一种主要矛盾起领导作用"的客观事实,所以"研究任何过程,如果是存在着两个以上矛盾的复杂过程的话,就要用全力找出它的主要矛盾"[1]。至于"外国帝国主义和国内反动派完全公开站在一个极端,人民大众则站在另一极端,成为一个主要矛盾,而规定或影响其他矛盾的发展状态"[2],完全属于这种情况的,毛泽东同志在《矛盾论》中举了两个例子:一为十月革命时各资本主义国家的援助俄国反动派;一为1927年蒋介石叛变革命与帝国主义的完全站在一边。辛亥革命的情况显然与上述两例有所不同,不但在武昌起义时帝国主义表示了所谓"中立",而当时的民主革命派也不是采取与帝国主义完全对立的态度。这些现象,当然谁也不会体会为帝国主义与中国人民之间在此时没有矛盾,却反映了这一矛盾此时有隐蔽和转化的趋势。

贯穿于各个历史时期的社会斗争是阶级矛盾,虽然民族矛盾有时较突出,但它仍然反映着阶级矛盾。谁是主要矛盾的问题,往往是在阶级矛盾与民族矛盾交织的复杂时期里提出来的。大家知道近代中国社会的两个基本矛盾,是帝国主义与中华民族的矛盾、封建主义与人民大众的矛盾。所以近代中国社会的革命斗争都是这两个矛盾的尖锐化,同时这些革命斗争不管它意识到或没有意识到,在不同程度上都有反帝反封建的意义。这两个基本矛盾虽然贯穿于近代历史的各个阶段,但在一定的阶段内又常以一个为主,这里不是人们意志

---

[1]《毛泽东选集》第2卷,第788页。
[2]《毛泽东选集》第2卷,第788页。

的自由选择,而是当时客观事实所规定的。毛泽东同志在《矛盾论》中就指出了这一事实,当着帝国主义进行侵略战争的时候,"帝国主义和这种国家(半殖民地国家——引者)之间的矛盾成为主要的矛盾";当帝国主义用政治、经济、文化比较温和的形式进行压迫的时候,就"显出了内部矛盾的特别尖锐性"。至于义和团虽然不是在帝国主义进行侵略战争时候发生的,可是义和团的反帝斗争发生于19世纪末年,正是帝国主义阴谋瓜分中国的顶点,所以仍属于前一形式。当然我们所指一定阶段以一个基本矛盾为主,丝毫不意味着另一基本矛盾的不存在,而是一个矛盾的尖锐化超出了另一个矛盾和矛盾转化的关系。由于帝国主义和封建势力的分不开,中国人民的革命斗争,有的是从反抗帝国主义到帝国主义的同盟——封建势力,有的是由反抗封建势力而打击帝国主义,始终是互相牵连着,只是以一个为主罢了。

还有一层我们必须注意的,就是从近代中国半殖民地半封建社会的性质及其起讫来说,"而帝国主义和中华民族的矛盾,乃是各种矛盾中的最主要的矛盾"[1]。这里显而易见,中国近代历史就是从英国侵略者挑起鸦片战争开始的,到中华人民共和国的成立,经过土地改革与镇压反革命,封建势力已根本摧毁,可是美帝国主义仍然在侵占我们的领土——台湾,并企图破坏我们国内的社会主义建设,所以说帝国主义是中国人民最凶恶的敌人,帝国主义与中华民族的矛盾是最主要的矛盾。但是总体的一般性并不排斥阶段中的特殊性,即在一定阶段仍可能是其他矛盾占主要形式,例如太平天国是反封建反侵略的农民战争,显然它是以反封建为主要对象。因为"研究事

---

[1]《毛泽东选集》第2卷,第601—602页。

物发展过程中的各个发展阶段上的矛盾的特殊性,不但必须在其联结上、在其总体上去看,而且必须从各个阶段中矛盾的各个方面去看"。[1]

那末辛亥革命时期的主要矛盾到底是什么？我以为是封建主义与人民大众之间的矛盾。

(一) 决定一种社会制度向另一社会制度的转变,不是任何外加的因素,而是基于这个社会本身的要求。辛亥革命是资产阶级革命,要求半殖民地半封建社会的中国变为资本主义制度的中国,是当时中国人民的共同愿望。中国社会从19世纪60年代开始产生的资本主义经济,到20世纪初年已有初步发展,而阻碍资本主义生产进一步发展的是帝国主义和封建主义。帝国主义在中国的特权和巨大投资,是通过清政府的无耻投降获得的,特别是《马关条约》和《辛丑条约》的签订,清政府出卖了国家一切权利以"结与国之欢心",正是外因通过内因而起作用的事实,所以当时普遍展开的抗粮抗捐运动和铁路风潮,直接是反对清政府出卖国家民族的权利,间接是打击帝国主义在中国的统治。

(二) 辛亥革命时期中国所处的国际环境,一面是义和团运动打击了帝国主义瓜分中国的阴谋,同时通过《辛丑条约》,帝国主义基本上已巩固了在中国的投资市场,它们暂时地改变了武装侵略的方式,而是采取了在前面已经说到的比较温和的侵略方式,即深入地采取经济的、政治的、文化的侵略,所以它们在此时期内对铁路矿产的掠夺非常剧烈;另一面是日俄战后,列强履行了恶毒的"门户开放"政策,在对华问题上已缔成了所谓"和平联盟"。而且帝国主义之间的

---

[1] 《毛泽东选集》第2卷,第782页。

分合已经在为第一次世界大战准备条件,如德、奥、意三角同盟的成立,英、日和法、俄两个集团的相互勾结,这也是它们对中国的侵略由"战争的"变为"比较温和的"形式的原因。本来帝国主义与中华民族的矛盾,矛盾的主要方面是帝国主义,当帝国主义不是采取激烈的军事侵略时,中国人民也就不是以武装进行反抗,所以辛亥革命时期是以收回权利的方式展开反帝斗争的。而同盟会在1905年后发动的多次武装起义,则是以推翻清政府为战争的对象,这些武装起义是当时国内革命运动的主流,正表现了封建主义与广大人民间的矛盾的尖锐化。

(三)就意识形态来说,对帝国主义和封建势力的认识也是有所不同的。随着中华民族的日益觉醒,资产阶级、小资产阶级的革命派对中国问题的理解,比先前有了提高,即要争取中华民族的独立自主,推翻封建专制的清政府,是不容迟缓的,较之改良派的要求清政府革新以达到独立自主,是大大地进了一步。邹容在他的《革命军》的小册子中说:"中国者,中国人之中国也。割我同胞之土地,抢我同胞之财产,以买其一家一姓五百万家奴(指满洲贵族与旗人——引者)一日之安逸,此割台湾、胶州之本心……"这里代表了当时的革命派的一般认识,即他们由爱国而更痛恨清政府。他们虽然痛恨帝国主义的侵略,但对帝国主义的认识是不够的,以为只要推翻腐败的清政府,从此改弦更张,就可以强盛起来,帝国主义就不至再来侵略。主要是由于他们对帝国主义的态度还停留在抵制性的反抗,而不知道20世纪初年的中国,帝国主义的势力已登堂入室,中国的独立自主,已不是被动的抵制所能达到,必须是主动的驱逐帝国主义势力才能奏效。所以反映在同盟会的政治纲领中"驱除鞑虏,恢复中华"的民族主义,并不包括帝国主义在内。这种认识的局限,正有它的客观根源，即资产阶级、小资产阶级的经济基础对外国资产阶级有其依赖性；同时"国必自伐而后人伐之"的传统观念还在支配着他们，还没有认识到殖民主义者掠夺殖民地、半殖民地的本质。因此当时的革命派中，如陈天华那样在《猛回头》和《警世钟》内，坚决地正面提出反抗帝国主义主张的人还不多。这些认识不但反映了主要矛盾所在，也是当时革命的指导思想。

从上述三个方面来看，即辛亥革命这一资产阶级民主主义革命，有着内在的经济基础；国际环境的变化，帝国主义争夺殖民地的大战正在酝酿中；反映在意识形态上，认为推翻清政府是中国自强的第一着，"欲使中国不亡，惟有一刀两断，代满洲执政柄而卵育之"[1]，就是这种思想的突出表现。这些当然不是说帝国主义与中华民族的矛盾已经缓和了，而是把矛盾丛集于清朝统治者。所谓主要矛盾，是由于它的存在和发展，规定或影响着其他矛盾的存在和发展。辛亥革命时期的主要矛盾是表现于中国人民大众反对清朝的封建专制政权，其他矛盾都服从于这一矛盾，就是对帝国主义的反抗，也有这样的趋势。

有些人觉得辛亥革命既然主要是反满，因而以国内的民族矛盾为主要矛盾。理由是早在同盟会成立之初，就有主张将"革命同盟会"称为"反满同盟会"的；更以武昌起义、清政府的迅速崩溃，是由于反对异族统治已深入人心的缘故。这种说法，不唯夸大了国内民族的矛盾，也抹杀了辛亥革命的民主主义革命的意义。当然260余年满洲贵族统治下的"民族牢狱"，中国人民为了反抗他们的反动统治，曾流过不少的鲜血，然而辛亥革命最重要的历史意义是资产阶级

---

[1]《陈天华集》，第50页。

的民主主义革命,既不同于"明末遗民"的"反清复明",比起太平天国的反满来也跃进了一步,即《同盟会宣言》中指出的:"我等今日与前代殊,于驱除鞑虏、恢复中华之外,国体民生,尚当与民变革,虽经纬万端,要其一贯之精神,则为自由、平等、博爱。"民主主义革命是辛亥革命的最大特色,是中国历史上前所少有的,所以毛泽东同志说:"而辛亥革命,则是在比较更完全的意义上开始了这个革命(按指资产阶级的民主主义革命——引者)。"[1]显然反满是为了实现民主主义革命,而进行民主主义革命必然要反满,因为清政府是封建势力的集中表现者,如果当时是"汉族君主"也是与民主主义革命不相容的。但不可否认的,由于满洲贵族对国内民族的屠杀和压迫,反满是大家最易接受的形式,有些站在同盟会旗帜下的地主阶级,就是从这种狭隘的民族意识出发的,如章炳麟就是强调"种族革命"的一个人。这种片面的理解,也是辛亥革命推翻了清朝而民主主义革命并没有取得胜利的原因之一。

二、 同盟会的性质问题

既说同盟会是一个资产阶级性质的政党,为什么在有些地方又说它是资产阶级、小资产阶级的革命派和地主阶级的反满派的松懈联盟。我认为这里没有什么矛盾,因为前者是就其性质说的,后者是就其组织形式而言。

怎样来区别一个政党的性质呢?应该是从这一政党所代表的社会阶级及其政纲所标志的政治主张来决定。下面就从这两方面来分析同盟会的性质。

---

[1]《毛泽东选集》第2卷,第638页。

在阶级社会里不可能有超阶级而存在的个人，也不可能有不隶属于任何阶级的政党。一个政党的阶级基础，不单是看党员的社会出身，因为"仅仅是党员的社会出身，还不能决定一切"[1]，更重要的是要看它代表哪一个阶级的利益和要求，"凡属一个阶级在政治方面和著作方面的代表人物与他们所代表的这个阶级间的关系"，不是看他们所表现的生活和地位是否相同，而是在于其代表者的理论主张反映了它的实际利益。[2] 同盟会的会员出身于资产阶级的不是占多数，而是小资产阶级革命派的知识分子所占比例最大。不管资产阶级或小资产阶级的革命派的经济地位不一样，他们在政治上的斗争目标是相同的，即想在中国建立一个资产阶级的民主共和国。高中中国近代史教科书上，说到由兴中会到同盟会的成立，"学生、小资产阶级知识份子增加"，"加强了民主革命的色彩"。这里可以说明党员的社会出身对政党会发生一定的影响，但不能改变政党的性质。同时资产阶级革命时期的资产阶级政党，和资产阶级革命取得胜利建立国家以后的政党，是有所区别的。即资产阶级革命时期的资产阶级政党小资产阶级出身的党员往往占大多数，因为小资产阶级从自己的经济地位出发，要求上升为资产阶级，为了达到这个目的，他们投身革命更加踊跃，一旦革命胜利了，他们就有更多的机会由小资产阶级变为资产阶级，这样的政党也就由革命者进而为资本主义国家的统治者。而同盟会这一个资产阶级性质的政党，它领导了辛亥革命，由于辛亥革命的失败，它却没有成为统治中国的资产阶级的政党，也就是说因先天不足在进步的途程上即瓦解了。此外参加同盟会的还

---

[1] 刘少奇：《论党》，第15页。
[2] 《马克思恩格斯文选》（两卷集）第1卷，第252页。

有地主阶级的反满派,他们也不是一般的地主阶级,而是要求或者已经向资产阶级转化了的地主阶级。因此同盟会的成员虽然出身于小资产阶级的人最多,也有某些地主分子,但从领导和革命的要求来说,同盟会是资产阶级性质的政党,并不能因他们的社会出身而有所怀疑。毛泽东同志说:"中国资产阶级本来也是受着帝国主义压迫的,它也曾经领导过革命斗争,起过主要的领导作用,例如辛亥革命。"[1]

政党的政纲是标示他们的政治主张的,政纲或主张是和他们所代表的阶级利益是一致的。同盟会的政治纲领——"驱除鞑虏,恢复中华,建立民国,平均地权"。这个纲领即"民族革命""政治革命"及他们所谓的"社会革命",也就是孙中山的三民主义思想的体现,这个纲领反对满洲贵族,反对封建专制及封建剥削制度,要求建立资产阶级民主共和国,并要以"国民革命"的方式来实现这样的纲领。无疑它是体现了当时中国人民的愿望,把当时中国社会需要解决的重大问题提出来了,所以得到人民的拥护,成为20世纪初年中国革命的指导思想和行动纲领。这个纲领是资产阶级革命的政治纲领,我们不可设想它会越过资产阶级革命的范围而成为其他什么更进步的纲领。虽然"平均地权"和"民报六大主义"中所提出的"土地国有",是更富有民主色彩的,列宁在《中国的民主主义与民粹主义》一文中曾指出:这是"直接提出群众生活状况、群众斗争的问题,热烈地同情劳动者和被剥削者"。[2] 既然只是"同情劳动者和被剥削者",就不是劳动人民自己的纲领,也就不可能如孙中山所想象的是什么"社会革命"。事实上他们所提出的"平均地权"却没有达到"平均地权"的

---

[1]《毛泽东选集》第2卷,第604页。
[2]《列宁、斯大林论中国》,人民出版社1953年版。

路,《同盟会宣言》中宣布说:"当改良社会经济组织,核定天下地价,其现有之地价,仍属原主所有,其革命后社会改良进步之增价,则归于国家,为国民所共享。"这不过是对土地的限价,便于土地的转移,有利于工商业及农场对地皮的需要,有推动资本主义发展的作用,并不是真正解决农民的土地问题,只限制了土地的封建性集中。至于"土地国有",也只是在于破坏封建地主的经济,而为开发资本主义的经济创造条件,因为他们所要建立的是资产阶级民主共和国,所谓"国有"也不过是资产阶级国家所有,正如列宁所指出的:"在土地方面实行国有化以保证最快的资本主义的进步。"[1]只有胡适这种妄人才会把王莽的"土地王有"和王安石的社会改良政策当作社会主义。当然孙中山把他们的土地纲领附会为"社会革命",他是受到欧洲的工人运动和社会主义思潮的影响的,他说:"然而欧美强矣,其民实困,观大同盟罢工与无政府党、社会党之日炽,社会革命其将不远。"[2]他是从资产阶级的世界观出发,想将"政治革命"与"社会革命""毕其功于一役",希望在资产阶级民主共和国建立后,避免那"大同盟罢工"的社会矛盾,这是违背历史法则的主观幻想。

同盟会虽然有比较进步的资产阶级民主主义革命的政治纲领,虽然是资产阶级居于领导的地位,但是从它的组织形式及其相互关系来看,又是一个反满统一战线的阶级联盟,而且是一个松懈的联盟。

(一)同盟会的政治纲领,形式上是一个统一的纲领,实际不是一个共同遵守的纲领。当同盟会成立之初,就有会员反对"平均地权"这一条。1907年部分会员在武汉成立的"共进会",就把"平均地

---

[1]《列宁、斯大林论中国》。
[2] 孙中山:《〈民报〉发刊词》。

权"改为不可理解的"平均人权",这是维护地主阶级利益在同盟会的反映。1911年夏在上海成立的"同盟会中部总部"所发宣言,指出过去同盟会"有共同之宗旨,而无共同之计划",也说明了他们的"共同宗旨"的政治纲领,而不是共同实践的计划,这就表现了同盟会的政治纲领缺乏共同努力的社会基础。

(二)同盟会的组成,是由兴中会、华兴会、光复会等革命团体合并起来的,这些革命团体不但有地区上的不同(兴中会以海外和广东为主,华兴会以两湖为主,光复会以江浙为主),活动的方式也有区别,到合并组成同盟会时,兴中会虽然居于主干的地位,却没有完全改变原来的分散状况。所以1907年以后,光复会的章炳麟、陶成章就从同盟会分裂出来,仍以光复会的名义活动,对孙中山还进行了人身攻击;华兴会的黄兴、宋教仁的行动也不能与孙中山合拍。又如同盟会在成立一年后讨论了国旗问题,你不同意我的图案,我不同意你的图案,长期悬而不决,以致武昌起义后,武汉民军用十八星旗,上海、江苏军政府用五色彩旗,广东军政府用青天白日三色旗,惠州的起义军又用井字旗,也就反映了这种互不统属的关系。可是在武昌起义各省响应前,在反满的旗帜下他们还能互相依恃,一到清政府崩溃,反满的旗帜消失了,同盟会这种统一战线的组织形式随着瓦解,所以说"革命军起,革命党消"。从同盟会的组成到分解,完全证明了它是资产阶级和小资产阶级的革命派、地主阶级反满派的松懈联盟。

同盟会的不能发挥强有力的组织领导作用,"是因为民族资产阶级的社会经济地位规定了他们的软弱性,他们缺乏远见,缺乏足够的勇气,并且有不少人害怕民众"[1]。

---

[1] 毛泽东:《论人民民主专政》。

三、清政府迅速崩溃的原因

武昌起义后四个月,清王朝就被迫退位了(1911年10月10日到1912年2月12日)。所以说"揭竿夜呼,响应四起,数月之内,全国景从。由专制一跃而入共和,中国革命之速,诚世界所不及矣"[1]。以中国历代王朝的灭亡比较来说,没有不经过十数年战争的,为什么清朝崩溃得这样迅速呢?

(一)太平天国革命失败后,从表面上看清政府得到了暂时的稳定,他们无耻地号称"同治中兴",但是经过这次巨大的浪潮,满洲贵族的统治势力毕竟是削弱了。而且溃散的太平军很多转入反满的秘密结社,就是那些被迫遣散的"湘军"也有不少流入会党,会党队伍的扩大,是反满潜势力的增加,加深了清朝封建统治秩序的裂痕,因此这些力量后来成为同盟会发动武装起义的基本队伍。思想方面也发生了较大影响,例如孙中山在童年时,常听"太平遗兵"谈太平天国革命的故事,给他留下了深刻的印象,后来"常常谈起洪秀全,称为反清第一英雄",别人"还起了他一个绰号,叫他洪秀全"。[2] 在19世纪末年到20世纪初年,革命派编印宣传革命的书刊中,就有《太平军战记》《太平天国战史》《洪秀全演义》等书,同盟会的机关报——《民报》,第四号有太平天国战胜清兵之真景图,第五号有洪秀全的肖像,第十二号附刊——《天讨》,有翼王夜啸图;革命党人为鼓吹革命,乃至"撰翼王诗赝鼎",刊印"石达开遗诗"。[3] 这些都说明着太平天国革命对辛亥革命的关系,给推翻清政府散发着不可磨灭的作用。

---

[1] 许指严:《民国十周纪事本末》第1卷。
[2] 陈少白:《兴中会革命史要》,建国月刊社版,第6页。
[3] 罗尔纲:《太平天国史料辨伪集》,第134页。

（二）原先对中国社会有过欺骗作用的"洋务"，经中日甲午战争已完全破产，证明了它"只能为民祸不能为民福"。而戊戌维新运动和义和团反帝斗争，进一步暴露了清政府的顽固腐朽统治。及《辛丑条约》的签订，清政府已成了帝国主义的附庸，巨额的赔款重重地压在中国人民的头上；而1905年前后的假维新假立宪，举办"新政"的捐税，又增加了人民的负担。因此激起了抗粮抗捐斗争、抢米风潮、收回权利以至铁路风潮等群众暴动，连续了十几年，广泛到全国的各个地区，从社会基础上动摇了清政府的反动统治，使他们惊惶于"伏莽遍地""人心浮动"，人们感到"要想拒洋人，只有讲革命独立"。[1]于是1911年的铁路风潮遂直接发展为辛亥革命的导火线。

（三）从兴中会1895年的广州起义到1900年的惠州起义，武装推翻清政府的革命势力已露端倪，所以1903年出刊的《老残游记》就以"北拳南革"并称，即指北方的义和拳和南方的革命党。及同盟会成立，连续不断地发动了多次武装起义，其中1911年4月27日（三月二十九日）的广州黄花岗之役，影响尤大，孙中山说："是役也，集各省革命党之精英，与彼虏为最后之一搏，事虽不成，而黄花冈七十二烈士轰轰烈烈之概，已震动全球，而国内革命之时势，实以之造成矣。"[2]无疑同盟会领导的武装起义，是当时各种反满斗争势力的主流，因同盟会有较明确的政治纲领和斗争目标，就某种意义上说，同盟会还组织了一定的群众力量，如运用会党的反满基础，策动新军的起义，对抗粮抗捐的群众运动也有过联络（但很不够），这正是同盟会在辛亥革命中所发生的组织领导作用。毛泽东同志在《战争和战略

---

[1] 陈天华：《警世钟》。
[2] 孙中山：《革命缘起》。

问题》一文中指出说:"从孙中山组织革命的小团体起,他就进行了几次反满的武装起义。到了同盟会时期,更充满了武装起义的事迹,直至辛亥革命,武装推翻了满清。"[1]同盟会在武装起义外,还展开了革命理论的宣传和斗争,出刊了许多报刊和小册子,其中以《民报》为最著。这些书刊的作用:第一,暴露了清政府的腐朽黑暗和卖国罪行;第二,介绍了西方的民主思想和资产阶级革命的历史;第三,批判和打击了改良主义者的君主立宪思想。这些理论不仅指导了同盟会的武装斗争,也在全国范围内发生了很大的社会影响。从1906年贵州学政朱福铣的奏书中即可看出,他说"学术多歧,士气不靖,醉心欧化者,多为法兰西之自由学派,逆节悖理,习为固然"[2]。地处偏远、风气闭塞的贵州,反动统治者已感到民主自由思潮的威胁,沿海沿江文化交通发达的省区,则受此种思潮的震荡当更大。"因而,在这里,君主政体便是不现实的,而革命就是现实的了。"[3]

由于帝国主义的深入侵略与中华民族的矛盾,封建地主与广大人民的矛盾,满洲贵族与汉族及各少数民族的矛盾,封建贵族、官僚与民族资产阶级的矛盾,这些焦点,都集中到清朝的封建专制统治,成为"众矢之的",这种形势是过去各个王朝所处的灭亡时期所没有的,所以武昌起义、各省响应,清王朝就迅速地崩溃了。同时清政府的推翻,我们不能单看作1911年10月10日武昌起义的功绩,必须联系上述各种情况来理解,则对武昌起义、清帝退位就不致感到是突发事件了。

有些同志们提出:立宪派的附和革命和袁世凯的"逼宫",使清

---

[1] 《毛泽东选集》第2卷,第533页。
[2] 《德宗景皇帝实录》,第559页。
[3] 恩格斯:《费尔巴哈与德国古典哲学的终结》,第6页。

王朝的迅速退位,是不是也有些客观的作用?

在民族矛盾、阶级矛盾尖锐发展的时候,特别是革命势力高涨的时候,必然促成或扩大统治阶级内部的分化。辛亥革命时期,清政府内部的分化表现在两个方面:一是满汉地主的倾轧,一是立宪派对立宪的要求扩大,后者也反映了满汉地主的矛盾。在这里我只着重谈立宪派的问题。立宪派是从戊戌维新的改良主义政治运动发展下来的,人们以为改良派在戊戌维新运动有过积极的作用,那末立宪派后来与清政府的某些距离也就有利于革命,这种看法是没有深入到问题的本质的。作为辛亥革命时期的立宪派是地主阶级和大资产阶级的政治代表人,他们是拥满的,想通过君主立宪来稳定清朝的统治,所不同者他们还不能如满洲贵族一样的当权,想从满洲贵族手里分到一部分权力。事实上自1905年后,满洲贵族为了缓和革命的怒潮,也在嚷着立宪,立宪派与满洲贵族的立宪都是希望清朝的皇权不坠。所不同者立宪派要争取缩短预备立宪的期间,他们的下跪请愿,不过是"夤缘于各省谘议局之选举,冀得一当,以便其鱼肉乡民之私者"[1]。到武昌起义各省相继动摇中,他们眼看清王朝的崩溃已成事实,依靠清朝以图功名富贵已不成了,遂见风使舵地附和革命,以各省谘议局为地盘篡夺革命果实,湖南立宪派谭延闿嗾使变兵杀害革命党人焦达峰、陈作新,夺取湖南的革命政权,贵州立宪派任可澄勾结刘显世的地主武装,破坏贵州的革命政权,都是显著的事例。这派人的主要目的是做官,上书请愿是为了做官,附和革命还是为了做官,如立宪派的代表人物张謇,清政府的袁世凯内阁他是农工商大臣,南京临时政府他是实业总长,北京政府他还是农商总长。所以这

---

[1] 《论革命之趋势》,载《民报》。

派人附和革命,虽然扩大了满汉统治者的裂口,却不是壮大了革命的势力,而是腐蚀了革命,当然由于革命本身的不坚强,企图与旧人物妥协求得"安定",恰有利于他们的投机与进攻。

至于袁世凯的"逼宫",是否也有过一些作用呢?这一问题的提出,不止是什么客观主义的看法,无异承认袁世凯的"天下"是得之于清室而不是窃取革命的果实,恰与袁世凯在"清帝退位诏书"中加上"即由袁世凯以全权组织临时共和政府"的意思一脉相通。当1908年慈禧太后死去,"隆裕奉德宗遗诏,命诛世凯。监国(按即摄政王载沣)与张之洞力解之,迟迟未决"[1]。因于1909年1月解其职务,要他回彰德养病,这个显赫一时的权臣袁世凯(时袁任军机大臣兼外务部尚书),竟只能"奉诏面赤,强作狞笑云:天恩诚厚"[2]。到革命军在武昌起义,清政府要陆军大臣荫昌南下督师,大买办盛宣怀慨然说:"事变至此,荫午楼(即荫昌)辈奚足当之,非袁氏莫属也。"[3]帝国主义亦大为袁世凯吹嘘,说是"非袁莫属"。由于他有北洋军作为资本,又有帝国主义和封建势力的凭借,使他在放逐后又取得了"逼宫"的地位,这正是一切恶势力扼杀革命给他所造成的形势。袁世凯在接受指挥反革命的北洋军后,以全力向武汉的革命军进攻,大大地破坏了武汉的革命力量。然而在各省响应、群起而攻之的形势下,清皇族已成惊弓之鸟,载沣想携带溥仪逃跑,袁世凯一面上书谏阻,要他们处之以镇静,一面启程北上,接任内阁总理大臣的职务。因为袁世凯有各种反动势力的支持,他到北京后,使已经混乱了的北京封建秩序,又相对地稳定了下来,而且他宣布要誓死维持君主立宪。显然

[1] 胡思敬:《国闻备乘》。
[2] 一士:《跋袁世凯遗札》。
[3] 苓泉居士:《觉花寮杂记》。

袁世凯不是促使了清王朝的崩溃,而是暂时地延续了这个王朝的名义。

因此,立宪派和清王朝的分化,是在"爱莫能助"的时候,他们对革命的投机,好像是加速了清的崩溃,事实上他们代表封建地主与大资产阶级的利益渗入革命,不是有利于革命,而是腐蚀了革命和制造了革命内部的分裂,阻碍了革命的继续发展,辛亥革命的半途而废,这一派人有着很大的影响。袁世凯更是挟清帝以对付革命,利用革命以要挟清帝,通过"逼宫"而达到窃取政权的目的。从形式上看,二者好像都是赞助清帝退位的,实际都是乘机抢夺革命政权的,而且在清帝退位的前后,各地的立宪派都拥护袁世凯反对孙中山,他们是造成辛亥革命失败的重要敌人。

四、辛亥革命失败的主观和客观原因

"统治中国将近三百年的满清帝国,曾在辛亥革命时期被打倒;而孙中山领导的革命同盟会,则曾经一度取得了胜利。"[1]这里说明辛亥革命有它一定的功绩,那就是推翻了清朝的君主专制统治。

然就民主革命反帝反封建的基本任务来说,辛亥革命终究是失败了。失败的原因:有的认为封建势力与帝国主义相结合,支持袁世凯的反革命势力太强,是客观事实所造成的;有的认为领导辛亥革命的资产阶级不能发动广大人民群众,是由于主观力量太弱。以此把辛亥革命的失败分成客观原因和主观原因,又从主、客观原因中聚讼谁是主要的原因。

毛泽东同志在1939年所作《青年运动的方向》一文,曾指出自辛

---

[1] 《毛泽东选集》第2卷,第790—791页。

亥革命以来中国民主革命失败的原因说:"中国革命干了几十年,为什么至今尚未达到目的呢? 原因在什么地方呢? 我以为原因在两个地方,第一是敌人的力量太强;第二是自己的力量太弱。一个强了,一个弱了,所以革命没有胜利。"[1] 辛亥革命时期,敌人力量的强,是《辛丑条约》订立后,帝国主义控制了中国的政治、经济乃至军事,清政府依托它们以自存。而且帝国主义者通过封建主义,由外来的势力已转化为内在的统治者,如驻在北京的"公使团"已成为清朝的"太上"政府。自己力量的弱,是资产阶级、小资产阶级革命派缺乏强有力的组织领导,同盟会的松懈涣散,就暴露了这一弱点;特别是"没有广泛地发动和组织可以依靠的人民大众的力量",[2] 鲁迅在《阿Q正传》中借着阿Q的口吻说"革命党不准人民革命",也反映了这个事实。

本来"敌人的力量太强,自己的力量太弱",是一个问题的两面,即敌我力量的对比。所谓强和弱,是相对而言。因为敌人的强,才显出自己的弱;也因为自己的弱,才显出敌人的强。这个强弱的对比,在辛亥革命时期都是客观存在的事实。正因为这种客观事实的决定,20世纪初年,各个殖民地半殖民地的资产阶级革命,都不同程度地打击了帝国主义和封建势力,但都归失败;如1905年至1911年波斯的资产阶级革命,1908年至1909年土耳其的资产阶级革命。因此,把敌我力量对比的客观存在,分作客观原因与主观原因来谈是不适当的。

那末又怎样来认识辛亥革命失败的主观和客观原因呢? 我认为

---

[1] 《毛泽东选集》第2卷,第528页。
[2] 刘少奇:《关于中华人民共和国宪法草案的报告》。

客观原因应包括敌我力量的两方面,即帝国主义、封建势力的一边和资产阶级、小资产阶级革命派及其他革命力量的另一边,这两个方面恰在当时有着不同的社会基础,因表现的力量也不一样。至于主观原因,应该是指政纲、战略、战术等主观认识过程,例如:同盟会的政治纲领有了"驱除鞑虏,恢复中华"的民族革命主张,却不能提出反对帝国主义的明确口号来;有了"平均地权"或"土地国有"的纲领,却找不到发动农民群众来粉碎封建基础的路;有了武装起义、推翻清政府的胜利,却不能坚持长期的艰苦的斗争,来完成"国民革命"。这些都是革命方面主观认识的不够或错误,致使革命不能取得进一步的胜利,正是辛亥革命失败的主观原因。这些主观原因并不是空穴来风,而是客观存在的反映,也是"自己力量太弱"的表现。我们分析这些原因,不是要求领导辛亥革命的资产阶级、小资产阶级革命派要具备这些认识,而是说明他们没有这些认识,限制了辛亥革命取得更大的胜利,所以中国的民主革命一定要由无产阶级领导才能彻底成功。这里有着客观发展的必然性,不是什么主观愿望所决定的。

既然"敌人的力量太强""自己的力量太弱",都是客观事实,然而在辛亥革命的失败中,二者又以谁为主,即敌我力量的对比是哪一方面的关系有着决定性。我以为应该从这一革命的性质来看,看谁是这一革命的领导力量。那末辛亥革命是资产阶级革命,资产阶级和小资产阶级的革命派是这一革命的领导力量,他们要革清朝封建专制政权的命,这是辛亥革命时期所表现的主要矛盾。如果我们要认识敌我力量在辛亥革命中的关系,从主要矛盾的主要方面来看,是很重要的。所谓主要矛盾的主要方面,它是起支配作用的,因而它对事物的性质有着决定性作用。辛亥革命的主要矛盾已如上述,矛盾的主要方面在辛亥革命的整个过程中,不是始终属于一个方面,而是有所变化的,这就是辛亥革命由胜利到失败的表征。

革命同盟会是领导辛亥革命的政党,资产阶级、小资产阶级革命派是在自觉的基础上,为推翻清政府而努力,他们展开了理论宣传和武装斗争,是主动地采取攻势,清政府却是被动地防制革命势力的发展,到武昌起义全国响应,清政府迅速地处于崩溃中,显然矛盾的主要方面是属于革命一方,然而是不稳固的。在武昌起义后的不久,袁世凯以封建势力为基础,以帝国主义为靠山,以"打"和"拉"的两面手法向革命进攻,矛盾的主要方面又转移到了反革命的一方,结果不是革命制服了反革命,而是反革命统一了南北。为什么会发生这样的变化?由于资产阶级的软弱,不能发动群众,坚持斗争,内部涣散,便利了反革命的进攻,结果只有向敌人妥协而结束了革命。毛泽东同志说:"国民革命需要一个大的农村变动,辛亥革命没有这个变动,所以失败了。"[1] 辛亥革命是资产阶级领导的资产阶级民主主义革命,它不能组织广大人民从各个方面来打击敌人,使辛亥革命不能取得更大的胜利,"自己力量的弱"正是关键所在。中国的民主主义革命要取得彻底胜利,为什么必然要由工人阶级来领导,也就说明了这一问题。

五、 辛亥革命是量变还是质变

一切事物都有它的质,质是事物内部的规定性,也是区别事物的根本所在。辛亥革命的任务是什么?是要推翻封建专制主义依托帝国主义的半殖民地半封建统治的旧质,从而建立资产阶级的民主共和国,实现资本主义的经济政治文化制度的新质。孙中山的希望就

---

[1] 《毛泽东选集》第1卷,第17页。

是这样："今兹共和政体成立,喁喁望治之民,可共此运会,建设我新社会,以竞胜争存。而所谓产业革命者,今也其时矣。"辛亥革命后的中国社会,是否发生了这样的根本变化？如所周知,辛亥革命虽然推翻了清政府,代之而起的却是军阀的独裁统治,帝国主义依然控制着中国,半殖民地半封建社会的性质没有改变。毛泽东同志说："而一当新的方面对于旧的方面取得支配地位的时候,旧事物的性质就变化为新事物的性质。"[1]当然经过辛亥革命的变动,中国社会不能说完全没有产生一些新的因素,只是没有取得支配的地位罢了。所以就整个社会性质变革的意义来说,"旧事物的性质"是没有变化为"新事物的性质",也就是说辛亥革命没有使中国社会发生根本的转变。

社会的变革,以暴力或其他方式摧毁旧的生产关系,建立新的生产关系,这是社会的飞跃,这是质变。但是事物发展的各个阶级之间也有质的差别,即事物发展的渐进过程也相应地具有质的性质。恩格斯说："封建的桎梏被摧毁了：在英国是逐渐地摧毁的,在法国是一下子摧毁的,在德国直到如今(按指1886年——引者)还没有完毕。"[2]可见一种社会性质的改变,新事物代替旧事物,它的过程不完全是一样,由于历史条件的不同,各国资产阶级革命的发展也常有差别,如英国是逐渐地摧毁封建桎梏的,法国却是"一下子"。那末"逐渐地摧毁"封建桎梏,就意味着有些社会的质变不是一蹴即就,所以列宁说"这种飞跃,往往包括十年或更多的年代"[3]。辛亥革命的历史条件比起英法资产阶级革命来,要复杂得多,它虽然没有改变中

---

[1]《毛泽东选集》第2卷,第789页。
[2]《费尔巴哈与德国古典哲学的终结》,第59页。
[3]《列宁文选》(两卷集)第2卷,莫斯科中文版,第403页。

国社会的面貌,但就民主主义的革命过程来说,特别是就旧民主革命的阶段来说,它是具有质变意义的。事实上辛亥革命推翻了封建专制制度,使民主观念从此深入人心,此后谁要想帝制自为,就没有不惨败的。同时第一次世界大战时期,中国的民族工业有显著的发展,固然是由于帝国主义忙于战争,放松了对中国的束缚,而辛亥革命后,社会风气有所变化,不能说与之没有关系。显然辛亥革命是包含了由旧质到新质的变化过程。本来整个近代的中国社会,实际是处于一种过渡形态,它的根本变化,直到1949年中华人民共和国的成立才完成。然而它的质变过程,主要虽然是在五四运动后的30年,但作为旧民主革命具有较完全意义的辛亥革命,也不能否认其为中国社会性质改变的一个重要环节。

社会性质的改变,通常是要用武装革命的爆发形式来实现。"如果旧的东西充分理智,不加抵抗即行死亡,那便和平地代替;如果旧的东西抵抗这种必然性,那便暴力地代替。"[1]在对抗性矛盾的社会里,旧东西是从不会自己死亡的,一般须经过暴力革命或别的斗争形式。可是辛亥革命这一暴发的革命斗争,却没有达到社会性质的根本转变。因为社会性质的改变一般虽然要经过暴力革命,但不是一切的暴力革命都可以达到社会性质的改变,有由于客观条件的不成熟或者所处条件的变化,辛亥革命就是一个例子。它的所以不能彻底完成民主主义革命的历史任务,必须联系上述诸问题统一地考察。

---

[1]《费尔巴哈与德国古典哲学的终结》,第7页。

辛亥革命的伟大历史意义[1]
——学习毛泽东同志论述辛亥革命的笔记

辛亥革命是中国民主革命时期一次具有伟大历史意义的革命运动。这次革命推翻了清朝的统治,结束了两千多年来的封建帝制,在人民群众中散布了民主共和国的种子,推进了中国人民的革命斗争。毛泽东同志在以马克思列宁主义和中国革命实践相结合的伟大创造中,在总结中国人民革命斗争的历史经验中,曾经对辛亥革命作了许多极其精辟的论述,对辛亥革命的伟大历史意义、对辛亥革命的成就和失败的经验教训,作了全面的历史的分析。毛泽东同志对辛亥革命的论述,不仅有力地指导了我国新民主主义革命的实践,而且丰富了历史唯物主义的内容。对昭示我们如何运用历史唯物主义来分析具体历史事件,是有着极大的指导意义的。

辛亥革命的性质和革命的领导权

中国近代的民族民主革命,虽然在第一次鸦片战争就已开始了,但这是连同它的准备时期说的,而比较具有更完全意义的资产阶级

---

[1] 原载《解放日报》1961年10月6日,第4版。

民主主义革命,则始于19世纪末至20世纪初以孙中山为首的革命派的活动。毛泽东同志在1939年的一篇讲演《青年运动的方向》中说:

> 中国反帝反封建的资产阶级民主革命,正规地说起来,是从孙中山先生开始的,已经五十多年了;至于资本主义外国侵略中国,则差不多有了一百年。一百年来,中国的斗争,从鸦片战争反对英国侵略起,后来有太平天国的战争,有甲午战争,有戊戌维新,有义和团运动,有辛亥革命,有五四运动,有北伐战争,有红军战争,这些虽然情形各不相同,但都是为了反抗外敌,或改革现状的。但是从孙中山先生开始,才有比较明确的资产阶级民主革命。[1]

在稍后的《新民主主义论》中又说:

> 而辛亥革命,则是在比较更完全的意义上开始了这个革命。这个革命,按其社会性质说来,是资产阶级民主主义的革命,不是无产阶级社会主义的革命。[2]

辛亥革命为什么是有比较更完全意义的资产阶级民主革命或者是比较明确的资产阶级民主主义革命?因为:(一)辛亥革命有比较完整的纲领——建立资产阶级民主共和国的纲领;(二)坚决主张经过革命来实现资产阶级民主共和国的纲领。这是辛亥革命以前所没有达到的水平。刘少奇同志在《关于中华人民共和国宪法草案的报告》(以下简称《宪法草案报告》)中说:"以孙中山为首的革命派,坚决主张经过革命来实现他们所期望的民主宪政,也就是资产阶级性质的民主宪政。"

反帝反封建,是中国民主革命的两个基本任务,它是由中国的半

---

[1]《毛泽东选集》第2卷,第551、552页。
[2]《毛泽东选集》第2卷,第660页。

殖民地半封建社会的性质决定的。辛亥革命,在不同程度内担任了反帝反封建的任务。毛泽东同志分别指出:

> ……这种时候,人民大众往往采取国内战争的形式,去反对帝国主义和封建阶级的同盟,而帝国主义则往往采取间接的方式去援助半殖民地国家的反动派压迫人民,而不采取直接行动,显出了内部矛盾的特别尖锐性。中国的辛亥革命战争,一九二四年至一九二七年的革命战争,一九二七年以后的十年土地革命战争,都有这种情形。[1]

> 辛亥革命是革帝国主义的命。中国人所以要革清朝的命,是因为清朝是帝国主义的走狗。反对英国鸦片侵略的战争,反对英法联军侵略的战争,反对帝国主义走狗清朝的太平天国战争,反对法国侵略的战争,反对日本侵略的战争,反对八国联军侵略的战争,都失败了,于是再有反对帝国主义走狗清朝的辛亥革命,这就是到辛亥革命为止的近代中国史。[2]

中国近代民主革命的反帝反封建任务,是基于两个基本矛盾而来的:一是中国人民大众和封建主义的矛盾,一是中国人民大众和帝国主义的矛盾。上面引的毛泽东同志的两段话,前一段是着重说明辛亥革命的国内矛盾,后一段是着重说明辛亥革命的反帝要求。辛亥革命时期矛盾的形式主要表现为国内战争。中国人民的所以要推翻清政府,因为清政府是一个封建专制的厉行种族压迫的反动政府,和当时中国人民的民主的要求不相容;同时它又是一个卖国的政府,是帝国主义的走狗,和中国人民的爱国要求不相容。辛亥革命革了皇帝的命,革了清朝的命,就后一点来说,也是革了帝国主义的命。"辛亥革命是革帝国主义的命"只能作这样的理解,似不应把它看作

---

[1] 《毛泽东选集》第1卷,第309页。
[2] 《毛泽东选集》第4卷,第1517页。

好像完全是一场反帝国主义和殖民主义的斗争。

辛亥革命这一资产阶级民主主义革命,在当时中国的历史条件下,只能是由资产阶级和小资产阶级来领导,而且是由他们的知识分子来体现领导。毛泽东同志一再指出:

> 在一九一九年五四运动以前(五四运动发生于一九一四年第一次帝国主义大战和一九一七年俄国十月革命之后),中国资产阶级民主革命的政治指导者是中国的小资产阶级和资产阶级(他们的知识分子)。这时,中国无产阶级还没有当作一个觉悟了的独立的阶级力量登上政治的舞台,还是当作小资产阶级和资产阶级的追随者参加了革命。例如辛亥革命时的无产阶级,就是这样的阶级。[1]

> 中国资产阶级本来也是受着帝国主义压迫的,它也曾经领导过革命斗争,起过主要的领导作用,例如辛亥革命;也曾经参加过革命斗争,例如北伐战争和当前的抗日战争。[2]

> ……他们(按指知识分子)在现阶段的中国革命中常常起着先锋的和桥梁的作用。辛亥革命前的留学生运动,一九一九年的五四运动,一九二五年的五卅运动,一九三五年的一二九运动,就是显明的例证。[3]

> 在中国的民主革命运动中,知识分子是首先觉悟的成分。辛亥革命和五四运动都明显地表现了这一点,而五四运动时期的知识分子则比辛亥革命时期的知识分子更广大和更觉悟。然而知识分子如果不和工农民众相结合,则将一事无成。[4]

从毛泽东同志的这些论述中提示了三个方面的问题。(一)辛亥革命是由资产阶级和小资产阶级领导的,中国的资产阶级所以能

---

[1]《毛泽东选集》第2卷,第665、666页。
[2]《毛泽东选集》第2卷,第628页。
[3]《毛泽东选集》第2卷,第636页。
[4]《毛泽东选集》第2卷,第546页。

够在那时起主要的领导作用,因为他们受封建势力的束缚和帝国主义的压迫,有反帝反封建的要求。在20世纪初年的中国,他们还是代表新兴力量的阶级。(二)资产阶级和小资产阶级对辛亥革命的领导,是通过他们的知识分子来实现的,因为"在中国的民主革命运动中,知识分子是首先觉悟的成分",对革命"常常起着先锋的和桥梁的作用"。辛亥革命时期的留学生运动和国内的新式学堂,就提供了大批这样的知识分子,而留学生又是其中的主干。(三)中国的工人阶级在辛亥革命时期,不仅发动了多次的经济罢工斗争,也参加了以孙中山为首的革命派的革命组织和武装斗争,如兴中会、同盟会的成员中有工人;而萍乡、浏阳、醴陵起义、四川的保路运动,1911年的广州起义、武昌起义对清军的作战和上海起义的攻克制造局等,均有不少工人参加,对那时的革命运动发挥了积极的战斗作用。但是他们"还没有当作一个觉悟了的独立的阶级力量登上政治的舞台,还是当作小资产阶级和资产阶级的追随者参加了革命"。

辛亥革命的意义和它失败的原因

辛亥革命时期,革命党人经过连续不断的武装起义、政治斗争和思想斗争,终于把清政府和两千多年的君主专制制度推翻了,使民主精神在中国普遍高涨。这是辛亥革命最大的功绩。毛泽东同志对它作了充分的估价:

> 从孙中山组织革命的小团体起,他就进行了几次反满的武装起义。到了同盟会时期,更充满了武装起义的事迹,直至辛亥革命,武装推翻了满清。[1]

---

[1]《毛泽东选集》第2卷,第533页。

>　……孙中山先生远在五四运动以前,就是当时政府的叛徒,他反对了满清政府,并且推翻了满清政府。他做的对不对呢？我以为是很对的。因为他所反对的不是反抗帝国主义的政府,而是勾结帝国主义的政府,不是革命的政府,而是压迫革命的政府。[1]

>　统治中国将近三百年的满清帝国,曾在辛亥革命时期被打倒；而孙中山领导的革命同盟会,则曾经一度取得了胜利。[2]

>　纪念他(按指孙中山)在中国民主革命准备时期,以鲜明的中国革命民主派立场,同中国改良派作了尖锐的斗争。他在这一场斗争中是中国革命民主派的旗帜。纪念他在辛亥革命时期,领导人民推翻帝制、建立共和国的丰功伟绩。[3]

毛泽东同志对辛亥革命的这些评价,都是通过对孙中山在辛亥革命时期的活动予以论断的。因为孙中山是中国民主革命的先行者,是当时的革命民主派的旗帜。孙中山对资产阶级改良派作了尖锐的斗争,领导中国人民推翻了清政府,推翻了帝制。这是孙中山的丰功伟绩,也是辛亥革命的丰功伟绩。刘少奇同志曾概括地指出辛亥革命的成就说："在一九一一年十月十日爆发的辛亥革命推翻了清朝的统治,结束了中国两千多年来的封建帝制,产生了中华民国和以孙中山为首的革命的南京临时政府,并产生了一个临时约法。这个临时约法具有资产阶级共和国宪法的性质,是有进步意义的。辛亥革命使民主共和国的观念从此深入人心,使人们公认,任何违反这个观念的言论和行动都是非法的。"[4]

辛亥革命虽然取得了上述成果,把中国历史大大地向前推进了

---

[1]《毛泽东选集》第2卷,第550页。
[2]《毛泽东选集》第1卷,第312页。
[3]《纪念孙中山先生》,载《人民日报》1956年11月12日,第1版。
[4] 刘少奇:《宪法草案报告》。

一步,但就反帝反封建的民主革命任务来说,这次革命仍然是失败的。毛泽东同志分析道:

> 从孙中山先生开始的革命,五十年来,有它胜利的地方,也有它失败的地方。你们看,辛亥革命把皇帝赶跑,这不是胜利了吗?说它失败,是说辛亥革命只把一个皇帝赶跑,中国仍旧在帝国主义和封建主义的压迫之下,反帝反封建的革命任务并没有完成。[1]

> 中国人向西方学得很不少,但是行不通,理想总是不能实现。多次奋斗,包括辛亥革命那样全国规模的运动,都失败了。[2]

辛亥革命要求建立一个资产阶级民主共和国,但南京临时政府成立以后不久,即被代表帝国主义和国内封建势力的袁世凯所代替。事实证明,中国不进行彻底的反帝反封建,就没有资产阶级民主共和国的地位。

辛亥革命为什么失败了?毛泽东同志一语道破:"一切革命同志须知:国民革命需要一个大的农村变动。辛亥革命没有这个变动,所以失败了。"[3]毛泽东同志在另一段话里又发挥了这个意见,并且是把辛亥革命和辛亥革命以后的失败联系起来谈的,他说:

> 中国革命干了几十年,为什么至今尚未达到目的呢?原因在什么地方呢?我以为原因在两个地方:第一是敌人的力量太强;第二是自己的力量太弱。一个强了,一个弱了,所以革命没有胜利。所谓敌人的力量太强,是说帝国主义(这是主要的)和封建主义的力量太强。所谓自己的力量太弱,有军事、政治、经济、文化各方面表现的弱点,但是主要的是因为占全国人口百分之九十的工农劳动群众还没有动

---

[1] 《毛泽东选集》第 2 卷,第 552 页。
[2] 《毛泽东选集》第 4 卷,第 1475 页。
[3] 《毛泽东选集》第 1 卷,第 17 页。

员起来,所以表现了弱,所以不能完成反帝反封建的任务。[1]
这是就敌我力量对比来说明民主革命没有取得胜利的原因。自己的弱,主要是没有把工农群众发动起来,而辛亥革命的失败,主要的就是没有掀起"一个大的农村变动"。

刘少奇同志在《宪法草案报告》中对辛亥革命失败的原因,也作了分析:"……当时的革命派是有缺点的。他们没有一个彻底的反对帝国主义和封建主义的纲领,没有广泛地发动和组织可以依靠的人民大众的力量,因此他们不能取得对于帝国主义和封建主义的彻底胜利。这次革命终于失败了。"

归结起来,辛亥革命失败的原因是两条:一条是没有一个彻底地反对帝国主义和封建主义的纲领;一条是没有把可以依靠的人民大众发动和组织起来。这两条又是相互联结的,因为没有一个彻底地反对帝国主义和封建主义的纲领,就没有动员和组织人民大众的精神武器和物质力量。中国的资产阶级固然有反帝反封建的要求,但他们和帝国主义和封建势力又有联系,对帝国主义更不敢轻易冒犯,这就注定了他们不可能提出彻底的反帝反封建纲领来。辛亥革命时期的革命派也曾向人民群众寻找过革命力量,想和农民阶级建立同盟,但正如马克思所说:"诚然,资产阶级当民众还是保守的时候,是不免要害怕民众愚钝的,而在民众一旦变得革命的时候,却又害怕民众觉悟了。"[2]这一点,中国的资产阶级和外国的资产阶级是一样的。20世纪初年中国的资产阶级革命派,对群众曾经起过觉醒的作用,也想和自发的群众斗争取得联系,然而他们不敢真正去发动

---

[1]《毛泽东选集》第2卷,第552页。
[2]《马克思恩格斯文选》(两卷集)第1卷,第312页。

群众,也害怕群众真正起来。没有这个力量,所以辛亥革命最后不能取得胜利。

辛亥革命在中国近代历史上的阶段性

历史是一条斩不断的长流,近代中国历史更是汹涌澎湃的滚滚巨流。毛泽东同志说:"中国资产阶级民主革命的过程,如果要从它的准备时期说起的话,那它就已经过了鸦片战争、太平天国战争、甲午中日战争、戊戌维新、义和团运动、辛亥革命、五四运动、北伐战争、土地革命战争等好几个发展阶段。"[1]在《中国革命和中国共产党》及其他著作内,也有与此类似的提法。这就是就半殖民地半封建社会相续的各个历史时期来说的,也是就反帝反封建的整个过程来说的。而辛亥革命只是这个相续的长过程中的一个段落。

毛泽东同志也就向西方学习概括地指出旧民主革命的经过说:"自从一八四〇年鸦片战争失败那时起,先进的中国人,经过千辛万苦,向西方国家寻找真理。洪秀全、康有为、严复和孙中山,代表了在中国共产党出世以前向西方寻找真理的一派人物。"[2]旧民主主义革命主要是一个向西方资产阶级学习的过程,而这个过程,从洪秀全到孙中山,是逐步扩大和深入的。20世纪初年以孙中山为首的资产阶级和小资产阶级革命派,主张经过革命在中国建立一个西方式的资产阶级民主共和国,这是向西方学习的高峰。

由于辛亥革命在旧民主革命中的特殊地位,即上面所说的,它是具有比较完全意义的资产阶级民主革命,所以在旧民主革命的过程

---

[1] 《毛泽东选集》第2卷,第545页。
[2] 《毛泽东选集》第4卷,第1474页。

中,它的阶段性更为显著些。毛泽东同志在论述近代中国革命时常常把辛亥革命着重提出来：

> 中国人民的民族革命斗争,从一八四〇年的鸦片战争算起,已经有了整整一百年的历史了;从一九一一年的辛亥革命算起,也有了三十年的历史了。[1]

> 事物总是发展的。一九一一年的革命,即辛亥革命,到今年,不过四十五年,中国的面目完全变了。[2]

毛泽东同志所以把辛亥革命着重地提出来,显示了辛亥革命在中国近代民主革命中的特殊地位,即中国近代的民主革命发展至辛亥革命,达到了一个高潮。

辛亥革命虽然是旧民主主义革命的高潮,但这次革命还是失败了。辛亥革命后的中国仍是灾难重重,找不到出路,直至五四运动,才出现了新的曙光,开始了无产阶级领导的民主革命,这就显示了中国民主革命的两大阶段。毛泽东同志说："拿从辛亥革命开始的中国资产阶级民主革命过程的情形来看,也有了若干特殊阶段。特别是在资产阶级领导时期的革命和在无产阶级领导时期的革命,区别为两个很大不同的历史阶段。"[3] 毛泽东同志又在《新民主主义论》中说："在中国资产阶级民主革命的一百年中,分为前八十年和后二十年两个大段落"。[4] 前八十年是以辛亥革命失败后而告终,后二十年是以五四运动为起点。这"两个很大不同的历史阶段"就是新旧民主革命的不同,就是工人阶级领导和资产阶级领导的不同,也就是走

---

[1]《毛泽东选集》第 2 卷,第 627 页。
[2]《纪念孙中山先生》,载《人民日报》1956 年 11 月 12 日,第 1 版。
[3]《毛泽东选集》第 1 卷,第 302、303 页。
[4]《毛泽东选集》第 2 卷,第 689 页。

向社会主义还是走向资本主义的革命前途的不同。

总之,辛亥革命在中国近代历史上的阶段性,毛泽东同志是分别在三种不同的情况下提出的:(一)辛亥革命是近代中国各个重大历史事件递嬗的一个阶段;(二)辛亥革命是旧民主主义革命发展的最高阶段;(三)辛亥革命和五四运动以后无产阶级领导的民主革命是不同的阶段。

以上是个人学习毛泽东同志有关辛亥革命的论述的一些体会。有不当之处,也望同志们加以指正。

辛亥革命史的分期和研究中的若干问题[1]

一

过去有人主张把清末革命党人进行革命的历史,分为两大时期:"从甲午(一八九四年)兴中会在檀香山成立以至乙巳(一九〇五年)六月同盟会在东京成立,可以谓之兴中会时期。从乙巳六月同盟会成立以至辛亥(一九一一年)八月十九日武昌起义,可以谓之同盟会时期。"[2]这是以兴中会为正统的偏见,无须深论。而近十余年来,有关辛亥革命的论著,却没有对辛亥革命史的分期作探讨,只在中国近代史分期问题的讨论中,曾经涉及辛亥革命史的分期,有如下三种意见:(一)主张以甲午中日战争作为一个时期的界标的,也以兴中会的成立列为理由之一;(二)主张以义和团运动作为一个时期的界标的,也以1901年以后资产阶级、小资产阶级革命知识分子力量的渐次形成为理由之一;(三)主张以1905年同盟会的成立作为一个时期的界标的,不仅是认为同盟会的成立是资产阶级民主主义革命

---
[1] 原载《学术月刊》1961年第10期。
[2] 冯自由:《革命逸史》第3集,中华书局1981年版,第31页。

渐臻成熟的表现,也认为是近代中国民族民主革命的里程碑。此外有些辛亥革命的专著,在遵守年代顺序论述中,虽然反映了分期的要求,却没有严格进行分期。这些都可供为辛亥革命史进行分期的参考。

辛亥革命,谁都知道是指中国1911年的资产阶级民主革命,然而作为一个历史时期来说,它远在1911年以前就开始了。毛泽东指出:

> 中国反帝反封建的资产阶级民主革命,正规地说起来,是从孙中山先生开始的,……才有比较明确的资产阶级民主革命。[1]

在这个深切著明的提示下,我们需要进一步理解的,那就是孙中山从什么时候开始了资产阶级民主活动。据孙中山自己说:"予自乙酉中法战败之年,始决倾覆清廷,创建民国之志。"过去有关辛亥革命的著作和孙中山的传记,都奉此说为圭臬。孙中山在中法战争后,萌芽着反清的愿望,这是可能的,但改良主义思想这时对他还是有较大影响的。

一般均以1894年兴中会的创立,作为孙中山进行资产阶级民主革命活动的开始,也是近代中国资产阶级领导的民主革命的起点。然而这里也不是没有问题的,那就是兴中会创始于何地何年,过去有过争论。孙中山在其《伦敦蒙难记》中说:"予在澳门始知有一种政治运动,其宗旨在改造中国,故可名之为少年中国党。"邹鲁的《中国国民党史稿》以为这个"少年中国党"就是兴中会,便断定"纪元前二十年(壬辰),总理乃在澳门创立兴中会",把兴中会的成立由1894年上推至1892年,成立的地点也由檀香山变成了澳门。别的书也有把

---

[1]《毛泽东选集》第2卷,第551—552页。

"少年中国党"看作兴中会的。这个问题,虽然可以进一步研究,但有两点是很明显的。(一)《伦敦蒙难记》紧接着上引语句说:"其党有见于中国之政体不合于时势之所需,故欲以和平之手段,渐进之方法,请愿于朝廷,俾倡行新政,其最要者,则在改行立宪政体,以为专制及腐败政治之代。予当时不禁深表同情,而投身为彼党党员,盖自信固为国利民福计也。"显然,这不是一个革命团体,而是一个要求改革政治的团体。当时梁启超写的《少年中国说》一文,主张要以少年的中国来代替衰老的中国,立意和"少年中国党"的相同。(二)根据孙中山自己所说"予在澳门始知有一种政治运动"和"予当时不禁深表同情,而投身为彼党党员"的语气看起来,"少年中国党"是澳门原先就有的团体,孙中山只是加入了这个团体。所以有人说"少年中国党"是那时国际间对"维新政党的一种普通称谓"。就上述两点考察,澳门的"少年中国党"对孙中山可能有过影响,甚至和后来在檀香山成立的兴中会有关,然而不能说它就是兴中会。虽然史学界没有把"少年中国党"即兴中会的说法作为依据,但是过去存在过这种说法,现在也还有人对这个问题提出疑问,在这里谈一谈也就有必要了。

1894年11月在檀香山成立的兴中会,所订章程没有明白地揭示出反满革命的宗旨来,但入会秘密誓词即规定为"驱除鞑虏,恢复中华,创立合众政府",随又在广州进行第一次武装起义,完全表明了它是一个策动反满革命的组织,也是孙中山抛弃改良愿望向民主革命道路迈进的标志。可见兴中会作为中国资产阶级革命民主派最初的组织,是不容置疑的。同时,这个最初的资产阶级革命团体,产生于甲午中日战争期间清朝的败局已定声中,产生于资产阶级改良运动高涨的时刻,是有着深刻的历史意义的,它不独是卖国的清朝的叛逆,也是改良运动的反对物,尽管这时的改良运动还有着较大的积极性。所以,兴中会的成立,是近代中国资产阶级革命民主派的最初出现,也是资产阶级革命民主派活动的开始。这些都表明了它是具有比较完全意义的资产阶级民主革命的起点,作为一个历史时期来说,也是辛亥革命的起点,有些论著却把它缩短至以 1901 年义和团运动的失败为起点,也有的更缩短至以 1905 年同盟会的成立为起点,我以为这是不够完整的。

二

从 1894 年 11 月的兴中会成立到 1912 年 4 月南京临时政府的解散为起讫的辛亥革命史,共历 17 年又 5 个月,以革命的开始酝酿、准备、发展(高涨)和成熟为考察线索,结合 19 世纪末年和 20 世纪初年中国社会政治的重大变化,我以为可划分为下述四个阶段。

第一,从 1894 年兴中会的成立至 1900 年惠州起义的失败,也是至义和团运动的失败,这是资产阶级民主革命最初酝酿的阶段。

一切新生的事物,一开始总是不会那么完整的,作为最初的资产阶级革命团体的兴中会也是这样。那时的兴中会,还是唯一的资产阶级革命团体,它虽然举行过两次武装起义,但它的活动仅限于部分华侨和广东一隅,那种武装起义也只能为革命提供经验和推进革命形势,暂时却是没有取得胜利的希望的。资产阶级的政治改良运动,在这一阶段,曾经成为有全国意义的政治斗争,反映了新旧势力的严重冲突,但在戊戌政变中很快就失败了,再经自立军起事的败露,资产阶级改良派的威信更加扫地了。就在这个时候,不少人由改良派向革命派转化,民主革命的思潮逐步代替了改良主义思潮,这是一种不可避免的转变,是质的跃进。同时,单纯的农民革命运动,在义和团的斗争后,也开始成为过去。这些都显示了在19世纪进入20世纪的年代中,中国的社会政治正经历着急剧的变化,是前所未有的变化。

从另一方面来说,自甲午中日战争到八个帝国主义的联合进攻,是中国的半殖民地地位确立的过程,是清政府向帝国主义完全屈服的过程,中国民族处于空前的危难中。由于这种关系,戊戌维新运动必然是一次救亡运动,义和团运动必然是一次对抗瓜分的运动,那么,兴中会则是想通过反满革命的途径来挽救国家民族的危亡了。所以,兴中会成立后的活动,是戊戌维新运动的发展和否定,在一定的意义上也是义和团运动的发展。

在这个阶段中,如孙中山早年的活动及其由改良思想向革命思想的发展,兴中会的宗旨和成员的阶级分析,1900年的惠州起义和帝国主义(香港殖民政府)的关系,1900年中国所处的形势等问题,均值得研究。

第二,从1900年惠州起义和义和团运动失败后到1905年8月同盟会成立的前夕,是资产阶级民主革命的准备阶段,也是资产阶级、小资产阶级革命派渐次形成的阶段。

在义和团运动的失败声中,在帝国主义的联合进攻下,清朝政府同帝国主义签订了空前严重的卖国条约——《辛丑条约》,更兼庚子赔款的摊派和其他捐税的增加,对人民的压榨更为残酷了,社会矛盾更为激化了。顽固腐朽的清朝政府,为了敷衍人们的革新要求,也表示在换脑筋,搞了一些裁衙门、改官制、汰绿营、练新军、废科举、设学堂、派游学一类的所谓新政。由此而来的,产生了两种新的社会力量,就是学生和新军,也就是老话所说的秀才和兵。至此,不仅前此的兴中会在国外的华侨和留学生中续有发展,在国外许多地方设立了支部,而且资产阶级、小资产阶级知识分子的革命小团体已大量出现,在日本的留学生中就组织过许多要求革命的小团体。这些小团体且由国外发展至国内,自 1902 年以后,国内纷纷成立革命小团体,其中著名的有上海的中国教育会、江浙的光复会、湖南的华兴会、武汉的日知会等,这些团体有的还和会党建立了密切的联系,想把会党改造为符合于民主革命的要求,因而会党也发生了一些变化。这些都说明着革命的因素在不断扩大,资产阶级、小资产阶级知识分子群的革命化,已迅速地成为影响甚大的政治社会力量。

资产阶级、小资产阶级革命团体由国外发展至国内,是和中国一穷二白的特殊历史条件分不开的。它反映了资产阶级、小资产阶级革命知识分子必然向西方学习的特点,也就是毛泽东所指出的,"辛亥革命前的留学生运动",对当时的革命"起着先锋和桥梁的作用"。

作为资产阶级革命民主派的物质基础的民族资本,在 19 世纪末年初步发展的基础上,至 20 世纪初年,又有了较大的发展,1905 年的抵制美货运动,是一次爱国运动,也反映了民族资产阶级发展民族资本的要求。

在这个阶段中,如《辛丑条约》对中国社会的深刻影响和对清朝统治地位的削弱,20 世纪初年中国社会各阶级的关系,各个革命团体的综合研究和个别研究,以至某一革命团体成立时间的考证(光复会、华兴会、日知会成立时间均有异说),均可进一步探讨。

第三,从 1905 年 8 月同盟会的成立至 1911 年 4 月黄花岗起义的失败,是资产阶级民主革命力量大为发展的阶段,也是革命形势高涨的阶段。

这一阶段的划分,一般都是把它叙述到紧接着武昌起义前夜,我在《辛亥革命》的小册子中也是这样处理的。但我新近感到从同盟会成立至黄花岗之役,是同盟会直接发动武装起义的高峰。孙中山在其《革命缘起》中所举的十次革命,是把1895年在广州发动的起义称为"第一次革命",依次叙列,至黄花岗之役称为"第十次革命"。过此以后的铁路风潮是武昌起义的导火线,在上海成立的同盟会中部总会,也是为了策动长江流域的革命运动。所以我主张把它们改作为下一阶段的开头。

1905年是很重要的一年,在中国境内厮杀的日俄战争结束了,俄国人民举行了对中国有重大影响的民主革命。中国的资产阶级、小资产阶级革命民主派,把分散的地方性革命团体联合组成同盟会,宣布了较完整的政纲,是革命的重大发展。此后,在同盟会的旗帜下,革命派展开了两个重要方面的斗争:一是发动了前仆后继的武装起义,所以说"到了同盟会时期,更充满了武装起义的事迹"[1],还进行了一次又一次的和武装起义相配合的个人暗杀活动;二是以《民报》为主的书刊,大力宣传了民主革命思想,介绍了西方资产阶级的革命学说,对立宪派展开了尖锐的思想斗争,也是政治斗争。与此对抗的,是清朝政府的伪立宪和立宪派的活动,产生了带有议会性质的谘议局和资政院,其目的是在抵制革命,然而谘议局要求在政治上作一些改革,揭露了清朝政府的黑暗腐败,客观上反而起了促进革命的作用,但后来它是立宪派窃取革命果实的基地。

在革命派对清朝政府和立宪派进行严重斗争的同时,自1905年起,人民群众的自发斗争也迅速地扩大,遍及全国各地,有工人的经济斗争,有反"新政"扰民的斗争,有反洋教的斗争,有抗捐抗暴的斗争,有收回权利的斗争,有抢米风潮。因为同盟会的领导大大落后于

---

[1] 《毛泽东选集》第2卷,第533页。

革命形势，对这些斗争没有担负起组织和领导的责任，所以这些有广泛群众基础的斗争，虽然动摇了清朝政府的统治秩序，加速了封建专制制度的崩溃，却没有成为有组织的、有鲜明政治目标的战斗力量。总的说来，1905 年后的国内形势，一边是革命声势的扩张，一边是清朝政府的垂死挣扎，是这个阶段的主要特点。

在这个阶段中，如：同盟会的阶级基础及其纲领的研究，特别是同盟会的土地纲领；关于革命派和立宪派的论战，其中革命是否会引起帝国主义的干涉以至亡国的争论，论述还很不够；1907 年后同盟会的分化状况，光复会、共进会和同盟会的关系，等等问题，须进一步探讨。

第四，从 1911 年 5 月的铁路风潮开始至 1912 年 4 月南京临时政府的解散，是革命时机成熟的阶段，也是革命由胜利到失败的阶段。

以铁路风潮为导火线，武昌首揭义旗，各省纷起响应，革命风暴席卷全国，不到两个月，除山东的伪装独立不计外，宣布脱离清朝政府而独立的达 14 省。清朝的统治在迅速崩溃中。就在这个紧张的时刻，帝国主义以仲裁者的身份，用策动南北和议的方式来结束革命了；大地主大资产阶级的政治力量勾结帝国主义以一打一拉的手段来对付革命了。袁克定的《辛亥家电》（底稿本）有一通给其父袁世凯的电报说："武昌力弱，攻取尚易，惟东南各省代表已集该处，即兵力能得，而东南人心恐失，不如暂留以为政治发达之具。如武昌停战，我可停攻，英使调停其间，必得好果，但停战须合武汉、金陵论之，使英使说合，或可办到。"国内外反动派就是这样狼狈为奸地来破坏中国人民的革命。而且资产阶级右翼的君主立宪派，昨天还是民主共和的反对者，今天便摇身一变而为民主共和的倡导者了。由于上述这些关系和革命派本身的弱点，曾经一度取得了胜利的辛亥革命，结果却是袁世凯取代了孙中山,军阀独裁的北京政府代替了资产阶级民主共和的南京临时政府,辛亥革命终于失败了。

从武昌起义到南京临时政府的解体,为时不足半年,就是辛亥革命从胜利到失败的过程,其间胜利和失败的转化是异常迅速的。这是敌我力量对比悬殊的关系,也是主要矛盾主要方面迅速转化的关系。

一般以南京临时政府宣布解散,为辛亥革命失败的标志,就其基本情况来说,这是对的;但也可以说到"二次革命"才算是辛亥革命的完全失败,因为在1912年4月以后代替南京临时政府的北京政府,还号称以唐、宋为中心的同盟会内阁,南方还有几省是同盟会的势力,至"二次革命",才全被取消。

在这个阶段中,如:湘、粤、鄂、川等省的铁路风潮和各阶级的关系;同盟会中部总会的成立和武昌起义的关系;武昌起义革命领导权的拱手让人,对整个革命形势发展的影响;各省独立的个别研究及其特点;帝国主义对南北议和的操纵;南京临时政府的性质,它是资产阶级专政的形式还是同盟会和立宪官僚的联合政权;南京临时政府成立前后,政党大分化和大融合的政治背景和社会背景,等等,都值得研究。

三

辛亥革命是近代中国民主革命历史的重要阶段,是旧民主主义革命的高峰。它推翻了封建帝制和清朝的统治,解决了中国人民对"皇权"和清朝的局部性矛盾;它的失败,也给中国的革命留下了重要的经验。毛泽东在《论人民民主专政》中,反复论证了辛亥革命失败的道理,着重指出:

帝国主义的侵略打破了中国人学西方的迷梦。很奇怪,为什么先生老是侵略学生呢?中国人向西方学得很不少,但是行不通,理想总是不能实现。多次奋斗,包括辛亥革命那样全国规模的运动,都失败了。

这些经典性的指示,是研究辛亥革命史的指南针,为了更好地阐述这些道理,我们对于辛亥革命史的研究,既要扩大面,也要步步深入;既要累积和整理资料,也要多作论述。就个人管见所及,除在分期意见中就各个阶段提出的问题外,还从贯串辛亥革命史各个阶段的若干方面提出一些意见。

(一)辛亥革命的物质基础。辛亥革命是由资产阶级、小资产阶级的革命民主派充作领导的,研究从19世纪末年到20世纪初年我国民族资本的发展,以及民族资产阶级怎样成为一个独立的阶级登上历史舞台的,并就民族资本发展的不充分来分析民族资产阶级的软弱性,是有意义的。华侨资本和资产阶级的发展,对于辛亥革命有较密切的关系,也是辛亥革命的物质基础的一部分。

(二)辛亥革命的思想动员。留学生运动和新式学堂的设立,资产阶级、小资产阶级知识分子的革命化,革命书刊的广泛传播,话剧和进步戏曲的演出,所有这些,都给辛亥革命进行了思想准备。而"苏报案"的斗争、《民报》和《新民丛报》的激烈论战等,更是思想动员的深入。研究这些现象,应以阐明思想领域的斗争为主。

(三)辛亥革命和会党力量。资产阶级、小资产阶级在开始活动的年代,就和会党建立了联系,是他们进行武装起义所依靠的力量,一直到武昌起义和各省响应中,会党群众仍是较为重要的力量,湖南、陕西两省更为显著些。但是会党由来已久,名目繁多,情况复杂。它在辛亥革命时期有过些什么变化?它对辛亥革命的作用如何估价？都研究得非常不够,这方面留下的资料也较少,发掘这方面的资料值得注意。

(四)辛亥革命和新军力量。革命派在运用会党力量外,就是依靠新军力量了。如果前期是以会党为主,后期则是以新军为主,武昌起义,有人称作士兵革命,不是没有道理的。而革命党和新军的关系似乎比会党要直接些,因为会党往往只是革命的外围组织,新军中的革命团体却是革命党人直接搞起来的。近年发表的回忆录,对新军提供了不少史实,但对新军的系统研究才开始。

(五)人民群众的革命化。列宁说:"只有当'下层'不愿照旧生活而'上层'不能照旧生活和照旧统治时,革命才能获得胜利。"[1]上文谈到1905年后的各种群众斗争,那就是"下层不愿照旧生活"下去了的严重表现。这是清朝统治瓦解的决定性因素。我们需要更好地研究辛亥革命时期群众斗争的规律以及各种类型的群众斗争的特点,是进一步了解辛亥革命史的重要环节。

(六)辛亥革命时期的革命团体。除我们熟知的兴中会、光复会、华兴会、同盟会和文学社、共进会等革命团体外,据初步统计,自1894年的兴中会开始至武昌起义止,资产阶级、小资产阶级革命知识分子组成的团体,包括和革命党人合作的会党,总有百数十起。摸清它们的一般状况和它们之间的相互关系,是对辛亥革命核心力量的解剖。

(七)辛亥革命时期的立宪派。立宪派是清末一支重要的政治力量、一支反对民主革命的政治力量,它对辛亥革命前后的中国政治产生过很大的影响。近年不少论著对这个政派作了揭露和分析,但这

---

[1]《列宁文选》(两卷集)第2卷,第749页。

个政派的社会基础和各个时期的不同活动及其功罪,还有待于进一步研究。

(八)辛亥革命时期人物的评介。辛亥革命这样一个全国规模的运动,从它的酝酿、准备时期算起,经历了十七八年,产生了孙中山这样一个民主革命的旗手和大批民主战士、革命家、政治活动家、思想家,通过对这些人物的评述,可以生动和形象地了解辛亥革命的某些方面。可是我们在这方面做得很不够,无论孙中山、黄兴、章太炎等人,都没有一本较完整的传记,拿剧本来说,也只有一本《秋瑾传》。

(九)辛亥革命时期的妇女运动。清末,女子参加革命活动的,颇不乏人,最为世人称道的秋瑾,是那时妇女解放的旗帜,光复会的尹锐志、尹维峻姊妹也很有名,其他知名或不知名的尚不少,如健在的何香凝老人,不就是那时追随孙中山、廖仲恺参加革命的吗?此外,如在武昌起义后,组织女子北伐队,妇女向南京临时参议院争取参政等活动,都是妇女要求解放的表现。妇女解放是民主运动的尺度,可是我们还没有看到一篇研究辛亥革命时期妇女运动的专文。

(十)辛亥革命时期的文学。20世纪初年的中国文坛,最具时代特色的,有反映社会矛盾的谴责小说,有富有战斗性的政论文和宣传文,有丰富的发抒爱国革命感情的诗歌,有宣传革命的戏曲,话剧和白话文也渐次流行起来。而传播革命思想、揭露反动派的政论,尤其生气勃勃,章太炎的《驳康有为论革命书》,就是这一类文章的名作。邹容的《革命军》,陈天华的《警世钟》《猛回头》,都是好的宣传文,也很有文学价值。诗歌方面,不仅"南社"的诗、秋瑾的诗有名,就是黄兴、吴禄贞等革命军人也颇以能诗见称。可见辛亥革命时期的文学和政治结合得很紧,是值得珍视和研究的遗产。

(十一)辛亥革命和亚洲国家的关系。列宁把20世纪初年印度、波斯、土耳其、印度尼西亚的民主运动和中国的辛亥革命,称为"亚洲的觉醒",说明辛亥革命是具有世界意义的。确实,波斯、土耳其的革命,曾经对辛亥革命发生过影响,而辛亥革命对印度、越南、朝鲜、印度尼西亚的民主运动更发挥了积极促进的作用。说清这些史实,可以帮助了解亚洲各国革命的相互影响和革命人民的友好关系。

（十二）辛亥革命在近代中国民主革命历史上的地位。从太平天国革命运动、戊戌维新运动、义和团运动到辛亥革命是近代中国反帝反封建的重要过程,而辛亥革命又是具有更完全意义的资产阶级民主革命。同时,辛亥革命又是五四运动的历史前提,吴玉章说:"辛亥革命的失败,使一九一九年的五四运动成为不可避免";"辛亥革命的胜利,也使五四运动成为不可避免"[1]。所以,搞清辛亥革命在近代中国历史上的地位,是正确地估价辛亥革命的历史意义的前提,也是正确地认识新旧民主主义革命转化的关键。

由试论辛亥革命史的分期引申到探索辛亥革命史各个方面的问题,涉及的范围很广,有似研究提纲,自知学识不及,不过聊作引玉之砖罢了。

---

[1] 吴玉章:《辛亥革命》,第22页。

清末的新军与辛亥革命[1]

一、新军原起

军队是国家机器最重要的组成部分,反动军队是保护旧制度最顽固的工具。满洲贵族早年凭借八旗和继起的绿营统治了中国,到后来,八旗和绿营日益腐败,他们为了镇压人民革命运动、继续维持其封建专制统治,对军队进行了多次变革。

清朝军队的变革,据《清朝续文献通考》"兵考二"中说:"我朝定鼎中原,当时所用仅止八旗劲旅,而已无敌于天下;其后额设绿营制兵,多或六十余万,少亦五十余万,较之八旗,不啻倍蓰。乃粤匪、捻匪、川匪、回匪之乱,制兵竟不足恃,于是加饷挑练,而有练军;招募勇丁,而有湘军、楚军、淮军、毅军;及日本之役,练兵练勇又不恃,于是仿照西法添设新军,而有袁世凯、聂士成两军,及湖北之洋操队、江南之自强军。"这一段话,概述了清朝兵制变革的三个重要过程:一是前期的八旗和绿营,是代表清朝强盛时期的武装;二是嘉庆、道光年间产生的团练变而为咸丰、同治间的湘、淮军;三是光绪、宣统间出现

---

[1] 原载《学术月刊》1961年第4期。

的新军。道光、咸丰后的清朝，不仅洋枪大炮和西法操练早已输入中国，而且是处于民族矛盾和阶级矛盾极端尖锐的年代里，人民反帝反封建的革命怒潮一浪高一浪地奔腾起来，清朝统治者感到要应付这个新的局势，兵制已到了不能不变的时候，所以他们说："自古无久而不敝之法，而兵制尤与时会变迁，故一代有一代之兵制，一时又有一时之兵制，未可泥古剂以疗新病，居夏日而御冬裘也。"[1]

清初的八旗和继起的绿营，经过白莲教和天理教的起义，以及英国侵略者发动的鸦片战争，显然已无能为力，有事则临阵溃逃，无事则虚縻粮饷。清政府在这种不得已的情况下，以"卫民"为幌子，准许地方暂办防军、练勇、团练，以弥补经制绿营的不足。团练初办时，只是地方性的暂制部队，演进到湘、淮军，才成为国家的常制军队。

在镇压太平天国革命的后期，清朝的部分军队已改习洋操。1862年由安庆开赴上海的淮军，在国内外反动势力的结合下，即开始了这种变革。《清史稿》"兵志十"记述其事说："同治元年，以上海、宁波等海口官兵，延欧洲人训练，令曾国藩、李鸿章、左宗棠等，酌选武员数十人，在上海、宁波习外国兵法，以副、参大员充之，学成之后，自行教练中国兵丁。又以广东、福建营伍久弛，饬耆龄、刘长佑等于旗、绿营营内择骁勇员弁，习外国兵法，天津练军亦如之。其内地营兵，仍遵旧章，随时训练。"外国侵略者为镇压太平天国革命，在上海所组成的洋枪队（常胜军），要算是最早的一支新式反动武装。戈登在他的家书中描述训练这支反动武装时说："很感兴趣地教练着中国兵使用大炮，他们进步很快，已经学会执枪、射击和分队。我希望他

---

[1]《清朝续文献通考》，兵考三。

们很快学会步兵战术,这次训练比我所预期的成绩还要大。"[1]一些满汉大员看到洋枪洋操的用处,自此建议整顿兵制、采用洋枪洋操、开办军事学校的意见渐渐多起来了。1865年,清政府又"令崇厚率洋枪队千五百人赴畿南,饬天津镇、芦台镇选择标兵,增练新式洋枪"。1867年奕䜣提出:"学习外国语言文字,制造机器各法,教练洋枪队伍,派员周游各国,访其风土人情,并于京畿一带,设立六军,借资拱卫。"[2]1871年曾国藩建议:"绿营饷薄兵疲,宜仿新军练军之制,裁兵加饷";"旧用鸟枪土药,不利战阵,各营宜以次悉改洋枪"。1874年曾国藩又提出以新械练兵,在沿海七省练陆军9万,沿江三省共练3万人。1879年李鸿章且以德国的陆军精良,选拔海防营内下级军官7人赴德国学习。1883年李鸿章在天津设立水师学堂,1885年又设立北洋武备学堂,日后袁世凯的新建陆军的将领多出自这个武备学堂。1886年张之洞也选拔甲级防营1500人改练洋操洋炮及阵法,第二年他又在广州设立水师学堂、陆师学堂。可见在洋务运动时期,虽然尚未正式出现后来的所谓新军,但少数部队已试用洋枪洋操,这已经包含了后来的新军的部分内容。

清朝新军的正式开始,是在甲午中日战争后。由于清政府在甲午战争中的严重失败,"一时内外交章,争献练兵之策,于是北洋则有新建军,南洋则有自强军,是为创练新军之始"[3]。

最初的新建军,即1895年3月起胡燏棻在小站的练兵。那时清廷"恫丧师,知募兵不足恃,命燏棻主练兵,成十营,顿小站;号定武

---

[1] 王崇武等:《太平天国史料译丛》,第251—252页。
[2] 《筹办夷务始末》同治朝第48卷,第3页。
[3] 《清朝续文献通考》,兵考二。

军。小站练兵自此始"[1]。胡燏棻是一个有维新倾向的洋务官僚,当年10月,清政府派胡燏棻督办芦汉铁路,小站练兵事由袁世凯接办。袁世凯原任驻朝鲜的商务委员,中日战争爆发后,回国报告军情,传日本有不利于他的消息,因不敢再返任,遂闲住北京。这时他四出活动,打通了奕劻、李鸿章、荣禄、李莲英等人的门路,草陈各种西洋式军队训练法,又请人写了一部兵书,用己名刊行,因而博得了"知兵"的声誉。通过这一系列的钻营,袁世凯弄到了一个浙江温处道的官职,还未上任,即被直隶总督王文韶留下了,要他接替小站练兵的事。野心勃勃的袁世凯,接受这一训练新军的职务后,改"定武军"称"新建陆军",由原来的10营4 700人,扩充为7 000人。成立总部,下设参谋营务处、执法营务处、督练营务处。其营制分左右两翼,置左右翼长。左翼有步兵2营,炮兵1营;右翼有步兵3营,骑兵1营,另设工程营。其中官佐多系北洋武备学堂出身的学员,如王士珍、冯国璋、段祺瑞等。此外还设有粮饷局、军械局、转运局、洋务局,分司各项工作。

在北洋训练新建陆军的同时,即1895年夏秋间,南洋也成立了自强新军。中日战争中,两江总督刘坤一以钦差大臣调赴山海关指挥军事,由张之洞暂署两江总督。张之洞就卫队护军等营选拔士兵两千数百名,成立自强军,聘德人来春石泰为全军统领,营哨各官皆以洋将充任。"旋募江苏之淮、徐、通、海,安徽之凤、泗、滁、和、太,及江宁之六合、江浦,常州之宜兴、荆溪、江阴、靖江,镇江之丹徒、丹阳各府州县土著乡民,年在十六岁以上、二十岁以下者,续练二千数百人,共合五千人。一切营制暨部伍人数,悉照德国章程。每正勇一名,

---

[1] 赵尔巽等:《清史稿》第229卷。

月给官铸银五圆,合库平银三两六钱,官给衣履饭食在外……"[1]张之洞除办自强军外,又奏请设立江南陆师学堂,主张"将领营哨各官无一不由学堂出身"。1896年初,张之洞将回湖广总督本任时,奏明将护军前营调至湖北,教练洋操。回任后,即将该护军营的熟练勇丁,分为前后两营,募人添足额数,以德国公使荐来的德将贝伦可多尔夫充当两营总教习,以天津、广东武备学堂学员充任教习,专肄西法。这是湖北训练新军的开始。

在北洋、南洋开始训练新军后,清政府一面令各省着手将防军进行改编或用新式操练,建立新军;另一面在国内一些主要城市设立武备、陆军学堂,并分批派遣青年出洋学习军事,拿他们的话来说,叫作"储备将材"。想以此为基础逐步建立起强大的新军来代替旧军。

新军的所以被称为新,以其不同于旧式军队而接近于现代化军队的建制。

首先是新军均习洋枪洋操,与依靠膂力、使用刀矛弓箭的旧式军队迥然不同。胡燏棻开始练兵于小站即说:"此次创练新军,一切操练章程,均按照西法办理,则一切行军应用器具,自不能不按照西法购备。"[2]新军拥有步、骑、炮、工程、辎重等各兵种。新军的编练,开始多以德国人为教习,因以德国陆军为最精锐;其编制则仿日本。所以新军的创立,也是在洋务运动后向西方学习的一个方面。

其次是新军选拔的标准较严,年龄、体格及识字程度均有规定,年龄一般规定从16岁至22岁不等,最高有至26岁的。身体规定官裁尺4尺8寸以上,南方人躯体较小,酌减2寸。凡体质较弱及有目

---

[1] 中国近代史资料丛刊《戊戌变法》(3),第375页。
[2] 《光绪朝东华录》第4册,中华书局1958年版,第22页。

疾瘖疾者不收,凡有不良嗜好或犯有事案者亦不收。这些也大都是取法于资本主义国家的规定。

再其次,规定各级军官应以军事学堂出身的人充任,即军官应为具有现代军事知识的人。清政府除在各重要城市创立武备、陆军等学堂外,后来还由陆军部专设速成学堂,两年半毕业,然后分派各省驻军;各省镇协也多设随营学堂及弁目学堂,培养正副弁目。若选委官弁,规定除尽先委派曾习武备者外,对旧有官弁,必须切实甄别,以能粗识文字、虚心向学为合格。军中如遇有官弁出缺,仍须先尽学堂毕业的人员充任。不仅要求军官应具有现代军事知识,也要求士兵学习军事知识和军事有关的知识。清政府曾下令各营,认为"自强军新纂《西法类编》一书,分兵法、军器、测绘、数学诸门,由浅入深,颇为详备,应分发各营旗,责成营哨官以时讲习,务期逐渐通晓,不得专委诸教习致形隔阂;并咨取北洋所刊《德国陆师操法入门》,刷印万数千本,遍给各勇丁阅看。此外如《孙子十三篇》《坤舆方图》《万国舆图》《亚细亚东部舆图》《沿海八省口岸全图》,一体购印颁发,责成各该官长及文案等员不时翻阅,指示勇丁以为精通门径。如各该营哨等官虚应故事,或不能胜任,即行分别撤参"[1]。

新军既有别于旧军,也就是说新军优于旧军。当"自强军"建成时,梁启超曾记其事说:"全军操练仅八阅月,马军乃一月有余耳。而其士躯之精壮,戎衣之整洁,枪械之新练,手足之灵捷,步伐之敏肃,纪律之严谨,能令壁上西士西官西妇观者百数,咸拍手咋舌,点首赞叹。"[2]这里可能有所夸张,但是新军比起旧军来,确实表现为一种

---

[1]《清朝续文献通考》,兵考十七。
[2] 梁启超:《记自强军》,见《饮冰室合集》,文集之二。

新的力量,这种新的力量对腐朽的清政府来说,却是一个矛盾。

清政府训练新军的目的,是想以新军来保护和稳定其正在动摇中的统治;其办法是采取对旧军逐步淘汰,对新军逐步扩充,最后以新军代替旧军。可是旧军的腐败已不能保护其封建统治,而建立中的新军却不愿为封建统治者效忠,且向着相反的方面演变,所以新军的产生和扩充,不意味着清朝统治的重新巩固,而是其内在矛盾的继续扩大。

二、 新军的扩编

义和团运动后,清政府的建军工作,比在甲午战争后作了进一步的打算,计划将新军分年推行于全国各省。这一时期,不但刘坤一、张之洞的"会奏三疏"及他人关于条陈"新政"的奏折,多谈到建立新军的事,而且清政府颁行了一系列裁汰旧军、扩编新军的政令,编练新军已成为清政府举办"新政"的重要内容之一。即所谓"时事多艰,练兵实为急务"。

1901年,清政府下令永远停止"武生童考试及武科乡会试",以"所习硬弓刀石及马步射,皆与兵事无涉,施之今日,亦无所用",并令各省在本年内严汰绿营、防勇十分之二三,在原有各营中精选士兵成立常备、续备、巡警等军。

1902年,清政府以北洋、湖北训练新军颇具规模,自应逐渐推广,因命河南、山东、山西各省选派将弁赴北洋学习操练,江苏、安徽、江西、湖南各省选派将弁赴湖北学习操练,学成后,发回各原省管带新军。当时各省有关编练新军的请奏,"不曰仿照湖北、北洋办法,即曰派员驰赴湖北、北洋调查成案"。

1903年,清政府设立练兵处,总理练兵事务,各省设督练处,亦称督练公所。

1904年,清政府正式划定军制,规定新练军队分常备军、续备军、后备军三等,并规定招募应征条件、官制、训练、给养、奖罚、征调、退休、军器、运输等一切制度。

1905年,清政府为了统一和扩充全国新军的编制,计划全国共编新军36镇,按各省的人力物力及地区的重要性,进行分配,限年编练完成。36镇的具体分配:广东2镇、广西1镇、甘肃2镇、云南2镇、贵州1镇,均限5年编练足额;江北、安徽、江西、河南、湖南、热河各1镇,限4年编练足额;近畿4镇、直隶2镇、湖北2镇、江苏3镇,山东、山西、陕西、新疆各1镇,均限3年编练足额;奉天、吉林、黑龙江、浙江、福建各1镇,限2年编练足额;四川3镇,因居长江上游,地区辽阔,物产丰富,比他省为优,限3年编练足额,其中1镇与度支、陆军两部协作练成。上述36镇中,只有北洋6镇(即近畿4镇、直隶2镇)、湖北2镇已先此编练完成,但清政府不愿疆吏拥重兵,只许湖北有1镇1协。各镇所需饷款,除有些是由国库开支外,多数均由各省督抚就地筹款。自此以后,全国各省均分别编练新军,或将防军改编,或用新式招募。由于旧军不能全部淘汰或改编,加上人力财力的限制,许多省份并没有如期如数完成编练的任务。如1908年两广总督张人骏奏称:"前督臣岑春煊,原练步、炮、工、辎十营,嗣经周馥裁改归并,仅存一标之数,见(现)筹办法,惟有就饷力所及,陆续征募,即陆续编练,总期先成一协以立基础。"[1]四川总督赵尔丰也向清廷申诉困难说:"查川省情形,人才既异常缺乏,饷力更万分困难,一协尚未观成,两镇而限三年,实觉断难就绪。查两广云贵等省,应编军镇均限五年,恳恩俯准将川军两镇展限两年编足,俾期限略就宽舒,

---

[1]《清朝续文献通考》,兵考十九。

办理不致竭蹶。"[1]因此，清政府规定在全国编练新军36镇的计划，到它被灭亡为止，终于没有完成。据《清史稿》"兵志三"的综合统计，全国只编成了26镇，有些书上说只编成16镇，是没有将未成镇的队伍算进去。

清政府在全国各省编练新军的计划，恰也给革命党人在全国各省以发展革命势力的机会；后来武昌首义，很快就得到各省的响应，这就是因为各省的新军已成为革命实力的基础。所以《清史稿》说"卒酿新军之变"，这是清朝统治者始料所不及的。

新军机构，中央除有陆军部的节制外，主要由练兵处负责，曾派奕劻为练兵大臣，袁世凯为会办大臣，铁良襄同办理。各省所设督练公所，下设兵备处、参谋处、教练处，各置总办1员。督练公所的最高官吏为督办，统辖全省军营，总揽三处职权，一般由各省督抚兼任，也有由驻防旗军的将军兼理的。

新军编制：分军、镇、协、标、营、队、排、棚，相当于后来的军、师、旅、团、营、连、排、班。各级将领，军称总统（军未设置），镇称统制，协称协统，标称标统，营称管带，队称队官，排称排长，棚有正副目。平时编制，两镇为1军，每镇包括步、马、炮、工程、辎重等兵种，计步队2协，每协2标，每标3营，每营分前后左右4队，每队3排，每排3棚；马队1标，每标3营，每营4队，每队2排，每排2棚；炮队1标，每标3营，其中陆军炮2营，过山炮队1营，每营3队，每队3排，每排3棚；工程队1营，每营4队，每队3棚。步、马、炮、工程、辎重各种队伍，每棚分正目、副目、正兵、副兵共14个战斗人员。一镇中设统制官、参谋官、执事官、执法官、军需、军械、军医、马医、司号、书记长、司事

---

[1]《清朝续文献通考》，兵考十九。

生、司书生等官佐,计全镇官长及司事人员共 748 名,弁目兵丁 10 436 名,夫役 1 328 名,共计 12 512 名。已编练完成的各镇,虽不一定尽与上述数字符合,但多在万人以上,也有不足万人的镇。战时征调,按地势军情而定,或以三镇为一军,或合数军为一大军,或只派一镇出动,没有军的节制。

另外一种混成协,它与镇管辖下的步兵协不同,除步兵 2 标外,还拥有马、炮、工程、辎重等兵种,所以叫作混成协,是镇的缩编。这种混成协不隶属于镇,近于后来的所谓独立师、独立旅,武昌起义时的黎元洪就是这种混成协的协统。也有的是因成镇不足,先成立混成协,再由混成协扩充为镇。所以宣统元年闰二月清王朝批准陆军部的一篇奏折中说:"查编练陆军,以成军成镇为准则,各省现编混成协,原出一时权宜,为将来改镇之基础。"[1]

新军分常备、续备、后备三等。规定常备军训练以 3 年为限,月饷 4 两 5 钱,期满发给凭照,资遣回籍,列为续备军,每月减饷银 1 两。续备军主要补充常备军额之不足和运送军火物资,若续备军还不够用,由后备军补充。续备军听其自谋生计,但每年 10 月由军统率各府州县集中训练 1 月,在会操这 1 月中,各兵与常备兵同样发给全饷。续备军 3 年会操期满后退为后备军。后备军月饷照续备军减半,听其自谋生计,后备军期限 4 年,第一年和第三年免调操,第二年和第四年均全操。4 年期满退为平民,停止月饷,不再征调,若遇战争,其年在 45 岁以内,自愿应募者,准以录用。由于清朝军制的陈陈相因和新军建制的尚未完成,常备、续备、后备的规定并没有得到实行。

新军的初起,袁世凯在北方编练"新建陆军",张之洞在署两江总

---

[1] 《大清宣统新法令》第 3 册,第 10 页。

督任内练"自强军",续在湖北练新军,南北编练新军可以说是同时开始,何以后来北方的新军成为北洋军阀的系统,而南洋和湖北的情况却不一样?首先是因为清政府把北洋军充作国军,是其直接拱卫京师和驻防直隶的武装,尽力扩充,即所谓"京营强则风气易振,畿辅实则觊觎不生"。而居长江中下游的南洋和湖北,虽有其重要性,却和其他各省一样,所练新军是属于地方军,清政府采取限制政策,如湖北由两镇减为1镇1协,即为一例。其次是袁世凯的盗取政治资本和树立个人实力,在他爬上直隶总督、北洋大臣和练兵大臣等重要职位后,其地位又在各督抚之上,更想厚集兵力以为己用。所以北洋军的将领多为天津武备学堂出身的一批旧军官,这些人都由袁世凯拔擢而成为他的党羽。至于作为南洋重镇的两江总督刘坤一,在1902年便死去了,而热衷编练新军的湖广总督张之洞,他的权势已不如后来居上的袁世凯,后来他又离开了湖北到北京做大学士去了,他个人的行径也与袁世凯的完全军阀化有所不同。所以南洋和湖北的新军并没有形成一个中心。

三、 革命党人与新军

新军起于八旗、绿营和防军、练勇的衰败以后,是模仿西洋的军事技术及其编制的新式武装。清朝统治者想依靠这些新军来振衰起弊,然而除了如北洋六镇的顽抗革命外,多数地区的新军却成为革命党人活动的对象,是武昌起义和各省响应的主要战斗力量,与清朝统治者原来所设想的完全相反,这是由于革命形势的发展和新军的社会基础所决定的。

新军倡始于甲午战争后,发展于义和团运动后,这个时候的中国,正经历着严重的变化,新旧冲突异常剧烈。顽固的清政府在这时也装出了一副要"革故鼎新"的姿态,举办了若干所谓"新政",新军就是这些"新政"中的项目之一。顽固的封建政府要建立资本主义方式的武装——新军,它的本身就构成了难以克服的矛盾,即要求以新事物来维持旧统治的矛盾。

第一,清政府为了要改变旧军那种流氓和腐败的习气,选拔新军士兵的标准是比较严格的,入伍者都是些从16岁到20余岁不等的青年,他们多属破产农家的子弟和其他小资产阶级知识分子。文化程度也有所规定,如张之洞在湖北招募新军时,应募者均要作一篇文章,章裕昆回忆他投考新军时的试题即为"明德新民"。但是,要求新军普遍地略通文字,在那时文盲成堆的条件下,还是做不到的,所以后来并没有完全按照这个规定来招募新军,不识字的农家子弟和会党分子投入新军的仍占多数。李六如在《六十年来的变迁》一书中描写季交恕经常代新军士兵写家信,即反映了这种情况。这些人入伍以后,可以说就是穿上武装的青年农民。他们既来自被剥削阶级的家庭,或者来自每况愈下、无以维持生计的破产家庭,他们本来就怀着不满现状的反抗情绪,自然易于接受革命宣传,何况他们由分散的家庭生活集中到部队中来,更能表现多数人的力量。

第二,自1898年废八股、1903年废科举后,那时的知识分子已失去了旧日安身立命的途径,只有另谋出路,有的出洋留学,有的转入国内新式学堂,那些既无法到外国去留学,也进不起国内的新式学堂的青年,投笔从戎成了他们的重要出路,如"一九〇五年在黄陂应募入伍的,那次募兵结果,九十六人中就有二十个廪生,二十四个秀才"[1]。可见投入湖北新军各营的知识分子不在少数,如

---

[1]《辛亥首义回忆录》第1册,第70页。

三十二标即占百分之二十至三十[1]。这里不是"秀才遇着兵,有理讲不清",而是秀才和兵合而为一了。他们是从封建营垒崩坏中被抛到十字街头的一批人,他们对清政府不满,对现状不满,也是容易接受反满革命思想的一批人。

第三,清末的留学生运动,以留日学生为最多,其中有不少是学习军事的,日本的成城学校就是一所专供中国学生学习军事的学校,进士官学校的也有不少中国学生。留日学生进军官学校,虽然清政府限制很严,既要经各省督抚保送,又要经驻日公使的批准,非公费生均不得投考日本士官学校,而且一再训谕学生要"牢记尊君亲上,毋得误听邪说"[2]。所谓"邪说",即清朝统治者最为害怕的革命言论。但是这些青年,除了亲贵子弟和贪图富贵者外,他们在看到国家民族的岌岌可危和受到资产阶级政治思想的影响,也产生了朦胧的反满情绪,乃至赞同革命。这种思想变化是清政府无法控制的。同时清政府为了推行假维新、伪立宪,并在全国建立新军,各省督抚要迎合这种气氛和树立自己的势力,对留日归国的军校毕业生,争相延揽,如湖广总督张之洞邀请吴禄贞,东三省总督赵尔巽邀请蒋方震,浙江巡抚张曾敭邀请蒋尊簋,云贵总督李经义邀请蔡锷,等等;而且给了他们较高的职位,充当新军的协统、标统、管带以及督练公所督办、总教习,或在讲武堂、陆军小学供职,有的竟擢升为镇的统制,如吴禄贞即其一例。这些人虽然多数是在观望形势变化,然而他们并不喜欢清朝的封建统治,有的还加入了同盟会或倾向革命。由于他们是新军的上层或接近上层,对革命活动起过掩护的作用。

---

[1]《辛亥首义回忆录》第 2 册,第 95 页。
[2]《大清光绪新法令》第 14 册,第 126 页。

除上述几种人外,新军中还有一批洋务派军阀官僚,他们担任着高级、中级将领,拥高官厚禄,反对革命,如黎元洪就是这一类人的最著者。他们是上层,又只是上层中的一部分,在革命形势不断发展和群众日益革命化的情况下,他们虽欲抗拒革命而不可能。

新军中的广大士兵群众,虽然多来自农民、手工业者和小资产阶级知识分子,富有革命要求。但是,新军毕竟是清政府直接掌握下的武装,要使他们革命化,投身到革命一边来,并不是全出于自发,而是通过先进的革命党人的宣传和争取,使他们一步步由清朝的武装变为准备起义的革命武装。

革命党人对新军展开的活动,首先是采取"不入虎穴,焉得虎子"的办法,这就是革命党人的投入新军或入伍为兵。经过甲午战争和八国联军两役后,中国处于一种被瓜分的危局,反帝反封建的斗争遍及全国,然而以那拉氏为首的清政府,对帝国主义则奉命唯谨,对人民的压制则唯恐不力。全国富有爱国思想的革命青年,感到民族危机如此深重,要使中国从危局中解救出来,实现独立自主,必先推翻卖国投降、腐败无能的清政府。然而手无斧柯,何以反清?因此,他们纷纷投入营伍,想借敌人的武装来武装自己,并在敌人的营垒中展开活动。同盟会成立后不久,即在日本选拔军事骨干李烈钧、程潜、唐继尧、张凤翙、孔庚等28人,组成"铁血丈夫团",回国分赴各省参加新军,掌握实力。文学社《商务报》总编辑刘复基且曾入伍当一名副兵,文学社首领蒋翊武也投入了新军。有些军事学校的革命党人分发到部队中去后,和士兵生活在一起,暗地里向士兵宣传革命,如云南讲武堂的学生在1911年就有很多投入新军第十九镇各步、骑、炮、工等兵种的标营中活动。这种事例是不胜枚举的。

其次,是通过在新军中的革命党人,秘密地散发革命书刊,其中如陈天华的《猛回头》《警世钟》和邹容的《革命军》,文字浅显如快板,反满和反帝的态度很鲜明,对新军的影响很大。武昌首义老人所写的回忆录——《武昌首义回忆录》,其中许多都说到他们曾经读过和传递过这些小册子。又如文学社主办的《商务报》(后改名《大江报》),尽情揭露清政府的腐败和军官的克扣军饷,以及帝国主义分子在中国横行的情形。因此,湖北新军中的士兵非常欢迎它,而军中的反动军官则"畏报如虎,恨报刺骨"。此外革命党人举行演讲会,以激发听众的革命感情,如日知会每星期六或星期日即有专人讲演,讲演的内容从时事到公开宣传革命,讲者慷慨激昂,声泪俱下,听众深受感动。这些听众许多都是新军官兵。

再其次,利用组织方式开展活动。就湖北来说,最初出现的革命小组织,有科学补习所和日知会,成员多为新军中的中下级军官,他们在开展革命活动方面较士兵为方便,可以利用其职务为掩护,但是人数过少,同时一旦发生事变,他们往往不能坚持革命者的气节,以致暴露革命活动。后来在武昌相继出现的军队同盟会(1907年)、群治学社(1908年)、振武学社(1910年8月)、文学社(1910年12月)等,就记取了这一教训,改变方针,不吸收军官,只吸收士兵。共进会争取的对象,后来也不限于会党了,扩大到新军和学界中,但它仍以联络新军中的会党分子为主,采用换帖拜把的方式灌输革命思想,然后邀其填入会志愿书。文学社当时在陆军小学发展社员的方法,是利用清政府招考学员每人须作一篇文章的机会,从文章内容考察和判断学员的思想动态,以便进行联系,然后吸收入社。革命党人为了和新军互通声气和争取有革命倾向的青年,在新军驻营附近、交通要道或租界,设立酒店、杂货店以至住宅,这种商店和住宅也就成了革命的秘密机关。在湖北以外革命党人较活跃的地区,在新军中组织秘密团体,积蓄革命力量的也不少,如熊成基在安庆新军中主持的岳王会,如第二十镇中的武学研究会,即其实例。

革命党人对新军进行的活动和组织工作,其目的是在假新军掀起武装起义。1907年的钦廉防城起义,曾经邀约赵声所领新军响应,没有实现。此后同盟会更重视了争取新军的工作。1910年1月广州新军与巡警发生冲突,革命党人倪映典等乘机率新军起义,也是武昌起义前新军公开地首先向清政府的反戈一击。谭人凤说他们"运动军队革命从此起"[1]。因为在这以前,基本上都是运动会党,但是对新军已经做了许多工作。

由于革命形势的推进和革命党人的活动,到武昌起义前夕,湖北新军的大部分已革命化。如第三十标第一营的官兵参加文学社、共进会等革命团体者达十分之六七。据统计,"当时湖北新军第八镇和第二十一混成协共约一万五千人(按:李春萱回忆为一万六千多人,熊秉坤回忆为一万八千七百多人),纯粹革命党人将近两千人,经过联系而同情革命的约四千多人,与革命为敌的至多不过一千余人,其余都是摇摆不定的"[2]。至此,可见湖北新军中的势力已大大超过了反革命势力,这就是武昌首义时机成熟的主要条件。同时湖北以外各省的新军中,也同样存在着革命或同情革命、坚决反对革命以及摇摆不定分子这三种力量,除了反动势力控制较严的新军外,多数地区新军中的革命或同情革命的力量,到武昌起义的时候,也大都逐步取得优势。如"滦州北门外师范学堂驻有七十九标一二三三营,自队排长以至士兵,十九皆倾向革命"[3],就反映了这一情况。

[1] 《石叟牌词叙录》,载《近代史资料》1956年第3期。
[2] 《辛亥首义回忆录》第1册,第125页。
[3] 中国近代史资料丛刊《辛亥革命》(6),第291页。

四、武昌起义时的新军

武昌起义,可以说是资产阶级、小资产阶级革命派发动的新军起义,所以有人说是"湖北的士兵革命,是士兵群众作了清王朝的掘墓人"。清政府也声称这次革命是"革党、叛兵互相勾结,意图大举,殊非寻常草寇可比"。武昌首义虽然不应孤立地看作"士兵革命",但在革命党人的长期策划和全国群众斗争的汇集下,湖北新军是发挥了主要的战斗作用的。

革命党人在新军中的活动和新军的倾向革命,清政府是早有所觉察的。还在1906年,端方的密折中就写道:"近访闻逆党方结一秘密会(按指同盟会),遍布支部于各省,到处游说运动,且刊印鼓吹革命之小册子,或用歌谣,或用白话,沿门赠送,不计其数。入会之人,日以百计,踪迹诡秘,防不胜防。其设计最毒者,则专煽动军营中人,且以其党人投入军队,其第一策则欲鼓动兵变;其第二策则欲揭竿倡乱之时,官军反为彼用,否亦弃甲执冰不与为仇。"[1]经1910年1月广州新军起义的事情发生后,清政府即严令各省加强对新军的防范称:"昨据袁树勋电奏,该省(按指广东)新军有勾结匪党、借端哄营……电谕该署督迅即剿办矣。近来人心浮动,各处党会丑类繁多,往往混入军营,暗中勾引,借端煽惑,广东如是,他省恐亦不免,亟宜先事预防,早图挽救……"[2]再经长沙"抢米"风潮和铁路风潮的掀起,清政府对新军的防范更严。湖北的新军原为一镇(第八镇)一混成协(第二十一混成协),当四川铁路风潮大起时,清政府派端方领湖

---

[1] 中国近代史资料丛刊《辛亥革命》(4),第41—42页。
[2] 《清朝续文献通考》,兵考四。

北新军第三十一标和第三十二标的一部分援川(端方被这些新军处死于资州),瑞澂还怕新军过分集中,又外调了一部分,故起义时,驻扎武昌城内外的新军只有8 000人左右,参加革命的约4 000人,其余的不是在起义时逃散了,就是对革命顽抗的分子。

由于新军中的起义士兵的勇敢战斗,一举占据了武汉三镇,给全国首先竖起了反清革命的旗帜,各省纷起响应,宣布独立,清政府很快就被推倒了。武昌起义的主要战斗力是新军士兵,各省响应的战斗力大都也是新军和防军、会党、学生及临时招募的队伍,各省情况虽有不同,总的说来,可概括为下述三种情况:

第一,以新军为基本力量宣布起义的,如云南、浙江、山西、新疆等多数省份均如此,但这些起义省份的起义力量也有会党参加。

第二,以新军和会党的联合为起义力量,湖南、陕西就属于这种形式。所以湖南起义首领的革命党人焦达峰和陈作新,一个是会党的组织者,一个是新军军官;陕西起义时则是以新军参谋官张凤翙为大统领、哥老会首领钱定三和万炳南为副统领。

第三,立宪官僚抢夺革命果实宣布独立的省份,也是在害怕新军起义、发生流血斗争的基础上进行的,江西、广西两省可为代表。

显然,武昌起义后,全国内地各省除河南外,大都是革命党人运动新军和会党宣布响应革命的,而新军又是其中的主要力量,梁启超给徐勤的信中也说:"各省响应,皆煽动军队。"[1]可见辛亥革命,主要是依靠新军的起义取得了推翻清朝统治的胜利。但新军也有许多是穿上军服的会党分子。在新军和会党外,各省起义还有防军、学生和其他群众,如四川的猎户,也参加了四川的起义斗争。

---

[1] 《梁任公先生年谱长编》第6册,第554页。

新军虽然有很大的革命性,但是新军究竟不是革命党人自己以革命的名义建立起来的武装,新军的本身即包含着革命和反革命两种势力,也有表示中立的,如川路风潮,保路同志军围困成都时,那里的"新军严守中立,既不助民,又不助官"[1]。这种情况各省都存在。就是那些举起革命旗帜、武装起义的新军,由于他们缺乏坚强的领导,不但对一批洋务官僚、立宪党人仍是认识不清,而且没有经过应有的改编和改造,也就不可能真正地形成为强有力的革命武装。所以黄兴在就任南京临时政府的陆军总长时,因"无主兵,命令难行"[2]。相反,袁世凯却把一部分新军——北洋六镇,变为他自己的武装,成为一支强悍的反革命力量。毛泽东说:"在中国,主要的斗争形式是战争,而主要的组织形式是军队。"[3]辛亥革命中的资产阶级、小资产阶级革命派,没有认识到当时"主要的组织形式是军队",甚至害怕革命的彻底胜利,所以大资产阶级、大地主阶级的反动势力一进攻,革命就失去了还手之力,结果只能以妥协代替斗争,以失败结束革命。

---

[1] 《四川保路同志运动史料》,第382页。
[2] 《石叟牌词叙录》,载《近代史资料》1959年第3期。
[3] 《毛泽东选集》第2卷,第531页。

清末革命党人的纪年[1]

中国历代都采用帝王纪年，帝号即年号，如秦始皇几年、汉高祖几年之类。汉武帝开始于帝号外另立年号，第一个年号叫"建元"，自此这种另立年号的办法，一直沿用至清末的"宣统"，其中有些皇帝一再改元，一个皇帝多至十几个年号，使人无从记忆。但到明、清两代，又略有变化，即一个皇帝只立一个年号，明英宗虽有两个年号，是因帝位中断复位的关系。于是帝号和年号混而为一，如明太祖——朱元璋也称朱洪武，至于清朝的什么圣祖玄烨、世宗胤禛，反不如称康熙、雍正的习惯了。可见几千年来的纪年，虽有过若干变动，但总不离以帝王的更替为转移。

鸦片战争后，中国社会发生了深刻的变化，封建帝王的统治日趋崩溃，历代沿用的帝王纪年也随着这种情况而动摇。在19世纪后半叶，至少有两种新的纪年办法冲击着原来的帝王纪年。一是太平天国在创建"天历"外，并以国号纪年，称"太平天国某年"，与清朝皇帝的年号尖锐地对立起来。它在太平天国建立革命政权的地区内，推

---

[1] 原载《历史教学问题》1959年第4期。

行达十余年,不但取消了年号的累赘,也否定了以帝王个人为转移的纪年。二是维新运动时期,康有为主张以孔子纪年。1898年,康有为上《请尊孔圣为国教、立教部教会、以孔子纪年而废淫祀折》,说"大地各国,皆以教主纪年,一以省人记忆之力,便于考据;一以起人信仰之心,易于尊行"[1]。梁启超作《纪年公理》一文为之推广,说"太史公于《老子列传》,大书孔子卒后二百七十五年,为万世之纪元之定法矣。南海先生倡强学会,即用史公之例,大书孔子卒后二千四百七十三年"[2]。意在推行一种共同纪年的办法,使纪年不随朝代兴废、帝王更替而改变。当时如张之洞等人闻而为之震骇,也就说明这种纪年在一定程度上体现了政治和思想上的新旧斗争。至民国六年,康有为编印《不忍》杂志,还用孔子纪年。

20世纪初年,资产阶级、小资产阶级的革命派在逐渐形成中,他们既反对清朝的统治,自然不愿使用清帝的年号;他们又有建立民主共和国的要求,也就不愿因袭过去那种以个人为转移的纪年。除1906年萍浏醴起义,龚春台曾以"汉德"两字为年号,尚未脱出旧用年号的窠臼外,其他拟议或运用的纪年办法,不是在追求一种新的纪年方法,就是用一种权宜的暂行名称。计有下述各种:

(一)以"天运"纪年。"天运"不是年号,只是在惯用的干支上冠"天运"二字,例如"天运甲子岁"。大概始用于反清的秘密会党,他们欲继续奉行明代的正朔,明代事实上已不存在,正如后来的革命党人所说:"自永历建元,穷于辛丑(1661年),明祚既移,则炎黄姬汉之邦族,亦因以澌灭。"[3] 遂以"天运"来拒绝使用清帝年号。所谓

---

[1] 康有为:《戊戌奏稿》。
[2] 梁启超:《饮冰室合集》,文集之三,第35页。
[3] 《支那亡国二百四十二年纪念会序》,见《黄帝魂》。

"天运",是天行旋转的意思,意示清朝的异族政权迟早是要归还汉族的。孙中山在欧洲成立革命党的誓词,及同盟会成立时的宣言和有关文件,都采用这种方式纪年。这里说明同盟会承继了反满的种族革命传统,也表示将来采用何种年号尚难确定,暂以"天运"代替。

(二)在干支上冠"中历"两字的纪年。如1907年党人发行于新加坡的《中兴日报》,记"中历乙未年某月某日",并以公历年月日对照。

(三)以清朝入关、明朝灭亡为纪年起点。章炳麟在1898年就这样用过,他在是年所作的《艾如张·董逃歌序》开头就说:"永历既亡二百三十八年春,余初至武昌……"他是以南明永历帝灭亡的1661年作为起点的,1902年章炳麟、秦力山等在东京发起的著名的"支那亡国二百四十二年纪念会",所谓"二百四十二年",就是以此为起点的。邹容亦主是说,但纪年起点与章不同,他在《革命军》小册子中说:"满洲人率八旗精锐之兵,入山海关,定鼎北京之一日,此固我皇汉人种亡国之一大纪念日也。"所以《革命军自叙》的结尾,即署"皇汉民族亡国后之二百六十年岁次癸卯三月×日"。这种纪年旨在激发种族革命的感情,不能成为正式纪年办法。

(四)以"周召共和"纪年。东周厉王无道,被流放于彘,由周公、召公两相共理朝政,号曰"共和"。这是公元前841年的事,中国历史年次的可靠性,从这一年开始。同时取"共和"两字的意义,表示中国在推翻清朝后,当建立民主共和国。因此章炳麟主张用"共和"纪年,1900年他在《〈客帝〉匡谬》和《〈分镇〉匡谬》的开头都这样写道:"共和二千七百四十一年,章炳麟曰……"同年他在《解辫发》中也写道:"共和二千七百四十一年秋七月,余年三十三矣。"翌年他在《唐烈士才常像赞》末署:"共和纪元二千七百四十二年八月,后死章绛太炎书。"1903年给邹容的《革命军》所作的序,末署"共和二千七百四十四年四月"。

（五）以公元纪年。由于当时的中外关系频繁,沿海重要都市早已中西历并用,为适应彼邦习惯,国外留学生使用西历的地方则更多。革命党人所发布的文告或著作,也有全用公元的,如1903年秦巩黄给《孙逸仙》一书所作的序、1904年孙中山的《对外宣言》(即《中国问题的真解决》),所记年月,均系公元,但只限于个人使用。至于正式主张采用公历来代替中国纪年的办法,当时有高梦旦(凤谦)其人有此建议。

（六）以黄帝纪年。中国过去的史籍,都以中国文化开创于黄帝,并以黄帝为中华民族的远祖。清末革命党人,为贯彻其反满种族革命和反对君主专制的宗旨,主张用黄帝纪年。这种纪年,1902年章太炎发起的"支那亡国二百四十二年纪念会",已露其端,所草的宣言中说:"维我皇祖(按指轩辕黄帝),分北三苗,仍世四千九有九载。虽穷发异族,或时干纪,而孝慈干蛊,未坠厥宗。"自1903年起,尤其是1905年后,成为革命党人比较通用的纪年办法。

当1903年中历四月,留日学生组织革命小团体"军国民教育会",会员徽章镍质圆形,大如银元,正面镌黄帝轩辕氏像,背面刻铭文四句:"帝作五兵,挥斥百族,时维我祖,我膺是服。"铭文为秦毓鎏作。据张继的《回忆录》说:他们"组织军国民教育会,主张推翻清政府,入会者皆用黄帝纪元"[1]。同年江苏籍留日学生创刊的《江苏》杂志(月刊),第一期第二期尚署"光绪二十九年",自第三期起,改用黄帝纪年,书作"黄帝纪元四千三百九十四年五月廿八日"。这是使

---

[1] 国民党《党史馆馆刊》第2号。

用黄帝纪年最早的记录。荣孟源编的《中国历史纪年》一书内的《清纪年表》,将革命党人用的黄帝纪年,列于1901年开始,不知何据。

同年7月11日,初期参加革命活动、后来叛变革命的刘光汉,作了一篇《黄帝纪年说》,文后有《附黄帝降生后大事略表》,申述应采用黄帝纪元的理由说:

> 民族者,国民特立之性质也,凡一民族,不得不溯其起原。为吾四百兆汉种之鼻祖者谁乎?是为黄帝轩辕氏。是则黄帝者,乃制造文明之第一人,而开四千年之化者也。故欲继黄帝之业,当自用黄帝降生为纪年始。吾观泰西各国,莫不用耶稣降世纪年,回教各国亦以摩哈麦特纪年,而吾中国之纪年,则全用君主之年号。近世以降,若康、梁辈渐知中国纪年之非,思以孔子纪年代之。吾谓不然。盖彼等借保教为口实,故用孔子降生为纪年;吾辈以保种为宗旨,故用黄帝降生为纪年。

除上引这段话外,此文并以黄帝纪年有三层好处:(一)黄帝的年代久,以前的历史事实少,可以大大避免由后推前的繁难;(二)取法日本的以神武天皇纪年,是择善而从;(三)用黄帝纪年,可使"君主年号徒属空文",从而粉碎"王者贵"的谬说。

《黄帝纪年说》一文,原载于1903年的《国民日日报》,同年黄中黄(章士钊)编印的《黄帝魂》一书,收入此文,列作首篇。同时《黄帝魂例言》的后面,即署"黄帝纪元四千六百十四年冬十二月"。钱玄同认为"最早说明用黄帝纪年之义者,即刘君此文"[1]。按军国民教育会和《江苏》用黄帝纪年,均在《黄帝纪年说》发表前,那么黄帝纪年的意义,事实上那时已为不少革命知识分子所理解和传播,否则就

---

[1] 《左盦外集》第14卷。

不可能行使于团体和公开发行的杂志。因此，刘光汉的《黄帝纪年说》，可以说是综合当时好些人的意见而成。

革命党人采用新的纪年办法与旧的帝王纪年对立，为什么至1903年才有更多的人提了出来，这因为资产阶级、小资产阶级的知识分子至此已开始形成为革命派。而这些纪年的拟议，在当时的社会生活中，正体现为中国的政治斗争和思想斗争向着新的形势发展。黄帝纪年是革命党人所提出各种纪年办法中影响最大的一种。可是史称"生而神灵，弱而能言"的黄帝轩辕氏，是一个神化的象征性人物，他的一生是无从稽考的，各书记载不一，因此采用黄帝纪年，所纪的年代也就互不相同，有的竟相差至几百年，甚至一个人使用的黄帝纪年也前后互异。就所见到的资料，当时使用黄帝纪年的异说，约有下列几种：

（一）《江苏》杂志，以1903年为黄帝纪元四千三百九十四年。继《苏报》被封后出刊的《国民日日报》，也以是年作四千三百九十四年。

（二）刘光汉的《黄帝纪年说》，以1903年为黄帝纪元四千六百十四年。黄中黄在《黄帝魂》中所采用的年次相同。可是刘光汉于甲辰年（1904）写的《清秘史序》，又以1904年为黄帝纪元四千三百九十五年，却与《江苏》所用年代相同。

（三）《民报》，以1905年为黄帝纪元四千六百零三年，宋教仁以《皇极经世》《通鉴辑览》等书为据，力主此说。1906年萍浏醴起义，龚春台所发檄文，末署"黄帝纪元四千六百零四年"，与《民报》所定年次相同。

（四）1911年贵州响应武昌起义，所发布的《贵州军政府檄文》，末署"大汉黄帝纪元四千六百五十九年"[1]。

---

[1] 周素园：《贵州民党痛史》。

上列各说，以《民报》所用年代为多数革命党人所接受，当时革命党人在国外陆续发行的报刊，都以《民报》的纪年为纪年，例如在仰光出刊的《光华报》，即以1910年书作"中华开国纪元四六〇八年"。至武昌起义后湖北军政府的文告，皆以此为据，各省响应的文告，也多采此说。私人所作表记，如《中国革命记》中收编的《二百六十年汉人不服满人表》《黄帝即位以来大事表》，也与《民报》采用的年次相同。可见辛亥革命时期，与清帝对抗的各种纪年，以黄帝纪年为正宗，而黄帝纪年的异说，又以《民报》所用年次为正宗。因为《民报》是同盟会的机关刊物，影响较广。同时黄帝纪年虽多异说，而《皇极经世》《通鉴辑览》的说法，本来就是比较流行的说法。

在武昌起义、各省响应革命的胜利声中，上海、武汉等地的革命党人集议建立中央革命政权，在共和政府成立后究应采用何种方式纪年，也就成为人们商讨的问题。当时有署名"老圃"其人，作《论黄帝纪元》[1]一文，认为"自革命以来，各省民军皆用黄帝年号，此为一时权宜计，固足以唤起国民之种族思想。然为永久计，若欲以此为民主国之纪元，则与新民国之民主主义大相刺谬"。因为"我国所谓黄帝，无论其功德如何，要为专制政体之皇帝"，共和政府"方排斥之不暇，宁有崇拜之理"！更以黄帝"年远代湮"，无确定生年，用作纪年，无可征信。在辛亥革命前拟议以黄帝纪年，《黄帝纪年说》概括了那时候许多人的意见，《民报》恰恰表达了这种要求；而至武昌起义后要建立"中华民国"政府，感到黄帝纪年的不甚适合，《论黄帝纪元》又代表了这个阶段的意见。所以孙中山在就任临时大总统时，即电告各省都督："中华民国，改用阳历，以黄帝纪元四千六百九年十一月十

---

[1]《中国革命记》第12册。

三日,为中华民国元年元旦。"即黄帝纪年用至辛亥年十一月十二日(公历1911年12月31日),公历1912年元旦,"中华民国"政府成立,改称"民国"元年一月一日。但入"民国"后,有些历史著作对"民国"以前的纪年,仍有沿用黄帝纪年推算的。

《国民日日报》评述[1]

《国民日日报》(以下简称《日日报》),1903年8月7日(光绪二十九年六月十五日)在上海创刊。

《日日报》是以迎战的姿态,在封建反动势力黑云压城的逆境中诞生的。1903年上半年,资产阶级革命派在上海集会演说,刊文著书,宣传革命,无所顾忌。清政府极为恐慌,匆忙勾结帝国主义租界当局,在6月底7月初,逮捕了著名的资产阶级革命家章太炎和邹容等人,封闭了《苏报》和爱国学社,制造了震惊中外的"苏报案"。然而,抽刀断水水更流,清政府抓人封报的专制淫威,非但没能抑制风起云涌的革命思潮,反而促使它在更大的范围内呼啸向前。先前活跃于《苏报》馆和爱国学社的部分革命志士,与被迫解散的爱国学社的一些学生,重整旗鼓,一边秘密散发革命小册子和革命派在海外出版的各种书刊,一边筹划创办新的刊物,以代替被封禁的《苏报》。于是,《国民日日报》应运而生。

《日日报》由江西谢小石出资,原《苏报》主笔章士钊以及张继、

---

[1] 本文作于1981年,载《辛亥革命时期期刊介绍》(1),人民出版社1982年版。

何靡施、卢和生、陈去病等人创办。卢和生,广东东莞人,自幼生长香港,早年留学英国,曾任《上海西报》记者。为避免清政府干涉,《日日报》遂以卢和生为发行人,在英国驻沪领事馆注册。报社在新闻路新马路梅福里,租得一楼一底,楼下安置印刷机及铅字,楼上作编辑室。担任报纸文字工作的,除章、张、何、陈外,还有苏曼殊、陈独秀、金天翮、柳亚子、高旭、刘师培等人。

《日日报》继承了《苏报》宣传革命的主旨,篇幅、取材较《苏报》新颖,是当时屈指可数的革命报刊之一。"发刊未久,风行一时,时人咸称为《苏报》第二。"[1] 发行数月之后,报社中经理、编辑两部,因权限问题,大起争执,卒致各向外国公堂提出诉讼。经友好冯镜如、叶澜、连梦青、王慕陶诸人奔走调处,无效。香港《中国日报》记者陈少白闻讯,以为同志内讧,有碍大局,亲赴上海设法调解,并设宴邀集沪上同志联络感情,最后双方各允息事而止。但经涉讼风波,原先出资赞助的人大失所望,不再支持。最后,《国民日日报》以经费无着停刊。具体停刊日期不详,上海徐家汇藏书楼藏有第一百十七号(1903年12月3日),由此推定,停刊当在12月3日以后。《曼殊大师年谱》说12月1日被查封,不知何据,也可能在查封中还出了两三号。

《日日报》的内容丰富多彩,有社说、讲坛、外论、中国警闻、政海、学风、实业、短批评、世界要事、地方新闻、新书评骘、南鸿北雁、世界之奇奇怪怪、个人行为、谈苑、文苑、小说、本埠日记等栏,辟有名曰《黑暗世界》的副刊。1904年10月,上海东大陆图书译印局将《国民日日报》的内容分类编辑,出版了《国民日日报汇编》(以

---

[1] 冯自由:《上海国民日日报与警钟报》,见《革命逸史》初集。

下简称《汇编》）共四集。这里依据《汇编》，对该报的内容分题评述。

一、宣传资产阶级民主思想，反对封建君主专制

像20世纪初许多资产阶级革命报刊一样，《日日报》将宣传资产阶级民主思想，反对封建君主专制作为自己的中心内容之一。"国民"，是当时资产阶级启蒙学者宣传民主时的术语，与"奴隶"为对待之词，"奴隶者国民之对待也，民族问题，只有两途，不为国民，即为奴隶"[1]。他们所说的"国民"，指立宪国家享有民主权利的人民；"奴隶"，指专制国家毫无民主权利的人民。《日日报》以"国民"为名，清楚地表明了它的政治倾向。《日日报》公开宣称，"以当今狼豕纵横，主人失其故居，窃愿作彼公仆，为警钟适（铃）铎，日聒于我主人之侧，敢以附诸无忘越人之杀而父之义，更发狂呓，以此报出世之期，为国民重生之日"[2]。明确地以宣传民主、恢复民权、反对专制作为其宗旨。这类文章主要有《国民日日报发刊词》《箴奴隶》《说君》《"上海之黑暗社会"自序》《黄帝纪年论》《中国古代限抑君权之法》《道统辨》《奴隶狱序》等。

这些文章，大多以愤激的笔墨，无情地揭露了封建专制下中国的黑暗状况。其中《黑暗世界现状》一文，写得尤为淋漓尽致。文章列举了中国各行各业的黑暗状况：

> 其神昏昏，其欲逐逐，不识不知，浑浑噩噩，今日中国全国黑暗之景象也。至于因风煽焰，弱侮强拜，亿万黄金，输诚域外，为枢府之黑

---

[1]《奴隶狱序》，见《汇编》第4集。
[2]《国民日日报发刊词》，见《国民日日报汇编》第1集。

暗。残害志士,妨碍文明,取悦权贵,苟且夜行,为疆臣之黑暗。逼人咄咄,臭气熏铜,大权无上,秽乱春宫,为阉寺之黑暗。灯火荧荧,烟云冉冉,昏聩龙钟,行乐苦短,为宫闱之黑暗……钻头觅缝,狗苟蝇营,磨牙吮血,虎狼食人,官场之黑暗也。头脑冬烘,性灵若死,一事不知,苦抱废纸,士林之黑暗也。终身力作,日夕不舒,卖妻鬻子,以供官符,田野之黑暗也。献剥骨髓,如鲠在喉,狐狸当道,关吏丰收,商旅之黑暗也……成不相让,败不相救,虏掠奸淫,遇官则走,党会亦沉于黑暗。互相攻讦,互相倾轧,无名之争,败坏道德,志士亦沉于黑暗。黄口乳臭,跳舞拍张,鼓动血气,信口雌黄,游学生亦沉于黑暗。国民萌芽,文明种子,务使破败,成其专制,学堂亦沉于黑暗……呜呼,天地四塞,上下不通,一腔热血,两眼顿空,十八重地狱,未足喻其苦,三千年浩劫,未足穷其终。[1]

《奴隶狱序》则直接称中国为"奴隶狱",并指出了中国人民既受本国帝王官僚,又受外国侵略者奴役的"四重奴隶"的悲惨境遇:

> 吾国之上民则狱囚也,各省之督抚则狱吏也,满清政府则堂翁也,钤束满清政府之英俄法德等国,则堂翁之堂翁也。吾之土民,是已为四层之奴隶。[2]

文章特别指出,在这样黑暗的国度里,人民不但早已丧失了自己的权利,而且思想也早就麻木,习以为常。"驯伏专制政体之下既久,一切横敛惨杀之毒,亦已司空见惯,以为吾侪小人,侥幸寝馈于黑甜之乡,而老死于黄馘槁项,不见兵戎,亦即了此一生,安问所谓国民,安问国之属于谁氏?"悠久的专制传统,残酷的经济剥削和政治压迫,窒息了人们的思想,使国家的主人变成了国家的奴隶,从而出现了令

---

[1] 《黑暗世界现状》,见《国民日日报汇编》第4集。
[2] 《奴隶狱序》,见《国民日日报汇编》第1集。

人不可思议的局面:"其上有僭窃盗贼之习惯,其下有奴隶牛马之习惯,两点相并,其僭窃盗贼也不可思议,其奴隶牛马也愈不可思议。至于今日,羁勒于非种人之下,内奴外奴之重重胶结而不可解,国展转其已亡,人嬉游以待死,号称数万万,宁可当欧洲第三种族之一指趾哉!"

现实是历史的发展。清代的专制,是秦以来封建专制的延续和发展,要彻底批判清代专制,就不能不对中国自秦以来的封建专制的历史进行一些回顾和批判。文章在揭露现实中的黑暗状况的同时,还对历史上专制统治造成的黑暗进行了揭露。"社说"《说君》[1]一文的第三节,赫然以《君祸》为标题,从争位之祸、辱国之祸、战伐之祸、种族之祸、杀人之祸几个方面,揭露了专制制度的祸害。该文在"辱国之祸"的一段说:专制君主"彼素以得之悦来之物,只图一己之淫乐,而无一毫之公意,则其断送天下者,乃辱人之国,而非己之国,则在彼亦无所不安",所以在外族入侵时,就难免要出现晋怀帝、晋愍帝、宋徽宗、宋钦宗那种只要自己活命,不要国命的亡国之君。在"愚民之祸"的一段指出:"秦政者,愚民之大魁领也",其愚民之术,"如历法、郡县、燔诗书、禁诽谤种种沿袭至今,而不能去",秦以后,"诗书虽不燔而甚于燔(人以明祖之八股较秦皇之燔诗书,其愚民尤甚——原注),诽谤之禁较秦尤为烈"。

《日日报》认为,自古及今,种种黑暗状况,都是君主专制造成的,"种种罪恶,唯君所造,何以故?以君能纳一切,吐一切,生杀一切。故国有一君,而国多百祸,世界有百君,即世界多无量祸"[2]。这里,

---

[1] 见《国民日日报汇编》第1集。据张继说,《说君》系他所作,见张继:《回忆录》,载《国史馆馆刊》第1卷第2号。
[2] 《说君》,见《国民日日报汇编》第1集。

把历史上的一切罪恶都推给君主专制制度,以为君主专制在历史上一点好作用都没起过,并不科学。但它在唤起深受专制毒害的国民的启蒙运动中,正是振聋发聩的雷霆之声。它是资产阶级革命思潮高涨的重要标志。

文章还探讨了君主专制制度的产生、发展、必然灭亡的原因,以及历史上对君权限抑的情况,认为"君也者,成立于野蛮时代,发达于半开化时代,而消灭于极文明时代。野蛮时代者,即上古原人,竞争最烈,有一二负势力者出而慑伏之,而即拥以为君之时代也。半开化时代,乃人类智识渐开,视天下为一二人专有物,而崇拜英雄之时代也。极文明时代,乃群治日进,自由竞争,共和宪法,斐然成章,确见君主为赘物,纯乎服从公理之时代也"。并认为君主的产生,是由于三种原因:军事上之无强力,政治上无自治力,宗教上之迷信。这里把君主制度作为历史的产物来看待,在历史上产生,也将在历史上消灭,这就剥去了君主制度的神圣外衣。更值得指出的是,这里并不像大多数启蒙学者所宣称的那样,认为君主的产生,是"天生之民主之君",一开始是作为兴利除害的社会公仆出现的,而认为君主是"竞争""慑伏"的产物。这里虽然没有联系到社会生产力的发展、产品的剩余、阶级的出现等根本原因,但比兴利除弊的说法,较接近于实际。文章认为,在历史上,君权本是有所限抑的,只是随着时间的推移,逐渐膨胀起来,最后发展到没有任何限制的顶点。中国在尧舜之时,本是君民共主时代,秦朝开创了君主专制的历史,"举立法、行政、司法三大权悉归之一人一姓",但是两汉之外戚,六朝之世家,唐代之藩镇,对君权尚有一定的阻碍。到了宋朝,"外戚、世家、藩镇无存矣,其所存者,君主之压力已耳。故至秦而民权尽亡,及宋而臣权尽亡,至明末而汉人之权尽亡,凌夷至今,遂成一君权专制达于完全极点之时代"。文章认为,在君权独尊以前的古代,限制君权的办法有三条:立君之权在诸侯;废君之权在百姓、清议;君权独尊以后,人们对之限抑的办法就变为另外两条了——隐讽,用祸福以惕君或托灾异以儆君[1]。

《箴奴隶》[2]是《日日报》29篇社说中最长的一篇,8 000多字,理论色彩也最浓厚。此文比较详细地研究了中国人民几千年来丧失民主权利,沦为专制制度奴隶的各种原因,鼓动人民振奋起来,实行"强盗主义",进行武装反抗。文章认为,中国人民沦为奴隶有四大原因:历史原因,风俗原因,教育原因,学派原因。其中说:

> 历史为进化之义,使国民日趋于高尚者也,而吾国不然。吾国之历史,乃独夫民贼普渡世人超入奴隶之宝筏也。……今吾历史,一握于独夫民贼之手,设立若干种奴隶规律,划成若干套奴隶圈限,以供己之操纵,其绝无民义可知。……是故独夫民贼,视天下人皆草芥牛马也,乃专务抹煞一切奴隶之权利,而唯以保其私产之是图,用悬一一丝不溢之奴隶格式,号召天下,入此格式者为忠为良,出此格式者为僇为辱。胎孕既久,而奴隶二字,遂制成吾国人一般之公脑,驯伏数千年来专制政体之下,相率而不敢动。

以后虽然屡经改朝换代,但专制未变,奴隶亦未变,不过"本种民贼之局,一变而为异种民贼之局。……民贼者……乃搜集前朝遗事,号曰史记,设局以编之,置官以掌之。以当年之效死于我者,既感其德,复苛以罪,曰某某贰臣,某某叛逆;当年之抵死于我者,既遭其噬,复贡其谀,曰某某忠愍,某某节烈。意谓此种奴隶,吾先利用之以墟人国,今仍利用之以立吾义,毒鞭之更轻拂之,使人堕落奴隶而毫不知觉"。

---
[1] 《中国古代限抑君权之法》,见《汇编》第2集。
[2] 见《国民日日报汇编》第1集。

这就说明几千年来，不光历史是专制君主变人民为奴隶的历史，而且历史学本身，也成了专制君主奴役人民的一种工具。文章指出，专制统治必然要建立一套礼仪规则，久而久之，就成了人们习以为常的风俗习惯，这些风俗习惯，又反过来促使"奴隶出产益旺"，所谓叩头、请安、长跪、匍匐、唱喏、恳恩之类，成了金科玉律；所谓"君要臣死不得不死，父要子亡不得不亡"，成为"神圣不可侵犯之纲常主义"。文章指出，中国三千年来之教育，一言以蔽之，曰奴隶教育，"于儿童学语之初，即告以奴隶之口号；扶立之顷，即授以奴隶之拜跪；借口于佩觿佩韘之训，而赠以奴隶之徽章，不曰'金玉满堂'，则曰'三元及第'。而童子者，乃奉此口号、拜跪、徽章，牢印于脑膜而不能去。未几而入塾矣，先受其冬烘之教科，次受其豚笠之桎梏，时而扑责，时而唾骂，务使无一毫之廉耻，无一毫之感情，无一毫之竞争心，而后合此麻木不仁天然奴隶之格"。文章还指出，孔子儒家学说，"于君民一关，太看不破"，鼓吹尊君，其后宋儒之学，大都名为孔学，实为老学，"静也、虚也、柔也、无为也、无动也、老派之玄妙也，即奴隶之教授法也"，这样，"孔派推尊一度，而奴隶沉没一度"。由于上述历史、风俗、教育、学派诸原因，中国专制制度下的奴隶，具有自己的特殊性，他们不像欧洲国家的人民，在明显的等级制度下，明白自己所处的奴隶地位，因此，要鼓动他们起来推翻专制统治，做国家的主人，困难就特别大，"吾国之奴隶，虽百林肯而救亡之策无可施，释放之说不可开也"。这里既反映了资产阶级看不到人民群众的革命性，也反映了他们在一定程度上看到了中国人民所受封建专制毒害特别严重的这一特点。

文章认为，中国四万万人，其中二万万妇女，历来被"国人视为玩物"，全属奴隶。男子中，老幼一万万，孤独无靠，附属他人，也是奴隶。剩下的一万万丁男，可分为工、农、兵、商、读书、官吏、官亲、娼优、强盗等16类,其中15类都是奴隶,只有强盗不是,因为他们"无所隶属,出没于深林丛棘之中,打家劫舍,杀官焚署以为常,不幸就捕,则信'十八年仍为好汉'之说,毫不介意"。文章得出结论说:"夫强盗主义与奴隶主义绝相反对者也,是天下之能冲决奴隶之网罗者,唯强盗","故吾中国欲革除国体之奴隶,不可不用强盗主义,欲革除个人之奴隶,不可不用强盗主义"。《箴奴隶》对封建专制黑暗的揭露,奴隶形成原因的分析,基本上没有超过梁启超在《清议报》的一些文章和《积弱溯源论》的思想水平。但两者的结论不同,梁启超由此得出了只能立宪不能革命的结论,《箴奴隶》则得出了实行"强盗主义"的武装反抗的结论。

无畏(刘师培)的《黄帝纪年论》[1]是一篇有特色的反对专制的文章。在中国历史上,与封建君主专制相适应的,是帝王纪年或帝王年号纪年。戊戌变法运动中,为了托附孔子,否定君主专制,康有为仿效耶稣纪年法主张孔子纪年。为了既否定君主专制,又反对清朝的统治,资产阶级革命派在19世纪末、20世纪初,相继采取了黄帝纪年法。《黄帝纪年论》就是从理论上为这种纪年开张的文章。刘师培在文中指出了用黄帝纪年的几大好处,文后还附有《黄帝降生后大事略表》,以黄帝降生后四千六百十一年,相当于八国联军进攻北京的1900年。1898年,梁启超写过一篇《纪元公理》,论证以孔子纪年的合理性,为变法造舆论。刘师培的《黄帝纪年论》则是为革命造舆论的。此文在当时影响颇大,被收入《黄帝魂》一书中。辛亥革命前,资产阶级革命派包括同盟会机关报《民报》多采用黄帝纪年,受此文影响也是原因之一。由于黄帝本是传说中的神奇人物,其生年史书众

---

[1] 见《国民日日报汇编》第1集。

说纷纭,人们以黄帝生年推算的年份也不一样。武昌起义时,各地多采用宋教仁的说法,以1911年相当于黄帝降生后四千六百零九年,与刘说相差13年。

《道统辨》[1]是从道统方面批判君主专制的一篇论文。道统,指儒家传道的统绪。唐代韩愈正式提出此说,以尧、舜、禹、汤、文、武、周公、孔、孟为一脉相承的传授儒术的正统,自己则隐然以继承孟子自居。宋代朱熹则摈弃韩愈,以周敦颐、"二程"上承孟子,自己又接周、程。清人孙夏峰则在朱熹后面又加上陆、王诸人。道统是君统在学术上的投影,是君主专制的护符,要彻底批判君主专制,就不能不对道统说进行批判。《道统辨》首先探讨了道统说的起因,指出一是由于世儒标榜,二是出于愚民的需要。

> 夫专制君主之御民也,必托黜邪崇正之名,以束缚臣民之思想,使臣民柔顺屈从,而消磨其聪明才力。……彼以尊君抑民为目的,见夫宋儒尊三纲定名分之说可以有利于专制也,遂从而表章之,名为尊圣道,实则塞人民之心思耳目,使不敢研究公理而已。

文章接着分析了道统之说的荒谬性,认为按照平等的观点,一个朝代同时存在的几个不同学派,无所谓谁是正统的问题,而且尧、舜、文、武、周公、孔、孟的学说,本来就互有歧异,不尽相同,无所谓"统",更何况立教施政,本须因时而变,不宜"泥于一家",所以道统之说,不但与事实不符,而且在理论上也是荒谬的。文章进一步指出了道统之说的严重危害。(一)助长专制之焰。"今之创道统之说者,不过以国有正统,家有统系,则道亦当有宗传耳",一道无二统与一国无二君是相一致的,"正统之说,足以长君主专制之焰;统系之说,足以启家

---

[1] 见《国民日日报汇编》第3集。

族压制之端"。(二)阻碍学术发展。时代在不断前进,情况在不断变化,尧舜周孔所处之时,"其语之不适用于今世界者,更仆难终。若执道统之说,则是当今之新理新学,古圣贤所未言者,无论其为公理与否,皆以异端邪说斥之,入主出奴,固执而不知通,其狭隘之范围,阻滞学术,岂浅鲜哉"!(三)致使学术日衰。"学术所以进步者,由于竞争也。学者各出其所见所闻,以互相辩诘,互相折衷,然后真理见。中国学术所以日衰者,由于宗师之一统也。宗师之统一,即学术之专制也。"(四)阻碍思想自由发展。"吾中国之学术,其最盛之时代,莫战国若。其所以致此盛者,则由于思想自由,而不束缚于一说之下耳。……中国之君主与教皇不同,其所以信道统之说者,名为信道,实则阻思想之自由耳,名为尊孔,实则借孔教为奥援耳。"

另外,遁公(秦力山)的《"上海之黑暗社会"自序》[1]也是一篇值得一提的文章。文章谈的是如何解决娼妓问题,涉及经济平等和土地问题。文章认为,娼妓问题,不但在当时的上海不可能解决,就是西方各国也没有解决,要真正解决这一问题,必须到社会大文明的时代,是时,"智识平等,贫富平等,有此两平等,则娼妓不废而自废。智识平等可以免生理上之逼迫,贫富平等可以免经济上之逼迫"。认为娼妓问题是一个社会问题,将娼妓问题与经济问题联系起来,认为经济平等是解决娼妓问题的前提,这在当时,堪为不可多得的高见。文章还说:

> 我知社会主义畅行,则举国皆公民,而道德心弥满于天地,虽有娼妓,亦无荡子。无旷夫,无怨女,无穷民,然则娼妓何从而来乎!"尽管这里所说的社会主义,还不是马克思主义的社会主义,但在中国赞

---

[1] 见《国民日日报汇编》第1集。

赏社会主义的,此文是较早的一篇。文章还看到知识平等和经济发展之间的联系:"智识何以能平等? 曰:教育普及,则智识自然平等。教育何以能普及? 曰:经济充裕,教育自然能普及。

对于如何实现贫富平等,文章有一段很重要的话:

> 鄙人于庚子过金陵时,见城北一带,颓垣破瓦,鞠为茂草,闻其地主,则不公不私,成为一种无用之地。及查其何以至此,则洪杨破金陵,其地主已或逃或死,至大定后,遂任其荒落,泊今不知其主之为谁何。鄙意以为吾国他日若有动机,则举全国之地,皆可以作江南城北观,以今日之不耕而食之佃主,化为乌有。不问男女,年过有公民权以上者,皆可得一有制限之地以为耕牧或营制造业,国家虽取十之三四,不为过多,农民即得十之六七,亦可加富。此外,可开之垦,可伐之森林,以及其他种种可开之利源,尚不知几何。今日岁入八千万,他日则虽无量恒河沙数之八千万,不过反手耳。苟辨乎此,则智与贫富二者何愁而不平等。

这里实际提出了这样一个土地主张:没收地主土地,收归国有,均配给农民耕种。这种主张,较稍后孙中山提出的"平均地权"的民生主义的土地纲领更为激进些,因为它不但有土地国有的内容,且有剥夺地主土地和实行耕者有其田的含意,具有更加彻底的反封建性质。秦力山的这一主张,是辛亥革命前资产阶级经济思想的重要内容,与刘师培的《悲佃篇》的思想很接近,很值得研究。

二、宣传爱国主义,鼓吹反清革命

《辛丑条约》签订以后,清朝成为"洋人的朝廷",清统治者成为帝国主义的忠实走狗。帝国主义列强在中国境内不仅各划一块或几块势力范围,而且不断扩大侵略权益,瓜分危机日益严重。在这样的情况下,揭露帝国主义的侵略阴谋,揭露清朝政府的卖国罪行,宣传爱国主义,鼓动推翻卖国的清政府,就成了《日日报》的重要课题。

1900年,沙俄利用镇压义和团运动之机,出兵占领了我国东三省。一直到1903年4月,沙俄非但拒不履行中俄双方签订的撤兵规定,反而提出了新的侵略要求,激起中国留日学生和全中国范围内的拒俄爱国运动。这时,日本也不甘心它在东三省的侵略利益为他人染指,积极筹备对俄一战。这样,一场新的灾难又要降临到中国人民的头上。对于这些问题,《日日报》先后发表了《俄国之满洲政策》《满洲问题与租界会审公堂》《满洲撤兵问题》《东亚之风云观》《东方之危急与国民之感情》《满洲问题之沉寂》《论瓜分之局》一系列文章,还译述转载了大量的外国报纸对满洲撤兵和日俄战争问题的评论和消息。这些文章,揭露了沙俄侵略别国的狡猾手段:

> 俄国有二大特色,一曰外交上之特色,一曰军事上之特色。其侵略人国也在此,是以不可不察。所谓外交上之特色者,圣彼得堡外交界之大本营为外务部,当其乘风云而放外交之大气球时,必先试以小球,以察风云之适否,适,则大气球可出;否,则永藏其真面目也。此乃俄国外交之通常手段,他国时为之迷惑,中国屡受其欺骗。所谓军事上之特色者,俄之军人挟其责任于一身,不待政府之命令,所向侵略,如收成效,则政府即引为大利,直嘉赏之;如不成功,则认为个人所为,与政府无关,而免其咎。呜呼,狡哉俄人。[1]

文章还揭露了沙俄对东三省的野心:

> 俄国在满洲之举动,首欲独占满洲之经济,以满洲为其一部分,以治芬兰之法治之,致全力以经营。不出数年,吾知满洲秽小之村

---

[1]《俄国之满洲政策》,见《国民日日报汇编》第1集。

落,将变为斯拉夫人之繁荣市邑,东胡人种之游牧地,必变为白人之商工场。

文章批驳了清政府把收回东三省的希望寄托在其他帝国主义国家的想法:

> 夫己之国而赖人之力以为之争,己之国为何国?试问人之争之者,为己乎抑为人乎?人以权利之所在,而大集视远东之一隅地,群思争肥而噬,而将遭其噬者,反瞠而不知所为,吾不知其国之尚有人焉否也。"文章号召全国人民,收回东三省,千万不要靠外国,也不能靠清政府,只能靠国民自己,因为历史已经证明,"满洲之失,乃满洲政府恃外人以失之也。满洲政府恃外人以失之,乃全国之人恃满洲政府以失之也。呜呼,满洲政府而可恃,则全国之人皆卖其祖宗之乡矣。[1]

文章还揭露了清朝政府屈辱卖国的无耻嘴脸,指出对于满洲问题:

> 以情理论之,中国全部人民对于国土丧失,外权侵入之感情,自应群动爱国心,图拒俄之运动。而满洲朝廷对于国土保全之责任,尤应联络友邦,鼓舞国人,以决然拒俄之要求,此自然之势也。乃其计不出此,瘝视国土,偷安旦夕,国民义愤,目为叛逆,友邦忠告,弃若弁髦,甚至遣内监以交欢俄使,受五百万金,密卖满洲之事,且喧传中外矣。[2]

为了激发人们反对外国侵略的斗志,《日日报》发表了一些爱国主义的诗文。特别值得指出的是,社说《恐怖时代》[3]对义和团运动作了肯定的评价:

---

[1] 《满洲撤兵问题》,见《国民日日报汇编》第3集。
[2] 《满洲问题与租界会审公堂》,见《国民日日报汇编》第2集。
[3] 见《国民日日报汇编》第3集。

> 排外与媚外,二者之比较孰优?曰排外为优。盖排外者,知恐怖时代之将至,因惧生愤,因愤生仇,以外力之终不可已也,遂奋力而排之,虽不可得排,而排者固全未丧中国民族之资格。北清事变,西人评论,据为黄祸之实证。倘全国之民族,皆以神拳之能力,有所组织,亦未见外之不可排也。

资产阶级对义和团反帝爱国运动,多持否定态度,只有《开智录》发表过一篇《义和团运动有功于中国说》,加以肯定。《恐怖时代》的肯定,虽不及《开智录》那篇文章肯定得充分,但它毕竟是有所肯定的。

署名"爱祖国者"(高旭)的《爱祖国歌》,充满了对灾难深重的祖国的深厚感情,和祈祝她早日成为独立、自由、平等的强大国家的满腔热望,笔调深沉,感人肺腑,照录如下:

> 今日何日兮,汝其返老还童之时。汝之疾果谁可救治兮,而我曷敢辞。汝虽不谅我脑珠费换兮,我终渺渺其怀思(诗中汝字悉指祖国——原注)。

> 我日祝汝之壮健兮,我夜祷汝之康强。汝既占有四千年历史兮,发出无量数贤豪之古光。殆为天之骄儿兮,何不竞争于廿纪之场!

> 江山惨澹其寡欢兮,浮云黯黯而无色。噫嗟,汝之存亡兮,何一人之无责!汝之魂惝恍而未归兮,我将上下以求索。

> 演万头颅之活剧兮,汝其飞跃以步佛米。汝苟无至平等之乐园兮,斯皆尧兄而舜弟。汝之前途当腾一异彩兮,汝之福命佛如饮甘醴。安能长此以终古兮,我思汝而流涕。

> 汝为世界上无价之产物兮,汝岂不足以骄夸。我愿为祥风兮,恣情披拂而莫我遮。以激起汝自由之锦潮兮,以吹开汝文明之鲜花。

> 我以汝为友兮,我以汝为车。我与汝有密切之关系兮,相期弗失

此令誉。爱根盘结而不可解兮,忍矜他人之莫我如。纵天荒而地老兮,我情终不远汝以离疏。[1]

《日日报》继承了《苏报》反满革命的传统,发表了一系列反满革命文字。这些文章,比起后期《苏报》,激烈程度虽然逊色一些,但在"苏报案"之后的舆论界,却不失为佼佼者。主要有《王船山史说申义》《原叛》《论承用维新二字之荒谬》《近四十年世风之变态》《海上大风潮起放歌》,还有关于"沈荩案"和"苏报案"的诗文多篇,其中诗歌占一定比例。

像当时大多数革命宣传一样,这些文章一面频敲民族危亡的警钟,揭露清政府的卖国罪行,一面着力渲染满汉矛盾,鼓吹反满革命。剑公(高旭)的《海上大风潮起放歌》[2]写道:

中国侠风太冷落,自此激出千卢骚。

要使民权大发达,独立独立声嚣嚣。

全国人民公许可,从兹高涨花锦潮。

割我公产赠与人,台胶旅大亲手交。

东三省地今又送,联虎狼俄如漆胶。

绞我膏血恣淫乐,忍使遍地哀鸿嗷。

天崩地岌云惨淡,苍鹰搏击饥虎哮。

砧上之肉终噉尽,日掀骇浪飞惊涛。

两重奴隶苦复苦,恨不灭此而食朝。

扬州十日痛骨髓,嘉定万家寒发毛。

以杀报杀未为过,复九世仇公义昭。

堂堂大汉干净土,不许异种污腥臊。

---

[1] 《国民日日报汇编》第2集。
[2] 见《国民日日报汇编》第1集。

> 还我河山日再中,犁庭扫穴倾其巢。
> 做人牛马不如死,淋漓血灌自由苗。
> 指好头颈对镜笑,男儿定要吃一刀。
> 独立檄文《民约论》,谁敢造此无乃妖!
> 少所见应多所怪,啍啍跖犬纷吠尧。
> 冷血动物悉蠕蠕,鸡鸣风雨独嘐嘐。
> 请看后人铸铜像,壁立万仞干云霄。
> 廿一势头廿纪末,伟人名姓全球标。
> 香花供养买丝绣,笔舌叠过汗马劳。
> 挑战异类决雌雄,万年福祉庆同胞。
> 冬冬法鼓震东海,横跨中原昆仑高。

吴门生的《官场杂闻》[1]中写道:

> 朝廷蒙蔽非今始,仕路荣华自古空。
> 那得雷公一霹雳,死他多少叩头虫。
> 叹息当朝执政臣,惟知媚敌与欺民。
> 衣冠禽兽有威势,奴隶官员无谏诤。
> 遍地昏昏难入目,漫天暗暗莫藏身。
> 可怜华夏人称鬼,不若戎夷鬼作人。

《豚尾奴》[2]中写道:

> 我告新国民,快刀去割豚,即以其法还相治,欲杀胡儿纠辫子。

这些诗歌中均时时迸发出革命的火花,快语横生。

《王船山史说申义》是作为"社说"发表的,没有注明作者,刘师培的《左盦外集》收入了此文,章士钊又说此文系他所作[3]。此文采

---

[1] 见《国民日日报汇编》第4集。
[2] 见《国民日日报汇编》第4集。
[3] 章士钊:《疏黄帝魂》,见《辛亥革命回忆录》第1册。

用案语的形式,列一段王船山的史论,加一段案语,发一通议论。全文的宗旨,在于强调种姓之辨,为反满革命制造舆论,后被收入《黄帝魂》一书中。

《原叛》[1]是副刊《黑暗世界》中一篇。文章的主旨是说,不必讳言"叛",革命之"叛"是正当的。世人动辄称革命党人为叛党,其实"叛"字本非"恶谥",旧注谓"叛"为"离贰之意",亦通作"畔","犹田有蹊径,畔然分上下也"。要说"叛",孔孟都"叛"了周,汤武革命也是"叛",而这些都是顺天应人的。今天,清朝政府的暴政,早就"十倍桀纣"了:

> 鹿台之广,三里而已,以视今日颐和园之庄严为何如?大聚乐戏,沙邱而已,以视今日宫中之演剧通年不绝,通宵不出者为何如?剖贤人之心,一人而已,以视杀谭嗣同辈六人,杀袁昶辈五人为何如?斫朝涉之胫,尚未致死也,以视杀沈荩之惨局为何如?……今日之黑暗,十倍桀纣之时。

言下之意,对于这样的朝廷,早该起而"叛"之了。文章还说,其实清朝统治者本是"叛"的典型,觉罗氏"家法禁母后干预政事,诸公则请太后三临朝。家法禁立储,诸公则共议立溥儁为大阿哥。家法禁尺寸之地与人,失地者不得入庙,诸公则受九百万之贿,即以立家法之祖宗朽骨卖之强寇"。清朝自身已"叛",为何不准他人"叛"之?"得道者多助,失道者寡助,寡助之至,亲戚畔(叛)之,多助之至,天下顺之,一今日政府与革命党之影子也。"

《论承用维新二字之荒谬》和《近四十年世风之变态》是宣传革命、反对保守的文字。前文为章太炎作,文章认为,对于像清朝这样

---

[1] 见《国民日日报汇编》第4集。

腐败的政府,用"维新"两字是不妥当的。要说维新,只有彻底推翻它,否则,绝无"新"的希望。

> 新者,一人一代,不过一新而不可再,满洲之新,在康熙、雍正二世,今之政府,腐败蠹蚀,其材已不可复用,而欲责其再新,是何异责垂死之翁以呱啼哺乳也。[1]

这实际上也是向人们表明,改良主义的"维新"之路是走不通的。

后文是一篇"社说",未注明作者,文章回顾了自洋务运动以来"世风"的变化。所谓"世风","一时舆论之所趋向者,即为一时之世风"。40年分为六阶段:格致汇编之世风,经世文续编之世风,盛世危言之世风,时务报之世风,清议报之世风,新民丛报之世风。文章认为,从《格致汇编》到《新民丛报》这一世风变化的过程,是一个认识逐步进化的过程,但这些世风,没有一个真正能够救中国:

> 总括之,《格致汇编》也,命之曰制造;《经世文续编》也,命之曰洋务;《盛世危言》也,命之曰时务;《时务报》也,命之曰变法;《清议报》也,命之曰保皇;《新民丛报》也,命之曰立宪(此语似强——原注)。吾人细思,由制造以至洋务,吾民之脂膏,被人吸去者几何?吾民之土地,被人转赠朋友者几何?又由洋务而时务,而变法,而保皇,而立宪,吾民之膏脂,被人吸去者几何?吾民之土地,被人转赠朋友者几何?呜呼,盘古民族,其终亡矣乎,何以有此进步之世风?其终不亡乎,何以甘为三等奴隶而不耻?虽然,言论者,事实之母也,吾民族无有此进步之世风则已也,吾民族既有此进步之世风,吾请吾族独立不羁之国民,断不容以'立宪'二字误乃公事也。[2]

文章最后指明了,靠改良,靠立宪,是要误国的。

---

[1] 章太炎:《论承用维新二字之荒谬》,见《国民日日报汇编》第1集。
[2] 《近四十年世风之变态》,见《国民日日报汇编》第3集。

《日日报》还以大量的版面,登载了当时震动中外的"沈荩案"和"苏报案"的有关情况,包括案件的发生、经过、审理情况、中外交涉、各国态度,以及对沈荩和"苏报案"中心人物章太炎、邹容的回忆、纪念的诗文、轶闻轶事,等等。有关"沈荩案"的30余篇,有关"苏报案"的近70篇。沈荩(1872—1903),字禹希,又作愚溪,湖南善化(今长沙)人,曾参加维新运动,1899年与唐才常联络会党,组织自立军。1900年自立军起事失败,他潜往京津地区,秘密从事反清活动,1903年7月遭捕,被清政府活活鞭死。《日日报》保留了很多当时人们的报道、评论,是我们研究两案的重要参考资料。根据这些资料,我们可以看出,清政府为了引渡章、邹,是如何绞尽脑汁,费尽心机;可以看出,英国政府不同意引渡的主要原因,是为了维护其在租界的治外法权;可以看出,美国驻沪领事与美国政府一个同意引渡,一个反对引渡的矛盾态度;还可以看出英、美与俄国在引渡章、邹问题上的不同态度后面隐藏的各自的利益和打算。《日日报》对当时会审公廨审讯章、邹的消息报道,比起一般报纸都详细得多,还发表了湖广总督端方、两江总督魏光焘致清政府关于严办"苏报案"的电文。又如,转载《旧金山哥略报》关于保皇派对"苏报案"反应的一条消息:

> 顷接华盛顿京电,称外部是日接到檀香山保皇会一电,系请美政府设法挽救上海被拿之维新报馆主笔者……昨日下午,闻本埠保皇会亦以此事,电请美政府转电上海美领事挽救,盖因昨报俄法美等国公使,主将被拿之人交与清官办理,独有英公使梗之,故向美请救之电,亦与檀山不约而同也。[1]

这是研究当时保皇派对"苏报案"态度,及保皇派与革命派关系的重

---

[1] 《国民日日报汇编》第1集。

此外，《日日报》还登载了不少明清遗事，如关于清初钱谦益的轶事、扬州十日的惨状等，借此渲染种族观念。关于乾隆皇帝封岳飞的一则名曰《岳飞之倔强》的掌故中，有这么一段话：

> 增吾国历史上之异彩，有一人曰岳飞，目下吾同胞所最哀痛最崇拜之大人物亦惟岳飞。本朝封典于中国古代有名者，无贤不肖均及之，而独岳飞未尝受此皇恩，可谓咄咄怪事。尝闻之父老，征之野史，均言乾隆朝亦曾封岳，惟所封赠之匾额，数悬上而数自裂，乡野愚民咸谓岳爷在天之灵，犹以本朝为金人，故痛耻不受此封。乾隆亦大怒，遂罢此举，并制诗一章云："天命有所归，忠魂犹未许，汝不受我封，我亦不封汝。"[1]

既有嘲弄清朝祖宗的意味，又寓有不承认清朝的深意。

《日日报》宣传革命，反对改良，攻击政府，不遗余力，引起清朝统治者的莫大忌恨。清政府鉴于"苏报案"办理棘手，不敢贸然封禁，又不甘任其发展，乃通令长江一带，严禁售阅，谓："上海逆党著书刊报，煽惑人心，大逆不法。业将苏报馆办事人等按名拿办，并将报馆封闭在案。乃又有人创办《国民日日报》，依然妄肆蜚语，昌言无忌，实属执迷不悟，可恨已极。仰各属府州厅县，将《国民日日报》荒谬悖逆形情，示知地方商民，不准买看。如有寄售《国民日日报》者，提究。"外务部又行文总税务司，谓："八月初九日，接准南洋大臣谘称，据苏松太道袁树勋禀称，查上海苏报馆著书刊报，煽惑人心，业将报馆封闭在案。现又有人创设《国民日日报》，依然放肆蜚语，昌言无忌。该报执事人等，半多寒酸出身，甘于为非，扰害大局，耸人观听，借广销场。

---

[1]《国民日日报汇编》第4集。

但使无人阅其报纸,彼必支持不住,不难立即闭歇。除分谘沿江各省,通饬一体示禁,不准商民买看该报外,应请剀行总税务司转知邮政局,毋得代寄《国民日日报》,杜其销路,绝其来源。"不久,总税务司回复外务部:"查邮政局接收寄件,均以信字为主,随到随寄。虽有时因特别之故,有开看之权,然其大致,总以如何接收,如何转寄为本。现奉前因,除抄录来往文件,通饬各口邮局,遇有皮面书明《国民日日报》交局,概不准其收寄外,理合申复。惟查如此禁寄,防不胜防,实属不妥。查此项日报系在中国印行,前数月苏报馆既由中国官宪封闭,《国民日日报》似可一律由官宪查封,方为清源之法。"[1]双方将皮球踢来踢去,清政府无可奈何,亦未敢采取封禁措施。

三、宣传无神论,反对封建迷信

这类文章主要有《革天》《论中国信天之思想》《中国鬼神原始》《蓍蘦之来简》等。这几篇文章比较集中地探讨了人们关于天及鬼神迷信思想产生的根源,及其发展和危害,特别指出了迷信与专制的依存关系,强调要反专制、争民主,就不能不给封建迷信以鞭笞。

《革天》[2]是一篇社说。文章首先批驳了古人言"天"之谬,谓:

> 中国数千年来之学子,莫不以天为最大之指归,以便为其遁词之地。凡遇有不可思议、无可解说之事,辄曰天也天也,而人相与信之,因有此迷信,而遂生出误点。一误以事之成为天命所归,而妄欲得天者,假符窃谶,以扰乱天下之安宁;一误以事之败为此天亡我,而失势者遂任意丧志,一齐放倒,以沮败人群之进步。凡此皆不善言天者之过也……福善祸淫者,言天者万无可移之案语也。然而善果福耶,淫

---

[1] 以上几则史料,均见戈公振:《中国报学史》,第155—156页。
[2] 见《国民日日报汇编》第1集。

果祸耶,则凡世间录贤奖正,惩奸指佞之法,皆宜作废,而可听天以治天下也,且又何以颜渊死,而盗跖生也!论其当然,则当然者,非天也,理也。[1]

文章也批驳了近人言"天"之谬,认为达尔文、赫胥黎所谓的"物竞天择"两义,"以凡事无非由天之所演,天行之虐,必人治以救之,此固已一新言天之面目,质之倚天以求福者,足以醒其迷梦。然而虚言不如实验,与其天演,吾毋宁言人演也"。其实,达尔文的"天演",本指客观规律,并非指"上天",与作者要强调的"人演"并不矛盾。作者在这里误将"天演"之"天"作为"天帝"之"天"了。文章彻底否定"天"对人的作用:"语曰:'人定胜天',今易之曰:'人定代天'。代天者,以己之权,行己之志,无所谓天者也。"所谓"天",实际是其色苍苍,没有意志,与人世无关,"冥冥而无足凭"的东西。文章指出,言天,在人们的社会生活中有两大危害:(一)"愚民恃天自相蒙蔽,以阻人群之进步";(二)"狡民倚天售其奸诈,以贼人群之进步"。文章最后指出:"崇尚不可知之天道",就会"沮败当前即是之人道","中国数千年之坐误于此者多矣。今者公理大明,人智增进,将冲决无量之网罗,大索同胞之幸福,而仍遮蔽于此,岂可训欤!甚矣,天之不可以不革也。革天者,非天之所以为革也,有革之者在也。天革而他革乃可言矣"。这里指出了写作《革天》一文的现实意义,指出对天的迷信,已成为人们前进的一大障碍。

《论中国古代信天之思想》[1]也是一篇社说,可以看作是《革天》的续篇。文章探讨了中国古代人们对天的迷信的起源:

人之生也,不明万物所以运行生灭之理,见夫日月所以照临,山

---

[1] 见《国民日日报汇编》第2集。

岳所以对峙,江河所以流,草木所以丛生,禽兽所以蕃息,迹其原因而不得,乃从而为之辞。以人世界测空虚界,不仅谓虚空界同于人事界也,且谓空虚界可以治人事界也,而一切信天之思想,由此而兴。[1]

这个说法是大体上符合实际情况的。文章认为,古人谈天,也有比较好的说法,共有三种:(一)申包胥说的"人定者胜天";(二)子产说的"天道远,人道迩";(三)《尚书》上的"天聪明自我民聪明,天视自我民视,天听自我民听"。前二说强调人的作用,后一说"称天制君",能够"防人君虐民之祸"。

《中国鬼神原始》[1],研究了鬼神之说的起源、种类及其在历史上的作用。文章开头就指出,鬼神之说的兴衰与民智成反比例关系,"鬼神之盛衰,与民之智愚相比例,民智日卑,则鬼神之说盛;民智日启,则鬼神之说衰"。鬼神之说在中国历史上盛行有五大原因。(一)君主之愚民。"中国之君,自称天子,以天命天讨之权,操之于己,而民之无知识者,惑于神圣不可侵犯之说,奉行君命,罔敢或违,而无道之君,益得以逞其虐焰……呜乎,神道设教,利在一时,称天抑民,害在万世,闻万岁之呼,受天书之赐,专制之祸,缘此而萌。"(二)臣民之制君。"君权之国,忠臣不敢谏,志士不敢谋,以致民隐不上闻,君恩不下逮,一、二忧国之士乃创为灾异之说,以儆人君……虽为欺天欺人之学,然使人君以修省为心,则固未始非权宜之策也。"(三)乱民之惑众。(四)愚民之祈祷。(五)诗歌之鼓煽。文章认为,随着科学与文明的发展,"格致日明,物理日辟,吾知不出百年,中国士民将无有道鬼神之说者矣"。看到鬼神说与科学文明的对立,预言科学的发展将消灭迷信,认为鬼神之说在历史上曾在讽谏君主方

---

[1]　见《国民日日报汇编》第2集。

面起过好的作用,这是此文的特点。

《䓖蘉之来简》[1]是读者给《日日报》的来函摘录。函中有一段十分精彩的议论:

> 大报箴奴隶信矣,曷教吾国民以由奴进民之方法。奴性原因,莫重于风俗,而其中必有最要之一点,即大报中崇拜偶像之说也。吾国民质,举饮食、起居、贫富、贵贱、疾病、生死,皆属之于神,归之于天,若绝无人力之可恃者。不独今之民质然也,足下试起孔孟以下之学问家诘之,以彼之知识所不能析之理,有不归之天者乎?起尧舜以下之政治家诘之,以彼之能力所不能及之事,有不归之神者乎?独夫民贼,称天以临民,民之视之,亦以为天也。妖僧蛊道,称神以惑民,民之视之,亦以为神也。事事归之于天,人人听命于神,于是乎,锢耳目,梏手足,锁灵魂,不敢与天争,不敢与神争(种种恶因皆由此生——原注)。有人若无人,而一国之人皆死。人已死矣,何尤乎其为奴,何遽与之言国民!蒙以为今生吾民者,在革神,在革天,天革神革而后民性革,民性革则命不革而亦革。不然,虽天假以杀人柄,能杀尽现在不能杀尽将来也。

这段话,提出了下面几个问题:(一)中国人受封建迷信毒害太深,要启蒙,必须要启迷信之蒙;(二)神权是君权的护符;(三)要革命,首先要革天革神的命,即首先破除迷信;(四)不扫除迷信,即使革命成功了,也不可能得到巩固。作者把破除迷信的重要性,提到国家的存亡、革命的成败的高度来认识了。

辛亥革命以前,对于启蒙工作,资产阶级革命派本来就做得不够,对于危害数千年的迷信,批判得甚少。《日日报》在短短数月之

---

[1] 见《国民日日报汇编》第1集。

内，发表了好几篇这类文章，内容集中，观点鲜明，颇富思想性和科学性，这比起当时其他的革命报刊，不能不算一个重要的特色。

四、其　他

当时，遍及全国的学潮是革命风潮高涨的一个重要标志和组成部分。《苏报》原辟有"学界风潮"专栏，报道学潮，以为声应。《日日报》也辟了"学风"一栏，报道各地学潮，介绍学校历史。这些文章主要有《苏州毓元学堂退学始末记》《江震学堂学生退校始末记》《江北高等学堂大冲突记》《福建大学堂腐败之真相》《湖南学界之风云》《北京大学堂学生公上管学大臣请辞退舆地历史教习杨模书》《江西教育会起点之远因及现状》《江西大学堂之历史》《福州蒙学堂小历史》《河南高等学堂》等。这些文章，为研究当时的学潮和学校的历史提供了一些宝贵的资料。

《日日报》在"政海"一栏的题为《德国之社会民主党》[1]的文章中，还读到了马克思和共产主义，并对此表示了肯定的意见。有关的文字是：

> 本年六月，德意志帝国国会行总选举，改选议员，其有最惹世人之注目者，社会民主党大得胜利……推其所以，盖因近年来，德之军费日加，国民不堪负担，食物日贵，国民多怀不平。该民主党向奉马枯士之革命的共产主义以为圭臬，激烈过度。当本年选举之时，其表张之政纲……颇合于民心，得全国之欢迎，是其压（在）各政党而得莫大胜利之所以。自今之后，吾知凡国之民，将日厌君主之专制，而社会民主党努力之增加，更有不可限量者。少年皇帝，其将如何，帝国

---

[1]　见《国民日日报汇编》第1集。

主义,呜呼危矣!

文中的"马枯士"即马克思。1902年10月,梁启超曾在《新民丛报》第十八号《进化论革命者颉德之学说》一文中提到马克思,称之为"日耳曼人社会主义之泰斗也",但没有使用"共产主义"这个词。就已见的材料看,在中文中,较早使用"共产主义"一词的,当推此文[1]。

《日日报》还有少量宣传无政府主义的文字,如《女杰郭耳缦》《理想虚无党绪言》等,介绍了无政府主义者郭耳缦的事迹,鼓吹暗杀,称无政府党是"倒专制,杀特权,最侠烈、最博爱的党人"。

《日日报》也存在一些缺点。有些文章,论述不深不透,草草收笔。有的文章,有头无尾。《说君》一文,文中说要写"专制君祸"和"立宪君祸"两部分,结果只见"专制君祸",未见"立宪君祸"部分。《中国魂》文中原说,对民族主义分"古代""中世""近世"三段来论述,结果只写了"古代""中世",便无尾而终,亦无交代。难怪《国民日日报汇编》编者在《中国魂》后附识:"此报论说之不完备,无有过于是篇者。存之以见此报之最大缺点,阅之慨然。"此外,所载诗歌,亦有一部分纯系文人墨士遣兴之作,没有什么价值。

---

[1] 按:《浙江潮》第8期(1903年10月10日)所载《新社会之理论》一文,亦使用了"共产主义"一词,时间与此差不多,见该书284、285页。

民国的历史与历史的民国(论纲)[1]

民国的历史是指民国的兴建、演变和倾覆的历史。一是民国人物自己写的,第二档案馆的档案就是他们自己写的历史;二是史学家们写的民国史,李新同志的多卷本民国史和张宪文同志的《中华民国史纲》等。历史的民国除了指民国在中国历史和世界历史上的地位外,主要指民国已经是历史的了,好像历史人物是说已经过去了的人物,历史的民国虽然还有残存的势力,作为民国的主体或整体已经过去了。就民国的历史与历史的民国各自的构成来说,前者着重的是史(事实),后者着重的是论,当然又是我中有你,你中有我,史中有论,论中有史。我想从两者的关系来说一点对民国的看法:

(一)开创与逆转。民国的建立是具有极大开创意义的,是两千多年封建帝国被推翻的新纪元,但在两次逆转中很快成为被推翻的对象。两次逆转就是我们通常说的袁世凯窃国和蒋介石的叛变,他们由"窃"和"叛"变成了统治者,不只是他们的品质决定的,有个历史的选择,人们在选择历史,历史也在选择人。历史在一个时期选择

---

[1] 原载《陈旭麓文存》,上海人民出版社1990年版。

了他们,也很快抛弃了他们,而这个选择与抛弃就是民国的成败。

(二)统一与多元。民国出现过短暂的统一现象,袁世凯担任总统并称帝时的几年,曾经是统一的;在抗日战争开始时,蒋介石也有过统一的迹象。但在民国的38年中,共有19个政权(也可以说是17个政权),有中央政权3或4个,人民革命政权4个,对抗政权4个,统治者分化政权2个,汉奸政权4个。这样多的政权是任何朝代所没有的,这样多的性质不同的政权它是以前所没有的,只有在民国时代才有。

(三)奠基与掘墓。民国的奠基者是资产阶级革命派,推翻大地主大资产阶级的民国政权的是共产党领导的工农群众,但资产阶级革命派也是它的掘墓人。好些人青年时期是民国的奠基者,晚年却是民国的掘墓人,奠基者与掘墓人集于一身,且举两例,一个是吴玉琼,他担任南京临时参议院代表,一个是柳亚子,他做过临时总统府的秘书,后来都是民国的掘墓人,与此类似的人还很多。这表示了民国时代是一个变化多么急剧和急转直下的时代。

民国是个开创的时代,它在高潮中诞生又在高潮中覆亡,它的覆亡之快有似两千多年前的秦代。秦代开创了中央集权的国家体制。巩固统一、发展繁荣这个中央集权国家的不是它自己,而是后来的汉唐。所以史学家称秦为历史的"闰月",民国也可以说是又一个"闰月"。

"五四"前夜的政治思想逆流[1]
——民国初年的反动复辟思想

中国近代社会的思想战线,新旧斗争是激烈的,即资产阶级新文化和封建旧文化的斗争,是为资产阶级民主革命服务的。大体上有戊戌变法和辛亥革命两个重要时期。"五四"新文化运动虽然仍是反封建文化的斗争,但已是在马克思主义的影响下开展起来的,它的精神面貌与前两个时期已大不相同。无论戊戌维新时期的新旧斗争,辛亥革命时期的新旧斗争,对中国近代社会都发生过较大的影响。"因为中国资产阶级的无力和世界已经进到帝国主义时代,这种资产阶级思想只能上阵打几个回合,就被外国帝国主义的奴化思想和中国封建主义的复古思想的反动同盟所打退了,被这个思想上的反动同盟军稍稍一反攻,所谓新学,就偃旗息鼓,宣告退却,失了灵魂,而只剩下它的躯壳了。"[2]所以在戊戌变法失败后是科举考试的复活,辛亥革命失败后是尊孔复古的喧嚣,尽管一次又一次的新旧斗争,新的失败,旧的卷土重来,然而每经一次斗争,却把思想文化战线推向

---
[1] 原载《学术月刊》1959年第2—4期。
[2] 《毛泽东选集》第2卷,第690页。

新的发展。民国初年的反动复古思潮,虽是封建旧文化向资产阶级新文化的大举反攻,结果并不是封建文化的长久得势,而是反复古反封建"五四"新文化运动的登场。因此一切旧思想旧势力的反攻不过是它自身在死亡前的挣扎,不过是暂时的一股逆流。

任何思想斗争,都和政治有或明或暗的关系,否定了这一条,也就否定了思想斗争的实际内容。尊孔复古思潮看来好像没有明显的政治旗帜,但不管你意识到或没有意识到,它必然和民国初年两种复辟思想发生内在联系,因为尊孔复古是文化上的复辟,恢复君主制则是政治上的复辟,事实证明没有复古的文化思想不通向政治复辟之路的,"共和不适于中国"的"国情论",恰是复古和复辟的沟通。而且反动文化思想既是反动政治死亡后的幽灵,也往往是反动政治复活的先行,辛亥革命前后的尊孔复古思潮恰反映了这个客观规律。为此,一个革命政权的建立和巩固,不仅要追击明显的政治敌人,也要向一切"退藏于密"的敌对思想作斗争。资产阶级领导的辛亥革命,既没有力量彻底击垮明显的政治敌人,更没有警觉到敌对思想对革命政权的危险性,这就必然由尊孔复古思潮导向政治复辟。所以洪宪帝制和宣统复辟正是这一历史条件下的产物。

在尊孔复古和政治复辟演奏双簧的当时,尊孔与反尊孔的斗争,复辟与反复辟的斗争,是旧民主革命时期严重的思想斗争和政治斗争,作为领导那一时期革命的资产阶级,虽然还有反抗的愿望,却已似潮湿了的鞭炮,发不出震人的声响。因此1915年前后的中国思想界暗淡无光,人们陷入苦闷和绝望的边缘。却在这个时候,有名的《新青年》创刊问世,逐步以急进的民主色彩向一切旧思想冲击,为新文化运动准备条件,使中国近代社会新旧思想斗争导向更高形式的发展。

一切旧思想旧文化都不可能在一次斗争中埋葬，它的死亡往往是一个反复斗争的过程，而且在它没有完全死亡前，总是不会放弃一切死灰复燃的机会，中国的封建文化在整个民主革命过程中就表现出这种顽抗性。然而新文化新思想的彻底战胜旧文化旧思想，恰是在旧文化旧思想的顽抗下，才能显出它那无限的生命力和战斗力，这就是后来"五四"新文化运动产生的必然逻辑。

在这里，仅就"五四"新文化运动前夜政治思想的逆流作初步的探讨。

辛亥革命"胜利"声中的思想动态

辛亥革命前夕，政治改良主义思想仍有很大的市场，而且原先的洋务派、顽固派在革命声势的压力下，也改变了腔调，消除界域，转与改良主义的君主立宪派靠拢，也宣称要立宪了。尽管如此，而推翻清政府，建立共和国的要求，究竟是一种不可抗拒的力量，到武昌起义时，就是与革命为敌的拥护君主立宪的改良派，也抛弃了向清政府下跪请愿的乞讨"立宪"，不能不回过头来向革命投机，或者竟"请开国会不见用，方郁郁思去"[1]。至此建立民主共和国已成为一种不可避免的形势，革命党人固然是众口一声，即使是希望帝王万世的清朝皇室，到此也有点变了样，名记者黄远生记述这样一段事说："余于革命时，有一事大足记述，即余被推为代表，谒见庆王、那桐者说宪法事。此平日赫赫炙手可热之庆、那，到此最后关头"，"自谓此后得为老百姓已足。……谓吾曹向日诚假立宪，此后不能不真立宪"[2]。

---

[1] 邓之诚：《护国军纪实》，第1页。
[2] 黄远庸：《远生遗著》第1卷，第131页。

这固然是"生生世世莫生帝王家"的亡国哀音,但他们在宣布退位诏书中也不得不承认"今全国人民心理,多倾向共和"这一事实。袁世凯在阴谋窃取大总统地位的当时,也要"信誓旦旦"地说:"永不使君主政体,再行于中国。"所以创立民主共和国,在20世纪初年的中国,是一种神圣的时代要求,谁不承认这一条,谁就不能在政治上立足。

清帝退位,"中华民国"的招牌挂起来了,《临时约法》宣布"中华民国之主权属于国民全体"。至此建立共和国的目的既达,前此为反对君主专制的指导思想,随着"民国"的出现而消失。宋教仁称"今革命之事毕矣"[1]。他们庆幸表面的胜利,以为"大功告成",轻易地放下了战斗的武器,也放弃了革命理论的宣传和斗争,以为此后努力的目标,只是政治建设和实业建设的两途。

他们所谓的政治建设,不外资产阶级政党政治和责任内阁制一类方案,这类方案在西方早已成为强弩之末,在当时的中国还被认为是新的,革命党人所追求的就是这些。以宋教仁的《代草国民党大政见》为例,他的重要政见是:(一)主张单一国制;(二)主张责任内阁制;(三)主张省行政官由民选制以进于委任制;(四)主张省为自治团体有列举立法权;(五)主张国务总理由众议院推出,等等。这些政治主张,一方面是他们追求的共和政治的内容,一方面是想以这一套法制(如责任内阁制)来制约野性难驯的袁世凯。看来好像他们还没有完全放弃斗争,事实上这种斗争的形式,不仅只着眼于对袁世凯个人的限制和约束,完全没有看到袁世凯依靠的恶势力和支持袁世凯的旧基础,而且这些政治形式日益成为野心家和他们自己猎取权势的工具。他们迅速地解除武装,遣散在武昌起义后建立的军队,

---

[1] 《民国经世文编》第2册,第40页。

幻想以温和的方式来建设和巩固共和国的政权,无疑这是沙滩上的楼阁,是没有洞察实际的幻想。

资产阶级革命活动家主张的实业建设,即要求发展民族工商业,这是反帝反封建的民主革命的重要课题之一,辛亥革命时,资产阶级和资产阶级的代理人更满怀着这样的信心。在民国政府成立后的不久,就有"中华民国工业建设会""中华民国实业协会"等组织的出现[1],发布宣言,征求会员。大有"竞胜争存"的气概。就在1912年,陆续出刊了《中国实业杂志》《实业杂志》《经济杂志》《实业丛报》等刊物。孙中山提出在 10 年内要修筑 20 万里铁路,欣然愿以大总统的身份退为实业家,接受全国铁路总监的名义。宋教仁在《代草国民党大政见》中也说:"中国今日苟欲图强,必先致富,以国内贫乏之状况,则目前最亟之举,莫若开发产业。"这是那时的先进分子呼吁了数十年的意见——"图强"必先"致富",也是改良派曾经认识到的道理,可是始终没有建立起"致富"的政治局面。辛亥革命有建立这种局面的可能性,无奈很快就被国内外的反动势力所扼杀。这就是数十年呼吁"致富"而富终不能致的原因。

如果说当时的革命党还有部分人尚未完全放弃斗争,可是另外一部分人却以清朝的异族统治被推翻,革命的任务已完,所以"革命军起,革命党消"的话,流行一时。在言论界有很大影响的章太炎,就是这样公开主张的。他在辛亥革命后不久所发表有关政见的文字,都收集在《太炎最近文录》里面,所持议论,多与孙、黄立异,不仅反对建都南京(有《驳黄兴主张南都电》),而且主张政府用人"不应偏任新进,惟取清时南方督抚著有材名者,以充阁员之选",大为旧势力张

---

[1] 《中国革命记》第 25 册,文牍。

目。1912年3月,南京临时政府内务部发布《暂定报律》三章中的一章说:"流言煽惑,关于共和国体有破坏弊害者,除停止其出版外,其发行人、编辑人并坐以应得之罪。"[1]姑无论"报律"的适当与否,单就这一条来看,在政治上是有斗争的积极意义的,因为它可以钳制旧势力的复活,章太炎却在上海各报发表他的《却还内务部所定报律议》,声称"共和国体,今已确定,报界并无主张君主立宪与偏护宗社党者,本无其事,而忽定此法律禁制,已为不根,所谓破坏弊害者,其词亦漫无界限"[2]。孙中山在这种议论的压力下,只好承认报律"虽出补偏救弊之苦心,实昧先后缓急之要序",因而宣布无效。1912年7月章太炎还专电黎元洪说:"追念前清之亡,既由立宪,俯察后来之祸,亦在共和。"又为袁世凯的蹂躏国会、破坏约法立论:"国土之保全为重,民权之发达为轻,国之不存,议院焉托。宜请大总统暂以便宜行事,勿容拘牵约法以待危亡。"[3]章太炎的这些论调,对革命势力起涣散瓦解的作用,也助长了封建顽固势力对革命的进攻。当时章士钊曾分析这种情况说:"夙主张共和者,平日之理想,一旦见之事实,而不如其所期,则顿失望,失望则忿疾,忿疾则指责过当矣。吾家太炎,即其一也。"[4]章太炎的所以不能和孙、黄合拍,除章士钊所分析的那种"失望"心理外,还与光复会和同盟会的分歧有关。更重要的章太炎这一个参加革命活动的资产阶级学者,以研究经学、文字学著称,成为"国粹主义"者的宗师,是一个由传统文化陶铸出来的人物,和一些立宪派、旧官僚不无相通之处。他与张謇组成的统一党,

---

[1] 张静庐:《中国近代出版史料》初编,第325页。
[2] 《太炎最近文录》,第23页。
[3] 黄远庸:《远生遗著》第2卷,第72页。
[4] 章士钊:《甲寅杂志存稿》上册,第323页。

把老官僚程德全,立宪派汤寿潜、熊希龄等都拉进去,和同盟会对抗,这绝非偶然。他在《自订年谱》中追述此事称:"余亦暂集人士为统一党,既入都,谋与民社合,清世所遗君宪党人,亦欲借民社庇荫,民社许之。"[1]由此可以看出章太炎在推翻清政府后的思想言论,几已全与立宪党人相呼应;也反映了资产阶级革命党人的分崩离析,没有建立民主共和国统一的意志和行动。

在武昌起义、各省响应的时刻,原先反对革命反对共和的立宪派,至此回过头来向革命趋附。不仅黎元洪、汤化龙等人成了"湖北军政府"的领导人,且在湖南、贵州等省制造流血惨变,篡夺革命果实,取得支配地位。当组织南京临时政府的时候,"湘桂诸都督府纷纷推举阁员,如詹天佑任交通,梁启超任学部"[2],他们所推许的不是对革命有贡献的人,而是那些与革命无关或与革命为敌的有"资望"者。章太炎品评人物,也"谓总理莫宜于宋教仁,邮传莫宜于汤寿潜,学部莫宜于蔡元培,其张謇任财政,伍廷芳任外交,则皆众所公推"[3]。这是主张组织革命派与立宪派的混合内阁,对立宪派完全放弃了应有的警惕和斗争。如果说在辛亥革命前夕革命派和立宪派还有一条拥清和反清的界线,那末现在这条界线随着清政府的被推翻也就消失了。所以梁启超在1912年归国时公然说:"平心论之,现在之国势政局,为十余年来激烈、温和两派人士之心力所协同构成,以云有功,则两俱有功;以云有罪,则两俱有罪。"[4]这种混淆革命与改良的界线的论调,是立宪派一种邀功的手法,也是革命党人(如章

---

[1] 见《近代史资料》1957年1月号,第127页。
[2] 《太炎最近文录》,第6页。
[3] 《太炎最近文录》,第7页。
[4] 梁启超:《饮冰室合集》,文集之二十九,第5页。

太炎)自除防线的结果。由于这种关系,在清帝退位、协议优待条件的当时,立宪派和一些地主阶级文人公然叫嚣:"不妨留余地以处之以示人道之公。"[1]不仅如此,"而前清旧憝,误国巨奸,各省反以湔被许之,未尝稍有收治也"[2],这就大大地纵容了立宪派和旧官僚。于是张謇这班人就兴风作浪地说:"今共和之声,腾于全国,而国民程度不足,越轨乱辙之事,时有所闻。"[3]在所谓"民国政府"成立的一年后,立宪派动摇共和国体的谬说更为嚣张,如说"今日宪法定,国基未固,加以民主之局,为中国数千年来所未有,大多数之人民,未能了解其意义,遇有难关,常易生国体上之疑问,故今后之政治,将作如何之变迁,实一未易推测之问题"[4]。我们知道,以康、梁为首的改良主义的政治主张,革命派虽然曾对他们予以严厉的抨击,且经革命派的多次武装起义以至推翻清政府,立宪派似已处于无权无勇的地位,但他们的政治主张并没有遭到彻底的打击,一旦遇有复活的机会,就到处活动起来。章士钊曾归纳立宪派在民国初年的主张说:"一谓中国人民程度不足,不适于共和;一谓国土过于寥廓,不适于共和,而于前说尤委曲致意焉。其中所引,多康、梁诸先生之说。"[5]这里恰也证明了康、梁的改良主义思想,在20世纪初期的中国,仍有市场。

另有一种人,和革命派有过渊源,也参加过一些政治斗争,他们和立宪派又有所不同,如在前面说到的名记者黄远生,就属于这一类人。他分析辛亥革命后的局势说:"自客观言之,以外势之急,满政之昏,安得而不致革命;以国民之无根底,主动者之客气与感情,则革命

---

[1] 李世由:《暾庐类稿》乙编上卷,第55页。
[2] 《朱执信集》,第81页。
[3] 张謇:《张季子九录》,见《教育录》第3卷,第13页。
[4] 《民国经世文编》第1册,第42页。
[5] 章士钊:《甲寅杂志存稿》上册,第241页。

之后,安得有善果!"[1]这种话虽然反映了那时的事实,所谓"主动者之客气与感情",是指资产阶级、小资产阶级革命派的缺乏政治远见而言。但他是以客观者的态度来评述革命的成败,把自己置身于革命之外,因此这种言论看来是客观的,却不是在打击反动势力,而是在坐观成败。

中国社会的封建传统既久且深,鸦片战争后虽有过无数的反封建斗争,辛亥革命对封建势力的打击也比较大,可是这些震动只局部地动摇和削弱了封建势力,却没有进一步去摧毁它。辛亥革命后,清朝遗留下来成千成万的遗老遗少和封建文人,一旦失其故垒,怨望丛生,他们是那时思想界的最反动最顽固的代表,反对一切新事物。诗人陈衍曾论述这班人说:"自前清革命,而旧日之官僚伏处不出者,顿添许多诗料,黍离麦秀,荆棘铜驼,义熙甲子之类,摇笔即来,满纸皆是。"[2]又如汪精卫之兄汪兆镛,清亡后,主讲广东学海堂,凡书清讳皆抬头缺笔,如批卷写到溥仪的仪字,必缺一撇。[3] 他们抱着这种孤臣孽子的心情,以维护和恢复清朝皇室自任,他们自己没有力量,常依托军阀进行活动。1912年6月3日北方军人和他们互相呼应发布公启,"称《中央新闻》《日华日报》《新民公报》毁人名誉,诋谤前清皇室,捏造宗社党新闻,当以相当对待"[4]。这批封建官僚军阀,他们鼓吹复古,主张尊孔,进行政治上的复辟。后来袁世凯在1914年相继召开的政治会议和参政院,大大地收罗了这批人。刘成禺的《洪宪纪事诗》,有"洪宪开基第一春,白头名士尽称臣",即是指的这

---

[1] 黄远庸:《远生遗著》第1卷,第137页。
[2] 转引自陈炳焜:《最近三十年中国文学史》,第26页。
[3] 刘成禺:《禹生四唱》,见《广东杂咏》注。
[4] 黄远庸:《远生遗著》第2卷,第24页。

批人。

综观辛亥革命"胜利"后的思想动态,依然是辛亥革命前的革命派、立宪派、守旧派三种思想的激荡,革命派仍被看作激进派,立宪派仍被看作温和派,但已发生了很大的变化。首先是原先的共和与立宪,或革命与改良壁垒森严的斗争,已转化为各种没有严格界线的政治集团,而立宪党人之所以仍被称作温和派,因为他们仍调停于新旧之间,一方面附和革新,一方面又调护守旧,助长了那不新不旧的风气,他们以新自居,实际是旧的本质,为顽固守旧势力所援引,他们也援引顽固守旧势力。其次是在武昌起义、资产阶级革命高潮的短暂时期内,好像革命已战胜了反革命,新的已战胜了旧的,但由于革命势力上阵打上几个回合即已退却,旧派的反动复古思潮,遂弥漫于思想界,不仅对革命派反击,也对一切新的文化进行反击。

尊孔与反尊孔斗争

民国初年的反动复古思潮,是围绕着"尊孔"问题提起的,它是政治复辟阴谋的前哨战。毛泽东指出近代中国在半殖民地的买办文化外,"又有半封建文化,这是反映半封建政治和半封建经济的东西。凡属主张尊孔读经、提倡旧礼教旧思想、反对新文化新思想的人们,都是这类文化的代表"[1]。他们死抱着以孔子为依归的儒家学说不放,想把半封建文化恢复到原先的统治地位,为封建政治、封建经济服务。当然这种半封建文化又是和半殖民地的买办文化相互依存的。

辛亥革命前夜的思想战线,对集中体现封建传统文化的偶

---

[1]《毛泽东选集》第2卷,第688页。

像——孔子,有过一些非议,但却没有给予有力的抨击。如章太炎引用日本人远藤隆吉的话"孔子之出于支那,实支那之祸本也"[1],要算是最尖锐的了。他们虽然反对"孔教",却采取了保留态度,陈天华认为"如谓宗教必不可无,则无宁仍尊孔教"[2]。就这两个例子来看,那时孔子的地位确已非昔日被尊为"素王"的孔子,"儒术一尊"的思想早已大为动摇,西方资产阶级启蒙思想家孟德斯鸠、卢梭等人的言论代之而起。资产阶级民主革命派一方面介绍了西方资产阶级的思想文化,另一方面也排斥了封建主义的思想文化,但他们反对封建文化的不果敢、不彻底,比在反对封建政治上表现得还要软弱些。因为他们是受过封建文化陶冶而又接受了资产阶级文化的一批人。

1912年3月,南京临时政府颁布的《临时约法》,规定"人民有信教之自由"。以孔子为中心的儒家思想虽然不是宗教,两千多年来在中国却具有宗教的权威,也有人欲奉"孔教"为宗教以伦比西方的耶稣教。因此"信教自由"的规定,在当时的中国,有否定孔子一尊地位的意义。同时书院变学校后,"大成至圣先师孔子"的牌位被排斥了。蔡元培(教育部长)认为"经学"实为文、史、哲、文字几个方面的内容,因将大学堂原设的"经科"并入文科,取消了在大学堂宣传儒家思想的阵地。这些变端在封建文化的代表者看起来简直是"斯文扫地"。康有为从海外写信给北京教育部说:"闻自共和以来,百神废祀,乃至上帝不报本,孔子停丁祭,天坛鞠为茂草,文庙付之榛荆,……中国数千年以来,未闻有兹大变也。"[3]这正如太平天国革命触动了封建势力,曾国藩就大嚷"乃开辟以来名教之奇变,我孔子

---

[1]　章太炎:《訄书》,订孔第二。
[2]　《陈天华集》,绝命书。
[3]　《民国经世文编》第34册,第20页。

孟子之所痛哭于九原,凡读书识字者,又乌可袖手安坐,不思一为之所也"[1]。代表封建传统的孔子思想的破坏,实际就是封建政治体制的破坏,所以维护封建主义的康有为也和曾国藩一样惊呼为"大变"。

辛亥革命"胜利"声中存在了三个多月的南京临时政府,总算具有较大的反封建性,是在革封建主义的命。但这个政府北迁后,仅有的革命色彩即被封建势力所吞噬。所以"废孔教之事,出于南京政府;若北京政府,殆无是意也"[2]。1912年7月,北京政府的教育部召开临时教育会议,编制学校管理规则,会中公然提出讨论是否应保留奉祀孔子的仪典,这是"民国政府"保留和恢复封建文化的第一声,也是封建主义的旧文化向资产阶级的新文化在政治战线上的反攻。由于那时的北京政府还掺杂着一部分资产阶级、小资产阶级的革命力量,也就是袁世凯还没有来得及摧毁的一份力量,他们遂以宪法公例、信教自由为理由,提出学校不应拜孔子的提案来抵制,因此没有作出学校祀孔的硬性规定,却说"一任地方习惯之便"。这里不仅没有给反动复古思潮以严峻的抗拒,反而给他们开辟了一条"一任地方习惯之便"的路。你既不能在第一次的进攻打退它,它就会在第二次第三次给你更大的进攻,这是思想战线和政治战线的必然规律。就在这个教育会议后的不久,各地的封建士人乃纷纷发起组织孔教会、孔道会来,北京的孔教会并发刊《孔教会杂志》(陈焕章主编),以扩大复古主义思潮的社会影响。

封建士人从来是封建军阀在政治上的走卒,在思想上却是封建

---

[1] 曾国藩:《讨粤匪檄》。
[2] 《民国经世文编》第39册,第38页。

军阀的"先锋"。当走卒们打了头阵后,1913年6月,四川都督尹昌衡就进而电请大总统及国务院恢复孔子祀典,建议全国学校奉祀孔子。资产阶级刚把孔子从学校里挤出去,封建阶级又要把孔子请回来,这是资产阶级和封建阶级争夺文化阵地的决斗。那时袁世凯在暗杀宋教仁、举行大借款后,积极策动武力统一,亟欲从思想领域征服反对力量,乃据以发布《通令尊崇孔圣文》说:"查照民国体制,根据古义,将祀孔典礼,折衷至当,详细规定,以表尊崇,而垂久远。"[1]这个通令的发布,尊孔问题,已由反动复古思潮通向帝制复辟的政治策动。舆论界为之大哗,资产阶级革命派也起而申斥,《中华新报》曾为此发表社论说,"所谓祀孔子者,不外历代君主为巩固君权之手段",并揭穿了袁世凯的"借祀孔之名,为收拾人心之具,帝制复活之实"。[2]

在中国近代史上革命与反动、进步与顽固的斗争过程中,帝国主义从来不放过一次扶植反动、顽固势力的机会。当复古主义者喧嚣"尊孔"的当时,帝国主义分子卫西琴作《中国教育议》,称西方最新的教育思想也不能超过孔子的教育主张,为顽固派张目,以阻塞中国革新的出路。他说"使中国而用孔子之道,则路矿诸实业,将炽然并兴,而西人且来中国而求银行铁工之法,何有日探其藏,而垂涎其所谓储能之富耶!诸公疑吾言乎?则请更征《中庸》,其二十二章不云乎:能尽人之性,则能尽物之性,则可以赞天地之化育。由此言之,一切最新物理之发明,如恋毡光线,如无线电,如飞行机,皆公等所早有耳"[3]。他为帝国主义恶毒的经济侵略解说,而把责任归之于中国不行孔子之道,大加附会,这就极大程度地迎合和助长了顽固思

---

[1]《袁大总统书牍汇编》第2卷,第15页。
[2] 转引自马大中:《大中华民国史》,第393页。
[3]《民国经世文编》第32册,第22页。

想。而且他以西方"文明国家"的代表说出这番话来(原文经严复翻译),对那时的知识界起着更大的闭目塞聪的麻痹作用。1913年2月,另一个侵略分子英国威海卫区行政官约翰斯顿(R.F.Johnston,又名庄士敦),发表《联合中西各国保存国粹、提倡精神文明意见书》,公然倡言:"保存国粹,盖中国今日所不可不急行提倡之事。"[1]由此可见,当时的复古主义思潮是大得帝国主义的声援的,国内的封建文化和外国来的奴化思想结不解缘,证明半殖民地半封建社会中国的一切反动势力,都是帝国主义的朋友。

复古尊孔思潮,在袁世凯政权和帝国主义分子的支持下,气焰益张,封建主义者进而倡议定"孔教"为国教,想达到恢复孔子一尊地位的目的。早在1898年,康有为即向清朝皇帝奏请尊"孔教"为国教,以孔子纪年。至此(1913年)康有为主编《不忍》杂志,复大倡他的"孔教主义",著《以孔教为国教配天议》,为封建势力招魂。与此同时,大批顽固分子互相呼应,到处发表文章,宣扬"孔教",如《孔教大一统论》《孔教乃中国之基础论》《孔子受命立教论》《论废弃孔教与政局之关系》等,连篇累牍,不一而足。这时北京政府还在假借共和名义,成立国会,由参议院、众议院组织宪法起草委员会(委员60名),在天坛开会,进行起草宪法。封建主义者群起要求将尊"孔教"为国教规定于宪法中。1913年8月,孔教会代表陈焕章、严复、夏曾佑、梁启超、王式通等,向北京政府呈送请愿书说:"吾国自古奉孔教为国教,亦自古许人信教自由,二者皆不成文之宪法,行之数千年,何尝互相抵触乎?今日著于宪法,不过以久成之事实,见诸条文耳。信教自由者,消极政策也;特立国教者,积极政策也,二者本并行不悖,

---

[1]《东方杂志》第9卷第12号。

相资为用。苟许人信教自由而无国教,则放任太过,离力太大,而一国失其中正。"[1]显然他们是想以"孔教"为国教的招牌,来抵制资产阶级文化的信教自由,为封建主义的"大一统"思想作困兽之斗。那个英帝国主义分子约翰斯顿又出来说话了,大叫"不如以孔教规定于宪法之为愈";且为复古主义者捧场,谓"彼陈焕章博士及其同会中人,非顽固守旧者可比也。其求进步而图改进,较诸新中国热心爱国之领袖,殆未遑多让"[2]。此外还有立宪派朱瑞的《上参众两院请尊孔教为国教文》、旧官僚赵炳麟的《致宪法起草委员会请定孔教为国教书》等。国内外反动派结合成一条复古的逆流,向正在开会的宪法起草委员会包围,一定要在草拟的宪法中,写上"中华民国以孔教为国家风教之大本"的话。9月间,孔教会的那批地主阶级绅士,又假北京国子监举行奉祀孔典礼,向资产阶级的新文化示威,并要北京政府的教育部通令各省速尊孔子,以夏正八月二十七日定为孔子圣诞日。10月间,天坛宪法起草完成,那时宪法起草委员会中的多数还号称为激进的资产阶级革命派,所以没有完全依照复古主义者的意图将"孔教"定为国教写入,可是在历时数月的争吵中,终于在宪法草案第十九条中,添上"国民教育以孔子之道为修身大本"一项,复古主义者仍达到了部分目的。

与尊"孔教"为国教相对抗的思想,是参加辛亥革命、向往资产阶级文化的一批人。曾与孙中山闹分裂,在言论行动方面多为旧派利用的章太炎,到此也积极反对复古思潮,他发表的《驳建立孔教议》,指出"今人猥见耶稣、路德之法,渐入域中,乃欲建树孔教",是"师其

---

[1]《民国经世文编》第39册,第49页。
[2]《中国宗教之前途》,载《东方杂志》第10卷第9号。

鄙劣"。又说"学校诸生所尊礼,犹匠师之奉鲁班,缝人之奉轩辕,胥吏之奉萧何,各尊其师"而已。[1] 师匠并列,否定了知识界尊崇孔子的特殊地位。他在北京被监视的期间,假化石桥共和党支部开国学会,门上贴"凡入孔教会者不准入会"字样,并大骂孔教会的康有为、陈焕章等人。[2] 其他如许世英的《反孔教为国教呈》、艾知命的《上国务院暨参众两院信教自由不立国教请愿书》等,是针对复古主义者要挟宪法起草委员会要规定"孔教"为国教于宪法中而发的。他们以"孔教"不是宗教,把"孔教"规定于宪法中是违背信教自由、破坏五族共和(因各少数民族的信教不同)等理由来反驳。此外,也有从历史进化观念来反对尊孔复古思潮的,如蓝公武的《辟近日复古之谬》,即其一例。他说:"时代迁移,则古今易辙;文化相接,则优劣立判,居今之世而欲复古之治,以与近世列强之科学智识国家道德相角逐,是非吾人所大惑不解者耶!……中国之礼教,所谓忠孝节义者,无一不与近世国家之文化相背反。设中国自安于固陋之习,不欲进于近世国家之文化则已,苟尚不甘长处于危亡之境,而欲力图其文化之发展,则凡足以为今日进步之阻者,不可不廓清而更新之。"最后更明白指出中国的改革"不在复古而在革新,不在礼教而在科学;不欲以孔孟之言行为表率,而欲奉世界之伟人为导师。……国人当谋所以革新国运发展文化之道,幸勿背道而驰,以自速其亡焉"[3]。这些论点越出了"孔教"是否应规定为国教的争执,从进步与反进步、科学与反科学立论,多少接触到了日后新文化运动所争辩的问题。

复古主义者挥舞着卫道的旗帜向资产阶级文化进攻,要把中国

---

[1] 《太炎最近文录》,第54页。
[2] 黄远庸:《远生遗著》第3卷,第225页。
[3] 《大中华杂志》第1卷第1期。

引向倒退的道路,在中国做坐探的帝国主义分子对此极尽推波助澜的能事。如前面已谈到的卫西琴、约翰斯顿,是其中的最著者。还有美国丁义华其人,发了一通"教祸其将发现于中国乎"的谬论,他和卫西琴、约翰斯顿采取的手法不同,以反对"孔教"定为国教的姿态出现,却把反动尊孔复古思潮的引起,诿过于蔡元培的"废孔"。他说:"原国教之说之所由起,实种因于二年以前,民国第一任临时内阁教育总长蔡元培,逞其一偏之心思,欲为惊人之创举,昌言曰废孔废孔,于是丁祭不准举行,学校不许拜孔,学田学产,没收入官,举中国数千年来尊无二上之至圣先师,例诸淫祀妖庙,禁绝无余,……当时之士,莫不痛心疾首,然怵于政府之威严,大都敢怒而不敢言。蔡氏去位,此案全翻,未几而孔教出焉。"[1]这个美帝国主义分子不仅颠倒是非地破坏中国的进步,也完全是以殖民主义者的嘴脸来干涉中国的内政。从这里我们也可以得出一条规律,帝国主义利用宗教在中国进行文化侵略的同时,也利用封建文化来抑制中国人民对新文化的吸收,所以资产阶级文化和封建文化是斗争的对立面,而封建文化却是外国资产阶级对中国进行文化侵略的工具。

尊孔和反尊孔的斗争,在思想战线上是复古与反复古的斗争,在政治战线上是革命与反革命的斗争。这场斗争的一方,是清末以来的顽固派和立宪派,他们是封建地主阶级的代言人,对内是军阀的走卒,对外是帝国主义的工具。而立宪派又是倡导复古尊孔的头面人物,因为他们曾经以"新"自居,帝国主义分子又为他们擦脂抹粉,说他们是有"智慧与经验"的热心国事者,在社会上有欺骗作用。另一方,是辛亥革命以来的资产阶级知识分子,和一批向往资产阶级文化

---

[1]《民国经世文编》第39册,第62页。

的人,他们虽然想保持和扩张资产阶级文化的阵地,然而"半殖民地的政治和经济的主要特点之一,就是民族资产阶级的软弱性"。因此他们在文化战线上没有可靠的基础和后援,只能上阵打几个回合以失败而告终。同时尊孔与反尊孔、复古与反复古的问题,看来是新旧思想的冲突,然而它是体现反动阶级的政治要求的,也是通向"拥袁"的反动独裁政权的,所以实际上是一场民主和反民主的严重政治斗争。因此,1914年1月,袁世凯召开政治会议,即向该会提出祀孔典礼咨询案,政治会议秉承袁的意旨议复,袁遂据以通令全国:"孔子性道文章,本生民所未有;馨香俎豆,更历古而常新。民国肇建,理宜率旧。"这正是帝制公演前思想准备的宣告完成。

两种复辟思想

辛亥革命前,思想界有过剧烈的斗争,以革命派与改良派为对垒的主流,中心课题是实行民主共和还是实行君主立宪的问题。斗争的胜利,是清政府的被推翻和民主观念的深入人心。但是资产阶级领导的辛亥革命,无论思想斗争、政治斗争及武装斗争,都是半途而废,没有将斗争进行到底,也不能将斗争进行到底。不要说旧的基础没有被摧毁,就是恶劣的君主观念也没有肃清,特别是遗老和封建地主阶级对民主共和的仇视。同时辛亥革命后虽然挂起了"民主共和国"的招牌,但还存在着两种与民主共和国非常不调和的现实。一是溥仪仍拥皇帝尊号,每年坐收400万元巨款,养尊处优于北京皇宫的小朝廷,依然沿用宣统年号,依然可以称孤道寡地颁发上谕,英文教习英人庄士敦,还穿着补褂,在"南书房"行走。民国政府要他以待外国君主之礼待废帝,实际上皇帝并没有废。1913年2月22日,清隆裕太后(光绪帝的皇后)死了,北京政府的国务院通告各官署,一律下半旗,27日,现任官及现役军人均于臂上围黑纱,以志哀悼。这就是人们所说的民国政府和清政府并存的怪现象。清朝的似亡未亡,恰给遗老们和宗社党以伺机而动的希望。所以在清帝退位后的不久,即有人提出警告:"坚酋虽退,名义犹存,羽毛一丰,立可反复。"[1]二是民国政府成立的三个月,在南北对峙的政治斗争中,孙中山终于被迫退让,以袁世凯为临时大总统,国都也终由南京搬到了北京。袁世凯又口口声声说他的地位是得之于清朝,在清帝退位诏书中添上"即由袁世凯以全权组织临时共和政府"的话为依据,他是可以不向民国负责的。所以孙中山说"袁氏自称受命于隆裕,意谓非受命于民国"[2]。在一些攀龙附凤的政客们看来,袁世凯是王莽、曹操再世的人物;而且在外国历史上也有过由首席督政、终身执政变而为皇帝的拿破仑。因此在溥仪和袁世凯的背后,保存着两个呼之欲出的幽灵,这两个幽灵反映为两种复辟思想:一是复清朝之辟的思想;一是复帝制之辟的思想。

两种复辟思想主要的社会基础,都建立在日益崩溃的封建势力上,尊孔复古思潮是企图挽救和恢复这个日益崩溃的社会基础的意识形态。因此复古和复辟,虽然一个表现为思想战线,另一个表现为政治战线,但两者是互相为用、彼此渗透的。为什么在同一社会基础而形成两种复辟思想又统一于尊孔复古呢?因为清朝复辟派是以宗社党和遗老们为主,代表着最顽固的旧势力,希望恢复清帝的统治,回到闭关自守的社会去,是没落阶级在死亡前的挣扎。帝制复辟派不仅代表封建势力,也和官僚、买办阶级通同一气,是封建性和买办

---

[1] 《中国革命记》第22册,言论一斑。
[2] 邹鲁:《中国国民党史稿》,第298页。

性的结合,对半殖民地半封建社会的反动阶级有更大的代表性。至于尊孔复古思潮,既是封建主义的灵魂,又是帝国主义、买办势力假借的精神枷锁。不管复清朝之辟也好,复帝制之辟也好,具体的对象虽有不同,而反对共和恢复帝制却是一样,政治领域的皇帝独尊和思想领域的儒术一尊是没有矛盾的。

当民国初建时,由于资产阶级和小资产阶级的软弱无力,不但没有在清帝退位后追击反动封建势力,反而处处向反动派妥协投降,也就助长了封建思想的泛滥。就在辛亥革命胜利后的不久,人们即奔走相告,谓"康(有为)梁(启超)孙(文)黄(兴),其他种种所开方药,非不善也,奈中国材料不配何"。[1] 这无异说康、梁开的药方失败了,孙、黄开的药方也不对头,旨在说明民主共和不适用于中国。这种论调不仅见之于国内,也见之于日本的报纸,竟称"今日支那建设立宪共和国,必不可能,因缺乏立宪政治之要素也"[2],那就是侮蔑中国人民没有实现民主共和的条件,只能被奴役。国内外反动派相互持此见解,是从否定共和出发,为复古主义和复辟思想制造气氛。因此复辟阴谋即潜伏于清帝退位的当初,只是在革命力量的退却中,逐步由暗流变为明演,由隐蔽变为公开罢了。它不似复古思潮打着尊孔和保护国粹的旗号,一开始就公开宣扬他们的反动政治主张。复古主义和复辟思想既是相为表里的,而两种复辟思想又是在相互倚伏和相互排斥的关系下步步展开的,可概括为三个阶段。

第一阶段为1912年至1913年,是清朝复辟和帝制复辟思想的同时出现。在这里首先要谈到浙江桐乡劳乃宣这个人,他是同治年

---

[1] 黄远庸:《远生遗著》第1卷,第143页。
[2] 《支那之将来》,载《东方杂志》第9卷第9号。

间进士,宣统三年(1911)做到京师大学堂监督兼学部副大臣,清室逊位议定,他退隐山东涞水,和涵集青岛的遗老们相往还,著《共和正解》一文来歪曲共和的意义。何谓共和？他说:"《史记·周本纪》厉王出奔于彘,太子静匿召公之家,召公周公二相行政,号曰共和……其本义为君幼不能行政,公卿相与和而修政事。故曰共和乃君主政体,非民主政体也。"把君主政制与共和政制混淆起来,实际是以君主否定共和,也是暗中示意要袁世凯做溥仪的周公、召公。这是从历史上为清帝复辟找依据最初的文字。1913年6月,那个原先做过陕甘总督的升允,在蒙古张贴檄文,反抗"民国",谓"民国不能久据,清室必将中兴"[1]。这不仅是复辟思想,也是复辟活动。袁世凯曾为此下了一个京外官民毋受升允煽惑的通令,并说"倘升允痛自悛改,本大总统亦必曲予优容"[2]。显然袁世凯对升允的"曲予优容",乃是为自己留余地。在1913年中,另一些小人物则在清朝复辟的活动外,主张袁世凯黄袍加身。湖南人禹幼年上书劝进,谓"前辛亥革命之意,若单推翻满清可也,并专制亦推翻之则不可也。何则？国民之程度尚低,非行专制,难望统一,宁法陈桥黄袍加身口称万岁故事,若不以帝制而以共和,实破坏中国之根本也"。湖北商人裘治平上给袁世凯一个条陈,说什么"国会成立在迩,正式选举,关系匪轻,万一不慎,全国糜烂,共和幸福不如亡国奴,曷若暂改帝国立宪,缓图共和"。另一个湖南人章忠翊更无耻地向袁世凯上了一篇骈四俪六的《劝正皇帝位表》,列举了一些代表地主阶级喉舌的不可不正位的"理由"。这些小人物的上书劝进,就其个人来说是一种政治揣摩的投机,这种

---

[1]《中国大事记》,载《东方杂志》第10卷第2号。
[2]《中国大事记》,载《东方杂志》第10卷第7号。

投机恰也反映了封建主义对民主共和的仇视及他们在辛亥革命后的思想动态。但这时就要袁世凯称孤道寡起来还嫌早了些,而劝进表且把袁世凯的政治秘密张扬出来了,所以袁世凯不能不故作态地申斥他们为"鬼蜮行为",下令查拿,实际上是不查不拿。

第二阶段为1914年间,是清朝复辟思想最冒头的一年。当时流言民国三年是"复辟年"。为什么清朝复辟思想在这一年特别冒头?因为三年来的所谓"共和",在一切恶势力的进攻和腐蚀下,愈弄愈糟,袁世凯已一步步建立起了他的专制独裁统治。资产阶级、小资产阶级的革命派虽然还有所活动,但只是一些分散的、没有力量的反抗,他们已失去了领导战斗的旗帜。同时袁世凯对向他劝进的人作了"堂堂正正"的表示,对前此为清朝活动复辟的言论又未予处分,且处处表示他对"故君"的眷恋,这就使那些遗老和宗社党跃跃欲试的心情大增。就在1914年3月,美国传教士利杜在上海法租界宝昌里演说,列举清朝复辟说理由七条,反清朝复辟说理由七条,后者即恢复帝制的理由,其中一条说:"假令复君主制,满人既泯,新君主不能不归诸汉人。"所以袁世凯大为欢喜,赠以巨额运动费。这个美国侵略分子又装出一副伪善的客观面孔说:"两者共有友情,若两者互尽十分理论解决,肇立政体,得救中国,在于举国一致。"可见当时复辟邪说的猖獗。在遗老和宗社党人看来,外国佬既不反对中国恢复帝制,袁世凯还没有忘记清朝的"深仁厚泽"。劳乃宣的《续共和正解》就写成于此时,他要袁世凯还政清室,自居于伊尹、周公的地位,且向袁世凯献计说,"今年共和为三年,至总统十年任满为共和十二年,其时宣统皇帝年已十八",那时应是还政的时机了。显然这个遗老的《续共和正解》比前此写的《共和正解》更为放肆了。劳乃宣把这两篇东西合印为《正续共和解》一册,章梫(号一山,浙江人,翰林,做过邮传部参事)为作跋文揄扬。并将这个小册子遍送与他心心相印的顽固朋友,写信给赵尔巽、周馥、徐世昌等人,要他们赞助复辟。当时甚嚣尘上的复辟气氛,也见之于遗老们的悖谬言行,清史馆馆长赵尔巽公然说:"我是清朝官,我编清朝史,我做清朝事,我吃清朝饭。"徐世昌因任袁世凯的国务卿,有人集杜诗两句作为政事堂联语以讽刺:"竟日淹留佳客坐,两朝开济老臣心。"骂他是"二臣"。徐世昌欲聘清末做过京师大学堂总监督和学部副大臣的刘廷琛为政事堂礼制馆顾问,刘书辞不就,并说:"夫民主国与中国国情不适,已为众人所信。然公误自称帝,有悖初意,亦必为中国举国所不服,为今之计,惟返大政于大清皇帝,复还内阁总理之任……"刘廷琛既耻做"二臣"徐世昌手下的礼制馆顾问,且进而反对袁世凯觊觎帝位的野心,这是复辟派敢于向帝制派进攻的表现。国史馆协修宋育仁发表"还政清室"的演说,联络国史馆一批旧人,公然策动复辟。至此复辟的风声大播,日本报纸也广为揭示。复辟派与帝制派虽然"两者共有友情",究竟具体对象不同,就不能不相互排斥。于是袁世凯政府的肃政史夏寿康出来说话了,说要防微杜渐、保全清室,对复辟论者不能不予以查究。袁世凯将夏寿康的呈文批交内务部,将宋育仁押回四川,实际是礼送回籍。一度喧嚣的复辟声浪,在拥有实力的帝制派的压制下,不能不改变进取为退却。居留故宫的清朝皇室忙着向袁世凯表示态度,自动取消"宣统"年号,改用"民国"年号,并削去辫子,以谋保全。为进一步抑制复辟活动,北京政府代行立法院的参政院咨请政府派员向清室谈判,就在1914年12月26日,派内务总长朱启钤、司法总长章宗祥和清皇室内务府接洽,订定善后办法七条[1],除承认原定

---

[1] 《中国大事记》,载《东方杂志》第12卷第2号。

优待条件继续有效外,增订了一些对清室约束的项目,如不得赐谥、不得出告示及规定清室新编护军只能专任内廷警察职务等。

第三阶段为1915年间,由国体问题的争论急剧转向恢复帝制的公演。帝制派实际是以掌握国家机器的袁世凯政府为背景,加上帝国主义的豢养,这就决定了复辟派的遗老和宗社党不能与之抗争,一击之后,就不敢露面了。帝制派在打退复辟派的活动后,即有计划地酝酿恢复帝制,以商榷国体问题的名义公开登场。首先是投机政客徐佛苏在杨度的主谋下,打算组织一个研究国体问题的"学术团体",来动摇民主共和的体制,可见"学术"常是流氓政客进行政治活动的烟幕。四月间,杨度写《君宪救国论》上中下三篇,放言"非立宪不足以救国家,非君主不足以成立宪",这两句话可以概括他的全部意旨,且说成在共和政体下,"好乱者固倡乱,即不好乱者亦不得不附乱,不附乱即无所附,此乱象之所以大也"。无疑他所指的"乱"和"乱象"是诋毁革命和人民反抗之词。他执持的这些论调,即清末君主立宪论的翻版,所不同者:一则在抵制革命派以维持清朝的封建统治,一则在变更共和体制以建立"洪宪"帝制的新朝。在袁世凯政府中,有各种顾问名义的各个帝国主义分子,显示出袁世凯是各帝国主义的共同工具的特色。其中政治顾问以美国古德诺、日本有贺长雄在政治上的影响最大。黄远生指出这一事实说:"若以政治方面论,吾人无不以古德诺博士(美人)及有贺长雄博士(日人)为在中国占重要之位置,于中国政局之转捩,实为有大关系者,先事辄发表政法上之意见,其意见往往踪发表之后而历历实行,实行之后,此二博士者又必有相当之意见为之解释。"[1]可见这些帝国主义分子对当时的政

---

[1] 黄远庸:《远生遗著》第4卷,第34页。

治思想和政治设施,居于支配的地位。8月间,古德诺以共和国学者的假面具,写了一篇臭名昭著的《共和与君主论》,由一个叫王峨孙的译成中文,遍登各报,妄称"美国之革命,初非欲推翻君主也,其目的但欲脱英国而独立耳,乃革命成功而后,其势有不能不用共和制者,……然当日统帅革命军为华盛顿,使其人有帝制自为之心,亦未始不可自立为君主"。他尽量把美国在独立战争胜利后建立的共和国说成为偶然性,以模糊人们的视听,并侮蔑中国为"民智低下之国,其人民平日未尝与知政事,绝无政治之智慧,则率行共和制,断无善果"。这种张牙舞爪干涉中国内政的言论,企图把中国拉向后退,这是美帝国主义一贯侵略中国的方式之一。在古德诺一文发表后的数日,杨度、孙毓筠、严复、刘师培、李燮和、胡瑛等人就公开发起组织"筹安会",发布宣言说:"美人之大政治学者古德诺博士即言世界国体,君主实较民主为优,而中国则尤不能不用君主国体。"充分暴露了他们这些人的奴隶思想,要是没有帝国主义作后台,他们就失去了依据。当"筹安会"开始出现时,有人询问袁世凯应否干涉。袁答称:"此种研究之举,可视为学人之事,如不扰秩序,无庸干涉。"[1]以学术自由的幌子来掩饰他们的政治阴谋,和政客们假研究学术为名的勾当通同一气。

当杨度、古德诺等提出变更国体问题时,在言论界持反对意见的最著者,不是资产阶级革命派,而是一些进步党人。因为经袁世凯的一再打击,软弱的资产阶级革命派有的逃亡国外,有的虽在国内策动一些零星的反抗,但在政治上已站不住脚,在言论方面也黯然失色。进步党人对变更国体持反对态度的,有汪凤瀛的《致筹安会与杨度论

---

[1] 《国内大事记》,载《新青年》创刊号。

国体书》和梁启超的《异哉所谓国体问题者》。汪文的不赞成变更国体，是就防止革命派的活动着眼，他说："民国元二年，孙文、黄兴辈之谋乱，即借口于大总统有恢复帝制阴谋。全国人民，确信今大总统之誓言，并无此意，故群目孙黄为乱贼。今忽于大总统任期内，而见为总统亲信之人有君主政体之讨论，是孙黄辈实其诬言，天下皆将服孙黄辈有先见之明，顿长其声价，增其信用，是不啻代孙黄洗其谋乱之罪，俾死灰得以复燃。"这种论调，不是反对袁世凯而是爱护袁世凯，不是不赞同君主制而是为了反对革命。梁文在揭露帝制阴谋方面很有力，影响颇大，但也不是有爱于民主共和国，只认为共和是"已成之事实"，再谈变更，"则祸害之中于国家，将无已时"，同样是害怕革命再起，并暴露他一贯的改良主义面目，说："鄙人生平持论，无论何种国体，皆非所反对，惟在现行国体之下，而思以言论鼓吹他种国体，则无论何时皆反对之。"进而忠诚地替袁世凯设想："吾以为若天佑中国，今大总统能更为我国尽瘁至十年以外，而于其间整饬纪纲，培养元气，固结人心，消除隐患，自兹以往，君主可也，共和亦可也。"虽然如此，这些言论对袁世凯急于想登帝位是不利的，为欲抵制梁启超的意见，袁世凯曾派亲信持巨款请严复为文反驳，严复没有答应，转由孙毓筠作了一篇《驳任公国体文》，刘师培写了一篇所谓中国不适于共和的《国情论》。这两个人都是革命变节分子，不仅他们的文章已违背了"民主观念深入人心"的客观要求，即以人格而论，他们的言论也是不可能为人们所重视的。

1915年国体问题的争论，大体上说来是帝制和反帝制的斗争。因为进步党人这批立宪派绅士虽忠心拥护袁世凯，而袁世凯并无意接受他们的忠心。袁世凯的嫡系不是进步党人，袁党和进步党之间事实上存在着争夺权势的矛盾，在敌不过袁党的情势下，进步党人因有一定程度的反袁要求,使他们和其他反袁力量就有了结合的可能。但进步党人的所以反对变更国体,除了在协助袁世凯解散国民党和国会后逐渐被冷遇而感到兔死狐悲外,和帝国主义采取弃置袁世凯进行的分裂活动有关,就在帝国主义警告袁世凯时,梁启超又写了《国体问题与五国警告》等文字,以及日本帝国主义对进步党人的策动,这就可以看出其中的关系。当时在云南发动的反袁护国战争,而能发生较大的社会影响,根本原因由于全国对大独裁者袁世凯的反感和人民对共和国的怀念,所以蔡锷宣称要"永除帝制,确保共和"[1]。这就是他们在对袁斗争中取得胜利的依据。

---

[1] 蔡锷:《蔡松坡先生遗集》第4卷,军政文电中,第5页。

论"五四"初期的新文化运动[1]

两种历史关系

"五四"新文化运动的发生,它的历史关系有两个方面:一是近代新文化启蒙运动的发展;一是对封建旧文化进攻的彻底反击。

先就和近代新文化启蒙运动的关系来说:

随着鸦片战争后中国社会经济发生的急剧变化,反映政治经济的观念形态,也在发生深刻的变化。早在19世纪50年代,即有人思"以西方之学术,灌输于中国,使中国日趋于文明富强之境"[2]。所以"五四"以前出现的"学校与科举之争,新学与旧学之争,西学与中学之争",都是这种变化的表征。在这些变化中,戊戌维新的波浪,曾经较大程度地动荡了中国的思想界,进化论学说和民权思想就是当时冲击封建传统的精神武器。无论康有为的"托古改制"思想、梁启超的"新民"思想、谭嗣同的"冲决封建罗网"思想,以及严复的介绍"西学",都是那一时期新旧文化斗争的产物,是近代新文化的启蒙。

---

[1] 原载《历史教学问题》1959年第5期。本文所论"五四"初期的新文化运动,是指1915年9月著名的《新青年》杂志创刊到1919年"五四"前夕的新文化运动。

[2] 容闳:《西学东渐记》。

由于观念形态的变化，表达观念形态的文学和文字也要求变化。如黄遵宪的主张语言和文字合一，倡导"我手写我口"的"诗界革命"；如裘廷梁在1898年发表《论白话为维新之本》的文章，主张"废文言，崇白话"；如王照发愿要创造官话字母60个，有志于改革汉字。这些意见，都是统一民族语言的开始酝酿，也是旧的语言文学已经不能适合新的生活内容的反映。

同时，人们已觉察到"经史不如八股盛，八股无如小说何"[1]的实际状况，对于一向被看作不能登大雅之堂的小说，也开始被重视起来了。1897年严复和夏穗卿撰文主张刊印《说部》，1898年梁启超进而提出要"采外国名儒所撰述，而有关切于中国时局者"的小说，"次第译之"，并于1902年发表《论小说与政治之关系》一文。此后小说流行日广。有人估计晚清小说在1 500百种以上，而翻译小说又占三分之二。这些小说虽然有许多是文学价值不高的作品，也大量传播了资产阶级的利己主义，但在当时的条件下，对要求解放个性，反对封建束缚，却发生过积极影响。

经过戊戌维新和义和团运动的震动，进入20世纪初年，留学日本和欧美的青年日增，国内的学校代科举而起，反映民族觉醒的资产阶级和小资产阶级的知识分子，为了宣传革命，大量编印刊物，不仅卢梭、孟德斯鸠等人的政治学说流行一时，西方资产阶级的哲学思想也逐步移译过来。因此欧美的各种思想流派，都杂陈于如饥如渴的中国知识界，而中国的封建传统文化仍顽强地占据它的阵地，因此中西文化的冲突，也就更为剧烈了。

"西学"或新文化的传播，是和从19世纪末年到20世纪初年中

---

[1]《康有为诗文选》，人民文学出版社1958年版，第232页。

国资本主义经济的初步发展分不开的。这些"西学"或新文化虽也带着战斗的姿态出场，但它和民族资产阶级表现在政治战线上的软弱性一样，甚至表现得还要软弱些，经不起封建文化的反击。到第一次世界大战期间，中国的民族资本处于被称作"黄金时代"的进一步发展中，工人阶级的队伍壮大了，经济势力的增长，也就要求文化上的满足，所以"五四"前夜新文化运动的兴起，是和民族资本的进一步发展这一事实相联系的。但是，在"五四"新文化运动兴起的时刻，资本主义世界的文化已进入腐朽反动的阶段，早期资产阶级的进步文化已成过去，中国却还要把它拾起来作为战斗的武器，这是一个矛盾，也恰是中国半殖民地半封建社会特定的历史任务。

虽然中国的资产阶级新文化表现得是那样的软弱，世界资本主义的文化已走上了末路，但是西方的"新学"或资产阶级新文化，在中国的"五四"时期还表现出继续战斗的勇气。因为"五四"新文化运动固然是近代中国文化启蒙运动的发展，而这一发展在它前进的道路上，已获得了前所未有的力量，那就是十月革命一声炮响送来了马克思主义。这个问题留在下面再谈。

再就对立面的斗争，即对封建旧文化的进攻的彻底反击来说：

1911年的资产阶级革命，在它取得了推翻清朝的胜利声中，即放下了战斗的武器，在政治战线上经不起帝国主义支持下的封建势力的反击，在文化战线上更是无声无息，我们在武昌起义的革命高潮中，找不到对这一革命具有指导意义的报刊，也找不到几本有价值的宣传和引导革命的书，不但没有复刊曾经作为思想战斗的旗帜的《民报》，连革命党人在上海颇有影响的《民立报》，此时的撰述权也落在不赞同同盟会的章士钊手里。南京临时政府的教育部虽然也发表过几道改变教育方面某些措施的命令，很难说有多大实际作用。所以

《〈新青年〉之新宣言》上说:"一九一一年十月十日的中国革命,不过是宗法式的统一国家及奴才制的满清宫廷败落瓦解之表象而已。至于一切教会式的儒士阶级的思想,经院派的诵咒书符的教育,几乎丝毫没有受伤。"

一定的文化必然为一定的政治服务。1911年的资产阶级革命,没有建立起资产阶级革命的政权,南京临时政府虽然表现了这种要求,却很快就瓦解了。于是号称资产阶级的新文化成了无所依附的游魂。相反的倒是为袁世凯政权服务的封建文化大肆活动起来,向资产阶级新文化发起了全面进攻。譬如在南京临时政府颁布的《临时约法》规定言论出版自由的气氛下,全国约有报纸500种,北京最多,占五分之一。到反袁战役的"二次革命"发生,凡属赞同革命党的报纸,几乎全被查封;到"筹安会"叫嚣变更"国体"时,以威胁利诱对付报纸,北京报纸只余20家,上海只余5家,汉口只余2家;再到1915年12月北京政府的参议院推袁为帝,为献媚袁皇帝,是日北京的报纸都印红字,称"臣记者"。所以有人说辛亥革命的当初,由于思想言论的活跃,"保皇尊孔旧习,似有扫除的希望,但又经袁世凯与其所卵翼的军阀之摧残,虽洪宪帝制不能实现,而北洋军阀承袭他压制自由思想的淫威,方兴未艾"[1]。

事实正是这样。南京临时政府教育部曾经颁布的《普通教育暂行办法》,规定各种教科书须合乎共和国民宗旨,清学部颁行的教科书一律禁止使用,小学读经也一律废止。可是在1913年起草《中华民国宪法草案》(《天坛宪法草案》)时,复古主义者在袁世凯政府的纵容下,终于规定"国民教育以孔子之道为修身大本"。就在这个时

---

[1] 蔡元培:《建设理论集·总序》,见《中国新文学大系》。

候,北京的"孔教会"、《孔教会杂志》相继出现了。1914年北京教育部规定的教育宗旨是:"各学校均应崇奉古圣贤,以为师法。"而且要"中小学校均加读经一科"。1916年洪宪帝制败灭,"国会"和"约法"恢复了,原先被袁世凯抛弃的《天坛宪法草案》又重新被集会讨论了。吵吵闹闹,虽然取消了"国民教育以孔子之道为修身大本",却又加上了"中华民国人民有尊崇孔子及信仰宗教之自由"的话。这种"教权"之争,正是充当帝国主义同盟军的封建文化要求树立统治地位的表现。

封建文化的顽抗,不仅是中国社会经济落后的反映,也是世界资本主义进入垂死的帝国主义阶段带来的暗影。当时中国的一批地主——资产阶级知识分子,震惊于资本主义文化的破产,转而思以"东方文明"挽救"西方文明"的失败。拖着辫子、通晓多种西方语言的辜鸿铭,竟异想天开地要劝欧人毁弃宪章,改奉孔子春秋"尊王"的大道理。说来是笑话,却也是对资本主义文明的讽刺。

但是,封建文化的顽抗和复古主义者的猖獗,并不是表现它们的壮大,而是表现它们的垂死挣扎;也恰恰由于它们的顽抗和猖獗,才刺激了新文化的兴起,使人们认识到:"我们要诚心巩固共和国体,非将这班反对共和的伦理文学等等旧思想,完全洗刷得干干净净不可。"[1]所以一切象征时代前进的新文化,它在旧的土壤中生长,又在旧的压力下发展,没有压力,新的东西就不能从战斗中锻炼出来,也就不可能通过战斗来建立自己的阵地。"五四"新文化运动的兴起,正是辛亥革命后,追随反动政治的复古思潮猖獗一时的产物,至少也是在向封建旧文化的回击中兴起来的。

---

[1] 陈独秀:《旧思想与国体问题》,《新青年》第3卷第3号。

根据上述分析，完全可以理解"五四"新文化运动的兴起，既是近代文化启蒙运动的发展，又是在反对封建旧文化的进攻中成长起来的。两者的关系又是不可分割的，因为自鸦片战争后的长时期以来，存在着新和旧的斗争、西学和中学的斗争，这些斗争一个回合又一个回合地进行着，到"五四"前夕，已是一种新旧交织的局面，新旧思想的壁垒也森严起来。1918年5月李大钊发表《新的！旧的！》一文说：

> 又想起我国现已成了民国，仍然还有甚么清室，吾侪小民，一面要负担议会及公府的经费，一面又要负担优待清室的经费。民国是新的，清室是旧的。既有民国，那有清室？若有清室，何来民国？

> 又想起制定宪法，一面规定信仰自由，一面规定"以孔道为修身大本"。信仰自由是新的，孔道修身是旧的。既重自由，何又迫人来尊孔？既要迫人尊孔，何谓信仰自由？

确实，新旧并存的社会现象，在辛亥革命后的日子里，愈来愈使人看不顺眼了。尽管新的仅是形式，但旧的对这种形式也不许其存在。因此人们感到推翻清政府的政治革命，不能解决问题，没有民主共和的思想，民主共和就只能是一块招牌，何况这块招牌也未必能保得住。在这样的情况下，一般人都深感思想上的改变比什么都重要；有人写文章认为："袁世凯之废共和，复帝制，乃恶果非恶因，乃枝叶之罪恶，非根本之罪恶；若夫别尊卑，重阶级，主张人治反对民权之思想之学说，实为制造专制帝王之根本恶因，吾国思想界不将此根本恶因铲除净尽，则有因必有果，无数废共和国复帝制之袁世凯，当然接踵应运而生。"[1] 这段话，虽然仍是"倒因为果"，是从这一上层建筑

---

[1] 陈独秀：《袁世凯复活》，《新青年》第2卷第4号。

解释另一上层建筑,没有从社会基础来说明问题,但是要从思想方面来改变人们的面貌,除旧布新,这是辛亥革命后一个伟大的时代任务。《新青年》就是在这一认识的前提下,从而担负起改变精神世界的使命而问世的,也是在激烈的思想战斗中逐步把自己丰富起来的。

新旧文化的斗争和战果

"五四"初期的新文化运动,是开始于对封建旧文化进攻的回击,也是彻底摧毁封建旧文化的回合,而且在这一个回合中,不仅是原来存在的新旧文化的对抗,更重要的,是新的方面已开始酝酿前所未有的新质,它是新旧民主转折点的时代朕兆。

大家知道,"五四"新文化运动的两面大旗——民主与科学,不是到"五四"时期才第一次出现于中国思想界的,早在"五四"以前的先驱者,就已提出了民权政治和科学文明的要求,也曾经为这些要求奋斗过。然而民主和科学结合起来,作为衡量一切社会现象的尺度,符合于民主和科学的就赞同,不符合于民主和科学的就反对,这种不妥协的态度和鲜明的旗帜,是过去所不曾有过的"五四精神"。《新青年》创刊号第一篇文章所陈的六义——(一)自主的而非奴隶的;(二)进步的而非保守的;(三)进取的而非退隐的;(四)世界的而非锁国的;(五)实利的而非虚文的;(六)科学的而非想象的——实际就包含了民主和科学两方面的内容。而且又着重指出:"科学之兴,其功不在人权说下,若舟车之有两轮焉";中国欲进于文明,"则急起直追,当以科学与人权并重"。

要求民主和科学,既是"五四"新文化运动的中心课题,而当时中国社会的状况,处处都是不民主不科学,恶势力扶植旧思想,旧思想支持旧势力,互为因果,循环不已。所以"当新思想未能实行之先,必使与我反抗之旧思想,破坏无余,乃有建树新思想之余地"。可见开展新文化运动的首要任务,是如何去摧毁反民主反科学的旧东西,在摧毁旧东西的战斗中来传播新的,建立新的。"五四"初期的新文化运动,提出要反对的、要打倒的旧东西,牵涉的面虽然很广,主要的却可概括为下述三个方面。

第一,对封建宗法社会支柱的孔子思想(儒家伦理思想)的无情抨击,并从这里推向对各种旧传统的破坏。

新旧文化斗争中,尊孔和反尊孔是一个主题。因为两千多年来,孔子是人们精神上的神圣,孔子和孔子一派的言论是宗法社会的是非标准。本来大家都是一个标准,还可以维持下去,然而"辛亥革命使民主共和国的观念从此深入人心",产生了民主自由的标准,从所谓国家根本大法到人们的日常生活,到处都要碰上"孔子"的反对。吴虞写给陈独秀的信说:"不佞尝谓孔子自是当时之伟人,然欲坚执其学,以笼罩天下后世,阻碍文化之发展,以扬专制之余焰,则不得不攻之者势也。"[1]"不得不攻之者势也"这句话讲得很好,反映了客观事实,因为民主和科学不去革"孔子"的命,"孔子"就要来扼杀民主和科学的命。这就是"势也"。《新青年》(第二卷第六号)在答读者的通信上,也说了一段为什么要"打倒孔家店"的话:"惟自汉武以来,学尚一尊,百家废黜,吾族聪明,因之锢蔽,流毒至今,未之能解;又孔子祖述儒说阶级纲常之伦理,封锁神州。则二者于近世自由平等之新思潮,显相背驰,不于报章上词而辟之,则人智不张,国力浸削,吾恐其弊将只有孔子而无中国也。"这些话已足够说明"五四"新文化运动掀起"反孔"高潮的原因了。

---

[1] 《吴虞文录》上卷,第12页。

前期的《新青年》，先后发表抨击孔子思想和儒家学说的文章甚多，主要的有：易白沙的《孔子平议》，从历史上说明孔子思想只能是各种思想派别之一，而不是什么千百年的常道；陈独秀的《驳康有为致总统总理书》《宪法与孔教》《孔子之道与现代生活》《再论孔教问题》等文，集中攻击孔子思想的别尊卑、尊等级的精神，指出这种精神与平等自由的观念是对立的，根本不适合于现代生活的要求；被称为"只手打孔家店的老英雄"的吴虞，写了《儒家主张阶级制度之害》《家族制度为专制主义之根据论》《礼论》《吃人与礼教》等文，有力地批判了宗法社会的家族制度，认为家族制度是专制主义的根据，家族制度梗阻了社会的进步，而维系宗法社会的礼教，如教忠、教孝、教节之类，都是"奴隶道德"。所有这些文章中的论点，虽然有些是近于"拿石头整驼背"的办法，但是透彻地分析了孔子思想不合于时代社会的要求，沉重地打击了以孔子为护符的复古主义者，是"五四"新文化运动最大成就之一。

在激烈地反对孔子思想的论战下，复古主义者虽然从各个方面对《新青年》加以非难，但他们已没有应战的武器，只能说些你们是要以"覆孔孟，铲伦常"[1]为快的话，或者作阿Q式的自慰说："吾国之精神之国魂何在乎？非堂堂所谓孔教者乎！"[2]这里反映了封建复古思想的极端顽固，也反映了封建复古思想末日的降临。

第二，高举文学革命的旗帜，反对古典的伦理的旧文学。

在1916年开始酝酿的"文学改良"，到1917年很快就掀起了文学革命的高潮，把改变文学形式和改变文学内容统一起来，陈独秀的

---

[1] 林纾致蔡元培书。
[2] 见《新青年》第2卷第1号，通信。

《文学革命论》提出的"三大主义",是最主要的意见。因为文学革命不只是以白话代替文言,不只是要以新诗代替旧诗,不只是要以"奇形怪状之钩挑"(标点符号)代替浓圈密点,更重要的是在于以民主和科学的精神代替反民主反科学的内容,让20世纪的中国人不要再去读那些"龙嘘气成云"的神话。在反对贵族文学的要求下,还提出了建立"国民文学""平民文学"一类口号,虽然不管"国民"也好,"平民"也好,都还不是为劳动人民服务或和工农结合的意义,但要把文学的领域扩大,要使文学由少数人所占有变为多数人所共赏,无疑是一种新的启示。

由于文学革命对旧文学的讨伐,白话文流行起来了,新诗逐步出现了,戏剧提出要改良了,汉字的改革提到日程上来了,随着形式上的改变,现实主义的内容也逐渐增多了。所有这些,都是文学革命的成就。论者谓提倡白话文不一定就是反封建,写文言不一定就是封建,因为白话文也可以写封建主义的内容,文言也可以写革命的内容。这是对的。但是"五四"时期提倡以白话代替文言,以新形式代替旧形式,是反对封建主义在文学上的束缚的,且为后来的文学大众化提供了条件。我们不要因为胡适硬把白话文和自己的名字拉在一起,而抹杀了白话文的提倡在新文化运动中应有的意义。

我们知道,胡适虽然较早地谈到文学改良,但是敢于张起文学革命旗帜的却是陈独秀等人,而最后为文学革命奠定基础,为社会主义现实主义的文学树立旗帜的则是鲁迅。1918年5月他在《新青年》发表的脍炙人口的第一篇小说——《狂人日记》,不仅是有很高评价的文学作品,也是战斗性极强的对旧社会的控诉书。吴虞的《吃人与礼教》一文,就是受《狂人日记》的启发而写的。

"五四"初期的新文化运动中,复古主义者要算对文学革命喧嚣得最为恐惧了,他们好像把反对文学革命看作是卫护圣道的决战。这时候,如林纾攻击新文化运动的致蔡元培书,代表了所有封建文人的意见;王敬轩攻击《新青年》倡导文学革命的长信,虽是由刘半农托名写的[1],却集中反映了封建文人对文学革命的态度;黄侃纠合一批复古分子举办的《国故》杂志,就是专门和新文学运动作敌对的一个刊物。这些抱残守缺的先生们,看到新文学运动有一种不可抗拒的声势,则以"能笃于旧学,始能兼采新知"的论调相威吓,这是"中学为体,西学为用"的另一种说法。新文学的倡导者告诉他们:"处于现在时代,非富于新知,具有远大眼光者断断没有研究旧学的资格。"

第三,反对消极的、保守的人生观,提倡建立积极的、进取的人生观。

在要求民主和科学的前提下,新文化运动展开的初期,曾致力于打破横亘在人们思想上的两种迷信:一是破对宗教鬼神的迷信,一是破对"圣道""名教"的迷信。后者就是反对封建教条,已在前面谈到了。前者在"五四"初期的新文化运动中,虽然不是论战的主题,却由于当时的一批地主和神棍,设立"灵学会",扶乩降坛,假借"神威"来反对民主和科学。《新青年》为此著文揭穿了这些荒唐透顶的无稽之谈。同时,在反对封建复古主义者要以"孔教"为"国教"的喧嚷中,也接触到了一些有关认识宇宙的根本性问题。有人提出要"以科学解决宇宙之谜",指出人们"颇疑宇宙之谜,非科学所能解释,是犹囿于今日科学之境界,未达将来科学之进化,必万亿倍于今日耳"[2]。恽代英同志还写了《物质实在论》一文,发表于《新青年》第

---

[1] 据《中国新文学大系——文学论争集》(郑振铎编)的导言说:"托名王敬轩的那一封信,乃是新青年社的同人钱玄同的手笔。"二说孰是,待考。
[2] 见《新青年》第2卷第6号,通信。

三卷第一号。因此在反对宗教迷信、要求科学的原则下,肯定了宇宙是可以认识的,物质是实在的,也就宣传了唯物论的某些基本论点。

对于认识宇宙这样的根本性问题,在当时的条件下,尚是不可能很好地来展开讨论的,可是提供了从宗教迷信中解脱出来的有益论点,如陈独秀主张"以科学代替宗教",蔡元培主张"以美育代替宗教"。"以美育代替宗教",虽然有引导人们脱离宗教迷信的愚昧状态的意义,但不要人们到现实中去找生活,"而专尚陶冶感情之术"[1],有点脱离实际,可能把人们带到"唯美主义"的道路上去。

本来《新青年》的创刊,即要在那个军阀统治下、网罗重重的黑暗社会里,解除青年精神上的桎梏,向现实作斗争。打破对"圣道"和"宗教"的迷信,无疑给予了人们一种反抗现实的勇气。因此,在新文化运动开展的当时,反对三纲五常的奴隶道德,要人做独立自主的人,不要做封建的奴仆,拿那时的话来说,叫作"尊重个人独立自主之人格,勿为他人之附属品"。所谓"个性解放"就是在反封建束缚这个前提下,而为人们所接受,作为思想战斗的武器的。"解放个性"虽然有叛逆封建的一面,却也恰恰给青年灌输了"唯我主义"的毒素。

在人生问题上,新文化运动提出的最有积极意义的东西,是要青年勇敢地抛弃旧思想树立新思想的奋发精神。《新青年》开宗明义即强调:"发挥人间固有之智能,决择人间之种种思想,孰为新鲜活泼而适于今世之争存,孰为陈腐朽败而不容留置于脑里,利刃断铁,快刀理麻,决不作迁就依违之想。"这种毅然的态度,叫人既不能迷恋旧的,也不能依违于新旧之间,只有一条向现实世界迎接新生的道路。"现实世界之内有事功,现实世界之外无希望。"

---

[1]《蔡元培言行录》,美育,第5页。

李大钊同志这时先后发表的《青春》《青年与老人》《新的！旧的！》《"今"》等文，进一步发挥了应以现实主义的态度对待人生，尤其是对现实有极大意义的青年。他一则说："不仅以今日青春之我，追杀今日白首之我，并宜以今日青春之我，豫杀来日白首之我"，"此固人生惟一之蕲向，青年惟一之责任也矣"。[1] 再则说："宜善用'今'，以努力为'将来'之创造。"[2] 这些呼声，震惊了灰色的、苦闷的人生，更鼓舞了青年不与现实妥协的战斗精神。这种意境和富有活力的青年结合，就必然成为一种向现实作不懈斗争的物质力量。

"五四"初期的新文化运动，在反对孔子思想、倡导文学革命、宣传现实的战斗的人生观等方面，给沉寂的中国思想界，作了极为强烈的震动。它的时代意义，在于为迎接中国的"新纪元"作了思想动员：

（一）打破了新旧文化并存和旧文化咄咄逼人的局面，使封建旧文化遭到毁灭性的打击，在战斗中发展了新文化，扩大了新文化的阵地。在热烈地要求民主和科学的旗帜下，为接受马克思主义准备了条件，而且已经在开始接受马克思主义，从而导致新文化运动向更高的方向发展。

（二）新文化运动的初期虽然没有正面提出反对帝国主义的口号，但在要求民主自由，反对奴役，反对强力迫害，发扬青年积极奋斗的鼓舞下，事实上灌输了比以往远为深刻的反帝爱国思想。这就直接为"五四"爱国运动发挥了组织和动员的作用。

因此，新文化运动的兴起，不仅是在思想领域内有着巨大的影响，在政治战线上也有着重大的关系，即它对革命运动的推进。

---

[1] 李大钊：《青春》，载《新青年》第2卷第1号。
[2] 李大钊：《"今"》，载《新青年》第4卷第4号。

但是,新文化运动也有它的局限性。这首先表现在新文化运动的初期,仅局限于思想运动,虽然打击了为封建军阀服务的传统思想和复古主义的活动,也从实际上加深了反帝爱国思想的宣传,但是避开了反袁、反军阀统治的正面斗争,也没有从要求"独立自主的人格"进而公开地提出反帝斗争的任务,就使得这一思想运动的开始,没有和当前的政治斗争密切地配合,甚至有些人好像是好心地从爱护《新青年》出发,而要《新青年》少谈政治。其次是思想运动的开展,须有先进知识分子的倡导,自有它的规律性。然而革命的思想运动要取得更大的发展,一定要和工农大众结合,新文化运动后来是向着这条正确的道路前进的。而"五四"初期的新文化运动,虽喊出了"平民文学""平民教育"等口号,但仍是资产阶级、小资产阶级知识分子所特有的内容,没有及时地真正把它推向工农大众中去。正是毛泽东指出的:"它的弱点,就在只限于知识分子,没有工人农民参加。"[1]此外还有一个较突出的问题,就是这一运动,在反对封建旧文化和对待文化遗产的关系上,缺乏正确的了解,把许多问题绝对化了,如反对"文以载道"的旧文学,不问它载的什么"道",反正"文以载道"就是封建的,都要反对。这不是把婴儿和脏水一起泼掉了吗?这种形式主义的思想方法,对后来产生了一些不良影响。

新文化运动的动向

"五四"初期的新文化运动,是以后新文化运动发展的激烈的前哨战,这个前哨战有它的"继往开来"的重大历史作用,特别是它的"开来"。

---

[1]《毛泽东选集》第2卷,第671页。

就新文化运动所提出的问题,无论它所赞同的和反对的,它的性质,仍是资产阶级新文化对封建阶级旧文化的斗争。这个性质,是当时中国的社会基础和它所存在的新旧矛盾决定的。

本来资产阶级的新文化,在中国是早就有之的事,"五四"初期的新文化运动既然仍是资产阶级的性质,为什么它又有"开来"的重大意义而不只是"继往"呢？这里我们要追溯一下历史。从戊戌维新到辛亥革命再到五四运动,为时不过短短的20年,但在这短短的20年中,思想界的新陈代谢,却体现着"三代人"的不同经历。作为"第一代"的康有为、严复等人,他们吸收和传播过资产阶级新文化,是维新志士,然而在时代的激变中,他们很快就堕落为反对资产阶级新文化的封建卫道者了。这种堕落,除了他们自己不知道及时地从错误的改良主义道路拔出来的因素外,也恰恰反映了中国封建文化的顽强性,不是已经取得的资产阶级文化打退了他们身上的封建主义,而是他们身上的封建主义打退了已经取得的资产阶级文化。曾经领导过辛亥革命的资产阶级、小资产阶级革命派,算是"第二代",在辛亥革命失败后,他们虽然还在继续着没有胜利希望的政治斗争,而在文化战线上却是一无表现,孙中山此时虽然也注意到改变思想的重要性,却在那里搞回避实际战斗的"心理建设"。到了"五四"时期的第三代,除蔡元培是参加过辛亥革命而与新文化运动有关系外,其他多为辛亥革命以外的力量,辛亥革命时期的活动分子虽然不是新文化运动的反对者,却只能是新文化运动的追随者了。而倡导新文化运动的一批人,虽然仍是资产阶级、小资产阶级的知识分子,主要的人却都是激进民主主义者,面貌已为之一新。可见在20年间后浪推前浪的激流面前,思想潮流的起伏,也是新旧人物的进退。

"五四运动,在其开始,是共产主义知识分子、革命的小资产阶级知识分子和资产阶级知识分子(他们是当时运动中的右翼)三部分人的统一战线的革命运动。"毛泽东同志这个论断是概括"五四"开始的情况。"五四"初期的新文化运动,正是这个统一战线的形成过程。如果将参加这个时期的新文化运动的知识分子加以区分,大体上有下述三种情况:

(一)以蔡元培为代表的自由资产阶级知识分子。在《新青年》上发表文章的刘半农、沈尹默等人基本上是属于这一类型。他们赞同反对儒家伦理,赞同反对封建旧文学,也在不同方面介绍和中国封建思想文化对立的西方资产阶级思想文化,在一定程度上参加了当时的新文化运动。蔡元培在北大的"兼容并包"态度,对新文化运动有所掖进和卫护,他写的《洪水猛兽》《劳工神圣》(是资产阶级观点的劳工神圣)等,表现了在那时他还是一个愿意接受时代思潮的人。至于初期新文化运动中的胡适,可以说是买办阶级的本质,而以自由资产阶级知识分子的面貌出现在文学革命的旗帜下,参加了一些活动。

(二)以陈独秀、鲁迅为代表的激进民主主义者。就那个时候发表的文章来看,钱玄同、吴虞大体上也要算是这一类型。对"打倒孔家店"也好,对文学革命也好,他们是冲锋陷阵的主要力量。这些人后来的发展不一样,有的由民主主义者进而成为马克思主义者,有的没有跟着时代猛进,后来回到书斋里去了。

(三)由激进的民主主义者开始向马克思主义过渡,即具有马克思主义思想的知识分子的最初酝酿,在"五四"前夜,似乎还只有李大钊同志。反映李大钊同志对马克思主义的最初认识,是 1918 年 7 月 1 日发表于《言治》季刊的《法俄革命之比较观》一文,他说:

"法兰西之革命是十八世纪末期之革命,是立于国家主义上之革命,是政治的革命而兼含社会的革命之意味者也。俄罗斯之革命是二十世纪初期之革命,是立于社会主义上之革命,是社会的革命而并著世界的革命之采色者也。时代之精神不同,革命之性质自异。故迥非可同日而语者。"[1]在那个时候许多人还只知道"法兰西文明",把法俄革命混为一谈,这篇文章开始区分了法俄革命的性质,这是认识上的里程碑。正因为有了这个认识,李大钊同志才有可能在两个多月后写出《庶民的胜利》《布尔什维克主义的胜利》两篇文章来。这是"十月革命一声炮响,给中国送来了马克思列宁主义"的标志。

还有一种情况,作为社会思想发展的关系来看,仍是值得注意的,即马克思主义未到中国来之前,在新文化运动兴起的当初,有些人谈到了社会主义,当然不是科学的社会主义,却表达了一种向往社会主义的心情。如《新青年》创刊号上说:"近世文明之发生也,欧罗巴旧社会之制度,破坏无余。所存者私有财产制耳,此制虽传之自古,自竞争人权之说兴,机械资本之用广,其害遂演而自深,政治之不平等,一变而为社会之不平等,君主贵族之压制,一变而为资本家之压制,此近世文明之缺点,无容讳言者也。欲去此不平等与压制,继政治革命而谋社会革命者,社会主义是也。"这篇文章并把马克思和空想社会主义者混在一起谈道。1917年7月间,一个读者向《新青年》提出意见说:"近代文明之真谛,最新之思潮,仆以为当推社会主义。此种学说,为政府及资本家专横之反应,大足为我人研究之资料。我国于此种主义输入未久,鼓吹乏人,故信仰者寡,是以强权者

---

[1]《李大钊选集》,第102页。

势愈甚,而平民乃愈陷火水之中。贵报素主输入世界新理,独于斯类学说,乃未多觏。足下如以社会主义实可为救世之良药,则阐扬之责,端在贵报矣。"上述两例所谈的社会主义,是19世纪末期以来中国人涉谈社会主义的继续,是鱼目混珠的社会主义。但是他们已经知道了有一种比自由平等的人权学说更高级的政治社会理想,也是以一种欢迎的态度来谈的。因此我以为这种心理状态,是接受马克思主义和辨认科学社会主义的先兆。

"五四"初期的新文化运动,是在激进的民主主义者的推动下展开的。激进的民主主义思想,一有条件,它是可能向前迈进一大步而接受马克思主义的,李大钊同志就是一个很好的范例。过去许多进步知识分子的奔向马克思主义,几乎都是这样向前发展的。

在李大钊同志开始接受马克思主义的时候,一批激进的民主主义者,也一步步地向马克思主义接近而成为初步的马克思主义者。这样,就使新文化运动有了更为明确的方向,有了更为旺盛的生命力。后来李大钊同志在《星期日》发表的《什么是新文学》一文说:"刚是用白话作的文章,算不得新文学,刚是介绍点新学说,新事实,叙述点新人物,罗列点新名辞,也算不得新文学",新文学一定要具有"宏深的思想、学理,坚信的主义,优美的文艺,博爱的精神"。[1] 这里说明把新文学运动引向一个崭新的途径的,正是"坚信的主义",有了这个"坚信的主义",新文学运动才有真正的统帅。所以紧接着"五四"爱国运动的高潮中,《新青年》已不只是片断地介绍马克思主义,而是《马克思主义专号》的问世;不只是《新青年》谈马克思主义,而是有更多的新起的刊物来谈马克思主义了;

---

[1]《李大钊选集》,第276—277页。

也不只是介绍马克思主义,而是向反对马克思主义的论客们展开斗争了。

根据历史的发展,我以为"五四"初期的新文化运动,是在激进民主主义思想的发动下开展起来的,在发展的过程中,十月革命给我们送来了马克思主义,不仅使我们开始产生了具有马克思主义思想的知识分子,也提高了激进民主主义者的战斗水平,从而指导了新文化运动的向前发展。所以"五四"新文化运动的初期,是由没有马克思主义到有马克思主义的伟大历程。

论第一次国共合作的历史必然性[1]

第一次国共合作,作为一个具有重大意义的历史事件,在中国革命进程中产生过深远的影响。因此,我们将永远缅怀那些为第一次国共合作做出贡献的革命群英的历史功绩。

第一次国共合作的建立,是时代所需的,潮流所趋,民心所向,是历史的必然。

一

孙中山先生领导的辛亥革命,推翻了几千年的封建帝制。中华民国的建立,一度使许多人以为中国从此可以走上统一、独立的道路。然而,现实很快就扑灭了幻想。国家的情况一天天坏下去,混乱的局面日甚一日。在1912年至1928年的北洋军阀统治的17年中,北京政府前后更换了13任总统(包括临时总统、临时执政、摄政内阁大元帅等不同称谓)、46届内阁。各省军阀据地称雄,不知凡几。掀掉一个皇帝的桂冠,换来的是无数大大小小军阀的统治。"环顾内忧

---

[1] 原载《中国国民党"一大"六十周年纪念论文集》,中国社会科学出版社1984年版。

外患,荆棘遍地。神圣庄严之中华几呈豆剖瓜分之现象,文化昌盛之华胄将侪奴隶牛马之民族。"[1]

军阀的混战,给中国人民造成巨大的灾难。人民对国内的混乱和分裂局面十分厌恶。"慨自军阀得势以来,拥兵纵乱,海内骚然,罄国库之收入,不足以养兵,遍中国之版图,几无一宁宇。公私破产,百业凋零,国人身受痛苦,已达极点。"[2]中国人民希望早日结束这种局面,实现祖国的独立和统一。五四运动后出现的许多爱国群众团体,都以此为己任,把"怎样才能使中华民国统一""怎样才能使中华民国脱离外族的羁绊而成为独立自主的共和国家"作为他们的历史使命。[3]

如何实现统一中国的任务?一些大军阀从建立他们独霸中国的愿望出发,也曾谋求过"统一"。但这种"统一"的谋求造成的是无数次的混战和更大程度的分裂。孙中山为着建立一个资产阶级民主共和国,也曾真诚地为实现中国的统一而努力奋斗过。但在他的大半部分奋斗生涯中,孙中山只是把实现统一的希望寄于倚恃武力上面。因此,尽管孙中山的主观愿望和那些企图独霸中国的封建军阀完全不同,但其客观结果,难免只能是依靠这一部分军阀来反对另一部分军阀。因而,不能不一次次陷于失败。

历史的发展提出了值得深思的问题:造成国内混乱和分裂的根源在哪里?搁在中国统一、独立道路上的障碍是什么?实现国家统一的正确途径是什么?

辛亥革命后的北洋军阀统治时期,中国人民积极投入反军阀的斗争。但是,这些斗争在很长时期,存在着两个缺陷:第一,没有把反军

---

[1]《五七月刊序言》,见《五四时期期刊介绍》第2集上,第420页。
[2]《北京学生联合会日刊》第1期,见《五四时期期刊介绍》第2集上,第265页。
[3]《救国周刊宣言》,见《五四时期期刊介绍》第2集下,第578页。

阀和反封建相联系,缺少一个明确的反封建目标;第二,没有把反军阀和反帝相联系,缺少对帝国主义本质的深刻认识。因此,这些斗争仅仅是人民群众出于厌恶国家混乱局面的直观感觉。斗争的胜利,只是推倒一派封建军阀的统治,却又被置于另一派封建军阀的宰制之下。

在开展反军阀斗争之前,中国人民曾多次掀起过反帝斗争。中国近代的反帝斗争是沿着两条战线进行的。一条是下层人民群众的反帝斗争。例如鸦片战争时期广州三元里人民的抗英斗争,太平天国对外国侵略者的抵抗,义和团的反帝火焰,"五四"时期的反对不平等条约运动,都以中国人民不屈不挠的反帝业绩彪炳史册。但在中国共产党成立以前,人民的反帝斗争带有自发性和盲目的倾向。即使在党诞生后的初期,有领导的反帝斗争在规模上也是有限的。另一条是上层阶级,包括封建统治阶级和资产阶级对帝国主义侵略的抵抗。地主阶级改革派魏源提出"师夷之长技以制夷"的口号,本来具有反抗外国资本主义侵略的精神。但在后来腐败的封建统治阶级的实践中,演变成"以夷攻夷"的方针。"攻夷"是以投靠另一帝国主义为前提,因而妥协成了"攻夷"的伴随物。中国民族资产阶级有着强烈的独立愿望。但由于他们所固有的阶级局限性,往往是在反对一个资本主义侵略者的同时,又对其他资本主义侵略者抱有幻想。

从五四运动起,中国人民对反帝反封建的认识有了一个飞跃。这一方面是中国共产党人明确揭示反帝反封建的纲领,并大力宣传的结果;另一方面是和华盛顿会议后中国出现的新局面有关。1921年11月召开的华盛顿会议,是帝国主义争夺远东霸权的"强盗晚餐会",它"使中国回复到几个帝国主义国家共同支配的局面"[1]。华

---

[1] 毛泽东:《论反对日本帝国主义的策略》,第129页。

盛顿会议的召开,对促成第一次国共合作的建立有着不可忽视的意义。首先,它使中国人民进一步加深了对于帝国主义本质的认识,看清了帝国主义是中国混乱和分裂局面的根源。"中国的乱源,是由于国际帝国主义与本国军阀双重压迫的结果","军阀希图外国经济上之供给,帝国主义者乃扶植军阀,扰害和平,乘机以施行其侵略之政策"[1]。"国际帝国主义既是压迫中国的仇敌,又是军阀存在,国家分裂,内乱永续的原动力。"[2]"列强的压迫不去,军阀的势力不除,中国是万难实际统一的,而且内乱还会不止呢!"[3]这就揭示了帝国主义和封建军阀的本质联系,认准了帝国主义和封建军阀是阻挠中国统一、独立的两大障碍。其次,它使中国人民的反帝反封建斗争趋向一个更大的规模。既然帝国主义联合起来共同宰割中国,既然帝国主义扶植封建军阀形成强大的反动势力,中国人民也必须结合成一股力量,形成一个团结全国革命力量的反帝反封建的国民革命。"中国想脱除列强的帝国主义及那媚事列强的军阀的二重压迫,非依全国国民即全民族的力量去做国民革命运动不可","在这种国民革命运动中不宜使国民革命的势力分歧而不统一,以减弱其势力而迟阻其进行"[4]。人民认识到:"我们从前的活动,是零碎而没有系统的,从前的团体,是涣散而不坚固的。我们现在已经觉悟了。要集中我们的势力于一个显明的正确的目标之下,为统一的有系统的有计划的活动。"[5]这表明,中国人民找到了一条统一中国的正确途径——建立广泛的革命统一战线,推翻帝国主义和封建军阀的统治。

---

[1]《全国学生大会特刊》,见《五四时期期刊介绍》第 2 集上册,第 263、276 页。
[2]《外力,中流阶级与国民党》,见《蔡和森文集》上册,第 152 页。
[3]《中国共产党第二次全国代表大会宣言》。
[4]《北京代表李大钊意见书》,载《党史研究资料》1980 年第 6 期。
[5]《全国学生大会特刊》,见《五四时期期刊介绍》第 2 集上册,第 263 页。

第一次国共合作，就是适应这个历史要求建立的。它的建立，是中国人民渴求国家统一、民族独立历史夙愿的体现。孙中山曾明确表述过这一愿望。1921年4月，他在和苏俄记者的谈话中说："中国人民对连绵不断的纷争和内战早已厌倦，并深恶痛绝。他们坚决要求停止这些纷争，将中国成为一个统一、完整的国家。因而，我们正在尽力完成赋予我们的这一艰巨的历史使命。"而国共合作正是孙中山为实现这一历史使命所采取的英明决策。"孙中山一生主张共同奋斗救中国，这就是他主张国共合作的原因。"[1]李大钊在和孙中山商谈国共合作问题时，也揭示了这一宗旨："振兴国民党以振兴中国。"[2]孙中山在实现国共合作后给苏联驻北京代表的电报中指出：改组国民党是要"继续并完成一九一一年所开始的革命，以求中国之复兴，使其摆脱军阀和资本主义之压迫"[3]。第一次国共合作和振兴中华，统一祖国相联系，正是时代的要求、潮流之所趋、人民的心愿。中国人民寻求救国救民道路几十年，只是在建立了国共合作，形成一个广泛范围的国民革命，才使中华民族渴求统一、独立的愿望有了实现的可能。就这个意义上说，第一次国共合作的建立，是中国近代社会发展的必然结果。

二

如果说孙中山是一位不断顺应历史潮流前进的民主战士，那么，在他晚年，走上国共合作的道路，则是顺应历史潮流的最杰出、最典

---

[1] 宋庆龄：《为新中国奋斗》，第109页。
[2] 李大钊：《狱中自述》，载《党史研究资料》1980年第2期。
[3] 《孙逸仙给苏俄驻北京代表的电报》，见《第一次国内革命战争时期的统一战线》，第32页。

型的表现。

自1905年成立同盟会起,到1924年第一次国共合作,孙中山领导的革命团体,曾几次易名整顿。然而,这些舍本求末的改组,虽也曾一度唤起过革命的热情,但很快就在一次次失败中消失。人民需要革命有一个根本的改观。改变国民党令人不满意的现状,是摆在孙中山和国民党面前的一项刻不容缓的任务。

国民革命的希望在哪里?国民党新的出路在哪里?孙中山晚年从黑暗的摸索中走向光明之路,是从把视线从依靠军阀转向依靠人民群众开始的。

苏联十月革命的胜利,使孙中山受到极大鼓舞。自1920年11月,孙中山会见共产国际代表维经斯基以后,他和苏联使者的交往频繁。马林、达林、越飞都和孙中山就国共合作问题进行过多次会谈。在这些会谈中,一个突出的内容即是帮助孙中山认清历史的潮流,从人民群众中吸取力量。1921年底,马林向孙中山提出的两个建设之一是:"要进行中国革命,就要有好的政党,这个政党要联合各界人民,特别是工农大众。"在和共产国际代表往来的同时,孙中山也和中国共产党人有了接触。中国共产党人除了向孙中山伸出热情之手外,也着重向孙中山指明了依靠人民群众的新出路:"中国国民党辛亥革命以来十二年的奋斗一无所成,因为他完全和国民断绝关系,而只知道和军人政客交际"[1],而"一个国民革命党不得全国民众的同情,是永远不能单靠军事行动可以成功的"[2]。敦促国民党"一面与民众为亲切的结合,一面与苏俄为不二的同盟"[3],以反抗国际帝

---

[1] 春木(即张太雷):《羞见国民的中国国民党》,载《向导》第29期。
[2] 《中国共产党第三次全国代表大会宣言》。
[3] 《统一,借债,国民党》,见《蔡和森文集》上,第69页。

主义与封建的旧势力。

在苏联代表和中国共产党的帮助下,孙中山逐步找到了革命失败的症结:缺乏人民群众的支持。"吾党之奋斗,多是倚靠兵力之奋斗,故胜败无常;若长此以往,吾党终无成功之希望。"[1]"革命事业,由民众发之,亦由民众成之。"[2]孙中山认为,依靠军事力量"终不可靠","人民之心力与兵力,二者可以并行不悖",但"当以人民之心力做基础为最足靠","革命行动而欠缺人民心力,无异无源之水,无根之木。……所以吾党想立于不败之地,今后奋斗之途径,必要先得民心;要国内人民与吾党同一个志愿,要使国内人民皆与吾党合作,同为革命而奋斗,必如此方可以成功,且必有此力量,革命方可以决其成功"[3]。从依靠封建军阀到依靠人民群众,是孙中山一生中的一个重大转折点。看到人民群众的力量,推动着孙中山决心以俄国为榜样。他认为俄国革命之所以胜利,共产党之所以成功,"在其能合符俄国大多数人心"。以民心为基础也使孙中山在经历了多次不成功的革命党改组之后,为国民党改组找到了新的方向,他力求以人民群众作为国民党的基础,使国民党"符民众所渴望",这就在国民党的历史上,开创了一个崭新的时期。

孙中山走上国共合作的道路,正是以依靠人民群众为出发点的。他认为要振兴国民党,必须为国民党增添新的血液。"国民党正在堕落中死亡,因此要救活它就需要新血液。"[4]孙中山在和宋庆龄谈到国共合作问题时,常把国民党比作一个垂死的人,认定国共合作将会

---

[1] 孙中山:《改组国民党之演说》,载《向导》第49期。
[2] 《中国国民党宣言》,1923年1月1日。
[3] 孙中山:《改组国民党之演说》,载《向导》第49期。
[4] 《儒教与现代中国》,见《宋庆龄选集》,第109页。

加强和恢复它的血液的流动,他把李大钊等中共党员引为"真正的革命同志",相信"在斗争中他能依靠他们的明确的思想和无畏的勇气"[1]。值得指出的是,孙中山把中国共产党人作为新的血液吸收进国民党的时候,正是他强调"分子淘汰,去恶留良"之时。孙中山在以往革命失败的经历中,深感惨痛的一条教训是,国民党队伍中常常渗杂进反革命分子。他说,在民国成立时,反对革命之人,均变为赞成革命之人,"一方参加革命党,一方破坏革命党,故把革命事业弄坏"。他把原因归结为"方法不善",认为"若有办法有团体来防范之",则反革命分子当无所施其伎俩。[2] 然而,恰恰在号召"防范之"的同时,孙中山断然采取了吸收共产党人加入国民党的举动。这说明孙中山把更新国民党的希望,寄于中国共产党人的身上。因而,当国民党右派竭力反对国共合作,侮蔑中国共产党"别有怀抱"时,孙中山能力排蛮议,和共产党携手合作。其实,如果把右派侮蔑共产党的滥言去掉,共产党对孙中山的真诚帮助,使国民党的躯壳有了"新生命"(廖仲恺语),不正是孙中山所祈求的吗?

  孙中山为寻求国家统一、民族独立奋斗了一辈子。然而,当他个人善良的愿望没有和人民群众的要求相结合时,他的奋斗往往是陷于胜而无果、败而无援的处境。实现统一和独立的理想一次次在封建军阀的倒戈、出卖中破灭,终于使孙中山从人民群众渴求实现统一祖国的愿望中寻觅到了依靠的力量,从而推动他走上国共合作的道路。这既是孙中山个人政治生涯中的巨大进步,也是时代、国家、民族的要求留在一位伟大人物身上的烙印。对此,李大钊给予了极其

---

[1]　宋庆龄:《孙中山和他同中国共产党的合作》,载《人民日报》1962年11月12日。
[2]　《国民党改组问题》,《孙中山选集》下,第514页。

深刻的评价,他写道:"这都是先生在中国民族革命史上继往开来,铸新淘旧,把革命的基础,深植于本国工农民众,广结于世界革命民众的伟大功绩。"[1]

三

恩格斯指出,"在社会历史领域内进行活动的,全是有意识的、经过思虑或凭激情行动的、追求某种目的的人",但是,"它丝毫不能改变这样一个事实:历史进程是受内在的一般规律支配的"[2]。中国共产党与国民党合作,是"几经研究再四审慎"(李大钊语)的自觉行动,但它同样是受历史发展规律的必然性的驱使的。

中国共产党成立后,在实际斗争中很快领会了列宁关于民族殖民地问题的理论,认识到必须汇集一切革命力量。在1922年6月15日发表的《中国共产党对于时局的主张》中,即提议由共产党邀请国民党等民主派及革命团体举行联席会议,共同建立一个反帝反封建的民主主义联合战线。7月,中国共产党召开了第二次代表大会。大会制定了反帝反封建的民主革命纲领,阐发了"民主主义联合战线"的主张,并通过了《关于民主的联合战线的决议案》,使统一战线问题迅速从党的宣传主张进而成为行动的纲领。

1922年8月,中共中央在杭州西湖召开的两天特别会议,决定国共合作,共产党员以个人身份加入国民党。这个政策的改变,推动了国共合作的实现。不久,李大钊、陈独秀、张太雷、蔡和森等中共负责人先后加入国民党。1923年6月,党的"三大"正式确立了统一战线

---

[1] 《孙中山先生在中国民族革命史上之位置》,见《李大钊选集》,第543页。
[2] 恩格斯:《路德维希·费尔巴哈和德国古典哲学的终结》,见《马克思恩格斯选集》第4卷,第243页。

的策略方针。

中国共产党统一战线策略方针的确立,得到共产国际的帮助。1920年由列宁奠定的殖民地半殖民地民族革命的理论,为中国共产党统一战线政策的确定提供了依据和指南;在列宁的关切下,共产国际多次召开的被压迫民族革命团体会议,给建立统一战线以途径和示范;1922年7、8月,共产国际二次作出指示,要中国共产党和国民党合作;共产国际还几次派代表前来中国,帮助建立统一战线。最早把孙中山确定为合作的对象,并在中共党内提出国共合作的就是共产国际代表马林,他对中国共产党确立统一战线的策略方针起过重大的作用。

中国共产党统一战线策略方针的确立,是马克思主义普遍真理和中国革命实践相结合的产物。列宁和共产国际给予中国共产党的帮助是很大的。但是,如同毛泽东同志所说的:"中国这个客观世界,整个地说来,是由中国人认识的。"[1]中国共产党走上国共合作的道路,根本上是从中国革命实践中得来的认识。首先,中国革命实践的发展,必然会提出建立统一战线的问题。1919年毛泽东同志写的《民众的大联合》一文就深刻反映了中国革命联合、统一的趋向。党的"一大"以后,很多中国共产党人对必须建立统一战线的认识大体是一致的。其次,1923年"二七"大罢工的失败,使中国共产党"得到教训,工人阶级独立斗争是不能得到胜利的"[2]。因而必须避免孤军奋战,结成广泛的革命统一战线。第三,中国共产党十分注重对中国社会各派力量的阶级分析。1922年6月,中国共产党得出"中国现

---

[1] 毛泽东:《在扩大的中央工作会议上的讲话》。
[2] 《中国共产党史的发展(提纲)》,见《蔡和森的十二篇文章》,第41页。

存的各政党,只有国民党比较是革命的民主派"的结论,是中国共产党在认识中国社会的基础上,确立统一战线策略方针的现实依据。总之,统一战线的思想并不是从外面灌输进中国的。从"一大"到"三大",中国共产党人在统一战线问题上经历的认识变化,正是中国共产党对中国革命规律由浅到深的了解过程,也是把列宁的殖民地半殖民地民族革命的理论运用于中国革命实际的结果。

中国共产党统一战线策略方针的确立,是以民族利益为前提的。中国共产党诞生之时就宣告了她的最终目标——实现共产主义。但根据中国社会的现实,在共产国际的帮助下,中国共产党确认中国革命的首要任务是进行民主主义革命,使人民群众摆脱帝国主义和封建主义的压迫。党的"二大"透彻地分析了中国的国情,区分了党的最高纲领和最低纲领。最低纲领的揭示表明:正是中国共产党成为孙中山三民主义的最忠实、最坚定的执行者,她把自己的奋斗和民族的利益融为一体。

中国共产党和国民党合作的动机,李大钊在国民党"一大"上说得非常清楚:中国共产党人加入国民党,"是为有所贡献于本党以贡献于国民革命的事业而来的,断乎不是为取巧讨便宜,借国民党的名义作共产党的运动而来的"。第一次国共合作的全部事实证明:中国共产党是民族利益的模范代表者,不仅以自己的模范行动促成了一个广泛的国民革命,而且也帮助孙中山实现了旧三民主义向新三民主义的转变。中国共产党在《向导》等刊物上,对孙中山在旧三民主义时代的弱点时有善意而尖锐的批评,帮助他鲜明地提出了反帝反封建的纲领,推动了三民主义的新发展,从而使国共合作的政治基础统一在反帝反封建的民族利益前提下。

民主革命时期,有过两次国共合作。虽然两次国共合作最后都以破裂而告终,但是历史表明:正是由于国共合作的建立具有历史的必然性,所以两次国共合作都发生了巨大的效果。第一次国共合作掀起了轰轰烈烈的北伐大革命,第二次国共合作取得了抗日战争的伟大胜利;又正是由于国共合作的破裂,不符合国家、民族的利益,违背了历史的进步潮流,所以两次破裂造成了两次大内战。历史还表明,虽然两次国共合作都遇到过不少阻力,但终究被克服了。时代的要求、民族的愿望、历史的潮流是不可阻挡的。30年来,隔海相望的大陆和台湾人民,久受分离之痛,盼望骨肉团圆,祖国的统一已是势所必然。我们相信,实现国共再度合作将为时不远。

台湾建省与洋务派[1]

清朝旧称内地十八省，1884年（光绪十年）新疆建省为第十九个省，1885年台湾建省为第二十个省，两者均为清季御侮设防的新建制。新疆为塞防，台湾为海防，又都是在洋务派对海防和塞防激烈争辩之下实现的。而台湾处于海防前哨，它的建省更肩负着民族的和时代的使命，曾经成为中国近代化发轫的基地之一。

一

台湾位于我国东南湾中，为亚洲东部大陆边缘的一个大岛，地当太平洋要冲。东北与琉球为邻，南与菲律宾群岛遥对，西与祖国大陆相望，为东南交通枢纽，自然资源丰富，战略地位十分重要。台湾与大陆联系的历史很早，它的天生丽质和战略地位却是在西方势力东侵后才一步步认识的。

1683年（康熙二十二年）清军进入台湾，统一了全国。当初，如何处置这个海上岛屿，竟有"迁其人而弃其地之议"。但又担心"留

---

[1] 原载《近代台湾的社会发展与民主意识》，香港中华书局1987年版。

恐无益,弃虞有害",这两句话的前一句,表明了长期的内陆观念障碍了对海上的开发,后一句则隐约地涉及了海疆的安全。唯有熟悉海事的靖海将军施琅(1620—1696),开发了"弃虞有害"的思想,他说:

> 中国东南形势,在海而不在陆,陆之为患有形,海之薮奸莫测。台湾虽一岛,实腹地数省之屏蔽,弃之则不归蕃,不归贼,而必归于荷兰。彼恃其戈船火器,又据形胜膏沃为巢穴,是藉寇兵而资盗粮也。[1]

施琅看到了台湾的"形胜膏沃",并仍以前此一度窃据台湾的荷兰为最大隐患,力陈"断不可弃"。大学士李霨(?—1684)和闽浙总督姚启圣(?—1687)支持他的意见。1684年5月(康熙二十三年四月),清廷宣布建台湾府,隶福建省。在原郑成功建制的基础上设置一府三县(台湾、凤山、诸罗)和澎湖巡检,合福建厦门设台湾兵备道和镇台总兵。1728年(雍正六年),与厦门分开,改设分巡台湾道,专驻台湾,为综辖全台的治理机构,是日后台湾建省的始基。

清朝统一台湾后,以台湾孤悬海外,"易为奸宄逋逃之薮,故不宜广辟土地以聚民",一直采取防制政策,严禁闽粤人偷渡,即使已在台谋生就业多年的人,也不许取眷前往;有时禁令稍弛,也仍有多方防范。这是清朝以闭关为治的政策的必然表现。由于台湾土地肥沃,一岁三熟,对闽南、粤东的艰苦劳动群众有很大吸引力,在台湾纳入版图之初,他们冲破禁令,不顾艰险,成群结队地拥入台湾,后虽阻力重重,冒险前往者仍然不绝。所以,台湾汉族人口在统一时最多不过20万人(一说10万人),到1811年(嘉庆十六年),增达200万人以上。台湾南部和北部的平原地区大都得到开发,并推向丘陵地带和

---

[1] 萧一山:《清代通史》上卷,第446页。

交通不便的土地。手工业如制糖业也发展起来,出现了制糖的手工工场——糖廍。清朝对台湾因势增设官吏,调整机构,设立儒学、书院,额定台人参加福建乡试和举人参加会试,把台湾地区逐步纳入内省体制。

从统一台湾到鸦片战争的 150 余年中,台湾虽时有蕃民和会党的骚动,总的说来,海峡的局势是平静的,原先担心荷兰那种西方势力的再犯并没有出现。这是因为西方国家尚处于工业革命阶段,而清朝也仍是抹上某种神秘色彩的强者。

台湾是与祖国大陆共命运的。到了 19 世纪初期,东南沿海的情况在发生变化,英国的商船已来往于广州,也不时驶向台湾的港口,寻找贸易据点。鸦片战争爆发后,英军率由厦门、定海窥伺台湾。1841 年 9—10 月(道光二十一年八、九月),英舰两次驶入基隆港口,发炮轰击二沙湾要塞,被守军击退。次年二月,英舰"阿恩"(Ann)号又驶抵大安港外,被渔船诱至土地公港,搁暗礁,为守军击毁。英军对台湾虽未得逞,但由于它赢得了整个战局的胜利,在迫使清政府签订《南京条约》时,不仅挑起有关台湾处置战俘的问题,使守台抗英的达洪阿、姚莹受到处分;而且开放五口中的厦门、福州是台湾与祖国联系的通道,更使台湾成为列强的猎物。随之,在第二次鸦片战争中,沿海沿江被开放的十个口岸,台湾就占了台湾府(今台南)和淡水两个口岸。

在台湾约开的虽只台湾府和淡水,但因台湾裸露海上,清政府对台的治理机构又不完备,列强更因利乘便,无孔不入,事实上是全台的被开放。自此,台湾不仅与其他开放口岸一样,有关设馆(领事馆)、商务、教案等交涉纷至沓来,而且四面皆海的台湾,常因台风、暗礁沉船,发生海难,有的还引起严重交涉。例如 1867 年 4 月 12 日

(同治六年三月初九)，美国商船"罗妹"号(Rover)在红头屿触礁沉没，船长及其妻和水手乘救生筏渡登岸上，当地蕃民不辨情由，将他们杀害。美国一面向清政府提交涉，一面派出兵舰远征台湾，它的陆战队开入蕃社炮攻，蕃民从岩石密布的丛林中还击，美军无功而退。继在台湾官员默认之下，驻厦门美国领事李仙得(Charles W. Legendre)直接与蕃民头目卓杞笃谈判，嗣后如遇这种事故，蕃社允诺给遇难船员以照顾，并护送官府。"罗妹"号事件始告了结。但李仙得与卓杞笃这种直接谈判，是有损于中国主权的，给洋人留下了蕃地地位特殊的印象。就在1868年，一个德国商人美利士(James Milisch)伙同英国商人贺恩(James Horn)，在台湾东部的大南澳蕃地，以砍伐樟脑为名，居然一度企图在那里建立英德联合的殖民区。[1]

台湾已面临如澳门、香港被侵占的命运，清政府的某些大员虽觉察到了这种危机，但仍无具体对策，有待于事态的发展，才会驱使他们去正视台湾的严峻形势。

二

台湾建省，是清季认识台湾的战略地位及其危机所采取的重要步骤，始议于1874年日军侵占台湾时，完成于1884年中法战争后，这一建制的筹划和完成，则历史地落在洋务派的身上。60年代开始出现的洋务派，他们继承了前此的经世派的思想，面对外部世界的逼凌，为了应付这个新形势，他们以办理洋务站在时局的前沿。而处理

---

[1] "罗妹"号事件和大南澳殖民区，据台湾正中书局版《近代的台湾》第五章"台湾在中国对外关系中的地位"。

台湾事务恰是一个面向世界、进行变革的课题,除了他们之外,那时中国的大堆官员还不知道也不愿意去接触这个现实。闽浙总督文煜(？—1884)等曾上奏,说到治理台湾,"事属创始","非有朴勤廉干,素熟情形,兼通洋务之大员,亦不足以任之"。[1] 所以说历史地落在他们的身上。

对于日军侵占台湾,率先认识日本采取对策的是洋务派。

日本早有向外扩张的意图,还在明治维新前夕,初起的洋务派即看出了这个迹象,曾指出:

> 夫今之日本即明之倭寇也,距西国远而距中国近。我有以自立,则将附丽于我,窥伺西人之短长,我无以自强,则并效尤于彼,分西国之利薮。[2]

日本的这种态度,明治维新一开始就表现了出来。1871年(同治十年)日本派专使来华,援引欧美之例,签订通商条约,获准包括台湾府(台南)和淡水在内的十个通商口岸的贸易居住权,跟着就派遣人员至台湾,搜集情报,绘制地图。1874年(同治十三年),日本声称琉球是它的属国,借口1871年琉球渔民数十人被台湾蕃民杀害一事,于4月成立"台湾蕃地事务局",出兵三千数百名抵厦门,5月从台湾南部的琅峤登陆,进攻牡丹社。直到英国公使威妥玛(Thomas F. Wade)把日本进军台湾的消息传给总理衙门,福建的报告也到了北京,恭亲王奕䜣才据以上奏皇帝,建议简派熟悉洋务的大员前往台湾,调查实情。上谕:

> 着派沈葆桢带领轮船兵弁,以巡阅为名,前往台湾生蕃一带察

---

[1] 中国近代史资料丛刊《洋务运动》(7),第72页。
[2] 同治三年(1864)李鸿章致奕䜣、文祥函。

看,不动声色,相机筹办。[1]

同时,总理衙门发出照会谴责日本政府。

沈葆桢(1820—1897)时任福建船政大臣,与李鸿章(1823—1901)、丁日昌(1823—1882)并称洋务能员,遂受命以钦差大臣办理台湾等处海防,福建布政使潘霨(? —1892)为副。沈葆桢受命后,对台湾防务进行了周密筹划,奏请购置铁甲船、水雷、洋枪及架设台湾与福州之间的海底电线。这年6月,他与潘霨分乘安澜轮、伏波轮自福州抵台,立即部署防务,于安平港口修筑水泥炮台,架设西式大炮5尊、小炮14尊;清军随调淮军精锐武毅铭字军13营6500人援台,大批火炮火药也相继运至,台湾防务为之一振。

日本出兵台湾,被西方侵略的亚洲格局从内部突破,颇引起西方列强的不安,原来支持日本的美国缩了回去,日本处境渐孤;加之台湾恶性疟疾流行,日军病者死者日增,战斗力减弱,在蕃民的节节抵抗下,已有进退维谷之势。但是,清政府的困难也多,"海防非急切所能周备,事机无时日可以宕缓"[2],而且新疆的军事还在紧张地进行,不可能全力对台,增防后也并未直接与日军接仗。因此,日本专使大久保利通在同总理衙门、李鸿章的穿梭谈判中,于1874年10月31日(同治十三年九月二十二日)签订了《中日台湾事件专条》,中国屈认日本的出兵是"保民义举",实际上默认琉球为日本属国。日本从台湾撤军。

日本的军事行动虽已过去了,但台湾从此更为列强垂涎,并成为日本的占有对象,这对身当政治要冲的洋务派有很大触动。11月5

---

[1] 《筹办夷务始末》(同治朝)第93卷。
[2] 《李文忠公全书》,译署函稿第2卷,第4页。

日(九月二十七日)，奕䜣(1832—1898)奏筹善后，提出练兵、简政、造船、筹饷、用人、持久等项，并说："今日而始言备，诚病其已迟；今日而再不修备，则更不堪设想矣！"进而挑明："现在日本之寻衅生蕃，其患之已见者也。以一小国之不驯，而备御已苦无策；西洋各国之观变而动患之濒，见而未见者也。"[1] 12月10日(十一月初二)，李鸿章在其奏折中，说他于"台事初起时，即缄商总理衙门，谓明是和局，而必阴为战备"，强调"整顿海军"[2]。他们以台湾地处南海中，非海军莫守，它又为七省门户，更关系全局安危，所以他们把台湾善后与海军建设相并提了出来。

直接肩负台事的沈葆桢，前后两次亲历台湾，一次是1874年6月至1875年1月，一次是1875年3月至8月，对台湾的内情与外境感受最多。他提出："台地之所谓善后，即台地之所谓创始。"[3] 那是说台湾的善后，不能满足于回复和保持原状，而是要开创新的局面。沈葆桢在这里表现出一个有卓识的改革家的气度。

沈葆桢的所谓"创始"，改变台湾的建制是其重要内容。台湾原属省级下的府治，以其地隔海峡，乾隆年间规定：闽浙总督、福建巡抚及福建水师、陆路提督每年须有一人轮值，前往台湾巡查。嘉庆时改为福州将军和闽浙总督每隔三年赴台巡查一次。沈葆桢认为这种短期巡查，不仅无裨实际，反劳地方供张，徒扰百姓。他疏陈事权归一、政令易行、清除积弊、兴利便民等12条理由，建议仿江苏巡抚分驻苏州之例(两江总督驻江宁)，福建巡抚尽可移驻台湾，以专责成。这个建议看来只是改督、抚同城为督、抚分城，但对台湾来说，它的意

---

[1] 《筹办夷务始末》(同治朝)第98卷。
[2] 《李文忠公全书》，奏稿第24卷。
[3] 沈葆桢：《请移驻巡抚折》，见《沈文肃公政书》第5卷。

义并不止此,而是在改变台湾同福建的隶属关系。闽浙总督李鹤年(?—1880)、福建巡抚王凯泰(?—1875)不以巡抚专驻台湾为然,认为"福、台关联甚巨,彼此相依,未可遽分为二"。李鸿章亦以巡抚兼顾福建、台湾为宜。清廷采取了他们的意见,规定福建巡抚每年冬春驻台,夏秋驻闽,虽然暂时没有实现巡抚移驻台湾的要求,但已为台湾分省走出了第一步。

与改制相辅而行的,沈葆桢对台湾主要做了两件事。一是增辟行政辖区。台湾原设一府,辖台湾(今台南)、凤山、嘉义、彰化四县,淡水、噶玛兰两厅,重心限于台南一隅。沈葆桢增辟琅峤为垣春县,属台湾府;1875年(光绪元年)又增辟淡水厅为新竹县、噶玛兰厅为宜兰县,另于艋舺设为淡水县,基隆设通判,总辖于新设的台北府,府治为淡水县。沈离台(1875年9月)的次年,又改南路理蕃同知为抚民理蕃同知,驻卑南厅(今台东);改鹿港的北路理蕃同知为抚民理蕃中路同知,移驻于埔里厅。台湾遂由一府四县二厅增为二府八县四厅,政区扩展了,形成为台南、台北两个重心。

二是"开山理蕃"。被称为土蕃的高山族,有生蕃、熟蕃之别。生蕃居住山区,尚保持部落生活;熟蕃杂居平地,与汉族日益接近。沈葆桢到台后,对蕃民即进行安抚,认为"抚蕃"与"开山"势必并行。所谓开山,就是打开山路的交通,抚辑蕃民,解除不许汉人私入蕃境的旧禁,分南、北、东三路开山:南路又分两路,均自凤山境内东进卑南;北路自宜兰境内南进至岐莱;东路自彰化境内东进至璞石阁,均于1875年完成。沈葆桢的"开山理蕃"是抚垦并行的,曾在厦门、汕头、香港等地分设垦局,订立章程,招募汉人入台开垦。处于封闭状态的东部逐渐得以开发。

沈葆桢对台湾的改制和开发是个先行官,但他经营台湾的时间不长,1875年5月被任命为两江总督兼理通商事务大臣。他赴新任前,将保奏深谙洋务的福建按察使郭嵩焘(1818—1891)继任船政大臣,旋悉郭已奉命出使英国,乃举荐丁日昌,沈上奏道:

> 船政关系海防根底,断不容不慎择其人。非无熟悉工程,结实可靠者,然能恪守成法,恐未能式廓前规。且当经费支绌,动辄掣肘之时,非有卓绝之才识,老成之资望,能于万难中出新意以经纬之者,不足为国家巩持久之基,而收自强之效。臣再四思维,计惟有北洋帮办大臣丁日昌,果毅精明,不避嫌怨,近日讲求洋务罕出其右者。[1]

又值福建巡抚王凯泰病死,丁日昌遂被授为福建巡抚,兼理船政,也就继沈葆桢主持台事。船政—福建—台湾,三位一体,因事择人,当时非洋务派莫属。

还在1868年(同治七年),丁日昌在江苏巡抚任内拟订的《海洋水师章程》,即建议以台湾为南洋海防的中心;在1874年(同治十三年)的《海防条议》中,他进一步建议于台湾驻泊铁甲舰,且计划将来建为行省;次年,他上书总理衙门,又说"欲筹海防,宜以全力专顾台湾"[2]。他把台湾视为海防的根本。

1876年(光绪二年)初,刑部左侍郎袁保恒上疏,议及台湾建制,认为:

> 若以福建巡抚每岁半载驻台,恐闽中全省之政务,道路悬隔,而转就抛荒。台湾甫定之规模,去住无常,而终为具文。请改福建巡抚为台湾巡抚,驻台湾,而以总督办福建全省事,各责专成。[3]

袁保恒是建议专设台湾巡抚的第一人。丁日昌则主张先派知兵大员

---

[1]《海防档·福州船厂》。
[2] 丁日昌:《上总署论购铁甲船事宜书》,见《百兰山馆政书》第10卷。
[3] 赵尔巽等:《清史稿》第418卷,袁保恒。

专驻几年,著有成效,然后再议督抚分驻闽台。其他大员的意见亦不一致,袁保恒的建议被搁了下来。

丁日昌在福建巡抚任内,对台湾的设施,与沈葆桢亦步亦趋,照每年分驻闽台的规定,他于1876年11月(光绪二年十月)赴台巡查,至1877年5月(光绪三年四月)回闽,历时半年余,遍巡全岛,所至督饬官兵,视察险要,辑抚蕃汉,推展垦务,对防务尤为关注,他的《恒春题壁》诗深切表现了这种感情,其第一首云:

> 东瀛已是天将尽,况到东瀛最尽头。
> 海水自来还自去,罡风时发复时收。
> 徙薪曲突知谁共,衔石移山且自谋。
> 饱听怒涛三百里,何人赤手掣蛟虬。[1]

诗中写出了"徙薪曲突"解除忧患的希望,写出了"衔石移山"自强不息的精神,他的作为和胸怀,表现为一个真诚的爱国者。可惜丁日昌不久即因病去职了。

1879—1880年伊犁交涉发生,俄国借口清廷背约,命令舰队陆续在海参崴及日本湾面集中,矛头指向中国。这时日本则公开并吞琉球,与中国发生争执,更趁俄国舰队东来,便向中国施加压力,提出最后通牒。一时盛传俄日勾结,合以谋我。清政府命令山海关、天津及闽浙等地布防,继调熟悉军事的岑毓英(1829—1889)为福建巡抚,左宗棠(1812—1885)部将刘璈为台湾道。由于曾纪泽(1839—1890)赴俄改订条约,伊犁问题解决;日本事实上并吞了琉球后,又把目标转向朝鲜,所以台湾海峡的形势暂时缓和了。但自丁日昌去职后,台湾的设施和建制没有得到推进。直到中法战争时,在法国舰队的袭击

---

[1] 丁日昌:《百兰山馆古今体诗》第5卷。

下,对台湾的保卫及其前途,才又紧迫地提上了日程。

法国早已看中台湾的战略地位和丰富资源,视为"最良好的、选择得最适当、最容易守,守起来又是最不费钱的担保品"[1]。所以1883年中法战争一开始,外电已纷传法国将夺取海南、台湾。次年3月,北越境内中国军队失利,5月中法谈判未有结束,法国扩大战火,打出越南境界,海陆并进,海上以福州、基隆为目标,志在夺取基隆及台湾其他港口,如有可能则占据全台。闽台海峡战云密布,清廷发布紧急上谕:"台防关系东南大局,必须从速拯援。"[2]乃派前直隶提督刘铭传(1836—1895)率军渡台,加强战备;并命令沿海督抚济饷运械。刘铭传是一位颇谙近代战争,属于洋务派系统的淮军名将,有治军兼善理政的才能,自此成为台湾战守和建设台湾的中心人物。

1884年8月,法国舰队轰毁基隆炮台,一度登陆,被守军击退。随之,集中福州的法国舰队,击毁了福建水师船舰及马尾船厂。9月下旬法舰再犯台湾,10月攻陷基隆,进军沪尾(今淡水)。在刘铭传指挥各军的顽强阻击下,法军败回兵舰,仍以其舰只的优势,封锁台湾,台湾的处境十分困难。1885年3月中法谈判,4月签订《中法停战条件》,台湾解严,法国企图占有台湾或其他港口未能如愿。

法军进攻台湾比上次日军入侵台湾的震动要大,战火停息后,清廷诏谕内外文武大臣对台事发表善后意见。7月,上年特派为钦差大臣、督办福建军务的左宗棠,首上《遵旨筹议海防事宜折》,提出了他对海防的全盘设想,其中重申十年前沈葆桢和袁保恒的先后建议,认为:"台湾孤注大洋,为七省门户,关系全局,请移福建巡抚驻台湾,

---

[1] 中国近代史资料丛刊《中法战争》(3),第539页。
[2] 《大清德宗景皇帝实录》第193卷。

以资震慑。"[1]接着有十多个大员作了不同程度的表示,为了取得更多臣僚的意见,清廷谕令军机大臣、总理各国事务大臣、六部九卿会同各省总督、巡抚议奏。军机大臣醇亲王奕𫍣(1840—1891)、总理各国事务大臣庆亲王奕劻(1836—1918)、北洋通商大臣李鸿章等连衔奏复,均以台湾要区,宜有大员驻扎控制,建议福建巡抚改为台湾巡抚。台湾建省已经成熟。1885年10月12日(光绪十一年九月初五),清廷发布诏谕:

> 台湾为南洋门户,关系紧要,自应因时变通,以资控制,着将福建巡抚改为台湾巡抚,常川驻扎;福建巡抚事,即着闽浙总督兼管。[2]

谕下,即以刘铭传为首任台湾巡抚,同时发布了建立海军衙门的上谕,海防与台湾是共存的,没有海防无以保卫台湾,没有台湾则海防亦失依托。

刘铭传渡台之初,以前直隶提督授为福建巡抚,移驻台湾,负责战守;至此,刘铭传正式被任命为第一任台湾巡抚。他却顾虑台湾诸政待理,遂与福建分治,尚有困难,奏说"宽此数年,从容筹办"[3]。清廷以台湾建省已成定议,批谕"刘铭传所称从缓改设,着毋庸议"。但刘铭传并不是因循畏难,而是出于对台湾的历史和现实的考虑。在此略前,他奏请免除其"福建巡抚本缺,俾得专办台防"。就当时福建和台湾的地位来说,闽抚安,台事劳,闽抚逸,台事劳,刘铭传舍逸就劳,可见他不是一个贪图禄位而是一个实心任事的人。

经过十余年的推进,台湾已自为一省。1887年(光绪十三年)添改府县,划全台为3府,分割1州、11县、5厅(后在1894年又增设南

---

[1] 罗亚钧:《左宗棠年谱》,第403页。
[2] 《大清德宗景皇帝实录》215卷。
[3] 刘铭传:《台湾暂难改省折》,见《刘壮肃公奏议》第2卷。

雅一厅),基本完成了台湾的行政区划。人口已增至 320 万,其中高山族有 10 余万人。

台湾建省了,怎样把建设工作同建省跟上去,是治台的大事。1877 年丁日昌病辞离闽前上奏道:

> 筹饷款于内地,利有时竭,不如辟饷源于台湾,利可无穷。垦田伐木,利微而缓;开矿种茶,利厚而速。[1]

刘铭传说他到台后,访求利弊,认为台湾实有可为,徒以因循致误。他提出:"宜使台地之财,足供台地之用,而后可以处常,可以处变。"[2]丁日昌和刘铭传的话,是对沈葆桢以创始为善后方针的具体阐发,台湾既具有这样的条件,也只有这样做法才有可为。

为了实现上述方针,刘铭传在加强防务和积极练军的同时,对抚蕃和清赋做了踏实的工作。就抚蕃来说,在沈葆桢以后没有进展,丁日昌原虽注意了此事,但他莅台仅半年余,旋即去职了。因此,已开山路有的又阻塞,蕃社的变乱戕杀事故不断发生。刘铭传采取恩威兼施、汉蕃同视的开明政策,订立章程,分路辑抚,主要蕃区各设抚垦局,教以耕织、贸易等事,改进茶叶、樟脑生产,先后安抚蕃民达十余万[3],使大部分蕃区逐渐开发。

清赋方面:台湾土地肥沃,宜农作,原先移民自行开垦,或递禀承包,多强募霸占,田园从未清丈。1886 年(光绪十二年),刘铭传派员编查保甲,就户问粮;再逐田清丈,就田问赋。在台南、台北各设清赋总局,专办赋税事务,"田园一经清丈,编立字号,某字某号之田,则

---

[1] 丁日昌:《丁中丞政书·抚闽奏稿》。
[2] 连横:《台湾通史》下,第 643 页。
[3] 刘铭传:《复陈抚蕃清赋情形折》,见《刘壮肃公奏议》第 2 卷。

为某处某人之业。粮户何名,册籍昭然,遇有买卖,立即过户催收"[1]。两年清丈完毕,又一年由布政司逐户发单。耕地溢旧额数倍计400万亩,田粮由旧额18万两增至40万两。并整顿茶叶、樟脑、硫黄(官卖)以及关税、厘金、盐课等项,所有税收增至300万两,后续增至450余万两。[2] 当时全台军饷杂支150余万两,其他建省新政所需款项均有了来源,不再仰赖福建及其他方面的协饷,实现了以台财供台用的目标,为台湾作为一个独立的省的存在而奠定了坚实的财政基础。

三

在台湾的建省过程中,正是洋务派开办近代军用和民用工业时期,因为台湾的开发和海防有密切关系,更有条件和需要近代的设备,所以,台湾在沈葆桢、丁日昌尤其是刘铭传的相继主持下,除了上述的各项措施外,重要的是他们推行了近代化建设。所谓近代化建设,首先是指工业建设。他们在台湾进行的近代工业建设并不后于沿海各省,有的还先于沿海几省。

1875年由沈葆桢奏请筹办的基隆煤矿,与李鸿章筹办的磁州煤矿、盛宣怀经营的兴国煤矿,同是中国最早开办的近代煤矿,而基隆煤矿以率先投入生产成为中国近代煤矿的首倡。基隆煤矿,在中法战争中遭到破坏,战后规复,初由私人承办,因资本微薄,亏折而退。1887年2月,刘铭传招股接办,由原先的官办改为官商合办,生产才渐渐恢复,日产煤一吨,有发展势头。但因商人以官方控制过严,表

---

[1] 连横:《台湾通史》上,第131—132页。
[2] 《近代的台湾》,第155页。

示消极。刘铭传乃退还商股,仍回到官办。官办后又出现了月月亏损的景象。1889年(光绪十五年)台北英国领事引荐英商范嘉士(Hankerd)承办基隆煤矿及油矿,刘铭传派员与之拟立合同。刘在《英商承办基隆煤矿订拟合同折》中说:

> 查台湾产煤系地方自然之利,官办限于资本,不能扩充,且积习太深,骤难尽革。从前岁亏银十万两,自臣经理以来,糜费虽少,每年仍亏银四五万两,以台湾弹丸之地,所入不敷所出,不谋补救,受累无穷。若由该英商承办,不特官本可以收回,即以二十年计之,可免漏卮百万,关税并车路运资,转可得数十万。利源既辟,商务更兴,于地方民生所裨甚巨。[1]

刘铭传说得较乐观了些,但揆之当时和日后的情势,以"二十年之内全台非该商(指范嘉士)不准添用机器挖煤"的苛条(以上所引刘铭传折中有"即以二十年计之"的话),换取对台湾矿产的开发和技术的引进[2],并不是完全失算的。这个承办合同终被清廷驳斥而废弃了。此路不通,怎样为开发台湾煤矿找到可行的途径?1890年刘铭传又用官商合办的形式经办,议定集资30万元,商本20万元,矿存房屋机器以10万元作官本。矿务经营由商负责,"官不过问"。8月,由商接办。这回更引起总理衙门的猜疑,刘铭传并被清廷处以革职留任,基隆煤矿退回到失去活力的官办老路。基隆煤矿的一再折腾,完全是僵化的封建格局造成的。

近代的邮电在台湾也是推行较早的。为使孤悬海中的台湾与大陆能迅速沟通信息,1874年沈葆桢到台之初,即计划安设自福州、厦

---

[1]《刘壮肃公奏议》第2卷,第23页。
[2]《拟立合同》规定:"地方官若遣生徒进矿学艺,每矿可拨三人,该商工师应宜优待,所在任其游历,以期学业有臻。"

门至台湾的海底电线,委丹麦大北公司办理,未及实施。又奏请革新台湾信递制度,改铺为站,这虽还是对驿站制度的调整,但已在向近代邮政推进。1876—1877 年丁日昌任台事时,装设了由台湾府城至旗后、再至安平的陆路电线。1886 年,刘铭传以"台湾一岛,孤悬海外,往来文报,屡阻风涛,每至匝月兼旬,不通音信"[1],封建设近代邮电视为急务,架设了台湾至厦门、福州的海底电线,又扩展了台湾南北的陆路电线。1888 年刘铭传在沈葆桢建立的"站制"的基础上进一步革新邮政,订立《邮政条目十二条》《台湾邮政票章程》,改驿站与邮站,发行邮票,商人和私函均可买贴邮票传递。台北设立邮政总局,全台各地设分局。对大陆及其他口岸函件,则与上海、福州、厦门、香港等地的海关邮政部门联络,邮船定期从台湾来往各埠。台湾地方建立这种新的邮政制度,比 1896 年清政府成立的邮政官局早八年[2]。

与煤矿、电报并时倡建的是铁路。当 1874 年日本出兵台湾时,李鸿章与沈葆桢已议及铁路。丁日昌更以修建铁路"为经理全台一大关链"。李鸿章说:"雨生(丁日昌)在台湾,建言须就地试造铁路、电线,已奉廷僚议准,又以费绌中止。"[3]现查明,修筑铁路当时虽因"费绌中止",但由于运煤的需要,事实上由基隆的老寮坑矿至海滨泊船处,已建成长一英里、用人力和畜力牵引的运煤铁路[4]。比 1880 年建筑的、被称为中国第一条铁路的唐胥铁路,约早四年。其后 1887 年,刘铭传上《拟修铁路创办商务折》,申言:

---

[1] 刘铭传:《购办水陆电线折》,见《刘壮肃公奏议》第 5 卷。
[2] 张君祥:《我国近代最早的新式邮政》。
[3] 《李文忠公全书》,朋僚函稿第 17 卷,第 13 页。
[4] 参见唐廷枢《请开采开平煤矿并兴办铁路禀》及《西国近事汇编》所译 1878 年 5 月 16 日—22 日"西报"。

> 若能就基隆开修车路,以达台南,不独全台商务繁兴,且于海防所裨甚大[1]。

这一修建台湾南北铁路干线的建议,得到清廷认可,次年兴工,1893年造至新竹县,因经费困难中止。

台湾基隆、沪尾、旗后及澎湖等处炮台的大炮,均购自外国,枪炮子弹则由大陆调拨。丁日昌曾想在台设立兵工厂。刘铭传更有鉴于中法战争中法舰对台湾的封锁,械饷运济困难,继各省创设军用工业——制造局之后,1885年也在台北北门外起建台湾制造局,制造弹炮子弹,建造军械所储存兵器,又利用台湾出产硫黄设立火药厂。台湾制造局的规模虽然不大,远不及江南、金陵、天津等制造局,但在推动中国近代化的洋务企业中亦自备一格。1892年,继刘铭传任台湾巡抚的邵友濂说:

> 台湾机器制造风气已开,火药与子弹相须,渐经学制有法,只须扩充厂屋,略购机器,便可募工造办,免再隔海取资,于台防实多裨益。[2]

推广西学方面,台湾也有颇为切实的设施。1887年创设西学堂于台北,甄录年轻质美子弟入学,延聘洋教司,讲授英法文及地理、测绘、算术、理化有关制造之学,并由汉教习教以经史文字。学生皆官费,由附生考入者月给银八两,由文童考入者月给银五两七钱,幼童月给银三两八钱。据刘铭传1888年的奏折说:

> (余)初到台,翻译取才内地,重洋遥隔,要挟多端,月薪至百余金,尚非精通西学,因思聘延教习,就地育才。初拟官绅捐集微资,造就一二良才以资任用,巨一时闻风兴起,胶庠俊秀接踵而来,不得不

---

[1] 《刘壮肃公奏议》第5卷,第20页。
[2] 中国近代史资料丛刊《洋务运动》(4),第443页。

开设学堂,以广朝廷教育人才之意。[1]

这种"一时闻风兴起"的情况,是前此设立京师同文馆和福建船政学堂等所不及的。

以上只说了洋务派在台湾建省中进行近代化建设的几个项目,其他如设立轮船公司、招商局、官银局等事,不一一列举。

沈葆桢、丁日昌、刘铭传对台湾举办近代化事业所作的努力,与在上海、福州、天津等地建设新式企业的进程是一致的。但台湾的新建事业,除遇到经费的困难外,来自当地的阻力却比内地少,究其原因,约有两端:

(一)台湾与大陆地隔海峡,原有蕃民占少数,质朴少文,绝大多数是大陆去的移民,祖庙祠墓多在内地,传统风习较弱。所以,丁日昌说台地旷土甚多,修筑铁路不致碍及田庐,至风水迷信之说,人民并不深信。刘铭传更说:

> 台湾与内地情形迥殊,绅商多涉外洋,深明铁路大利,商民既多乐赴,绅士决无异辞。[2]

观台湾在开煤矿、设电报、修铁路中很少遇到当地民间的阻挠,基隆煤矿一再招募商股并不太难,台北的林氏兄弟为兴建路矿且一举捐输50万,都可以证明台湾与内地的情形有所不同。

(二)台湾的建设主要成立于中法战后,人们的观念比60年代已有变化,1887年刘铭传在奏折中说:

> 从前削平发捻,全以抬枪、劈山炮取胜。湘军旧将狃于成见,不以洋人后膛枪炮为然,无论如何开导,终不见信。及与法人对垒,始

---

[1] 刘铭传:《台设西学堂招选生徒延聘西师立案折》,见《刘壮肃公奏议》第6卷。
[2] 《刘壮肃公奏议》第5卷,第21页。

叹格林炮、黎意枪运用之灵、命中之远,臣之所言为不谬。物之精粗经用而始显,事之利害亲历而后知。[1]

所以,海军衙门的建立、铁路的争辩渐息,都是中法战争以后的事。

洋务派在各省倡办的企业,主要是官办和官督商办两种形式,官商合办的形式是比较少的。丁日昌在台湾却极力提倡民营,刘铭传在经营基隆煤矿和台湾铁路时,也重视招募商股或归商人承办,且曾因议定基隆煤矿由商人管理一事,遭到处分。他们的这种倾向,是与台湾地处海洋、海洋贸易频繁有其密切关系。

四

台湾建省与近代化建设是密切结合的,它不同于通常的行政区划变动,而是一种全局性的历史行为在一个特殊地区发生的变化,显示了时代的步伐。

从沈葆桢、丁日昌到刘铭传,他们先后主持台事,有萧规曹随之概,使台湾从1874年至1891年得到较大的发展,开始了近代化,这里除了说明当时清廷在奕䜣、文祥掌管较大权力时,尚能一再派出适合台湾的人选和对台湾的改革政策因而得到赓续外,有一个必然因素,那就是台湾面临比大陆更为严峻的现实,没有时务观念、没有开拓精神的强人,对台湾的处境和前途是无能为力的,绝不是那些昏官猾吏搪塞得了的。正是由于这种客观要求,不是别的人,而是洋务派中的佼佼者沈葆桢、丁日昌、刘铭传相继被派到海防前哨的台湾来,他们是一些很有时局紧迫感的人。刘铭传赴台之前曾向人说:

中国不变西法,罢科举,火六部例案,速开西校,译西书,以厉人

---

[1] 中国近代史资料丛刊《洋务运动》(6),第250页。

才,不出十年,事且不可为矣。[1]

基于这点认识,不管是刘铭传还是前任的丁日昌、沈葆桢,他们在接任台事前,对台湾的地位和情况多所了解;在接任台事后,都不避艰险地布防设治,急其所当急。所以,台湾建省及建设能够取得一定成绩。我们赞扬左宗棠收复新疆及建省的爱国行为,对沈、丁、刘在台湾的作为,也同样认为是值得赞扬的爱国行为。

但是"人存则政举"的人治主义的得失,在台湾建省前后表现得极为分明。沈葆桢发其绩,继任者丁日昌鼓其勇,使台事日有进展;丁日昌任事两年余,因健康问题和被掣肘而去职,继任者几经更换又不力,台湾的革新事业中辍;至刘铭传来到台湾,专力经营六年,台湾有了较大发展,1891年刘又因病和受压去职,继刘任台湾巡抚者不得人,台湾就停滞不前了。时移势易,单是旧时代的循吏而无开新创业心思的强人,是很难有大发展的。

在近代中国历史上,刘铭传抗法和治台的功绩,台湾方面的记述颇详备,近年大陆的学者对之亦作了较充分的论述,并在安徽举行过讨论会。但有的论者,把1885年至1891年的台湾看作"近代化的猛进",虽是相对于1885年前"近代化的肇始"而言,看来估计得高了些。因为19世纪60至90年代初的洋务运动,只能说是中国近代化迈出的一步,即使在台湾和沿海几处有较多的新设施,也只是由于它们出现才明显地证实了这一步。

---

[1] 《谟议略序二》,见《刘壮肃公奏议》。

"小我"与祖国这个"大我"是一体[1]
——记在香港举行的台湾历史学术会议

1986年12月由香港大学筹开的"台湾历史国际学术会议",我应邀出席。19日由上海飞广州,照筹委会通知于20日晚间自广州乘船赴港,想瞭望珠江口外的海天风光,但因夜航,什么也看不见,只好与同行的汪敬虞、李时岳两先生在舱房中叙谈,然后入睡。21日清晨抵香港码头,登岸后,我们雇车驰赴约定的绿晶酒店下榻,会议主持人黄康显博士来晤,我们报了到,领到文件,下午阅读论文。

与会的历史学者:大陆代表五人、台湾五人,香港五人,日本、美国各1人,还有列席数人。美国学者是一位美籍华人,除日本一位外,参加这个国际学术会议的,都来自不同地区和国度的炎黄子孙。大陆去的人彼此熟悉,其余都是初次见面,姓名可能并不陌生。香港和台湾在中国近代史上都有着特殊的经历,这个会议在香港举行,使台湾海峡两岸的学者得以相聚一堂切磋台湾的历史,不仅是第一次这样的学术会议,而且富有历史的和现实的情感。

会议自21日开至24日,港大校长王赓武到会讲了话。会上一

---

[1] 原载《文汇报》1987年1月20日。

共提出论文16篇,每篇论文由作者宣读基本论点,由预定学者一人评论,再自由提问,宣读人解答。言简意赅,时间紧凑,论文虽不算多,但涉及了台湾历史的诸方面:

(一)对研究台湾历史的档案及其他资料的评介和考订,有专论对台湾地方志、族谱和老字据(如布告、合同、田契、借据之类)的运用,以老字据最富客观和实证的价值;有专论台湾故宫档案中的有关台湾历史资料;有考释乾隆年间手绘的台湾地图;也有对连横《台湾通史》的体例及作书动机的述评。

(二)对台湾社会政治发展的研究,有考述台湾的城墙由竹城、土城至嘉庆年间开始筑砖(石)城及其不规则(不是方城)的由来;有论证台湾大租的性质、驳"庄园"说;有详论台湾建省的经过及其与洋务派的关系;有详析建省前后的台湾经济状况。在这些论文中,涉及李鸿章、左宗棠、沈葆桢、丁日昌、刘铭传等对开发台湾及邵友濂抚台的评价,会上并有所讨论。

(三)在1874年台湾事件中有关对外交涉的研究,有琉球问题始末的论述,认为中日台事专约没有明确琉球的归属;有从日军进攻牡丹社看英国对华外交。

(四)对台湾的本土意识和民族意识的研究,有台湾本土意识的形成及其含义;有台湾的"认同"危机及其发展史;有光复(指二次大战后台湾归还中国)前台湾的民族意识;有台湾抗日民族运动中的"中国坐标"与"台湾坐标"。这里的"坐标"一篇是日本学者写的,其他三篇是香港学者和台湾学者的力作,反映了这是当前对台湾历史最敏感和关心的论题,并在台湾学界、政界有过论争。

所以,这次会议自然以"近代台湾的社会发展与民族意识"为主题。这个主题本来是很鲜明的,在于阐明台湾在近代的变化发展中所表现的民族意识,但它又是很复杂的。台湾与祖国大陆的关系,文字记载起始于东吴年间,地下发掘可追溯至新石器时代,到明清之际才密切起来。1683年康熙统一全国,台湾纳入版图,与大陆成为一体;19世纪80年代中法战后进而建为行省,推进了台湾的近代化。它与内地各省比较有其特殊性,在地理位置上它孤悬海中,与福建隔海相望;居民除少数高山族(台湾史著称作"先住民")外,绝大部分是从以福建和广东为主去的移民,正如黄遵宪《台湾行》一诗中说的:"我高我曾我祖父,艾杀蓬蒿来此土。"台湾是个以移民为主体落地生根的社会。加上几百年以来,两度被外国侵占,又两度出现与大陆对峙的政权。由于这些特殊和曲折,从而产生与"中国意识"相对而言的"台湾意识""本土意识",或别称为"中国坐标"与"台湾坐标",也就是有的论文指出的"认同"危机。特别是在日本长达50年的殖民统治之后,继之以直至今天的处境,台湾人们产生某些游离和疑虑是不难理解的,有必要进行历史的分析,如用作别有图谋的渲染则不足取。香港中文大学陈其南先生在其论文中说:"在迈向理性化的中国社会之过程中,让我们尽可能把政治的问题归还给政治来解决,而把历史文化的情境当做是客观存在的事实,让理性的人们从事客观的探索。"正如台湾学者的论文中引述台湾人士的话说:"台湾这个'小我'与祖国这个'大我'是一体不可分的。"

台湾学者数十年身历其境,除了台湾自身拥有的大量文献资料和实物足供考索外,他们并且寝馈于当地的民情风俗中,有实地感受,所以他们的论述是颇为丰满的。在论述方法上,他们对台湾历史的研究,多能从传统的通史和文献学的架构中脱颖出来,采用社会科学的静态与动态的分析方法,他们称之为"中国历史研究的社会科学化"。

大陆有专研台湾历史的机构,对台湾历史历来是重视的。但在有关近代史的书中,往往是在台湾出现了爆发性事件时才去记述它,对其政治设施、社会状态论述就很少,如台湾建省这样的大事许多书都没有写,或者一两句话带过,对建省的复杂历程及其历史作用更是杳然。而在《马关条约》后,中国近代史上就看不到台湾的事迹了,那时台湾虽已成为日本的殖民地,但是台湾人民的抗日运动始终是与祖国大陆息息相关的。戊戌维新、辛亥革命、五四运动和国民革命也都影响及于台湾,梁启超、章太炎、孙中山等都先后到台湾活动过,后期林少猫等的抗日斗争是前期徐骧等的抗日斗争的继续。台湾共产党是1928年4月在上海法租界成立的,它的重要成员谢雪红、林木顺也是从中国派赴莫斯科去受教的。且1943年开罗会议即已宣布台湾归还中国。因此,在中国近代史和中国革命史上对《马关条约》后台湾的活动不应避而不谈,要重视台湾的活动在祖国历史上的连续性。不管是从历史关系还是从政治要求着眼,我们都应该加强对台湾历史的研究,没有超然于人我的历史著作,史著都是客观要求作用于主观认识的产物。

说"海派"[1]

海派是与京派相对而言。海派一词最初出于何人何种文书,待考。在它出现之后,才为京派立名。京派是传统文化的正宗,海派是对传统文化的标新,是中西文化结合的产物。

在中国辽阔的国土上,由于南北自然条件、风土人情的差别,学术文艺的传播,往往产生北派、南派,如禅宗之有北宗、南宗,昆曲之有南昆、北昆皆是。海派肇始于绘画、京剧,而京剧先前在江南地区演出,已有南派京剧之称。到了清末民初,绘画尤其是京剧,在上海发生的变化,远不是旧时南北区分的南派能标示其新的趋向和意义了。因为这种变化集中发踪于上海,上海是西方文化输入的窗口,中西文化首先在这里碰面、会叙,所以近代中国的新学许多是在这里孕育,再由这里扩散。"海派"一词充分表明了这个地区与时代的印记。

海派虽以吸收西方文化的姿态出场,但它的出场已是在西方文化渗透到中国社会的各个方面之后,它与西方文化的结合点并不是泛指的西方文化,而是以艺术为媒介的,是作为艺术流派来到这个世

---

[1] 原载《解放日报》1986年3月5日。

界上的。那是发端于任伯年之熔铸古今中西的画法,随后周信芳等的机关布景、反映时潮的一类新剧,其时已是20世纪初年,上距鸦片战争已经六七十年了。何以会迟到这个时候才出现以融合西艺为特征的海派艺术呢?我们不妨看看西方思想文化在中国传播的轨迹,最初是科学技术,其次是教育政制,再其次才是思维哲学和文学艺术。梁启超的《论小说与群治之关系》作于1902年,陈去病等提倡戏剧改革的《二十世纪大舞台》杂志刊于1904年,"诗界革命"的呼声也发之于这个时候,表明欧风美雨已在触动传统的文艺观念。而最能表达现实生活又富感官刺激的新的艺术形式——电影,是1900年前后出现于上海的,第一个话剧剧团阳春社,则是继留日学生的春柳社于1907年在上海成立的,它们给人以最直接的观摩。与民俗结合的中国传统艺术,有顽强的自我表现力,只有在这种严峻的时刻和地点,受到摇撼,才有可能变革。海派可以说是传统艺术的部分异化。

所以,对海派的认识必须严格掌握它的属性与时空关系,但它的属性和时空,随着文化上的实践和人们的认识又有延伸,这也是不可忽视的。

作为艺术流派的海派,它吸收西艺表现的风格,既清新,也轻佻,很快在以上海为轴心的江南地带风靡开来。它不仅推向各种艺术形式,并且漫开至其他文化领域。久之,凡具有这种风格的文章艺学,以至生活风尚,都被称为海派,海派遂由艺术流派扩而成为文化生活一个方面的代词。虽谁也没有确切的定义,但谁的心目中都有一个呼之欲出的海派形象。于是,海派的形象不仅存在于20世纪初年及以后的岁月,在此之前仿佛也可以看到它的身影在活动,19世纪后期的文化人王韬就是一个具有这种风格的人。

这样,海派是指艺术、文化上的一种新的风格,它导源于上海是由上海在近代中国的特殊地位决定的。对此,我们必须明确两点:(一)海派以上海为代表,并不是说凡在上海的学人、艺术家就都是海派,而只是指具有海派那种风格的人;(二)海派既是就艺术、文化上的风格而言,凡具有这种风格纵不活动于上海的人,亦属海派。后一点人们是这样认识的,前一点人们就不甚深辨了,往往把在上海活动的人都归之于海派。其实,上海是海派的家乡,海派的气氛虽较浓,但仍有许多别具风格的学人、艺术家,正如京派之以北京为基地,也不乏海派风格的人。论者谓海派是一种区域性文化,可它的移动性很大,不只是人的移动,主要还是这种风格的移动,树不动而是风在动,所以海派到处有相识。

海派近海,有人称之为海洋派文化,它是以注入西洋文化来发育自己的,且是在抛开"中体西用"的框架来面向新学的。人们指出了它许多特征,我以为主要是两个。第一是开新,开风气之先,它敢于延纳新事物来变革传统文化。中国的传统文化是那样悠久、凝重,要突破它,投以新剂,是很不容易的。本世纪20年代初,刘海粟先生在他主持的上海美术专科学校,一度试用模特儿,就遭到极大的非难,被控法庭,以其大悖藏而不露的含蓄之旨,你看传统的仕女画穿戴得多么严严实实。近代中国开新的道路虽不那么平坦,但总在一步一步地走。曹聚仁说过这样一段话:"京派笃旧,海派骛新,各有所长;而梅兰芳在上海演戏回去,也在北京演布景文明戏,也是时势所然,不能拘墟自了。""拘墟自了"的主观态度逃避不了"时势所然"的客观必然,这是长期的经历所得。海派没有鲜明的激烈的宣言书,是艺术的一角纳新,是对社会改革的楔入,也在一定程度内反映了对辛亥革命前后浮动的旧习气的不满,这正是其活力之所在。

与开新联系而来的,海派文化的第二个特征则是灵活、多样。灵活是说它不呆滞，多样是说它不拘一格。灵活与多样密不可分，灵活带来多样，多样体现灵活。这是海派文化呈现的缤纷色彩。从戏剧文艺、学林百科、书刊出版到南京路和淮海路的橱窗，都表现出上海特有的繁荣。虽不能统统归之于海派文化，但它们确实反映了海派文化的灵活、多样。鲁迅在《"京派"与"海派"》一文中说："北京是明清的帝都，上海乃各国之租界，帝都多官，租界多商，所以文人之在京者近官，没海者近商；近官者在使官得名，近商者在使商获利，而自己也赖以糊口。要而言之：不过'京派'是官的帮闲，'海派'则是商的帮忙而已。"鲁迅是就京派与海派的社会联系发议论，给它们画了像。诚然，洋场的风情大都以商情为转移，出入其间的海派文化反映快、变化多、花样新，远不似京派文化的矜持与凝练，大大地发挥了商的灵活与多样。看来海派与市场结缘，文化与商品交流，不一定全是邪恶，其中也有积极的东西。

　　上海过去是个商业城市，国际性的商业城市，它充满了五光十色的商品，给人以极大的诱惑力。有人刻画20世纪30年代的上海说：上海这块地方虽不大，却似另一个世界、另一个熔炉，最愚蠢的人到了上海不久，可以变为聪明；最忠厚的人到了上海不久，可以变为狡猾；最古怪的人到了上海不久，可以变为漂亮；拖着鼻涕的小姑娘，不多时可以变为卷发美人；单眼眩和扁鼻的女士，几天之后可以变为仪态大方的太太。说得有点近乎神奇，其实说怪也不怪，这是商品在改造人们的面貌，在熔解中国的固有文化。海派正视了这个现实，不是回避它，而是迎上去，接受它，促成自己的变革，推动了文化领域的新陈代谢。除了这样的作用外，商品为交换或出卖的市场价值观，对海派文化的熏染也最深，散发出市侩气，流露着西崽相。

　　海派在其开始，怀着对自由女神的虔诚，为艺术拓新界。后来流品日杂,追逐时髦,卖弄噱头,粗制滥造,形成海派文化商品化的另一些特点,人们称之为"恶性海派",以与前此的"良性海派"相区别。劣币驱逐良币,金融市场上的法则也流行于文化领域,海派原有的声光淹没了。西子蒙不洁,人皆掩鼻而过之,海派遂大为世人诟病。但诟病也有来自世俗的偏见,以开新、灵活为非正途,视模特儿为伤风败俗,这些并非罕闻。

海派作为一个艺术流派,似已成为过去。因为它当初的某些特征已逐步为各种文化所共有,程度也在深化;而且昔年的上海已成陈迹,代之而起的是许多正在开放的"新上海",与京派对称的海派的社会条件早在消失中,所以海派已是一个历史词语。但作为艺术、文化上的风格来说仍是现实的,我们不仅到处可以听到"海派、海派"的笑谑声,也还随时可以嗅到海派散发的气息,有你、有我、有他。如果认真地洗刷它身上的不洁,海派的开新,海派的灵活、多样,这种风格不是可有可无,而是值得发扬的。黄遵宪的古体诗中"轻气球"与"万钧柁"一类新旧词并用,梁启超的政论文古今中西杂糅,何尝不是别开生面;徐悲鸿的名作《愚公移山》在众多的古装人物中画上一个时装少女(王莹是其原型),何尝降低了美的感受!艺术、文化不要怕杂,好像生物界,杂了才能产生新的品种。

对于海派,要泼掉的是污水,不是婴儿。海派之名可弃,开新与灵活、多样的风格却不可无。

上海租界与中国近代社会新陈代谢[1]

近十年,知识界对马克思主义在重新学习、重新认识,对我们几十年的革命,甚至于几千年、近百年的历史也都在重新认识。所谓重新认识,是认识我们过去普遍存在的片面性和不完全的地方。

研究近代上海是研究中国的一把钥匙;研究租界,又是解剖近代上海的一把钥匙。拿中国近代史来说,过去都说洋务运动是反动的,然而经过几年的讨论,我们得出了一条比较一致的结论,即中国近代化是从洋务运动开始的。它引进西方资本主义的近代工业,创办了军事工业、民用工业。我们过去讲近代史,说是一部倒霉的、退化的、黑暗的历史,这样我们的前辈干的事业又有什么可值得研究呢?这里能否找到一些进步的内涵呢?江南制造局是今天上海造船厂的前身,武汉的钢铁厂也是汉冶萍公司为基础发展而来的。历史不能割断,从洋务运动到戊戌维新到辛亥革命到五四运动,这条近代史发展的线索是客观存在的,可过去就是否认,现在承认了。这说明了历史

---

[1] 本文是作者在租界与近代中国学术讨论会(1988年)上的讲话,原载《社会科学报》1988年8月18日,题为《近代中国和上海租界解析》。

研究的进步，也说明人们认识水准的提高。

租界讨论是继洋务运动讨论后的又一次对近代历史、近代社会的研究，是对近代历史、近代社会认识的深化。对于租界社会，不能简单地以绝对的善和恶加以判断。租界客观地存在着善和恶。以上海公共租界为例，它曾确实带来中国中世纪所没有的东西。它究竟起了阻碍作用还是刺激作用？按毛泽东说，外国资本主义的事物侵入中国，破坏了中国自然经济，刺激了资本主义萌芽的生长。一个是刺激，一个是破坏。这个破坏也是好的。中国延续二三千年的小农社会就是该破坏的。难道还要维护它长命百岁，益寿延年吗？问题是中国人不去破坏，而让别人来破坏，是自己不争气，破坏了后，又不知道代替它！西方资本主义刺激了我们，假如连一点刺激都没有，那我们这个民族也就完了。正因为它们的刺激，所以我们的老前辈前赴后继。这些民族义愤感情，都是值得珍视的。

租界和义和团运动这两个历史社会现象是颠倒过来反映的，为什么？义和团运动反对帝国主义侵略是正义的；但它不要资本主义，不要近代化，相信"刀枪不入"，因而又是落后的、愚昧的，甚至是反动的。正义的并不一定是进步的。非正义的也并不一定都是不进步的。租界是非正义的，是侵略者的产物，然而上海公共租界，它有值得学习之处，它送来了资本主义及其先进事物，我们为什么不敢去正视它、学习它、认识它？这究竟是谁吃亏呢？租界是反动的，这样说是容易的，但关键是如何认识。我们没有把新的先进的事物变为己有，把应该吸取的事物变为自己的，这就是我们的落后处。租界里确有一些值得注意值得学习的事物，我们还要不远万里到海外去吸取。现在人家送来了，难道不应该认真去学习、去认识吗？1914年陈独秀的《爱国心与自觉心》一文曾说租界是中国最安全的地方，是最安静的地方。1919年五四运动时,孙中山也说上海是自治区域的模范。这些人都是反帝、反侵略的,但看到和发现了自己所需要的事物。祸兮福所倚;福兮祸所伏。罪恶的事物里可能含有不罪恶的事物;神圣的事物里可能含有不神圣的事物。我们对租界的研究,承认其中有值得吸取的东西,不是长他人的威风,灭自己的志气。我们中华民族有很大凝聚力,但不应仅看到它的勤劳、勇敢,还应看到保守、愚昧、落后的另一面。百年来,中国所以落后、吃亏,原因之一,便是夜郎自大的虚骄性。如果不除掉民族的虚骄性和愚昧性,那么将很难取得进步,走出一条自己的现代化道路。

上海学刍议[1]

上海大学倡议建立"上海学",是上海这个地方的历史要求,也是我国建设两个文明的时代使命,它反映了上海大学的开拓精神。我想十年后,《辞海》再次修订时,将会增收"上海学"一条。

任何一种学,都是义立而后名至,闻其名即可探知其义。诸如春秋战国学、汉学、宋学、常州学、桐城派、百科全书派等,一听就可采知他们的内涵,它们都是在学显之后人们给以相应的称号的。至于社会学、人口学一类学科,则是学人根据久已存在的事实加以分析概括而创立的。上海学该是怎样的范畴?

顾名思义,上海学当然是以研究上海为对象,但它不同于上海史、上海志,史是记述它的过去,志是分载它的自然和社会诸现象,学高于史、志,是它们的理论升华。上海学要研究上海的沿革、政治、经济、文化、社会和自然状态,这些都是早已分别研究的内容,也是正在深入研究的内容,但它们的排列不等于"上海学",即使在这基础上的综合,也只是"上海大观"或"上海概述",称不上"上海学"。上海学

---

[1] 原载《上海大学学报》(社会科学版),1986年第Z1期。

应该是从对于上海的分门别类及其历史和现状的研究中,找出它们的联系和内核,由此构成为研究和发展上海这样一种都市型的学理,富有上海的特殊性,又含有都市学的共性。

上海,过去是中外经济、文化交流的窗口,是个国际性都市,人们的思想和活动以创新、敏捷、灵活多样著称,今天的上海——新形势下的上海,更在健康地发挥它原有的优势,展示出新貌,这是建立"上海学"的重要依据。但它不应是"海派"的再现,而应是"海派"的扬弃和发展;它既有"派"的特征,又应是一个学科的建立;它既是理论的,又有很大的实践性。

我祝贺"上海学"的孕育、诞生。

索引

人 名 索 引

（按汉语拼音排序）

A

阿Q　176,431
艾迪斯　322
艾儒略　23
艾知命　531
爱尼斯·安德逊　227
岸木能武太　366

B

巴金　36
柏拉图　403
柏杨　162
班乐卫（Paul Painlerie）　395
包世臣　80
宝鋆　293
贝士福　336
彼得大帝　123,334
毕永年　114
布鲁诺　160

C

蔡锷　472,542
蔡和森　570
蔡尚思　32
蔡元培　31,34,93,103,266,522,526,532,554,557,558
曹嘉祥　281
曹聚仁　600
岑毓英　583
陈宝箴　326,327,345,348
陈炽　229,279,280,319,321
陈独秀　33,34,77,157,167,488,551,554,558,570,604
陈化成　53,56,67
陈焕章　99,529
陈济棠　213,218,219
陈近南　194
陈炯明　215
陈其南　596
陈千秋　376
陈去病　488,599
陈少白　488
陈胜　223
陈天华　57,60,62,135,393,419,458,473
陈序经　252
陈衍　524
陈寅恪　32
陈周全　189
陈作新　428,477
程德全　93,98,522
程潜　473
崇厚　462
崇礼　349,355

慈禧太后（西太后） 63,64,73-75,82,87,91,114,118,119,285,302-304,317,319,320,336,339-342,344,345,348-352,354,359,429

D

达尔文 123,274,275,328,363,373,375,509
达洪阿 576
达林 567
大久保利通 380,579
道光 23,58,159,189,228
德龄 301
邓世昌 52
邓小平 21,130
丁日昌 271,281,579,582,583,586,587,589-593,595
丁日初 381
丁汝昌 52
丁韪良 25,64,73
丁义华 532
董福祥 74,75,349,351
杜牧 111
杜威 35,41
杜维德（鲁德） 322
杜月笙 164
端方 476
段祺瑞 215,463

E

恩格斯 123,241,398,406,434,570

F

樊锥 327
范嘉士 588
范绍增 206
范文澜 78
范缜 401
费正清 226
冯桂芬 24,40,80,81,113,171,260,261,296,297
冯国璋 463
冯镜如 488
冯友兰 38,166
冯玉祥 218,220
冯子材 52,55
冯自由 365
福地樱痴 364
福泽谕吉 380
傅兰雅 25,261,270,322
傅善祥 172
傅作义 220

G

刚毅 63,73,339,344,349,353
高梦旦（凤谦） 482
高锐 139
高燮 331
高旭（剑公） 488,501,502
戈登 461
哥白尼 132
葛通哥斯 366
龚春台 480,484

龚振麟　58
龚自珍　40,71,80,172
辜鸿铭　547
古德诺　539,540
关天培　53,56,67
关羽(关帝)　399,402
关云长　218
光绪(清德宗)　63,73,107,111,113,114,118,263,284,299-304,317-320,322,330-334,336,339-345,348-354,359,360,386,533,376
桂良　290,291
郭耳缦　513
郭沫若　38,176
郭士立　288
郭嵩焘　23,63,71,135,260,271,273,278,279,293,297,582

H

海龄　53
韩愈　387,496
汉武帝　39
何干之　78
何键　218,219
何糜施　487
何启　82,389
何嗣焜　262
何香凝　458
贺长雄　539
贺恩　577
贺麟　166,253
赫德　322
赫胥黎　28,328,329,363,373,375,509
黑格尔　123
洪嘉与　339
洪亮吉　224-227,230,231
洪仁玕　11,69,80,81,85,135,172,281,291,292,298,309
洪秀全　135,165,172,189,190,219,223,298,378,425,444
洪宣娇　172
胡汉民　117,201
胡礼垣　82,389
胡聘之　284
胡绳　7
胡适　34-36,38,40,77,101,163,164,394,423,552,558
胡夏米　287,288
胡瑛　540
胡燏棻　462-464
华蘅芳　25,26,269
华盛顿　30,123
滑达尔　24
怀塔布　349-351
黄帝(轩辕氏)　482
黄侃　553
黄康显　594
黄兴　92,94,159,217,424,458,478,535,541
黄远生　518,523,539
黄尊三　116,117
黄遵宪　275,323,324,326,327,

343,364,365,544,596,602

霍布斯 30

J

吉田茂 266,381
吉田松阴 380
季交恕 471
伽利略 132
嘉庆 187,189,191,192,228,233
贾桢 293
江标 326
姜义华 152
蒋方震 472
蒋介石 17,18,31,137,139,148,170,206,213,218-220,406,415,514
蒋翊武 473
蒋智由 89
蒋尊簋 472
焦达峰 201,428,477
解荣辂 122
金天翮 488
敬信从 351

K

Karl Popper 243
卡特 21,130
康德 30
康广仁 325,336,355
康熙(玄烨) 59,105,187,189,190,199,227,229,479
康有为(南海圣人) 26,28,30-32,36,41,54,78,80,82-89,93,96,99,110-114,117-121,135,154,158,165,174,284,299,301,303,304,306,311-321,323-326,330-335,337-340,343-345,348,350-353,355-357,359,364,366,368,369,375-378,380,385,386,394,404,405,444,480,523,526,529,535,543,557

科士达 322
孔德 362,363
孔庚 473
孔子(孔圣人) 31,34,39,48,60,128,156,166,167,236,237,241,284,313-315,325,373,376,390,397,398,402-405,407-412,525,526,528,547,550
阔普通武 348

L

蓝公武 531
劳乃宣 535,537
黎澍 128
黎元洪 93,212,469,521,522
李春萱 475
李慈铭 276,278
李大钊 34,38,49,77,404,548,555,558-560,566,569,570,572
李凤翎 292
李鹤年 581
李鸿藻 278
李鸿章 72,73,82,83,86,139,171,

210,211,220,260,264,281,293,297,321,322,324,331,332,335,336,351,461-463,579-581,585,587,589,595

李佳白　322
李经义　472
李侃　135
李逵　208
李莲英　463
李烈钧　201-203,473
李六如　471
李善兰　24-26,269
李盛铎　339
李时岳　153,594
李四光　35
李提摩太　25,322,323,352,354,355
李焘　575
李文海　369
李文田　318
李仙得　577
李燮和　540
李新　138,146,514
李秀成　199,298
李泽厚　128,152
李之藻　26
李自成　10
李宗仁　220
理雅各　36
立山　64,74,75,351
利杜　537
利玛窦　23,24,268

连横　595
连梦青　488
联元　64,74
良弼　99
梁阿发　24
梁鼎芬　277
梁启超　5,26-28,30-32,41,42,80,83,86-92,113,116,120,177,245-248,253,264,265,276,299,303,304,312,316,319,321,323-326,338,339,343,345,350,354-357,359,364,367,368,370-372,377,385,387,391,392,394,395,402,449,465,477,480,495,513,522,523,529,535,541-544,597,599,602
梁善济　122
梁漱溟　161,166
梁廷枬　22,269
廖平　267
廖寿恒　331
廖仲恺　458,569
列宁　64,75-77,79,170,354,358,413,422,423,434,457,458,571,572
林超　216
林德赛（Huyh Hamilton Lindsay）287
林圭　359
林肯　30,123
林乐知　25
林木顺　597

林权助 352,355
林少猫 597
林纾 553
林爽文 189
林旭 337,345,351-353,355
林则徐 22-24,33,53,55,56,58,59,61,67,69,71,75,80,81,84,105,132,149,171,172,269,296,297,380,384
刘半农 394,553,558
刘长佑 461
刘成禺 524
刘存厚 215
刘复基 473
刘光第 345,351,355
刘光汉 483,484
刘海粟 162,600
刘坤一 63,73,285,321,336,348,463,466,470
刘铭传 584-593,595
刘少奇 46,159,254,437,441,443
刘师培(无畏) 488,495,498,503,540,541
刘廷琛 538
刘显世 428
刘湘 219
刘歆 313
柳亚子 8,488,515
隆裕太后 429,533,534
卢和生 488
卢木斋 277
卢梭 30,118,123,526,544

鲁迅 34,36,177,277,315,398,402,405,431,552,558,601
陆皓东 62
陆荣廷 218
陆应谷 289
路易十六 344
罗惇衍 290
罗丰禄 87
罗素 35
罗振玉 32
骆秉章(骆吁门) 289,292

M

马尔萨斯 223-225,233
马戛尔尼 227
马建忠 27,71,81,171,270,272,277,281,297,309
马克思(马枯士) 62,139,223,231,241,266,383,398,401,406,443,513,559
马克斯·韦伯 240
马林 567,571
马叙伦 35
麦都思 24
麦孟华 312,316,321
毛泽东(毛主席) 18,40,43,46,65,67,119,133,134,149,156,158,159,165,203,208,216,221,253,254,314,329,334,396,408,415,416,420,422,426,430,433,434,436-442,444-446,448,452,455,478,525,558,571,604

梅叶 405
美利士 577
孟德斯鸠 118,123,526,544
孟子 288,402
墨子 139
木户孝允 380
慕瑞 22

N

拿破仑 123
那桐 518
南怀仁 23,59
倪映典 475
聂耳 36
聂士成 75,349,351,460

O

欧格纳 322

P

潘庆澜 339
潘霨 579
培根(见根) 30,274
彭玉麟 273
皮锡瑞 327
溥儁 63,73
溥涛 99
溥仪 429,533,534

Q

戚本禹 66,73
耆龄 461

琦善 57
钱定三 477
钱骏祥 284
钱谦益 507
钱玄同 394,558
乾隆 59,105,187,189,191,192,227-229,231
乔树楠 339
乔治·亨利 30
桥本佐内 380
秦巩黄 482
秦力山(遁公) 86,481,497,498
秦始皇 152,156,491
秦毓鎏 482
秋瑾 62,172,458
裘延梁 544
裘治平 536

R

饶鸣衢 281
任伯年 599
任可澄 428
荣禄 73,318,331,339,344,345,349,351,353-355,463
荣孟源 483
容闳 71,81,171,281,297,309,355,360
汝应元 189
瑞澂 477

S

山县有朋 380

杉山彬 74
商鞅 381
邵力子 8
邵友濂 590,595
邵作舟 261,275,277
佘竟成 203
神尾光臣 335
沈葆桢 70,579-584,586-589,591-593,595
沈荩 502,504,506
沈缦云 89
沈慕琴 175
沈寿康 262
沈尹默 558
沈毓桂 261,262
沈兆霖 292
升允 536
盛宣怀 29,262,429
施本思 274
施琅 575
石达开 199
史坚如 62
矢野文雄 335
舒翼 139
顺治 189
舜 397
司马光 138
司马迁 221
司马炎 213
斯宾诺莎 30
斯宾塞（锡彭塞） 274,275,363,366,373,375

斯大林 232
淞沪 331
宋江 208
宋教仁（遯初） 94,103,116,159,217,424,496,519,520,522,528
宋庆龄 568
宋育仁 538
苏东坡 288
苏格拉底 403
苏曼殊 488
孙宝琦 113
孙传芳 405,406
孙灏 339
孙家鼐 262,318,321
孙夏峰 496
孙毓筠 540,541
孙毓汶 317
孙中山（孙文、大总统） 18,30,31,39-41,54,61,62,77,85-87,92-94,98,99,110-112,114,121,134,135,146,157,159,161,165,190,201,202,212,214,217,252,357,359,386,408,422-427,430,433,437,440-442,444,448,449,451,453,455,458,481,485,498,520,521,530,534,541,557,562,563,566-569,571,572,597,604

T

谭人凤 475
谭嗣同 26,28,29,34,41,54,83,135,172,268,283,299,302,325-

327,336,343,345,351-355,357,
359,360,364-366,369,371,380,
385,387,388,402,543
谭延闿 428
谭锺麟 348
汤 397
汤化龙 522
汤纪尚 289
汤寿潜 88,93,98,267,522
汤因比 246
唐才常 83,114,325-327,336,359
-361,364,366,373,387,506
唐继尧 215,473
陶成章 190,424
铁良 99,468
同治 319,320
托洛茨基 170

W

万炳南 477
汪大燮 85
汪凤瀛 540
汪敬虞 594
汪康年 85,324
汪荣宝 366
汪兆铭 524
王安石 39,296,423
王充 401
王船山 276
王峨孙 540
王赓武 594
王国维 32,38

王敬轩 553
王凯泰 581,582
王闿运 278
王亮 293,294
王莽 313,423
王明 253
王慕陶 488
王士珍 463
王式通 529
王韬 61,71,81,171,261,262,267,
270,272,276,281,283,292,297,
309,599
王文韶 349,353,463
王先谦 326,327,373
王彦威 293
王莹 602
王元化 127
王照 350,351,544
王佐 208
威尔逊 394
威妥玛 578
韦廉臣 25
维经斯基 567
卫西琴 404,528,532
伟烈亚力 24
魏光焘 506
魏延 193
魏源 22-24,33,40,56,59,67,71,
80,81,84,132,133,149,269,289,
296,297,380,384,564
文悌 340
文天祥 360

文廷式　320,321,345,360
文祥　171,272,297,592
文煜　578
闻一多　38
翁同龢　119,303,319-324,331,
　　332,335,336,349
倭仁　60,278,297
吴广　223
吴禄贞　458,472
吴门生　503
吴佩孚　215
吴其泰　288
吴汝纶　374
吴虞　34,394,551,558
吴玉琼　515
吴玉章　158,459
吴樾　62
伍德布里奇　264
伍廷芳　522
武则天　359

X

夏寿康　538
夏衍　132,164
夏曾佑（夏穗卿）　328,529,544
咸丰　319
冼星海　36
谢小石　487
谢雪红　597
熊秉坤　475
熊成基　62
熊开元　189

熊十力　166
熊希龄　522
熊芷斋　116,117
徐悲鸿　36,602
徐佛苏　539
徐光启　24,26
徐继畬　22,269,384
徐建寅　269
徐敬业　359
徐勤　86,312,325,477
徐仁铸　326
徐世昌　538
徐寿　25,26,269
徐桐　60,74,215,312
徐维则　26
徐锡麟　62
徐骧　597
徐雪村　269
徐用仪　64,74,75
徐致靖　342
许景澄　64,65,74,75
许世英　531
许应骙　340,350,351
宣统　32
薛福成　71,81,171,229,260,261,
　　270,281,297,309
荀子　365

Y

亚里士多德（阿卢力士托德尔）
　　176,240,274,431
严复（几道、幼陵、严先生）　26,28,

30,41,54,82,83,92,107,116,
245,275,277,285,328,345,357,
360,363－366,371,373,375,377,
386,388,392,394,402,404,444,
529,540,541,543,544,557
阎若梅 189
杨炳南 22,269
杨崇伊 324,351
杨笃生 86
杨度 89－91,96,97,113,119,
539,540
杨儒 63
杨锐 337,345,351,355
杨深秀 54,335,337,342,355
尧 397
姚宏业 62
姚启圣 575
姚莹 22,576
耶稣(基督) 31,34
叶德辉 32,326,327
叶澜 366,488
叶名琛 292
伊藤博文 331,352,380
易白沙 551
奕经 57
奕劻(庆王) 463,468,518,585
奕山 57
奕䜣(恭亲王) 24,171,297,319,
331,332,335,336,462,578,
580,592
奕𫍽 585
懿律(George Elliot) 10

荫昌(午楼) 429
尹昌衡 528
尹锐志 458
尹维峻 458
雍正(胤禛) 189,227,229,479
余栋臣 200,308
宇都宫太郎 335
雨果 9
禹 397
禹幼年 536
禹之谟 62
裕禄 353
裕谦 53,56
袁保恒 582－584
袁昶 64,65,74,75
袁克定 454
袁世凯(洪宪皇帝) 17,18,40,88,
96－99,113,139,177,211,212,
218,302,321,349,352－354,360,
404－406,427－430,442,454,
455,460,462,463,468－470,478,
514,515,519,521,524,528,529,
533,534,536－538,540－542,546－
548
袁树勋 476
袁文才 208
袁子才 398
远藤隆吉 526
岳飞(岳王) 402,507
越飞 567
恽代英 553
恽毓鼎 64,74

Z

载沣 91,429

载漪 63,64,73

曾国藩 139,171,210,211,281,293,297,401,402,461,462,526

曾纪泽 23,63,82,271,583

曾廉 350

曾望颜 292

詹大悲 232

詹天佑 107,522

张东荪 253

张凤翙 473,477

张继 482,487

张謇 88,89,92,93,98,113,114,119,323,428,521－523

张居正 296

张澜 206

张洛行 223

张骞 59

张人骏 467

张融 400

张盛藻 278

张树声 272－274,277

张太雷 570

张宪文 514

张孝若 119

张勋(辫子大帅) 40,96,405

张荫桓 331

张曾敭 472

张之洞 29,70,113,120,260,263－265,271,284,285,297,321,323,324,327,335,336,340－342,345,348,360,361,429,462－464,466,469－472,480

张宗昌 218,405,406

张作霖 215,218

章梫 537

章士钊(黄中黄) 483,484,487,503,521,523,545

章太炎(炳麟) 26,28,32,36,41,55,61,83,86,87,93,98,112,114,165,360,366,394,424,458,481,482,487,504,506,520－522,526,530,597

章裕昆 471

章忠翊 536

章宗祥 538

赵必振 54

赵炳麟 263,530

赵尔丰 467

赵尔巽 472,538

赵桂胜 284

赵恒惕 215,219

赵声 62,475

赵武灵王 59

赵元任 35

赵仲涵 26

郑成功 575

郑观应 41,61,71,80,81,171,261,267,270,272,276,281,297,310

郑孝胥 88

郑祖彝 282

钟离 194

钟天纬 274,275,279,280,375

周敦颐　496
周恩来　74
周馥　113,538
周公　397
周文王　397
周武王　397
周信芳　599
朱德　158
朱福铣　427
朱启钤　538
朱瑞　530
朱熹　496
朱元璋（洪武）　161

朱元璋　161,229,479
诸葛亮　176
庄士敦（约翰斯顿）　529,530,532,533
赘漫野叟　291
卓杞笃　577
邹鲁　448
邹容　62,393,418,458,474,481,482,487,506
左宝贵　52
左宗棠　52,55,71,80,171,211,220,297,461,583,584,593,595
佐久间象山　380

书名、报刊名索引

（按汉语拼音排序）

A

《阿Q正传》 431

B

《白话文学史》 36
《报刊文摘》 395
《波兰分割记》 344
《博物新编》 25
《不忍》 480,529

C

《参考消息》 165
《长兴学记》 312
《崇陵传信录》 64,74
《筹办夷务始末》 293
《筹洋刍议》 260
《丑陋的中国人》 162
《春秋》 48,313,378
《辞海》 294,606

D

《大清会典》 288
《大同报》 89
《大同书》 41,174,314,378
《道光洋艘征抚记》 289
《德国变政考》 344
《德国陆师操法入门》 465

《邸报》 321
《地理大全》 22,58
《帝国主义与中国政治》 7
《东华录》 228
《东西学书录》 26
《读书杂志》 394

E

《俄罗斯大彼得变政考》 332
《二十世纪大舞台》 599
《二十世纪之怪物帝国主义》 54

F

《法国革命记》 344
《法意》 30
《封神演义》 195

G

《革命军》 393,418,458,474,481,482
《革命缘起》 453
《格致汇编》 505
《格致启蒙》 385
《各国律例》 58
《公车上书记》 317
《公羊》 378
《攻守炮法》 269

《龚自珍全集》 40
《古代社会研究》 38
《光华报》 485
《光绪秘记》 301
《国风报》 89,90
《国故》 553
《国民日日报》 483,484,487-489,491,493,499,502,506-508,511-513
《国民日日报汇编》 488,513
《国闻报》 61,328,363
《国闻汇编》 328
《国学季刊》 394
《国学入门书要目及其读法》 394

H

《海底》 197,198
《海防新论》 269
《海国四说》 22,269
《海国图志》 22,40,56,59,80,132-134,136,269,296,384
《海录》 22,269
《洪秀全演义》 425
《胡适文存》 36
《湖南近百年大事纪述》 43
《华事夷言》 24,58
《环游地球新录》 375
《皇极经世》 484,485
《黄帝魂》 483,495,504
《回忆录》 482

J

《机器殖财说》 270
《激荡的百年史》 381
《几何原本》 24
《剑桥中国晚清史》 10
《江南制造局译书提要》 270
《江苏》 482,484
《教务杂志》 264
《解放日报》 395
《进化论与伦理学》 328,363
《近代中国八十年》 7
《近代中国启蒙运动史》 78
《近思录》 364
《经济杂志》 95,520
《经世文续编》 505
《警世钟》 57,60,419,458,474
《九三年》 9
《旧金山哥赂报》 506
《救时刍言》 52
《救时揭要》 52,80,81,310
《救时要议》 52

K

《康輶纪行》 22
《康有为传》 377
《克虏伯炮说》 269
《孔子改制考》 41,313,314,376,377
《狂人日记》 36
《坤舆方图》 465
《坤舆图说》 23

L

《老残游记》 426
《老子》 400
《乐》 313
《礼记》 313
《历史研究》 32,381
《列国比较表》 344
《列国陆军制》 269
《六十年来的变迁》 471
《伦敦蒙难记》 448,449
《轮船布阵》 269
《论衡》 401

M

《马氏文通》 27
《曼殊大师年谱》 488
《毛泽东选集》 41,147
《美国与中国》 226
《猛回头》 62,393,419,458,474
《民报》 77,78,100,115,391,425,
    427,453,456,484,485,545
《民立报》 545
《名学浅说》 30
《穆勒名学》 30

N

《南齐书》 400

O

《欧游心影录》 395

P

《槃荳斋文集》 289

Q

《强学报》 323,324
《清朝续文献通考》 460
《清代学术概论》 264
《清季外交史料》 293
《清史稿》 461,468
《清议报》 359,495,505
《秋瑾传》 458
《訄书》 41,366
《全体新论》 25
《劝学篇》 263,264,284,341,348
《群己权界论》 30
《群学肄言》 30,363,364,366

R

《人境庐诗草》 323
《人类公理》 376
《仁学》 28,29,41,268,325,365,
    380
《日本国志》 323,365
《日本明治变政考》 332-334
《日华日报》 524

S

《三坟》 249
《三国演义》 193,195,399
《三松堂自序》 38
《山海经》 180
《上海县续志》 175

《尚书》 313,510
《邵氏危言》 261,275
《社会民主党在民主革命中的两种策略》 77
《社会通诠》 30
《社会学》 366
《社会学研究》 363
《申报》 375
《神灭论》 401
《盛世危言》 41,80,261,310,505
《诗经》 313,314,397
《时报》 89
《时务报》 324,341,505
《实庵自传》 157
《实理公法》 376
《实业丛报》 520
《实业杂志》 95,520
《实证主义哲学大纲》 362
《使西纪程》 278
《数学启蒙》 385
《水浒传》 195,197
《水雷秘要》 269
《说唐》 195
《四库全书总目提要》 268,394
《四洲志》 22,24,58,69,132,133,136,269,296,384
《苏报》 484,487,488,502,512
《孙文学说》 41
《孙逸仙》 482
《孙子十三篇》 465

T

《台湾通史》 595
《太平军战记》 425
《太平天国战史》 425
《太炎先生自订年谱》 522
《太炎最近文录》 520
《天演论》 26,28,30,41,275,328,363,364,374,375,377,386
《通典》 173
《通鉴辑览》 484,485
《突厥削弱记》 344

W

《万国公报》 262,309,321,375,376
《万国律例》 24
《万国舆图》 465
《万历十五年》 9
《文学改良刍议》 394
《文宗显皇帝实录》 292
《五典》 249
《五四后三十年》 7
《武昌首义回忆录》 474
《戊戌政变记》 319,329,359
《戊戌奏稿》 344
《物种起源》 373

X

《西法类编》 465
《西国近事汇编》 270,375
《西国乐法启蒙》 385
《西学启蒙》 385

《西学书目表》 26,385,394
《西游记》 195
《湘学报》 372
《湘学新报》 336
《向导》 572
《小品法华经》 400
《小说林》 30
《小说月报》 30
《孝经》 400
《校邠庐抗议》 24,41,80,81,171, 260
《辛亥革命》 452
《辛亥家电》 454
《新编三字经》 22,132
《新尔雅》 366
《新民丛报》 78,100,115,119, 123,391,393,456,505,513
《新民丛报》 89
《新民公报》 524
《新民说》 41,364
《新青年》 33,517,549-554,556, 558-560
《新青年》 545
《新小说》 30
《新新小说》 30
《新学伪经考》 41,313,314,376, 377
《新约》 365
《信及录》 289
《星期日》 560
《绣像小说》 30
《续富国策》 319

《荀子》 363,365

Y

《輶轩今语》 327
《鸦片战争资料》 289
《亚细亚东部舆图》 465
《言治》 558
《沿海八省口岸全图》 465
《洋务权舆》 70,292
《洋务续记》 292
《一九七六年》 9
《夷舶入寇记》 289
《夷艘寇海记》 289
《以孔教为国教配天议》 529
《译学汇编》 30
《易经》 266,267,313
《易言》 310
《意言》 224
《翼教丛编》 402
《殷卜辞中所见先公先王考》 32
《饮冰室合集》 32
《英舶入寇记》 289
《英国变政考》 344
《英吉利夷船入寇记》 70,292
《英夷入寇记》 289
《营垒图说》 269
《瀛环志略》 22,269,384
《庸书》 319
《庸言报》 91
《原富》 30
《原强》 364,373,374
《月月小说》 30

Z

《曾国藩全集》 293
《赵氏孤儿》 20
《浙案纪略》 190
《浙江潮》 83
《正续共和解》 537
《政论》 89
《知新报》 325,336
《直报》 386
《植物学》 25
《制火药法》 269
《中国传统社会》 185
《中国丛报》 20
《中国革命和中国共产党》 43,444
《中国革命记》 485
《中国革命史丛书》 146
《中国革命与中国共产党》 156
《中国国民党史稿》 448
《中国近代工业史资料》 45
《中国近代农业史资料》 45,50
《中国近代社会》 185
《中国近代史:新民主主义革命时期》 44
《中国近代史》 78,228
《中国近代史事记》 10
《中国近代手工业史资料》 45
《中国历史纪年》 483
《中国秘密社会史》 198
《中国日报》 488
《中国社会史》 185
《中国实业杂志》 95,520
《中国新报》 88,89,113
《中国新民主主义革命时期通史》 44
《中国哲学史大纲》 36,38
《中华民国史纲》 514
《中外纪闻》 321,323,324
《中央新闻》 524
《中庸》 528
《资治通鉴》 138
《子不语》 398
《左盦外集》 503